民国学术经典丛书

中华二千年史 〔三〕

邓之诚 著

中国社会科学出版社

卷 五  明清上

明

明世系

自太祖称帝，1368年。至永历帝被执，1661年。凡十九主，共二百九十四年。

太祖，姓朱，名元璋，字国瑞。先世家沛，徙句容，再徙泗州，父世珍，始徙濠州之钟离。帝年十七，父母兄相继殁，孤贫无所依，乃入皇觉寺为僧，以元顺帝至正十二年，1352年。从郭子兴起兵于濠州；二十四年，1364年。称吴王，用韩林儿龙凤年号；二十八年，1368年。即皇帝位，国号大明，建元洪武。在位凡三十一年。

惠帝，名允炆，太祖孙，懿文太子标第二子也。洪武二十五年，立为皇太孙。太祖崩，继立，改元建文。燕王兵入京师，宫中火起，帝不知所终。在位凡四年。

成祖，名棣，太祖第四子也，封燕王。削藩议起，遂举兵反，称其师曰靖难。建文四年1402年。六月，陷京师，即帝位，仍以洪武三十五年纪年。明年，改元永乐。在位凡二十二年。

仁宗，名高炽，成祖长子也。嗣立，改元洪熙，在位凡一年。

宣宗，名瞻基，仁宗长子也。嗣立，改元宣德，在位凡十年。

英宗，名祁镇，宣宗长子也。嗣立，政元正统。十四年。土木师溃，帝被虏北去，景帝即位，遥尊为太上皇帝。景泰元年归，入居南内。八年正月，景帝有疾，石亨、徐有贞等，迎太上皇帝复辟，改元天顺。八年。在位凡二十二年。

景帝，名祁钰，宣宗次子也，封郕王。正统十四年八月，英宗北狩，继立，改元景泰。七年。英宗复辟，仍废为郕王。在位凡七年。

宪宗，名见深，英宗长子也。嗣立，改元成化，在位凡二十三年。

孝宗，名祐樘，宪宗第三子也。嗣立，改元弘治，在位凡十八年。

武宗，名厚照，孝宗长子也。嗣立，改元正德，在位凡十六年。

世宗，名厚熜，宪宗孙也，父兴献王祐杬。武宗无嗣，慈寿皇太后与大学士杨廷和定策，迎王即帝位，改元嘉靖，在位凡四十五年。

穆宗，名载垕，世宗第三子也，封裕王。继立，改元隆庆，在位凡六年。

神宗，名翊钧，穆宗第三子也。隆庆二年，立为皇太子。嗣立，改元万历，在位凡四十七年。

光宗，名常洛，神宗长子也。嗣立，改元泰昌，在位凡一年。

熹宗，名由校，光宗长子也。嗣立，改元天启，在位凡七年。

思宗，名由检，光宗第五子也。封信王，继立，改元崇祯。李自成破京师，帝崩于煤山。在位凡十七年。

弘光帝，名由崧，神宗之孙也，袭封福王。李自成破京师，避地至淮安，凤阳总督马士英等，迎王入南京，甲申明崇祯十七年，清世祖顺治元年，1644年。四月，称帝，明年，改元弘光。乙酉顺治二年。五月，清兵破南京，帝走芜湖，依黄得功，清兵追至，被执北去。在位凡一年。

隆武帝，名聿键，太祖九世孙。太祖第二十三子桱之后。袭封唐王。南都破，南行至杭，镇江总兵官郑鸿逵等，遂奉以入闽，乙酉闰六月，立于福州，改元隆武。丙戌六月，清兵取绍兴。八月，清兵入闽，帝至汀州，被执，死之。在位凡一年。

永历帝，名由榔，神宗之孙也。随父桂王，避地于梧州，隆武被执，于是两广总督丁魁楚、广西巡抚瞿式耜等，共推监国，迎立于肇庆，丙戌十一月，称帝，改元永历。后为清兵所逼，于甲午，清顺治十一年。奔云南；己亥顺治十六年。奔缅甸；辛丑，顺治十八年，1661年。清兵临缅，执之而归，明年四月，为吴三桂所弑。在位凡十五年。明亡。

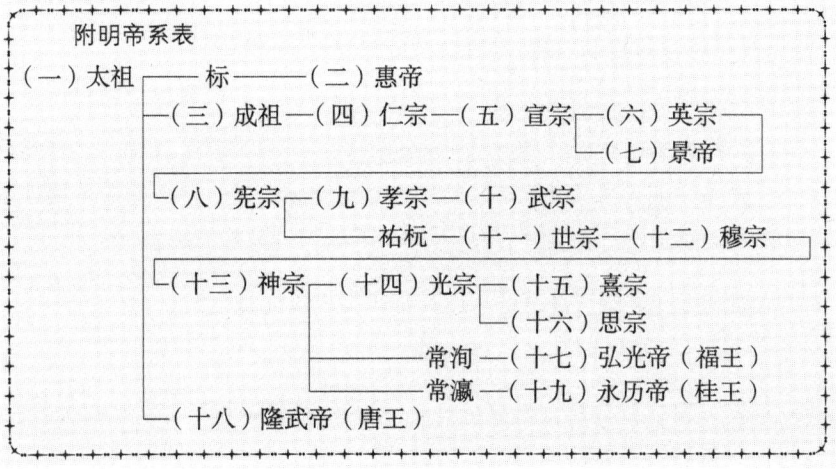

附明帝系表
- (一) 太祖 —— 标 —— (二) 惠帝
- (三) 成祖 — (四) 仁宗 — (五) 宣宗 ┬ (六) 英宗 ┐
                                    └ (七) 景帝 ┘
- (八) 宪宗 — (九) 孝宗 — (十) 武宗
         └ 祐杬 — (十一) 世宗 — (十二) 穆宗
- (十三) 神宗 — (十四) 光宗 ┬ (十五) 熹宗
                          ├ (十六) 思宗
                          ├ 常洵 — (十七) 弘光帝 (福王)
                          └ 常瀛 — (十九) 永历帝 (桂王)
- (十八) 隆武帝 (唐王)

一 明之统一

当太祖进取金陵、略定江表时，东有张士诚，西有陈友谅，俱称劲敌。而友谅称汉。控扼上游，兵强势盛，常有鲸吞之志，是以数相攻击，得失互见，及鄱阳湖一战，雌雄乃决，明之基业，于是始固。

明太祖朱元璋像

元顺帝至正二十三年，1363年。七月，太祖自将救洪都，即南昌，时为陈友谅所围攻。次湖口，先伏兵泾江口及南湖觜，遏友谅归路，檄信州兵，守武阳渡。友谅闻太祖至，解围，逆战于鄱阳湖。友谅兵号六十万，……太祖分军十一队以御之。……友谅悉巨舰出战，诸将舟小，仰攻不利。……会日晡，大风起东北，乃……纵火焚友谅舟。……友谅兵大乱，诸将鼓噪乘之，……友谅气夺。复战，友谅复大败，于是……太祖移军扼左蠡，友谅亦退保渚矶。……八月，友谅食尽，趋南湖觜，为南湖军所遏，遂突湖口，太祖邀之，顺流搏战。及于泾

江，泾江军复遮击之，友谅中流矢死，张定边以其子理奔武昌。（《明史》卷一《太祖纪》一）

友谅……死，军大溃，……太尉张定边，夜挟友谅次子理，载其尸遁还武昌。……子理既还武昌，嗣伪位，改元德寿。是冬，太祖亲征武昌。明年至正二十四年。二月，再亲征，……太祖乃遣其故臣罗复仁入城招理，理遂降。（《明史》卷一二三《陈友谅传》）

太祖既灭汉，悉得江楚地，遂移师东指，以征张士诚。

当是时，士诚所据，南抵绍兴，北逾徐州，达于济宁之金沟，西距汝、颍、濠、泗，东薄海二千余里，带甲数十万。……吴承平久，户口殷盛，士诚渐奢纵，怠于政事。……友谅亦遣使约士诚夹攻太祖，而士诚欲守境观变，许使者，卒不行。太祖既平武昌，师还，即命徐达等规取淮东，……围高邮。士诚以舟师溯江来援，太祖自将击走之，达等遂拔高邮，取淮安，悉定淮北地。于是移檄平江，今江苏吴县，士诚建都地。数士诚八罪，徐达、常遇春，帅兵自太湖趋湖州。……士诚知事急，亲督兵来战，败于皂林，……湖州守将李伯升等以城降，嘉兴松江相继降，潘原明亦以杭州降于李文忠。至正二十六年1366年。十一月，大军进攻平江，筑长围困之。……二十七年即太祖吴元年。九月，城破，士诚……至金陵，竟自缢死。（《明史》卷一二三《张士诚传》）

时浙东尚为方国珍所据，太祖乘胜，遣兵击灭之。

吴元年，克杭州，国珍据境自如，遣间谍假贡献名觇胜负，又数通好于扩廓帖木儿及陈友定，图为犄角，太祖闻之怒。……至正二十七年九月，太祖已破平江，命参政朱亮祖攻台州，国瑛国珍弟迎战，败走，进克温州。平南将军汤和，以大军长驱抵庆元，浙江鄞县。国珍帅所部遁入海，追败之盘屿，其部将相次降。和数令人示以顺逆，国珍乃遣子关，奉表乞降。（《明史》卷一二三《方国珍传》）

太祖既下江浙，乃遣将分道经略南北。

至正二十七年十月，……徐达为征虏大将军，常遇春为副将军，帅师二十五万，由淮入河，北取中原；胡廷瑞为征南将军，何文辉为副将军，取福建；湖广行省平章杨璟、左丞周德兴、参政张彬，取广

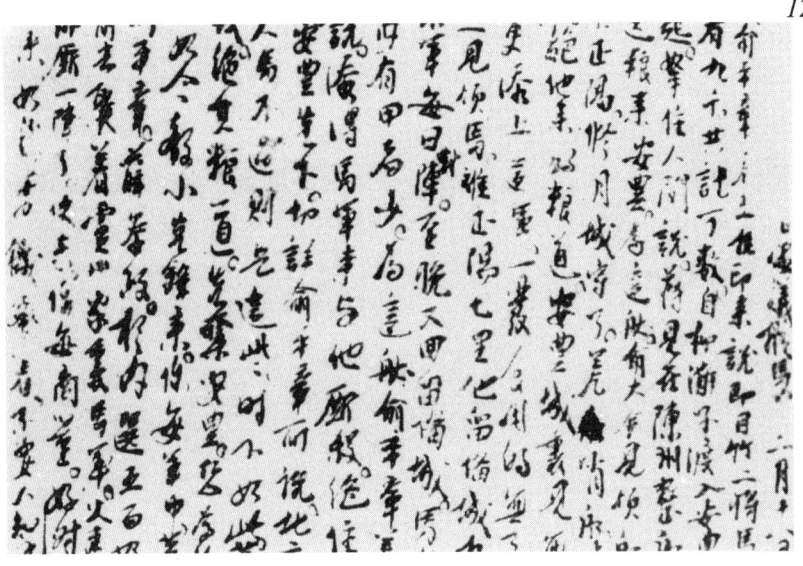

朱元璋给徐达下的军令

西。(《明史》卷一《太祖纪》一)

其南定闽广,用兵经过如下。

太祖既平方国珍,即发兵伐友定,将军胡廷美、何文辉,由江西趋杉关,汤和、廖永忠,由明州海道取福州,李文忠由浦城取建宁。……友定……闻杉关破,急分军为二,以一军守福,而自帅一军守延平,以相椅角。及汤和等舟师抵福州之五虎门,平章曲出,引兵逆战败,明兵缘南台蚁附登城,守将遁去。(《明史》卷一二四《陈友定传》)

洪武元年元顺帝至正二十八年,1368年。正月,……胡廷瑞克建宁,……汤和克延平,执元平章陈友定,福建平。(《明史》卷二《太祖纪》二)

洪武元年,……永忠。拜征南将军,以朱亮祖为副,由海道取广东。永忠先发书谕元左丞何真,晓譬利害,真即奉表请降。至东莞,真帅官属出迎。至广州,……驰谕九真、日南、朱崖、儋耳三十余城,皆纳印请吏。进取广西,至梧州,……浔、柳诸路皆下,遣亮祖会杨璟,收未下州郡,永忠引兵克南宁,降象州,两广悉平。(《明史》卷一二九《廖永忠传》)

杨璟……以功擢湖广行省参政,……迁行省平章政事,帅左丞周德兴、参政张彬,将武昌诸卫军取广西。洪武元年春,进攻永州,……围之,……遣千户王廷取宝庆,德兴、彬取全州,略定道州、蓝山、桂阳、武冈诸州县。而永州久不下，令裨将分营诸门，筑垒困之，造浮桥西江上，急攻之，……遂克永州。而征南将军廖永忠、参政朱亮祖，亦自广东取梧州，定浔、贵、郁林。亮祖以兵来会，进攻靖江，……二月，克之。……张彬……复移师徇郴州，降两江土官黄英、岑伯颜等，而永忠亦定南宁、象州，广西悉平。（《明史》卷一二九《杨璟传》）

其北伐用兵经过如下。

召诸将议北征，太祖曰："山东则王宣反侧，河南则扩廓跋扈，关陇则李思齐、张思道，枭张猜忌。元祚将亡，……今将北伐。……元建国百年，守备必固，悬军深入，馈饷不前，援兵四集，危道也。吾欲先取山东，撤彼屏蔽，移兵两河，破其藩篱，拔潼关而守之，扼其户槛。天下形胜，入我掌握，然后进兵元都，势孤援绝，不战自克，鼓行而西，云中、九原、关陇，可席卷也。（《明史》卷一《太祖纪》一）

徐达拜征虏大将军，以常遇春为副，帅步骑二十五万人，北取中原，太祖亲祃于龙江。……又谓达，进取方略，宜自山东始。师行，克沂州，降守将王宣，进克峄州，王宣复叛，击斩之。莒、密、海诸州悉下，乃使韩政分兵扼河，张兴祖取东平、济宁，而自帅大军拔益都。徇下潍、胶诸州县，济南降，分兵取登、莱，齐地悉定。（《明史》卷一二五《徐达传》）

洪武元年，……还军济宁，引舟师溯河趋汴梁，守将李克彝走，左君弼、竹贞等降，遂自虎牢关入洛阳，与元将脱因帖木儿，大战洛水北，破走之。梁王阿鲁温以河南降，略定嵩、陕、陈、汝诸州，遂捣潼关，李思齐奔凤翔，张思道奔鄜城，遂入关，西至华州。（《明史》卷一二五《徐达传》）

达……遂与副将军会师河阴，遣裨将分道徇河北地，连下卫辉、彰德、广平。师次临清，使傅友德开陆道通步骑，顾时浚河通舟师，遂引而北。遇春已克德州，合兵取长芦，扼直沽，作浮桥以济师，水陆并进，大败元军于河西务。进克通州，顺帝帅后妃太子北去。逾日，达陈兵齐化门，填濠登城。……捷闻，诏以元都为北平府，置六卫，留孙兴祖等守之。（《明史》卷一二五《徐达传》）

达与遇春，进取山西。遇春先下保定、中山、真定，冯胜、汤和

下怀庆，度太行，取泽、潞，达以大军继之。时扩廓帖木儿，方引兵出雁门，将由居庸以攻北平。……乃引兵趋太原，扩廓至保安，果还救，达选精兵夜袭其营，扩廓以十八骑遁去，尽降其众，遂克太原。乘势收大同，分兵徇未下州县，山西悉平。(《明史》卷一二五《徐达传》)

朱元璋北上伐元示意图

洪武二年，引兵西渡河，至鹿台，张思道遁，遂克奉元。时遇春下凤翔，李思齐走临洮，达会诸将议所向，皆曰："张思道之才，不如李思齐，而庆阳易于临洮，请先庆阳。"达曰："不然。庆阳城险而兵精，猝未易拔也。临洮北界河湟，西控羌戎，……蹙以大兵，思齐不走，则束手缚矣。临洮既克，于旁郡何有？"遂渡陇，克秦州，下伏羌、宁远，入巩昌，遣右副将军冯胜，逼临洮，思齐果不战降。分兵克兰州，袭走豫王，……还出萧关，下平凉。思道走宁夏，为扩廓所执。其弟良臣以庆阳降，达遣薛显受之。良臣复叛，夜出兵袭伤显，达督军围之，……遂拔庆阳。……尽定陕西地，诏达班师。(《明史》卷一二五《徐达传》)

岭表既平，中原奠定，惟明升犹据两川称帝，太祖复命傅友德、汤和等分道进讨，连败夏兵，定蜀地。

洪武四年，友德充征虏前将军，与征西将军汤和，分道伐蜀。和帅廖永忠等，以舟师攻瞿塘；友德帅顾时等，以步骑出秦陇。太祖谕友德曰："蜀人闻我西伐，必悉精锐，东守瞿塘，北阻金牛，以抗我师。若出不意，直捣阶、文，门户既隳，腹心自溃。兵贵神速，患不勇耳。"友德疾驰至陕，集诸军，声言出金牛，而潜引兵趋陈仓，攀

援岩谷,昼夜行,抵阶州,败蜀将丁世珍,克其城,……拔文州,……趋绵州。……初蜀人闻大军西征,丞相戴寿等,果悉众守瞿塘,及闻友德破阶、文,捣江油,始分兵援汉州,以保成都。未至,友德已破其守将。……援师远来,……迎击,大败之,遂拔汉州,进围成都。……寿等闻其主明升已降,乃籍府库仓廪,面缚诣军门。成都平,分兵徇州邑未下者,……蜀地悉定。(《明史》卷一二九《傅友德传》)

洪武四年,和拜征西将军,与副将军廖永忠,帅舟师溯江伐夏。夏人以兵扼险,攻不克,江水暴涨,驻师大溪口,久不进。而傅友德已自秦陇深入,取汉中。永忠先驱,破瞿塘关,入夔州,和乃引军继之,入重庆,降明升。(《明史》卷一二六《汤和传》)

云南为元梁王把匝剌瓦尔密所据,太祖召谕之,不听,于是遣傅友德、蓝玉、沐英等讨平之,并戡定大理。至此,中国本部,始归于一统。

洪武十四年……秋,充征南将军,帅左副将军蓝玉、右副将军沐英,将步骑三十万,征云南。至湖广,分遣都督胡海等,将兵五万,由永宁四川叙永具。趋乌撒,云南镇雄县。而自帅大军由辰、沅趋贵州。克普定、普安,降诸苗蛮,进攻曲靖,云南曲靖县。大战白石江,禽元平章达里麻。遂击乌撒,循格孤山而南,以通永宁之兵,遣两将军趋云南,元梁王至元四年,封皇子忽哥赤为云南王,为都元帅实合丁所毒死。二十七年,改封皇孙甘麻剌为梁王,自是镇云南者,多以梁王及云南王为封爵。至正初,把匝剌瓦尔密以宗室袭封梁王。走死。友德城乌撒,群蛮来争,奋击破之,得七星关在贵州毕节县西九十里七星山上。以通毕节。又克可渡河,北盘江之上游。降东川乌蒙云南昭通县、芒部云南镇雄县诸蛮,……诸部皆降。(《明史》卷一二九《傅友德传》)

洪武十四年。……拜征南右副将军,同永昌侯蓝玉,从将军傅友德取云南。元梁王遣平章达里麻。以兵十余万,拒于曲靖,英……大败之,生禽达里麻,……长驱入云南,梁王走死,……属郡皆下。独大理倚点苍山、洱海,

沐英像

扼龙首、龙尾二关。关故南诏筑，土酋段世段思平，自石晋天福中，据有南诏地，称大理国。宋宝祐三年，蒙古忽必烈攻大理，段兴智迎降，因改置大理万户府，授之，寻又改为大理路总管，使世守其职。守之。英自将抵下关，遣王弼由洱水东趋上关，……夹击，禽段世，遂拔大理，分兵收未附诸蛮。……回军，与友德会滇池，分道平乌撒、东川、建昌、芒部诸蛮。……明年，十五年。诏友德及玉班师，而留英镇滇中。（《明史》卷一二六《沐英传》）

辽东虽亦降附，但元氏遗族，尚盘据各地。其间拥众最多者，则为纳哈出，后经冯胜进攻，纳哈出乃降。

洪武四年二月，……元平章刘益，以辽东降。（《明史》卷二《太祖纪》二）

初，元主北走，其辽阳行省参政刘益屯盖州，与平章高家奴相为声援，保金、复等州。帝遣断事黄俦赍诏谕益，益籍所部兵马钱粮舆地之数来归，乃立辽阳指挥使司，以益为指挥同知。未几，元平章洪保保、马彦翚合谋杀益，右丞张良佐、左丞商嵩，擒彦翚杀之，保保挟俦走纳哈出营。良佐因权卫事，以状闻，且言"辽东僻处海隅，肘腋皆敌境，平章高家奴守辽阳山寨，知院哈剌章屯沈阳古城，开元则右丞也先不花，金山则太尉纳哈出，彼此相依，时谋入犯，今保保逃往，衅必起。……"帝命立良佐、嵩，俱为盖州卫指挥佥事。既念辽阳重地，复设都指挥使司，统辖诸卫，以旺马云并为都指挥使，往镇之。（《明史》卷一三四《叶旺马云传》）

纳哈出者，元木华黎裔孙，为太平路万户。太祖克太平，被执，以名臣后，待之厚，知其不忘元，资遣北归。元既亡，纳哈出聚兵金山，……数犯辽东。（《明史》卷一二九《冯胜传》）

丞相纳哈出，拥二十万众，据金山，辽宁开原县西北。数窥伺辽。洪武二十年1387年。春，命宋国公冯胜为大将军，率颍川侯傅友德、永昌侯蓝玉等，将兵二十万征之，还其先所获元将乃剌吾。纳哈出骁将，洪武八

明辽东王玺印

年，侵金州，中伏被擒，见《叶旺传》。胜军驻通州，遣蓝玉乘大雪袭庆州，内蒙林西县。克之。夏，师逾金山，……乃刺吾归，备以朝廷抚恤恩语其众，于是全国公观童来降。纳哈出因闻乃刺吾之言已心悸，复为大军所迫，乃阳使人至大将军营纳款，以觇兵势。胜遣玉往受降，使者见胜军，还报，纳哈出仰天叹曰："天弗使吾有此众矣！"遂率数百骑诣玉纳降，……先后降其部曲二十余万人。(《明史》卷三二七《鞑靼传》)

二　明初之政局

(一) 开国治术

太祖既定宇内，惩元季姑息之弊，为政尚严，果于戮辱，视士大夫若仆隶。且集政柄于一身，废宰辅不设，君权高张，前此未有。一切设施，名为祖训祖制，一代不敢更易。中叶以后，主昏臣偷，政治混浊，为历朝所无，未尝不由始谋者之不臧也。

叶伯巨，字居升，宁海人，……授平遥训道。洪武九年，星变，诏求直言，伯巨上书，略曰："臣观当今之事，太过者三，分封太侈也，用刑太繁也，求治太速也。……议者曰：宋元中叶，专事姑息，赏罚无章，以致亡灭。主上痛惩其弊，故制不宥之刑，权神变之法，使人知惧，而莫测其端也。……而用刑之际，多裁自圣衷，遂使治狱之吏，务趋求意旨，深刻者多功，平反者得罪，欲求治狱之平，岂易得哉？……古之为士者，以登仕为荣，以罢职为辱；今之为士者，以溷迹无闻为福，以受玷不录为幸，以屯田工役为必获之罪，以鞭笞捶楚为寻常之辱。其始也，朝廷取天下之士，网罗捃摭，务无余逸，有司敦迫上道，如捕重囚。比到京师而除官，多以貌选，所学或非其所用，所用或非其所学。洎乎居官，一有差跌，苟免诛戮，则必在屯田工役之科，率是为常，不少顾惜。……致使朝不谋夕，弃其廉耻，或事掊克，以备屯田工役之资者，率皆是也。……陛下切切以民俗浇

滴，人不知惧，法出而奸生，令下而诈起，故或朝信而暮猜者有之，昨日所进、今日被戮者有之，乃至令下而寻改，已赦而复收，天下臣民，莫之适从。……开国以来，选举秀才，不为不多，所任名位，不为不重，自今数之，在者有几？臣恐后之视今，亦犹今之视昔，昔年所举之人，岂不深可痛惜乎。(《明史》卷一三九《叶伯巨传》)

帝初即位，惩元宽纵，用法太严，奉行者重足立。(《明史》卷一三八《周桢传》)

时官吏有罪者，笞以上悉谪屯凤阳，至万数。(《明史》卷一三九《韩宜可传》)

工部尚书夏祥，毙杖下，……廷杖之刑，亦自太祖始矣。(《明史》卷九五《刑法志》三)

当太祖起事之初，赖群策群力，以定四方，对于死事者，庙祀典制特隆。

至正二十四年正月，……乃即吴王位。……四月，建祠，祀死事丁普郎等于康郎山，赵德胜等于南昌。(《明史》卷一《太祖纪》一)

友谅围南昌八十五日，先后战死者，凡十四人。……事平，皆赠爵侯、伯以下有差，立忠臣庙于豫章，并祠十四人，以德胜为首，而康郎山战死者三十五人，首丁普郎。(《明史》卷一三三《赵德胜传》)

洪武二年正月，立功臣庙于鸡笼山。(《明史》卷二《太祖纪》二)

鸡笼山

太祖既以功臣配享太庙，又命别立庙于鸡笼山，论次功臣二十有一人，正殿：徐达、常遇春、李文忠、邓愈、汤和、沐英；西序：胡大海、赵德胜、华高、俞通海、吴良、曹良臣、吴复、孙兴祖；东序：冯国用、耿再成、丁德兴、张德胜、吴桢、康茂才、茅成。死者塑像，生者虚其位。（《明史》卷五〇《礼志》四）

诸将之有功者，更不惜崇以高位尊爵，每次出征还师，即行大除拜。

洪武三年十一月，北征师还，告武成于郊庙，大封功臣，进李善长韩国公、徐达魏国公，封李文忠曹国公、冯胜宋国公、邓愈卫国公、常遇春子茂郑国公，汤和等侯者二十八人。（《明史》卷二《太祖纪》二）

洪武十二年九月，沐英大破西番，禽其部长三副使。十一月，沐英班师，封仇成、蓝玉等十二人为侯。（《明史》卷二《太祖纪》二）

迨天下粗定，帝虑诸功臣跋扈难制，为后世子孙患，乃罗织其罪，大事诛戮。胡、蓝两狱，株连元勋宿将，得免者盖寡。惨核寡恩，从古未之有也。

明祖借诸功臣以取天下，及天下既定，即尽举取天下之人而尽杀之，其残忍实千古所未有。盖……明祖则起事虽早，而天下大定，则年已六十余，懿文太子又柔仁，懿文死，孙更孱弱，遂不得不为身后之虑，是以两兴大狱，一网打尽，此可以推见其心迹也，胡惟庸之死，在洪武十三年，同诛者，不过陈宁、涂节数人。至胡党之狱，则在二十三年，距惟庸死时，已十余年，岂有逆首已死，同谋之人至十余年始败露者？此不过借惟庸为题，使狱词牵连诸人，为草薙禽狝之计耳。胡党既诛，犹以为未尽，则二十六年，又兴蓝党之狱，于是诸功臣宿将始尽。……此外又有非二党，而别以事诛者。廖永忠功最大，以僭用龙凤诸不法事赐死。汪广洋虽不入胡党，帝追念其在江西曲庇朱文正，在中书不发杨宪奸，遂赐死。周德兴年最高，以其子乱宫，并德兴赐死。王弼已还乡，又召入赐死。胡美因女为贵妃，偕子婿乱宫，并美赐死。李新、谢成，别以事诛死。文臣以事诛者，又有茹太素，以抗直不屈死；李仕鲁以谏帝惑僧言，命武士捽死于阶下；王朴、张衡，俱以言事死；孔克仁、陶凯、朱同，俱坐事死。于是文臣亦多

冤死。帝亦太忍矣哉！（赵翼《二十二史劄记》卷三二"胡蓝之狱"）

至胡、蓝两狱之构成，分别述之于下。

【胡狱】

　　胡惟庸，……洪武六年……七月，拜右丞相。久之，进左丞相。……有异谋，……乃遣明州卫指挥林贤，下海招倭，与期会，又遣元故臣封绩，致书称臣于元嗣君，请兵为外应。……乃与御史大夫陈宁、中丞涂节等，谋起事，阴告四方，及武臣从己者。……明年十三年。正月，涂节遂上变，告惟庸；御史中丞商暠，时谪为中书省吏，亦以惟庸阴事告。帝大怒，下廷臣更讯，词连宁、节，……乃诛惟庸、宁，并及节。惟庸既死，其反状犹未尽露。……十九年十月，林贤狱成，惟庸通倭事始著。二十一年，蓝玉征沙漠，获封绩，善长不以奏。至二十三年五月，事发，捕绩下吏，讯得其状，逆谋益大著。会善长家奴卢仲谦，首善长与惟庸往来状，而陆仲亨家奴封帖木，亦首仲亨及唐胜宗、费聚、赵雄三侯，与惟庸共谋不轨。帝发怒，肃清逆党，词所连及，坐诛者三万余人，乃为昭示奸党录布告天下，株连蔓引，迄数年未靖云。（《明史》卷三〇八《胡惟庸传》）

　　狱具，谓善长元勋国戚，知逆谋不发举，狐疑观望怀两端，大逆不道。会有言星变，其占当移大臣，遂并其妻女弟侄家口七十余人诛之，而吉安侯陆仲亨、延安侯唐胜宗、平凉侯费聚、南雄侯赵庸、荥阳侯郑遇春、宜春侯黄彬、河南侯陆聚等，皆同时坐惟庸党死，而已故营阳侯杨璟、济宁侯顾时等，追坐者又若干人。帝手诏条列其罪，傅著狱辞，为昭示奸党三录，布告天下。（《明史》卷一二七《李善长传》）

功臣之坐胡党而死及已故而追坐爵除者——

　　韩国公李善长（洪武三年十一月封，二十三年五月，追坐胡惟庸党，赐死，爵除。）

　　吉安侯陆仲亨（同上）

　　延安侯唐胜宗（同上）

明五彩龙纹瓶

卷五　明清

平凉侯费聚（同上）

南雄侯赵庸（同上）

荥阳侯郑遇春（同上）

宜春侯黄彬（同上）

河南侯陆聚（同上）

南安侯俞通源（洪武三年十一月封，二十二年卒。子祖，病不能袭。明年，追论胡党，以死不问，爵除。）

永嘉侯朱亮祖（洪武三年十一月封，十三年九月，坐罪死，爵除。二十三年，追论亮祖胡党，次子昱亦诛死。）

汝南侯梅思祖（洪武三年十一月封，十五年卒。二十三年，追坐胡党，灭其家。）

永城侯薛显（洪武三年十二月封，二十年卒。二十三年，追坐胡党，以死不问，爵除。）

靖宁侯叶升（洪武十二年十一月封。二十五年，追坐胡党死；蓝玉升姻也，玉败复坐，故名隶两党。）

卫国公邓愈、子镇（愈，洪武三年十一月封，镇于十三年袭，改封申国公，坐胡党死。）

淮安侯华云龙、子中（云龙，洪武三年十一月封，中于九年袭。坐贬死，追论中胡党，爵除。）

济宁侯顾时、子敬（时，洪武三年十一月封，敬于十五年袭。二十三年，追论胡党，坐死，爵除。）

临江侯陈德、子镛（德，洪武三年十一月封，镛于十四年袭。二十年，从征纳哈出，败没。二十三年，追坐胡党，爵除。）

巩昌侯郭兴、子振（兴，洪武三年十一月封，振于二十二年袭。二十三年，追坐胡党，爵除。）

六安侯王志、子威（志，洪武三年十一月封，威于二十二年袭。坐事谪，志追坐胡党，以死不问。）

靖海侯吴祯、子忠（祯，洪武三年十一月封，忠于十七年袭。二十三年，追坐祯胡党，爵除。）

营阳侯杨璟、子通（璟，洪武三年十一月封，通于十七年袭。二十年，降指挥使。二十三年，追坐璟胡党，爵除。）

宣德侯金朝兴、子镇（朝兴，洪武十二年十一月封，镇于十九年袭。二十三年，追坐朝兴胡党，降指挥使，爵除。）

【蓝狱】

蓝玉，……洪武十一年，……封永昌侯，……二十一年，……进凉国公。北征元脱古思帖木儿功，事详后。……饶勇略，有大将才，……数总大军，多立功。太祖遇之厚，浸骄蹇自恣。……镌其过于券，玉犹不悛，侍宴语傲慢，在军擅黜陟将校，进止自专。帝数谯让，……比奏事多不听，益怏怏。二十六年二月，锦衣卫指挥蒋瓛，告玉谋反，下吏鞫讯。狱辞云：玉同景川侯曹震、鹤庆侯张翼、舳舻侯朱寿、东莞伯何荣，及吏部尚书詹徽、户部侍郎傅友文等，谋为变，将伺帝出耤田举事。狱具，族诛之，列侯以下坐党夷灭者，不可胜数。手诏布告天下，条列爰书为《逆臣录》，至九月，乃下诏曰："蓝贼为乱，谋泄，族诛者万五千人。自今胡党、蓝党，概赦不问。……于是元功宿将，相继尽矣，凡列名《逆臣录》者，一公、十三侯、二伯。（《明史》卷一三二《蓝玉传》）

明代镀金铜佛塔

功臣之坐蓝党死而爵除者——

怀远侯曹兴（洪武十二年十一月封，二十六年二月，坐死，爵除。）

景川侯曹震（同上）

会宁侯张温（同上）

普定侯陈桓（洪武十七年四月封，二十六年二月，坐死，爵除。）

鹤庆侯张翼（同上）

舳舻侯朱寿（洪武二十年十月封，二十六年二月，坐死，爵除。）

东平侯韩勋（父政，洪武三年十一月受封，勋于十九年袭，二十六年二月，坐死，爵除。）

宣宁侯曹泰（父良臣，洪武三年十一月受封，泰于六年袭，二十六年二月，坐死，爵除。）

沈阳侯察罕（父纳哈出，洪武二十年九月降，封西海侯，察罕二十一年袭，改封二十六年二月，坐死，爵除。）

东莞伯何荣（父真，洪武二十年七月受封，荣于二十一年袭，二十六年二月，坐死，爵除。）

全宁侯孙恪（父兴祖，洪武三年，北征战死，封燕山侯，恪二十一年从蓝玉北征，以功封侯，二十六年二月，坐死，爵除。）

西凉侯濮玙（父英洪武二十年，征纳哈出战殁，封乐浪公，玙以父功封西凉侯，二十六年二月，坐死，爵除。）

徽先伯桑敬（父世杰，洪武初，征张士诚战死，敬于二十三年九月封伯，二十六年二月，坐死，爵除。）

（二）靖难称兵

太祖既得天下，虑王室孤立，乃复行分封制度，大封诸子，分据津要，以为中央之藩卫。

> 洪武二年四月，……编《祖训录》，定封建诸王之制。（《明史》卷二《太祖纪》二）

> 太祖既正大位，诏封众子为王，置傅相，设官属，定礼仪，列爵而不临民，分土而不任事，外镇偏圉，内控雄域。洪武三年，封建礼成，告于太庙，遂定亲王等封爵册宝之制。（《续通考》卷二〇八《封建考》三）

> 明制，皇子封亲王，……府置官属，护卫甲士，少者三千人，多者至万九千人，隶籍兵部。（《明史》卷一一六《诸王传序》）

> 洪武中，太祖以子孙蕃众，命名虑有重复，乃于东宫亲王世系各拟二十字，字为一世，子孙初生，宗人府依世次立双名，以上一字为据，其下一字则取五行偏旁者，以火、土、金、水、木为序，惟靖江王不拘。（《明史》卷一〇〇《诸王世袭序》注）

初封之际，虽不使干预政事，但后来渐委重权，专制国中，诸王遂多骄蹇不法，沿边各王，更畀以兵权，遂成尾大不掉之势。

> 伯巨上书，略曰："……先王之制，大都不过三国之一，上下等差，各有定分，所以强干弱枝，遏乱源而崇治本耳。今裂土分封，使诸王各有分地，盖惩宋元孤立、宗室不竞之弊，而秦、晋、燕、齐、

明初封藩简表

国名	王名	关系	藩治原名	藩治今释	备考
秦	樉	太祖第二子	西安	陕西西安市	洪武三年封,十一年就藩。
晋	㭎	太祖第三子	太原	山西太原市	洪武三年封,十一年就藩。
燕	棣	太祖第四子	北平	北京市	洪武三年封,十三年就藩。
周	橚	太祖第五子	开封	河南开封市	洪武三年封吴王,十一年改封周王,十四年就藩。
楚	桢	太祖第六子	武昌	湖北武汉市	洪武三年封,十四年就藩。
齐	榑	太祖第七子	青州	山东益都县	洪武三年封,十五年就藩。
潭	梓	太祖第八子	长沙	湖南长沙市	洪武三年封,十八年就藩。
赵	杞	太祖第九子			洪武三年封,明年殇。
鲁	檀	太祖第十子	兖州	山东滋阳县	洪武三年生,生两月而封,十八年就藩。
蜀	椿	太祖第十一子	成都	四川成都市	洪武十一年封,二十三年就藩。
湘	柏	太祖第十二子	荆州	湖北江陵县	洪武十一年封,十八年就藩。
代	桂	太祖第十三子	大同	山西大同市	洪武十一年封豫王,二十五年改封代王,是年就藩。
肃	楧	太祖第十四子	甘州	甘肃张掖县	洪武十一年封汉王,二十五年改封肃王,二十八年就藩。
辽	植	太祖第十五子	广宁	辽宁北镇县	洪武十一年封卫王,二十五年改封辽王,明年就藩。
庆	㫺	太祖第十六子	宁夏	甘肃宁夏县	洪武二十四年封,二十六年就藩。
宁	权	太祖第十七子	大宁	河北平泉县东北	洪武二十四年封,二十六年就藩,永乐元年,徙封南昌。
岷	楩	太祖第十八子	岷州	甘肃岷县	洪武二十四年封,二十八年,以云南新附,宜亲王镇抚,改云南。
谷	橞	太祖第十九子	宣府	河北宣化市	洪武二十四年封,二十八年,就藩宣府上谷地,故曰谷王,成祖即位,改封长沙。
韩	松	太祖第二十子	开原	辽宁开原县	洪武二十四年封,未之国。
沈	模	太祖第廿一子	潞州	山西长治市	洪武二十四年封,永乐六年就藩。
安	楹	太祖第廿二子	平凉	甘肃平凉市	洪武二十四年封,永乐六年就藩。
唐	桱	太祖第廿三子	南阳	河南南阳市	洪武二十四年封,永乐六年就藩。
郢	栋	太祖第廿四子	安陆	湖北钟祥县	洪武二十四年封,永乐六年就藩。
伊	㰘	太祖第廿五子	洛阳	河南洛阳市	洪武二十四年封,永乐六年就藩。
靖江	守谦	太祖从孙,父文正,太祖嫡兄南昌王兴隆子。	桂林	广西桂林市	洪武三年封,九年就藩。

梁、楚、吴、蜀诸国，无不连邑数十，城郭宫室，亚于天子之都，优之以甲兵卫士之盛。臣恐数世之后，尾大不掉，然后削其地而夺之权，则必生觖望，甚者缘间而起，防之无及矣。"……书上，帝大怒曰："小子间吾骨肉，速逮来，吾手射之。"既至，丞相乘帝喜以奏，下刑部狱，死狱中。(《明史》卷二三九《叶伯巨传》)

洪武二十五年，太祖御奉天门，手敕以赐诸王云：常岁训将练兵，临视周回险易，造军器务精坚堪用，因顾长孙即惠帝曰："当使边庭不惊，贻汝以安也。"自是诸王得专制国中，提兵防御，地大权重，易生骄僭。(《续通考》卷二〇八《封建考》三)

是时帝念边防甚，且欲诸子习兵事，诸王封并塞居者，皆预军务。而晋、燕二王，尤被重寄，数命将兵出塞，及筑城屯田，大将军如宋国公冯胜、颍国公傅友德，皆受节制，又诏二王，军中事大者方以闻。(《明史》卷一一六《晋王㭎传》)

惠帝即位，深以为患，乃用齐泰、黄子澄削藩之谋，以法绳诸王，摭其罪而废之。依次及燕，燕王棣即成祖遂举兵反，以讨奸臣变更旧制为名，号其师曰靖难。

齐泰，溧水人，初名德。……皇太孙素重泰，及即位，命与黄子澄同参国政，寻进尚书。时遗诏诸王临国中毋奔丧，王国吏民，听朝廷节制。诸王谓泰矫皇考诏，间骨肉，皆不悦。先是帝为太孙时，诸王多尊属，拥重兵，患之，至是因密议削藩。建文元年，周、代、湘、齐、岷五王，相继以罪废。(《明史》卷一四一《齐泰传》)

黄子澄，名湜，以字行，分宜人。……伴读东宫。……惠帝为皇太孙时，尝坐东角门，谓子澄曰："诸王尊属，拥重兵，多不法，奈何？"对曰："诸王护卫兵，才足自守，倘有变，临以六师，其谁能支？汉七国非不强，卒底亡灭，大小强弱势不同，而顺逆之理异也。"太孙是其言。比即位，命……与齐泰同参国政，谓曰："先生忆昔东

明惠帝朱允炆像

角门之言乎?"子澄顿首曰:"不敢忘。"退而与泰谋,泰欲先图燕,子澄曰:"不然。周、齐、湘、代、岷诸王,在先帝时,尚多不法,削之有名。今欲问罪,宜先周。周王,燕之母弟,削周是剪燕手足也。"谋定,明日入白帝。会有言周王橚不法者,遂命李景隆帅兵袭执之,词连湘、代诸府,于是废橚及岷王楩为庶人,幽代王桂于大同,囚齐王榑于京师,湘王柏自焚死。……于是命都督宋忠调缘边官军屯开平,选燕府护卫精壮隶忠麾下,召护卫胡骑指挥关童等入京以弱燕,复调北平永清左右卫官军,分驻彰德、顺德,都督徐凯练兵临清,耿瓛练兵山海关,以控制北平。皆泰、子澄谋也。(《明史》卷一四一《黄子澄传》)

王……智勇有大略,能推诚任人,……屡帅诸将出征,并令王节制沿边士马,王威名大振。……太祖崩,皇太孙即位。……时诸王以尊属拥重兵,多不法,帝纳齐泰、黄子澄谋,欲因事以次削除之,惮燕王强,未发,乃先废周王橚,欲以牵引燕。于是告讦四起,湘、代、齐、岷,皆以罪废,王内自危,伴狂称疾。……建文元年1399年。夏六月,燕山百户倪谅告变,逮官校于谅、周铎等伏诛,下诏让王,并遣中官逮王府僚,王遂称疾笃。都指挥使谢贵,布政使张昺,以兵守王宫,王密与僧道衍即姚广孝。谋,令指挥张玉、朱能,潜纳勇士八百人,入府守卫。……七月,……匿壮士端礼门,绐贵、昺入,杀之,遂夺九门。上书天子,指泰、子澄为奸臣,并援祖训,"朝无正臣,内有奸恶,则亲王训兵待命,天子密诏诸王,统领镇兵讨平之"。书既发,遂举兵自署官属,称其师曰靖难,拔居庸关,破怀来,执宋忠,取密云,克遵化,降永平,二旬,众至数万。

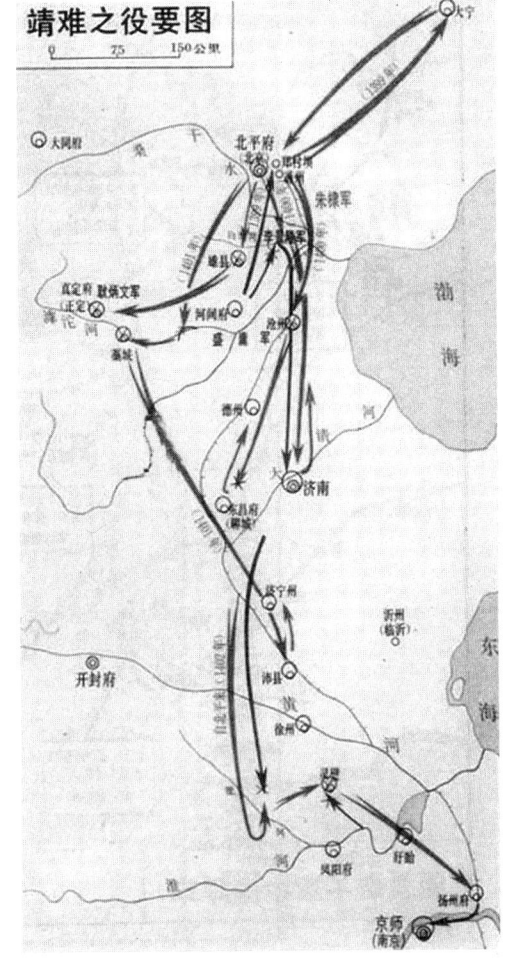

靖难之役形势图

(《明史》卷五《成祖纪》一)

明廷闻变,命耿炳文、李景隆,先后进讨。其时元勋宿将,诛亡殆尽,皆非燕王之敌,每致挫败。

洪武末年,诸公侯且尽,存者惟炳文及武定侯郭英二人,而炳文以元功宿将,为朝廷所倚重。建文元年,燕王兵起,帝命炳文为大将军,帅副将军李坚、宁忠北伐,时年六十有五矣。兵号三十万,至者惟十三万。八月,次真定,分营滹沱河南北,都督徐凯军河间,潘忠、杨松驻鄚州,先锋九千人驻雄县。值中秋,不设备,为燕王所袭。……忠等来援,……伏发,……忠、松俱被执,不屈死,鄚州陷。……炳文移军尽渡河,并力当敌,军甫移,燕兵骤至,循城蹴击,炳文军不得成列,败入城,……燕兵遂围城。……燕王知炳文老将未易下,越三日,解围还。而帝骤闻炳文败,忧甚,太常卿黄子澄,遂荐李景隆为大将军,乘传代炳文。(《明史》卷一三〇《耿炳文传》)

李文忠三子,长景隆。……景隆小字九江,读书通典故,长身,眉目疏秀,顾盼伟然,每朝会进止,雍容甚都,太祖数目属之。洪武十九年袭爵,屡出练军湖广、陕西、河南。……建文帝即位,景隆以肺腑见亲任,尝被命执周王橚。及燕兵起,长兴侯耿炳文讨燕失利,齐泰、黄子澄等共荐景隆,乃以景隆代炳文为大将军,将兵五十万北伐,……令一切便宜行事。景隆贵公子,不知兵,惟自尊大,诸宿将多怏怏不为用,景隆驰至德州,会兵,进营河间。(《明史》卷一二六《李文忠附李景隆传》)

李景隆本膏粱子,素不知兵,自代耿炳文后,观望不进,而燕王亦殊轻之,遂得间略定北边各地,还师大败景隆兵,势力顿增,益不可侮。

燕王闻之喜,语诸将曰:"李九江纨绮少年耳,易与也。"遂命世子居守,戒勿出战,而自引兵援永平,直趋大宁。景隆闻之,进围北平。……及燕师破大宁还军击景隆,景隆屡大败,奔德州,众军皆溃。明年建文二年。正月,燕王攻大同,景隆引军出紫荆关往救,无功而还。帝虑景隆权尚轻,遣中官赍玺书,赐黄钺弓矢,专征伐。……四月,景隆大誓师于德州。会武定侯郭英、安陆侯吴杰等于真定,合军六十万,进营白沟河,与燕军连战,复大败,……走德州,

复走济南。斯役也,王师死者数十万人,南军遂不支,帝始诏景隆还。(《明史》卷一二六《李文忠附李景隆传》)

燕王屡胜,益轻明廷,遂举兵南下,至东昌,败于盛庸,无功而还。

盛庸,……建文初,以参将从耿炳文伐燕,李景隆代炳文,遂隶景隆麾下。二年四月,景隆败于白沟河,走济南。燕师随至,景隆复南走,庸与参政铁铉,悉力固守,燕师围攻三月不克。庸、铉乘夜出兵掩击,燕众大败,解围去,乘胜复德州。(《明史》卷一四四《盛庸传》)

建文二年九月,……命为平燕将军,充总兵官,陈晖、平安,为左右副总兵,马溥、徐真,为左右参将,进铉兵部尚书,参赞军务。时吴杰、平安守定州,庸驻德州,徐凯屯沧州为犄角。是冬,燕兵袭沧州,破擒凯,掠其辎重,进薄济宁,庸引兵屯东昌以邀之,背城而阵。燕王帅兵直前,薄庸军左翼,不动,复冲中坚,庸开阵纵王入,围之数重。燕将朱能,帅番骑来救,王乘间突围出,而燕军为火器所伤甚众,大将张玉死于阵。王独以百骑殿,退至馆陶,庸檄吴杰、平安,自真定遮燕归路。明年三年。正月,杰、平安战深州不利,燕师始得归。是役也,燕精锐丧失几尽,庸军声大振。(《明史》卷一四四《盛庸传》)

以盛庸代景隆为平燕将军,命铉参其军务。是年建文二年。冬,庸大败燕王于东昌,斩其大将张玉,燕王奔还北平。自燕兵犯顺,南北日寻干戈,而王师克捷,未有如东昌者。自是燕兵南下由徐沛,不敢复道山东。(《明史》卷一四二《铁铉传》)

翌年,再出兵南下,以肘腋未清,顾虑根本,还师。

建文三年二月,复帅师南下。

明成祖朱棣像

三月，与盛庸遇于夹河，河北武邑县南，漳水分流也。谭渊战死，朱能、张武殊死斗，庸军少却。……复战，自辰至未，两军相胜负，东北风忽起，尘埃蔽天，燕兵大呼，乘风纵击，庸大败，走德州。(《明史》卷五《成祖纪》一)

燕师出大名，安与庸及吴杰等，分兵扰其饷道，燕王患之。……燕王亦决计南下，遣李远等潜走沛县，焚粮舟，掠彰德。……时安在真定，度北平空虚，帅万骑直走北平，至平村，去城五十里而军。燕王惧，遣刘江等驰还救，安战不利，引还。时大同守将房昭，引兵入紫荆关，据易州西水寨以窥北平。……建文三年八月，燕兵北归，安及燕将李彬战于杨村，败之。(《明史》卷一四四《平安传》)

燕王两次大举，俱无功而还，最后乃悉锐以行，淝河一战，王师不振，燕王遂破金陵，登大位。

当是时，王称兵三年矣，亲战阵，冒矢石，以身先士卒，常乘胜逐北，然亦屡濒于危，所克城邑，兵去旋复为朝廷守，仅据有北平、保定、永平三府而已。无何，中官被黜者来奔，具言京师空虚可取状，王乃慨然曰："频年用兵，何时已乎？要当临江一决，不复返顾矣。"建文三年十二月丙寅，复出师。四年1402年。春正月乙未，由馆陶渡河，癸丑，徇徐州。三月壬辰，平安以四万骑蹑王军，王设伏淝河，大败之。……四月，……何福等营灵璧，燕遮其饷道，平安分兵六万人护之。己卯，王帅精锐横击，断其军为二，何福空壁来援，王军少却，高煦伏兵起，福败走。辛巳，进薄其垒，破之，生擒平安、陈晖等三十七人，何福走免。五月己丑，下泗州，……盛庸扼淮南岸，朱能、邱福潜济，袭走之，遂克盱眙，……徇扬州，驻军江北。天子遣庆成郡主成祖从姊。至军中，许割地以和，不听。六月癸丑，江防都督佥事陈瑄，以舟师叛附于王。……自瓜洲渡，盛庸以海舻迎战，败绩。戊午，下镇江，庚申，次龙潭。……至金川门，谷王橞、李景隆等，开门纳王，都城遂陷。王……大索齐泰、黄子澄、方孝孺等五十余人，榜其姓名曰奸臣。丙寅，诸王群臣，上表劝进，……即皇帝位，……杀齐泰、黄子澄、方孝孺，并夷其族，坐奸党死者甚众。(《明史》卷五《成祖纪》一)

（三）永乐大典*

甲、纂修之经过

明成祖靖难功成、盛行诛戮之后，即命儒生修《永乐大典》，盖与宋初修《太平御览》、《册府元龟》、《文苑英华》同一用心，而规模之巨则远过之。其为书凡二万二千八百七十七卷，凡例、目录六十卷，共为册万一千九十五。始纂于永乐元年，越年奏进，初名《文献大成》。继以所辑尚多未备，遂命重修，与其事者凡二千余人，告成于永乐五年，更名《永乐大典》。当时政令严急，故能迅速成书。一准《洪武正韵》，以韵统字，以字系事，所载诸书均散入各韵之中，有以一字一句分韵者，有析取一篇以篇名分韵者，有钞录全书以书名分韵者。有割裂，无删改，明以前佚文秘本世所不传者，赖其全部、全篇收入，得以略存古人著作，其功盖不可没。

> 永乐元年1403年。秋七月丙子朔，……上谕翰林侍读学士解缙等曰："天下古今事物，散载诸书，篇帙浩穰，不易检阅。朕欲悉采各书所载事物，类聚之而统之以韵，庶几考索之便如探囊取物尔。尝观《韵府》、《回溪》二书，事虽有统，而采摘不广，纪载大略。尔等其如朕意，凡书契以来，经、史、子、集百家之书，至于天文、地志、阴阳、医卜、僧道、技艺之言，备辑为一书，毋厌浩繁。"（《明太宗实录》卷二〇）

> 永乐二年1404年。十一月丁巳，翰林院学士兼右春坊大学士解缙等进所纂录韵书，赐名《文献大成》，赐缙等百四十七人钞有差，赐宴于礼部。既而上览所进书，尚多未备，遂命重修，而敕太子少师姚广孝、刑部侍郎刘季箎及缙总之，命翰林学士王景、侍读学士王达、国子祭酒胡俨、司经局洗马杨溥、儒士陈济为总裁，翰林院侍讲邹缉、修撰王褒、梁潜、吴溥、李贯、杨觏、

* 本节原书作为"补遗"附于全书之后，此按原序插入。

《永乐大典》书影

曾棨、编修朱弦、检讨王洪、蒋骥、潘畿、王偁、苏伯厚、张伯颖、典籍梁用行、庶吉士杨相、左春坊左中允尹昌隆、宗人府经历高得赐、吏部郎中叶砥、山东按察佥事晏璧为副总裁。命礼部简中外官及四方宿学老儒有文学者充纂修，简国子监及在外郡县学能书生员缮写，开馆于文渊阁，命光禄寺给朝暮膳。（《明太宗实录》卷三二）

永乐五年1407年。十一月乙丑，……太子少师姚广孝等进重修《文献大成》，书凡二万二千二百一十一卷，一万一千九十五本，更赐名《永乐大典》，上亲制序以冠之。（《明太宗实录》卷五四）

乙、副本之重录

《大典》原本，不详何时移来北京，后贮于文楼，至嘉靖三十六年，奉天、华盖、谨身三殿火，亟命救出，于是有重录《永乐大典》之举。始事于嘉靖四十一年，讫工于隆庆元年，缮写者逾百人，每人日写三叶，历时五六年，止重录一部。阁臣及在事诸臣升赏极优，盖重其事。

嘉靖四十一年1562年。八月乙丑，诏重录《永乐大典》，命礼部左侍郎高拱、右春坊右中允管国子监司业事张居正，各解原务，入馆校录，拱仍以侍郎兼翰林院学士，同左春坊左谕德兼侍读瞿景淳充总校官，居正仍以中允兼翰林院编修，同修撰林燫、丁士美、徐时行、编修吕文、王希烈、张四维、陶大临、检讨吴可行、马自强充分校官。初文皇帝命儒臣汇粹秘阁书籍，分韵类载，以便检考，供事编辑者三千余人，为卷凡二万有奇，名曰《永乐大典》。书成，贮之文楼，其帙甚巨。上初年好古礼文之事，时取探讨，殊宝爱之，自后凡有疑邺，悉按韵索览，几案间每有一二帙在焉。及三殿灾，上闻变，即命左右趣登文楼，出《大典》，甲夜中谕凡三四传，是书遂得不毁。上意欲重录一部，贮之他所，以备不虞，每为阁臣言之。至是谕大学士徐阶曰：昨计重录《永乐大典》，两处收藏，兹秋凉，可处理。乃选各色善楷书人礼部儒士程道南等百余人，就史馆分录，而命拱等校理之。（《明世宗实录》卷五一二）

万历间禁中又火，原本贮文渊阁者，竟无下落，而副本在明季已有散佚。

累臣若愚曾闻成祖敕儒臣纂修《永乐大典》一部，系胡广、王洪

中华二千年史

等编辑，时号召四方文墨之士，累十余年而就，计二万二千八百七十卷，一万一千九十五本。因卷帙浩繁，未遑刻板，正写册原本，至孝庙弘治年，以《大典》、《金匮秘方》，外人所未见者，乃亲渥宸翰，识以御宝，赐太医院使臣王圣济、殿内臣宠盖，欲推之以福海内也，阁臣王文恪鳌恭撰颂以揄扬盛美。相传至嘉靖年间，于文楼安置，偶遭回禄之变，世庙及命挪救，幸未至焚，遂敕阁臣徐文贞阶，复令儒臣照式摹抄一部。当时供誊写官生一百八名，每人日抄三叶，自嘉靖四十一年起，至隆庆元年，始克告成。及万历年间，两宫三殿复遭回禄，不知此新旧《永乐大典》二部，今又见贮于何处也。（刘若愚《酌中志》卷一八）

胡仪部青莲携其尊人所出中秘书名《永乐大典》者，与韵山政相类，大帙三十余本，一韵中之一字犹不尽焉。（张岱《陶庵梦忆》卷六）

其副本贮皇史宬者，雍正初移于翰林院敬一亭，所缺几二千册，则存者九千余册而已。光绪初存三千余册，甲午经翁同龢点查，只存八百余册。庚子之役，翰林院被焚，全书荡然无余。通计世界各国图书馆所藏《大典》，凡三百余册，而我有其三之一焉。

《圣祖仁皇帝实录》成，词臣屏当皇史宬书架，则副本在焉，因移贮翰林院，然终无过而问之者。前侍郎临川李公绂在书局，始借观

皇史宬

卷五　明清

之，于是予亦得寓目焉。……会逢今上纂修三礼，予始语总裁桐城方公苞钞其三礼之不传者，惜乎其阙失几二千册。(全祖望《鲒埼亭集外编》卷一七《钞永乐大典记》)

光绪乙亥，元年，1875年。重修翰林院衙门，庋置此书不及五千册，严究馆人，交刑部，毙于狱，而书无著。余丙子二年，1876年。入翰林，询之清秘堂前辈，云尚有三千余册。……迨丙戌，十二年，1886年。志伯愚侍读锐始导之入敬一亭观书，并允借阅，每册高一尺六寸，广九寸五分，以至粗黄绢连脑包过，硬面宣纸，朱丝阑，每叶八行，每行大十五、小三十字，朱笔句读，书名或朱书或否，乾隆间馆臣原签尚有存者。(缪荃孙《艺风堂文续集》卷四《永乐大典考》)

午初至翰林院，赴大教习任。……至清秘堂坐，办事诸君咸集，揖坐，向来所无，因此次有院长也。看明钞四史不全，《永乐大典》賸八百余本。又至宝善亭看藏书，较从前不过有十之三耳。(《翁文恭公日记》甲午六月初十日)

丙、大典中所存古书

乾隆三十七年二月，有诏搜访遗书。安徽学政朱筠请辑《大典》中古书善本，因有四库全书处之设。先后十余年间，辑出古书数百种，多刻入聚珍板丛书，其为《四库》著录者三百六十五种，附存目者又一百有六种，其中以《旧五代史》、《续资治通鉴长编》、《建炎以来系年要录》、《水经注》诸书为最有名。

臣在翰林院常翻阅前明《永乐大典》，其书编次少伦，或分割诸书以从其类，然古书之全而世不恒觏者，辄具在焉。臣请敕择取其中古书完者若干部，分别缮写，各自为书，以备著录。书亡复存，艺林幸甚。(朱筠《笥河文集》卷一《谨陈管见开馆校书折子》)

乾隆三十八年八月庚午，……谕：昨据军机大臣议覆朱筠条奏，校核《永乐大典》一折，已降旨派军机大臣为总裁，拣选翰林等官，详定规条，酌量办理。……著再添派王际华、裘曰修为总裁官，即会同遴简分校各员，悉心酌定条例。……寻议：……此书卷帙浩繁，必须多派人员，方能迅速排纂。谨派分校翰林三十员专司纂辑，仍派办

事翰林，并酌选军机司员，作为提调，翰林院典簿等官作为收掌，常川赶办，毋致作辍。……再查翰林院署内迤西房屋一区，……作为办事之所，检查较为近便。得旨依议，将来办理成编时，著名《四库全书》。(《清高宗实录》卷九二六)

章学诚谓周永年专司其事，实则邹炳泰纂辑者最多。

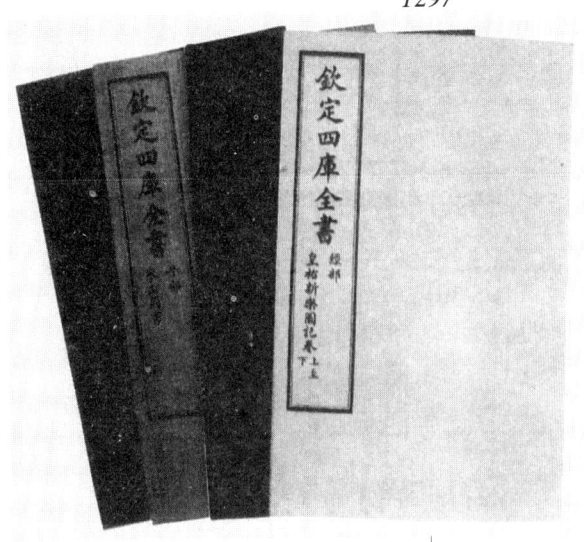

《四库全书》书影

宋元遗书，岁久湮没，畸篇剩简，多见采于明成祖时所辑《永乐大典》。时议转从《大典》采缀，以还旧观，而馆臣多次择其易为功者，遂谓搜取无遗逸矣。书昌周永年，固执以争，谓其中多可录，同列无如之何，则尽举而委之书昌。书昌无间风雨寒暑，目尽九千巨册，计卷一万八千有余，丹铅标识，摘抉编摩，于是永新刘氏兄弟公是、公非诸集以下，又得十有余家，皆前人所未见者，咸著于录。好古之士，以为书昌有功斯文，而书昌自是不复任载笔矣。(章学诚《章氏遗书》卷一八《周书昌别传》)

最先钞大典者为全祖望，其未及钞者，后皆入《四库》。嘉庆中徐松所辑皆巨帙，光绪中叶，缪荃孙复辑得数种。文廷式尝录《经世大典》驲站，今仅存诸册中足资辑录者尚不少。

但钞其欲见而不可得者，而别其例之大者为五。其一为经。诸解经之集大成者，莫如房审权之易，卫湜、王与之之二礼，此外莫有仿之者，今使取《大典》所有，稍为和齐斟酌，则诸经皆可成也。其一为史。自唐以后，六史篇目虽多，文献不足，今采其稗野之作，金石之记，皆足以资考索。其一为志乘。宋元图经旧本，近日存者寥寥，明中叶以后所编，则皆未见古人之书而妄为之，今求之《大典》，厘然具在。其一为氏族。世家系表而后，莫若夹漈《通略》，然亦得其大概而已，未若此书之该备也。其一为艺文。东莱《文鉴》不及南

卷五 明清

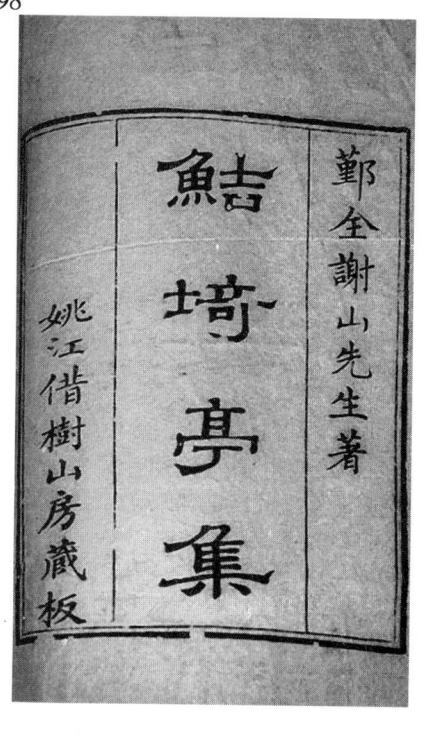

《鲒埼亭集》书影

渡，遗集之散失者，《大典》得十九焉。其余偏端细目，信手荟萃，或可以补人间之缺本，或可以正后世之伪书，则信乎取精多而用物宏，不可谓非宇宙间之鸿宝也。……自从事于是书，每日夜漏三下而寝，可尽二十卷，而以所签分令四人钞之，或至浃旬未毕。(全祖望《鲒埼亭集外编》卷一七《钞永乐大典记》)

祁门马㺲谷曰琯、仁和赵谷林昱，均为谢山全祖望。致钞资，而谢山改知县，未久于其事，钞出者，宋田氏《学易蹊径》二十卷，高氏《春秋义宗》百五十卷，曹粹中《诗说》，王安石《周官新义》，刘公是文钞，唐说斋文钞，史真隐《尚书》、《周礼》、《论语解》，二袁先生文钞，元窦苹酒耘先生令谱。今《周官新义》、刘公是文、二袁先生文均成书，有传本，余未闻。杭堇浦世骏。《续礼记集说》所采宋元人说，半出于《大典》。(缪荃孙《艺风堂文续集》卷四《永乐大典考》)

第诸书辑散为整，考订不易，有业经辑出而未及进呈者，如宋元两《镇江志》、嘉泰《吴兴志》、嘉定《维扬志》、《奉天录》、《九国志》之类，亦复不少。……而修《全唐文》时，大兴徐星伯先生松曾钞出《宋会典》五百卷、《中兴礼书》一百五十卷、《河南志》三卷、秘书省续到阙书二卷，仁和胡书农学士敬钞出施谔《临安志》十六卷、《大元海运记》一卷，孙文靖公尔准钞出仇远《山村词》。(缪荃孙《艺风堂文续集》卷四《永乐大典考》)

前后阅过九百余册，而余丁内艰矣，零落不完，毫无巨籍，钞出宋《十三处战功录》、《曾公遗录》、《顺天志》、《泸州志》、宋《中兴百官题名》、《国清百录》诸书。(缪荃孙《艺风堂文续集》卷四《永乐大典考》)

三　明之疆域

明太祖奋起淮右，首定金陵，西克湖湘，东兼吴会，然后遣将北伐，并山东，收河南，进取幽燕，分军四出，芟除秦晋，讫于岭表，最后削平巴蜀，收复滇南。……洪武初，建都江表，革元中书省，以京畿应天诸府，直隶京师。后乃尽革行中书省，置十三布政使司，分领天下府州县，及羁縻诸司，又置十五都指挥使司，以领卫所番汉诸军，其边境海疆，则增置行都指挥使司，而于京师建五军都督府，俾外都指挥使司，各以其方附焉。成祖定都北京，……乃以北平为直隶，又增设贵州、交趾二布政使司。仁、宣之际，南交屡叛，旋复弃之外徼。终明之世，为直隶者二，曰京师、曰南京；为布政使司者十三，曰山东、曰山西、曰河南、曰陕西、曰四川、曰湖广、曰浙江、曰江西、曰福建、曰广东、曰广西、曰云南、曰贵州。其分统之府，百有四十，州百九十有三，县千一百三十有八，羁縻之府十有九，州

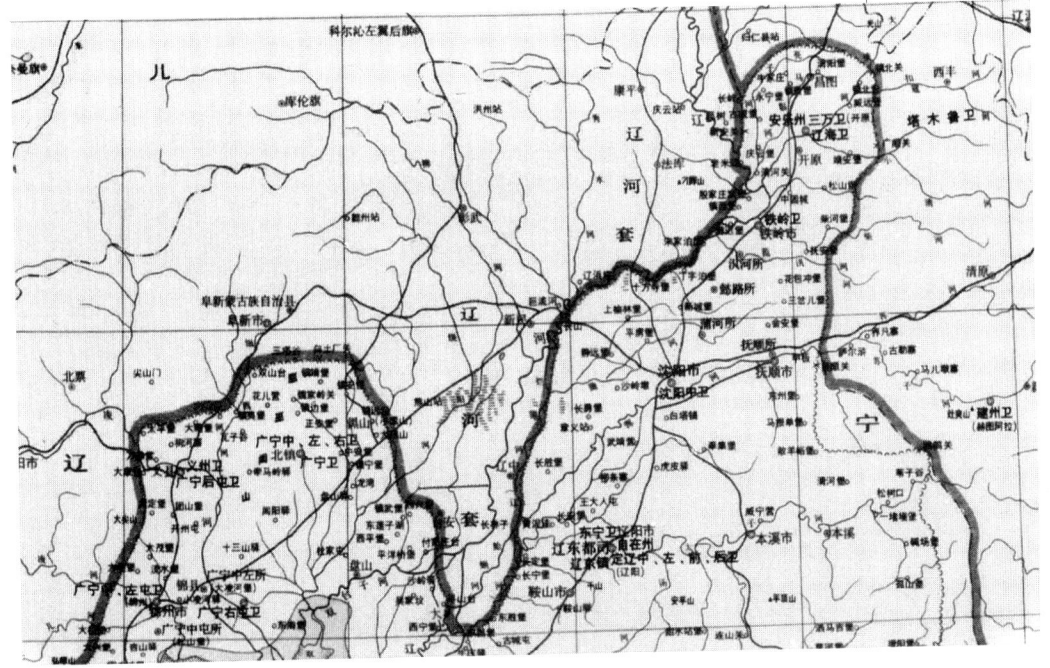

明代辽东都司地图（局部）

四十有七，县六，编里六万九千五百五十有六。而两京都督府，分统都指挥使司十有六，万全、辽东、大宁凡三，又十三布政司，各设都司一。行都指挥使司五，山西大同、陕西甘肃、四川建昌、湖广郧阳、福建建宁。……留守司二，中都留守司驻凤阳，兴都留守司驻承天。所属卫四百九十有三，所二千五百九十有三，守御千户所三百一十有五。……其边陲要地称重镇者凡九，曰辽东、曰蓟州、曰宣府、曰大同、曰榆林、曰宁夏、曰甘肃、曰太原、曰固原。皆分统卫所。……计明初封略，东起朝鲜，西据土番，南包安南，北距大碛。……自成祖弃大宁，徙东胜，宣宗迁开平于独石，世宗时复弃哈密河套，则东起辽海，西至嘉峪，南至琼崖，北抵云朔，东西万余里，南北万里。(《明史》卷四〇《地理志序》)

明疆域简表

区别	名称	四界	辖域	今地	治所	备考
两直隶	京师	北至宣府，东至辽海，南至东明，西至阜平。	府：顺天，保定，河间，真定，顺德，广平，大名，永平。直隶州：隆庆，保安。凡府八，直隶州二，属府州十七，县一百十六。	河北省长城以南各地	顺天府（即今北京市）	《明史·地理志》，京师，元直隶中书省，洪武二年三月，置北平等处行中书省，八月，置燕山都卫，九年六月，改行中书省为承宣布政使司。永乐元年正月，建北京于顺天府，称为行在，二月，罢北平布政使司，以所领直隶北京行部，十九年正月，改北京为京师。
两直隶	南京	北至丰沛，西至英山，南至婺源，东至海。	府：应天，凤阳，淮安，扬州，苏州，松江，常州，镇江，庐州，安庆，太平，池州，宁国，徽州。直隶州：徐，滁，和，广德。凡府十四，直隶州四，属府州十七，县九十七。	江苏、安徽二省地	应天府（即今南京市）	《明史·地理志》，元以江北地属河南江北等处行中书省，江南地属江浙等处行中书省。明太祖丙申年（元顺帝至正十六年）七月，置江南行中书省。洪武元年八月，建南京，罢行中书省，以应天等府直隶中书省。十一年正月，改南京为京师。十三年正月，罢中书省，以所领直隶六部。永乐元年正月，仍称南京。
十三布政使司	山东	南至郯城，北至无棣，西至定陶，东至海。	府：济南，兖州，东昌，青州，莱州，登州。凡府六，属府州十五，属县八十九。	山东省地	济南府（即今济南市）	
十三布政使司	山西	东至真定，北至大同，西南皆至河。	府：太原，平阳，汾州，潞安，大同。直隶州：泽，沁，辽。凡府五，直隶州三，属府州十六，县七十九。	山西省长城以南地	太原府（即今太原市）	

续表

区别	名称	四界	辖域	今地	治所	备考
十三布政使司	河南	北至武安，南至信阳，东至永城，西至陕州。	府： 开封，河南，归德，汝宁，南阳，怀庆，卫辉，彰德。 直隶州： 汝。 　凡府八，直隶州一，属府州十一，县九十六。	河南省地	开封府（即今开封市）	
	陕西	东至华阴，南至紫阳，北至河套，西至肃州。	府： 西安，凤翔，汉中，延安，庆阳，平凉，巩昌，临洮。 　凡府八，属府州二十一，县九十五。	陕西及甘肃省大部	西安府（即今西安市）	
	四川	北至广元，东至巫山，南至乌撒、东川，西至威茂。	府： 成都，保宁，顺庆，夔州，重庆，遵义，叙州，龙安，马湖，镇雄，乌蒙，乌撒，东川。 直隶州： 潼川，眉，邛，嘉定，泸，雅。 　凡府十三，直隶州六，宣抚司一，安抚司一，属府州十五，县一百十一，长官司十六。	四川东中二部地	成都府（即今成都市）	
	湖广	北至均州，南至九疑，东至蕲州，西至施州。	府： 武昌，汉阳，黄州，承天，德安，岳州，荆州，襄阳，郧阳，长沙，常德，衡州，永州，宝庆，辰州。 直隶州： 郴，靖。 　凡府十五，直隶州二，属府州十七，县一百八。	湖北、湖南二省地	武昌府（即今武汉市）	
	江西	北至九江，东至玉山，南至安远，西至永宁。	府： 南昌，瑞州，九江，南康，饶州，广信，建昌，抚州，吉安，临江，袁州，赣州，南安。 　凡府十三，属府州一，县七十七。	江西省地	南昌府（即今南昌市）	
	浙江	西至开化，南至平阳，北至太湖，东至海。	府： 杭州，严州，嘉兴，湖州，绍兴，宁波，台州，金华，衢州，处州，温州。 　凡府十一，属府州一，县七十五。	浙江省地	杭州府（即今杭州市）	

续表

区别	名称	四界	辖域	今地	治所	备 考
十三布政使司	福建	北至岭，西至汀州，南至诏安，东至海。	府： 福州，兴化，建宁，延平，汀州，邵武，泉州，漳州。 直隶州： 福宁。 　凡府八，直隶州一，属县五十七。	福建省地	福州府（即今福州市）	
	广东	北至五岭，东至潮州，西至钦州，南至琼海。	府： 广州，肇庆，韶州，南雄，惠州，潮州，高州，雷州，廉州，琼州。 直隶州： 罗定。 　凡府十，直隶州一，属府州七，县七十五。	广东省地	广州府（即今广州市）	
	广西	北至怀远，东至梧州，西至太平，南至博白。	府： 桂林，平乐，梧州，浔州，柳州，庆远，南宁，广西，太平，思明，镇安。 直隶州： 田，归顺，泗城，向武，都康，龙，江，思陵，凭祥。 　凡府十一，直隶州九，属府州四十八，县五十。	广西省地	桂林府（即今桂林市）	
	云南	北至永宁，东至富州，西至干崖，南至木邦。	府： 云南，曲请，寻甸，临安，澄江，广西，广南，元江，楚雄，姚安，武定，景东，镇沅，大理，鹤庆，丽江，永宁，永昌，蒙化，顺宁，孟定，孟艮。 直隶州： 北胜，广邑。 　凡府二十二，直隶州二，属州四十，御夷州三，县三十，宣慰司八，宣抚司四，安抚司五，长官司三十三，御夷长官司二。	云南省地	云南府（即今昆明市）	
	贵州	北至铜仁，南至镇宁，东至黎平，西至普安。	府： 贵阳，安顺，都匀，平越，黎平，思南，思州，镇远，铜仁，石阡。 　凡府十，属府州九，县十四，宣慰司一，长官司七十六。	贵州省地	贵阳府（即今贵阳市）	《明史·成祖纪》，永乐十一年二月，始设贵州布政司。《明史·地理志》，洪武十五年正月，置贵州都指挥使司，其民职有司，则仍属湖广、四川、云南三布政司。永乐十一年，置贵州等处承宣布政使司。

续表

区别	名称	四界	辖域	今地	治所	备考
九边	辽东	东至鸭绿江，西至山海关，南至旅顺海口，北至开原。	定辽中卫，定辽左卫，定辽右卫，定辽前卫，定辽后卫，东宁卫，海州卫，盖州卫，复州卫，金州卫，广宁卫，广宁中卫，广宁左卫，广宁右卫，义州卫，广宁后屯卫，广宁中屯卫，广宁左屯卫，广宁右屯卫，广宁前屯卫，宁远卫，沈阳中卫，铁岭卫，三万卫，辽海卫。凡卫二十五，所十一，关二。	辽宁省开原以南地	定辽中卫（即今辽阳市）	《明史·地理志》，辽东都指挥使司，元置辽阳等处行中书省，治辽阳路。洪武四年七月，置定辽都卫，八年十月，改都卫为辽东都指挥使司，治定辽中卫，领卫二十五、州二，十年，府县俱罢。
	蓟州		属关一百十三，寨七十二，营堡城一百十五。	河北省蓟县一带	蓟州（即今河北省蓟县）	《明史·地理志》，大宁都指挥使司，永乐元年三月，侨治保定府，而其地遂虚。《明史·成祖纪》，永乐元年三月，改北平行都司为大宁都司，徙保定，始以大宁地畀兀良哈。《读史方舆纪要》，大宁弃，而蓟州遂为极边，藩垣浅近，防御甚棘。
	宣府		宣府左卫，宣府右卫，宣府前卫，万全左卫，万全右卫，怀安卫，保安右卫，怀来卫，延庆右卫，开平卫，龙门卫，蔚州卫，延庆左，永宁，保安（以上四卫俱设于本州县）。凡卫十五，所二十六，关城堡五十三。	河北省宣化县一带	宣府（即今河北省宣化市）	《明史·地理志》，万全都指挥使司，宣德五年六月置，领卫十五。宣府左卫，洪武二十六年二月置，属山西行都司，二十八年四月，改为宣府护卫，属谷王府，三十五年十一月罢，宣德五年六月，改属。《读史方舆纪要》，宣德三年，议者以大宁既弃，开平悬远难守，因城独石，徙置开平卫于此，弃地三百余里，遂失滦河龙冈之险，而边陲斗绝矣。
	大同		大同前卫，大同后卫，大同左卫，大同右卫，镇朔卫，定边卫，阳和卫，天成卫，威远卫，平虏卫，云川卫，玉林卫，镇虏卫，高山卫。凡卫十四，所七，堡五百八十三。	山西省大同县一带	大同府（即今山西大同市）	《明史·地理志》，山西行都指挥使司，本大同都卫，洪武四年正月置，八年十月，更名，二十五年八月，徙治大同府。
	太原		雁门关，宁武关，偏头关。凡关三，堡三十九，口十九。	山西长城西部一带		《读史方舆纪要》，河套守，而太原为内地，套弃，而朔骑充斥，偏头当其东下之冲，宁武、雁门，东西交警，因特设重臣，提督三关，遮绝寇冲，障蔽畿甸。

续表

区别	名称	四界	辖域	今地	治所	备考
九边	榆林		属营六，堡二十八。	陕西北部一带	榆林卫（今内蒙古自治区杭锦旗地）	《明史·地理志》，陕西榆林卫，成化六年三月，以榆林川置，其城，正统二年所筑也。《读史方舆纪要》，东胜弃，而榆林筑，大河以南，遂为戎薮，关中多事，莫如榆林为最。
	宁夏		宁夏卫，宁夏前卫，宁夏后卫，宁夏中卫。凡卫四，所四，营堡二十二。	甘肃省东北部一带		《明史·地理志》，宁夏卫，洪武三年为府，五年，府废，二十六年七月，置卫，二十八年四月罢，永乐元年正月，复置。《读史方舆纪要》，自河套弃而宁夏益为寇冲，犄角榆林，屏蔽固原，恃为重镇。
	固原		固原卫，静房卫，兰州卫。凡卫三，所四，营堡十六。	甘肃省固原至皋兰一带	固原州（即今甘肃固原县）	《明史·地理志》，陕西平凉府，固原州，本固原音御千户所，景泰三年，以故原州城置，成化四年，升为卫，弘治十五年，置州属府。《读史方舆纪要》，固原为河套南下之冲，因特设重臣巡镇，兼督榆林宁夏甘肃三边，互为指臂，后又以洮岷河三卫及诸城镇，并属于固原。
	甘肃		甘州左卫，甘州右卫，甘州中卫，甘州前卫，甘州后卫，肃州卫，山丹卫，永昌卫，凉州卫，镇番卫，庄浪卫，西宁卫。凡卫十二，所六十，关一，堡五十一。	甘肃河西至嘉峪关一带	甘州（即甘肃张掖县）	《明史·地理志》，陕西行都指挥使司，元甘肃等处行中书省，治甘州路，洪武五年十一月，置甘肃卫，二十五年罢，二十六年，陕西行都指挥使司，自庄浪徙置于此。《读史方舆纪要》，哈密弃，而关门不启，戎马生郊矣。

四　明与诸民族之关系

明之对外威力，远逊于汉唐。虽当成祖之际，北破元裔，南并安南，又招致南洋诸国，称盛一时，然再传自宣宗以后，日就陵替，边疆多事，国力虚耗，遂为衰亡之一因焉。

（一）瓦剌与鞑靼

明兵破元都，顺帝北走，传六世，被篡于鬼力赤，改称鞑靼，蒙古大

汗之统系遂中绝。其时西部瓦剌渐强,与鞑靼互相仇杀。明成祖每利其交哄,强者击之,弱者抚之,故北族坐是不能统一。

太祖洪武元年,大将军徐达,率师取元,元主自北平遁出塞,居开平,数遣其将也速等扰北边。明年二年。常遇春击败之,师进开平,……元主奔应昌。……三年春,以徐达为大将军,使出西安,捣定西;时为王保保所据。李文忠为左副将军,冯胜为右副将军,使出居庸,捣应昌。文忠……大破元兵于骆驼山,遂趋应昌,未至,知元主已殂,进围其城,克之,……太子爱猷识理达腊,独以数十骑遁去,而徐达亦大破王保保兵于沈儿峪口,走之。……王保保拥太子爱猷识理达腊,居和林。……十一年夏,故元太子爱猷识理达腊卒,……子脱古思帖木儿继立。……二十年,……帝以故元"遗寇",终为边患,乃即军中拜蓝玉为大将军,……率师十五万往征之。时玉击降纳哈出也。……明年二十一年。春,玉……闻脱古思帖木儿在捕鱼儿海,从间道驰进。……驰至捕鱼儿海,……遂大破其军,……脱古思帖木儿,以其太子天保奴……等数十骑遁去。……脱古思帖木儿既遁,将依丞相咬住于和林,行至土剌河,为其下也速迭儿所袭,……缢杀之。……自脱古思帖木儿后,部帅纷拏,五传至坤帖木儿,咸被弑,不复知帝号。有鬼力赤者篡立,称可汗,去国号,遂称鞑靼云。成祖

即位，遣使谕之通好，赐以银币，并及其知院阿鲁台、丞相马儿哈咱等。(《明史》卷三二七《鞑靼传》)

瓦剌，蒙古部落也，在鞑靼西。元亡，其强臣猛可帖木儿据之，死，众分为三，其渠曰马哈木，曰太平，曰把秃孛罗。成祖即位，遣使往告。永乐初，复数使镇抚答哈帖木儿等谕之，并赐马哈木等文绮有差。六年冬，马哈木等遣……来朝贡马，仍请封。明年七年。夏，封马哈木为……顺宁王，太平为……贤义王，把秃孛罗为……安乐王。(《明史》卷三二八《瓦剌传》)

时鬼力赤与瓦剌相仇杀，数往来塞下，帝敕边将各严兵备之。……久之，阿鲁台杀鬼力赤，而迎元之后本雅失里于别失八里，立为可汗。永乐六年春，帝即以书谕本雅失里，……不听。明年七年。……复使给事中郭骥赍书往，骥被杀。帝怒，秋，命淇国公邱福为大将军，……将精骑十万北讨。……时本雅失里已为瓦剌所袭破，与阿鲁台徙居胪朐河，福率千骑先驰，遇游兵，击破之，军未集，福乘胜渡河追敌，敌辄伪败引去。……敌众奄至围之，五将军皆没，帝益怒。明年八年。帝自将五十万众出塞，本雅失里闻之惧，欲与阿鲁台俱西，阿鲁台不从，众溃散，君臣始各为部，本雅失里西奔，阿鲁台东奔。帝追及斡难河，本雅失里拒战，帝……败之，本雅失里……以七骑遁。……班师至静虏镇，遇阿鲁台，……遂战，帝率精骑大呼冲

明成祖远征漠北示意图

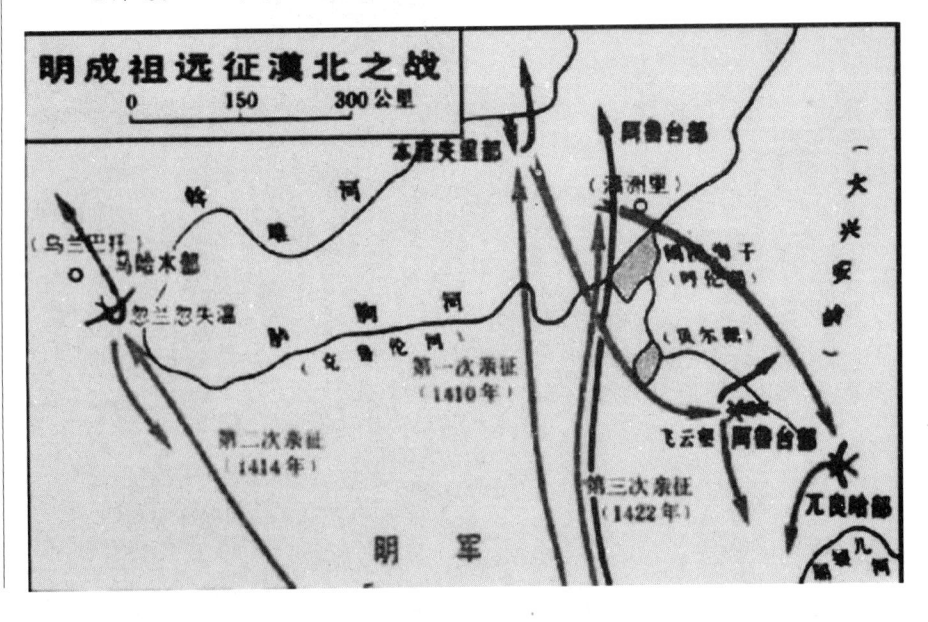

击，矢下如注，阿鲁台坠马，遂大败，追奔百余里乃还。冬，阿鲁台使来贡马，帝纳之。越二年，本雅失里为瓦剌马哈木等所杀。(《明史》卷三二七《鞑靼传》)

时元主本雅失里，偕其属阿鲁台居漠北，马哈木乃以兵袭破之。永乐。八年，帝既自将击破本雅失里及阿鲁台。……十年，马哈木遂攻杀本雅失里。……瓦剌士马强，请予军器，帝曰："瓦剌骄矣。"……明年十一年。马哈木留敕使不遣，复请以甘肃、宁夏归附鞑靼者，多其所亲，请给还。帝怒，命中官海童切责之。冬，马哈木等拥兵饮马河，将入犯，……帝诏亲征。明年十二年。夏，驻跸忽兰，忽失温三部，扫境来战，帝……大破之，……追奔……至土剌河，马哈木等脱身遁，乃班师。明年十三年。春，马哈木等贡马谢罪，……受其献。(《明史》卷三二八《瓦剌传》)

阿鲁台之内附，困于瓦剌，穷蹙而南，思假息塞外，帝纳而封之。和宁王。……数年，生聚畜牧，日以蕃盛，遂慢我使者，拘留之，其贡使归，多行"**劫掠**"，部落亦时来窥塞。永乐。二十年春，大举入兴和，于是诏亲征之。阿鲁台闻大军出，惧，……于是尽弃其辎重马畜，……以其孥直北徙，帝命焚其辎重、收其马畜遂班师。……二十二年春，开平守将奏阿鲁台"**盗**"边，……帝复亲征。师次兰答纳木儿河，得谍者，知阿鲁台远遁，帝意亦厌兵，乃……还，崩于榆木川。……阿鲁台数败于瓦剌，部曲离散，……日益蹙，乃率其属，东走兀良哈。(《明史》卷三二七《鞑靼传》)

> "劫掠"、"盗"，这里的引号为著者所加。下文中有关外国、少数民族和农民起义的一些用语，著者大多加了引号，不再一一注出。

明终认北族为巨敌，故其九边防御，颇称周密，后乃渐隳。其最失策者，则为成祖之弃大宁以畀三卫，既不能控制漠南，复不能辅翼辽左，异日边衅纷纭，盖肇因于此。

元人北归，屡谋兴复，永乐迁都北平，三面近塞，正统以后，敌患日多。故终明之世，边防甚重，东起鸭绿，西抵嘉峪，绵亘万里，分地守御，初设辽东、宣府、大同、延绥四镇，继设宁夏、甘肃、蓟州三镇，而太原总兵治偏头，三边制府驻固原，亦称二镇，是为九边。初洪武……二十年，置北平行都司于大宁，……及营州五屯卫，而封皇子权为宁王，调各卫兵往守。先是李文忠等取元上都，设开平

卫及兴和等千户所，……东接大宁，西接独石，二十五年，又筑东胜城于河州甘肃道河县。东受降城之东，设十六卫，与大同相望，自辽以西数千里，声势联络。建文元年，文帝起兵，袭陷大宁，以宁王权及诸军归，及即位，封宁王于江西，而改北平行都司为大宁都司，徙之保定，调营州五屯卫于顺义、蓟州、平谷、香河、三河，以大宁地畀元良哈。自是辽东与宣、大声援阻绝，又以东胜孤远难守，调左卫于永平，右卫于遵化，而墟其地。先是兴和亦废，开平徙于独石，宣府遂称重镇。（《明史》卷九一《兵志》三《边防》）

朵颜、福余、泰宁，高皇帝所置三卫也，其地为元良哈，在黑龙江南渔阳塞北。……其地也，元为大宁路北境，高皇帝有天下，东蕃辽王、惠宁王、朵颜元帅府，相率乞内附，遂即古会州地，置大宁都司，营州诸卫，封子权为宁王，使镇焉。已数为鞑靼所抄，洪武二十二年，置泰宁、朵颜、福余三卫指挥使司，俾其头目各领其众，以为声援。自大宁在今赤峰、承德间。前，抵喜峰口，近宣府曰朵颜；自锦义历广宁，至辽河曰泰宁；自黄泥洼逾沈阳铁岭，至开原曰福余，独朵颜地险而强。久之，皆叛去。成祖从燕起靖难，惠宁王蹑其后，自永平攻大宁，入之，谋胁宁王，因厚赂三卫

偏头关城楼

说之来。成祖行，宁王饯诸郊，三卫从一呼皆起，遂拥宁王西入关，成祖复选其三千人为奇兵从战。天下既定，徙宁王南昌，徙行都司于保定，遂尽割大宁地畀三卫，以偿前劳。(《明史》卷三二八《朵颜传》)

初太祖沿边设卫，惟土著兵及有罪谪戍者，遇有警，调他卫军往戍，谓之"客兵"。永乐间，始命内地军番戍，谓之"边班"。其后占役逃亡之数多，乃有召募，有改拨，有修守、民兵、士兵，而边防日益坏。(《明史》卷九一《兵志》三《边防》)

初太祖时，以边军屯田不足，召商输边粟，而与之盐，富商大贾，悉自出财力，募民垦田塞下，故边储不匮。弘治时，户部尚书叶淇，始变法，令商纳银太仓，分给各边，商皆撤业归，边地荒芜，米粟踊贵，边军遂日困。(《明史》卷九一《兵志》三《边防》)

瓦剌脱欢攻破鞑靼，并有其众，又统一内部，其势日张，遂雄视于漠北。其子也先，尤称英杰，不仅漠南诸部俱被征服，且东胁朝鲜，西略哈密，环明之北边，几尽为之役使。

未几，马哈木死。……永乐。十六年春，……马哈木子脱欢，请袭爵，帝封为顺宁王。……宣德元年，……脱欢与阿鲁台战，败之，遁母纳山察罕脑剌间。九年，脱欢袭杀阿鲁台。……未几，脱欢内杀其贤义、安乐两王，尽有其众，欲自称可汗，众不可，乃共立脱脱不花，元后裔。以先所并阿鲁台众归之，自为丞相，居漠北，哈喇嗔等部俱属焉。已袭破朵儿只伯，复胁诱朵颜诸卫，窥伺塞下。正统四年，脱欢死，子也先嗣，称太师淮王，于是北部皆服属也先，脱脱不花具空名，不复相制。……也先攻破哈密，执王及王母，既而归之，又结婚沙州、赤斤蒙古诸卫，破兀良哈，胁朝鲜。(《明史》卷三二八《瓦剌传》)

也先既强大，遂有侵凌明室之志，后果以邀赏不遂，纠合诸部，大举攻明。

故事，瓦使不过五十人，利朝廷爵赏，岁增至二千余人，屡敕不奉约，使往来多行杀掠，又挟他部与俱，邀索中国贵重难得之物，稍不餍辄造衅端，所赐财物亦岁增也。……时朝使至瓦剌，也先等有所

请乞，无不许，瓦剌使来，更增至三千人，复虚其数，以冒廪饩，礼部按实予之，所请又仅得五之一。也先大愧怒，十四年1449年。七月，遂诱胁诸番，分道大举入"寇"，脱脱不花以兀良哈"寇"辽东，阿剌知院"寇"宣府，……又遣别骑"寇"甘州，也先自"寇"大同。（《明史》卷三二八《瓦剌传》）

也先贡马互市，中官王振裁其马价，也先大举入"寇"。（《明史》卷八一《食货志》五《马市》）

时英宗方宠信宦者王振，振喜用兵，欲耀威北方，劝帝亲征，致有"土木之变"。

正统十四年，1449年。其太师也先贡马，振减其直，使者恚而去。秋七月，也先大举入"寇"，振挟帝亲征，廷臣交谏弗听。至宣府，大风雨，复有谏者，振益虣怒。……八月乙酉，帝驻大同，振益欲北，镇守太监郭敬，以敌势告，振始惧，班师。……振初议道紫荆关，由蔚州，邀帝幸其第，既恐踩乡稼，复改道宣府，军士纡回奔走，壬戌，始次土木。河北怀来县西。瓦剌兵追至，师大溃，帝蒙尘，振乃为乱兵所杀。（《明史》卷三○四《王振传》）

正统十四年七月，也先入"寇"，中官王振，挟帝亲征。……未

土木之变遗址

至大同，……前驱败报踵至，始惧欲还。……振欲邀帝至蔚州，幸其第，……复折而东，趋居庸。八月辛酉，次土木，地高，掘地二丈，不及水。瓦剌大至，据南河，明日伪却，且遣使通和。……振遽令移营就水，行乱，"寇"骑蹂阵入，帝突围不得出，拥以去。（《明史》卷一六七《曹鼐传》）

英宗被房后，郕王以监国而即帝位。也先复挟英宗攻京师，举朝大震，赖于谦等极力城守，也先不得逞，乃出边。

于谦，字廷益，钱塘人，……举永乐十九年进士。……正统十三年，以兵部左侍郎召。明年十四年。秋，也先大入"寇"，王振挟帝亲征。……及驾陷土木，京师大震，众莫知所为。郕王监国，命群臣议战守，侍讲徐珵后更名有贞。言星象有变，当南迁，谦厉声曰："言南迁者，可斩也。京师天下根本，一动则大事去矣。独不见宋南渡事乎！"王是其言，守议乃定。时京师劲甲精骑皆陷没，所余疲卒，不及十万，人心震恐，上下无固志。谦请王檄取两京河南备操军，山东及南京沿海备倭军，江北及北京诸府运粮军，亟赴京师，以次经画部署，人心稍安，即迁本部尚书。……大臣忧国无主，太子方幼，"寇"且至，请皇太后孙氏立郕王。……九月，景帝立。……十月，敕谦提督各营军马，而也先挟上皇破紫荆关，直入窥京师。……谦……分遣诸将，率师二十二万，列阵九门外，……"寇"逐至土城，居民升屋号呼，投砖石击"寇"，哗声动天。……相持五日，也先邀请既不应，战又不利，……又闻勤王师且至，恐断其归路，遂拥上皇由良乡西去。谦调诸将，追击至关而还。（《明史》卷一七〇《于谦传》）

郕王自监国即皇帝位，尊帝英宗为太上皇帝。也先诡称奉上皇还，由大同阳和，抵紫荆关攻入，直前犯京师。兵部尚书于谦，督武清伯石亨，都督孙镗等御之。也先邀大臣出迎上皇，未果，亨等与战，数败之，也先夜走，自良乡至紫荆……而出。（《明史》卷三二八

明英宗朱祁镇像

《瓦剌传》)

京师围解后，于谦命边将严修兵备以扼之。景帝既立，也先徒挟太上皇帝，计无所施，为其间谍之叛阉喜宁，又为明所擒斩，而脱脱不花与阿剌知院，复与也先不协。有此数因，也先遂送还英宗。

乃益兵守真、保、涿、易诸府州，请以大臣镇山西，防"寇"南侵。……自是边将人人主战守，无敢言讲和者。初也先多所要挟，皆以喜宁英宗北狩叛附也先。为谋主，谦密令大同镇将，禽宁戮之，也先使宁还京索礼物，上皇密令斩之。又计授王伟，诱诛间者小田儿。……也先始有归上皇意，遣使通款。(《明史》卷一七○《于谦传》)

初也先有轻中国心，及犯京师，见中国兵强，城池固，始大沮。会中国已诱诛贼阉喜宁，失其间谍，而脱脱不花、阿剌知院，复遣使与朝廷和，皆撤所部归，也先亦决意息兵。(《明史》卷三二八《瓦剌传》)

初也先欲取大同为"巢穴"，故数来攻，及每至辄败，有一营数十人不还者，敌气慑，始有还上皇意。(《明史》卷一七三《郭登传》)

景泰元年1450年。七月，……右都御史杨善、工部侍郎赵荣，使瓦剌。……杨善至瓦剌，也先许上皇归。八月癸酉，上皇发瓦剌，……遣侍读商辂，迎上皇于居庸关。丙戌，上皇还京师，……入居南

土木堡之战示意图

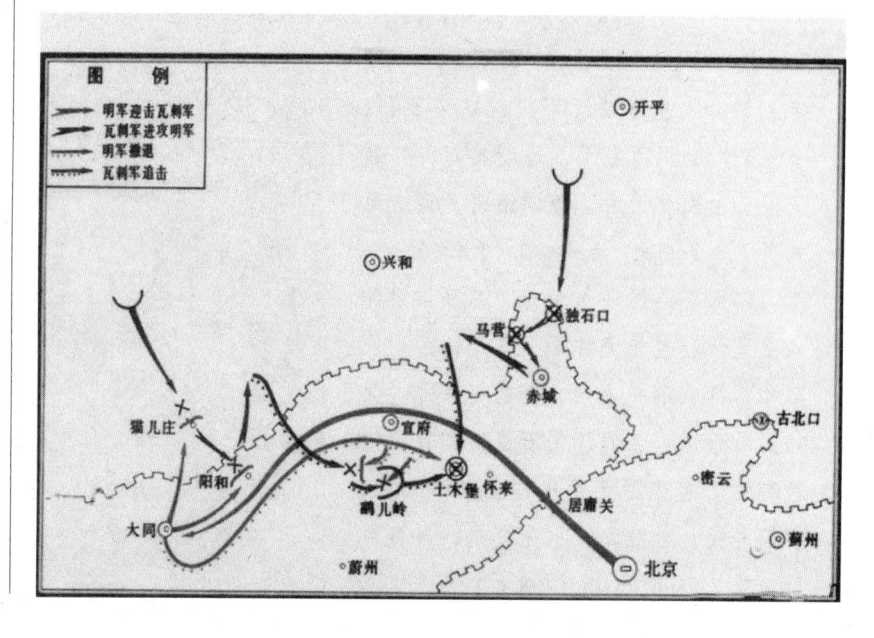

于谦祠

官。(《明史》卷一一《景帝纪》)

也先恃强而骄，荒于酒色，为阿剌知院所攻杀。有鞑靼部孛来者，复杀阿剌。瓦剌部属分散，致衰落不振。

也先与脱脱不花，内相猜。……也先亦疑其通中国，将谋己，遂治兵相攻。脱脱不花败走，也先追杀之，……遂乘胜迫胁诸蕃，东及建州兀良哈，西及赤斤蒙古哈密。时景泰二年，1451年。……明年五年。冬，也先自立为可汗，以其次子为太师，来朝，书称大元田盛大可汗，末日添元元年。"田盛"犹言"天圣"也。报书称曰瓦剌可汗。……也先恃强日益骄，荒于酒色。六年，阿剌知院攻也先，杀之。鞑靼部孛来，复杀阿剌，夺也先母妻，并其玉玺。……自也先死，瓦剌衰，部属分散。(《明史》卷三二八《瓦剌传》)

瓦剌既衰，鞑靼继之而起，实为蒙古势力之复兴，然各部长自专一方，互相仇杀，仍为混乱之局面。其初为明边患，尚不甚烈，及得河套以为根据，西陲始由此多事。

也先……为所部阿剌知院所杀，鞑靼部长孛来，复攻破阿剌，求脱脱不花子麻儿可儿立之，号小王子。阿剌死，而孛来与其属毛里孩等，皆雄视部中，于是鞑靼复炽。……麻儿可儿复与孛来相仇杀，麻儿可儿死，众共立马古可儿吉思，亦号小王子。自是鞑靼部长，益各专擅。……始鞑靼之来也，或在辽东、宣府、大同，或在宁夏、庄浪甘肃庄浪县、甘肃，去来无常，为患不久。景泰初，始犯延庆，然部落少，不敢深入。天顺间，有阿罗出者，率属潜入河套居之，遂逼近西边。河套，古朔方郡，唐张仁愿筑三受降城处也，地在黄河南，自宁夏至偏头关，山西偏关县。延袤二千里，饶水草。外为东胜卫。山西东胜县。东胜而外，土平衍，敌来，一骑不能隐，明初守之，后以旷绝内徙。至是，孛来与小王子、毛里孩等，先后继至，掳中国人为向导，"抄掠"延绥无虚时，而边事以棘。（《明史》卷三二七《鞑靼传》）

未几，诸部内争，孛来弑马可古儿吉思，毛里孩杀孛来，更立他可汗。斡罗出《宪宗纪》作阿罗出者，复与毛里孩相仇杀，毛里孩遂杀其所立可汗，逐斡罗出。……成化三年，1467年。……毛里孩再乞通贡，而别部长孛鲁乃，亦遣人来朝，帝许之。……明年五年。……冬，毛里孩复纠三卫入"寇"，延绥、榆林大扰。六年春，大同巡抚王越遣游击许宁击败之，杨信等亦大破之于胡柴沟。时孛鲁乃与斡罗出，合别部乜加思兰、孛罗忽，亦入据河套，为久居计，延绥告急。（《明史》卷三二七《鞑靼传》）

毛里孩、孛鲁乃、斡罗出稍衰，满鲁都入河套，称可汗，乜加思兰为太师。成化九年秋，满鲁都等与孛罗忽并"寇"韦州，王越侦知敌尽行，其老弱"巢"红盐池，陕西定边县西北，与甘肃盐池县接界。乃与许宁及游击周玉，率轻骑昼夜疾驰至，分薄其营，前后夹击，大破之，复邀击于韦州。满鲁都等败归，孳畜庐帐荡尽，妻孥皆丧亡，相顾悲哭去。自是不复居河套，边患少弭。……初乜加思兰，以女妻满鲁都，立为可汗，久之，杀孛罗忽，并其众，益专恣，满鲁都部脱罗干亦思马因谋杀之。寻满鲁都亦死，诸强首相继略尽，边人稍得息肩。（《明史》卷三二七《鞑靼传》）

蒙古既据河套，明之边防计划，亦集全力于此，劳军縻费，烦扰至极。征讨无功，变计为守，巡抚余子俊兴筑边墙之议，乃得实行。

"寇"据河套，岁发大军征讨，卒无功。成化八年秋，子俊复言，今征套士马，屯延绥者八万，刍茭烦内地，若今冬"寇"不北去，又

明代长城

须备来年军资。姑以今年之数约之，米豆需银九十四万，草六十万，每人运米豆六斗，草四束，应用四百七万人，约费行资八百二十五万。公私烦扰至此，安得不变计？臣前请筑墙建堡，诏事宁举行，请于明年春夏，"寇"马疲乏时……兴工。……帝是子俊言，命速举。……明年，九年。……以捣"巢"故远徙，不敢复居套内地，患稍息，子俊得一意兴役，东起清水营，陕西府谷县西北。西抵花马池，甘肃盐池县。延袤千七百七十里，凿崖筑墙，掘堑其下，连比不绝，每二三里置敌台崖砦备巡警，又于崖砦空处筑短墙，横一斜二如箕状，以了敌避射。凡筑城堡十一，边墩十五，小墩七十八，崖砦八百十九，役军四万人，不三月而成。（《明史》卷一七八《余子俊传》）

鞑靼内部，纷扰多时，至达延汗崛起，统一漠南北，蒙古由此复兴。明世宗时，达延南下，留其季子格呼森扎居漠北，号所部为喀尔喀，是为外蒙古之祖；自与嫡孙卜赤，居漠南东部，为内蒙古察哈尔之祖；封其三子巴尔斯于漠南西部，巴尔斯死，长子衮必里克居河套，为鄂尔多斯之祖；次子俺答，居今呼和浩特市西，为土默特之祖。兹据《蒙古源流》及《明史》，列其世系为简表如下。

卷五 明清

达延汗世系简表

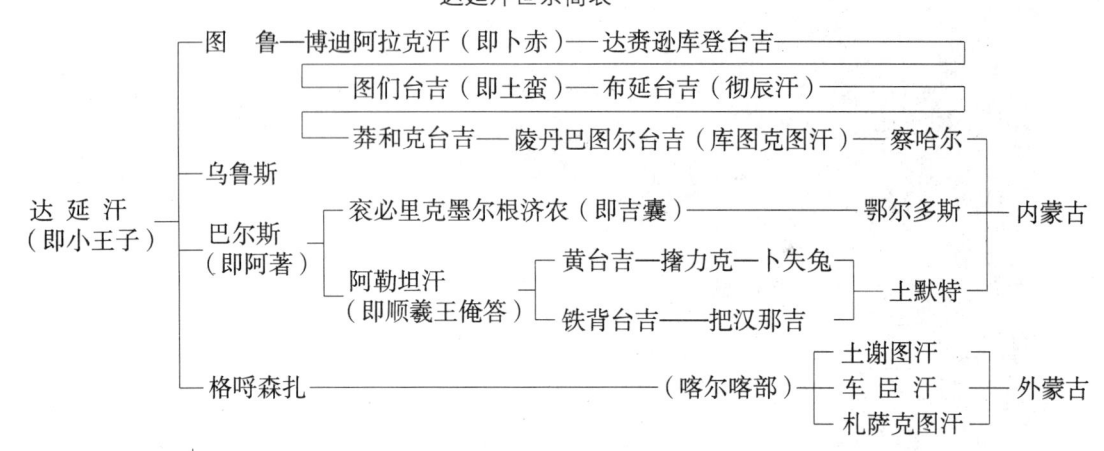

```
达延汗         ┌─图 鲁─博迪阿拉克汗(即卜赤)─达赉逊库登台吉──────────┐
(即小王子)     │        ├─图们台吉(即土蛮)─布延台吉(彻辰汗)────┤
               ├─乌鲁斯 │
               │        ├─莽和克台吉─陵丹巴图尔台吉(库图克图汗)─察哈尔─┐
               ├─巴尔斯 ┌─衮必里克墨尔根济农(即吉囊)─────鄂尔多斯─┼─内蒙古
               │(即阿著)│                                          │
               │        │         ┌─黄台吉─撦力克─卜失兔─┐        │
               │        └─阿勒坦汗 │                      ├─土默特─┘
               │         (即顺义王俺答)└─铁背台吉──把汉那吉─┘
               │                                    ┌─土谢图汗─┐
               └─格呼森扎──────────(喀尔喀部)──┼─车 臣 汗─┼─外蒙古
                                                    └─札萨克图汗─┘
```

俺答与衮必里克，相率攻明，明甚苦之。衮必里克死，俺答并有其众，于是势力陡增，轻明更甚，曾三次进薄京畿，明竟不能制。

　　孝宗弘治元年1488年。夏，小王子奉书求贡，自称大元大可汗，以时考之，即达延汗。朝廷方务优容，许之。……世宗嘉靖十一年，1532年。……时小王子最富强，控弦十余万，多畜货贝，稍厌兵，乃徙幕东方，称土蛮，分诸部落在西北边者甚众，曰吉囊副王之义，曰俺答，……据河套，雄黠喜兵，为诸部长，相率躏诸边。……二十一年，……吉囊死，诸子狼台吉等，散处河西，势既分，俺答独盛，岁数扰延绥诸边。(《明史》卷三二七《鞑靼传》)

　　嘉靖二十九年1550年。春，俺答………传箭诸部大举。秋，循潮河川南下，至古北口，……别遣精骑从间道溃墙入，……遂大掠怀柔，围顺义，抵通州，分兵四掠。……畿甸大震，敌大众犯京师，大同总兵咸宁侯仇鸾，巡抚保定都御史杨守谦等，各以勤王兵至。帝拜鸾为大将军，使护诸军，鸾与守谦，皆惵愞不敢战。兵部尚书丁汝夔，恇扰不知所为，闭门守，敌焚掠三日夜引去。……三十八年春，老把都俺答弟、辛爱俺答子谋大举入犯，……使其谍诡称东下，总督王忬不能察，遽分兵而东，号令数易，敌遂乘间入蓟镇潘家口。《明史》卷二〇四《王忬传》，三十八年二月，把都儿、辛爱数部屯会州，挟朵颜为向导，将西入，声言东，忬遽引兵东，寇乃以其间由潘家口入，渡滦河而西，大掠遵化、迁安、蓟州、玉田，驻内地五日，京师大震。……四十二年……冬，大掠顺义、三河，……京师戒严，大同总兵姜应熊，御之

于密云，败之，敌退。(《明史》卷三二七《鞑靼传》)

当俺答正强之时，严嵩当国。嵩知世宗厌兵，不敢主战，而官以赂迁，边事益坏。其党仇鸾请开马市于大同、宣府，冀以弭兵息争，至于尽撤边防，俺答更如入无人之境。

当是时，俺答岁"寇"边，羽书叠至。天子方斋居西内，厌兵事，而大学士严嵩窃权，边帅率以贿进，疆事大坏。(《明史》卷二〇四《丁汝夔传》)

俺答躏京师，咸宁侯仇鸾以勤王故有宠，帝命鸾为大将军，倚以办"寇"。鸾中情怯，畏"寇"甚，方请开互市市马，冀与俺答媾，幸无战斗，固恩宠。(《明史》卷二〇九《杨继盛传》)

大将军仇鸾力主贡市之议，明年，嘉靖三十年。开马市于大同，然"寇掠"如故，又明年，三十一年。马市罢。(《明史》卷九一《兵志》三《边防》)

迨俺答年老信佛，厌乱戒杀，又以其孙投明，遇之甚厚，乃始就抚受封，自此西陲方告相安无事。

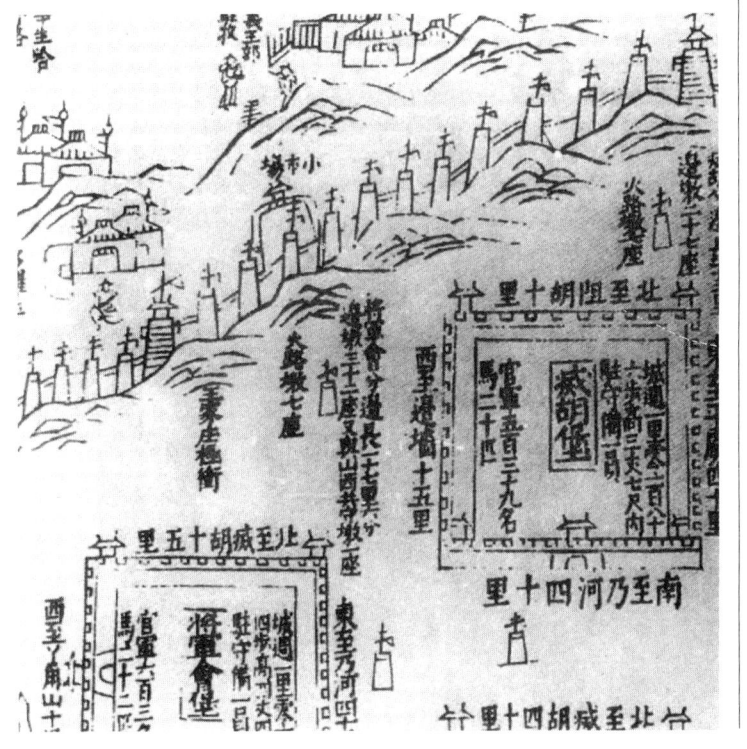

明代俺答驻牧图

1318

自河套以东，宣府、大同边外，吉囊弟俺答昆都力驻牧地也。……俺答又纳叛人赵全等，据古丰州地，招亡命数万，屋居佃作，号曰板升。全等尊俺答为帝，为治城郭宫殿。……又日夜教俺答为兵，东入蓟、昌，西掠忻、代，游骑薄平阳、灵石，至潞安以北，起嘉靖辛丑，二十年，1541年。扰边者三十年。……穆宗隆庆四年正月，诏崇古总督宣大山西军务。……把汉那吉者，俺答第三子铁背台吉子也，幼失父，育于俺答妻一克哈屯。长娶大成比妓，不相得，把汉自聘我儿都司女，号三娘子，即俺答外孙女也。俺答见其美，夺之，把汉恚，又闻崇古方纳降，是年十月，率妻子十余人来归。巡抚方逢时以告，崇古念因此制俺答，则赵全等可除也，留之大同，慰藉甚至，偕逢时疏闻于朝。……大学士高拱、张居正，力主崇古议，诏授把汉指挥使。……俺答方掠西番，闻变急归，调辛爱兵，分道入犯，索把汉甚急，辛爱佯发兵，阴择便利，以故俺答不得志。一克哈屯思其孙，朝夕哭，俺答患之。巡抚逢时，遣百户鲍崇德入其营……曰："……今朝廷待而孙甚厚，称兵是速其死也。"俺答疑把汉已死，及闻言心动，使使调之，崇古令把汉绯袍金带见使者，俺答喜过望，崇德因说之曰："赵全等旦至，把汉夕返。"俺答大喜，屏人语曰："我不为乱，乱由全等，今吾孙降汉，是天遣之合也。天子幸封我为王，永长

明代马市遗址
位于今山西大同。

北方诸部，孰敢为患，即不幸死，我孙当袭封，彼受朝廷厚恩，岂敢负耶！"遂遣使与崇德俱来，……并请互市。崇古以闻，帝悉报可，俺答遂缚全等十余人以献。……乃诏封俺答顺义王，名所居城曰归化。……自是边境休息，东起延永，西抵嘉峪，七镇数千里，军民乐业，不用兵革，岁省费什七。（《明史》卷二二二《王崇古传》）

已而俺答请金字经及剌麻僧，诏给之。……俺答老佞佛，复请于海南建寺，诏赐寺额仰华。……自是约束诸部无入犯，岁来贡市，西塞以宁。……神宗万历十年1582年。春，俺答死，……其妻哈屯，率子黄台吉等上表，……封黄台吉为顺义王。……立三岁而死，……十五年春，子撦力克嗣。其妻三娘子，故俺答所夺之外孙女而为妇者也，历配三王，主兵柄，为中国守边保塞，众畏服之，乃敕封为忠顺夫人，自宣大至甘肃，不用兵者二十年。（《明史》卷三二七《鞑靼传》）

自俺答受封，河套亦靖，而东方插汉儿即察哈尔。部，又继之而兴。张居正当国，委戚继光镇蓟门，李成梁镇辽东，二人皆当时名将，长于战守，北边始稍宁谧。

时俺答已通贡，宣大以西，烽火寂然。独小王子达延汗后土蛮，徙居插汉地，控弦十余万，常为蓟门忧，而朵颜董狐狸，及其兄子长昂，交通土蛮，时"叛"时服。……继光在镇十六年，边备修饬，蓟门晏然，继之者踵其成法，数十年得无事。亦赖当国大臣徐阶、高拱、张居正，先后倚任之，居正尤事与商榷，欲为继光难者，辄徙之去，……动无掣肘，故继光益发舒。（《明史》卷二二二《戚继光传》）

俺答虽款塞，而插汉部长土蛮，与从父黑石炭；弟委正、大委正，从弟暖兔、拱兔，子卜言台周，从子黄台吉，势方强，泰宁部长远把亥、炒花，朵颜部长董狐狸、长昂佐之，……时窥塞下。……成梁乃大修戎备，甄拔将校，收召四方健儿，给以厚饩，用为选锋，军声始振。……成梁镇辽二十二年，先后奏大捷者十，……边帅武功之盛，二百年来未有也。……万历二十九年1601年。八月，……乃命再镇辽东。……是时土蛮长昂及把兔儿已死，……开原、广宁之前，复开马木二市，诸部耽市赏利，争就款，以故成梁复镇八年，辽左少事。（《明史》卷二三八《李成梁传》）

俺答款塞，久不为害，独小王子部众十余万，东北直辽左，以不获通互市，数入"寇"。居正用李成梁镇辽，戚继光镇蓟门，成梁力战却敌，功多至封伯，而继光守备甚设，居正皆右之，边境晏然。

(《明史》卷二一三《张居正传》)

(二) 日本

甲、倭寇之起

日本自与元搆衅，禁其民与中国交通，元亦特悬厉禁，其在海舶中私相贸易者，遂目为"海寇"。又元中叶时，日本分为南北朝，明初，南朝为北朝所并，遗臣遁入海，与之相合，"海寇"之势益盛。但其时海防严饬，倭寇尚不能为大患。然通观一代，真倭少而"海寇"多，所谓"海寇"，实吾民之穷而无告者也。

> 日本，……元世祖数遣使赵良弼招之，不至，乃命忻都、范文虎等，帅舟师十万征之，至五龙山，遭暴风，军尽没。后屡招不至，终元世，未相通也。明兴，高皇帝即位，方国珍、张士诚相继诛服，诸豪亡命，往往纠岛人，入"寇"山东滨海州县。(《明史》卷三二二《日本传》)

> 沿海之地，自广东乐会，接安南界，五千里抵闽，又二千里抵浙，又二千里抵南直隶，又千八百里抵山东，又千二百里，逾宝坻、卢龙抵辽东，又千三百余里抵鸭绿江，岛寇倭夷，在在出没，故海防

倭寇劫掠图

亦重。吴元年，用浙江行省平章李文忠言，嘉兴、海盐、海宁，皆设兵戍守。洪武四年十二月，命靖海侯吴祯，籍方国珍所部温、台、庆元三府军士，及兰秀山无田粮之民，凡十一万余人，隶各卫为军，且禁沿海民私出海。时国珍及张士诚余众，多窜岛屿间，勾倭为"寇"。五年，命浙江福建造海舟防倭。明年，六年。从德庆侯廖永忠言，命广洋江阴横海水军四卫，增置多橹快船，无事则巡徼，遇"寇"以火船薄战，快船逐之，……每春以舟师出海，分路防倭，迄秋乃还。十七年，命信国公汤和，巡视海上，筑山东、江南北、浙东西沿海诸城。后三年，二十年。命江夏侯周德兴，抽福建、福兴、漳、泉四府三丁之一，为沿海戍兵，得万五千人，移置卫所于要害处，筑城十六，……二十一年，又命汤。和行视闽粤，筑城增兵。……二十三年，从卫卒陈仁言，造苏州太仓卫海舟，旋令滨海卫所，每百户及巡检司，皆置船二，巡海上盗贼。后从山东都司周彦言，建五总寨于宁海卫，与莱州卫八总寨，共辖小寨四十八，已复命重臣勋戚魏国公徐辉祖等，分巡沿海。帝素厌日本诡谲，绝其贡使，故终洪武、建文世，不为患。永乐六年，命丰城侯李彬等，缘海捕倭，复招岛人、疍户、贾竖、渔丁为兵，防备益严。十七年，倭寇辽东，总兵官刘江，歼之于望海埚。自是倭大惧，百余年间，海上无大侵犯，朝廷阅数岁，一令大臣巡警而已。（《明史》卷九一《兵志》三《海防》）

至世宗时，明祚中微，日本割据势盛，号令不一，其岛主乃假通贡为名，与中国贸易，濒海之民，复与之结，遂种异日之祸根。嗣因日本使者争真伪问题，大掠宁波，明廷竟罢废市舶司，贸易权乃转移于豪贵之手，以负倭值不偿，倭不得归，转而为寇。海滨之民，复为之谋主向导，剽掠内地，兵祸自此日剧。

  明初，……海外诸国入贡，许附载方物，与中国贸易，因设市舶司，置提举官以领之。……复严禁濒海居民，及守备将卒，私通海外诸国。……嘉靖二年，日本使宗设、宋素卿分道入贡，互争真伪，市舶中官赖恩纳素卿贿，右素卿，宗设遂大掠宁波。给事中夏言言倭患起于市舶，遂罢之。市舶既罢，日本海贾往来自如，海上奸豪与之交通，法禁无所施，转为"寇贼"。（《明史》卷八一《食货志》五《市舶》）

初明祖定制，片板不许入海，承平久，"奸民"阑出入，勾倭人及佛郎机诸国，入互市。闽人李光头，歙人许栋，踞宁波之双屿，为之主，司其质契，势家护持之，漳泉为多。或与通婚姻，假济渡为名，造双桅大船，运载违禁物，将吏不敢诘也，或负其直，栋等即诱之攻剽负直者，胁将吏捕逐之，泄师期，令去，期他日偿，他日至，负如初，倭大怨恨，益与栋等合，而浙闽海防久隳。……倭剽掠辄得志，益无所忌，来者接踵。（《明史》卷二○五《朱纨传》）

祖制，浙江设市舶提举司，以中官主之，驻宁波，海舶至，则平其直，制驭之权在上。及世宗尽撤天下镇守中官，并撤市舶，而滨海奸人，遂操其利。初市犹商主之，及严通番之禁，遂移之贵官家，负其直者愈甚，索之急，则以危言吓之，或又以好言绐之，谓我终不负若直，倭丧其赀不得返，已大恨。而"大奸"若汪直、徐海、陈东、麻叶辈，素窟其中，以内地不得逞，悉逸海岛为主谋，倭听指挥，诱之入寇，海中巨盗，遂袭倭服饰旂号，并分艘掠内地，无不大利，故倭患日剧。（《明史》卷三二二《日本传》）

日本通贡之道在浙江，故倭寇之起，东南受祸最烈。明廷因倭患日亟，始派遣重臣，从事防御。浙抚朱纨廉知乱源所在，乃严诛通番之徒，然射利势豪，大感不便，终排挤之而去。继任者惩于前失，撤备弛禁，于

明人抗倭图

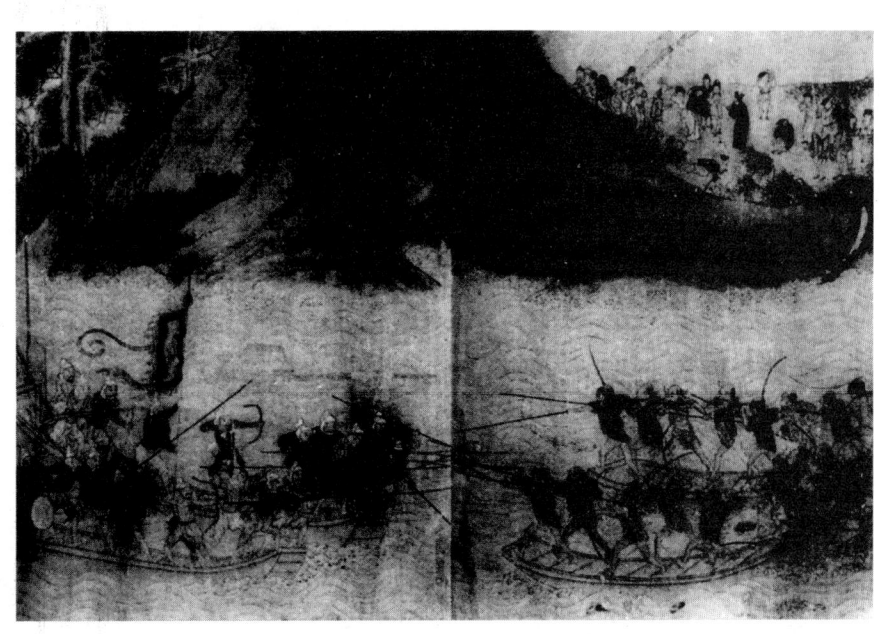

是东南沿海诸邑，大遭蹂躏。

日本地与闽相值，而浙之招宝关，浙江镇海县东北二里。其贯道在焉，故浙闽为最冲，南寇则广东，北寇则由江犯留都淮扬。(《明史》卷九一《兵志》三《江防》)

朱纨，……嘉靖二十六年七月，倭寇起，改提督浙闽海防军务，巡抚浙江，……革渡船，严保甲，搜捕"奸民"。闽人资衣食于海，骤失重利，虽士大夫家，亦不便也，欲沮坏之。……纨上疏曰："……去外国盗易，去中国盗难；去中国濒海之盗犹易，去中国衣冠之盗尤难。"闽浙人益恨之。……自纨死，罢巡视大臣不设，中外摇手，不敢言海禁事，……撤备弛禁。未几"海寇"大作，毒东南者十余年。(《明史》卷二〇五《朱纨传》)

各岛诸倭，岁常侵掠，滨海"奸民"，又往往勾之。纨乃严为申禁，获交通者，不俟命，辄以便宜斩之。由是浙闽大姓，素为倭内主者，失利而怨。纨又数腾疏于朝，显言大姓通倭状，以故闽浙人皆恶之，而闽尤甚。巡按御史周亮，闽产也，上疏诋纨，请改巡抚为巡视以杀其权，其党在朝者左右之，竟如其请，又夺纨官，罗织其擅杀罪，纨自杀。自是不置巡抚者四年。(《明史》卷三二二《日本传》)

浙江巡抚朱纨访知舶主皆贵官大姓，市番货，皆以虚直转鬻牟利，而直不时给，以是构乱，乃严海禁。……奏请镌谕戒大姓；不报。嘉靖二十八年，纨又言，长澳诸大侠林恭等，勾引夷舟作乱，而巨奸关通射利，因为向导，蹂我海滨，宜正典刑；部覆不允。而通番大猾，纨辄以便宜诛之。御史陈九德劾纨措置乖方，专杀启衅，帝逮纨听勘。纨既黜，奸徒益无所惮，外交内讧，酿成祸患，汪直、徐海、陈东、麻叶等起，而海上无宁日矣。(《明史》卷八一《食货志》五《市舶》)

明海防不修，卫戍空设，一与倭遇，辄望风奔溃。故倭寇往来纵横，如入无人之境，亦由内地空虚之故。

明初沿海要地，建卫所，设战船，董以都司巡视副使等官，控制周密。迨承平久，船敝伍虚，及遇警，乃募渔船，以资哨守。兵非素练，船非专业，见"寇"舶至，辄望风逃匿，而上又无统率御之，以

汪直墓

此墓由日本人出资建造，在今歙县新安江畔之绵溪。

故贼帆所指，无不残破。嘉靖三十二年1553年。三月，汪直勾诸倭，大举入寇，连舰数百，蔽海而至，浙东西、江南北，滨海数千里，同时告警。……纵横来往，若入无人之境。……大抵真倭十之三，从倭者十之七，倭战则驱其所掠之人为军锋，法严，人皆致死，而官军素愞怯，所至溃奔。（《明史》卷三二二《日本传》）

时严嵩方专国政，以其党赵文华督视海防。文华颠倒功罪，牵制兵机，致使诸军解体，倭寇愈炽。

当是时，总督尚书张经方征四方及"狼土兵"，议大举，自以位文华上，心轻之。文华不悦，"狼兵"稍有斩获功，文华便檄之，使进剿。至漕泾，战败，亡头目十四人，文华恚，数趣经进兵。经虑文华轻浅泄师期，不以告，文华益怒，劾经养寇失机。疏方上，经大捷王江泾，浙江嘉兴县北三十里。文华攘其功，谓己与巡按胡宗宪督师所致，经竟论死。又劾浙江巡抚李天宠罪，荐宗宪代，天宠亦论死。帝益以文华为贤，命铸督察军务关防，即军中赐之。文华自此出总督上，益恣行无忌。欲分苏松巡抚曹邦辅浒墅关江苏吴县西北。破贼功不得，则以陶宅之败，重劾邦辅。陶宅之战，实文华、宗宪兵先溃也。……帝终信文华言，邦辅坐遣戍。文华既杀经、天宠，复先后论罢总督周琉、杨宜，张经被逮，代以周琉，逾月琉罢，代以杨宜。至是又

倾邦辅，势益张，文武将吏，争输货其门，颠倒功罪，牵制兵机，纪律大乖，将吏人人解体，征兵半天下，贼寇愈炽。(《明史》卷三〇八《严嵩附赵文华传》)

时贼势蔓延，江浙无不蹂躏。新倭来益众，益肆毒，每自焚其舟，登岸劫掠，自杭州北新关，西剽淳安，突徽州歙县，至绩溪、旌德，过泾县，趋南陵，遂达芜湖，烧南岸，奔太平府，犯江宁镇，径侵南京，……犯大安德门及夹冈，乃趋秣陵关而去，由溧水流劫溧阳、宜兴。闻官兵自太湖出，遂越武进，抵无锡，驻惠山，一昼夜奔百八十余里，抵浒墅，为官军所围，追及于杨林桥，歼之。是役也，贼不过六七十人，而经行数千里，杀戮战伤者，几四千人，历八十余日始灭。此嘉靖三十四年九月事也。……十月，倭自乐清登岸，流劫黄岩、仙居、奉化、余姚、上虞，被杀掳者无算，至嵊县乃歼之，亦不满二百人，顾深入三府，历五十日始平。其先一枝，自山东日照，流劫东安卫，至淮安、赣榆、沭阳、桃源，至清河阻雨，为徐邳官兵所歼，亦不过数十人，流害千里，杀戮千余。(《明史》卷三二二《日本传》)

在倭寇初起之际，沿海卫所戍兵，已畏缩不可用，当事者调兵四方，并征及"狼土兵"。客军云集，时起私斗，往往遗误戎机，而"狼土兵"尤难驭制，为害地方。人民于寇患之外，又罹兵苦，其甚者，闹饷哗变，戕杀官吏。

正统二年，上言，浔州与大藤峡，诸山相错，"瑶寇"出没，……左右两江，土官所属，……其"狼兵"素勇，为贼所畏。若量拨田州土兵，于近山屯种，分界耕守，断贼出入，不过数年，贼必坐困。报可。嗣后东南有急，辄调用"狼兵"，自此始也。(《明史》卷一六六《山云传》)

旧制，凡"狼兵"调征，经过之处，不许入城。……有司不善遇之，掳掠之患，在所不免。……广西"狼兵"，于海内为尤悍。(《续通考》卷二二八《兵考》八)

经征两广"狼土兵"听用，……以江浙山东兵屡败，欲俟"狼土兵"至用之。……经……死，代经者应城周珫、衡水杨宜，节制不行，"狼土兵"肆焚掠，东南民既苦倭，复苦兵矣。……倭据陶宅，

官军久无功，文华遂劾宜。宜以"狼兵"徒剽掠，不可用，请募江浙义勇，山东箭手，益调江浙、福建、湖广漕卒，河南毛兵。比客兵大集，宜不能驭，川兵与山东兵私斗，几杀参将，酉阳兵溃于高桥，夺舟径归苏州。（《明史》卷二〇五《张经杨宜传》）

南京……振武营者，尚书张鏊募健儿以御倭，素骄悍。旧制，南军有妻者，月粮米一石，无者减其四，春秋二仲月，米石折银五钱。马坤掌南户部，奏减折色之一，督储侍郎黄懋官又奏革募补者妻粮，诸军大怨。代坤者蔡克廉方病，诸军以岁饥，求复折色故额于懋官。懋官不可，给饷又逾期，嘉靖三十九年二月，……振武卒鼓噪，……诸营军已甲而入，予之银，争攫之。懋官见势汹汹，越垣投吏舍，乱卒随及，……竟戕懋官，裸其尸于市。守备太监何绶、魏国公徐鹏举遣吏持黄纸，许给赏万金，卒辄碎之，至许犒十万金，乃稍定。……许复妻粮及故额，人畀之一金补折价，始散。（《明史》卷二〇五《李遂传》）

赵文华荐胡宗宪督浙，以官军屡败，患不易平，乃定招抚之计，以分其势。宗宪用离间手段，使之互攻，后诱诛汪直，其势骤衰。及转趋闽广，又为俞大猷、戚继光所击破。至神宗时，疆臣整饬海防，其患始平，然沿海之地，已凋敝不堪矣。

戚继光与倭寇仙游作战示意图

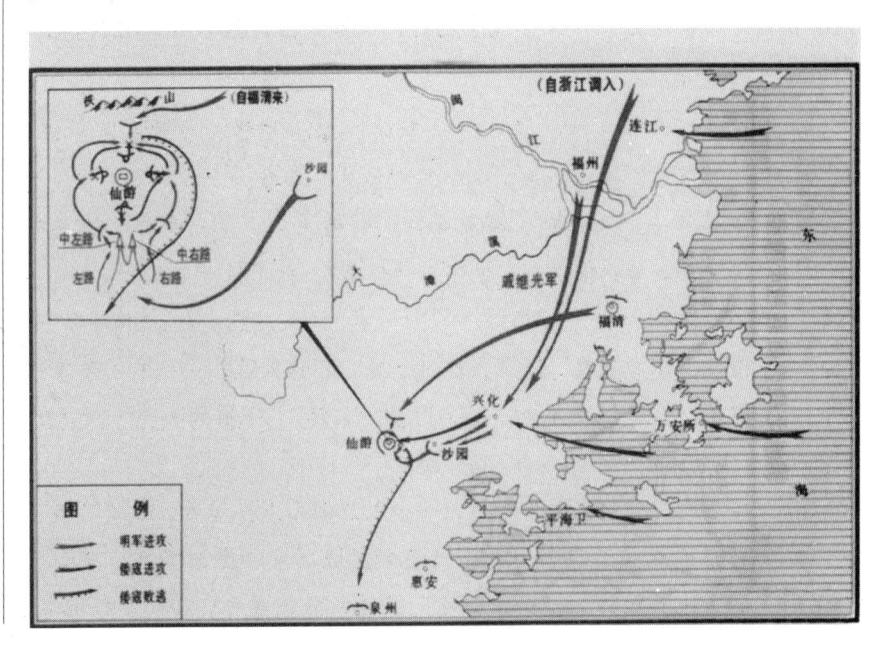

官军既屡败，文华知贼未易平，欲委责去。会川兵破贼周浦，俞大猷破贼海洋，文华遂言水陆成功，江南清晏，请还朝。帝悦，许之。比还，败报踵至，帝疑其妄，数诘嵩。……嵩令文华自请行，为帝言，江南人矫首望文华。帝以为然，命兼右副都御史，总督江南、浙江诸军事。时宗宪先以文华荐，代杨宜为总督，及文华再出，宗宪欲借文华以通于嵩，谄奉无不至。文华素不知兵，亦倚宗宪，两人交甚欢。（《明史》卷三〇八《严嵩附赵文华传》）

倭犯浙东诸州县，杀文武吏甚众，宗宪乃与文华定招抚计。文华还朝，盛毁总督杨宜，而荐宗宪，……代宜。（《明史》卷二〇五《胡宗宪传》）

时两浙皆被倭，……浙西柘林、乍浦、乌镇、皂林间，皆为贼巢，前后至者二万余人。……是时徐海、陈东、麻叶，方连兵攻围桐乡，宗宪设计间之，海遂禽东、叶以降，尽歼其余众于乍浦。未几，复蹙海于梁庄，海亦授首，余党尽灭，江南、浙西诸寇略平。而江北倭……侵淮安府，集于庙湾，逾年乃克。其浙东之倭，则盘踞于舟山，亦先后为官军所袭。（《明史》卷三二二《日本传》）

汪直之踞海岛也，与其党王激、叶宗满、谢和、王清溪等，各挟倭寇为雄。……及是内地官军颇有备，倭虽横，亦多被剿戮。有全岛无一人归者，往往怨直，直渐不自安。宗宪与直同郡绩溪，馆直母与其妻孥于杭州，遣蒋洲赍其家书招之。直知家属固无恙，颇心动，……嘉靖三十六年十月，……乃遣王激入见宗宪。……激即毛海峰，直养子也，宗宪慰劳甚至。……直以为信，遂……来，宗宪大喜，礼接之甚厚，令谒巡按御史王本固于杭州。本固以属吏，直论死。激等闻大恨，……焚舟登山，据岑港坚守。逾年，……扬帆南去，……其患尽移于福建，而潮广间亦纷纷以倭警闻矣。……亟征俞大猷、戚继光、刘显诸将，合击破之，……福建亦平。（《明史》卷三二二《日本传》）

其后广东"巨寇"曾一本、黄朝太等，无不引倭为助。……神宗。万历十六年，犯浙江，然时疆吏惩嘉靖之祸，海防颇饬，"贼"来辄失利。其犯广东者，为"疍贼"梁本豪勾引，势尤猖獗。总督陈瑞，集众军击之，斩首千六百余级，沉其船百余艘，本豪亦授首。帝

为告谢郊庙，宣捷受贺云。(《明史》卷三二二《日本传》)

乙、朝鲜之战

高丽自被元征服，世受约束。至明太祖时，夺于李氏，遣使入贡，明赐国号曰朝鲜，王氏之系统遂绝。

后唐时，王建代高氏，即高丽。兼并新罗、百济，……元至元中……内属。……明兴，王高丽者王颛，太祖即位之元年，遣使赐玺书。二年，……颛表贺，贡方物，且请封。帝……封颛为高丽国王，……三年一聘贡。……七年，……颛为权相李仁人所弑，颛无子，以宠臣辛旽之子禑为子，于是仁人立禑。八年，禑……来告哀。……十年，……贡马及方物，却不受。……十八年正月，贡使至，帝谕礼臣曰："高丽屡请约束，朕数不允，而其请不已，故索岁贡以试其诚伪。……今既听命，宜损其贡数。"……七月，禑上表请袭爵，并请故王谥，命封禑为高丽国王，赐故王颛谥恭愍。……二十年……十二月，命户部咨高丽王，铁岭在江原咸两道间。北东西之地，旧属开元者，辽东统之；铁岭之南，旧属高丽者，本国统之，各正疆境，毋侵越。二十一年四月，禑表言，铁岭之地，实其世守，乞仍旧便。帝曰："高丽旧以鸭绿江为界，今饰辞铁岭，诈伪昭然，其以朕言谕之，俾安分，毋生衅端。"……是年四月，禑欲寇辽东，使都军相崔莹、李成桂，缮兵西京。成桂使陈景屯艾州，以粮不继退师，王怒，杀成桂之子。成桂还兵攻破王城，囚王。……十月，禑请逊位于其子

鸭绿江风景

中华二千年史

昌。……二十二年，权国事昌，奏乞入朝，帝不许。是岁，成桂废昌而立定昌国院君瑶。……明年，二十五年。……成桂自立，遂有其国，瑶出居原州。王氏自五代，传国数百年，自后梁末帝贞明四年，即918年，王建立国，至明洪武二十五年，即1392年，夺于李氏，凡传三十二主，共四百七十五年。至是绝。（《明史》卷三二〇《朝鲜传》）

高丽……奏言，本国自恭愍王薨，无嗣。权臣李仁人，以辛肫子禑主国事，昏暴好杀，至欲兴师犯边，大将李成桂以为不可而回军。禑负罪惶惧，逊位于子昌，国人弗顺，启请恭愍王妃安氏，择宗亲瑶，权国事。已及四年，昏戾信谗，戕害勋旧。……国人谓瑶不足主社稷，今以安氏命，退瑶于私第。王氏子姓，无可当舆望者，中外人心，咸系成桂。臣等与国人耆老，共推主国事，惟圣主俞允。帝以高丽僻处东隅，非中国所治，令礼部移谕：果……不启边衅，使命往来，……我又何诛。冬，成桂……请更国号，帝命仍古号曰朝鲜。（《明史》卷三二〇《朝鲜传》）

日本自开国后，世与虾夷日本土人。为敌。唐德宗时，日本桓武天皇于东北边置征夷大将军，源氏、平氏世守其地。其后源氏攻灭平氏，始置武职于诸州，而政权尽归幕府，遂造成割据之局面。源氏为家臣北条氏所灭，北条氏复为家臣足利氏所灭。当其相继攘窃时，益以大封唻将士，而其将士又各以其地分封属下，全国遂分裂。明神宗时，织田氏所属丰臣秀吉，乃起而平定之。

日本故有王，其下称关白者最尊。时以山城州渠信长为之，偶出猎，遇一人卧树下，惊起冲突，执而诘之，自言为平秀吉，萨摩州人之奴，雄健矫捷，有口辩。信长悦之，令牧马，名曰木下人。后渐用事，为信长画策，夺并二十余州，遂为摄津镇守大将。有参谋阿奇支者得罪，信长命秀吉统兵讨之。俄信长为其下明智所杀，秀吉方攻灭阿奇支，闻变，与部将行长等，乘胜还兵诛之，威名益振。寻废信长三子，僭称关白，尽有其众。时为万历十四年。1586年。于是益治兵征服六十六州，……乃改国王所居山城为大阁。即大坂。……其用法严，军行有进无退，……以故所向无敌。（《明史》卷三二二《日本传》）

正亲町天皇立于明世宗嘉靖三十七年，卒于神宗万历十四年。时，……织田信长……代足利氏而兴。……信长任用丰臣秀吉等，平定近

日本阳成天皇像

畿，位右大臣，……惜宠任明智光秀，猝为所杀。秀吉诛光秀，筑大坂城，自奏请为关白，置五奉行，以议国事。……后阳成天皇嗣，秀吉为太政大臣，……既平海内，约列侯，奉戴王室。

（黄遵宪《日本国志》卷二）

丰臣秀吉威服内部，念乱源终未尽绝，欲尽驱其众于国外，遂举兵以侵朝鲜。朝鲜承平日久，武备废弛，不能抵抗，求救于明。明遣兵往援，致与日本发生战事。

朝鲜与日本对马岛相望，时有倭夷往来互市。万历二十年1592年。五月，秀吉遂分渠帅行长清正等，率舟师逼釜山镇，潜渡临津。时朝鲜承平久，兵不习战，昹又湎酒弛备，猝岛夷作难，望风皆溃。昹弃王城，……奔平壤，已复走义州，愿内属。……是时倭已入王京，……八道几尽没，旦暮且渡鸭绿江，请援之使，络绎于道。廷议以朝鲜为国藩篱，在所必争。……而倭业抵平壤，朝鲜君臣益急，出避爱州。游击史儒等，率师至平壤，战死，副总兵祖承训，统兵渡鸭绿江援之，仅以身免，中朝震动。（《明史》卷三二〇《朝鲜传》）

明兵连挫，中朝震动，乃遣兵部侍郎宋应昌为经略，李如松为提督，率大军继往。如松初战，大捷于平壤，继而轻进中伏，败于碧蹄馆。在平壤未战之先，兵部尚书石星，曾遣沈惟敬往日本议款，如松狃胜，事遂中辍。及败，和议复起，应昌亦主和最力者。

倭入丰德等郡，兵部尚书石星，计无所出，议遣人侦探之，于是嘉兴人沈惟敬应募。惟敬者，市中无赖也。是时秀吉次对马岛，分其将行长等，守要害为声援。惟敬至平壤，执礼甚卑，行长绐曰："天朝幸按兵不动，我不久当还，以大同江为界，平壤以西，尽属朝鲜耳。"惟敬以闻，廷议倭诈未可信，乃趣应昌等进兵。（《明史》卷三三〇《朝鲜传》）

朝鲜倭患棘，诏如松提督蓟辽、保定、山东诸军，克期东征。……如松新立功，气益骄，与经略宋应昌不相下。……抵平壤，……如松亲提大军，直抵城下，攻……克之，……行长渡大同江，遁还龙山，……遂复开城，所失黄海、平安、京畿、江源四道并复，酋清正据咸镜，亦遁还王京。官军既连胜，有轻敌心。……朝鲜人以贼弃王京告，如松信之，将轻骑趋碧蹄馆，距王京三二十里，猝遇倭，围数重，……副将杨元兵亦至，斫重围入，倭乃退。官军丧失甚多，……官军乃退驻开城。……倭将平秀嘉，据龙山仓，积粟数十万，密令参将查。大受，率死士从间焚之，倭遂乏食。初官军捷平壤，锋锐甚，不复问封贡事，及碧蹄馆败衄，如松气大索。应昌、如松急欲休息，而倭亦刍粮并绝，且惩平壤之败，有归志，于是惟敬款议复行。……倭弃王京，……乃结营釜山，为久留计。(《明史》卷二三八《李如松传》)

久之，和议无成，秀吉再发兵，侵略朝鲜，明亦大事征调，期必获捷。不意杨镐、邢玠，相继溃败，然犹继续增援，卒使日兵溃归，战事始告结束。

万历二十三年正月，遣都督佥事李宗城、指挥杨方亨，封平秀吉为日本国王。……二十四年九月，杨方亨至日本，平秀吉不受封，复侵朝鲜。(《明史》卷二〇《神宗纪》一)

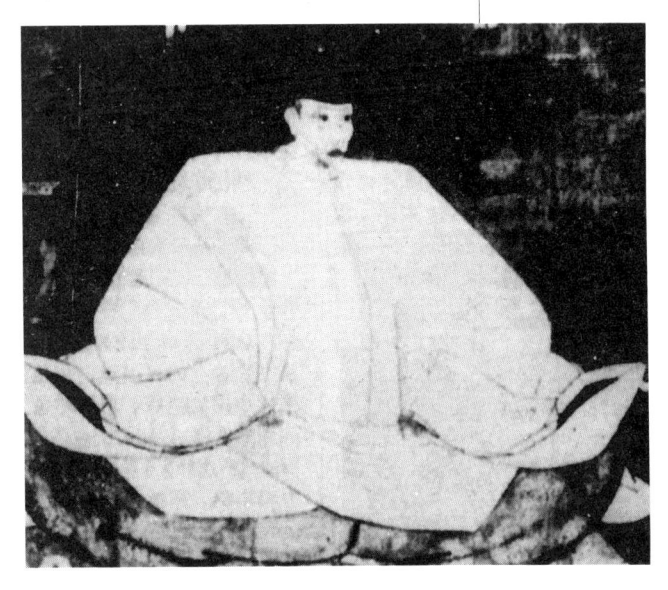

帝大怒，命逮石星、沈惟敬案问，以兵部尚书邢玠总督蓟辽，改麻贵为备倭大将军，经理朝鲜，佥都御史杨镐驻天津，申警备，杨汝南、丁应泰，赞画军前。……玠至辽，……遂决意用兵。……玠以朝鲜兵惟娴水战，乃疏请募兵川、浙，并调蓟辽、宣大、山陕兵，及福建吴淞水师，

丰臣秀吉像

……川、汉兵。(《明史》卷三二〇《朝鲜传》)

万历二十五年，……会朝鲜再用兵，……擢右佥都御史，经略朝鲜军务。……当是时，倭将行长、清正等，已入据南原全州，引兵犯全罗、庆尚，逼王京，锐甚。赖沈惟敬就禽，向导乃绝。而朝鲜兵燹之余，千里萧条，贼掠无所得，故但积粟全罗，为久留计。而中国兵亦渐集。九月朔，镐始抵王京，会副将解生等，屡挫贼，朝鲜军亦数有功，倭乃退屯蔚山。十二月，镐会总督邢玠、提督麻贵，议进兵方略，分四万人为三协，……合攻蔚山。……贼……据岛山，结三栅城外以自固，……坚守以待援。官兵四面围之，地泥淖，且时际穷冬，风雪裂肤，士无固志。……贼知官兵懈，诡乞降以缓之。明年二十六年。正月二日，行长救兵骤至，镐大惧，狼狈先奔，诸军继之，贼前袭击，死者无算，……辎重多丧失。是役也，谋之经年，倾海内全力，合朝鲜通国之众，委弃于一旦，举朝嗟恨。镐既奔，挈贵奔趋庆州，惧贼乘袭，尽撤兵还王京，……士卒死亡殆二万。(《明史》卷二五九《杨镐传》)

万历二十六年正月，邢玠以前役乏水兵，无功，乃益募江南水兵，议海运为持久计。二月，……分兵三协，为水陆四路，路置大将，中路李如梅，后代以董一元。东路麻贵，西路刘綎，水路陈璘，各守汛地，相机行剿。时倭亦分三窟，东路则清正据蔚山，西路则行长据粟林，……中路则石曼子据泗州，而行长水师，番休济饷，往来如驶。……九月，将士分道进兵，刘綎进逼行长营，……陈璘舟师协堵。……行长潜出千余骑扼之，綎不利退，璘亦弃舟走。麻贵至蔚山，……倭伪退诱之，贵入空垒，伏兵起，遂败。董二元进取晋州，乘胜渡江，……倭退保泗州老营，鏖战下之，前逼新寨。……十月，董二元遣将，四面攻城，……忽营中火药崩，烟焰涨天，倭乘势冲击，……兵遂大溃，奔还晋州。……是月，福建都御史金学曾报，七月九日，平秀吉死，各倭俱有归志。十一月，清正发舟先走，……诸倭扬帆尽归。自倭乱朝鲜七载，丧师数十万，糜饷数百万，中朝与属国，迄无胜算，至关白死，而祸始息。(《明史》卷三二〇《朝鲜传》)

(三) 安南

安南于明初，即通贡称臣，列在藩属。建文帝时，外戚黎氏，篡有其国。成祖即位，乃遣使奉表朝贡，诡称陈氏嗣绝，为众所推，请赐封爵，明即封之为安南国王。

安南，古交阯地，唐以前，皆隶中国，五代时，始为土人曲承美窃据。宋初，封丁部领为交阯郡王，三传，为大臣黎桓所篡。黎氏亦三传，为大臣李公蕴所篡。李氏八传，无子，传其婿陈日炬。元时，屡破其国。洪武元年，王陈日煃闻廖永忠定两广，将遣使纳款，以梁王在云南，未果。十二月，太祖命……招谕之。日煃遣……奉表来朝，贡方物。明年二年。六月，……封为安南国王。……日煃……卒，侄日熞嗣。………四年，……其冬，日熞为伯父叔明逼死，……帝命……叔明，姑以前王印视事。七年，叔明遣使谢恩，自称年老，乞命弟煓摄政，从之。……十年，煓侵占城，败没，弟炜代立。……二十一年，……时国相黎季犛窃柄，废其主炜，寻弑之，立叔明子日焜主国事。……日焜年幼，国事皆决季犛父子。……建文元年，季犛弑日焜，立其子顒，又弑顒，立其弟㷡，方在襁褓中，复弑之。大杀陈氏宗族而自立，更姓名为胡一元，名其子苍曰胡䆪，谓出帝舜裔胡公后，僭国号大虞，年号元圣。寻自称太上皇，传位䆪，朝廷不知也。

(《明史》卷三二一《安南传》)

安南古迹

成祖既承大统，遣官以即位诏告其国。永乐元年，原自署权理安南国事，遣使奉表朝贡，言高皇帝时，安南王日煃，率先输诚，不幸早亡，后嗣绝，臣陈氏甥，为众所推，权理国事，于今四年，望天恩赐封爵。……帝乃……封为安南国王。(《明史》卷三二一《安南传》)

已而陈氏旧臣裴伯耆，诣明告难，老挝复以日煃弟天平来奔，请兵复仇，蒙蔽之案始翻。成祖切责黎氏，黎氏惧，佯请奉迎天平。成祖信之，以兵护天平返国，黎氏要杀之于中途。成祖怒，遣张辅等往征讨，既平，遂郡县之，安南复入中国版图。

故陪臣裴伯耆，诣阙告难，言……"贼"臣黎季犛父子，弑主篡位，屠戮忠良，……愿兴吊伐之师，隆继绝之义，荡除奸凶，复立陈氏后。……会老挝即南掌，一名禅人，夹澜沧江而居，在越南西，泰国之东北。送陈天平至，言臣天平，前王日煃孙，爵子，日煃弟也。"黎贼"尽灭陈族，臣越在外州，获免。……"贼"兵见迫，仓皇出走，……得达老挝，……祈……迅发六师，用彰天讨。(《明史》卷三二一《安南传》)

永乐三年，1405年。……安南黎季犛弑其主，自称太上皇，立子苍为帝。其故王之孙陈天平，自老挝来奔，季犛佯请归国，帝遣都督黄中，以兵五千送之，前大理卿薛嵓为辅。季犛伏兵芹站，杀天平，嵓亦死。帝大怒，命成国公朱能为征夷将军，辅为右副将军，帅丰城侯李彬等十八将军，兵八十万，会左副将军西平侯沐晟，分道进讨。……四年十月，能卒于军，辅代领其众，自凭祥进师，度坡垒关，……进破隘留、鸡陵二关，道芹站，走其伏兵。抵新福，晟军亦自云南至，营于白鹤。安南有东西二都，依宣、洮、沲、富良四江为险，"贼"缘江南北岸立栅，聚舟其中，筑城于多邦隘，……欲据险以老辅师。……十二月，辅军次富良江北，遣骠骑将军朱荣，破"贼"嘉林江，遂与晟合军，进攻多邦城，……进克东都。……遣别将……取西都，……季犛焚官室仓库，逃入海。……明年五年。春，……"贼"由富良江入，辅与晟夹岸迎战，……大破之。……乘胜穷追，……五月，至奇罗海口，获季犛及其子苍，并伪太子诸王、将相大臣等，槛送京师。安南平，得府州四十八，县一百八十，户三百十二万。求陈氏后不得，遂设交阯布政司，以其地内属。自唐之亡，交阯沦于蛮服者四百余年，

至是复入版图。……六年夏，辅振旅还京师。(《明史》卷一五四《张辅传》)

安南自内隶后，陈氏故臣，阴具恢复之志，其人民又苦中国约束，吏卒侵扰，亦愤疾思动，是以大军甫还，乱事即起。张辅凡前后四往，"剿抚"兼施，规画甚备，黄福掌布、按二司事，颇能施治，交人稍安之。

永乐六年……冬，陈氏故臣简定复叛，命沐晟讨之，败绩于生厥江。明年七年。春，复命辅佩征虏将军印，帅师往讨。时简定已僭称越上皇，别立陈季扩为皇，势张甚。辅……大破之，……获简定于美良山中，及其党，送京师。八年正月，进击"贼"余党，………惟季扩未获。帝留沐晟讨之，召辅班师。……时陈季扩虽请降，实无悛心，乘辅归，攻剽如故，晟不能制。交人苦中国约束，又数为吏卒侵扰，往往起"附贼"。……九年正月，仍命辅与沐晟，协力进讨。……明年十二年。正月，……抵其"巢"，……季扩走老挝。遣指挥师祐，以兵索之，破其三关，遂缚季扩及其孥，送京师，"贼"平，……留军守之而还。十三年春，至京，旋命为交阯总兵官往镇，而"余寇"陈月湖等，复"作乱"，辅悉讨平之。十四年冬，召还。辅凡四至交阯，前后建置郡邑，及增设驿传递运，规画甚备，交人所畏惟辅。(《明史》卷一五四《张辅传》)

安南既平，郡县其地，命福以尚书掌布政、按察二司事。时远方初定，军旅未息，庶务繁剧，福随事制宜，咸有条理，……编氓籍，定赋税，兴学校，置官师，数召父老，宣谕德意，戒属吏毋苛扰，一切镇之以静，上下帖然。(《明史》卷一五四《黄福传》)

辅与福先后召还，交人举兵者四起，镇守中官马骐复以苛虐激之，乱事益扩大，举兵者尤以黎利称最强，同时诸将又不协，屡战无功。至宣宗

安南国夷官

卷五 明清

时，王通往讨失利，私和退师，明不得已，始放弃交阯。自此黎氏据有安南，复为藩属。

交人故好"乱"。中官马骐以采办至，大索境内珍宝，人情骚动，桀黠者鼓煽之，大军甫还，即并起"为乱"。……黎利初仕陈季扩，为金吾将军，后归正，用为清化府俄乐县巡检，邑邑不得志，及大军还，遂"反"，僭称平定王。（《明史》卷三二一《安南传》）

进兵部尚书，……仁宗召黄福还，以洽掌布、按二司，仍参军务。中官马骐贪暴，洽不能制，反者四起，黎利尤桀黠，而荣昌伯陈智、都督方政，不相能，"寇"势日张。（《明史》卷一五四《陈洽传》）

仁宗即位，……时交阯总兵官丰城侯李彬已前卒，荣昌伯陈智、都督方政，以参将代镇，不协，黎利益张，数破郡邑，杀将吏。智出兵数败，宣宗削智爵，而命通佩征夷将军印，帅师往讨。黎利弟善，攻交州城，都督陈濬等击却之。会通至，分道出击。……至应平之宁桥，中伏，军大溃，死者二三万人，尚书陈洽与焉。通中伤，还交州。利……闻之，自将精卒围东关，通气沮，阴遣人许为利乞封。……宣德二年，1427年。二月，……围交益急，诵敛兵不出，利乞和，通以闻。会柳升战殁，沐晟师至水尾县，不得进，通益惧，更啖利和，为利驰上谢罪表。其年十月，大集官吏军民，出城立坛与利盟，约退师。……十二月，通令太监山寿与陈智等，由水路还钦州，而自帅步骑还广西，至南宁，始以闻。会廷议厌兵，遂弃交阯。交阯内属者二十余年，前后用兵数十万，馈饷至百余万，转输之费不与焉，至是弃去。（《明史》卷一五四《王通传》）

利既与通有成言，乃诡称陈氏有后，率大小头目，具书诣柳。升军，乞罢兵，立陈氏裔。升不启封，遣使奏闻。……书略言："……黎贼篡弑，……陈族避祸，方远窜，故无从访求。今有遗嗣暠，潜身老挝，……已访得之。……"暠表亦至，称"臣暠先王暊三世嫡孙"，其词与利书略同。帝心知其诈，欲借此息兵，遂纳其言。初帝嗣位，与杨士奇、杨荣语交阯事，即欲弃之，至是以表示廷臣，谕以罢兵息民意，士奇、荣力赞之。……诏未至，通已弃交阯。……宣德三年夏，……利遣使奉表谢恩，诡言暠……物故，陈氏子孙绝，国人推利守其国，谨俟朝命。帝亦知其诈，不欲遽封。……明年六年。夏，……复

进头目耆老奏，仍为利乞封，帝乃许之，……命利权署安南国事。……利虽受敕命，其居国称帝，纪元顺天，建东西二都，分十三道，曰山南、京北、山西、海阳、安邦、谅山、太原、明光、谅化、清华、乂安、顺化、广南，各设承政司、宪察司、总兵使司，拟中国三司，……置百官，设学校，以经义、诗赋二科取士，彬彬有华风焉。……子麟继，……贡献不绝。……正统元年……闰六月，……封麟为安南国王。(《明史》卷三二一《安南传》)

世宗时，安南黎氏，为莫登庸所篡，发兵往讨，登庸惧而请降，于是削安南国王，改设都统使司。时黎氏后黎宁据清华，仍称大越，莫氏但保高平一郡，苟延岁月，不足以言分据两存也。

麟卒，……子濬继，……其庶兄……琮弑之而自立，为国人所诛，……以濬弟灏继。……灏卒，……子晖继。晖卒，淬子继，……甫七月而卒，……弟谊继。……谊宠任母党阮种、阮伯胜兄弟，……逼谊自杀，拥立其弟伯胜，……国人……讨诛之，立灏孙晭。……正德七年1512年。受封，多行不义。十一年，社堂烧香官陈暠，与二子昺、昇作乱，杀晭而自立，诡言前王陈氏后，仍称大虞皇帝。……晭臣都力士、莫登庸，……与黎氏大臣阮弘裕等，起兵讨之，暠败走，……登庸等乃共立晭兄灏之子㵮。……以登庸有功，封武川伯，总水陆诸军。既握兵柄，潜蓄异志。……嘉靖元年，1522年。登庸自称安兴王，谋弑㵮，㵮母以告，乃与其臣杜温润，间行以免，居于清华。登庸立其庶弟懬，迁居海东长庆府。……六年，登庸令其党范嘉谟，伪为懬禅诏，篡其位，……立子方瀛为皇太子。……九年，登庸禅位于方瀛，自称太上皇。……其年九月，黎㵮卒于清华，国亡。……十六年，安南黎宁，遣国人郑惟僚等赴京，备陈登庸篡弑状，言宁即㵮子，㵮卒，国人立宁为世孙，权主国事。……十八年，……仍遣仇、鸾、毛伯温南征。……十九年，伯温等抵广西，传檄谕以纳款宥罪意。时方瀛已卒，登庸即遣使请降。……帝大喜，命削安南国为安南都统使司，……改其十三道为十三宣抚司，各设宣抚、同知、副使、佥事，听都统黜陟。(《明史》卷三二一《安南传》)

万历三年，1575年。……时莫氏渐衰，黎氏复兴，互相构兵，其国益多故。始黎宁之据清华也，仍僭帝号，于嘉靖九年，改元元和。

越南顺化古迹

居四年，为登庸所攻，窜占城界，国人立其弟宪。……嘉靖十五年，廉知宁所在，迎归清华，后迁于漆马江。宁卒，其臣郑检，立宁子宠。宠卒，无子，国人共立黎晖四世孙维邦。维邦卒，检子松立其子维潭，世居清华，自为一国。万历十九年，维潭渐强，举兵攻茂洽，登庸卒，孙福海嗣，福海卒，子宏漛嗣，宏漛卒，子茂洽嗣。茂洽败奔喜林县。明年二十年。冬，松诱土人内应，袭杀茂洽，夺其都统使印。……茂洽子敬恭，……屯谅山高平，……列状告当事，维潭亦叩关求通贡。……二十一年，广西巡抚陈大科等上言：……倘如先朝故事，听黎氏纳款，而仍存莫氏，……于计为便。廷议如其言。……自是安南复为黎氏有，而莫氏但保高平一郡，……迄明之世，二姓分据，终不能归一云。（《明史》卷三二一《安南传》）

（四）土司

元时于西南苗彝部落之内附者，皆授其长为宣慰司、宣抚司等官，土司之名由此而起。明兴，仍依之。成祖时，贵州诸土司互相仇杀，禁之不听，乃派兵往平之，遂郡县其地，治以布政使司。贵州列为内地，自兹始。洪武八年，调守贵州。时群蛮叛服不常，成连岁出兵，悉平之。……成在贵州凡十余年，讨平诸苗洞寨以百数。……永

乐六年，……思州宣慰使田琛，与思南宣慰使田宗鼎构兵，诏成以兵五万压其境，琛等就禽。于是分思州思南地，更置州县，遂设贵州布政司。(《明史》卷一四四《顾成传》)

永乐十一年二月辛亥，治设贵州布政司。(《明史》卷六《成祖纪》二)

明中叶以后，屡以"靖边"为辞，兴师攻伐苗瑶，劳兵糜费，损耗国力。其间发兵最多，则为麓川、大藤峡二役。大约临民者务朘削，居位者图封拜，一代土司之事，可以两言概之。

甲、麓川

麓川云南腾越县附近怒江西岸、平缅，元时皆属缅甸。缅甸，古朱波地也，……元时最强盛，元尝遣使招之，始入贡。……洪武十五年，大兵下云南，进取大理，下金齿。平缅与金齿壤地相接，土蛮思伦发闻之惧，遂降，因置平缅宣慰司，以伦发为宣慰使，……寻改平缅军民宣慰使司为麓川平缅宣慰使司，……以伦发遣使贡，命兼统麓川之地。……平缅俗不好佛，有僧至自云南，善为因果报应之说，伦发信之，……位诸部长上，刀鞦孟等不服。……伦发率其家走云南，西平侯沐春遣送至京师。帝悯之，命春为征南将军，……率云南四川诸卫兵，往讨刀干孟，并遣伦发归。……伦发始还平缅，……分其地，设孟养、木邦、孟定三府。……伦发已死，子行发袭，亦死，次子任发，袭为麓川宣慰，狡狯愈于父兄，……欲尽复其故地，称兵扰边。(《明史》卷三一四《麓川传》)

正统三年，……麓川宣慰使思任发，……数败王师，黔国公沐晟讨之，不利，道卒，以沐昂代。昂条上攻取策，征兵十二万人。中官王振方用事，喜功名，以骥可属，思大举，骥亦欲自效，六年1441年。正月，遂拜蒋贵平蛮将军，李安、刘聚为副，而骥总督军务，大发东南诸道兵十五万讨之。……骥……至云南，部署诸将……分道夹击，……思任发携二子走孟养，……犁其"巢穴"，留兵守之而还。……思任发之窜缅甸也，其子思机发，复帅余众居者蓝，乞入朝谢罪。廷议因而抚之，王振不可，是年七年。八月，复命骥总督云南军务，……八年五月，复命蒋贵为平蛮将军，调土兵五万往，发卒转饷五十万人。骥初檄缅甸送思任发，缅人阳听令，持两端。是年冬，大

军逼缅甸,……终不肯献思任发,骥乃趋者蓝,破思机发"巢",得其妻子部落,而思机发独脱去。明年,九年。召还。……是时,缅人已以思任发来献,而思机发窃驻孟养地,……谕孟养执之以献,亦不听命。于是振怒,欲尽灭其种类,十三年春,复命骥总督军务,宫聚为平蛮将军,帅师十五万人往。明年,十四年。造舟浮金沙江,蛮人栅西岸拒守,官军联舟为浮桥以济,拔其栅,进破鬼哭山,……思机发终脱去,不可得。是时官军逾孟养,至孟邦海,地在金沙江西,去麓川千里,自古兵力所不至。诸蛮见大军,皆震怖,而大军远涉,骥虑馈饷不继,亟谋引还。时思机发虽遁匿,而思任发少子思陆,复拥众据孟养。骥度"贼"终不可灭,乃与思陆约,立石表,誓金沙江上曰:"石烂江枯,尔乃得渡。"遂班师。骥凡三征麓川,卒不得思机发,议者咎骥等老师费财,以一隅骚动天下。(《明史》卷一七一《王骥传》)

乙、大藤峡

广西瑶僮,流剽广东,残破郡邑殆遍。成化元年1465年。正月,大发兵,拜都督赵辅为总兵官,……改雍左佥都御史,赞理军务。雍驰至南京,集诸将议方略,……雍曰:"'贼'已蔓延数千里,而所至与战,是自敝也,当全师直捣大藤峡,南可援高肇雷廉,东可应南韶,西可取柳庆,北可断阳峒,诸路首尾相应,攻其腹心,'巢穴'既倾,余迎刃解耳。……"众曰善,辅亦知雍才足办"贼",军谋一听雍。雍等遂倍道趋全州,阳峒苗掠兴安,击破之。至桂林,……按地图与诸将议曰:"'贼'以修仁、荔浦为羽翼,当先收二县以孤'贼'势。"乃督兵十六万人,分五道,先破修仁"贼",……荔浦亦定。十月至浔州,……遂长驱至峡口,……雍令总兵官欧信等为五哨,自象州、武宣攻其北,自与辅督都指挥白全等为八哨,自桂平、平南攻其南,参将孙震等为二哨,从水路入,而别分兵守诸隘口。"贼魁"侯大狗等大惧,先移其累重于桂州横石塘,而立栅南山,多置滚木、礌石、镖枪、药弩,拒官军。十二月朔,雍等督诸军,水陆并进,拥团牌登山,殊死战,连破石门、林峒、沙田右营"诸巢",焚其室庐积聚,"贼"皆奔溃。伐木开导,直抵横石塘及九层楼诸山,"贼"复立栅数重,凭高以拒。官军诱"贼"发矢石,度且尽,雍躬督诸军缘木攀藤上,别遣壮士从间道先登,据山顶举炮,"贼"不能支,遂大败。先后破

大藤峡峭壁

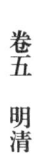

"贼"三百二十四砦，生禽大狗及其党。……峡有大藤如虹，横亘两崖间，雍斧断之，改名断藤峡，勒石纪功而还。分兵击余党，郁林、阳江、洛容、博白，次第皆定。(《明史》卷一七八《韩雍传》)

丙、播州

万历二十七年1599年。三月，李化龙起故官，总督湖广川贵军务，兼巡抚四川，讨播州"叛"臣杨应龙。应龙之先曰杨鉴，明初内附，授宣慰使，应龙……数从征调，……知川兵脆弱，阴有据蜀志。……所属五司七姓，不堪其虐，走贵州告变，巡抚叶梦熊疏请大征，诏不听，逮系重庆狱。应龙诡将兵征倭自效，得脱归。……应龙益结生苗，夺五司七姓地，并湖贵四十八屯以畀之，岁出侵掠。……赐化龙剑，假便宜讨"贼"。……化龙劾诸大帅不用命者，沈尚文逮治，童元镇、刘綎，皆革职，充为事官。诸军大集，化龙先檄水西兵三万守贵州，断招苗路，乃移重庆，大誓文武。明年二月，分八道进兵，……每路兵三万，官兵三之，土司七之，贵州巡抚郭子章驻贵阳，湖广巡抚支可大移沅州，化龙自将中军策应。……应龙以劲兵二万，属其子朝栋曰："尔破綦江，驰南川，尽焚积聚，彼无能为也。"比抗，诸路兵皆大败，……綎先入娄山关，直抵海龙囤，璘、疆臣兵亦至，"贼"势急，上囤死守，遣使诈降。化龙檄诸将斩使焚书，以綎与应

龙有旧，谕无通"贼"，绖械其人以自明。八路兵皆会囤下，筑长围困之，更番迭攻，六月，绖破土月二城，应龙窘，与二妾俱缢。明晨，官军入城，七子皆被执。诏磔应龙尸，并子朝栋于市。自出师至灭"贼"，凡百有十四日。播自唐乾符中入杨氏，二十九世，八百余年，至应龙而绝，以其地置遵义、平越二府，分属川贵。(《明史》二二八《李化龙传》)

万历二十七年，1599年。……起李化龙节制川湖贵州诸军事，调东征诸将刘绖、麻贵、陈璘、董一元南征。……二十八年，1600年。应龙五道并出，破龙泉司。时总督李化龙已移驻重庆，征兵大集，遂以二月十二日誓师，分八路进。……总兵刘绖破其前锋，杨朝栋仅以身免，"贼"胆落。……寻绖破九盘，入娄山关。关为"贼"前门，万峰插天，中通一线，绖从间道攀藤毁栅入，陷焉。四月朔，师屯白石，应龙率诸苗决死战，绖亲勒骑冲中坚，分两翼夹击，败之。追奔至养马城，连破龙爪、海云险囤，压海龙囤，"贼"所倚天险，谓飞鸟腾猿不能逾者。……八路师大集海龙囤，……化龙念"贼"前囤险不能越，令马孔英率劲兵，并力攻其后，……绖先士卒，克土城……入，……"贼"平。(《明史》三一二《四川土司·播州宣慰司》)

二月，所调延宁四镇，河南、山东、天津、滇、浙、粤西兵，至者踵背相属，土司如酉阳、石砫、永宁、天全、镇雄、平茶、邑梅、水西，久在防守，乌蒙、施州、散毛、容美、永顺、保靖、鸟罗、独山等，先后报至。总督乃分为八路，蜀分四路，一綦江，以原任总兵刘绖将，参游麻镇等隶之，督以参政张文耀；一南川，以总兵马孔英将，参游周国柱、宣抚冉御龙等隶之，督以佥事徐仲佳；一合江，以总兵吴广将，游督余世威等隶之，督以参议刘一相；一永宁，以原任副将曹希彬将，受吴广节制，参将吴文杰、宣抚奢世续等隶之。……楚黔亦分四路，总兵童元镇，统土知府泷澄、知州岑绍勋等，由乌江；参将朱鹤龄，受元镇节制，统宣慰安疆臣等，由沙溪；总兵李应祥，统宣慰彭元瑞等，由兴隆；而偏桥分两翼，总兵陈璘，统宣慰彭养正等，由白泥，副总兵陈良玭，受璘节制，统宣抚单宜等，由龙泉。以偏桥江外为四牌，江内为七牌，五司遗种，及九股"恶苗"盘据故也。……其黔楚巡抚郭子章驻贵阳，支可大移沅州。(茅瑞征《万历三大征考·播州》)

国家十余年间，更三大征，千里转饷，西事凡费二百万，东事首尾七年，逾七百万，楚役亦逾二百万，而调兵独最广，疲中国，空内帑，……白骨山积，海内骚动。……而或者犹侈言开疆斥土，以播驾说，抑独何欤？（茅瑞征《万历三大征考·播州）

五　明之海上交通

(一) 明初之招徕

洪武、永乐两朝，既假武力扫定四方，民力日富，遂欲以方张威棱，夸耀绝域，频遣使节，广事招徕，东西交通，因以复兴。维时元裔相攻，局成对峙，帖木儿雄踞中亚，怀意东侵，陆路常阻，故不若海上之繁盛焉。

撒马儿罕，即《元史》之寻思干，《地志·西北附录》作撒麻耳干，城在今柴拉夫香河之中央岛上。……元太祖荡平西域，尽以诸王驸马为之君长。……元末为之王者，驸马帖木儿也。帖木儿，蒙古疏族，察罕台汗国之臣，镇中亚，于洪武二年，即1369年，叛立，建帝国于撒马儿罕。悉定察罕台旧地，并攻灭伊儿汗国，侵略钦察汗国。又破南印度，自称印度皇帝，而破土耳其与埃及兵，声威震播。版图辽廓，西至地中海，东至葱岭，南尽波斯湾，北及俄罗斯之一部。洪武世，方值用兵，无暇东顾，乃与明委蛇通好。迨永乐三年，以恢复蒙古为名，大会兵东征，但帖木儿出都门不百里即卒，双方始未发战事。帖木儿娶察罕台西国克桑算端汗之女为后，《明史》故称之为驸马也。洪武中，太祖欲通西域，屡遣使招谕，而遐方君长，未有至者。二十年1387年。四月，帖木儿首遣回回满剌哈非思等来朝。……二十七年八月，帖木儿贡马二百。……明年，二十八年。命给事中傅安等，赍玺书币帛报之。其贡马一岁再至，以千计，并赐宝钞

偿之。成祖践阼，遣使敕谕其国。永乐三年，1405年。傅安等尚未还，而朝廷闻帖木儿假道别失八里率兵东，敕甘肃总兵官宋晟儆备。五年六月，安等还。初安至其国，被留，朝贡亦绝，寻令人导安遍历诸国数万里，以夸其国广大。至是帖木儿死，其孙哈里嗣，乃遣使臣虎歹达等，送安还，贡方物。……其国东西三千余里，地宽平，土壤膏腴，王所居城广十余里，民居稠密，西南诸蕃之货，皆聚于此，号为富饶。……其旁近东有沙鹿海牙锡尔河北岸、达失干塔什干、赛蓝赛蓝城、养夷锡尔河北岸、西有渴石夏儿城、迭里迷阿母河北岸诸部落，皆役属焉。（《明史》卷三三二《撒马儿罕传》）

其出使由陆路者，则有傅安、陈诚等。但傅安出使时，正值帖木儿强盛，故仅至撒马儿罕。陈诚时，帖木儿已卒，国中分裂，所称经历诸国，凡位在中亚者，率其部属而独立者也。

傅安，字志道，太康人。永乐初，使撒马儿罕，羁留虏廷，凡十三年。初安之使西域也，方壮龄，比归，须发皆白。同行御史姚臣、太监刘惟，俱物故，官军千五百人，而生还者，十有七人而已。安既归，以老病不能任事，恳乞骸骨，上悯之，赐一品服致仕，仍令有司月给米十二石、舆夫八人。宣德四年，卒于家，上……命有司治葬事，墓在朱仙镇岳庙后。（陈继儒《见闻录》卷一）

永乐间，中书李达，吏部员外郎陈诚等，使西域还，西域诸国哈烈、撒马儿罕、火州、土鲁番、失剌思、俺都淮等处，各遣使贡文豹、西马方物。诚上《使西域记》，所历凡十七国，山川风俗物产悉备焉。（陈诚《使西域记·叙略》）

永乐十三年，陈诚自西域还，所经哈烈阿富汗国都城也里、撒马儿罕、别失八里、新疆乌鲁木齐、俺都淮、八答黑商巴达克山、迭里迷、沙鹿海牙、赛蓝、渴石、养夷、火州新疆吐鲁番县、柳城同上、吐鲁番同上、盐泽同上、哈密新疆哈密县、达失干、卜花儿布哈尔，凡十七国，悉详其山川、人物、风俗，为《使西域记》以献，以故中国得考焉。（《明史》卷三三二《卜花儿传》）

其出使由海道者，则有尹庆、郑和等，而和远至非洲之东岸，尤为振振有声者。

郑和，云南人，世所谓三保太监者也。初事燕王于藩邸，从起兵有功，累擢太监。成祖疑惠帝亡海外，欲踪迹之，且欲耀兵异域，示中国富强，永乐三年1405年。六月，命和及其侪王景弘等，通使西洋。将士卒二万七千八百余人，多赍金币。造大舶，修四十四丈、广十八丈者六十二，自苏州刘家河，泛海至福建，复自福建五虎门扬帆。首达占城，以次遍历诸番国，宣天子诏，因给赐其君长，不服则以武慑之。……和经事三朝，成祖、仁宗、宣宗。先后七奉使，所历占城、瓜哇、真腊、旧港、暹罗、古里、满剌加、渤泥、苏门答剌、阿鲁、柯枝、大葛兰、小葛兰、西洋琐里、琐里、加异勒、阿拨、把丹、南巫里、甘把里、锡兰山、喃渤利、彭亨、急兰丹、忽鲁谟斯、比剌、溜山、孙剌、木骨都束、麻林、剌撒、祖法儿、沙里湾泥、竹步、榜葛剌、天方、黎伐、那孤儿，凡三十余国，明马观《瀛涯胜览》，记永乐时巡航所至者，凡十九国。费信《星槎胜览》，记宣德时凡四十国。正德时，吴郡黄省会，又依《瀛涯》、《星槎》诸书，而纂集《西洋朝贡典录》，记事甚详。所取无名宝物不可胜计，而中国耗废亦不赀。自宣德以还，远方时有至者，要不如永乐时，而和亦老且死。自和后，凡将命海表者，莫不盛称和以夸外番，故俗传三保太监下西洋，为明初盛事云。（《明史》卷三〇四《郑和传》）

郑和像

明初招徕远人，待遇极优，其贡道地点，海上则在宁波、泉州、广州，陆路则在肃州。中叶以后，国力日耗，惮于供给，交通事业遂衰。

明初，……海外诸国入贡，许附载方物，与中国贸易，因设市舶司，置提举官以领之。……洪武初，设于太仓黄渡，寻罢，复设于宁波、泉州、广州。宁波通日本，泉州通琉球，广州通占城、暹罗、西洋诸国。……永乐初，西洋剌泥国回回哈只马哈没奇等来朝，附载胡椒，与民互市。有司请征其税，帝曰："商税者，国家抑逐末之民，

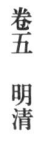

卷五 明清

郑和出使简表

次第	首途时	回航时	公元	事略
第一次	成祖永乐三年六月	永乐五年九月	1405～1407年	旧港酋陈祖义诈降，谋邀劫，和大败其众，禽祖义。
第二次	永乐六年九月	永乐九年六月	1408～1411年	锡兰山国王亚烈苦奈儿，诱和至国中，发兵劫和舟。和攻破其城，生禽亚烈苦奈儿及其妻子官属。
第三次	永乐十年十一月	永乐十三年七月	1412～1415年	苏门答剌前王子苏干剌者，方谋弑主自立，怒和赐不及己，率兵邀击，和力战追禽之。
第四次	永乐十四年十二月	永乐十七年七月	1416～1419年	满剌加、古里等十九国，咸遣使朝贡，辞还，复命和等偕往，赐其君长。
第五次	永乐十九年正月	永乐二十年八月	1421～1422年	
第六次	永乐二十二年正月	同年	1424年	
第七次	宣宗宣德五年六月	宣德六年七月	1430～1433年	帝以践阼岁久，而诸番国远者，犹未朝贡，于是和复奉命，历忽鲁谟斯等十七国而还。
附记	一、本表据《明史》成祖、宣宗两纪及郑和本传。 二、和每次出发，本纪皆谓使西洋。据明张燮《东西洋考》，明代所谓西洋，系指马来半岛及以西诸国而言，爪哇及苏门答腊二岛亦在内；至于东洋，则指吕宋、苏禄、美洛居等。			

岂以为利？今夷人慕义远来，乃侵其利，所得几何，而亏辱大体多矣。"不听。三年，以诸番贡使益多，乃置驿于福建、浙江、广东三市舶司以馆之，福建曰来远，浙江曰安远，广东曰怀远。寻设交阯云南市舶提举司，接西南诸国朝贡者。初入贡海舟至，有司封识，俟奏报，然后起运，宣宗命至即驰奏，不待报，随送至京。（《明史》卷八一《食货志》五《市舶》）

永乐时，成祖欲远方万国，无不臣服，故西域之使，岁岁不绝。诸蕃贪中国财帛，且利市易，络绎道途。商人率伪称贡使，多携马驼玉石，声言进献，既入关，则一切舟车水陆晨昏饮馔之费，悉取之有司。邮传困供亿，军民疲转输。比西归，辄缘道迟留，多市货物，东西数千里间，骚然繁费。公私上下，罔不怨咨，廷臣莫为言，天子亦莫之恤也。（《明史》卷三三二《于阗传》）

英宗幼冲，大臣务休息，不欲疲中国以事外蕃，故远方通贡者甚

少。至天顺元年，复议通西域，大臣莫敢言，独忠义卫吏张昭抗疏切谏，事乃止。七年，帝以中夏义安，而远蕃朝贡不至，分遣武臣，赍玺书彩币往谕，……然自是来者颇稀。(《明史》卷三三二《哈烈传》)

我国人之往南洋贸易者，自两汉、六朝以来，渐趋兴旺。明时使节频通，往者日众，辟草莱，建阛阓，其杰出者，并为一方首领。

元史弼、高兴伐瓜哇，遭风，至此山下，舟多坏，乃登山伐木重造，遂破瓜哇。其病卒百余，留养不归，后益蕃衍，故其地多华人。(《明史》卷三二三《麻叶瓮传》)

合猫里，……又名猫里务，近吕宋，商舶往来，渐成富壤。华人入其国，不敢欺陵，市法最平，故华人为之语曰："若要富，须往猫里务。"(《明史》卷三二三《合猫里传》)

其国有新村，最号饶富，中华及诸番商舶，辐辏其地，宝货填溢。其村主即广东人。(《明史》卷三二四《瓜哇传》)

洪武三十年，……时瓜哇已破三佛齐，据其国，改其名曰旧港，三佛齐遂亡。国中大乱，瓜哇亦不能尽有其地，华人流寓者，往往起而据之。有梁道明者，广州南海县人，久居其国，闽粤军民，泛海从之者数千家，推道明为首，雄视一方。……永乐三年，……入朝贡方物，受赐而还。四年，旧港头目陈祖义，……亦广东人，虽朝贡而为盗海上，贡使往来者苦之。五年，郑和自西洋还，遣人招谕之，祖义诈降，潜谋邀劫。有施进卿者，告于和，祖义来袭被禽，献于朝，伏诛。……嘉靖末，广东大"盗"张琏作乱，官军已报克获。万历五年，商人诣旧港者，见琏列肆为蕃舶长，漳泉人多附之，犹中国市舶官云。(《明史》卷三二四三《佛齐传》)

嘉靖末，倭寇扰闽，大将戚继光败之。……其党林道乾，……惧为倭所并，又惧官军追击，扬帆直抵浡泥，攘其边地以居，号道乾港。(《明史》卷三二三《鸡笼传》)

婆罗，又名文莱，……万历时，为王者，闽人也。或言郑和使婆罗，有闽人从之，因留居其地，其后人竟据其国而王之。邸旁有中国碑。王有金印一，篆文，上作兽形，言永乐朝所赐，民间嫁娶，必请此印印背上，以为荣。(《明史》卷三三二《婆罗传》)

明初海上交通诸国简表

国名		风俗与生活	备考
原称	今释		
琉球	日本冲绳县		洪武五年正月，命行人诏告其国，其王遣弟入贡。
吕宋	吕宋		洪武五年正月，遣使来贡。
沙瑶	近吕宋，待考。	男女蓄发椎结，男子用履，妇女跣足。物产甚薄。	
合猫里	斐律宾群岛	土瘠多山，山外大海，饶鱼虫，人知耕稼。	永乐三年九月，遣使朝贡。
婆罗	婆罗洲	其地负山面海，崇释教，恶杀喜施。王薙发，裹金绣巾。	永乐三年十月，遣使抚谕其王，四年十二月，朝贡。
浡泥	婆罗洲		洪武三年入贡。
麻叶瓮	婆罗洲	山峻地平，田膏腴，收获倍他国，煮海为盐，酿蔗为酒。男女椎结，衣长衫，围之以布。俗尚节义。	永乐三年十月，遣使招谕其国，迄不朝贡。
苏禄	苏禄岛	地瘠，寡粟麦，民率食鱼虾。有珠池，土人以珠与华人市易。	永乐十五年，其国东王朝贡。
美洛居	摩鹿加群岛	男子削发，女椎结。产丁香。	
古麻剌朗	东南海中小国，待考。		永乐十五年九月，遣中官抚谕其王，十八年八月，王来朝贡。
冯嘉施兰	同上		永乐四年八月，其酋来朝贡。
文郎马神	同上	男女用五色布缠头，腹背多袒，或著小袖衣，蒙头而入，下体围以幔。初用蕉叶为食器，后与华人市，渐用磁器。	
占城	越南之南部	国无霜雪，四时皆似夏，草木常青，民以渔为业。男蓬头，女椎结，俱跣足。	洪武二年，王遣使来朝贡。
宾童龙	柬埔寨之岬	气候草木，人物风土，大类占城。有昆仑山，节然大海中，往西洋者，必待顺风始得过。	
真腊	柬埔寨	天时常热，不识霜雪，禾一岁数稔，男女椎结，穿短衫，围梢布。	洪武四年，王遣使进贡。
暹罗	泰国	自王至庶民，有事皆决于其妇。地卑湿，人皆楼居。男女椎结，以白布裹首。	洪武四年，王遣使来贡。

续表

国 名 原称	今 释	风俗与生活	备 考
满剌加	马来半岛南端西岸	田瘠少收，民皆淘沙捕鱼为业。气候朝热暮寒。男女椎结，身体黝黑，间有白者，唐人种也。	永乐元年十月，尹庆使其地，随入朝贡。
彭亨	马来半岛南端，濒东海岸之地。	田沃，气候常温，煮海为盐，酿椰浆为酒。上下亲狎，无寇贼。	洪武十一年，王遣使表贡，永乐十年，郑和使其国。
柔佛	马来半岛南端之新加坡	不产谷，常易米于邻壤。男子薙发跣佩刀，女子蓄发椎结。	《明史》本传，郑和遍历西洋，无柔佛名，或言和曾经东西竺山，此山正在其地。
丁机宜	马来半岛南端之岗甲屿	华人往商，交易甚平。	
急兰丹	马来半岛之喀兰丹		永乐九年，王遣使朝贡，十年，命郑和赍敕奖其王。
苏门答剌	苏门答腊岛西北之亚齐	一岁二稔，四方商贾辐辏，华人往者，以地远价高，获利倍他国。其气候朝如夏，暮如秋。妇人裸体，惟腰围一布。	成祖世，郑和凡三使其国。
旧港	苏门答腊岛东北之巴邻旁	土沃宜稼，俗富好淫。习于水战，邻国畏之。	洪武三年，王遣使入贡。
阿鲁	苏门答腊岛北岸，临满剌加海。	田瘠少收，盛艺芭蕉椰子为食。男女皆裸体，以布围腰。	永乐九年，王遣使入贡十年，郑和使其国。
那孤儿	苏门答腊岛西北境	男子皆以墨刺面，为花兽之状，俗淳，田足稻禾。	永乐中，郑和使其国，酋长常入贡。
黎伐	苏门答腊岛西境	隶苏门答剌，声音风俗，多与之同。	永乐中，尝随苏门答剌使臣入贡。
南渤利	苏门答腊岛西北	王及居民皆回回人，俗朴实地少谷，人多食鱼虾。	永乐十年，王遣使入贡遣郑和抚谕其国。
瓜哇	爪哇	地广人稠，性凶悍。气候常似夏，稻岁二稔。无几榻匕箸。	洪武初，来朝贡。
苏吉丹	爪哇属国，地待考。	国在山中，止数聚落。	
碟里	近爪哇，地待考。	俗淳少讼，物产甚薄。	永乐三年，遣使附爪哇使臣来贡。
日罗夏治	近爪哇，地待考。	国小，知种艺，所产止苏木、胡椒。	永乐三年，遣使附爪哇使臣入贡。
榜葛剌	东印度之孟加拉	气候常如夏，土沃，一岁二稔。有文字。男子皆薙发，裹以白布。	永乐六年，王遣使朝贡。

续表

国名		风俗与生活	备考
原称	今释		
沼纳朴儿	东印度之孟加拉西		永乐十年，遣使抚谕其国，朝贡竟不至。
底里	印度德梨		永乐十年，遣使招谕其王。
大小葛兰	南印度西南角之固蓝	俗淳土薄，收获少，仰给于榜葛剌。	永乐五年，遣使入贡，郑和尝使其国。
西洋琐里	南印度科理沦河口以北诸地		洪武三年，王遣使献方物。
琐里	南印度		洪武五年，王遣使朝贡。
南巫里	南印度海中		永乐三年，遣使抚谕其国。六年，郑和往使。九年，其王遣使贡方物。
加异勒	南印度科理沦河南岸		永乐六年，遣郑和招谕。九年，其酋长遣使贡方物。
甘巴里	南印度之柯模林角		永乐六年，郑和使其地。十二年，遣使朝贡。
柯枝	南印度之可陈港	人分五等，一曰南昆，王族类，二曰回回，三曰哲地，皆富民；四曰革全，皆牙侩；五曰木瓜，最贫，执贱役者。	永乐元年，遣尹庆抚谕其国。六年，复命郑和使其国。九年，王遣使入贡。
古里	南印度之利库特尔	其国山多地瘠，有谷无麦，俗甚淳。	永乐元年，尹庆抚谕其国，酋遣使从入贡，郑和亦数使其国。
古里班卒	待考	土瘠谷少，物产亦薄，气候不齐，夏多雨，雨即寒。	永乐中，尝入贡。
锡兰山	锡兰	其国珠宝特富，气候常热，米粟丰足。	永乐中，郑和使其地。
溜山	锡兰西之马底甫耶岛	气候常热，土薄，谷少无麦，土人皆捕鱼曝干以充食，王及群下尽回回人。	永乐十年，郑和使其国。宣德五年，郑和复使其国。
巴喇西	待考		正德六年，遣使入贡。
览邦	西南海中，待考。	其地多沙砾，麻麦之外无他种，商贾鲜至。	洪武九年，王遣使来贡。
淡巴	同上	土衍水清，草木畅茂，畜产甚伙，男女勤于耕织，市有贸易。	洪武十年，王遣使贡方物。
百花	同上	气候恒燠，无霜雪，多奇花异卉，民富饶，尚释教。	洪武十一年，王遣使表贡。
乞力麻儿	波斯湾之起儿漫	其俗喜射猎，不事耕农。西南傍海，东北林莽深密，多猛兽。	永乐中，遣使来贡。

续表

国　名		风俗与生活	备　考
原称	今　释		
忽鲁谟斯	波斯湾两岸地	大西洋商舶，西域贾人，皆来贸易，故宝物填溢。土瘠，谷麦寡。	永乐十年，命郑和往赐其王，王即表贡。
剌撒	阿拉伯半岛波斯湾南岸之阿尔哈萨	气候常热，田瘠少收，俗淳，丧葬有礼。	永乐十四年，遣使来贡，命郑和报之。宣德五年，和复往。
祖法儿	阿拉伯半岛东南海岸	五谷蔬果诸畜咸备，奉回教，出乳香诸物，与华人交易。	永乐十九年，遣使入贡命郑和报之。宣德五年，和再使其国。
阿丹	阿拉伯半岛西南角之亚丁	地膏腴，饶粟麦。人性强悍，有马步锐卒，国人悉奉回教。	永乐十四年，遣使表贡，命郑和往赐。宣德五年，复命和宣谕。
天方	阿拉伯半岛	风景融和，四时皆春，田沃稻饶。男子削发，以布缠头，妇女编发盘头。风俗好善，古置礼拜寺，其酋长与民皆拜天。	其贡使多从陆道，宣德五年，郑和使西洋，闻古里遗人往天方，因附其舟。
木骨都束	非洲东海岸	地旷硗瘠少收，或数年不雨。俗顽嚚，时操兵习射，地不产木。	永乐十四年，遣使朝贡，命郑和往报之。宣德五年，和复颁诏其国。
不剌哇	非洲东海岸，在木骨都东南	俗淳，田不可耕，捕鱼为食，所有有马哈兽花福禄之类。	永乐十四年入贡，郑和亦两使其国。
竹步	非洲东海岸，在不剌哇南。	户口不繁，风俗颇淳，所产有狮子、金钱豹之属。	永乐中，尝入贡，郑和至其地。
麻林	非洲，地待考。		永乐十三年，遣使贡麒麟。
沙里湾泥	待考		永乐十四年，遣使来献方物，命郑和赍币帛还赐之。
干里达	待考		永乐十六年，遣使贡方物。
失剌比	待考		永乐十六年，遣使朝贡。
剌泥	待考		永乐元年来贡。
白黑葛达	待考		宣德元年，遣使入贡。

马哥孛罗，今通译马可·波罗。

科伦布，今通译哥伦布。

（二）欧力之东渐

甲、通商之起源

自意人**马哥孛罗**，仕于元世祖朝，归国后，著《游记》，盛称东方之富丽，遂启欧人羡慕之心。当明之初，黑海航权，为土耳其所握，凡欲东游者，自须别觅途径，海航提倡，于是称盛。西班牙人**科伦布**，发见新大陆，明孝宗弘治五年，1492 年。葡萄牙人绕好望角而至印度之卧亚，弘治九

马可·波罗途经中亚的远征路线古地图

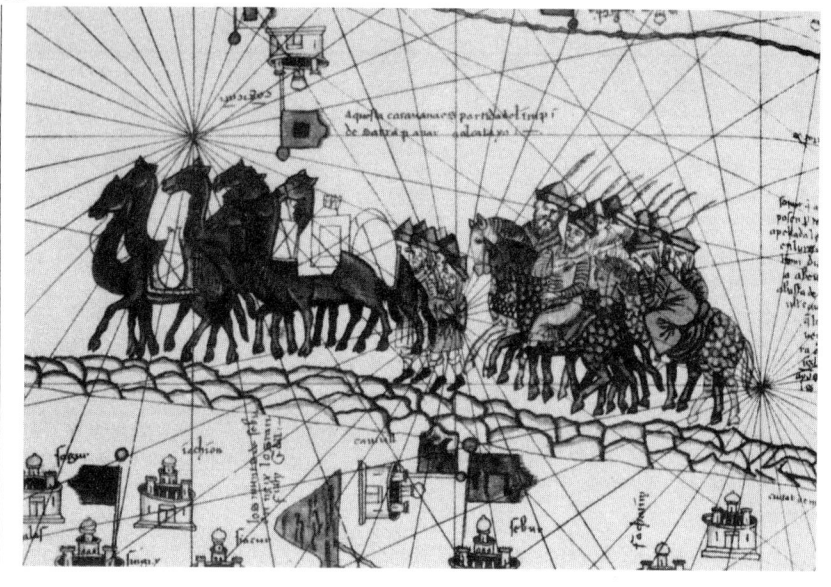

麻六甲，与下文"满剌加"，今通译马六甲。

年，1496年。虽其东西取道不同，而寻求中国之目的则一也。葡人既抵印度，复东进而据锡兰、摩鹿加、爪哇、**麻六甲**诸岛，东方航权，遂操诸其手。中西势力之消长，此其关键焉。

> 佛郎机，《明史》于葡萄牙及西班牙，均谓为佛郎机，此乃葡萄牙也。……正德中，据满剌加地，逐其王。（《明史》卷三二五《佛郎机传》）

> 佛郎机强，举兵侵夺其地，王苏端妈末出奔，遣使告难。时世宗嗣位，敕责佛郎机，令还其故土，谕暹罗诸国王以救灾恤邻之义，迄无应者，满剌加竟为所灭。（《明史》卷三二五《满剌加传》）

> 万历时，佛郎机来攻，其酋战败请降，乃宥令复位，岁以丁香充贡，不设戍兵而去。（《明史》卷三二三《美洛居传》）

> 万历时，佛郎机屡攻之，城据山险，迄不能下。（《明史》卷三二五《苏禄传》）

葡人在南洋既得势，遂求通商于中国，而明廷时许时否，政策不定，致海疆常感不安。最后葡人竟以诈力侵据澳门，为通商之地。

> 佛郎机，……正德中，据满剌加地，逐其王。正德十三年，1518年。遣使臣加必丹末等，贡方物，请封，始知其名。诏给方物车直，遣还。其人久留不去，剽劫行旅。……已而夤缘镇守中贵，许入京。……其留怀远驿者，益掠买良民，筑室立案，为久居计。十五年，御

史邱道隆言：满剌加乃敕封之国，而佛郎机敢并之，且啖我以利，邀求封贡，决不可许。宜却其使臣，明示顺逆，令还满剌加疆土，方许朝贡；倘执迷不悛，必檄告诸蕃，声罪致讨。御史何鳌言：佛郎机最凶狡，兵械较诸蕃独精，前岁驾大舶，突入广东会城，炮声殷地，留驿者违制交通，入都者桀骜争长。今听其往来贸易，势必争斗杀伤，南方之祸，殆无纪极，祖宗朝贡有定期，防有常制，故来者不多。近因布政吴廷举，谓缺上供香物，不问何年，来即取货，致番舶不绝海澨，蛮人杂遝于州城。禁防既疏，水道益熟，此佛郎机所以乘机突至也。乞悉驱在澳番舶，及番人潜居者，禁私通，严守备，庶一方获安。疏下，礼部言：道隆先宰顺德，鳌即顺德人，故深晰利害。宜俟满剌加使臣至廷，诘佛郎机侵夺邻邦、扰乱内地之罪，奏请处置，其他悉如御史言。报可。(《明史》卷三二五《佛郎机传》)

佛郎机遂纵横海上无所忌，而其市香山澳壕镜者，至筑室建城，雄踞海畔，若一国然，将吏不肖者，反视为外府矣。壕镜在香山县南虎跳门外。先是暹罗、占城、瓜哇、琉球、浡泥诸国互市，俱在广州，设市舶司领之，正德时，移于高州之电白县。嘉靖十四年，指挥黄庆纳贿，请于上官，移之壕镜，岁输课二万金，佛郎机遂得混入，

英国舰队与西班牙舰队海战图

高栋飞甍，栉比相望，闽粤商人，趋之若鹜。久之，其来益众，诸国人畏而避之，遂专为所据。……番人既筑城，聚海外杂番，广通贸易，至万余人，吏其土者，皆畏惧莫敢诘，甚有利其宝货，佯禁而阴许之者。总督戴燿，在事十三年，养成其患。（《明史》卷三二五《佛郎机传》）

西班牙发现美洲后，取墨西哥以为殖民地，世宗嘉靖元年，1522年。复航太平洋而至斐律宾群岛。初屡攻吕宋，不能克，至水师提督雷格斯勃，建玛尼拉城，作根据地，穆宗隆庆五年，1471年。遂逐渐征服全岛。然终为葡人所扼，未能直接通商于中国，只在岛上与华商贸易而已。

万历四年，……时佛郎机西班牙强，与吕宋互市。久之，见其国弱可取，乃奉厚贿遗王，乞地如牛皮大，建屋以居，王不虞其诈而许之。其人乃裂牛皮联属至数千丈，围吕宋地，乞如约。王大骇，然业已许诺，无可奈何，遂听之，而稍征其税如国法。其人既得地，即营室筑城，列火器，设守御具，为窥伺计。已竟乘其无备，袭杀其王，逐其人民而据其国，名仍吕宋，实佛郎机也。（《明史》卷三二三《吕宋传》）

继西班牙而至者，又有荷兰。荷人进至南洋，取葡属诸地而有之，复攻澳门，战败，乃转据台湾、彭湖，商港相接于海上，盛极一时。

和兰，又名红毛番，……其人深目长鼻，发眉须皆赤，足长尺二寸，顾伟倍常。万历中，福建商人岁给引，往贩大泥、吕宋及咬嚼吧即爪哇者，和兰人就诸国转贩，未敢窥中国也。自佛郎机市香山，据吕宋，和兰闻而慕之。二十九年，1601年。驾大舰，携巨炮，直薄吕宋，吕宋人力拒之，则转薄香山澳。澳中人数诘问，言欲通贡市，不敢为寇，当事难之。……澳中人虑其登陆，谨防御，始引去。海澄人李锦，及奸商潘秀、郭震，久居大泥，与和兰人习，语及中国事，锦曰："若欲通贡市，无若漳州者。漳南有彭湖屿，去海远，诚夺而守之，贡市不难成也。"其酋麻韦郎曰："守臣不许，奈何？"曰："税使高寀，嗜金银甚，若厚贿之，彼特疏上闻，天子必报可，守臣敢抗旨哉。"酋曰："善。"锦乃代为大泥国王书，一移案，一移兵备副使，一移守将，俾秀、震赍以来。守将陶拱圣大骇，亟白当事，系秀

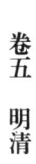

16世纪爪哇和马来亚的帆船

于狱，震遂不敢入。初秀与茜约，入闽有成议，当遣舟相闻，而茜卞急，不能待，即驾二大舰，直抵彭湖。时三十二年之七月，汛兵已撤，如入无人之墟，遂伐木筑舍，为久居计。……抚按严禁奸民下海，犯者必诛，由是接济路穷，番人无所得食，十月末，扬帆去。……然是时，佛郎机横海上，红毛与争雄，复泛舟东来，攻破美洛居国，与佛郎机分地而守。后又侵夺台湾地，天启元年，1621年。筑室耕田，久留不去，海上奸民，阑出货物与市。已又出据彭湖，筑城设守，渐为求市计。守臣惧祸，说以毁城远徙，即许互市，番人从之。天启三年，1623年。果毁其城，移舟去。巡抚商周祚，以遵谕远徙上闻，然其据台湾自若也。已而互市不成，番人怨，复筑城彭湖。……已又泊舟风柜仔，出没浯屿、白坑、东椗、莆头、古雷、洪屿、沙洲、甲洲间，要求互市，而海寇李旦复助之，滨海郡邑为戒严。……崇祯中，为郑芝龙所破，不敢窥内地者数年，乃与香山佛郎机通好，私贸外洋，……而番人犹据台湾自若。(《明史》卷三二五《和兰传》)

自欧人接踵至南洋，势力益张，吾华人之旅其地者，遂为外力所支配，大受挫折。西班牙人嫉视华人，华人竟遭大批惨杀，然吾民不视为畏途，往者仍络绎。

万历时，佛郎机葡萄牙。来攻，其茜战败请降，……不设戍兵而

卷五 明清

去。已红毛番横海上，知佛郎机兵已退，乘虚直抵城下，执其酋，语之曰："若善事我，我为若主，殊胜佛郎机也。"酋不得已，听命，复位如故。佛郎机酋闻之，大怒，率兵来攻。……时红毛番虽据美洛居，率一二岁，率众返国，既返复来。佛郎机……大举兵来袭，值红毛番已去，遂破美洛居，杀其酋，立已所亲信主之。无何，红毛番至，又破其城，逐佛郎机所立酋，而立美洛居故王之子。自是岁构兵，人不堪命。华人流寓者，游说两国，令各罢兵，分国中万老高山为界，山以北属红毛番，南属佛郎机，始稍休息，而美洛居竟为两国所分。（《明史》卷三二三《美洛居传》）

万历时，红毛番筑土库于大涧东，佛郎机葡萄牙。筑于大涧西，岁岁互市，中国商旅，亦往来不绝。（《明史》卷三二四《瓜哇传》）

闽人……据其国而王之。……后佛郎机西班牙。横举兵来击，王率国人走入山谷中，放药水流出，毒杀其人无算，王得返国。（《明史》卷三二三《婆罗传》）

吕宋，……闽人以其地近，且饶富，商贩者至数万人，往往久居不返，至长子孙。佛郎机西班牙。既夺其国，其王遣一酋来镇，虑华人为变，多逐之归，留者悉被其侵辱。万历二十一年1593年。八月，酋郎雷蔽里系胜，侵美洛居，役华人二百五十助战。有潘和五者，为其哨官，蛮人日酣卧，而令华人操舟，稍息，辄鞭挞，有至死者，和五曰："叛死棰死，等死耳，否亦且战死，曷若刺杀此酋以救死？胜则扬帆归，不胜而见缚，死未晚也。"众然之，乃夜刺杀其酋，持酋首大呼。诸蛮惊起，不知所为，悉被刃，或落水死。和五等尽收其金宝甲仗，驾舟以归，失路之安南，为其国人所掠，……和五竟留安南不敢返。初酋之被戮也，其部下居吕宋者，尽逐华人于城外，毁其庐。及猫吝酋之子。归，令城外筑室以居，会有传日本来寇者，猫吝惧交通为患，复议驱逐。……然华商嗜利，趋死不顾，久之，复成聚。其时矿税使者四出，奸宄蜂起言利，有阎应龙、张嶷者，言吕宋机易山素产金银，采之，岁可得金十万两，银三十万两，以三十年七月，诣阙奏闻，帝即纳之。……事下福建，守臣持不欲行，而迫于朝命，乃遣海澄丞王时和、百户于一成，偕嶷往勘。……酋留嶷，欲杀之，诸华人共解，乃获释归。时和还任，即病悸死。……而吕宋人终

自疑，谓天朝将袭取其国，诸流寓者为内应，潜谋杀之。明年，三十一年，1603年。声言发兵侵旁国，厚价市铁器，华人贪利，尽鬻之，于是家无寸铁。酋乃下令录华人姓名，分三百人为一院，入即歼之。事稍露，华人群走菜园。酋发兵攻，众无兵仗，死无算，奔大仑山。蛮人复来攻，众殊死斗，蛮兵少挫。酋旋悔，遣使议和，众疑其伪，扑杀之。酋大怒，敛众入城，设伏城旁，众饥甚，悉下山攻城，伏发，众大败，先后死者二万五千人。……巡抚徐学聚等，亟告变于朝。……学聚等乃移檄吕宋，数以擅杀罪，令送死者妻子归，竟不能讨也。其后，华人复稍稍往，而蛮人利中国互市，亦不拒，久之，复成聚。（《明史》卷三二三《吕宋传》）

吕宋，……地近闽疆漳泉，两郡之民，流寓其地者，不下数万。其例内地客民，每年输丁票银五六两，方许居住。（徐继畬《瀛寰志略》卷二）

中国之通南洋，自唐以前，利其珍宝，其重在贡；唐以后，榷其货税，其重在市。明季两粤各费，均仰互市为挹注，闽浙各地，想亦相同。然明廷惧祸而拒之，疆臣贪利而纵之，亦可异之状态也。

汉时，朱崖南有都元、湛离、甘都卢、黄支等国，……户口蕃滋，多异物。汉武帝时，帝遣应募人，与其使俱入海，市明珠、璧、琉璃、奇石、异物，……夷珍货流入中国，始此。……桓帝时，扶南之西天竺、大秦等国，皆由南海重译贡献，而贾胡自此充斥于扬粤矣。……唐始置市舶使，以岭南帅臣监领之，设市区，令蛮夷来贡者

葡萄牙商船在日本长崎港

卷五 明清

为市，稍收利入官。……贞观十七年，诏三路舶司，番商贩到龙脑、沉香、丁香、白豆蔻四色，并抽解一分。……宋开宝四年，置市舶司于广州，……淳化二年，始互抽解二分。……建炎……旧法，番物分粗细二色，龙脑、珍珠之类，皆为细物，十分抽一，后又博买四分；粗色十分中抽二，又博买四分。……细色以五十两为一纲，粗色以万觔为一纲，每逢一纲，则有脚乘赡家钱一千余缗。其后，……十一纲，至分为三十三纲，多费脚乘赡家钱三十余贯。……元世祖尝立提举司，寻罢，至英宗治平六年，遣使榷广东番货，乃复立之，听海商贸易，归征其税。……明朝，……诸番例当三年一贡，……可以互市，立市舶提举司，以主诸番入贡。……若国王王妃及陪臣等附至货物，抽其十分之五，其余官给之直。……其番商私赍货物、入为市易者，舟至水次，悉封籍之，抽其十二，乃听贸易。然闽广奸民，往往有椎髻耳环，效番衣服声音，入其舶中，导之为奸，因缘抄掠，傍海甚苦之。……成化、弘治之世，贡献至者日盛，有司惟容其番使入见，余皆停留于驿。……番货甚贱，贫民承令博买，多致富。（顾炎武《天下郡国利病书》卷一二〇）

初，广东文武官月俸，多以番货代。至是，嘉靖九年。货至者寡，有议复许佛郎机葡萄牙。通市者，给事中王希文力争，乃定令。诸番

明朝的海上舰队

贡不以时，及勘合差失者，悉行禁止，由是番舶几绝。巡抚林富上言：粤中公私诸费，多资商税，番舶不至，则公私皆窘。今许佛郎机互市，有四利：祖宗时，诸番常贡外，原有抽分之法，稍取其余，足供御用，利一；两粤比岁用兵，库藏耗竭，藉以充军饷，备不虞，利二；粤西素仰给粤东，小有征发，即措办不前，若番舶流通，则上下交济，利三；小民以懋迁为生，持一钱之货，即得展转贩易，衣食其中，利四。助国裕民，两有所赖，此因民之利而利之，非开利孔，为民梯祸也。从之。自是佛郎机得入香山澳为市，而其徒又越境商于福建，往来不绝。（《明史》卷三二五《佛郎机传》）

乙、科学之输入

自欧亚之航路发见，天主教士，联袂而至，颇知问学，故吾国士大夫，喜与交接，为之游扬，如徐光启、李之藻，其尤著者也。

意大里亚，居大西洋中。……万历时，其国人利玛窦，至京师，为万国全图，言天下有五大洲，第一曰亚细亚洲，中凡百余国，而中国居其一；第二曰欧罗巴洲，中凡七十余国，而意大里亚居其一；第三曰利未亚洲，今称亚非利加洲。亦百余国；第四曰亚墨利加洲，地更大，以境土相连，分为南北二洲；最后得墨瓦腊泥加洲，明末，欧洲地理家，以为南美洲之南冰洋之下，有大洲，乃称此名。为第五，而域中大地尽矣。其说荒渺莫考，然其国人，充斥中土，则其地固有之，不可诬也。大都欧罗巴诸国，悉奉天主、耶稣教，而耶稣生于如德亚，其国在亚细亚洲之中，西行教于欧罗巴。其始生在汉哀帝元寿二年庚申，纪元，始于平帝元始元年辛酉。阅一千五百八十一年，至万历九年，

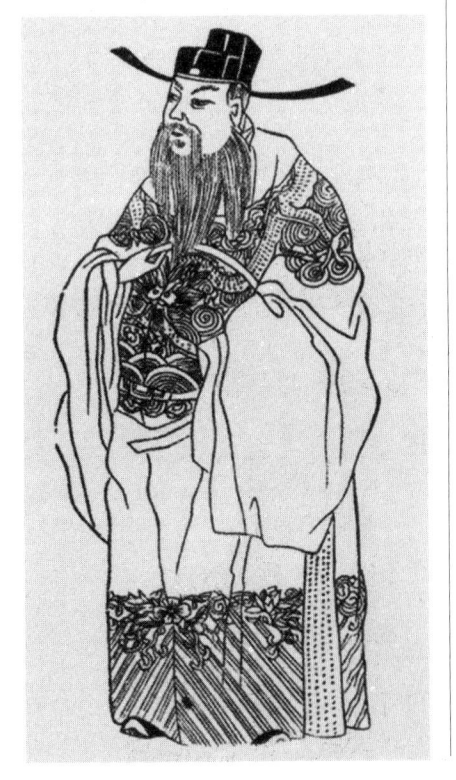

李之藻像

卷五 明清

1581年。利玛窦始泛海九万里，抵广州之香山澳，其教遂沾染中土。至二十九年，1601年。入京师，中官马堂，以其方物进献，自称大西洋人。……已而帝嘉其远来，假馆授粲，赐给优厚，公卿以下重其人，咸与晋接。玛窦安之，遂留居不去，以三十八年1601年。四月，卒于京，赐葬西郭外。平则门外。……其国人东来者，……所著书，多华人所未道，故一时好异者，咸尚之。而士大夫如徐光启、李之藻辈，首好其说，且为润色其文词，故其教骤兴。时著声中土者，更有龙华民、毕方济、艾如略、邓玉函诸人。华民、方济、如略及熊三拔，皆意大里亚国人，玉函热而玛尼国日耳曼。人，庞迪我、依西把尼亚国西班牙。人，阳玛诺、波而都瓦尔国葡萄牙。人，皆欧罗巴洲之国也。（《明史》卷三二六《意大里亚传》）

徐光启，字子先，上海人。万历二十五年，举乡试第一。又七年，成进士，由庶吉士历赞善。从西洋人利玛窦，学天文、历算、火器，尽其术，遂遍习兵机、屯田、盐筴、水利诸书。……天启三年，……擢礼部右侍郎。五年，魏忠贤党智铤劾之，落职闲住。崇祯元年，召还，……以左侍郎理部事，……擢本部尚书。……五年五月，以本官兼东阁大学士，入参机务，……寻加太子太保，进文渊阁。光启雅负经济才，有志用世，及柄用，年已老，值周延儒、温体仁专政，不能有所建白。明年六年。十月卒。（《明史》卷二五一《徐光启传》）

同时各种科学，随之而输入，其著称一时者，炮火而外，则为历法。

万历三十八年。十一月朔，日食，历官推算多谬，朝议将修改。明年，三十九年。五官正周子愚言：大西洋归化人庞迪我、熊三拔等，深明历法，其所携历书，有中国载籍所未及者，当令译上，以资采择。礼部侍郎翁正春等，因请仿洪武初设回回历科之例，令迪我等同测验；从之。……崇祯时，历法益疏舛，礼部尚书徐光启，请令其徒罗雅谷、汤

汤若望像

若望等，以其国新法相参较，开局纂修，报可。久之书成，即以崇祯元年戊辰为历元，名之曰崇祯历书。虽未颁行，其法视《大统历》为密，识者有取焉。(《明史》卷三二六《意大里亚传》)

嘉靖初，广东巡简何儒尝招降佛郎机葡萄牙。人，得其蜈蚣船，并铳法，以功升上元簿。蜈蚣船底尖面平，不畏风浪，用板捍蔽矢石，长十丈，阔三尺，旁架橹四十余，置铳三十四，约每舟撑驾三百人，橹多人众，虽无风可疾走，铳发，弹落如雨，所向无敌。其铳用铜铸，大者千余斤，因名曰佛郎机。(陈仁锡《皇明世法录》卷八二《佛郎机》)

其所恃惟巨舟大炮，舟长三十丈，广六丈，厚二尺余，树五桅。后为三层楼，旁设小窗，置铜炮，桅下置二丈巨铁炮，发之可洞裂石城，震数十里，世所称红夷炮，即其制也。(《明史》卷三二五《和兰传》)

明末清初西来教士著作简表

译名	国籍	略　历	著　作
罗明坚（复初）	意大利	明万历八年（1580）至，三十五年（1607）卒。	圣教实录。
利玛窦（西泰）	意大利	生于意大利之马塞拉城，明万历十一年（1583）来华，三十八年（1601），卒于北京。	天主实义，几何原本，交友论，同文算指，西国记法，勾股义，二十五言，圜容较义，畸人十篇，徐光启行略，辨学遗牍，乾坤体义，经匹该，奏疏，斋旨，测量法义，西字奇迹，浑盖通宪图说，万国舆图，西琴八曲。
孟三德（宁寰）	葡萄牙	明万历十三年（1585）至，二午八年（1600），卒于澳门。	长历补注解惑。
郭居静（仰凰）	意大利	明万历二十二年（1594）莅，崇祯十三年（1640），卒于杭州。	灵性诣主，悔罪要记。
苏如望（瞻清）	葡萄牙	明万历二十三年（1595）至，三十五年（1607），卒于澳门。	天主圣教约言。
龙华民（精华）	意大利	生于意之西锡岛，明万历二十五年（1597）至，先传教于江西，清顺治十一年（1654），卒于北京。	死说，念珠默想规程，灵魂道体说，圣教日课，圣若瑟法行实，地震解，急救事宜，圣人祷文，圣母德叙祷文。
罗如望（怀中）	葡萄牙	明万历二十六年（1598）至，天启三年（1623），卒于杭州	天主圣教启蒙，天主圣像略说。
庞迪我（顺阳）	西班牙	明万历二十七年（1599）至，入北京，后回澳，卒于万历四十六年（1618）。	实义续篇，庞子遗诠，七克大全，天神魔鬼说，人类原始，受难始末，辨揭，奏疏。
费奇规（揆一）	葡萄牙	明万历三十二年（1604）至，传教河南，后至江西建昌，复往广东，清顺治六年（1649）卒。	振心总牍，周年主保圣人单，玫瑰经十五端。

续表

译名	国籍	略历	著作
王丰肃，更名高一志（则圣）	意大利	明万历三十三年（1605）至，传教山西，崇祯十三年（1640），卒于绛州。	则圣十篇，西学齐家，天主圣教圣人行实，达道纪言，四末论，西学修身，譬学警语，励学古言，教要解略，寰宇始末，圣母行实，神鬼正纪，十慰，童幼教育，空际格致，西学治平，斐录汇答，推验正道论，终末之记甚利于精修。
熊三拔（有纲）	意大利	生于意之那波利港，明万历三十四年（1606）至，传教北京，天启间，钦取修历，后回广东，泰昌元年（1620），卒于澳门。	泰西水法，表度说，简平仪说。
阳玛诺（演西）	葡萄牙	明万历三十八年（1610）至，传教于北京、江南等处，后驻浙江，清顺治十六年（1659），卒于杭州。	圣若瑟行实，天问略，天主圣教十诫真诠，圣经直解，天学举要，景教碑诠，代疑论，袖珍日课，经世全书，经世全书句解，避罪指南，天神祷文，圣若瑟祷文，默想书考。
金尼阁（四表）	法兰西	明万历三十八年（1610）至，传教浙江，崇祯元年（1628），卒于杭州。	宗徒祷文，西儒耳目资，况义，推历年瞻礼法。
艾儒略（思及）	意大利	生于意之白利格西亚城，明万历四十一年（1613）至，先入都门，后归上海，转行浙江，宏宣圣教，复至闽，清顺治六年（1649）卒于福州。	弥撒祭义，天主降生言行纪略，出像经解，景教碑颂注解，耶稣圣体祷文，玫瑰十五端图像，熙朝崇正集，杨淇园行略，张弥克遗迹，万物真原，涤罪正规，三山论学纪，圣体要理，圣梦歌，四字经，悔罪要旨，几何要法，口铎日钞，五十言，西方问答，西学凡，职方外纪，性学觕述，天主降生引义，大西利西泰子传，利玛窦行实。
鲁德照（继元）	葡萄牙	明万历四十一年（1613）至，传教杭州，转金陵，复回广东，清顺治十五年（1658），卒于澳门。	字考。
毕方济（今梁）	意大利	明万历四十一年（1613）至，钦召进京，寻往河南，归上海，嗣赴浙江，转入闽中，复至金陵，又往广东，清顺治六年（1649）卒于广州。	画答，睡答，灵言蠡勺，奏疏。
邓玉函（涵璞）	瑞士	明天启元年（1621）至，后入都，佐理历局，善医，崇祯三年（1630）卒。	人身说概，奇器图说，测天约说，黄赤距度表，正球升度表，大测，浑盖通宪图说，崇祯历书，西洋历法新书。
傅泛济（体斋）	葡萄牙	明天启元年（1621）至，传教浙江、陕西，复往广东，清顺治十年（1653），卒于澳门。	名理探，寰有诠，天主教要。

续表

译名	国籍	略历	著作
汤若望（道味）	日耳曼	生于德之科龙城，明天启二年（1622）至，钦召入京，修正历法，逮清朝定鼎，特命修时宪历，授钦天监监正，加太常寺卿，敕赐通微教师，除通政使司通政使，进光禄大夫，卒于康熙五年（1666），葬阜成门外。	进呈书像，主制群征，主教缘起，浑天仪说，真福训诠，古今交食考，西洋测日历，远镜说，星图，交食历指，交食表，恒星历指，恒星表，恒星出没，测食说，测天约说，大测，奏疏，新历晓惑，新法历引，历法西传，新法表异，共译各图八线表，学历小辩，则克录，民历补注解惑，赤道南北两动星图，崇一堂日志随笔，西历新法。
费乐德（心铭）	葡萄牙	明天启二年（1622）至，传教河南，究习中国文字，儒者多服其论，崇祯十五年（1641），卒于开封。	圣教源流，总牍念经，念经劝。
罗雅各（味韶）	意大利	生于意之米兰城，明天启四年（1624）至，传教山西绛州，崇祯四年，钦取来京修历，十一年（1638），卒于北京，葬阜成门外。	斋克，哀矜行诠，圣记百言，天主经解，圣母经解，求说，周岁警言，测量全义，比例规解，五纬表，五纬历指，月离历指，月离表，日躔历指，日躔表，黄赤正球，筹算，历引，日躔考昼夜刻分，天文历法国师。
伏若望（定源）	葡萄牙	明天启四年（1624）至，传教杭州，崇祯十一年（1638）卒。	助善终经，苦难祷文，五伤经礼规程。
瞿西满（弗溢）	葡萄牙	明崇祯二年（1629）至，传教福建，后进都中，复往广东，清顺治十七年（1660），卒于澳门。	经要直指。
杜奥定（公开）	意大利	明崇祯四年（1631）至，传教陕西，后往福建，十六年（1643），卒于福州。	渡海苦绩纪。
马奥图	西班牙	明崇祯六年（1633）至，清康熙八年（1669）卒。	正学镠石。
郭纳爵（德旌）	葡萄牙	明崇祯七年（1634）至，传教陕西、福建，清康熙四年往广东，五年（1666）卒。	原染亏益，身后编，老人妙处，教要。
何大化（德川）	葡萄牙	明崇祯九年（1636）至，清康熙十六年（1677），卒于福州。	蒙引。
贾宜睦（九章）	意大利	明崇祯十年（1637）至，传教浙江、江南等处，清康熙元年（1662），卒于苏州之常熟县。	提正编，辨惑论。
利类思（再可）	意大利	明崇祯十年（1637）至，传教江南、浙江、四川等处，清定鼎京师，驻修辇毂下，康熙二十一年（1682）卒。	正教约征，圣教要旨，超性学要（天主性体，三位一体，万物原始，天神，形物之造，人灵魂，人肉身，总治万物，天主降生），狮子说，司铎课典，性灵说，不得已辨，西方要纪，圣母小日课，已亡日课，圣教简要，善终瘗茔礼典，弥撒经典，日课概要，安先生行述，昭纪经典，进呈鹰说，司铎典要，天学真诠，西历年月。

续表

译名	国籍	略　历	著　作
孟儒望（士表）	葡萄牙	明崇祯十年（1637）至，传教江西、浙江，复回小西洋，卒于清顺治五年（1648）。	天学略义，辨敬录，照迷镜，圣号祷文，炼狱祷文。
潘国光（用观）	意大利	明崇祯十年（1637）至，传教江南苏松等处，驻修上海，清康熙四年至广东，十年（1671），卒于广州。	十诫劝谕圣迹，圣礼规仪，圣教四规，圣安德肋宗徒瞻礼，天阶，瞻礼口铎，天神规课，天神会课，未来辨论。
安文思（景明）	葡萄牙	明崇祯十三年（1640）至，传教四川等处，清顺治五年来京，康熙十六年（1677）卒。	复活论，超性学要。
卫匡国（济泰）	意大利	明崇祯十六年（1643）至，传教浙江福建等处，清顺治十八年（1661），卒于杭州。	天主理证，灵魂理证，逑友篇。
穆尼各（如德）	波兰	清顺治三年（1646）至，十三年（1656），卒于肇庆府。	天学会通，天步真原（人命部，选择部，世界部，心性部），比例四源新表，比例对数表。
万济谷	未详	清顺治十一年（1654）至，卒年未详。	圣教明证。
聂仲迁（若瑞）	法兰西	清顺治十三年（1656）至，传教江西，康熙三十四年（1695），卒于赣州。	古圣行实。
穆迪我（惠吉）	法兰西	清顺治十四年（1657）至，康熙三十一年（1692），卒于武昌。	圣洗规仪，成修神务。
柏应理（信末）	比利时	清顺治十六年（1659）至，传教于福建、浙江、江南等处，康熙三十一年（1692），卒于卧亚。	百问答，永年瞻礼单，圣玻尔日亚行实，四末真论，圣若瑟祷文，周岁圣人行略，圣教铎音。
殷铎泽（觉斯）	意大利	清顺治十六年（1659）至，传教江西，康熙三十五年（1696），卒于杭州。	耶稣会例，西文四书直解。
南怀仁（敦伯）	比利时	清顺治十六年（1659）至，传教陕西，十七年，钦召入京，纂修历法，康熙八年，特命治理历法，授钦天监副，擢至监正，又加通政使司通政使，卒于二十七年（1688）。	妄推吉凶之辨，熙朝定案，验气说，坤舆图说，告解原义，善恶报略说，教要序论，历法不得已辩，仪象志，仪象图，康熙永年历法，测验纪略，坤舆全图，简平规总星图，赤道南北星图，妄占辨，预推纪验，形性理推，光向异验理推，理辨之引启，目司图总，推理各国说，御览简平新仪式用法，进呈穷理学，圣体答疑，道学家传，坤舆外纪。
鲁日满（谦受）	比利时	清顺治十六年（1659）至，康熙十五年（1676），卒于漳州。	教要六端，圣教要理，问世编。
陆安德（泰然）	意大利	清顺治十六年（1659）至，康熙二十二年（1683），卒于澳门。	圣教略说，真福直指，善生福终正路，圣教问答，教要撮言，圣教要理，默想大全，默想规矩，万民四末图，讲道规矩。

续表

译名	国籍	略历	著作
瞿笃德（天斋）	意大利	清顺治十六年（1659）至，康熙二十年（1681），卒于海南。	圣教豁疑论。
闵明我（德先）	意大利	清康熙八年（1669）至，五十一年（1712），卒于北京。	方星图解。
利安定	西班牙	清康熙九年（1670）至，三十四年（1695）卒。	永福天衢，天成人要集。
徐日升（寅公）	葡萄牙	清康熙十一年（1672）至，四十七年（1708），卒于北京。	南先生行述，律吕正义续编。
宾纽拉	墨西哥	清康熙十五年（1676）至，四十三年（1704），卒于漳州。	初会问答，永暂定衡，大赦解略默想神功，哀矜炼灵略说。
白亚维	西班牙	清康熙十九年（1680）至，卒年未详。	要经略解。
叶宗贤	未详	清康熙二十三年（1684）至，四十三年（1704），卒于西安。	宗元直指。
利安宁	西班牙	清康熙二十三年（1684）至，乾隆八年（1743），卒于澳门。	破迷集，圣文都竦圣母日课。
苏霖（沛苍）	葡萄牙	清康熙二十三年（1684）至，乾隆元年（1736），卒于北京。	圣母领报会。
白晋（明远）	法兰西	清康熙二十六年（1687）至雍正八年（1730），卒于北京。	天学本义，古今敬天鉴。
卫方济	比利时	清康熙二十六年（1687）至雍正七年（1729）卒。	人罪至重。
白多玛	西班牙	清康熙三十四年（1695）至卒年未详。	圣教功要，四络略意。
林安多	葡萄牙	清康熙三十四年（1695）至卒年未详。	崇修精蕴。
利国安（若望）	意大利	清康熙三十六年（1697）至，雍正五年（1727），卒于澳门。	炼灵通功经。
巴多明（克安）	法兰西	清康熙三十七年（1698）至，乾隆六年（1741），卒于北京。	济美篇，德行谱。
马若瑟	法兰西	清康熙三十七年（1698）至，雍正十三年（1735），卒于澳门。	圣母净配圣若瑟传，杨淇园行迹六书析义，信经真解，神明为主真神总论。
雷孝思（永维）	法兰西	清康熙三十七年（1698）至，乾隆三年（1738），卒于北京。	皇朝舆地总图。
殷弘绪（继宗）	法兰西	清康熙三十八年（1699）至，乾隆六年（1741），卒于北京。	主经体味，逆耳忠言，莫居凶恶劝，训慰precept编。
聂若望	葡萄牙	清康熙三十九年（1700）至，卒年未详。	八天避静神书，十诫略说。

卷五 明清

译名	国籍	略 历	著 作
沙守真	未详	清康熙三十九年（1700）至五十六年（1717）卒。	真道自证。
杜德美	法兰西	清康熙四十年（1701）至五十九年（1720）卒。	康熙地图，周径密率，求正弦矢捷法。
冯秉正	法兰西	清康熙四十二年（1703）至乾隆十三年（1748），卒于北。	明来集说，圣心规程，圣体仁爱经规条，圣经广益，盛世刍荛，圣年广益，避静汇钞。
德玛诺	法兰西	清康熙四十六年（1707）至乾隆九年（1744），卒于南京。	弥撒功程。
颜家乐	意大利	未详	测北极出地简法。
戴进贤	日耳曼	清康熙五十五年（1716）至乾隆十一年（1746），卒于北京。	仪象考成，黄道经纬恒星图，地球图，月离表，日躔表。
玛吉士	未详	未详。	外国地理备考，地球总论。
附记	一、韩霖、张赓之《圣教信证》，所载明末清初西来之教士，共九十人，本表乃举其有著述发表者，凡六十三人。 二、《略历》亦略参菲士特《中国旧教徒传》，并根据此书，添瞿笃德、闵明我、苏霖、利国安、雷孝思等五人。		

六 明代之政治

明太祖罢丞相，设大学士以备顾问，而寄大政于六部。建文中，罢大学士，以卿佐参政。成祖复太祖之制，自后三杨秉政，始有调旨之事，阁体渐尊，语其任寄，不亚丞相。然有明一代宰相，不受制于宦官者甚少，故政权在上，实分操于宰相、宦官之手。地方之任，亲民之官，其初府县并重。中叶以后，知推因得行取之故，位卑权重，然乡绅又从而挠之，故政权在下，实分操于知县、乡绅之手。

（一）宰相之任使

甲、蹇夏三杨之久任

【蹇夏】

明制，吏部体最尊，户部权最重。蹇、夏久居此任，观其设施，足知明初休养生息之政。蹇、夏皆参预机务，居股肱之任，虽为部臣，实无异

于元辅也。

宣德三年十月乙酉，敕少师等官蹇义、杨士奇、夏原吉、杨荣，各辍所务，朝夕侍左右，讨论至理，谕曰："古者师保之职，论道经邦，寅亮燮理，不烦以有司之政。今蹇义、杨士奇、夏原吉、杨荣，皆先帝简畀以遗朕者，而年俱高，令兼有司之务，礼非攸当。于是赐敕谕义、士奇、原吉、荣，可辍所务，朝夕在朕左右，相与讨论至理，共宁邦家，职名俸禄，悉如旧。卿其专精神，审思虑，益致嘉猷，用称朕眷注老成之意。"（雷礼《皇明大政纪》卷九）

蹇义，字宜之，巴人。……齐泰、黄子澄当国，外兴大师，内改制度，义无所建明。……燕师入，迎附，迁左侍郎，数月，进尚书。时方务反建文之政，所更易者，悉罢之，义从容言曰："损益贵适时宜，前改者，固不当，今必欲尽复者，亦未悉当也。"……义熟典故，达治体，军国事皆倚办。时旧臣见亲用者，户部尚书夏原吉，与义齐名，中外称曰蹇夏。……仁宗即位，义、原吉皆以元老为中外所信。……宣宗即位，委寄益重。……明年，宣德四年。……寻以胡濙言，命义等四人蹇义、夏原吉、杨士奇、杨荣。议天下官吏军民，建言章奏。……英宗即位，斋宿得疾，遣医往视，问所欲言，对曰："陛下初嗣大宝，望敬守祖宗成宪，始终不渝耳。"遂卒，年七十三。（《明史》卷一四九《蹇义传》）

宣德三年四月，……吏部尚书蹇义等，请裁减内外添设冗员，从之。蹇奏，近年以来，内外各衙门官，因营造催办夫匠，收运粮储，整理农务，采取木植；在内添设郎中、主事，在外布按府州县，添设参政、参议、副使、同知、县丞等官。今拟在外，除马政农务外，其余依制裁减。在京从堂上官，量事繁简，斟酌去留，不许冗滥。其在内府各监库，郎中、员外、主事，俱宜裁革。（雷礼《皇明大政纪》卷九）

夏原吉像

卷五 明清

夏原吉，字维喆，其先……官湘阴，……遂家焉。成祖即位，……与蹇义同进尚书，偕义等详定赋役诸制，建白三十余事，皆简便易遵守，曰"行之而难继者，且重困民，吾不忍也"。浙西大水，有司治不效，永乐元年，命原吉治之。……原吉请循禹三江入海故迹，浚吴淞下流，上接太湖，而度地为闸，以时蓄泄。从之，役十余万人。明年二年。正月，原吉复行浚白茆塘、刘家河、大黄浦，大理少卿袁复为之副，已复命陕西参政宋性佐之。九月，工毕水泄，苏松农田大利。三年，还。……还理部事，首请裁冗食，平赋役，严盐法钱钞之禁，清仓场，广屯种，以给边苏民，且便商贾。皆报可。凡中外户口府库田赋赢缩之数，各以小简书置怀中，时检阅之。……时兵革初定，论靖难功臣封赏，分封诸藩，增设武卫百司，已又发卒八十万，问罪安南，中官造巨舰，通海外诸国，大起北都宫阙，供亿转输，以巨万万计，皆取给户曹。原吉悉心计应之，国用不绌。六年，命督军民输材北都。……原吉虽居户部，国家大事，辄令详议。……十九年冬，帝将大举征沙漠，命原吉……等议，皆言兵不当出。帝益怒，召原吉，系之内官监，……并籍原吉家，自赐钞外，惟布衣瓦器。……帝……崩，……太子令出狱，……问赦诏所宜，对以振饥，省赋役，罢西洋取宝船，及云南交阯采办诸道金银课，悉从之。……宣宗即位，以旧辅益亲重。……宣德。五年正月，两朝实录成，复赐金币鞍马，旦入谢，归而卒，年六十五。……原吉与义，皆起家太祖时，义秉铨政，原吉管度支，皆二十七年，名位先于三杨。仁宣之世，外兼台省，内参馆阁，与三杨同心辅政，义善谋，荣善断，而原吉与士奇，尤持大体，有古大臣风烈。（《明史》卷一四九《夏原吉传》）

【三杨】

三杨历事四朝，称为贤相。观其为政，严边备，崇吏治，省烦费，宽赋役，专务休养生息。当太祖、成祖草创之后，文治之基，由兹始奠，然王振弄权，土木北狩之祸，亦即伏于此时。

按内阁臣职，在司内外制而已，未有所谓调旨也。自宣德中，大学士二杨公，与尚书蹇、夏，始有调旨之说。而二杨公复以位尊恶烦，特奏以少詹事兼讲读学士曾棨、王直、王英，专知诰敕，然内阁实总之。（王世贞《弇州史料后集》卷三八）

英宗以幼冲即位，三杨虑圣体之倦，因创权制，每日早朝，止许言事八件，前一日，先以副本诣阁下，豫以各事处分陈上，遇奏，止依所陈传旨而已。英宗崩，三臣卒，无一人敢复祖宗之旧章，迄今遂为定制。（雷礼《皇明大政纪》卷一一）

正统初，内阁三相，为杨文贞士奇、杨文敏荣、杨文定溥，号三杨。以居第为别，文贞曰西杨，文敏曰东杨，文定曰南杨。西杨以少师八十卒，东杨亦以少师七十卒，南杨以少保七十五卒。其在阁，远者四十余年，最近者，亦十六年。（王世贞《弇州史料后集》卷五八）

杨士奇，名寓，以字行，泰和人。……成祖即位，改编修，已简入内阁，典机务。……仁宗即位，擢礼部侍郎，兼华盖殿大学士，……命兼兵部尚书，并食三禄。……时有上书颂太平者，帝以示诸大臣，皆以为然，士奇独曰："陛下虽泽被天下，然流徙尚未归，疮痍尚未复，民尚艰食，更休息数年，庶几太平可期。"帝曰："然。"因顾蹇义等曰："朕待卿等以至诚，望匡弼，惟士奇曾五上章，卿等皆无一言，岂果朝无阙政，天下太平耶？"诸臣惭谢。……宣德元年，……时交阯数叛，屡发大军征讨，皆败没。交阯黎利，遣人伪请立陈氏后，帝亦厌兵，欲许之。英国公张辅、尚书蹇义以下，皆言与之无名，徒示弱天下，帝召士奇、荣谋，二人力言："陛下恤民命以绥荒服，不为无名。汉弃珠厓，前史以为美谈，不为示弱。许之便。"……帝以四方屡水旱，召士奇议，下诏宽恤，免灾伤租税，及官马亏额者。士奇因请并蠲逋赋薪刍钱，减官田额，理冤滞，汰工役，以广德意，民大悦。逾二年，帝谓士奇曰："恤民诏下已久，今更有可恤者乎？"士奇曰："前诏减官田租，户部征如故。"帝怫然曰："今首行之，废格者论如法。"士奇复请抚逃民，察墨吏，举文学武勇之士，令极刑家子孙，皆得仕进；又请廷臣三品以上及二司官，各举所知，备方面郡守选，皆报可。当是时，帝励精图治，士奇等

杨士奇像

同心辅佐，海内号为治平。……

　　帝之初即位也，内阁臣七人，陈山、张瑛，以东官旧恩入，不称，出为他官，黄淮以疾致仕，金幼孜卒，阁中惟士奇、荣、溥三人。荣疏闿果毅，遇事敢为，数从成祖北征，能知边将贤否，厄塞险易远近，敌情顺逆，然颇通馈遗，边将岁时致良马。帝颇知之，以问士奇，士奇力言"荣晓畅边务，臣等不及，不宜以小眚介意"。……宣宗崩，英宗即位，方九龄，军国大政，关白太皇太后。太后推心任士奇、荣、溥三人，有事遣中使诣阁咨议，然后裁决，三人者亦自信，侃侃行意。士奇首请练士卒，严边防，设南京参赞机务大臣，分遣文武镇抚江西、湖广、河南、山东，罢侦事校尉；又请以次蠲租税，慎刑狱，严核百司，皆允行。正统之初，朝政清明，士奇等之力也。……九年三月卒年八十。

　　……正统初，士奇言，瓦剌渐强，将为边患，而边军缺马，恐不能御，请于附近太仆寺关领，西番贡马，亦悉给之。士奇殁未几，也先果入寇，有土木之难，识者思其言。又雅善知人，好推毂寒士，所荐达有初未识面者，而于谦、周忱、况钟之属，皆用士奇荐，居官至一二十年，廉能冠天下，为世名臣云。

（《明史》卷一四八《杨士奇传》）

　　上仁宗尝论科举之弊，公杨士奇。曰："科举当兼取南北士。"上曰："北人学问，不逮南人。"公曰："长才大器，多出北方，岂但南人可用也。"上曰："然则将何如？"公曰："试卷例缄其姓名，请于外书南北二字，如当取百人，则南六十，北四十，南北人才，皆入彀矣。"上曰："卿言良是。"命与礼部计议以闻。议定未上，而宫车晏驾。宣宗即位，遂行之。

（陈仁锡《皇明世法录》卷八六《杨文贞公传》）

　　公又言方面及郡守，请令京官三品以上，及布政按察荐举，务取廉公端厚，能为国为民者，吏部审其可用，奏授以官。后犯赃罪，并坐举者，凡因保举授官，而有指告其罪者，先逮问，余人有验，然后及

杨士奇铭太史端砚拓片

之,庶不为小人所诬。年来吏员太冗,请令部院同考选择而用之。军民中有文学才行,卓然出众,及精于武略者,亦宜察举。唐虞之世,罚弗及嗣,今极刑之家,有贤子弟,例不许进用。上宣宗。曰:"舜殛鲧用禹,圣人至公之心也。今除谋反、大逆外,其余犯者,并听举用。"(陈仁锡《皇明世法录》卷八六《杨文贞公传》)

杨士奇……对曰:"……部符下郡县采办买办诸务,但概派征,更无分别出产与否。非出产处,百姓数十倍价买纳。此请戒约该部,今后凡物只派产有之处,不许一概均派苦民。……今工匠之弊尤多,四方远近,每户不问几丁,悉征在京,役于工者,什不一二,余皆为所管之人私役,不得营生,嗟怨溢路。此请命官巡察究治,及分豁户丁之半放回,单丁者免,老病无余丁者除籍。又有平民本非业匠,为怨家诬引者,当审实除豁。"(雷礼《皇明大政纪》卷一〇)

少傅杨士奇题请,初即位,英宗合行事宜,一敕五府及兵部,整肃军政,以壮国威;一敕南京户部尚书黄福,参赞军务;一敕淮安镇守,严加守备;一分委文臣,镇守江西、湖广、河南、山东,以防啸聚;一敕襄城伯李隆,缉捕江盗;一敕锦衣卫,缉捕北京盗贼;一敕陕西、甘肃、宁夏及宣大、开平,补给马匹,以防瓦剌入寇;一敕兵部,发回各卫操军,以便调用;一敕都督沐昂,赞辅黔国,以驯蛮夷;一戒缉事官校,使平人少冤;一令巡按,考黜不职;一选王府

杨士奇墓

卷五 明清

官，以正辅王；一放回在外取来乐工。（雷礼《皇明大政纪》卷一〇）

杨荣，字勉仁，建安人。初名子荣，……成祖……即位，简入文渊阁，为更名荣。……永乐五年，命往甘肃经画军务，所过览山川形势，察军民阅城堡。……八年，从出塞，次胪朐河，选勇士三百人为卫，不以隶诸将，令荣领之。……又明年，十二年。征瓦剌。……帝尝晚坐行幄，召荣计兵食，荣对曰："择将屯田，训练有方，耕耨有时，即兵食足矣。"……二十年，复从出塞，军事悉令参决。……征阿鲁台，或请调建文时江西所集民兵，帝问荣，荣曰："陛下许民复业且二十年，一旦复征之，非示天下信。"从之。明年，二十一年。从出塞，军务悉委荣。……时帝凡五出塞，士卒饥冻，馈运不继，死亡十二三。……荣、金幼孜，从容言，宜班师。……仁宗即位，……进太子少傅，谨身殿大学士，……进工部尚书，食三禄。……宣德元年，汉王高煦反，帝召荣等定计，荣首请帝亲征。……帝从其计，至乐安，高煦出降。……正统三年，与士奇俱进少师。五年，乞归展墓，……还至武林驿而卒，年七十。……性喜宾客，虽贵盛无稍崖岸，士多归心焉。或谓荣处国家大事，不愧唐姚崇，而不拘小节，亦颇类之。（《明史》卷一四八《杨荣传》）

杨溥，字弘济，石首人。……永乐初，侍皇太子为洗马。……十二年，东宫遣使迎帝迟，帝怒黄淮，逮至北京系狱。……下法司鞫，连溥，逮系锦衣卫狱，……系十年，……仁宗即位，释出狱。……宣宗即位，……召溥入内阁，与杨士奇等，共典机务。……英宗初立，……正统三年，宣宗实录成，进少保，武英殿大学士。溥后士奇、荣二十余年入阁，至是乃与士奇、荣并。……是时，王振尚未横，天下清平，朝无失政，中外臣民，翕然称三杨，以居第目士奇曰西杨，荣曰东杨，而溥尝自署郡望曰南郡，因号为南杨。溥质直廉静，无城府，性恭谨，每入朝，循墙而走。诸大臣论事争可否，或至违言，溥平心处之，诸大臣皆叹服。时谓士奇有学行，荣有才

杨溥像

识，溥有雅操，皆人所不及云。……溥孤立，王振益用事，十一年七月，溥卒，年七十五。(《明史》卷一四八《杨溥传》)

成祖时，士奇、荣与解缙等，同直内阁，溥亦同为仁宗官僚，而三人逮事四朝，为时耆硕，溥入阁虽后，德望相亚，是以明称贤相，必首三杨。(《明史》卷一四八"传赞")

乙、嘉靖以后之首辅

明代宣、英以后，宦官弄权，权不在阁而在司礼。刘瑾既诛，武宗崩，杨廷和独秉国政，阁权始专。世宗一代，裁抑宦者，张孚敬、张居正，皆以尊信国威、重辅臣体统为务，首辅始尊。秉笔者曰首辅，次曰次辅，又次曰群辅，首之与次，视若僚属。故嘉靖以来之首辅，莫不由倾轧排挤而得之，虽以世宗之威权自握，竟堕其术中而不悟。张孚敬之排杨廷和、杨一清，夏言之排张孚敬，严嵩之死夏言，徐阶之逐严嵩，张居正之逐高拱，当其相争最烈，甚或嗾使台谏，以为爪牙，及其末流，仍不免依傍大珰，内外相维，狼狈相依，权仍归于宦寺。

仁、宣之代，与卿并太宰位第一，华盖次之。大宗伯位第三，谨身次之。正统、景泰之际，大宗伯太宰位皆第一，华盖次之。然在正统，则中贵秉纶綍而专于内；在景泰，则司马预帷幄而分于外，虽理乱之势殊，而阁臣之不得言相犹故也。自天顺之隆，寄于武功氏，徐有贞。然左珥横胄，更得而抗持之，且未几辄败。其后屡寄于南阳，李贤。虽亦参之以太宰大司马，而相端萌矣，若首次之低昂，亦以时露矣。成化末，太宰文帅，与首臣权相敌也，次之与首，势相逼也，盖皆有所挟而皆不胜，于是相形显，而首次益低昂矣。弘治间，首次以官序而不异权，太宰大司马以孤卿重而不相角，其治世之象乎哉？正德不亲政，其始端委而听

明武宗像

阁臣之赞襄，既而使大阉夺之，阉败，他阉复寄之，又复使介胄参之，于是阁臣屡不复能振，其黠无耻者，甘为之隶役，而窃以自私，何论相哉！是故芳焦芳。为之次，而不得言首矣；宰彩张彩为之外，而不得言内矣；宁钱宁、彬江彬进，而丝纶移于介胄矣。嘉靖入绍，尽扫其蠹而新之，归政内阁，新都杨廷和嶷然，三辅鼎承，百辟风偃，虽不久而有所扼以去，然相形成而首次遂大分。永嘉张孚敬之为卿佐，则击内阁而破相之体，居内阁，则排六卿而成相之尊；其为次，则出首之上，为首则恶次之近。然而直者犹能奋而与之抗，健者犹能挟而掣其肘；若乃屏苞苴，折奸幸，明主威，荡国蠹，斯亦功之首也已。信州夏言之所结托，不能如永嘉，而汰过焉。上舞其上，下逞其下，宠尽而辱乘之，身首异处，为天下笑。袁州严嵩以柔用，窃人主之喜怒而为威福；荆州张居正以刚用，操人主之威福而成喜怒。六卿伺色探旨，若六曹吏称次者，亦惕息屏气，而不敢有所异同，于是乎相之形张矣，其首次则霄壤矣。（王世贞《嘉靖以来首辅传序》）

【张孚敬】

张璁，字秉用，永嘉人。……正德十六年登第，年四十七矣。世宗初践阼，议追崇所生父兴献王，廷臣持之，议三上三却。璁时在部观政，以是年七月朔，上疏曰："孝子之至，莫大乎尊亲。尊亲之至，莫大乎以天下养。陛下嗣登大宝，即议追尊圣考，以正其号，奉迎圣母，以致其养，诚大孝也。廷议执汉定陶、宋濮王故事，谓为人后者为之子，不得顾私亲。夫天下岂有无父母之国哉？《记》曰'礼非天降，非地出'，人情而已。汉哀帝、宋英宗，固定陶、濮王子，然成帝、仁宗，皆预立为嗣，养之宫中，其为人后之义甚明。故师丹、司马光之论，行于彼一时则可。今武宗无嗣，大臣遵祖训，以陛下伦序当立而迎立之，遗诏直曰'兴献王长子'，未尝著为人后之义，则陛下之兴，实所以承祖宗之统，与预立为嗣、养之宫中者，较然不同。议者谓孝庙德泽在人，不可无后，假令圣考尚存，嗣位今日，恐弟亦无后兄之义。且迎养圣母，以母之亲也，称皇叔母，则当以君臣礼见，恐子无臣母之义。《礼》'长子不得为人后'，圣考止生陛下一人，利天下而为人后，恐子无自绝其父母之义。故在陛下，谓入继

祖后而得不废其尊亲则可，谓为人后以自绝其亲则不可。夫统与嗣不同，非必父死子立也。汉文承惠帝后，则以弟继；宣帝承昭帝后，则以兄孙继。若必奇此父子之亲，建彼父子之号，然后谓之继统，则古有称高伯祖、皇伯考者，皆不得谓之统乎？臣窃谓今日之礼，宜别立圣考庙于京师，使得隆尊亲之孝，且使母以子贵，尊与父同，则圣考不失其为父，圣母不失其为母矣。"帝方扼廷议，得璁疏，大喜曰："此论出，吾父子获全矣。"亟下廷臣议。廷臣大怪骇，交起击之，礼官毛澄等，执如初。

会献王妃至通州，闻尊称礼未定，止不肯入。帝闻而泣，欲避位归藩，璁乃著《大礼或问》上之，帝于是连驳礼官疏。廷臣不得已，合议尊孝宗曰皇考，兴献王曰本生父兴献帝，璁亦除南京刑部主事以去，追崇议且寝。至嘉靖三年正月，帝得桂萼疏，心动，复下廷议。汪俊代毛澄为礼部，执如澄，璁乃复上疏曰："陛下遵兄终弟及之训，伦序当立。礼官不思陛下实入继大统之君，而强比与为人后之例，绝献帝天性之恩，蔑武宗相传之统，致陛下父子、伯侄、兄弟，名实俱紊。宁负天子，不敢忤权臣，此何心也！伏睹圣谕云：'兴献王独生朕一人，既不得承绪，又不得徽称，罔极之恩，何由得报？'执政窥测上心，有见于推尊之重，故今日争一帝字，明日争一皇字，而陛下之心，亦日以不帝不皇为歉。既而加称为帝，谓陛下心既慰矣，故留一皇字，以觇陛下将来未尽之心，遂敢称孝宗为皇考，称兴献帝为本生父。父子之名既更，推崇之义安在？乃遽诏告天下，乘陛下不觉，陷以不孝。《礼》曰：'君子不夺人之亲'，亦不可夺亲也。陛下尊为万乘，父子之亲，人可得而夺之，又可容人之夺之乎？故今日之礼，不在皇与不皇，惟在考与不考。若徒争一皇字，则执政必姑以是塞今日之议，陛下亦姑以是满今日之心，臣恐天下知礼者，必将非笑无已也。"与桂萼第二疏同上，帝益大喜，立召两人赴京。……二人已在道，复驰疏曰："礼官惧臣

张璁像

卷五 明清

等面质，故先为此术，求遂其私。若不亟去本生之称，天下后世，终以陛下为孝宗之子，堕礼官欺蔽中矣。"帝益心动，趣召二人。五月，抵都，复条上七事。众汹汹欲扑杀之，萼惧不敢出，璁阅数日始朝。给事御史张翀、郑本公等，连章力攻，帝益不悦，特授二人翰林学士，……由是璁等势大张。其年九月，卒用其议，定尊称。

帝益眷倚璁、萼，璁萼益恃宠，仇廷臣，举朝士大夫，咸切齿此数人矣。四年冬，大礼集议成，进詹事，兼翰林学士。后议世庙神道庙乐武舞，及太后谒庙，帝率倚璁言而决。璁缘饰经文，委曲当帝意，帝益器之。璁急图柄用，为大学士费宏所抑，遂与萼连章攻宏。……五年七月，璁以省墓请，既辞朝，帝复用为兵部右侍郎，兼官如故。……寻进璁左侍郎，复与萼攻费宏。明年六年。二月，兴王邦奇狱，构陷杨廷和等，宏及石珤同日罢。……会山西巡按马录治反贼李福达狱，词连武定侯郭勋，法司谳如录拟。璁谮于帝，谓廷臣以议礼故陷勋。帝果疑诸臣朋比，乃命璁署都察院，桂萼署刑部，方献夫署大理覆谳，尽反其狱，倾诸异己者。……其年冬，遂拜礼部尚书，兼文渊阁大学士，入参机务，去释褐六年耳。杨一清为首辅，翟銮亦在阁，帝待之不如璁。……七年正月，……乃手敕加二人太子太保，璁辞以未建青宫，官不当设，乃更加少保，兼太子太保。明伦大典成，复进少傅，兼太子太傅、吏部尚书、谨身殿大学士。一清再相，颇由璁、萼力，倾心下二人，而璁终以压于一清，不获尽如意，遂相龃龉。……璁乞休者再，词多阴诋一清，帝乃褒谕璁。而给事中陆粲复劾其擅作威福，报复恩怨，帝大感悟，立罢璁。……璁行抵天津，帝命行人赍手敕召还，一清遂罢去，璁为首辅，……而夏言始用事。……

十年二月，璁以名嫌御讳，请更，乃赐名孚敬，字茂恭，御书四大字赐焉。夏言恃帝眷，数以事讦孚敬，孚敬衔之，未有以发，纳彭泽言，构陷行人司正薛侃，因侃以害言。廷鞫事露，旨斥其忮罔，……帝谕法司，令致仕，孚敬乃大惭去。未几，遣行人赍敕召之，明年十一年。三月，还朝。言已擢礼部尚书，益用事，李时、翟銮在阁，方献夫继入，孚敬亦不能专恣如曩时矣。八月，彗星见东井，帝心疑大臣擅政，孚敬因求罢，都给事中魏良弼诋孚敬奸，……许之致仕。……十二年正月，帝复思之，遣鸿胪赍敕召，四月，还朝。六月，彗

星复见毕昴间，乞避位，不许。明年，十三年。进少师，兼太子太师，华盖殿大学士。初，潞州陈卿乱，孚敬主用兵，贼竟灭。大同再乱，亦主用兵，荐刘源清为总督，师久无功。其后乱定，代王请大臣安辑，夏言遂力诋用兵之谬，请如王言，语多侵孚敬。……孚敬以议不用，称疾乞休，疏三上，已而子死。请益力，帝报曰："卿无疾，疑朕耳。"孚敬复上奏，不引咎，且历诋同议礼之萼、献夫、霍韬、黄绾等。帝诘责之，乃复起视事。……十四年春，得疾，帝遣中官赐尊牢。……孚敬幸得温谕，遂屡疏乞骸骨。命行人御医护归，有司给廪隶如制。明年十五年。五月，帝复遣锦衣官赍手敕视疾，趣其还。行至金华，疾大作，乃归。十八年二月，卒。……

孚敬刚明果敢，不避嫌怨，既遇主，亦时进谠言。帝欲坐张延龄反，族其家，孚敬诤曰："延龄守财虏耳，何能反？"数诘问，对如初。及秋尽当论，孚敬上疏，谓昭圣皇太后春秋高，卒闻延龄死，万一不食，有他故，何以慰敬皇帝在天之灵。帝恚，责孚敬："自古强臣令主非一，若今爱死囚，令主矣，当悔不从廷和事敬皇帝耶？"帝故为重语，愒止孚敬，而孚敬意不已，以故终昭圣皇太后世，延龄得长系。他若清勋戚庄田，罢天下镇守内臣，先后殆尽，皆其力也。持身特廉，痛恶赃吏，一时苞苴路绝，而性狠愎，报复相寻，不护善类。欲力破人臣私党，而己先为党魁，大礼大狱，丛诟没世。顾帝始

张璁碑亭

卷五　明清

川上吟坛

当年张璁率学生吟诵之处。

终眷礼，廷臣卒莫与二，尝称少师萝山而不名。（《明史》卷一九六《张璁传》）

张孚敬相业，以裁抑中人为最著。

> 孚敬……数言，中贵人之使外者，多贪横为国蟊贼。上具悉其状，悉裁革镇守监仓市舶之数，后先殆尽。（王世贞《嘉靖以来首辅传》卷二）

嘉靖以来，首次辅相构不绝，其端实肇于张孚敬。

> 孚敬复上疏，谓三杨以后，奸人鄙夫，占据内阁，贪污无耻，习以为常。复以闲废有年，阴求起用，去而复来，略不惩悔前轨；来而复去，尤且阴为后图。其人日轻，其势日重，且不知何缘，止推首者一人，余皆唯唯，小有异同，旋加挤斥。（王世贞《嘉靖以来首辅传》卷二）

> 给事秦鳌复论孚敬强辩饰非，媢嫉愈甚，顷上谕以"举贤容众，同寅协恭"。今言官论列，辄文致其罪，而内阁同列，亦欲以祸机中之，曰曲法，曰媚人。且票拟圣旨，引以自归，明示中外以天子之权在其掌握。（王世贞《嘉靖以来首辅传》卷二）

【夏言】

夏言，字公谨，贵溪人。……举正德十二年进士，授行人，擢兵科给事中。……嘉靖初，偕御史樊继祖等，出按庄田，悉夺还民产，

劾中官赵霦、建昌侯张延龄，疏凡七上，请改后宫负郭庄田为亲蚕厂公桑园，一切禁戚里求请，及河南山东奸人献民田王府者，……屡迁兵科都给事中。……七年，调吏科。当是时，帝锐意礼文事，以天地合祀非礼，欲分建二郊，并日月而四。大学士张孚敬不敢决，帝卜之太祖，亦不吉，议且寝。会言上疏，请帝亲耕南郊，后亲蚕北郊，为天下倡。帝以南北郊之说，与分建二郊合，令孚敬谕旨，言乃请分祀天地。廷臣持不可，孚敬亦难之，詹事霍韬诋尤力。帝大怒，下韬狱，降玺书奖言，赐四品服俸，卒从其请。又赞成二郊配飨议，……自是大蒙帝眷，郊坛工兴，即命言监之。……十年三月，遂擢少詹事，兼翰林学士掌院事，直讲如故。……八月，四郊工成，进言礼部左侍郎，仍掌院事。逾月，代李时为本部尚书，去谏官未浃岁拜六卿，前此未有也。……阁臣李时、翟銮取充位。……十五年，……皇子生，帝赐言甚渥，初加太子太保，进少傅，兼太子太傅。闰十二月，遂兼武英殿大学士，入参机务。……

时李时为首辅，政多自言出。……其冬，时卒，言为首辅。十八年，以祗荐皇天上帝册表，加少师，特进光禄大夫，上柱国。明世人臣，无加上柱国者，言所自拟也。武定侯郭勋得幸，害言宠，而礼部尚书严嵩亦心妒言。……帝幸大峪山，言进居守敕稍迟，帝责让，言惧请罪，帝大怒曰："言自卑官因孚敬议郊礼进，乃怠慢不恭，进密疏不用赐章，……削少师勋阶，以少保尚书大学士致仕。"……居数日，怒解，命止行，复以少傅太子太傅入直。……陕西奏捷，复少师太子太师，进吏部尚书，华盖殿。……顾鼎臣已殁，翟銮再入，恂恂若属吏然，不敢少龃龉，而霍韬入掌詹事府，数修怨，以郭勋与言有隙，结令助己，三人日相构。既而韬死，言、勋交恶自若。九庙灾，言方以疾在告，乞罢，不允。昭圣太后崩，诏问太子服制，言报疏有讹字，帝切责言。言谢罪，且乞还家治疾，帝益怒，令以少保尚书大

夏言像

卷五 明清

学士致仕。……初言撰青词及他文，最当帝意，言罢，独翟銮在，非帝所急也。及将出都，诣西苑斋宫叩首谢，帝闻而怜之，特赐酒馔，俾还私第治疾，俟后命。……给事中高时者，言所厚也，尽发勋贪纵不法十数事，遂下勋狱，复言少傅、太子太师、礼部尚书、武英殿大学士，疾愈入直。言虽在告，阁事多取裁，治勋狱，悉其指授。

二十一年，……入直西苑诸臣，帝皆令乘马，又赐香叶束发巾，用皮帛为履。言谓非人臣法服，不受，又独乘腰舆。帝积数憾，欲去言，而严嵩因得间之。嵩与言同乡，称先达，事言甚谨。言入阁，援嵩自代，以门客畜之，嵩心恨甚。言既失帝意，嵩日以柔佞宠。言惧斥，呼嵩与谋，嵩则已潜造陶仲文第，谋龁言，代其位。言知甚愠，讽言官屡劾嵩，帝方怜嵩，不听也，两人遂大郄。六月，嵩燕见，顿首雨泣，诉言见凌状，帝使悉陈言罪，嵩因振暴其短。帝大怒，手敕礼部，历数言罪。……会七月朔，日食既，下手诏曰："日食过分，正坐下慢上之咎，其落言职闲住，……"于是严嵩遂代言入阁。……至二十四年，帝微觉嵩贪恣，复思言，遣官赍敕召还，尽复少师诸官阶，亦加嵩少师，若与言并者。言至，直陵嵩出其上，凡所批答，略不顾嵩。嵩嗫不敢吐一语，所引用私人，言斥逐之，亦不敢救，衔次骨。海内士大夫，方怨嵩贪忮，谓言能压嵩，制其命，深以为快，而言以废弃久，务张权。……

未几，河套议起，言故慷慨以经济自许，思建立不世功，因陕西总督曾铣，请复河套，赞决之。……铣喜，益锐意出师。帝忽降旨诘责，语甚厉。嵩揣知帝意，遂力言河套不可复，语侵言。言始大惧，谢罪，且言"嵩未尝异议，今乃尽诿于臣"。帝责言强君胁众，嵩复腾疏攻言，言亦力辩，而帝已入嵩谮，怒不可解。二十七年正月，尽夺言官阶，以尚书致仕，犹无意杀之也。会有蜚语闻禁中，谓言去时怨谤，嵩复代仇鸾草奏，讦言纳铣金，交关为奸利。……遣官校逮言，言抵通州，闻铣所坐，大惊堕车曰："噫，吾死矣！"再疏讼冤，言"鸾方就逮，上降谕不两日，鸾何以知上语，又何以知嵩疏，而附丽若此。盖嵩与崔元辈诈为之以倾臣，嵩静言庸违似共工，谦恭下士似王莽，奸巧弄权、父子专政似司马懿。在内诸臣，受其牢笼，知有嵩，不知有陛下；在外诸臣，受其箝制，亦知有嵩，不知有陛下。臣

夏言《行书诗卷》

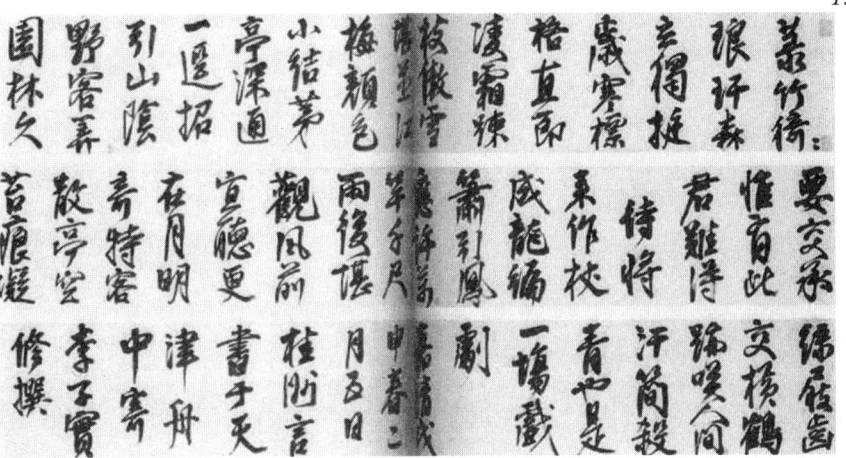

生死系嵩掌握，惟归命圣慈，曲赐保全。"帝不省，狱成。刑部尚书喻茂坚、左都御史屠侨等，当言死，援议贵议能条以上，帝不从，切责茂坚等，夺其俸，犹及言前不戴香冠事。其年十月，竟弃言市。……死时年六十有七。

言豪迈有俊才，纵横辩博，人莫能屈。既受特眷，揣帝意不欲臣下党比，遂日与诸议礼贵人抗。帝以为不党，遇益厚，然卒为严嵩所挤。言死，嵩祸及天下，久乃多惜言者，而言所推毂徐阶，后卒能去嵩为名相。（《明史》卷一九六《夏言传》）

夏言与严嵩争权构衅，各出诈力相搏，崔元、陆炳、仇鸾，皆附嵩以倾言，言因致败。

御史陈其学，以盐法事，论京山侯崔元，都督同知陆炳。言拟旨令陈状，皆造言请死，有所进橐，炳至长跪而解，以是皆与嵩比而谋构言，言殊不自悟。上左右小珰来谒言者，言奴视之，其诣嵩，嵩必执手，延坐款款，密持黄金置其袖，以是争好嵩而恶言。（王世贞《嘉靖以来首辅传》卷三）

夏言与曾铣主复河套，适世宗不愿启兵衅，乃为严嵩所陷。其实河套非不应复，非不能复也。

曾铣者，故亦功名士也，以御史平辽阳叛卒显，累官总督陕西三边。念河套肥饶地，久弃之边，与敌共之，敌得乘间入，巢窟其中，畜牧水草，于犯秦陇甚易，欲以十万众逐之，因故地筑城，增戍填其

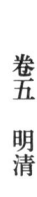

曾铣手书"太和元气"坊

中，其为全陕计甚备，闻于言。言见以为名美，大悦。……言……以为功必可成，亟下兵部，会廷臣议。铣所请大司农金钱，以数十万计，调山东、河南良家子，亦不下万余，皆心知其难，不敢决，而言意小沮。会铣疏复请给誓剑，得专僇节帅以下，上心恶之，始下谕言等，"河套之患久矣，今以征逐为名，不知师出果有名否？兵果有余力，食果有余积，成功可必否？一铣何足言，只恐百姓受无辜之僇耳"。言惧不敢决，请上裁。上乃以前谕下司礼监，印发兵部，及预议诸臣。严嵩既以窥上指，乃上疏，极称寇之不易胜，河套之必不可复，师既无名，费复不浅，而谓在廷之臣，无不知其非者，第有所畏耳。（王世贞《嘉靖以来首辅传》卷三）

夏桂州言主复河套，欲为书生封公侯计，至作《渔家傲》曲，遍令人属和，以为功在漏刻。至世宗入仇、严之谮，始惊怖自辩，诿出套之罪于曾铣。上终不听，以至西市之僇。……当夏未下狱时，适陕西澄城县有移山之变，事在嘉靖二十六年七月二十一日，直至十二月二十八日始入奏。时上方修长生祈福，而元旦得实封，且正值曾铣出塞失利之期，上震惧且大怒，而严介溪嵩。授真人陶仲文密计，令谮夏于上，谓山崩应在圣躬，可如周太史答楚昭王故事，移于将相，又私语大珰，汉世灾异，赐三公死以应天变，又密疏引翟

方进事，而夏遂不免矣。上元旦即下圣谕，谓气数固莫逃，亦不可坐视者是也。夏死后十四年，为壬戌岁，严氏败，亦由术士蓝道行扶乩，传仙语，称嵩奸而阶忠，上玄不诛，而待上诛时皆云徐华亭阶。实使之。盖夏严受祸，皆出仇口，而扶乩更巧于占验矣。（沈德符《野获编》卷八《内阁》）

夏言倨侈，亦其致败之由。

严相谓华亭公徐阶：吾生平为贵溪夏言所狼藉，不可胜数，而最不堪者二事。其一大宗伯时，贵溪为首揆，俱在直，欲置酒延贵溪者数矣，多不许，间许至，前一日而后辞，则所征集方物、红羊、貔狸、消熊、栈鹿之类，俱付之乌有。一日，候出直，乃敢启齿，又次揆诸城刁蒙为从臾，则曰："吾以某日赴，赴自阁，出即造公，不过家矣。"至日，诸城为先憩西朝房以俟，乃贵溪复过家，寝于它姬所，薄暮始至，就坐进酒，三勺一汤，取略沾唇而已，忽傲然起，长揖命舆，诸城亦不敢后，三人者竟不交一言。又云，贵溪之再相而至罢，垂二载，每阁中会馔，不食大官供，家所携酒肴甚丰饫，器用皆用金。与某日共案而食，某自食大官供，寥寥草具，共案相对，未尝以一匕见及也。贵溪后严登第十二年，其成进士时，严以编修同经房试，初投刺，称晚生，拜学士，用故事称门生；为尚书日，称侍生；既拜相，则曰"言顿首"而已。（王世贞《弇州史料后集》卷三三）

【严嵩】

严嵩在相位二十一年，委用最专，窃权最久，然其恶不显，皆假帝意行之，故修《明史》时，尚有讼言其不应列入奸臣传者。当世宗之时，"南倭北虏"之乱，经十余年不绝，加以营建斋醮，用度不继，始加赋百二十万，加淮扬盐课至百万，公私困竭。虽非尽由嵩道之，而嵩以奸贪固位，明代之败坏，未始不由于嵩也。

严嵩，字惟中，分宜人。长身戍削，疏眉目，大音声。举弘治十八年进士，改庶吉士，授编修。移疾归，读书钤山十年，为诗

严嵩像

古文辞，颇著清誉。……召为国子祭酒。嘉靖七年，历礼部右侍郎，……迁吏部左侍郎，进南京礼部尚书，改吏部。居南京五年，以贺万寿节至京师，会廷议更修宋史，辅臣请留嵩，以礼部尚书兼翰林学士，董其事。及夏言入内阁，命嵩还掌部事。帝将祀献皇帝明堂，以配上帝，已又欲称宗，入太庙。嵩与群臣议沮之，帝不悦，著《明堂或问》，示廷臣。嵩惶恐，尽改前说，条画礼仪甚备。礼成，赐金币。自是益务为佞悦，……寻加太子太保。……嵩遂倾言，斥之。言去，醮祀青词，非嵩无当帝意者。二十一年八月，拜武英殿大学士，入直文渊阁，仍掌礼部事。时嵩年六十余矣，精爽溢发，不异少壮，朝夕直西苑板房，未尝一归洗沐。帝益谓嵩勤，久之，请解部事，遂专直西苑。……寻加太子太傅。翟銮资序在嵩上，帝待之不如嵩。嵩讽言官论之，銮得罪去。吏部尚书许赞、礼部尚书张璧同入阁，皆不预闻票拟事，政事一归嵩。……累进吏部尚书、谨身殿大学士、少傅兼太子太师。……嵩寻加特进，再加华盖殿大学士。窥言失帝眷，用河套事，构言及曾铣，俱弃市。……

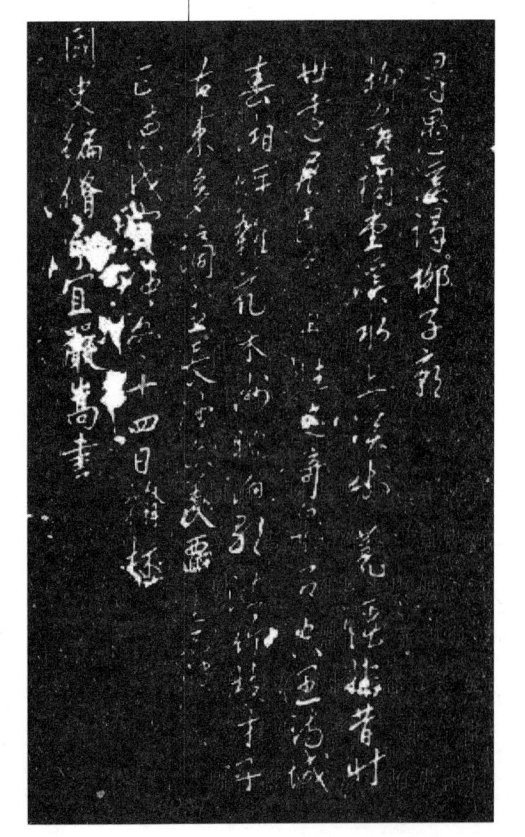

嵩无他才略，惟一意媚上，窃权罔利。帝英察自信，果刑戮，颇护己短，嵩以故得因事激帝怒，戕害人以成其私，张经、李天宠、王忬之死，嵩皆有力焉，前后劾嵩、世蕃者，谢瑜、叶经、童汉臣、赵锦、王宗茂、何维柏、王毕、陈垲、厉汝进、沈炼、徐学诗、杨继盛、周铁、吴时来、张翀、董传策，皆被谴，经、炼用他过之死，继盛附张经疏尾杀之。他所不悦，假迁除考察以斥者甚众，皆未尝有迹也。……嵩年八十，听以肩舆入禁苑。帝自十八年葬章圣太后后，即不视朝，自二十年宫婢之变，即移居西苑万寿宫，不入大内，大臣希得谒见。惟嵩独承顾问，御札一日或数下，虽同列不获闻，以故嵩得逞志。然帝虽甚亲礼嵩，亦不尽信其言，间一取独断，或故示异同，欲以杀离其势。嵩父子独得帝欸要，欲有

严嵩手迹

所救解，嵩必顺帝意痛诋之，而婉曲解释，以中帝所不忍；即欲排陷者，必先称其媺，而以微言中之，或触帝所耻与讳，以是移帝喜怒，往往不失。士大夫辐辏附嵩，时称文选郎中万寀、职方郎中方祥等，为嵩文武管家，尚书吴鹏、欧阳必进、高燿、许论辈，皆惴惴事嵩。

嵩握权久，遍引私人居要地，帝亦浸厌之，而渐亲徐阶，……阶因得间倾嵩。……会万寿宫火，嵩请暂徙南城离宫。南城，英宗为太上皇时所居也，帝不悦，而徐阶营万寿宫，甚称旨，帝益亲阶，顾问多不及嵩，即及嵩，祠祀而已。……未几，帝入方士蓝道行言，有意去嵩。御史邹应龙避雨内侍家，知其事，抗疏极论嵩父子不法曰："臣言不实，乞斩臣首以谢嵩、世蕃。"帝降旨慰嵩，而以嵩溺爱世蕃，负眷倚，令致仕，驰驿归，有司岁给米百石，下世蕃于理。嵩为世蕃请罪，且求解，帝不听。法司奏，论世蕃及其子锦衣鹄、鸿，客罗龙文，戍边远。诏从之，特宥鸿为民，使侍嵩，而锢其奴严年于狱，擢应龙通政司参议。时四十一年五月也。

……其明年，四十四年。南京御史林润奏，江洋巨盗，多入逃军罗龙文、严世蕃家。龙文居深山，乘轩衣蟒，有负险不臣之志。世蕃得罪后，与龙文日诽谤时政，其治第，役众四千，道路皆言两人通倭，变且不测。诏下润逮捕，下法司论斩，皆伏诛，黜嵩及诸孙皆为民。嵩窃政二十年，溺信恶子，流毒天下，人咸指目为奸臣，其坐世蕃大逆，则徐阶意也。又二年，嵩老病，寄食墓舍以死。……时坐严氏党被论者，前兵部右侍郎柏乡魏谦吉，工部左侍郎南昌刘伯跃，南京刑部右侍郎德安何迁，右副都御史信阳董威，佥都御史万安张雨，应天府尹祥符孟淮，南京光禄卿南昌胡植，南京光禄少卿武进白启常，右谕德兰溪唐汝楫，南京太常卿掌国子监事新城王材，太仆丞新喻张春，及嵩婿广西副使袁应枢等数十人，黜谪有差。（《明史》卷三〇八《严嵩传》）

严嵩之恶，以杀谏臣沈𬭎、杨继盛为最著。

· 沈𬭎，字纯甫，会稽人，嘉靖十七年进士，除溧阳知县，………补清丰。入为锦衣卫经历，……遂上疏：……今大学士嵩，贪婪之性，疾入膏肓，愚鄙之心，顽于铁石。……姑举其罪之大者言之：纳将帅之贿，以启边陲之衅，一也；受诸王馈遗，每事阴为之地，二

也；揽御史之权，虽州县小吏，亦皆货取，致官方大坏，三也；索抚、按之岁例，致有司递相承奉，而闾阎之财日削，四也；阴制谏官，俾不敢直言，五也；妒贤嫉能，一忤其意，必致之死，六也；纵子受财，敛怨天下，七也；运财还家，月无虚日，致道途驿骚，八也；久居政府，擅宠害政，九也；不能协谋天讨，上贻君父忧，十也；……帝大怒，搒之数十，谪佃保安。既至，……缚草为人，像李林甫、秦桧及嵩，醉则聚子弟攒射之，或踔骑居庸关口，南向戟手詈嵩，复痛哭乃归。语稍稍闻京师，嵩大恨，思有以报铼。……世蕃以属巡按御史……路楷，亦嵩党也，世蕃属与总督杨。顺合图之，许厚报。两人日夜谋所以中铼者，会蔚州妖人阎浩等，素以白莲教惑众，出入漠北，泄边情为患，官军捕获之，词所连及甚众，顺喜，谓楷曰："是足以报严公子矣。"窜铼名其中，诬浩等师事铼，听其指挥。具狱上，嵩父子大喜，前总督许。论，适长兵部，竟覆如其奏，斩铼宣府市，戍子襄极边。（《明史》卷二〇九《沈铼传》）

杨继盛以劾权奸严嵩，被祸最酷，至今疏草犹存，虽乡里妇孺，皆知其忠，严嵩之恶，亦尽于其疏中所指矣。

杨继盛像

杨继盛，字仲芳，容城人。……嘉靖二十六年登进士，授南京吏部主事，……改兵部员外郎。俺答躏京师，咸宁侯仇鸾以勤王故有宠，帝命鸾为大将军，倚以办寇。鸾中情怯，畏寇甚，方请开互市市马，冀与俺答媾，幸无战斗，固恩宠。继盛以为仇耻未雪，遽议和示弱，大辱国，乃奏言十不可，五谬。……乃下继盛诏狱，贬狄道典史，……迁诸城知县，月余，调南京户部主事，三日，迁刑部员外郎。

当是时，严嵩最用事，恨鸾凌己，心善继盛首攻鸾，欲骤贵之，复改兵部武选司。而继盛恶嵩甚于鸾，且念起谪籍，一岁四迁官，思所以报国，抵任甫一月，草奏劾嵩，斋三日，乃上奏曰："……方今外贼惟俺答，内贼惟严嵩。……请以嵩十大罪，为陛下陈之。高皇帝罢丞相，设立殿阁之臣，备顾问，视制草而已。嵩乃俨然以丞相自居，凡府部题覆，先面白而后草奏，百官请命奔走，直房如市。无丞相名，而有丞相权，天下知有嵩，不知有陛下，是坏祖宗之成法，大罪一也。陛下用一人，嵩曰'我荐也'，斥一人，曰'此非我所亲'，故罢之；陛下宥一人，嵩曰'我救也'，罚一人，曰'此得罪于我'，故报之。伺陛下喜怒以恣威福，群臣感嵩甚于感陛下，畏嵩甚于畏陛下，是窃君上之大权，大罪二也。陛下有善政，嵩必令世蕃告人曰：'主上不及此，我议而成之。'又以所进揭帖，刊刻行世，名曰《嘉靖疏议》，欲天下以陛下之善，尽归于嵩，是掩君上之治功，大罪三也。陛下令嵩司票拟，盖其职也，嵩何取而令子世蕃代拟，又何取而约诸义子赵文华辈群聚而代拟，题疏方上，天语已传。如沈鍊劾嵩疏，陛下以命吕本，本即潜送世蕃所，令其拟上。是嵩以臣而窃君之权，世蕃复以子而盗父之柄，故京师有大丞相、小丞相之谣。是纵奸子之僭窃，大罪四也。严效忠、严鹄，乳臭子耳，未尝一涉行伍，嵩先令效忠冒两广功，授锦衣所镇抚矣。效忠以病告，鹄袭兄职，又冒琼州功，擢千户。以故总督欧阳必进，蹋掌工部；总兵陈圭，涖统后府；巡按黄如桂，亦骤亚太仆。既借私党以官其子孙，又因子孙以拔其私党，是冒朝廷之军功，大罪五也。逆鸾先已下狱论罪，贿世蕃三千金，荐为大将，鸾冒禽呀哈儿功，世蕃亦得增秩，嵩父子自夸能荐鸾矣。及知陛下有疑鸾心，复互相排诋，以泯前迹。鸾勾贼而嵩、世蕃复勾鸾，是引背逆之奸臣，大罪六也。前俺答深入，击其惰归，此一大机也。兵部尚书丁汝夔，问计于嵩，嵩戒无战，及汝夔逮治，嵩复以论救绐之，汝夔临死，大呼曰：'嵩误我！'是误国家之军机，大罪七也。郎中徐学诗劾嵩，革任矣，复欲斥其兄中书舍人应丰；给事厉汝进劾嵩，谪典史矣，

杨继盛手迹

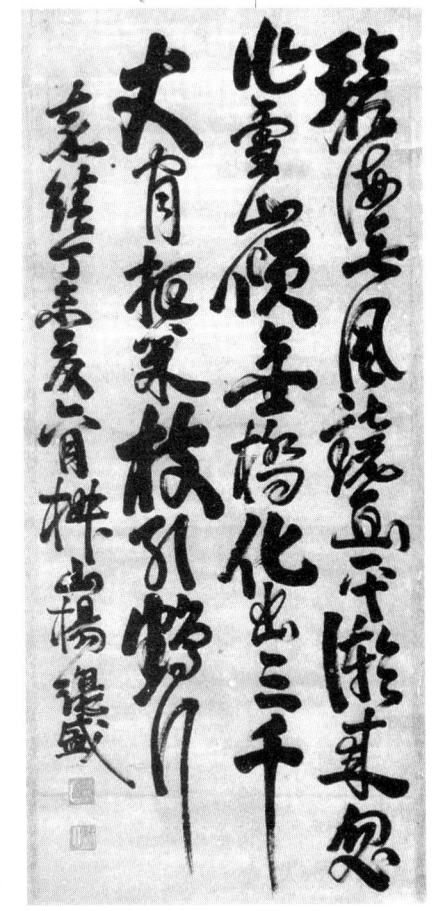

复以考察，令吏部削其籍。内外之臣，被中伤者，何可胜计。是专黜陟之大柄，大罪八也。凡文武迁擢，不论可否，但衡金之多寡而畀之。将弁惟贿嵩，不得不朘削士卒；有司惟贿嵩，不得不掊克百姓。士卒失所，百姓流离，毒遍海内，臣恐今日之患，不在境外，而在域中。是失天下之人心，大罪九也。自嵩用事，风俗大变，贿赂者荐及盗跖，疏拙者黜逮夷齐；守法度者为迂疏，巧弥缝者为才能；励节介者为矫激，善奔走者为练事。自古风俗之坏，未有甚于今日者。盖嵩好利，天下皆尚贪；嵩好谀，天下皆尚诌。源之弗洁，流何以澄？是败天下之风俗，大罪十也。……愿陛下听臣之言，察嵩之奸，或召问裕景二王，或询诸阁臣，重则置宪，轻则勒致仕。……"疏入，帝已怒。嵩见"召问二王"语，喜谓可指此为罪，密构于帝。帝益大怒，下继盛诏狱，诘何故引二王，……坐诈传亲王令旨律绞，……遂以三十四年十月朔，弃西市。年四十。（《明史》卷二〇九《杨继盛传》）

严嵩之倾覆，由于邹应龙、林润疏劾其子世蕃以撼嵩，则授意于徐阶，且通方士蓝道行及内侍等。诛世蕃之爰书，亦出徐阶手定。

邹应龙，字云卿，长安人。嘉靖三十五年进士，授行人，擢御史。严嵩擅政久，廷臣攻之者，辄得祸，相戒莫敢言。而应龙知帝眷已潜移，其子世蕃益贪纵，可攻而去也，乃上疏曰："工部侍郎严世蕃，凭借父权，专利无厌，私擅爵赏，广致赂遗，使选法败坏，市道公行，群小竞趋，要价转巨，刑部主事项治元以万三千金转吏部，举人潘鸿业以二千二百金得知州。……平时交通赃贿，为之居间者，不下百十余人。而其子锦衣严鹄、中书严鸿，家人严年、幕客中书罗龙文为甚。……臣请斩世蕃首，悬之于市，以为人臣凶横不忠之戒。苟臣一言失实，甘伏显戮。嵩溺爱恶子，召赂市权，亦宜亟放归田，用清政本。"帝颇知世蕃居丧淫纵，心恶之。会方士蓝道行，以扶乩得幸，帝密问辅臣贤否。道行诈为乩语，具言嵩父子弄权状，帝由是疏嵩而任徐阶。及应龙奏入，遂勒嵩致仕，下世蕃等诏狱，擢应龙通政司参议。（《明史》卷二一〇《邹应龙传》）

臣近因严世蕃、罗文龙罪恶显著，敬陈其概，……仰荷圣明洞察，专委拿送。臣……驰赴九江，……始得逆状之详。窃思世蕃之首恶虽拿，而余党犹未解，祸根犹未绝，人情汹汹，尚虑其后。……切照逆

严嵩故里

犯严世蕃，罪恶滔天。……任彭孔为主谋，任罗龙文为羽翼，任恶男严鹄等、家人严珍二等为爪牙。……养家丁已逾二千，纳亡叛更倍其数，以造房为名，而聚四千之众；以防盗为名，而募数千之兵。精悍皆在其中，妖术并收于内。（《皇明奏疏类钞》林润《请申逆罪正典刑疏》）

初徐华亭阶。为分宜严嵩。所猜防，乃以长君太常璠次女，字世蕃所爱幼子，分宜大喜，坦然不复疑。及世蕃逮至，将就法，则此女及笄矣。太常晨谒乃翁，色怒不言，侦知其意，遂鸩其女以报。华亭蹶然领之，不浃日而世蕃赴市矣。（沈德符《野获编》卷八《内阁》）

严嵩父子蠹国之罪，即通贿一端，已不可逭，籍没时，得现银凡二百五万，其珍物见于《冰山录》者，尚不知纪极。民穷财尽，嘉靖以后，有明所以不振。

严世蕃积赀满百万，辄置酒一高会。其后四高会矣，而乾没不止。尝与所厚客，屈指天下富家，居首等者，凡十七家，虽溧阳史恭甫，最有声，亦仅得二等之首。所谓十七家者，已与蜀王、黔公、太监高忠、黄锦，及成公、魏公、陆都督炳，又京师有张二锦衣者，太监永之侄也，山西三姓，徽州二姓，与土官贵州安宣慰，积赀满五十万以上，方居首等。前是无锡有邹望者，将百万，安国者，过五十万。今吴兴董尚书家，过百万；嘉兴项氏，将百万，项之金银、古玩实胜

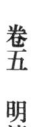

卷五 明清

董，田宅、典库、赀产不如耳；大珰冯保、张宏，家赀皆直二百万之上；武清李侯，当亦过百万矣。（王世贞《弇州史料后集》卷三六）

【徐阶】

徐阶与严嵩相构，卒以智力逐嵩，而获世誉，笼络台谏为己用。隆庆之初，复大礼大狱之贬逐者，欲以宽得人心，独揽相权，遂为高拱所逐。

徐阶，字子升，松江华亭人。……嘉靖二年，进士第三人，授翰林院编修。……从王守仁门人游，有声士大夫间。……皇太子出阁，召拜司经局洗马，兼翰林院侍讲，丁母忧归，服除，擢国子祭酒，迁礼部右侍郎，寻改吏部。故事，吏部率镳门，所接见庶官，不数语，阶折节下之，见必深坐，咨边腹要害，吏治民瘼，皆自喜得阶意，愿为用，尚书熊浃、唐龙、周用，皆重阶。阶数署部事，所引用宋景、张岳、王道、欧阳德、范锺，皆长者。用卒，闻渊代，自处前辈，取立断。阶意不乐，求出避之，命兼翰林院学士，教习庶吉士，寻掌院事，进礼部尚书。帝察阶勤，又所撰青词独称旨，召直无逸殿，……寻以推恩加太子太保。俺答犯京，阶请释周尚文，及戴纶、欧阳安等自效，报可。已请帝还大内，召群臣计兵事，从之。……俺答求贡，……帝复问阶，阶曰："寇深矣，不许，恐激之怒，许则彼厚要我。请遣译者绐缓之，我得益为备，援兵集，寇且走。"帝称善者再。嵩、阶因请帝出视朝，寇寻饱去，乃下阶疏，弗许贡。

嵩怙宠弄权，猜害同列，既仇夏言，置之死，而言尝荐阶，嵩以是忌之。……一日，独召对，语及阶，嵩徐曰："阶所乏非才，但多二心耳。"盖以其尝请立太子也。阶危甚，度未可与争，乃谨事嵩，而益精治斋词，迎帝意，左右亦多为地者，帝怒渐解。未几，加少保，寻进兼文渊阁大学士，参预机务，密疏发咸宁侯仇鸾罪状。嵩以阶与鸾尝同直，欲因鸾以倾阶，及闻鸾罪发自阶，乃愕然止，而忌阶益甚。帝既诛鸾，益重阶，数与谋边事。……一品，满三载，进勋为柱国，再进兼太子太傅，武英殿大学士；满六载，兼食大学士俸，再录子为中书舍人，加少傅；九载，改兼吏部尚书，赐宴礼部，玺书褒谕有加。……杨继盛之劾嵩也，嵩固疑阶，赵景、王宗茂劾嵩，阶又议薄其罚。及是，给事中吴时来、主事董传策、张翀，劾嵩不胜，皆下狱。传策，阶里人，时来、翀，阶门生也。嵩遂疏辨，显谓阶主

使。帝不听，有所密询，皆舍嵩而之阶，寻加太子太师。帝所居永寿宫灾，徙居玉熙殿，隘甚，欲有所营建，以问嵩，嵩请还大内，帝不怿。问阶，阶请以三殿所余材，责尚书雷礼营之，可计月而就。帝悦，如阶议，命阶子尚宝丞璠，兼工部主事，董其役。十旬而功成，帝即日徙居之，命曰万寿宫。以阶忠，进少师，兼支尚书俸，予一子中书舍人，子璠亦超擢太常少卿。嵩乃日屈，嵩子世蕃，贪横淫纵状亦渐闻，阶乃令御史邹应龙劾之。帝勒嵩致仕，擢应龙通政司参议，阶遂代嵩为首辅。

……帝以嵩直庐赐阶，阶榜三语其中曰："以威福还主上，以政务还诸司，以用舍刑赏还公论。"于是朝士侃侃，得行其意。……阶以张孚敬及嵩，导帝猜刻，力反之，务以宽大开帝意。帝恶给事御史抨击过当，欲有所行遣，阶委曲调剂，得轻论，……言路益发舒。……阶独当国，屡请增阁臣，且乞骸骨，乃命严讷、李春芳入阁，而待阶益隆，以一品十五载考，恩礼特厚，复赐玉带、绣蟒、珍药，帝手书问阶疾，谆恳如家人。阶益恭谨，帝或有所委，通夕不假寐，应制之文，未尝逾顷刻期。帝日益爱阶，阶采奥论利便者，白而行之。嘉靖中叶，南北用兵，边镇大臣，小不当帝指，辄逮下狱诛窜，阁臣复窃颜色为威福。阶当国后，缇骑省减，诏狱渐虚，任事者亦得以功名终，于是论者翕然，推阶为名相。……未几，帝崩，阶草遗诏，凡斋醮、土木、珠宝、织作悉罢，大礼大狱，言事得罪诸臣，悉牵复之。诏下，朝野号恸感激，比之杨廷和所拟登极诏书，为世宗始终盛事云，同列高拱、郭朴，以阶不与共谋，不乐，朴曰："徐公谤先帝，可斩也。"拱初侍穆宗裕邸，阶引之辅政，然阶独柄国，拱心不平。世宗不豫时，给事中胡应嘉尝劾拱，拱疑阶嗾之。隆庆元年，应嘉以救考察被黜者，削籍去，言者谓拱修旧郄，胁阶斥应嘉，阶复请薄应嘉罚。言者又劾拱，拱欲阶拟杖，阶从容譬解，拱益不悦，令御史齐康劾阶，言其二子多干请，及家人横里中状。阶疏辩乞休，九卿

徐阶像

卷五 明清

以下，交章劾拱誉阶，拱遂引疾归，康竟斥，朴亦以言者攻之，乞身去。给事御史，多起废籍，恃阶而强，言多过激，帝不能堪，谕阶等处之。同列欲拟谴，阶曰："上欲谴，我曹当力争，乃可导之谴乎。"……给事中张齐，以私怨劾阶，阶因请归，帝意亦渐移，许之，赐驰驿。……拱再出，扼阶不遗余力，郡邑有司希拱指，争齮龁阶，尽夺其田，戍其二子，会拱复为张。居正所倾而罢，事乃解。万历元年，阶年八十，诏遣行人存问，赐玺书金币。明年二年。卒。……阶立朝有相度，保全善类，嘉隆之政，多所匡救，间有委蛇，亦不失大节。（《明史》卷二一三《徐阶传》）

徐阶居乡豪横，高拱诛求不已，赖吕光游说得免，实张居正阴为之营解。

吕光者，浙之崇德人，别号水山，又名吕需。少尝杀人，亡命河套，因备知厄塞险要。遇赦得解，走京师，以其复套策，干曾石塘制台铣。曾以闻之夏贵溪言，夏大喜，因议举兵出蒐如吕谋，分宜严嵩以挑衅起祸，间之世宗，两公俱死西市。晚年，游徐华亭阶。门，为入幕客。徐为高新郑拱所恨，授旨吴之兵使蔡国熙，至戍其长子，泯其两次子，籍其田六万。吕诈为徐之奴，持徐乞哀书，伏哭高公庭下，如申包胥故事，高为心动，至高夫人亦感泣劝解。高入阁，条旨谓所似太重，令地方官改谳，其狱未结，而高去位，徐事尽化乌有矣。驵侠至此，可怖哉！吕后游辇下，以赀得官，年已七十余，予幼时亦曾识面，真倾危之尤也。（沈德符《野获编》卷八《内阁》）

【高拱】

高拱以招致俺答一事为最有功，虽成于王崇古，而主持者，则拱也。隆、万以后，鞑靼扰边之患遂减。

高拱，字肃卿，新郑人。嘉靖二十年进士，……累迁侍讲学士，……四十五年，拜文渊阁大学士，与郭朴同入阁。拱与朴，皆阶所荐也。……穆宗即位，进少保，兼太子太保。阶虽为首辅，而拱自以帝旧臣，数与之抗，朴复助之，阶渐不能堪。而是时，陈以勤与张居正，皆入阁，居正亦侍裕邸讲。阶草遗诏，独与居正计，拱心弥不平。会议登极赏军，及请上裁去留大臣事，阶悉不从拱议，嫌益深。……拱不自安，乞归。……隆庆元年五月也，拱以旧学蒙眷注，性强

直自遂，颇快恩怨，卒不安其位去，既而阶亦乞归。三年冬，帝召拱以大学士兼掌吏部事，拱乃尽反阶所为。……阶子弟颇横乡里，拱以前知府蔡国熙为监司，簿录其诸子皆编戍，所以扼阶者无不至，逮拱去位，乃得解。拱练习政体，负经济才，所建白皆可行。……以时方忧边事，请增置兵部侍郎，以储总督之选，由侍郎而总督，由总督而本兵，中外更番，边材自裕。……俺答孙把汉那吉来降，总督王崇古受之，请于朝，乞授以官，朝议多以为不可。拱与居正力主之，遂排众议请于上，而封贡以成。……拱初持清操，后其门生亲串，颇以贿闻，致物议，帝终眷拱不衰也。始拱为祭酒，居正为司业，相友善，拱亟称居正才，及是，李春芳、陈以勤皆去，拱为首辅，居正肩随之。……六年春，帝得疾，大渐，召拱与居正、高仪，受顾命而崩。初帝意专属阁臣，而中官矫遗诏，命与中人冯保共事。神宗即位，拱以主上幼冲，惩中官专政，条奏请诎司礼权，还之内阁，又命给事中雒遵、程文，合疏攻保，而己从中拟旨逐之。拱使人报居正，居正阳诺之，而私以语保，保诉于太后，谓拱擅权不可容。太后颔之，明日，召群臣入，宣两宫及帝诏。拱意必逐保也，急趋入，比宣诏，则数拱罪而逐之。拱伏地不能起，居正掖之出，……居家数年卒。（《明史》卷二一三《高拱传》）

高拱之进用，由于宦官陈洪之汲引。

　　邵芳者，号樗朽，丹阳人也。穆宗之三年，华亭徐阶、新郑高拱，俱在告家居。时废弃诸公商之邵，欲起官，各酿金合数万，使觅主者。邵先以策干华亭，不用，乃走新郑，谒高公，初犹难之，既见，置之坐隅，语稍洽，高大悦，引为上宾，称同志。邵遂与谋复相，走京师，以所聚金，悉市诸瑰异，以博诸大珰欢。久之，乃云："此高公所遗物也。高公贫，不任治此奇宝，吾为天下计，尽出橐装，代此公为寿。"时大珰陈洪，故高所厚也，因赂司礼之掌印者，起新郑于家，且兼掌吏部，诸废弃者，以次登启事，而陈洪者，亦用邵谋，代掌司礼印矣。

《万历野获编》书影

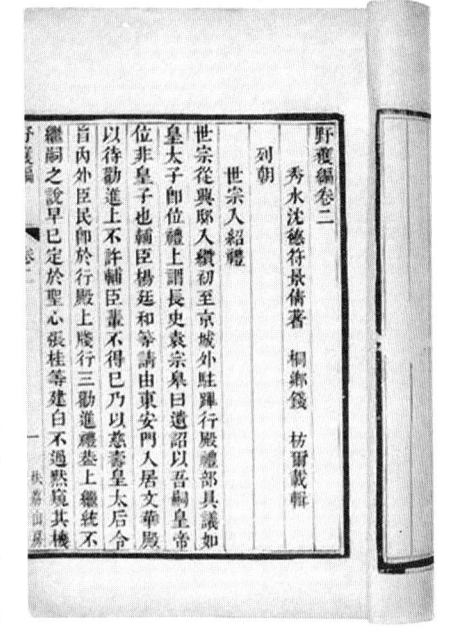

时次相江陵张居正。稔其事，痛恶之，及其当国，授意江南抚台张崌崃佳胤。诱致狱而支解之。（沈德符《野获编》卷八《内阁》）

其败也，由于张居正、冯保，合力相倾。内阁之权，从此复夺于司礼。

隆庆六年六月□日，皇后懿旨、皇贵妃令旨、皇帝圣旨，说与内阁五府六部等衙门官员，大行皇帝宾天先一日，召内阁三臣，在御榻前，同我母子三人，亲受遗嘱，说东宫年小，要你们辅佐。今有大学士高拱，专权擅政，朝廷威福，都强夺自专，通不许皇帝主管，不知他要何为。我母子三人，惊惧不宁。高拱便着回籍闲住，不许停留。你每大臣，受国家厚恩，当思竭忠报主，如何只阿附权臣，蔑视幼主？姑且不究，今后都要洗心涤虑，用心办事，如再有这等的，处以典刑。（王世贞《弇山堂别集》卷一五）

【张居正】

张居正像

明至嘉靖以后，边患大作，上下困竭，纪纲不振，官吏泄沓，风俗颓敝。论储蓄，则太仓仅存百余万两；论边备，则九边兵百万，仅存六十万。而冗官之多，至十余万员，锦衣旗校，至万六七千人，内府工匠之数，与是相等。国家岁入，万历五年，为四百三十五万，六年，为三百五十五万，而岁出为三百八十八万八千，十之九耗于诸边岁例。张居正当国十六年，最初即以六事上陈，一省议论，二振纪纲，三重诏令，四核名实，五固邦本，六饬武备，得君专任，力行不息。万历初政，百废俱举，四境晏然，太仓太仆，积六七百万金，京通仓积粟八百万石。居正为政，可谓能起衰振敝。非毁之者，乃力持夺情一事，为得罪名教。三杨李贤，皆夺情任事，成为故事，非居正作俑。或讥其骄倨，督抚跪拜于途，病时，内外官属，为之斋醮祈年，因致身后之祸；与人书，自称孤，或曰不谷，上表乞休，而曰拜手稽首归政，明明以摄自居。虽恩怨之谈，亦足见首辅权重，至居正而蔑以复加矣。首辅中当以居正事功最显。

张居正，字叔大，江陵人。……嘉靖二十六年，居正成进士，改庶吉士，日讨求国家典故，徐阶辈皆器重之，授编修，请急归，亡何，还职。居正为人，颀面秀眉目，须长至腹，勇敢任事，豪杰自许，然沉深有城府，莫能测也。严嵩为首辅，忌阶，善阶者皆避匿，居正自如，嵩亦器居正，迁右中允，领国子司业事。与祭酒高拱善，相期以相业。……阶代嵩首辅，倾心委居正。世宗崩，阶草遗诏，引与共谋。寻迁礼部右侍郎，兼翰林院学士。月余，与裕邸故讲官陈以勤，俱入阁，而居正为吏部左侍郎，兼东阁大学士。……时徐阶以宿老居首辅，与李春芳皆折节礼士，居正最后入，独引相体，倨见九卿，无所延纳，间出一语，辄中肯，人以是严惮之，重于他相。高拱以很躁被论去，徐阶亦去，春芳为首辅。亡何，赵贞吉入，易视居正，居正与故所善掌司礼者李芳谋，召用拱，俾领吏部，以扼贞吉，而夺春芳政。拱至，益与居正善，春芳寻引去，以勤亦自引，而贞吉、殷士儋，皆为所构罢，独居正与拱在，两人益相密。拱主封俺答，居正亦赞之，授王崇古等以方略。……初徐阶既去，令三子事居正谨，而拱衔阶甚，嗾言路追论不已，阶诸子多坐罪，居正从容为拱言，拱稍心动，而拱客构居正，纳阶子三万金，拱以诮居正，……两人交遂离。拱又与居正所善中人冯保郤，穆宗不豫，居正与保密处分后事，引保为内助，而拱欲去保。神宗即位，保以两宫诏旨逐拱，……居正遂代拱为首辅。……帝虚己委居正，居正亦慨然以天下为己任，中外想望丰采。居正劝帝遵守祖宗旧制，不必纷更，至讲学、亲

张居正书法

贤、爱民、节用，皆急务，帝称善。大计廷臣，斥诸不职及附丽拱者，复具诏召群臣廷饬之。……帝内任保，而大柄悉以委居正。

居正为政，以尊主权、课吏职、信赏罚、一号令为主，虽万里外，朝下而夕奉行。……漕河通，居正以岁赋逾春发，水横溢，非决则涸，乃采漕臣议，督艘卒以孟冬月兑运，及岁初毕发，少雁水患。行之久，太仓粟充盈，可支十年。互市饶马，乃减太仆种马，而令民以价纳太仆。金亦积四百余万。……太后以帝冲年，尊礼居正甚至，同列吕调阳，莫敢异同，及吏部左侍郎张四维入，恂恂若属吏，不敢以僚自处。居正喜建竖，能以智数驭下，人多乐为之尽。俺答款塞，久不为害，独小王子部众十余万，东北直辽左，以不获通互市，数入寇。居正用李成梁镇辽，戚继光镇蓟门，成梁力战却敌，功多至封伯，而继光守备甚设，居正皆右之，边境晏然；两广督抚殷正茂、凌云翼等，亦数破贼有功，浙江兵民再作乱，用张佳允往抚即定，故世称居正知人，然持法严，核驿递，省冗官，清庠序，多所澄汰，公卿群吏，不得乘传，与商旅无别，郎署以缺少，需次者辄不得补，大邑士子额隘，艰于进取，亦多怨之者。时承平久，群盗猬起，至入城市劫府库，有司恒讳之。居正严其禁，匿弗举者，虽循吏必黜，得盗即斩决，有司莫敢饰情。盗边海钱米盈数，例皆斩，然往往长系，或瘐死，居正独亟斩之，而追捕其家属，盗贼为衰止。而奉行不便者，相率为怨言，居正不恤也。……

未几，丁父忧，帝遣司礼中官慰问，视粥药，止哭，络绎道路，三宫赙赠甚厚。户部侍郎李幼孜，欲媚居正，倡夺情议。居正惑之，冯保亦固留居正，诸翰林王锡爵、张位、赵志皋、吴中行、赵用贤、习孔教、沈懋学辈，皆以为不可，弗听，吏部尚书张瀚以持慰留旨被逐去，御史曾士楚、给事中陈三谟等，遂交章请留，中行、用贤及员外郎艾穆、主事沈思孝、进士邹元标，相继争之，皆坐廷杖，谪斥有差。……居正乞归葬父，……帝戒次辅吕调阳等，有大事，毋得专决，驰驿之江陵，听张先生处分。居正请广内阁员，诏即令居正推，居正因推礼部尚书马自强、吏部右侍郎申时行入阁。……时帝渐备六官，太仓银钱，多所宣进，居正乃因户部进御览数目陈之，谓每岁入额，不敌所出，请帝置坐隅，时省览，量入为出，罢节浮费；疏上留

中。帝复令工部铸钱给用，居正以利不胜费，止之。言官请停苏松织造，不听，居正为面请，得损大半。复请停修武英殿工，及裁外戚迁官恩数，帝多曲从之。……居正以江南贵豪怙势，及诸奸猾吏民善逋赋，选大吏精悍者，严行督责，赋以时输，国藏日益充，而豪猾率怨居正。……

居正自夺情后，益偏恣，其所黜陟，多由爱憎，左右用事之人，多通贿赂。……亡何，居正病，帝频颁敕谕问疾，大出金帛为医药资，四阅月不愈，百官并斋醮为祈祷，南都秦晋楚豫诸大吏，亡不建醮。帝令四维等理阁中细务，大事即家令居正平章。居正始自力，后惫甚不能遍阅，然尚不使四维等参之。及病革乞归，上复优诏慰留，称太师张太岳先生。……及卒，帝为辍朝，谕祭九坛，视国公兼师傅者，……赠上柱国，谥文忠。……于是四维始为政，而与居正所荐引王篆、曾省吾等交恶。初帝所幸中官张诚，见恶冯保，斥于外，帝使密诇保及居正，至是诚复入，悉以两人交结恣横状闻，且谓其宝藏逾天府。帝心动，左右亦浸言保过恶，而四维门人御史李植，极论徐爵与保挟诈通奸诸罪。帝执保禁中，逮爵诏狱，谪保奉御居南京，尽籍其家，金银珠宝巨万计。帝疑居正多蓄，益心艳之，言官劾篆、省吾，并劾居正，篆、省吾俱得罪，新进者益务攻居正，诏夺上柱国太师，再夺谥，居正诸所引用者，斥削殆尽，召还中行、用贤等，迁司有差，刘台赠官，还其产。御史羊可立，复追论居正罪，指居正构辽庶人宪㸅狱，庶人妃因上疏辩冤，且曰："庶人金宝万计，悉入居正。"帝命司礼张诚及侍郎邱橓，偕锦衣指挥给事中，籍居正家。诚等将至荆州，守令先期录人口，锢其门，子女多遁避空室中，比门启，饿死者十余辈。诚等尽发其诸子兄弟藏，得黄金万两，白金十余万两。其长子礼部主事敬修，不胜刑，自诬服寄三十万金于省吾、篆及傅作舟等，寻自缢死。事闻，时行等与六卿

张居正石像

大臣合疏，请少缓之，刑部尚书潘季驯疏，尤激楚，诏留空宅一所，田十顷，赡其母。……后言者复攻居正不已，诏尽削居正官秩，夺前所赐玺书、四代诰命，以罪状示天下，谓当剖棺戮尸而姑免之。……崇祯十三年，……尚书李日宣等言，故辅居正，受遗辅政，事皇祖者十年，肩劳任怨，举废饬弛，弼成万历初年之治，其时中外乂安，海内殷阜，纪纲法度，莫不修明，功在社稷，日久论定，人益追思。

（《明史》卷二一三《张居正传》）

其政治见解，除章疏外，可得窥见者，略记如下。

本朝立国规模大略，似商周以下，远不及也。列圣相承，纲维丕振，虽历年二百有余，累经大故，而海内人心，晏然不摇，斯用威之效也。（《张太岳文集》卷一八《杂著》）

自仆受事以来，一切付之于大公，虚心鉴物，正己肃下，法所宜加，贵近不宥，才有可用，孤远不遗，务在强公室，杜私门，省议论，核名实，以尊主庇民，率作兴事。（《张太岳文集》卷二五《与李渐庵书》）

仆以一竖儒，拥十余龄幼主，而立于天下臣民之上，威德未建，人有玩心。况自隆庆以来，议论滋多，国是靡定，纪纲倒植，名实混淆。自仆当事，始布大公，彰大信，修明祖宗法度，开众正之路，杜群枉之门，一切以尊主庇民，振举颓废为务，天下始知有君也。（《张太岳文集》卷二八《答陆五台书》）

孤数年以来，所结怨于天下者不少矣，险夫恶党，显排阴嗾，何尝一日忘于孤哉？念已既忘家徇国，遑恤其他，虽机阱满前，众镞攒体，孤不畏也，以是能少有建立。（《张太岳文集》卷三〇《答林云源书》）

俺答受封，为隆、万间一大事，主持其事者，为高拱、张居正，而事后绸缪，苦心调护将帅之间，边备克修，空心敌台之建，至一千余座，东面北面之防愈固，则纯属居正之功。

《张太岳文集》书影

自顺义俺答受封，朝廷以八事课边臣，曰积钱谷、修险隘、练兵马、整器械、开屯田、理盐法、收塞马、散叛党，三岁，则遣大臣阅视而殿最之。（《明史》卷二一二《戚继光传》）

　　降虏事，前已悉，若彼果能执送诸逆，则当以礼遣还那吉，厚其赏赉，以结其心，却责令奉表称臣，谢朝廷不杀之恩，赐赉之厚，因求讲和，纳款效贡，俟其诚心向化，誓永不犯，乃可议其封爵贡额耳。（《张太岳文集》卷二二《与王鉴川书》）

　　且此事有五利焉：虏既通贡，逻骑自稀，边鄙不耸，积人成功，一利也；防守有暇，可以修复屯田，蓄吾士马之力，岁无调援，可省行粮数十百万，二利也；土蛮、吉能，每借俺酋以为声势，俺酋既服，则二虏不敢轻动，东可以制土蛮，西可以服吉能，三利也；赵全等既戮，板升众心已离，吾因与虏约，有愿还者，必勿阻之，彼既无勾引之利，而又知虏之不足恃，则数万之众，皆可渐次招来，曹州之地可虚矣，四利也；彼父子祖孙，情乖意阻，胡运将衰，其兆已见，老酋死，家族必分，不死，必有冒顿、呼韩之变，我因得其机而行吾之计，五利也。（《张太岳文集》卷二二《答王鉴川书》）

　　其所当修备者，亦有四要：城堡及时修并，边境之险，渐次可复，一也；募招沿边之氓，开垦荒屯，充实行伍，锻砺戈矛，演习火器，训练勇敢，常若敌来，二也；赵全等妻子党与，尚在虏中，宜于互市之时，阴察贼情，知其主名，可招则招之，不可则擒之，庶逆党可消，后患可弭，三也；捣巢赶马，在边士虽借以邀功冒赏，而虏中亦颇畏之，今既禁不出塞，则虏人寡畏，而边士袖手，无所觊幸，他日渝盟之事，不在虏而在边人矣，此宜预处，以杜衅端，四也。（《张太岳文集》卷二二《与王鉴川书》）

　　穆宗用张居正言，悉以兵事委纶，而谕巡抚刘应节等无挠。纶相度边隘缓冲，道里远近，分蓟镇为十二路，路置一小将，总立三营，东驻建昌，备燕河以东；中驻三屯，备马兰松太；西驻石匣，备曹墙古石。……遂与戚继光图上方略，筑敌台三千，起居庸，至山海，控守要害。……台工成，益募浙兵九千余守之，边备大饬，敌不敢入犯。（《明史》卷二二二《谭纶传》）

　　自嘉靖以来，边墙虽修，墩台未建。继光巡行塞上，议建敌台，略言：蓟镇边垣，延袤二千里，一瑕则百坚皆瑕。比来岁修岁圮，徒费无益。请跨墙为台，睥睨四达，台高五丈，虚中为三层，台宿百人，铠仗糗粮具备，令戍卒画地受工，先建千二百座。然边卒木强，律以军法，将不堪，请募浙人为一军，用倡勇敢。督抚上其议，许之。(《明史》卷二一二《戚继光传》)

乘塞沿边，区别缓急，计垛受兵。冲者，一垛二三人；缓者，一垛一二人。冲者，创筑空心敌台，每台高三丈，纵横如之，骑墙曲突，四面制敌，上建层楼，宿兵贮器。空心台，每台共五十人，主军十二名，四名管放佛朗机，四名专管装运，二名管放神枪等火器，二名在上层，专管榔旗；客兵三十八名，教放火器，学打铳石。其附墙台，主军四名，三名管军器，一名管榔旗，并佛朗机，客兵各随时编拨。每防添兵戍守，空心台以上临下，用火器、佛朗机、子母炮，更番击打。每台佛朗机八架，约每面二架，随势转用。每架子铳四门，每门铅子三十枚，铁闩鼙锤等项俱备。又神枪十二杆，每杆神箭三十枝，铅子六十枚，小木马六十个，鼙匙同此。器用尽以火枪代之，火药三百斤，每二十斤用一坛盛，共十五坛。铁顶棍八根，光大石子，每重五十斤上下，计四百块，小团石可手抛者四千块。号旗一面，木梆锣鼓各一，用白牌一面，将兵火器械等项书悬。俟查每军食米盐

张居正故居

中华二千年史

菜，预给一月，水瓮水柜，注水满足。附墙台每佛朗机三架，俱照空心台处置备用，亦人给柴米，务足月用，用尽仍给。凡墙垛冲处，每垛干柴一束，重百斤，干草五把，蔺石大小各足，器械各随所执，火器火药，于台取用。随人数多寡，各居铺舍，有警登坛率守。每二台一百总，十台一把总，二十台一千总。空心附墙台，一体编派，遇报各照原编台垛人数，各司所执。如近百步，援兵登城，旗帜器械，一齐竖立，约火器力可至处，即放大将军、虎蹲炮。至五十步内，火箭、火铳、弩矢齐发。聚拥攻城，两台炮铳矢石交击，更番不息。缓处步贼齐攻，台垛不支，则传号以速援兵。各垛兵恃台为壮，火瓶、火铳、矢石，并力攻打。预置石炮墙外，临时发走药线。每守夜台垛，各轮一人，敲梆传筹。遇警，以所备柴薪预积墙外，燃火通明，城上不露虚实。凡起止号令，俱听千把百总约束。（刘效祖《四镇三关志》卷六《经略考》）

据大疏，谓一台须五十人守之，则千台当五万人矣。不知此五万人者，即以摆守者聚而守之乎，抑别有增益乎？聚则乘垣者无人，增则见兵止有此数，不知又当何处也？又四面周广，才一丈二尺，虽是收顶之式，度其根脚，当亦不过倍此数耳。以五十人周旋于内，一切守御之具，与士卒衣粮薪水之类，充牣其中，无乃太狭乎？（《张太岳文集》卷二一《与谭二华书》）

筑台守险，可以远哨望，运矢石，势有建瓴之便，士无露宿之虞，以逸待劳，为不可胜，乃策之最得者。（《张太岳文集》卷二一《答谭二华书》）

台工之议，始终以为可行，确然而不摇者，惟区区一人而已。（《张太岳文集》卷二二《答蓟镇督抚书》）

辽镇之设备，较少于蓟镇，而李成梁之战功，则较戚继光为多。

万历初，李成梁议移孤山堡于张其哈佃，移险山五堡于宽佃、长佃、双墩、长岭、散等，即宽、长、永、大、新五旬。皆据膏腴，扼要害，……斥地二百余里，于是抚顺以北，清河以南，皆遵约束。（《明史》卷二二二《张学颜传》）

建州都指挥王杲，故与抚顺通马市，及是万历元年。诱杀备御裴承祖，成梁谋讨之。明年二年。十月，杲复大举入，……成梁用火器

蓟辽空心敌台表

路	边 城		墙 台	空心敌台	路 台
山海		二〇里	一二座	一二座	
石门	一片石下	二三	七	三六	
	大毛山下	二四	二二	三四	
	义院口下	一八	六	四八	
台头	界岭口下	四二	一九	六四	
	青山口下	四四	五	四〇	
燕河	桃林口下	二七	一五	四一	
	冷口下	三八	一九	六〇	
太平	擦崖子下	四七	五	四五	
	榆木岭下	二三	四	二四	
喜峰口	董家口下	二八		二五	
	大喜峰口下	三四		一五	
棚松	龙井儿下	五〇	四	四四	
	洪山口下	二〇	三	四四	
	罗文峪下	六三	一一	六四	
马兰	大安口下	二八		八五	
	宽佃谷下	二七		三九	
	黄崖口下	六〇		一二	
	将军营下	六九		一八	
墙子	镇虏营下	一四五		一〇	
	墙子岭下	八六		六九	
曹家	曹家寨下	一六四		五八	
古北口	古北口下	五五	一	八四	
	潮河川下	九二		二七	
石塘	白马关下	一五五		三六	
	石塘岭下	九二	三	五九	
居庸	灰岭下	二六	七		
	八达岭下			四四	
	黄花镇下	五五	二	二九	
横岭	白羊口下	一一	三	一九	
	长谷城下	一五	一	二三	
	横岭下	三一	三	一八	
	镇边城下	二一	五	三二	

续表

路		边　城	墙　台	空心敌台	路　台
紫荆关	乌龙沟下	六五六五丈	八五	七一	
	浮图峪下	三七四四	四九	五三	
	宁静安口	三三一〇	四二	二五	
	白石口下	五六〇七	七九	六一	
	沿河口下	五八〇	五	一五	
	大龙门下	六二五	二三	一四	
	马水口下	三三四九	三一	二五	
	金水口下	一三〇	五	一	
	倒马关下	一六七一	八	二	
	插箭岭下	一三六三	一六	五一	
	狼牙口下	一一五	一〇	八	
	故关下	五〇〇	二		
辽阳下中路					二四座
辽阳下东路		边墙　九四		四九	
辽阳下西路		一七〇		八二	
险山下		七四		七四	
开原下		二七一		一一八	七
中固下		六〇		二九	四
铁岭下		五二		三五	七
汛河下		三一		一六	八
懿路下		六六		二一	一〇
沈阳下中路		三六		三九	七
沈阳下西路		八四		六一	五
镇武下		一〇七		五九	二七
正安下		一七三		七九	
义州下		一五六		一二〇	八
锦州下		一〇四		九七	一七
宁远下		二〇二		一五五	三二
前屯下		二六八		一一六	三六
广宁右屯下				一一	二四
金州下				九五	
复州下				二九	
盖州下				八	
海州下		四四		四四	一二
附记	此表根据《四镇三关志》，其蓟镇边及城墙台，皆嘉靖时所修；空心敌台，为隆万间所修；唯辽镇边墙，为永乐以后所筑。				

攻之，……旲走南关，都督王台执以献，斩之。……迤东都督王兀堂故通市宽奠，后参将徐国辅弟国臣，强抑市价，兀堂乃与赵锁罗骨，数遣零骑侵边。明年八年。三月，以六百骑犯叆阳及黄冈岭，……成梁击走之。……其秋，兀堂复犯宽奠，副将姚大节击破之，兀堂由是不振。(《明史》卷二三八《李成梁传》)

关于积弊之扫除，吏治之整肃，则有下列数事。

张居正当国，政尚严，州县取士，不得过十五人。布、按二司以下官，虽公事，毋许乘驿马。大辟之刑，岁有定额。征赋以九分为率。有司不及格者罚，又数重谴言事者。(《明史》卷二二〇《赵世卿传》)

近来驿递，困敝至极，主上赫然，思以厘振之，明旨屡饬，不啻三令五申矣，而犹不信。承教谓外而方面，内而部属以上，凡得遣牌行者，有司不敢不一一应付。若如近旨，但无勘合者，皆不应付，则可尽复祖宗之旧，苏罢困之民。(《张太岳文集》卷二九《答李渐庵书》)

居正定令，抚、按考成章奏，每具二册，一送内阁，一送六科。抚、按延迟，则部臣纠之；六部隐蔽，则科臣纠之；六科隐蔽，则内阁纠之。(《明史》卷二二九《刘台传》)

居正天资刻薄，好申韩法，以智数驭下，而士大夫之憸黠者，争欲投其意。张瀚以久任之说进，然仅能行之藩、臬、守、令，而不能行之给事、御史、吏部属。(王世贞《嘉靖以来首辅传》卷七)

先皇帝穆宗时，专务资格，人莫得竟其才，官职至耗乱也。今上神宗诏行久一简众职，尊礼公卿大臣。郡国守相，有治行异等者，皆进于廷陛，上亲慰劳之，赐玺书、金绮、羊酒。六曹尚书郎，积有功能，得拜卿寺，不得更相除调。外臣有所调选，悉就近其地，察繁简通塞，并用三途。督府部使者论荐所部吏，与简台谏，皆以四分之一。待孝廉、明经、茂才，有举不及格者罚，小吏如杨果、赵腾蛟等，得为令长，行太仆寺、苑马寺，得行观察使事，与都转运。公卿子弟，有行能者，待以高爵，不以左迁困人。尤寓意远方人材，不以衰老往远方，有缺员，不复虚其官。(《张太岳文集》卷四七《行实》)

居正之经济政策，在整理赋税，尤注意锄抑东南豪强。

至谓今之财赋，不窘于国用之繁，而亏于士大夫之侈纵，诚膏肓

之药石也。(《张太岳文集》卷二九《答李渐庵书》)

自嘉靖以来，当国者政以贿成，吏脧民膏，以媚权门，而继秉国者，又务一切姑息之政，为逋负渊薮，以成兼并之私。私家日富，公室日贫，国匮民穷，病实在此。……即如公言，豪家田至七万顷，粮至二万，又不以时纳。……故仆今约己敦素，杜绝贿门，痛惩贪墨，所以救贿政之弊也；查刷宿弊，清理逋欠，严治侵渔揽纳之奸，所以砭姑息之政也。上损则下益，私门闭则公室强，故惩贪吏者，所以足民也；理逋负者，所以足国也。官民两足，上下俱益，所以壮根本之图，建安攘之策，倡节俭之风，兴礼义之教。(《张太岳文集》卷二六《答宋阳山书》)

盖吴中财赋之区，一向苦于赋役不均，豪右挠法，致使官民两困，仆甚患之。往属阳山公稍为经理，而人心玩愒日久，一旦骤绳以法，人遂不堪，谤议四起，然仆终不为动，任之愈力。(《张太岳文集》卷二九《答胡雅斋书》)

海刚峰之在吴，其施为虽若过当，而心则出于为民，霜雪之后，稍加和煦，人即怀眷，亦不必尽变其法以徇人也。(《张太岳文集》卷三四《答朱东园书》)

同时复注意蠲免逋赋，且减徭役一百余万，以恤民困，复行一条鞭法，以示不再加派，而赋入有增无减。

是年，万历四年。太师偕吕公调阳、张公四维请蠲赋二百三十四万有奇，今年，十年。太师偕张公、申公时行请蠲赋一百三万有奇，本色米六十五万五千二百有奇，绢布一百四十二万七千二百有奇，颜料蜡茶三十三万七千一百有奇，其他如己卯七年。所减泗州、宝应、盐城等郡邑赋钱，一十三万二千七百有奇，河南赋钱，一十三万一百有奇，所在有之，多甚不记。且上在位十年，而赈贷苏松等郡凡七，减漕七十余万；赈贷淮扬等郡凡十

张居正墓石碑

三,减漕九十三万,不可谓非省忧鳏寡孤独穷困矣。况外徭如马船料价、粮料、马价、班粮、工价、名粮、均徭、公费、驿递、税契等,皆岁有宽政。(《张太岳文集》卷四七《行实》)

一条鞭法者,总括一州县之赋役,量地计丁,丁粮毕输于官。一岁之役,官为佥募,力差,则计其工食之费,量为增减;银差,则计其交纳之费,加以赠耗。凡额办派办,京库岁需,与存留供亿诸费,以及土贡方物,悉并为一条,皆计亩征银,折办于官,故谓之一条鞭。立法颇为简便。嘉靖间,数行数止,至万历九年,乃尽行之。(《明史》卷七八《食货志》二)

条编之法,有极言其便者,有极言其不便者,有言利害半者。仆思政以人举,法贵宜民。……若如公言,徒利于士大夫,而害于小民,是岂上所以恤下厚民者乎?公既灼知其不便,自宜告于抚按当事者,遵奉近旨罢之。若仆之于天下事,则不敢有一毫成心,可否兴革,一顺天下之公而已。(《张太岳文集》卷二九《答杨二山书》)

遴言:陛下历十年之储积,仅三百余万,今因一载蠲除,即收补于库,计十余年之积,不足偿二年取补之资,矧金花额进,岁当百万,自六年以后,增进二十万,今合六年计之,不啻百万矣。库积非源泉,岁进不已,后将何继?因言京通二仓,粮积八百万石,足供九年之需,请量改折百五十万石,三年而止;诏许一年。(《明史》卷二二〇《王遴传》)

汰冗员什二三,用一事权,绝人观望之私,岁省稍食若干。计郡国吏,以赋入多寡为殿最,不烦加赋,得民宿逋岁若干。郡县负邑,入皆钩校其数,奸人无所逃罪,得吏胥所乾没若干。其较著者,则决策款虏,减客兵,清粮糗。有宿饱之士,无脱巾之忧。岁所省,凡得数十百万,即如蓟昌,每岁所犒虏,不过二万七千六百,而所省保定忠顺军,及固原入卫兵马,与山东、保河、滦、蓟、宁夏兵饷,已至数十余万,即大较可知。以故嘉靖之季,太仓所储,无一年之蓄,今公府庾廪,委粟红贯朽,足支九年,犹得以其赢余数十百巨万,征伐四夷、治漕,可谓至饶给矣。(《张太岳文集》卷四七《行实》)

居正丈量天下民田,竟以三年蒇事。

万历六年,帝用大学士张居正议,天下田亩,通行丈量,限三载

竣事。用开方法，以径围乘除，畸零截补，于是豪猾不得欺隐，里甲免赔累，而小民无虚粮。总计田数，七百一万三千九百七十六顷，视弘治时赢三百万顷。然居正尚综核，颇以溢额为功，有司争改小弓，以求田多，或掊克见田，以充虚额，北直隶、湖广、大同、宣府，遂先后按溢额田增赋云。(《明史》卷七七《食货志》一)

张居正当国，议天下田亩，通行丈量。……因下户部，条为八款，一明清丈之例，谓额失者，丈全则免；一议应委之官，以各右布政使总领之，分守、兵备分领之，府州县官，则专管本境；一复坐派之额，谓田有官民屯数等，粮有上中下数则，宜逐一查勘，使不得诡混；一复本征之粮，如民种屯地者，即纳屯粮，军种民地者，即纳民粮；一严欺隐之律，有自陈诡占，及开垦未报者，免罪，首报不实者，连坐，豪右隐占者，发遣重处；一定清丈之则；一行丈量磨算之法；一处纸箚供亿之费。(夏燮《明通鉴》卷六七)

万历八年庚辰……十一月，上有诏，度民田，先是高皇帝时，天下土田，八百五十万顷。岁久伪滋，编户末民，无所得衣食，其势必易常产，令豪民得以为奸。以故田赋之弊孔百出，而其大者，曰飞诡、曰影射、曰养号、曰挂虚、曰过都、曰受献，久久相沿，引为故业。于是豪民有田无粮，而穷民特以力薄，莫可如何，始受其病矣。及县官责收什一，贫民鬻妻子不能输纳，则其势不得不行摊派，盖自浮粮所在多有，而天下尽受其病矣。然民愁无聊，亡逃山林，转为盗贼，则其势又不得不请减额。今读《大明会典》所载，弘治十五年，天下土田，视高皇帝时，已减二十七万，盖自所减额，日以益多，而国家又受其病矣。太师日夜忧劳，念欲为君国子民计，非清丈不可，然其意怀未发也。会御史中丞劳公堪奉诏度闽荒田，闽人以为便，太师遂与张公四维、申公时行、大司徒

《张文忠公全集》书影

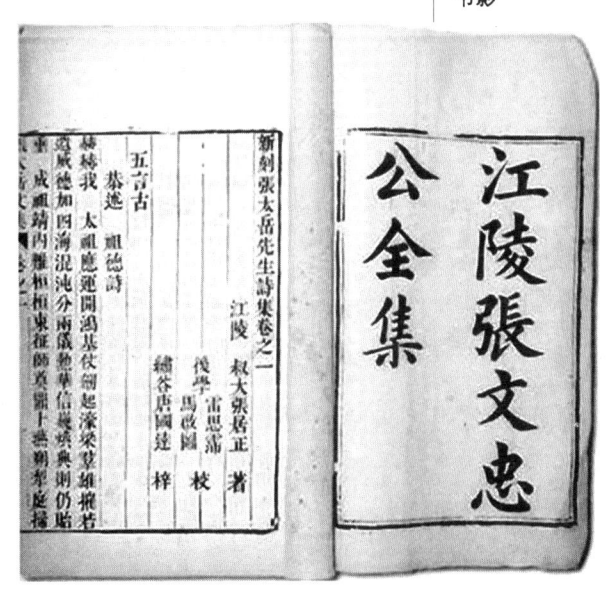

张公学颜议，请以其意诏行诸路，所在强宗豪民，敢有挠法若潞城、饶阳公族等者，皆请下明诏切责。以故天下奉行惟谨，凡庄田、屯田、民田、职田、养廉田、荡地、牧地，皆就疆理，无有隐奸。盖既不减额，亦不溢赋，贫民不至独困，豪民不能并兼。又民间新所垦治，皆赋其贡税，以新赋均旧额中，则国初故额，得以减科，民赋幸益以轻，而天下吏民，皆冀幸有田，以为世业。（《张太岳文集》卷四七《行实》）

丈量而外，复清理庄田及荒芜之地。

时张居正当国，以学颜精心计，深倚任之。学颜撰会计录，以勾稽出纳；又奏列清丈条例，厘两京、山东、陕西勋戚庄田，清溢额、脱漏、诡借诸弊；又通行天下，得官民屯，收湖陂八十余万顷，民困赔累者，以其赋抵之。自正、嘉虚耗之后，至万历十年间，最称富庶，学颜有力焉。（《明史》卷二二二《张学颜传》）

居正留心水利建设，如修吴中水利，如欲复海运而修胶河故道，其最著者，则为任潘季驯以治河。

万历四年，……是时河决崔镇，黄水北流，清河口淤淀，全淮南徙，高堰湖堤大坏，淮阳、高邮、宝应间，皆为巨浸。大学士张居正，深以为忧。河漕尚书吴桂芳……卒，六年夏，命季驯以右都御史兼工部左侍郎代之。……议筑崔镇以塞决口，筑遥堤以防溃决，……筑高堰，束淮入清口。……明年七年。冬，两泂工成。……季驯之再起也，以张居正援。（《明史》卷二二三《潘季驯传》）

万历七年己卯二月，河工成。先是淮安故有水患，然或所及，仅一二县道邑，扬固无恙也。至嘉靖中，河决崔镇、吕泗、冲龙窝、周营等处，往往夺淮流入海。淮势不敌，则或决高家堰，或决黄浦，或决八浅，淮扬诸郡，悉为巨浸，河高出民屋上，败坏城郭、田庐、冢墓以数万，濒河十郡，治堤岁费且万万，及其大决，所残无算。又其从小河口、白洋河，挟永堌诸水，越归仁集，直逼泗州，则其患不独在民，且忧在陵寝矣。异日者，漕臣吴公桂芳请开草湾。夫水以海为壑，开草湾诚是矣。然金城等处，不足以分杀水怒，以数千里巨津，而独令云梯关当水冲，此势所不得为者也。当是时，有请漕海者，有

请开胶莱河者，有请开泇河者，或请开卫河者，有谓新集故道当弃者，有谓朱家口等处决口当勿塞者，有请凿范堤者，有请开新兴场牛团浦、导射阳诸水入海者，纷纷籍籍，迄无定论，大要以为天子日有事河，而河且不可为矣。上一日以问执政，太师与张公四维、申公时行因进言，故河道都御史潘季驯可使，上乃降玺书，即其家拜御史大夫，使持节行治河，一切假以便宜，久任责成，出帑藏及留所折科漕粟八十余万金，不问潘公出入。又令诸臣得条上所见，治其诸方命不及事事者，下诏狱鞫治之。于是当事者，人人惴恐，建官舍河上，胼胝沾途，日夜焦劳。盖逾年而告成事，为土堤若干，石堤若干，塞决口若干，建减水闸若干，计费不过五十余万，省羡金二十四万以归水衡。今徐淮之间，延袤八百余里，两堤相望，蜿蜒绵亘，殆如长山夹峙，而河流其中。且黄河以归仁堤，势不得南决，其势既不能及陵寝，又高家堰既塞，淮不能奔黄浦，皆尽趋清口，会黄河，由安东云梯关入海，田庐皆尽已出，数十年弃地，转为耕桑，而河上万艘，得捷于灌输入大司农矣。（《张太岳文集》卷四七《行实》）

追忆厄事之初，言者蜂起，妒功幸败者，旁摇阴煽，盖不啻筑室道谋而已。仰赖圣明英断，俯纳讆言，一举而裁河道，使事权不分；再举而逮王杨，使冥顽褫魄；三举而诎林道之妄言，仆异议之赤帜，使无稽之徒，无所关其说，然后公得以展其鸿猷，底于成绩。（《张太岳文集》卷三一《答潘印川书》）

居正所以为世所毁，乃由废书院一事。

万历七年正月，诏毁天下书院。先是原任常州知府施观民，以科敛民财，私创书院，坐罪褫职，而是时士大夫竞讲学。张居正特恶之，尽改各省书院为公廨，凡先后毁应天等府书院六十四处。（夏燮《明通鉴》卷六七）

但书院流弊，在嘉靖十七年，已一度遭废矣。

嘉靖十七年五月，申毁天下书院。吏部尚书许赞上言，近来抚按两司及知府等官，多将朝廷学校，废坏不修，别起书院，动费万金，征取各属师儒，赴院会讲，初发则一邑治装，及舍则群邑供亿，科扰尤甚。日者南畿各处，已经御史游居敬奏行撤毁，人心称快。而诸路

未及，宜尽查革，如有仍建立者，许抚按官据实参劾。帝以其悉心民隐，即命内外严加禁约，毁其书院。(《皇明大政纪》卷二三)

是时讲学之风极盛，王学曾遭禁革，然推奉之者仍众。末流之弊，山阴、泰州两派，不止流于释，而且流于侠，流于盗，如颜山农、何心隐，其著者也。

嘉靖八年二月，……夺新建伯王守仁世爵恤典，及禁其学术，……令都察院通行禁约，不许踵袭邪说，以坏人心。(《皇明大政纪》卷二二)

嘉、隆之际，讲学者盛行于海内，而至其弊也，借讲学而为豪侠之具，复借豪侠而恣贪横之私。其术本不足动人，而失志不逞之徒，相与鼓吹羽翼，聚散闪倏，几令人有黄巾、五斗之忧。盖自东越之变为泰州，犹未至大坏，而泰州之变为颜山农，则鱼馁肉烂，不可复支。颜山农者，其别号也，楚人，读经书不能句读，亦不多识字，而好意见，穿凿文义，为奇衺之谈，间得一二语合，亦自洒然可听。所至必先使其徒预往，张大衔耀其术，至则无识浅中之人，亦有趋而附者。每言人之好贪财色，皆自性生，其一时之所为，实天机之发，不可壅阏之。第过而不留，勿成固我而已。……最后至南京，挟诈人财事发，捕之官，笞臀五十，不哀祈，亦不转侧，坐罪至戍。……何心

泰州安定书院

隐者，其材高于山农，而幻胜之。……每言天地一杀机而已，尧不能杀舜，舜不能杀禹，故以天下让；汤武能杀桀纣，故得天下。……善御史耿定向，游京师与处，而故相张江陵来访，偶坐各不及深语。既去，忽谓定向曰："此人能操天下柄。"定向不以为然。又曰："分宜欲灭道学而不能，华亭欲兴道学而亦不能。兴灭者，此子也。"谓定向："子识之，此人当杀我。"久之，益纵游江湖间，放浪大言，以非久可以得志于世，而所至聚徒，若乡贡大学诸生，以至恶少年，无所不心服。（王世贞《弇州史料后集》卷三五）

心隐亦江陵所深嫉，因示意楚抚王之垣，按臣郭思极，置之法。……江陵最憎讲学，言之切齿，即华亭其所严事，独至聚讲，即艴然见色。（沈德符《野获编》卷八《内阁》）

夫昔之为同志者，仆亦尝周旋其间，听其议论矣。然窥其微处，则皆以聚党贾誉，行径捷举，所称道德之说，虚而无当。……而其徒侣众盛，异趣为事，大者摇撼朝廷，爽乱名实，小者匿蔽丑秽，趋利逃名。嘉、隆之间，深被其祸，今犹未殄，此主持世教者所深忧也。……今世谈学者，皆言遵孔氏，乃不务孔氏之所以治世立教者，而甘蹈于反古之罪，是尚谓能学孔矣乎？明兴二百余年，名卿硕辅勋业烜赫者，大抵皆直躬劲节、寡言慎行、奉公守法之人，而讲学者每诋之曰："彼虽有所建立，然不知学，皆气质用事耳。"而近时所谓知学，为世所宗仰者，考其所树立，又远出于所诋之下，将令后生小子，何所师法耶？此仆所未解也，仆愿今之学者，以足踏实地为功，以崇尚本质为行，以遵守成宪为准，以诚心顺上为忠。兔鱼未获，无舍筌蹄，家当未完，毋撤藩卫。毋以前辈为不足学，而轻事诋毁；毋相与造为虚谈，逞其胸臆，以挠上之法也。（《张太岳文集》卷二九《答屠平石书》）

今人妄谓孤不喜讲学者，实为大诬。孤今所以上佐明主者，何有一语一事背于尧舜周孔之道？但孤所为，皆欲身体力行，以是虚谈者无容耳。（《张太岳文集》卷三〇《答周友山书》）

丙、崇祯屡易阁臣

明代阁臣，多久任者。

自永乐以后，阁臣始专为辅弼，而在事久者，如胡吉水广，在阁十七年；杨建安荣，在阁三十九年；杨太和士奇，在阁四十三年；金

新幼孜，在阁三十年，此辅政之最久者。次则杨石首溥，两任实在阁十六年。正统以来，则陈太和循，十四年，而不免于戍；彭安福时，两任实在阁十八年；高兴化穀，十三年；商淳安辂，两任实在阁十九年；李南阳贤，十年；万眉州安，十九年；刘寿光珝，十一年；刘博野吉，十八年；徐宜兴溥，十二年；刘洛阳健，二十年；李茶陵东阳，十八年；杨新都廷和，两任实在阁十六年；费铅山宏，三任实在阁十二年；谢余姚迁，十二年，再出，止半年；梁南海储，十二年；翟诸城銮，两任实在阁十三年；张永嘉孚敬，三任实在阁十年；夏贵溪言，两任实在阁十一年；严分宜嵩，二十一年；徐华亭阶，十七年；张江陵居正，十六年。（沈德符《野获编补遗》卷二《内阁》）

至崇祯时，其势顿异，由会推之制，改为枚卜，所以防臣下之党同，威福自操。阁臣只备顾问，首辅密对，则司礼太监同立殿上，实以宦竖当耳目股肱之寄。君臣猜忌，驯至明亡。自永乐以后，阁臣凡一百六十三人，而崇祯一十七年，则有五十人焉，自古所无也。

以宰相言之，神宗四十八年，只十九人；烈皇帝十七年，则五十九人矣。十九人，五十九人，相去远；四十八年，十七年，又相去远；治与不治，相去又绝远。或谓神宗四十八年，宰相惟只十九人，故治；烈皇帝十七年，宰相惟五十九人，故不治，是不然。十九人，张居正当之前，太平之始基立矣，若五十九人皆何如？或谓帝用之不专，且不久，且又杀戮，故卒不能收大臣之效，是又不然。温体仁其在位，不久乎，不专乎？又最专者，周延儒矣，其恩礼极矣。帝常曰："还是他好。"一日，皇极殿大朝罢，召延儒上殿，帝降御座，

周延儒
《草书七言诗》
扇面

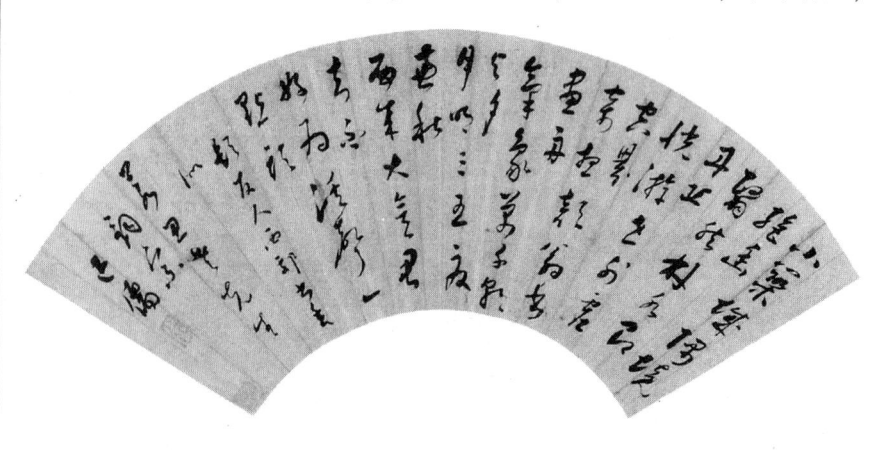

竟衮冕执圭，揖延儒曰："自古帝王，莫不有师。"竟欲太师延儒。及破大司马陈新甲边谋，帝觉之，瑕疵毕起，宠衰。外出督师，又罔军旅事，又且罔帝，帝曰："饷将尽，南解望不至，今得不用兵，即先生功也。"帝此时犹曲意保全。延儒卒不悟，其加诛也冤不宜。……他若魏藻德，三年进士，即首辅。……南都再创，有为范景文请恩荫者，兵部谓，诸臣多阁部大臣，谋国无能，致兹颠覆，烈皇帝不祀，诸臣延世加恩，臣谊何安？乃不行。而帝之升遐，宫中御案上有遗诏云："朕自登极十七年，上邀天罪，致东陷地三次，'逆贼'直逼京师，诸臣误朕也。朕无颜见先皇帝于地下，将发掩面，任'贼'分裂朕尸。可将朝廷官尽皆杀死，无坏我陵寝，无伤我百姓一人也，呜呼！"帝盖恨之矣。（李长祥《天问阁集》卷上）

以十七年之帝祚，而相者至五十人。……徒归咎于人主，以为求治太急，轻于用人，始见失之不明，继且失之不慎，破格而终于痼，推诚而伏以奸，……迨炀灶燎原之后，国破家亡，同归于尽。（曹溶《崇祯宰相年表序》）

崇祯五十宰相表

姓名	籍贯	入阁	离任	在任年月
黄立极*	元城	天启五年八月	天启七年十一月，致仕。崇祯二年，定逆案，落职闲住。	二年零四月
施凤来*	平湖	天启六年七月	崇祯元年三月，致仕。二年，定逆案，落职闲住。	一年零九月
张瑞图	晋江	天启六年七月	崇祯元年三月，致仕。二年，定逆案，坐赎徒为民。	一年零九月
李国㯼	高阳	天启六年七月	崇祯元年五月，致仕。	一年零十一月
来宗道	萧山	天启七年十二月	崇祯元年六月，致仕。二年，定逆案，坐赎徒为民。	七阅月
杨景辰	晋江	天启七年十二月	崇祯元年六月，致仕。二年，定逆案，落职闲住。	七阅月
李标	高邑	天启七年十二月	崇祯三年三月，致仕。	二年零四月
周道登	吴江	天启七年十二月	崇祯二年正月，致仕。	一年零二月
钱龙锡	华亭	天启七年十二月	崇祯二年十二月，罢。三年十二月，逮至下狱。四年，戍，遇赦不原。	二年零一月
刘鸿训	长山	天启七年十二月	崇祯元年十二月，罢。二年，谪戍。	一年零一月
韩爌*	蒲州	崇祯元年十二月	崇祯三年正月，致仕。	一年零二月

姓名	籍贯	入阁	离任	在任年月
成基命	大名	崇祯二年十一月	崇祯三年九月，致仕。	十一阅月
孙承宗	高阳	崇祯二年十一月	崇祯四年十一月，致仕。十一年十一月，清兵陷高阳，殉节。	二年零一月
周延儒*	宜兴	崇祯二年十二月	崇祯六年六月，罢。	三年零七月
		崇祯十四年九月再任	崇祯十六年五月，罢，逮入京，十二月，勒自尽。	一年零九月
何如宠	桐城	崇祯二年十二月	崇祯四年八月，致仕。	一年零九月
		崇祯六年七月再召不至		
钱象坤	会稽	崇祯二年十二月	崇祯四年六月，致仕。	一年零七月
温体仁*	乌程	崇祯三年六月	崇祯十年六月，致仕。	七年零一月
吴宗达	武进	崇祯三年六月	崇祯八年五月，致仕。	五年
徐光启	上海	崇祯五年五月	崇祯六年十月，卒。	一年零六月
郑以伟	上饶	崇祯五年五月	崇祯六年六月，卒。	一年零二月
钱士升	嘉善	崇祯六年九月	崇祯九年四月，免。	二年零八月
王应熊	巴县	崇祯六年十一月	崇祯八年九月，罢。	一年零十一月
		崇祯十五年十一月再召	崇祯十六年九月，至，未任，罢。	
何吾驺	香山	崇祯六年十一月	崇祯八年十一月，罢。	二年零一月
张至发*	淄川	崇祯八年七月	崇祯十一年四月，罢。	二年零十月
		崇祯十四年二月再召不至		
文震孟	长洲	崇祯八年七月	崇祯八年十一月，闲住。	五阅月
林釬	同安	崇祯九年正月	崇祯九年六月，卒。	六阅月
黄士俊	顺德	崇祯九年六月	崇祯十一年正月，罢。	一年零八月
孔贞运	句容	崇祯九年六月	崇祯十一年六月，罢。	二年零一月
贺逢圣	江夏	崇祯九年六月	崇祯十一年三月，罢。	一年零十月
		崇祯十四年九月再任	崇祯十五年六月，罢。十六年，张献忠陷武昌，殉节。	十阅月
刘宇亮*	绵竹	崇祯十年八月	崇祯十二年二月，罢。	一年零七月
傅冠	南昌	崇祯十年八月	崇祯十一年八月，罢。	一年零一月
薛国观*	韩城	崇祯十年八月	崇祯十三年六月，致仕。十四年八月，赐死。	二年零十一月

续表

姓名	籍贯	入阁	离任	在任年月
方逢年	遂安	崇祯十一年六月	崇祯十一年十二月，闲住，后为清所诛。	七阅月
程国祥	歙县	崇祯十一年六月	崇祯十二年四月，因病致仕。	十一阅月
杨嗣昌	武陵	崇祯十一年六月	崇祯十二年九月，督师。十四年二月，自缢于江陵军中。	二年零九月
蔡国用	金溪	崇祯十一年六月	崇祯十三年六月，卒。	二年零一月
范复粹*	黄县	崇祯十一年六月	崇祯十四年五月，罢。	三年
魏炤乘	滑县	崇祯十二年五月	崇祯十五年三月，罢。	二年零十一月
姚明恭	蕲水	崇祯十二年五月	崇祯十三年五月，罢。	一年零一月
张四知	费县	崇祯十二年五月	崇祯十五年六月，罢。	三年零二月
谢陞	德州	崇祯十三年四月	崇祯十五年四月，削籍。	二年零一月
陈演*	井研	崇祯十三年四月	崇祯十七年二月，免，三月，为李自成所杀。	三年零十一月
蒋德璟	晋江	崇祯十五年六月	崇祯十七年三月，免。	一年零十月
黄景昉	晋江	崇祯十五年六月	崇祯十六年九月，致仕。	一年零四月
吴甡	兴化	崇祯十五年六月	崇祯十六年三月，督师，五月，罢，十一月，戍。	一年
魏藻德*	通州	崇祯十六年五月	崇祯十七年三月，为李自成所杀。	十一阅月
方岳贡	谷城	崇祯十六年十一月	崇祯十七年三月，为李自成所杀。	五阅月
李建泰	曲沃	崇祯十六年十一月	崇祯十七年正月，督师，后为清所诛。	三阅月
邱瑜	宜城	崇祯十七年二月	崇祯十七年三月，为李自成所杀。	二阅月
范景文	吴桥	崇祯十七年二月	崇祯十七年三月，殉节。	二阅月
附记	一　凡有*记号者，皆曾为首辅。 二　本表参据《明史》纪传、《宰辅表》及曹溶《崇祯五十宰相传》、陈盟《崇祯阁臣行略》而作。			

（二）有明一代之吏治

有明一代吏治，中叶以前，颇称修举。其初地方之长，为布政司，次则按察，各道府及州县，以次相属。知府之任特重，郎官出守，每赐敕行事，俱得专奏。迨后以巡按御史查吏，以巡抚治民，地方之寄，上托于抚按，下则州县之权渐重。由于考选之法既兴，县令得行取科道，上官不敢以法相绳，吏治顿废，而巡按亦遂以属官凌踞巡抚之上，前后轻重顿异矣。

明太祖惩元季吏治纵弛，民生凋敝，重绳贪吏，置之严典。府州县吏来朝，陛辞，谕曰："天下新定，百姓财力俱困，如鸟初飞，木初植，勿拔其羽，勿撼其根。然惟廉者能约己而爱人，贪者必朘人以肥己。尔等戒之。"洪武五年，下诏有司考课，首学校、农桑诸实政。……下逮仁、宣，抚循休息，民人安乐，吏治澄清者百余年。英、武之际，内外多故，而民心无土崩瓦解之虞者，亦由吏鲜贪残，故祸乱易弭也。嘉、隆以后，资格既重，甲科县令，多以廉卓被征，梯取台省，而龚、黄之治，或未之觏焉。(《明史》卷二八一《循吏传序》)

甲、明初之吏治

【荐举】

正统元年十月，……敕谕吏部，选举御史县令。敕曰："……凡亲民之官，县令最切，必得其人，庶民乃安。自今各处知县有缺，令在京各衙门四品官，及国子监、翰林院堂上官，各部郎中、员外郎，六科掌科给事中，各道掌道御史，各举一员。尔吏部亦精加体访，必得廉洁公平、宽厚爱民者，具奏除授。如授官之后，但犯贪淫暴刻，及罢软不胜任者，并罪举者。(雷礼《皇明大政纪》卷一一)

宣德四年四月，……是时二杨用事，政归内阁，自布政使至知府阙，听京官三品以上荐举；既又命御史、知县，皆听京官五品以上荐举，凡要职迁擢，皆不关吏部。(夏燮《明通鉴》卷二〇)

宣德五年五月，……擢郎中况钟等九人为知府，赐敕遣之。上以郡守多不称职，会苏州等九府缺，皆雄剧地，命部院臣举其属之廉能者补之。于是尚书蹇义、胡濙，大学士杨士奇等，首荐仪制司郎中靖安况钟，诏以为苏州知府。一时与钟同荐者，户部郎

明人观榜图

中罗以礼知西安，兵部郎中赵豫知松江，工部郎中莫愚知常州，户部员外郎邵旻知武昌，刑部员外郎马仪知杭州，陈本深知吉安，陈鼎知建昌，何文渊知温州，九人者皆有治绩，而钟最著云。（夏燮《明通鉴》卷二〇）

【久任】

史诚祖，解州人，洪武末，……授汶上知县，为治廉平宽简，……屡当迁职，辄为民奏留，阅二十九年，竟卒于任。……是时县令多久任，蠡县吴祥，永乐时知嵩县，至宣德中，阅三十二年，卒于任；临汾李信，永乐时，由国子生授遵化知县，至宣德中，阅二十七年，始擢无为知州，以年老不欲赴，遂乞归；渭县房岊，宣德间，为邹县知县，至正统中，阅二十余年，卒于任。（《明史》卷二八一《史诚祖传》）

【部民奏留】

自明兴至洪、宣、正统间，民淳俗富，吏易为治，而其时长吏，亦多励长者行，以循良见称，其秩满奏留者，不可胜纪。……时帝方重循良，而吏部尚书蹇义，尤慎择守令，考察明恕。沿及英宗，吏治淳厚，部民奏留，率报可。（《明史》卷二八一《李信圭传》）

明代县学图

乙、嘉靖以后之州县

至宪宗，始重亲民之任，乃以第三甲进士为之。……自考选法兴，台省二地，非评博中行及外知推不得入，于是外吏骤重。而就中邑令，尤为人所乐就，盖宦橐之入，可以结交要路，取誉上官。又近年乙酉科以后，令君悉充本省同考，门墙桃李，各树强援。三年奏最，上台即以两衙门待之，降颜屈体，反祈他日之陶铸。（沈德符《野获编》卷二二《府县》）

洪武十三年，……作《到任须知》，首祀神，以时修饬，致其诚慎；次恤孤，亲为存恤，无令失所；次狱囚，平允折衷，毋致冤抑；次田土，款分开揭，上备国用；次制书，讲读通晓，一一施行；次吏典，时验勤怠，以为劝惩；次仓库，检查支用，毋致乾没；次会计，量入为出，毋使折阅；次公廨，补治修葺，毋重劳民；次学校，以时考试，劝励成才。而重举耆宿，旌扬德能，除去奸蠹，简饬衙役。凡诸条目，俾除授者既至官，画一遵守，毋具文。爰颁责任条例，凡布政司于所属，必岁月以须知内事目稽其勤惰，有顽慢者，验实奏闻，遗者按察司清之；府临州治如藩课，遗者布政司清之；州临县治如府课，遗者本府清之；县临里甲如所课，遗者本州县清之。苟藩不能清府，府不能清州，州不能清县，县不能去恶安善，遗者按察司清之；按察司遗者，巡按御史清之。诸司置立文簿，书其所行事迹，季上所司查考，司考府，府考州，州考县，而布政司岁同本司事迹，赍京通考焉。（朱健《古今治平略》卷一七）

至万历中，……孙丕扬上疏曰："……臣请以民隐责吏治，……一曰责守令以实兆民之户口，二曰责守令以辟兆民之荒芜，三曰责守令以供兆民之额赋，四曰责守令以兴兆民之礼教，五曰责守令以备兆民之荒歉。大率以五事胥修者为上等，五事方修者次之，……五事举半废半者又次之，五事尽废者为下等。（朱健《古今治平略》卷一七）

丙、乡绅

县令之权虽重，足以挠之者，则唯乡绅。盖明初回避之法兴，又因科举之籍有定，唐宋以来流寓之风渐息，士皆归于本籍，大臣子弟及官吏坐废者，皆豪横里中，以劣衿供奔走，家奴为爪牙，其弊遂不可问。

明代官衙审案图

【乡绅之为患】

乡绅为患,竟至役使乡人,包庇盗匪,侵占人民田庐。

前明一代风气,不特地方有司,私派横征,民不堪命,而缙绅居乡者,亦多倚势恃强,视细民为弱肉,上下相护,民无所控诉也。……《焦芳传》,芳治第宏丽,治作劳数郡,是数郡之民,皆为所役。又《姬文允传》,文允宰滕县,白莲"贼反",民皆从乱,文允问故,咸曰:"祸由董二。"董二者,故延绥巡抚董国光子,居乡暴横,民不聊生,故被虐者,至甘心从"贼"。则其肆毒,更可知也。又《瑯琊漫抄》载,松江钱尚书治第,多役乡人,砖甓亦取给于役者。有老佣后至,钱责之,对曰:"某担自黄瀚坟,路远,故迟耳。"钱益怒,答曰:"黄家坟亦吾所筑,其砖亦取自旧冢,勿怪也。"此又乡官役民故事也。……温体仁当国,唐世济为都御史,皆乌程人。其乡人盗太湖者,以两家为奥主,兵备冯元扬捕得其魁,则世济族子也。《元扬传》。是乡官之族,且庇盗矣。又有投献田产之例,有田产者,为奸民籍而献诸势要,则悉为势家所有。天顺中,曾翚为山东布政使,民垦田无赋者,奸民指为闲田,献诸咸晥,翚断还民。见《李棠传》。……其他小民被豪占而不得直者,正不知凡几矣。(赵翼《廿二史劄

卷五 明清

记》卷三四"明乡官虐民之害")

【乡绅之遭祸】

乡绅为恶之甚者,往往为人民所戕,其衅多起于奴。

徐汝圭,以按察副使罢归里。好张大,每语人以某某访察,皆我为之,而实不必尔。颇善占候,一日,谓己当有非常祸,避之庄舍中,所从仅二僮,而又疑之,锒铛其足于柱。夜不寐,有逾垣入者,汝圭觉而逃于厕。贼刲锒铛者,便迹汝圭所,指示之,至厕而斧之为十余段,竟不得贼。庄壬春,以知府归。欲侵海上之涂田,挟守巡势临之。田主度不能胜,则伪为伏者,邀庄至涂所成券,饮之酒极醉,以小舟载庄,所幸僮从,至深处而裸之,刃刲其肉,而以盐醢,寸割庄与僮之势,使相啖,而后剖其腹。事发,论死者数十人。……杨维平,以御史归。有一中表之疏贫者,鬻其子为僮干,以不任也,出而冻馁之致死。一日,中表来,俟维平之出而无他仆也,且揖且前。维平方报揖,为所扼,缚手于柱,而刃刺腹,立死,其人亦自到。栾大约,以御史丁忧归,夜为人所杀,并其妻子家人老弱皆死。以为大盗也,半岁始得贼,乃其僮奴与其妾通,约其二弟,以夜刲杀之。俱磔于市。……蔚钟,以河南按察佥事归。有少年来叩头者,貌美而儇利,武捷便骑射,识书数,云故河南部人,家有官事,愿得托为奴。钟甚嬖之,居两月,而委寄出诸干上,凡财贿出入,悉以寄之。一日,与之庄,所从者及庄客,皆令出责赋及子钱,至暮而归,则钟已横尸地上,失其首,及厩中骏马,与少年偕逸矣。盖河南部中怨者,募使杀之也,竟不得主名。……董传策,以南京礼部右侍郎归。御其家僮暴酷甚,死者前后数十。迫则谋欲杀传策,传策亦自觉之,欲避徙不果,竟为奴所缚,斧之,凡数创,肠胃皆出。事发,奴十余人皆磔于市。(王世贞《弇州史料后集》卷三五)

【宰相之鱼肉乡里】

正统中,杨文贞公士奇在首揆,其子稷,为乡人奏其贪横不法数十事。逮至法司究治,……稷竟论斩,瘐死于狱。正德中,南海县民谭观海者坐法诛,家有田百余顷,为富人杨端等侵占。观海之子振,遂以献大学士梁储子锦衣百户次摅、故罢职尚书戴缙子仲明及豪民欧

阳元、李闰成为业，……自是谭杨相仇，攻无已，而他受献者，谋尽杀诸杨，以快其忿，且绝后患，请于次摅。……于是率诸佃徭，夜厉刃纵火攻杨氏，悉杀之，并杀其邻居异姓男女二百余人。……于是南北科道，交章劾梁，……覆勘。……疏上，下三法司，坐元、闰成等，凌迟情罪，而别为次摅请上裁，有旨，仲明发南乐府编管，次摅发边卫立功，五年完日，带俸差操。(王世贞《弇州史料后集》卷三六)

张孚敬还居里中，病废，手足不仁。有从子郡者，窃势自弄，噬夺人田庐妇女，里中苦之。巡按御史张汝员上言：孚敬痿痹昏眊，无复知识，从子郡，志穷荒度，谋肆吞噬，诛求尽于锱铢，剥削入于骨髓，流毒一郡，积害十年。(《皇明大政纪》卷二三)

献夫家居，引体自尊，监司谒见，辄称疾不报，家人姻党，横于郡中，乡人屡讦告。(《明史》卷一九六《方献夫传》)

有严寿二，则阴养刺客，而昏夜杀人。寿二与胡龙之妻何香儿稔奸，遂令勇士刺其夫而拐其妻。此则分宜县访获成招监候可证也。或夺人妻女而致其孤寡者，则有严艮一占周龙一之妻，严艮二占易通秀之妻，严思一占易江之妻，严来童占鄢艮六之妇。或受人投献而殴伤人命者，则有严和鸣之伤邹均重，严鸣凤之伤黄质练，严樊之伤任良谏，严瑞朋之伤邹公显。或夺人田地而负累陪粮者，则有严富之骗陈宝也，有严景八之骗孔源也，有严臻富之骗彭柏也，有严进寿之骗钟发声也，有严琴之骗杨口义也，有严珍之骗郭寓也，有严七之骗邓承勋也，有严积之骗彭槐也。或夺人之房基而揩价不与者，则有被严保之害者李元三也，被严思之害者崔元二也，被严勤之害者王铠也，被严珍之害者黄衮也，被严二汉之害者林绍新也，被严仲一之害者彭述古也，被严富二之害者萧珠也，被严艮之害者张文耀也，被严志之害者朱宝、王銮也，被严珍二之害者杨允积、陈子良也。凡此皆世蕃之党令，彭孔之主谋。(《皇明奏疏类钞》林润《请申逆罪正典刑疏》)

明代官吏石雕

卷五 明清

崇祯二年，昆山民积怨秉谦，聚众焚掠其家。秉谦年八十，仓皇窜渔舟得免，乃献窖藏银四万于朝，寄居他县以死。(《明史》卷三〇六《顾秉谦传》)

故隆庆初，海瑞抚吴，痛绳之以法。

隆庆三年夏，以右佥都御史巡抚应天十府，……素疾大户兼并，力摧豪强，抚穷弱，贫民田入于富室者，率夺还之。徐阶罢相里居，按问其家无少贷。……已而给事中戴凤翔劾瑞庇奸民，鱼肉缙绅，沽名乱政。(《明史》卷二二六《海瑞传》)

王弇州世贞为华亭徐阶画计，草匿名词状，称柳跖告讦夷齐二人，占夺首阳薇田。海悟，为之稍止。(沈德符《野获编》卷二二《督抚》)

海瑞像

(三) 内难之频起

内难有宗室称兵，为攘夺政权，而人民举义，则为诛暴乱。二者殊不同科，今分述之如左。

甲、宗室称兵

明成祖起靖难之师，以遵祖训、讨奸臣为名，其后高煦、寘鐇、宸濠，皆效之以称兵。

【高煦】

汉王高煦，成祖第二子，……徙封乐安州。……宣德元年八月，遂反。……大学士杨荣等，劝帝亲征，……于是车驾发京师。……帝移跸乐安城南，高煦将出城，王斌等力止曰："宁一战死，无为人擒。"高煦绐斌等复入宫，遂潜从间道出见帝。……帝令高煦为书召诸子，余党悉就擒，……乐安改曰武定州。……天津、青州、沧州、山西诸都督指挥，约举城应者，事觉相继诛，凡六百四十余人。其故纵与藏匿坐死戍边者，一千五百余人；编边氓者，七百二十人。帝制《东征记》以示群臣，高煦及诸子相继皆死。(《明史》卷一一八《汉王高煦传》)

煦遣百户陈刚进疏言，仁宗违洪武、永乐旧制，与文臣诰敕封

赠，今上宣宗。修理南巡席殿等事，为朝廷过，斥二三大臣夏原吉等为奸佞，并索诛之。又书与公侯大臣，骄言巧诋，污蔑乘舆。（朱国桢《皇明大事记》卷一六）

宣德五年，官田减租额一事，圣恩已下玺书，户部格而不行，至今仍旧额追征，小民含冤不已。上怒曰："户部可罪也！"士奇对曰："此循习之弊，永乐末年多如此。往年高煦反，以夏原吉为奸臣之首，正指此事为说。"（雷礼《皇明大政纪》卷一〇）

【寘鐇】

庶人寘鐇，祖秩焌，……封安化王，……寘鐇袭王爵。……宁夏指挥周昂，千户何锦、丁广，卫诸学生孙景文、孟彬、史连辈，皆往来寘鐇所。正德五年，……四月五日，寘鐇设宴，邀抚镇官饮于第。……锦、昂率牙兵直入，杀姜汉，及太监李增、邓广于坐，……令孙景文作檄，以讨刘瑾为名。……参将仇钺，刺昂死，令亲兵驰寘鐇第，击杀景文、连等十余人，遂擒寘鐇，迎副总兵杨。英众入。寘鐇反十有八日而擒。（《明史》卷一一七《庆王栴附寘鐇传》）

安化王寘鐇反，诏起一清总制军务，与总兵官神英西讨，中官张永监其军。未至，一清故部将仇钺，已捕执之。（《明史》卷一九八《杨一清传》）

正德五年，安化王寘鐇，及都指挥何锦、周昂，指挥丁广反。钺时驻城外玉泉营，闻变，欲遁去，顾念妻子在城中，恐为所屠灭，遂引兵入城，解甲觐寘鐇，归卧家称病，以所将兵，分隶贼营。锦等信之，时时就问计，钺亦谬输心腹，而阴结壮士，遣人潜出城，令还报官军旦夕至。钺因绐锦、广，宜急出兵守渡口，遏东岸兵，勿使渡河。锦、广果倾营出，而昂独守城。寘鐇以祎牙召钺，钺称病亟。昂来视，钺方坚卧呻吟，伏卒猝起，捶杀昂，钺乃被甲横刀，提其首，跃马大呼，壮士皆集，径驰诣寘鐇第，缚之。传寘鐇令，召锦等还，而密谕其部曲以禽寘鐇状，众遂大溃，锦、广单骑走贺兰山，为逻卒所获。举事凡十八日而败。（《明史》卷一七五《仇钺传》）

【宸濠】

正德十四年，……宸濠……以己生辰日六月十三日。宴诸守土官，

诘旦皆入谢，宸濠命甲士环之，称奉太后密旨，令起兵入朝。……以李士实、刘养正为左右丞相，王纶为兵部尚书，集兵号十万，……略九江、南康，破之，驰檄指斥朝廷。七月壬辰朔，……攻安庆。汀赣巡抚佥都御史王守仁闻变，……戊申，直攻南昌，辛亥，城破。……宸濠方攻安庆不克，闻南昌破，大恐，解围还。守仁逆击之，……宸濠大败，诸妃嫔皆赴水死，将士焚溺死者三万余人。宸濠及其世子郡王仪宾，并李士实、刘养正、涂钦、王纶等俱就擒。宸濠自举事至败，盖四十有三日。（《明史》卷一一七《宁王权附宸濠传》）

王守仁，字伯安，余姚人。……正德十四年六月，命勘福建叛军。行至丰城，而宁王宸濠反，……因集众议曰："贼若出长江，顺流东下，则南都不可保，吾欲以计挠之。"……乃多遣间谍檄府县，言……南赣王守仁、湖广秦金、两广杨旦，各率所部，合十六万，直捣南昌。……又为蜡书遗伪相李士实、刘养正，……而纵谍泄之，宸濠果疑；与士实、养正谋，则皆劝之疾趋南京即大位，宸濠益大疑。……守仁闻南昌兵少，则大喜。……或请救安庆，守仁曰："不然。今九江、南康，已为贼守，……不如直捣南昌。……贼闻南昌破，必解围自救，逆击之湖中，蔑不胜矣。"……凡三十五日而贼平。……已论功，封特进光禄大夫柱国，新建伯世袭，岁禄一千石，然不予铁券，岁禄亦不给。（《明史》卷一九五《王守仁传》）

移咨府部，传檄远近，指斥朝廷，谓武宗以苢灭鄚，高皇帝不血食，凡十四年；建寺禁内，杂处妓女、胡僧，玩弄边兵，身衣异服，至于市井屠贩、下流贱品之事，靡不乐为；弃置宗社陵寝，而造行官于宣府，称为家里；黩货无厌，荒游无度，东至永年诸处，西游山陕三边，所过掠民妇女，索取赎钱；常佩都太监牙牌，称威武大将军。既夺马指挥妻，称马皇后，复纳山西娼妇，称刘娘娘。原其为心，不能御女，又将假此妇人，以欺天下，抱养异姓之子，如前所为也。（朱国祯《皇明大事记》卷二四）

王守仁像

乙、人民举义

【荆襄流民】

……成化元年，荆襄"贼"刘千斤等"作乱"，敕抚宁伯朱永为总兵官，都督喜信、鲍政为左右参将，中官唐慎、林贵奉监之，而以圭提督军务，发京军及诸道兵会讨。千斤名通，河南西华人，县门石狻猊重千斤，通只手举之，因以为号。正统中，流民聚荆襄间，通窜入，为妖言，潜谋倡乱。石龙者，号石和尚，聚众剽掠，通与共起兵，"伪"称汉王，建元德胜，流民从者四万人。圭等至南漳，"贼"迎战，败之，乘胜逼其巢。通奔寿阳，谋走陕西，圭遣兵扼其道，通乃退保大市，与苗龙合，官军又破之雁坪，斩通子聪及其党苗虎等。"贼"退保后岩山，据险下木石如雨，诸军四面攻，圭往来督战士，皆蚁附登，"贼"大败，擒通及其众三千五百余人，获"贼"子女万一千有奇，焚其庐舍，夷险阻而还。石龙与其党刘长子等逸去，转"掠"四川，连陷巫山、大昌，圭等分兵蹙之，长子缚龙以降，余"寇"悉平。……（《明史》卷一七二《白圭传》）

……白圭既平刘通，荆襄间流民屯结如故。通党李胡子者名原，"伪"称平王，与小王洪王彪等"掠"南漳、房、内乡、渭南诸县，流民附"贼"者至百万。六年冬，诏忠总督军务，与湖广总兵官李震讨之，忠乃奏调永顺保靖士兵而先分军列要害，多设旗帜钲鼓，遣人入山招谕流民归者四十余万，彪亦就擒。……即合土兵二十五万分八道逼之，流民归者又数万。"贼"潜伏山砦，伺间出"劫"，忠命副使余洵、都指挥李振击之，遇于竹山，乘溪涨半渡截击，擒李原、小王洪等，"贼"多溺死。忠移军竹山捕"余孽"，复招流民五十万……（《明史》卷一七八《项忠传》）

【邓茂七】

正统中，邓茂七以佃夫倡义，纵横浙江、福建、江西三省，庆元人叶宗留，丽水人陈鉴湖，遂昌人苏牙、俞伯通，皆与之相应。

沙县佃人邓茂七……既为甲长，益以气役属乡民。其俗，佃人输租外，例馈田主。茂七倡其党令毋馈，而田主自往受粟。田主诉于县县，逮茂七，不赴。下巡检追摄，茂七杀弓兵数人。上官闻，遣军三

百捕之，被杀伤几尽，巡检及知县并遇害。茂七遂……称铲平王，设官属，党数万人，陷二十余县，都指挥范真、指挥彭玺等，先后被杀。时福建参政交阯人宋新，赂王振得迁左布政使，侵渔贪恶，民不能堪，益相率从乱，东南骚动。正统十三年四月，茂七围延平，刷卷御史张海，登城抚谕，"贼"诉乞贳死，免三年徭役，即解散为良民。海以闻，命瑄往招讨，以都督刘聚、佥都御史张楷大军继其后。瑄既至，先令人赍敕往抚，茂七不肯降。瑄驰赴沙县图之，"贼首"林宗政等万余人，攻后坪，欲立砦，瑄令通判倪冕等，率众先据要害，而身与都指挥雍埜等，邀其归路，斩"贼"二百余级，获其渠陈阿岩。明年十四年。二月，瑄诱"贼"复攻延平，督众军分道冲击，"贼"大败遁走。指挥刘福追之，遂斩茂七，招胁从复业。未几，复禽其党林子得等。尤溪"贼首"郑永祖，率四千人攻延平，瑄偕埜等邀击禽之，斩首五百有奇，余党溃散。楷之监大军讨"贼"也，至建宁，顿不进，日置酒赋诗为乐，闻瑄破"贼"，则驰至延平攘其功。瑄被胁，依违具奏。福不能平，诉之，诏责瑄具状，楷等皆获罪。瑄有功不问，功亦竟不录。茂七虽死，其从子伯孙等复炽，朝廷更遣陈懋等以大军讨。（《明史》卷一六五《丁瑄传》）

【刘六刘七】

正德中，刘瑾弄权，人民迫而举兵者，在江西抚州，则有王钰五、徐仰三、傅杰一、杨端三等，南昌则有桃源汪澄三、王浩八、殷勇十、洪瑞七等，瑞州则有华林罗光权、陈福一等，赣州则有大帽山何积钦等，先后为陈金、俞谏等所破；在四川保宁，则有顺天王蓝廷瑞、刮地王鄢本恕、扫地王廖惠及廖麻子，与眉州刘烈等，其众十余万，分据陕西、湖广之境，自正德四年七月起，至九年五月止，始为洪钟、林俊、彭泽所破。刘六、刘七、杨虎、齐彦名，起于文安，与刘惠、赵𫔁联合，驰逐畿辅、山东、山西、湖广、江西，至江阴狼山，始为陆完、彭泽所破，为时先后凡二年。

明年，正德六年。霸州"贼"刘六、刘七等起，奉杨虎为首，惠安伯张伟，右都御史马中锡，师出无功，逮系论死。八月，诏完兼右佥都御史，提督军务，统京营、宣府、延绥军讨之。行及涿州，忽传"贼"且逼京师，命还军入卫，会副总兵许泰、游击却永等，败杨虎等于霸州，"贼"南走，京师始解严。指挥贺勇等，再败"贼"信

安，副总兵冯桢复大败之阜城，分兵追击。"贼"东围沧州，会刘六、七中流矢，乃解而南，陷山东县二十，杨虎兵亦北残威、县新河。于是完频请济师，益发辽东、山西诸镇兵逐"贼"。"贼"益南，围济宁，焚运舟，转寇曹州，桢、泰、永击斩二千余人，获其魁朱谅，录功，进完右都御史，诸将皆增秩。中官谷大用、张忠，意"贼"旦暮平，乃自请督师，诏以大用总督军务，伏羌伯毛锐，充总兵官，忠监神枪，统京军五千人，会完讨"贼"。

时刘六等纵横沂、莒间，而杨虎陷宿迁，执淮安知府刘祥、灵璧知县陈伯安，连陷虹、永城、虞城、夏邑及归德州。边兵追及，"贼"退至小黄河渡口，百户夏时，设伏歼之，虎溺死。余"贼"奔河南，推刘惠为首，大败副总兵白玉军，攻陷沈丘，杀都指挥王保，执都指挥潘翀，北陷鹿邑。有陈翰者，与宁龙谋，奉惠为奉天征讨大元帅，赵鐩副之，翰自为侍谋军国重务元帅府长史，与龙立东西二厂治事，分其军为二十八营，以应列宿，营各置都督，聚众至十三万，欲牵制官军。于是惠、鐩扰河南，刘六及齐彦名等扰山东，党分为二。已而六复转而北，永败之潍县，还趋霸州。帝将出郊省牲，闻之惧，急召完赴援。完击破之文安，"贼"南至汤阴，完又督诸将追败之，先后俘斩千人。当是时，六等众号数万，然多胁从，精锐不过千余人，自兵部下首功令，官军追"贼"，"贼"辄驱良民前行，急则弃所掠逸去，官军所杀皆良民，以故捷书屡奏，而"贼"势不衰。明年七年。正月，六等复突霸州，京师戒严，诏完及大用、锐，还御近畿，"贼"乃西掠博野，攻蠡县、临城，大用、锐与遇于长垣，大败。廷议召二人还，别命都御史彭泽，同咸宁伯仇钺，办河南"贼"，以畿辅山东"贼"委完。完遣永追败刘六于宋家庄，"贼"南犯滕县，副总兵刘晖大败之，"贼"遂奔登莱海套。完师次平度，檄永、玉与游击温恭，三道进攻，命副总兵张俊、李鋐及泰、晖，分军邀其奔逸。"贼"走，连战皆大败之，"贼"乃变服易马而遁，先后禽斩二千六百余人。"贼"止三百人北走，沿途招聚，势复张，剽香河、宝坻、玉田，转攻武清，游击王杲败没，巡抚宁杲兵亦败，畿辅复震动。而"贼"转南，至冠县，晖袭败之，指挥张勋又败之平原，"贼"南奔邳州，渡河，抵固始。会河南"贼"已平，刘六等势益衰，

卷五 明清

遂走湖广，夺舟至夏口，遇都御史马炳然，杀之。复登陆，焚汉口，为指挥满弼等追及，刘六中流矢，与子仲淮赴水死。刘七、齐彦名，率五百人舟行，自黄州顺流抵镇江，南京告急。完疾趋而南，帝命彭泽、仇钺，会完军进剿，大兵尽集江南北。"贼"犹乘潮，上下肆掠，操江武靖伯赵弘泽、都御史陈世良遇之，败绩，死者无算。七月，"贼"治舟孟渎，完等至镇江，留钺防守，令恭以骑驻江北，晖、永以舟趋江阴，完率都指挥孙文、傅铠趋福山港。"贼"惧，抵通州，飓风大作，弃舟，走保狼山。完命同知罗玮，夜道军登山南麓之，彦名中枪死，七中矢，亦赴水死，余"贼"尽平。(《明史》卷一八七《陆完传》)

刘惠、赵镭等"乱"河南，命泽与咸宁伯仇钺，提督军务讨之，陈便宜十一事，厚赏峻罚，以激劝将吏。……薄"贼"，大小数十战，连破之。甫四月，"贼"尽平。(《明史》卷一九八《彭泽传》)

正德七年二月，拜平"贼"将军，偕都御史彭泽，讨河南"盗"刘惠、赵镭，……余党邢本道、刘资及杨寡妇等，先后皆被禽。凡出师四月，而河南"贼"悉平。赵镭，一名风子，文安诸生也。……稍有智计，定为部伍，劝其党无妄杀，移檄府县，约官吏师儒毋走避，迎者安堵，由是横行中原，势出刘六等上。……有司遣人赍招抚榜至，镭具疏附奏言："今群奸在朝，舞弄神器，浊乱海内，诛戮谏臣，屏弃元老，举动若此，未有不亡国者。乞陛下睿谋独断，枭群奸之首以谢天下，即枭臣之首以谢群奸。"(《明史》卷一七五《仇钺传》)

丙、白莲教徒

【唐赛儿】

唐赛儿，乃白莲教之余波，至嘉、万以后，其教演为闻香、无为、龙天数派，有经典，有仪式，蔓延北方，为一种秘密宗教。继赛儿而兴兵者则有徐鸿儒。

永乐十八年二月，蒲台……林三妻唐赛儿……自言得石函中宝书神剑，役鬼神，剪纸作人马相战斗，徒众数千，据益都卸石栅寨，指挥高凤败殁，势遂炽，其党董彦升等，攻下莒、即墨，围安丘。总兵官安远侯柳升，帅都指挥刘忠，围赛儿寨，赛儿夜刼官军，军乱，忠战死，赛儿遁去。比明，升始觉，追不及，获"贼"党刘俊等，及男

青州唐赛寨

唐赛儿起义根据地。

女百余人，而"贼"攻安丘益急，知县张施、丞马㧓死战。"贼"不能下，合莒、即墨众万余人以攻。青方屯海上，闻之，帅千骑，昼夜驰至城下，再战，大败之，城中亦鼓噪出，杀"贼"二千，生禽四千，余悉斩之。时城中旦夕不能支，青救稍迟，城必陷。比"贼"败，升始至，青迎谒，升怒其不待己，捽之出。是日，鳌山卫指挥王真，亦以兵百五十人歼"贼"诸城，"贼"遂平，而赛儿卒不获。(《明史》卷一七五《卫青传》)

山东唐赛儿反，事平，俘胁从者三千余人至，原吉请于帝，悉原之。(《明史》卷一四九《夏原吉传》)

【徐鸿儒】

先是蓟州人王森得妖狐异香，倡白莲教，自称闻香教主，其徒有大小传头，及会主诸号，蔓延畿辅、山东、山西、河南、陕西、四川。森居滦州石佛庄，徒党输金钱，称朝贡，飞竹筹报机事，一旦数百里。万历二十三年，有司捕系森，论死，用贿得释，乃入京师，结外戚中官，行教自如。后森徒李国用，别立教，用符咒召鬼，两教相仇，事尽露。四十二年，森复为有司所摄，越五岁，毙于狱。其子好贤，及巨野徐鸿儒，武邑于弘志辈，踵其教，徒党益众。至是天启二年，好贤见辽东尽失，……与鸿儒等约是年中秋，并起兵。会谋泄，

卷五 明清

鸿儒遂先期反，自号中兴福烈帝，称大成兴胜元年，用红巾为识，五月戊申，陷郓城，俄陷邹、滕、峄，众至数万。时承平久，郡县无守备，山东故不置重兵，彦山东巡抚。任都司杨国栋、廖栋，而檄所部练民兵，增诸要地守卒，请留京操班军，及广东援辽军，以备征调，荐起故大同总兵官杨肇基为山东总兵官讨"贼"。……时"贼"精锐聚邹滕中道，……彦乃与肇基，令游兵缀"贼"邹城，而以大军击"贼"精锐于黄阴纪王城，大败"贼"，麾而殪之峄山，遂围邹。……鸿儒抗守三月，食尽，"贼"党尽出降，鸿儒单骑走，被禽。抚其众四万七千余人，彦乃纪绩告庙献俘，磔鸿儒于市。鸿儒蹯山东二十年，徒党不下二百万。……于弘志亦于是年六月，据武邑白家屯，将取景州应鸿儒。天津佥事来斯行方赴援山东，还军讨之，弘志突围走，为诸生叶廷珍所获。凡举事七日而灭。好贤亦捕得。（《明史》卷二五七《赵彦传》）

天启二年，"妖贼"徐鸿儒反山东，连陷郓、巨野、邹、滕、峄，众至数万。巡抚赵彦，任都司杨国栋、廖栋，檄所部练民兵，增诸要地守卒。时肇基方家居，彦因即家荐起之，为山东总兵官讨"贼"。（《明史》卷二七〇《马世龙附杨肇基传》）

天启二年……八月初二日，保定抚张凤翔奏曰："邹、滕、兖、

张凤翔临皇甫君碑

随柱国左光禄大夫弘义明公皇甫府君之碑
银青光禄大夫行
太子左庶子上柱国黎阳县开国公于志宁制
夫素秋肃劲致草摽

郓，首发大难，而武邑、衡水、枣强继之，传头大主，则于弘志。景州李隐、马习之，白昼"抄掠"；白莲、闻香、无为、龙天等教，遍传域中，如深州、束鹿、饶阳、武强、献县、清河、故城、冀州、南宫、清河、藁城、晋州、安阳，气候相通，共数十万。（方孔炤《全边略记》卷一一）

朱国桢《涌幢小品》所载白莲教经典如下。

成化中，山西崞县民王良学佛法于弥陀寺僧李金华，见人辄为好言劝谕之。忻州民李钺闻而悦之，愿为弟子。……良即撰表，欲上达北小王子，请犯边，当为内应。……事败，……所追妖书图本，……有《番天揭地搜神纪经》，《金龙八宝混天机神经》，《安天定世绣莹关九龙战江神图》，《天官知贤变迁神图经》，《镇天降妖铁板达通天混海图》，《定天定国水晶珠经》，《金锁洪阳大策金锋都天玉镜六甲明天九关夜海金船经》，《九关七返纂天经》，《八宝擎天白玉柱夫子金地历》，《刘太保泄漏天机伍公经夺天册收门纂经》，《佛手记三煞截鬼经》，《金锁拦天记紧关周天烈火图玉盆经》，《换天图飞历》，《神工九转玉瓮金灯记天形图天髓灵经》，《定世混天神珠通玄济世鸳鸯经》，《锦珊瑚通天立世滚云裘银城论显明历》，《金璋紫绶经》，《玉贤镜四门记收燕破国经》，《通天无价锦包袱三圣争功聚宝经》，《金历地经》，《夺天策海底金经》，《九曜飞光历》，《土伞金华盖水鉴书照贤金灵镜经》，《朱砂符式坐坛记普济定天经》，《周天烈火图六甲天书三灾救苦金轮经》，《智锁天关书惑天迷化经变化经》，《镇国定三世阳历》，《玄元宝玉镜伞锦华盖换海图转天图》，《推背书九曜飞天历》，《弥勒颂通天玩海珠照天镜玄天宝镜经上天梯等经》，《龙女引导经》，《穿珠偈天形图应刻经天图形首妙经》，《玉贤镜透天关尽天历》，《玄娘圣母亲书太上玄元宝镜降妖断怪伍家经》，《金光妙品夺日金灯红尘三略照天镜九关番天揭地神图》，《金锋都天玉镜玉树金蝉经》，《玄娘圣母经》，

《涌幢小品》书影

《七返无价紫金船银城图样龙凤勘合》。(朱国桢《涌幢小品》卷三二)

黄育楩《破邪详辩》载无为教经卷四十六种，知清道光时，其教犹盛行北方，唯显与白莲教为难。

> 癸巳冬初，调任巨鹿，又为邪教出没之薮，余即严密稽查。……旋于民间抄出邪教经卷，并前任所贮库者，共二十种，系刊板大字，印造成帙，经皮卷套，锦缎装饰，经之首尾，绘就佛像，一切款式，亦与真正佛经相似。查其年限，系在万历崇祯等年，阅其文词，则妖妄悖谬，烦冗杂错，总不离乎真空家乡、无生父母之语。(黄育楩《破邪详辩》序)

> 邪教有《古佛天真考证龙华宝经》，分二十四品，……"天真收圆品"，有云：……红阳教飘高祖，净空教净空僧，无为教四维祖，西大乘吕菩萨，黄天教普静祖，龙天教米菩萨，南无教孙祖师，南阳教南阳母，悟明教悟明祖，金山教悲相祖，顿悟教顿悟祖，金禅教金禅祖，还源教还源祖，大乘教石佛祖，圆顿教苦善祖，收源教收源祖，……查邪经，飘高为万历时人，而居邪教之首，可知净空等众，同为明末妖人，而刊印邪经，又系明末太监。(黄育楩《破邪详辩》卷上)

> 邪教有《古佛天真考证龙华宝经》，……《销释悟性还源宝卷》，……《开心结果宝卷》，……《下生叹世宝卷》，……《明证地狱宝卷》，……《科意正宗宝卷》，……《归家报恩宝卷》，……《谭国佑民伏魔宝卷》，……《混元红阳显性结果经》，……《混元红阳大法祖明经》，……《混元红阳血湖宝忏》，……《混元无上大道元妙真经》，……《苦功悟道卷》，……《正信除疑无修证自在卷》，……《巍巍不动太山深根结果卷》，……《叹世无为卷》，……《破邪显证钥匙卷》，……《姚秦三藏西天取清解论》，……《普静如来钥匙通天宝卷》，……《普明如来无为了义宝卷》，……余辩邪经，共二十种，皆刊自明万历、崇祯年间，实为近世邪教之祖。(黄育楩《破邪详辩》卷上)

> 己亥春初，升任沧州，旋即查得城内有无生庙碑一座，庙已无存，碑犹如故，捷地有无生庙一座，旧州有无生庙一座。又查得城内外及四乡各庙，收藏邪经，共有三十一种之多。……有与巨鹿相同者，仅止五种，其余一十六种，则为巨鹿所未有。……邪教有《三义护国佑民伏魔功案宝卷》，……《泰山东岳十王宝卷》，……《地藏菩

萨执掌幽冥宝卷》，……《灵应泰山娘娘宝卷》，……《护国威灵西王梅宝卷》，……《佛说离山老母宝卷》，……《千手千眼菩萨报恩宝卷》，……《销释白衣观音菩萨送婴儿下生宝卷》，……《佛说弥陀宝卷》，……《救苦忠孝药王宝卷》，……《佛说梁皇宝卷》，……《销释孟姜忠烈贞节贤良宝卷》，……《佛说如来老祖宝卷》，……《佛说无为金丹拣要科仪宝卷》，……《佛说明宗显性科仪》，……《佛说通元收源宝卷》，……《普渡新声救苦宝卷》，……《销释授记无相宝卷》，……《销释大宏觉通宝卷》，……《销释印空实际宝卷》，……《销释金刚科仪》，……《佛说大方广圆觉多罗了义宝卷》，……《佛说三迴九转下生漕溪宝卷》，……《佛说黄氏女看经宝卷》，……《佛祖转灯心印宝卷》，……《皇极金丹九莲正信皈真还乡宝卷》。（黄育楩《破邪详辩》卷下）

明代人民举兵简表

人　名	年　代	据　地	备　考
王佛儿	洪武六年（1373）	湖广罗田县	自称弥勒佛降生。
王金刚奴	永乐七年（1409）	陕西沔县	改元龙凤，为耿炳文所败。
夏旭	宣德九年（1434）	江西永丰	《实录》作夏九旭。
黄萧养	正统十四年（1449）	起兵广东南海，攻下广州。	至景泰元年，
韦朝德	景泰六年（1455）	广西罗城	众二万余人。
王斌	天顺元年（1457）	陕西南部	白莲教数千人。
李添保	天顺五年（1461）	湖广	麻城人，因逋赋入苗境，结苗民起兵。
悟真	天顺七年（1463）	四川，转战荣昌、遂宁、铜梁等县。	
蓝廷瑞、鄢本恕、廖惠、方四、刘烈等。	正德四年（1509）	四川东北、四川南部及陕甘、贵州	众十余万，正德四年至九年，
周克亮	嘉靖元年（1522）	广西马平	数万人。
王堂	嘉靖二年（1523）	在山东以矿工起兵，转战莱芜、新泰、临城、曹县诸地，山东、河南俱震。	至三年四月。
陈卿、陈绮。	嘉靖二年（1523）	起山西潞州，转战河南、山西间。	分聚数万人，至嘉靖八年始败。

续表

人　名	年　代	据　地	备　考
黄艮、秦璠。	嘉靖十九年（1540）	镇江以下，长江沿岸。	嘉靖二十年败。
田斌妻连氏、白莲僧惠金	嘉靖二十五年（1546）	起于汶上，西攻归开，南扰徐凤。	
师尚诏	嘉靖三十二年（1553）	起兵河南柘城，转战睢州、西华、扶沟、许州、临颍诸州县。	起兵先后仅二月，众数万。
张琏、郑八。	嘉靖三十九年（1560）	起广东，转战汀漳、延建、宁都、连城、瑞金，攻陷云霄、镇海卫、南靖诸城，三省骚动。	聚众十万。
曾一本	隆庆二年（1568）	起兵广东	二年至四年，
蔡伯贵	隆庆二年（1568）	起四川大足，连破合州、铜梁七州县。	白莲教。
张茂	隆庆二年（1568）	江西万羊山	合蓝户以抗官兵。
李宗鹗	万历八年（1580）	起陕西延庆间，转战陕北各州县。	皆回民，八年至十二年，
雷仑、王迁善、杨廷友。	万历八年（1580）	河南仪封县	白莲教。
齐本教	万历九年（1581）	以矿工起山西	
王安	万历十四年（1586）	河南淇县	众数千人。
梅堂、刘汝国	万历十四年（1586）	起宿松、蕲州	饥民随者数万，至十六十七年始盛。
李圆朗	万历十七年（1589）	广东始兴县	僧。
金得时	万历二十八年（1600）	辽东	众三千人。
赵一平	万历二十八年（1600）	浙东	
吴建兄弟	万历三十二年（1604）	福建，不三五日，聚众数千。	
刘永明	天启二年（1622）	山东	二万余人。
王二	天启七年（1627）	陕西白水县。	张李之先声。
附记	本表根据毛奇龄《后鉴录》，参照《实录》。		

七　明代之宦官

（一）宦官之职掌

明初设置宦官，供奉内廷，鉴前代之失，驭制甚严。

太祖之制，内官不得识字预政，备扫除之役而已。（《明史》卷九五《刑法志》三）

明太祖既定江左，鉴前代之失，置宦官不及百人。迨末年，颁祖训，乃定为十有二监，及各司局，稍称备员矣。然定制不得兼外臣文武衔，不得御外臣冠服，官无过四品，月米一石，衣食于内庭。尝镌铁牌，置宫门，曰："内臣不得干预政事，预者斩。"敕诸司不得与文移往来。（《明史》卷三〇四《宦官传序》）

宦官，……十二监，四司，八局，所谓二十四衙门也。（《明史》卷七四《职官志》三《宦官》）

明宦官二十四衙门官制简表

机关区别		官　员	职　掌	备　考
二十四衙门	十二监	司礼监	提督太监一员	掌督理皇城内，一应仪礼刑名，及钤束长随，当差听事各役，关防门禁，催督光禄供应等事。	刘若愚《酌中志》，掌印秩尊视元辅，掌东厂权重视总宪兼次辅，其次秉笔、随堂，如众辅焉。各家私臣曰掌家，曰管事，曰上房，曰掌班，曰司房。
			掌印太监一员 秉笔太监 随堂太监	掌理内外章奏，及御前勘合。 掌章奏文书，照阁票批朱。	
		内宫监	掌印太监一员	掌国家营造宫室陵墓，并铜锡妆奁器用，暨冰窖诸事。	
		御用监	掌印太监一员 里外监把总二员	掌凡御前所用，及诸玩器，皆造办之。	
		司设监	掌印太监一员	掌卤簿仪仗帷幄诸事。	
		御马监	掌印太监一员 监督太监一员 提督太监一员	掌御厩诸事。	沈德符《万历野获编补遗》卷一，所掌与兵部相关，近日内臣用事，稍关兵柄者，辄改御马衔以出，如督抚之兼司马中丞。

续表

机关区别		官员	职掌	备考
二十四衙门	十二监	神宫监	掌印太监一员	掌太庙各庙洒扫香灯等事。	
		尚膳监	掌印太监一员 提督光禄太监一员 总理太监一员	掌御膳，及宫内食用，并筵宴诸事。	
		尚宝监	掌印太监一员	掌宝玺、敕符、将军印信。	
		印绶监	掌印太监一员	掌古今通集库，并铁券诰敕，贴黄印信，勘合符验信符诸事。	
		直殿监	掌印太监一员	掌各殿及廊庑扫除事。	
		尚衣监	掌印太监一员	掌御用冠冕袍服，及履舄靴袜之事。	
		都知监	掌印太监一员	掌各监行移知勘合之事，后惟随驾前道警跸。	
	四司	惜薪司	掌印太监一员	掌所用薪炭之事。	
		钟鼓司	掌印太监一员	掌管出朝钟鼓，及内乐传奇过锦打稻诸杂戏。	
		宝钞司	掌印太监一员	掌造粗细草纸。	
		混堂司	掌印太监一员	掌沐浴之事。	
	八局	兵仗局	掌印太监一员 提督太监一员	掌制造军器火药。	
		银作局	掌印太监一员	掌打造金银器饰。	
		浣衣局	掌印太监一员	凡宫人年老，及有罪退废者，发此局居住，惟此局不在皇城内。	《酌中志》，此署在德胜门迤西，俗称浆家房者是也。
		巾帽局	掌印太监一员	掌宫内使帽靴，驸马冠靴，及藩王之国诸旗尉帽靴。	
		针工局	掌印太监一员	掌造宫中衣服。	
		内织染局	掌印太监一员	掌染造御用及宫内应用缎匹，城西蓝靛厂，为此局外署。	
		酒醋面局	掌印太监一员	掌宫内食用酒醋糖酱面豆诸物。	
		司苑局	掌印太监一员	掌蔬菜瓜果。	
附记			一　《明史·宦官·张鲸传》，内竖初入宫，必投一大珰为主，谓之门下。 二　沈德符《万历野获编补遗》，正德二年九月，严申自宫之禁，但有潜留京师者论死。时宦官宠盛，愚民尽阉其子孙以图富贵，有一村至数百人者，虽禁之莫能止。嘉隆而后，自宫者愈禁愈多。		

成祖以后，渐加委任，权势日张，操持国柄，为祸之酷烈，侔于汉。

建文帝嗣位，御内臣益严，诏出外稍不法，许有司械闻。及燕师逼江北，内臣多逃入其军，漏朝廷虚实，文皇以为忠于己，而狗儿辈，复以军功得幸，即位后，遂多所委任。……盖明世宦官，出使、专征、监军、分镇、刺臣民隐事诸大权，皆自永乐间始。(《明史》卷三〇四《宦官传序》)

太祖……因定制，内侍毋许识字。洪武十七年，1384年。铸铁牌，文曰："内臣不得干预政事，犯者斩。"置宫门中。又敕诸司，毋得与内官监文移往来。……成祖亦尝云：朕一遵太祖训。……顾中官四出，实始永乐时。元年，1403年。李兴等赍敕劳暹罗国王，此奉使外国之始也。三年，命郑和等率兵二万，行赏西洋古里、满剌诸国，此将兵之始也。八年，敕王安等监都督谭青等军，马靖巡视甘肃，此监军巡视之始也。及洪熙元年，1425年。以郑和领下番官军，守备南京，遂相沿不改，敕王安镇守甘肃，而各省镇皆设镇守矣。宣德四年，1429年。特设文书房，命大学士陈山，专授小内使书，而太祖不许识字读书之制，由此而废。赐王瑾、金英印记，则与诸密勿大臣同；赐金英、范弘等免死诏，则又无异勋臣之铁券也。英之王振、宪之汪直、武之刘瑾、熹之魏忠贤，太阿倒握，威福下移，神宗矿税之使，无一方不罹厥害。其他怙势薰灼，不可胜纪，而荫弟、荫侄、封伯、封公，则挠官制之大者。庄烈帝初翦大憝，中外颂圣，既而镇守、出征、督饷、坐营等事，无一不命中官为之，而明亦遂亡矣。(《明史》卷七四《职官志》三《宦官》)

文书房，注，掌房十员，掌收通政司每日封进本章，并会极门京官，及各藩所上封本。其在外之阁票，在内之搭票，一应圣谕、旨意、御批，俱由文书房落底簿发。凡升司礼者，必由文书房出，如外廷之詹、翰也。(《明史》卷七四《职官志》三《宦官》)

甲、东厂

提督东厂，注，掌印太监一员，掌班、领班、司房无定员，贴刑二员，掌刺缉刑狱之事。旧选各监中一人提督，后

明代彩塑太监像

专用司礼秉笔第二人，或第三人为之。其贴刑官，则用锦衣卫千、百户为之。(《明史》卷七四《职官志》三《宦官》)

东厂之设，始于成祖；锦衣卫之狱，太祖尝用之，后已禁止，其复用亦自永乐时。厂与卫相倚，故言者并称厂卫。初成祖起北平，刺探官中事，多以建文帝左右为耳目，故即位后，专倚宦官，立东厂于东安门北，令嬖昵者提督之，缉访谋逆、妖言、大奸恶等，与锦衣卫均权势。……至宪宗时，尚铭领东厂，又别设西厂刺事，以汪直督之，所领缇骑倍东厂，自京师及天下，旁午侦事，虽王府不免。直中废复用，先后凡六年，冤死者相属，势远出卫上。(《明史》卷七四《职官志》三《宦官》)

……正德元年，1506年。杀东厂太监王岳，命邱聚代之，又设西厂，以命谷大用，皆刘瑾党也。两厂争用事，遣逻卒刺事四方。……而卫使石文义，亦瑾私人，厂卫之势合矣。瑾又改惜薪司外薪厂为办事厂，荣府旧仓地为内办事厂，自领之，京师谓之内行厂，虽东西厂皆在伺察中，加酷烈焉。且创例罪无轻重，皆决杖，永远戍边，或枷项发遣，枷重至百五十斤，不数日辄死。……瑾诛，西厂、内行厂俱革，独东厂如故。……天启时，魏忠贤以秉笔领厂事，用卫使田尔耕、镇抚许显纯之徒，专以酷虐钳中外，而厂卫之毒极矣。(《明史》卷九五《刑法志》三)

凡中官掌司礼监印者，其属称之曰宗主，而督东厂者曰督主。东厂之属无专官，掌刑千户一，理刑百户一，亦谓之贴刑，皆卫官。其隶役悉取给于卫，最轻黠獧巧者，乃以拨充之，役长曰档头，……专主伺察；其下番子数人，为干事。……每月旦，厂役数百人，掣签庭中，分瞰官府。其视中府诸处会审大狱，北镇抚司考讯重犯者，曰听记；他官府及各城门访缉，曰坐记。某官行某事，某城门得某奸，胥吏疏白坐记者上之厂，曰打事件。至东华门，虽夤夜投隙中以入，即屏人达至尊，以故事无大小，天子皆得闻之。家中米盐猥事，官中或传为笑谑，上下惴惴，无不畏打事件者。卫之法亦如厂，然须具疏，乃得上闻，以此其势不及厂远甚。(《明史》卷九五《刑法志》三)

文皇即位，尽僇建文诸臣，怀疑不自安，特重锦衣为爪牙心腹……犹以外衙门，顾惜情面，口东厂主刺奸，督以内臣。……设行事

东厂遗址

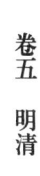

在今北京东厂胡同。

人员，专缉谋反、妖言、强劫、椎埋及盗仓库钱粮、私铸、私雕印信等事，下锦衣打问，刑部拟罪。其小小者，片纸密报，日有数次，谓之打事件。衙宇壮丽邃密，有狱，有理刑官，权出锦衣上。……其祸绝不及缙绅，得相安无事。惟成化中西厂最著，汪直主之，……其流毒甚广，大出理法之外。阁臣强争，废而复立。（朱国桢《皇明大事记》卷二一）

永乐十八年，1420年。立东厂，命内官一人主，拨锦衣卫官校，刺调大小事情。成化十二年，1476年。增立西厂，命御马监太监汪直主之，权出东厂上。正德三年，东厂有太监邱聚、西厂太监谷大用矣，复以荣府旧仓地为内行厂，司礼太监刘瑾自领之，得调察一切，及二厂不法事。（王世贞《弇州史料后集》卷三二"增设三厂"）

乙、京营

提督京营，注：提督太监，坐营太监，监枪，掌司，佥书，俱无定员，始于景泰元年。1450年。（《明史》卷七四《职官志》三《宦官》）

正统四年，1439年。遣太监吴诚、吉祥监督诸军，讨麓川宣慰思任发，败绩，此内臣总兵之始也。……十三年，宁阳侯陈懋为总兵官，率师讨邓茂七等，太监曹吉祥、王瑾监督神机火器。案，此监枪内臣之始也。……十四年，……虏入寇德胜门外，敕太监兴安、李永昌，往同武清伯石亨、尚书于谦，整理军务。按：此内臣总京营兵之

始也。……景泰三年，1452年。总督少保尚书于谦、总兵武清侯石亨等，议选精兵十五万，分为十营，太监阮让，都督杨俊，提督四营；太监陈瑄、卢永，都督郭震、冯宗，各提督三营，俱听谦、亨及太监刘永诚、吉祥节制。案，此内臣坐营之始也。……天顺八年，1464年。命太监周中于奋武营，右少监王亨耀武营，太监唐顺练武营，右少监林贵奉显武营，太监张温敢勇营，右少监赵永果勇营，奉御郑达效勇营，右少监米童鼓勇营，左副使高廉立威营，奉御王璇伸威营，右副使张璘扬威营，奉御张绅振威营，监神枪，仍听太监刘永诚节制。按：此内臣分坐十二营之始也。(王世贞《弇山堂别集》卷九《中官考》一)

丙、镇守

镇守，注：镇守太监，始于洪熙，遍设于正统，凡各省各镇，无不有镇守太监，至嘉靖八年后始革。(《明史》卷七四《职官志》三《宦官》)

世宗习见正德时宦侍之祸，即位后，御近侍甚严。……帝又尽撤天下镇守内臣，及典京营仓场者，终四十余年，不复设。(《明史》卷三〇四《谷大用传》)

正德十二年1517年。丁酉，六科都给事中汪玄锡等言，先朝虽添设镇守等官，未尝许其巡历，惟逆瑾擅政，乃许接受民词。(王世贞《弇山堂别集》卷九六《中官考》七)

各镇戍镇守内官，竞以所在土物进奉，谓之孝顺。(陆容《菽园杂记》卷一)

丁、采买

采造之事，累朝侈俭不同，大约靡于英宗，继以宪、武，至世宗、神宗而极。其事目繁琐，征索纷纭，……而最为民害者，率由中官。……先是上供之物，任土作贡，曰"岁办"；不给，则官出钱以市，曰"采办"。其后本折兼收，采办愈繁，于是召商置买，物价多亏，商贾匿迹。……世宗末年，岁用止十七万两，穆宗裁二万，止十五万余，经费省约矣。万历初年，益减至十三四万，中年渐增，几至三十万，而铺户之累滋甚。时中官进纳索赂，名"铺垫钱"，费不赀，所支不足相抵，民不堪命，相率避匿，乃金京师富户为商，令下，被

金者如赴死，重贿营免。……至熹宗时，商累益重，有输物于官终不得一钱者。(《明史》卷八二《食货志》六《上供·采造》)

永乐初，……内使之出，始于是时，工役繁兴，征取稍急，非土所有，民破产购之，军器之需，尤无算。……宣宗罢闸办金银，其他纸、航、纻丝、纱罗、䌷缎、香货、银朱、金箔、红花、茜草、麂皮、香蜡、药物、果品、海味、朱红、饯金、龙凤器物，多所罢减，……悉召还所遣官，敕自今更不许辄遣。……然宽免之诏屡下，内使屡敕撤还，而奉行不实，宦者辄名采办，虐取于民，诛袁琦、阮巨队等十余人，患乃稍息。英宗立，罢诸处采买。……正统八年，1443年。以买办扰民，始令于存留钱粮内折纳，就近解两京。先是仁宗时，令中官镇守边塞，英宗复设各省镇守，又有守备分守，中官布列天下。及宪宗时益甚，购书采药之使，搜取珍玩，靡有孑遗，抑卖盐引，私采禽鸟，糜官帑，纳私贿，动以万万计。……孝宗立，颇有减省。甘肃巡抚罗明，言镇守分守内外官，竞尚贡献，各造使属边卫搜方物，名曰"采办"，实扣军士月粮马价，或巧取番人犬马奇珍，且设膳乳诸房，金厨役，造酥油诸物，比及起运，沿途骚扰，乞悉罢之。报可。然其后糜费渐多，至武宗任刘瑾，渔利无厌，镇守中官，率贡银万计，皇店诸名不一，岁办多非土产。……世宗初，内府供应，减正德什九，中年以后，营建斋醮采木、采香、采珠玉宝石，吏民奔命不暇。……神宗，……帝日黩货，开采之议大兴，费以巨万计。……至于末年，内使杂出，采造益繁，内府告匮，至移济边银以供之，熹宗一听中官，操造尤伙。庄烈帝立，始务厘剔节省，而库藏已耗竭矣。(《明史》卷八二《食货志》六《采造》)

戊、管税

太监于经者，得幸豹房，诱上以财利，创开各处皇店，榷敛商贾。(王世贞《弇山堂别集》卷九七《中官考》八)

万历，……迨两宫三殿灾，营建费不赀，始开矿、增税，而天津

明朝太监的奢华墓地

店租，广州珠榷，两淮余盐，京口供用，浙江市舶，成都盐茶，重庆名木，湖口、长江船税，荆州店税，宝坻鱼苇，及门摊商税，油布杂税，中官遍天下，非领税即领矿，驱胁官吏，务股削焉。榷税之使，自二十六年1598年。千户赵承勋奏请始，高寀于京口，暨禄于仪真，刘成于浙，李凤于广州，陈奉于荆州，马堂于临清，陈增于东昌，孙隆于苏杭，鲁坤于河南，孙朝于山西，邱乘云于四川，梁永于陕西，李道于湖口，王忠于密云，张晔于卢沟桥，沈永寿于广西，或征市舶，或征店税，或专领税务，或兼额开采。奸民纳贿于中官，辄给指挥千户札，用为爪牙，水陆行数十里，即树旗建厂，视商贾懦者，肆为攘夺，没其全赀，负戴行李，亦被搜索。又立土商名目，穷乡僻坞，米盐鸡豕，皆合输税。所至数激民变，帝率庇不问。诸所进税，或称遗税，或称节省银，或称罚赎，或称额外赢余。又假买办孝顺之名，金珠宝玩，貂皮名马，杂然进奉，帝以为能。……三十三年，始诏罢采矿，以税务归有司，而税使不撤。李道诡称有司固却，乞如旧便，帝遽从之。……光宗立，始尽蠲天下额外税，撤回税监。（《明史》卷八一《食货志》五《商税》）

神宗宠爱诸税监，自大学士……而下，廷臣谏者不下百余疏，悉寝不报，而诸税监有所纠劾，朝上夕下，辄加重谴，以故诸税监益骄。（《明史》卷三○五《宦官·陈增附高淮传》）

己、开矿

万历十二年，1584年。房山县民史锦奏请开矿，下抚按查勘，不果行。十六年，中使祠五台山还，言紫荆关外，广昌、灵丘有矿砂，可作银冶，帝闻之喜，以大学士申时行等言而止。十八年，易州民周言、张世才，复言阜平、房山，各产矿砂，请遣官开矿，时行等仍执不可。至二十年宁夏用兵，费帑金二百余万，其冬朝鲜用兵，首尾八年，费帑金七百余万，二十七年播州用兵，又费帑金二三百万，三大征踵接，国用大匮。而二十四年乾清、坤宁两宫灾，二十五年皇极、建极、中极三殿灾，营建乏资，计臣束手，矿税由此大兴矣。其遣官自二十四年始，其后言矿者争走阙下，帝即命中官与其人偕往，天下在在有之。(《明史》卷三〇五《陈增传》)

万历十二年，奸民屡以矿利中上心，诸臣力陈其弊，帝虽从之，意怏怏。二十四年，张位秉政，前卫千户仲春请开矿，位不能止，开采之端启，废弁白望，献矿峒者日至。于是无地不开，中使四出，昌平则王忠，真、保、蓟、永、房山、蔚州则王虎，昌黎则田进，河南之开封、彰德、卫辉、怀庆、叶县、信阳则鲁坤，山东之济南、青州、济宁、沂州、滕、费、蓬莱、福山、栖霞、招远、文登则陈增，山西之太原、平阳、潞安则张忠，南直之宁国、池州则郝隆、刘朝用，湖广之德安则陈奉，浙江之杭、严、金、衢、孝丰、诸暨则曹金，后代以刘忠，陕西之西安则赵鉴、赵钦，四川则邱乘云，辽东则高淮，广东则李敬，广西则沈永寿，江西则潘相，福建则高寀，云南则杨荣，皆给以关防，并偕原奏官往。矿脉微细无所得，勒民偿之，而奸人假开采之名，乘传横索民财，陵铄州县有司，恤民者罪以阻挠，逮问罢黜。时中官多暴横，而陈奉尤甚，富家巨族，则

明代煤矿

诬以盗矿；良田美宅，则指以为下有矿脉，率役围捕，辱及妇女，甚至断人手足投之江。其酷虐如此，帝纵不问。自二十五年至三十三年，1597年至1605年。诸珰所进矿税银，几及三百万两。群小借势诛索，不啻倍蓰，民不聊生。(《明史》卷八一《食货志》五《坑冶》)

自矿税兴，中使四出，蹈藉有司，谤书一闻，驾帖立下，……皆幽系诏狱，久者至十余年，……至士民幽系死亡者，尤不可胜纪也。(《明史》卷二三七《华钰附王正志传》)

（二）王振之祸

王振得宠于英宗，排挤三杨，遂揽大权，凌辱廷臣。导英宗亲征瓦剌，致有土木之变，而振亦以是败。

王振，蔚州人，少选入内书堂，侍英宗东宫，为局郎。……及英宗立，年少，振狡黠，得帝欢。……掌司礼监，导帝用重典御下，防大臣欺蔽，于是大臣下狱者不绝，而振得因以市权。然是时太皇太后贤，方委政内阁，阁臣杨士奇、杨荣、杨溥，皆累朝元老，振心惮之，未敢逞。至正统七年，1442年。太皇太后崩，荣已先卒，士奇以子稷论死，不出，溥老病，新阁臣马愉、曹鼐势轻，振遂跋扈不可制。(《明史》卷三○四《王振传》)

宣宗崩，英宗方九岁，……大臣谓太后垂帘听政，太后曰："毋坏祖宗法。"第悉罢一切不急务，时时勖帝向学，委任股肱，以故王振虽宠于帝，终太后世，不敢专大政。(《明史》卷一一三《仁宗诚孝张皇后传》)

中官王振，有宠于帝，渐预外庭事，导帝以严御下，大臣往往下狱。靖江王佐私馈荣金，荣先省墓归，不之知，振欲借以倾荣，士奇力解之，得已。荣寻卒，士奇、溥益孤。其明年，正统六年。遂大兴师征麓川，帑藏耗费，士马物故者数万。又明年，正统七年。太皇太后崩，振势益盛，大作威福，百官小有牴牾，辄执而系之，廷臣人人惴恐，士奇亦弗能制也。士

王振像

奇既耄，子稷傲很，尝侵暴杀人，言官交章劾稷，……复有人发稷横虐数十事，遂下之理，士奇以老疾在告。（《明史》卷一四八《杨士奇传》）

王振用事，一日，语杨士奇、荣曰："朝廷事久劳公等，公等皆高年倦矣。"士奇曰："老臣尽瘁报国，死而后已。"荣曰："吾辈衰残，无以效力，当择后生可任者报圣恩耳。"振喜而退。士奇咎荣失言，荣曰："彼厌吾辈矣，一旦内中出片纸，令某人入阁，且奈何？及此时进一二贤者，同心协力，尚可为也。"士奇以为然，翼日，遂列侍读学士苗衷、侍讲曹鼐及愉名以进，由是愉被擢用。（《明史》卷一四八《杨溥附马愉传》）

兴麓川之师，西南骚动。侍讲刘球，因雷震上言，陈得失，语刺振，振下球狱，使指挥马顺支解之。大理少卿薛瑄，祭酒李时勉，素不礼振，振摭他事，陷瑄几死，时勉至荷校国子监门。御史李铎，遇振不跪，谪戍铁岭。驸马都尉石璟，詈其家奄，振恶贱己同类，下璟狱。……又械户部尚书刘中敷，侍郎吴玺、陈瑺于长安门。所忤恨，辄加罪谪。……帝方倾心向振，尝以"先生"呼之，赐振敕，极褒美。振权日益积重，公侯勋戚，呼曰"翁父"，畏祸者争附振免死，赇赂辏集。工部郎中王祐，以善谄擢本部侍郎，兵部尚书徐晞等，多至屈膝。……私党马顺、郭敬、陈官、唐童等，并肆行无忌。久之，构衅瓦剌，振遂败。事详"域外经营·瓦剌与鞑靼"内。（《明史》卷三〇四《王振传》）

败报闻，……都御史陈鉴等，廷奏振罪。……郕王命……并振党诛之，振族无少长，皆斩。振擅权七年，籍其家，得金银六十余库，玉盘百，珊瑚高六七尺者二十余株，他珍玩无算。……英宗复辟，顾念振不置，用太监刘恒言，赐振祭，招魂以葬，祀之智化寺，赐祠曰精忠。（《明史》卷三〇四《王振传》）

本朝中官，自正统以来，专权擅政者，固尝有之，而伤害忠良，势倾中外，莫如太监王振。然宣德年间，朝廷起取花木鸟兽，及诸珍异之好，内官接迹道路，骚扰甚矣。自振秉内政，未尝轻差一人出外，十四年间，军民得以休息，……而内官之权，振实揽之，不使泛滥四及，天下阴受其惠多矣。此亦不可掩也。（陆容《菽园杂记》卷六）

英宗复辟，以曹吉祥有殊功，颇加宠任。吉祥怙势，大肆威焰，旋失

帝欢，终以谋叛诛。

曹吉祥，滦州人，素依王振。正统初，征麓川，为监军；征兀良哈，与成国公朱勇，太监刘永诚分道；又与宁阳侯陈懋等，征邓茂七于福建。吉祥每出，辄选达官跳荡卒，隶帐下，师还畜于家，故家多藏甲。景泰中，分掌京营，后与石亨结，帅兵迎英宗复位，迁司礼太监，总督三大营。嗣子钦，从子铉、铎镐、等，皆官都督，……门下厮养冒官者，多至千百人。朝士亦有依附希进者，权势与石亨坪，时并称曹石。……未几，二人争宠有隙，御史杨瑄、张鹏劾之。吉祥乃复与亨合，乘间诉帝，帝为下瑄等诏狱，而逮治阁臣徐有贞、李贤等。……承天门灾，帝命阁臣岳正，草罪己诏，诏语激切，吉祥、亨复诉正谤讪，帝又谪正，焰益张，朝野仄目。久之，帝觉其奸，意稍稍疑，及李贤力言夺门非是，始大悟，疏吉祥。无何，石亨败，吉祥不自安，渐蓄异谋，日犒诸达官金钱谷帛，恣所取，诸达官……皆愿尽力效死。……天顺五年1461年。七月，钦私掠家人曹福来，为言官所劾。帝令锦衣指挥逯杲按之，降敕遍谕群臣，钦惊曰："前降敕遂捕石将军，今复尔，殆矣！"谋遂决。是时甘凉告警，帝命怀宁侯孙镗西征，未发，吉祥……择是月庚子昧爽，钦拥兵入，而己以禁军应之。谋定，钦召诸达官夜饮，是夜，镗及恭顺侯吴瑾，俱宿朝房，达官马亮恐事败，逸出，走告瑾。瑾趣镗由长安右门隙投疏入，帝急系吉祥于内，而敕皇城及京城九门闭弗启。钦知亮逸，中夜……攻东西长安门，不得入。……镗遣二子，急召征西军，击钦于东长安门，逐钦，……归家拒战，……镗督诸军大呼入，钦投井死，……尽屠其家。越三日，磔吉祥于市，……及吉祥姻党皆伏诛。……英宗始任王振，继任吉祥，凡两致祸乱。（《明史》卷三〇四《曹吉祥传》）

（三）刘瑾之祸

武宗时，刘瑾等导帝戏游，大得宠幸，阁臣刘健、谢迁，谋逐瑾而败。瑾专擅威福，戮辱廷臣，变更法度。

刘瑾，兴平人，本谈氏子，依中官刘姓者以进，冒其姓。孝宗时，坐法当死，得免。已得侍武宗东宫。武宗即位，掌钟鼓司，与马永成、高凤、罗祥、魏彬、邱聚、谷大用、张永，并以旧恩得幸，人号八虎。而瑾尤狡狠，尝慕王振之为人，日进鹰犬歌舞角牴之戏，导帝微行。帝大欢乐之，渐信用，进内官监，总督团营。孝宗遗诏，罢中官监枪，及各城门监局，瑾皆格不行，而劝帝令内臣镇守者，各贡万金，又奏置皇庄，渐增至三百余所，畿内大扰。外廷知八人诱帝游宴，大学士刘健、谢迁、李东阳，骤谏不听，……健、迁等复连疏请诛瑾，户部尚书韩文率诸大臣继之。帝不得已，使司礼太监陈宽、李荣、王岳至阁，议遣瑾等居南京，三反，健等执不可。尚书许进曰："过激将有变。"健不从，王岳者素謇直，与太监范亨、徐智，心嫉八人，具以健等语告帝，且言阁臣议是，健等方约文及诸九卿，诘朝伏阙面争。而吏部尚书焦芳，驰白瑾，瑾大惧，夜率永成等，伏帝前环泣。帝心动，瑾因曰："害奴等者王岳，岳结阁臣，欲制上出入，故先去所忌耳。且鹰犬何损万几，若司礼监得人，左班官安敢如是？"帝大怒，立命瑾掌司礼监，永成掌东厂，大用掌西厂，而夜收岳及亨、智，充南京净军。旦日，诸臣入朝，将伏阙，知事已变，于是健、迁、东阳，皆求去，帝独留东阳，而令焦芳入阁。……时正德元年1406年。十月也。……瑾既得志，遂以事革韩文职。……瑾势日益张，毛举官僚细过，散布校尉，远近侦伺，使人救过不赡，因颛擅威福，悉道党奄，分镇各边。……瑾每奏事，必侦帝为戏弄时，帝厌之，亟麾去，曰："吾用若何事？乃溷我！"自此遂专决，不复白。
（《明史》卷三〇四《刘瑾传》）

焦芳，泌阳人。……既积忤廷臣，复锐进，乃深结阉宦以自固，日夜谋逐健、迁，代其位。……擢为吏部尚书。韩文将率九卿劾刘瑾，疏当首吏部，以告芳，芳阴泄其谋于瑾，瑾遂逐健、迁辈，而芳以本官兼文渊阁大学士，入阁辅政。（《明史》卷三〇六《焦芳传》）

正德二年1507年。三月，瑾召群臣跪金水桥南，宣示奸党，大臣则大学士刘健、谢迁，尚书则韩文、杨守随、张敷华、林瀚，部曹则郎中李梦阳，主事王守仁、王纶、孙磐、黄昭，词臣则检讨刘瑞，言路则给事中汤礼敬、陈霆、徐昂、陶谐、刘菡、艾洪、吕翀、任惠、

李光翰、戴铣、徐蕃、牧相、徐暹、张良弼、葛嵩、赵士贤，御史陈琳、贡安甫、史良佐、曹闵、王弘、任诺、李熙、王蕃、葛浩、陆昆、张鸣凤、萧乾元、姚学礼、黄昭道、蒋钦、薄彦徽、潘镗、王良臣、赵佑、何天衢、徐珏、杨璋、熊卓、朱廷声、刘玉等，皆海内号忠直者也。……瑾不学，每批答章奏，皆持归私第，与妹婿礼部司务孙聪、华亭大猾张文冕，相参决，辞率鄙冗，焦芳为润色之。……公侯勋戚以下，莫敢钧礼，每私谒，相率跪拜。章奏先具红揭投瑾，号红本，然后上通政司，号白本，皆称刘太监而不名。……遣使察核边仓，……又察盐课，……复创罚米法。尝忤瑾者，皆擿发输边。故尚书雍泰、马文升、刘大夏、韩文、许进，都御史杨一清、李进、王忠，侍郎张缙，给事中赵士贤、任良弼，御史张津、陈顺、乔恕、聂贤、曹来旬等数十人，悉破家，死者系其妻孥。其年夏，御道中有匿名书，诋瑾所行事，瑾矫旨，召百官跪奉天门下，瑾立门左诘责，日暮，收五品以下官尽下狱。明日，大学士李东阳申救，瑾亦微闻此书乃内臣所为，始释诸臣，而主事何钺，顺天推官周臣，进士陆伸，已瘐死。是时东厂、西厂缉事人四出，道路惶惧。瑾复立内行厂，尤酷烈，中人以微法，无得全者。又悉逐京师客佣，令寡妇尽嫁，丧不葬者焚之，辇下汹汹，几致乱。……凡瑾所逮捕，一家犯，邻里皆坐，或瞰河居者，以河外居民坐之。屡起大狱，冤号遍道路。《孝宗实录》成，翰林预纂修者当迁秩，瑾恶翰林官素不下己，调侍讲吴一鹏等十六人南京六部。是时内阁焦芳、刘宇，吏部尚书张彩，兵部尚书曹元，锦衣卫指挥杨玉、石文义，皆为瑾腹心，变更旧制，令天下巡抚入京受敕，输瑾赂。……又遣其党，丈边塞屯地，诛求苛刻，边军不堪，焚公廨，守臣谕之，始定。……又以谢迁故，令余姚人毋授京官。以

重修三义宫碑
明代正德三年焦芳等刻立。

占城国使人亚刘《焦芳传》，本江西万安人，以罪叛入其国。谋逆狱，裁江西乡试额五十名，仍禁授京秩如余姚，以焦芳恶华彭华。故也。瑾又自增陕西乡试额至百名，亦为芳增河南额至九十名，以优其乡士。……给事中屈铨，祭酒王云凤，请编瑾行事，著为律令。（《明史》卷三〇四《刘瑾传》）

刘瑾……变易选法，任情黜陟，官谢薄者，随即革罢，加赂又辄用之，或径自传奉，或别本带批，惟意所欲，无复顾忌，各处镇守中官，辄假以便宜行事。……官员坐事罚米，动至千百石。又钩致远年故牍，钱粮亏损，非侵盗者，概加倍追赔，以致身亡家破者，不可胜数。创为新例，罪无轻重，类决杖，永远戍边，或枷号发遣。……瑾又欲私取天下库藏，及剥敛民财，以益其富，添设巡盐、巡捕、查盘等官，四出搜索，法令日繁。又差官检核各边屯田，倍增其税，用是天下纷纷，民不堪命。（王世贞《弇山堂别集》卷九五《中官考》六）

瑾引用外臣为助，其党张彩，时进善言，禁抑贪冒，阁臣李东阳，为瑾所敬礼，弥缝其间，保全不少，惟气节之士多非之。

正德四年1509年。命……御史查盘两直隶、各省钱粮。先是诸司官朝觐至京，畏瑾虐焰，恐罹祸，各敛银赂之，每省至二万余两，往往贷于京师富豪，复任之日，取官库所贮赔偿之，其名曰京债。上下交征，恬不为异。时张彩闻而言之，瑾不自安，谋差官查盘，盖欲掩其迹也。（王世贞《弇山堂别集》卷九四《中官考》五）

彩既衔瑾恩，见瑾擅权久，贪冒无厌，天下怨之，因乘间说曰："公亦知贿入所自乎？非盗官帑，即剥小民。彼借公名自厚，入公者未十一，而怨悉归公，何以谢天下？"瑾大然之。会御史胡节巡按山东还，厚遗瑾，瑾发之，捕节下狱。少监李宣、侍郎张鸾、指挥同知赵良，按事福建还，馈瑾白金二万，瑾疏纳金于官，而按三人罪。其他因贿得祸者甚众，苛敛之害为少衰。中外或称彩能导瑾为善矣。（《明史》卷三〇六

李东阳像

李东阳《杂诗》手迹

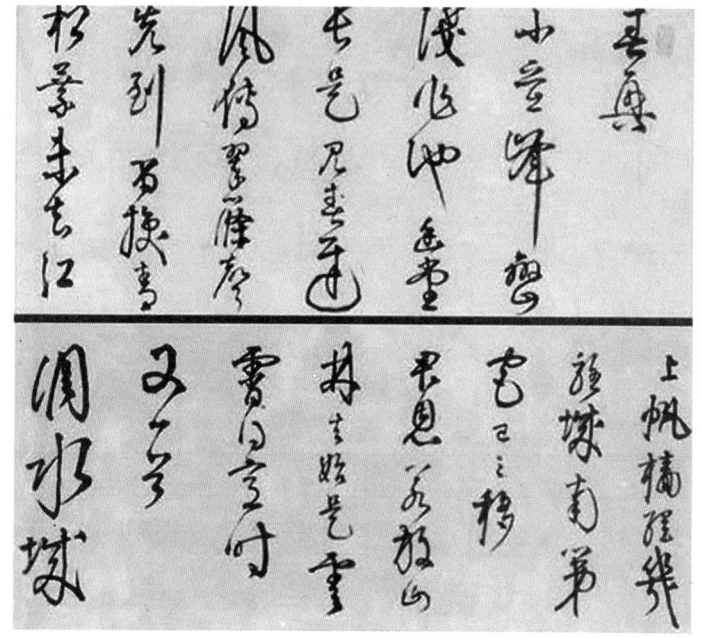

《张彩传》)

其党张彩曰:"今天下所馈遗公者,非必皆私财,往往贷京师,而归则以库金偿,公奈何敛怨贻患?"瑾然之。会御史欧阳云等十余人,以故事入赂,瑾皆举发致罪,乃遣给事御史十四人,分道盘察,有司争厚敛以补帑,所遣人率阿瑾意,专务搏击,劾尚书顾佐、侣钟、韩文以下数十人。(《明史》卷三〇四《刘瑾传》)

初健、迁持议,欲诛瑾,词甚厉,惟东阳少缓,故独留。……瑾既得志,务摧抑缙绅,而焦芳入阁,助之虐,老臣忠直士,放逐殆尽。……瑾凶暴日甚,无所不讪侮,于东阳犹阳礼敬。凡瑾所为乱政,东阳弥缝其间,亦多所补救,……其潜移默夺,保全善类,天下阴受其庇,而气节之士多非之。(《明史》卷一八一《李东阳传》)

东阳有言,时亦曲听,韩文之得免,杨一清以边费逮,平江伯陈熊以漕事几革世爵,亦得免,罚米输边仓者,就本地,皆其力也。(朱国桢《皇明大事记》卷二五)

瑾与同辈构怨,其势已孤,及安化王寘鐇反,都御史杨一清,太监张永,往讨平之。永用一清策,执瑾而诛之。

张永,……故与瑾在八党之列,瑾后嫉之,言于上,发往南京,

榜禁门，勿使入。永知，径趋上前，诉己无罪，为瑾所间。上召瑾相质，语不合，永即奋拳殴之，谷大用为解，且置酒释憾。马永成欲升所厚邵琪锦衣百户，瑾持不可，丘聚主东厂恣肆，以它事忤瑾，奏发其事，调南京，王琇建新第大内，诱上居之，因奏贾人居积。瑾怒，罪其人得止，同辈多怨之，虽威行宫省，其势实孤。（朱国桢《皇明大事记》卷二五）

正德五年1510年。四月，安化王寘鐇反，檄数瑾罪，瑾始惧，匿其檄，而起都御史杨一清、太监张永为总督，讨之。初与瑾同为八虎者，当瑾专政时，有所请，多不应，永成、大用等皆怨瑾，又欲逐永，永以谲免。及永出师还，欲因诛瑾，一清为画策，永意遂决。瑾好招致术士，有俞日明者，妄言瑾从孙二汉当大贵，兵仗局太监孙和数遗以甲仗，两广镇监潘午、蔡昭又为造弓弩，瑾皆藏于家。永捷疏至，将以八月十五日献俘，瑾使缓其期，永虑有变，遂先期入。献俘毕，帝置酒劳永，瑾等皆侍。及夜，瑾退，永出寘鐇檄，因奏瑾不法十七事，帝已被酒，俯首曰："瑾负我。"永曰："此不可缓。"永成等亦助之，遂执瑾，系于菜厂，分遣官校，封其内外私第。次日晏朝后，帝出永奏示内阁，降瑾奉御，谪居凤阳。帝亲籍其家，得伪玺一，穿宫牌五百，及衣甲、弓弩、衮衣、玉带诸违禁物，又所常持扇，内藏利匕首二，始大怒曰："奴果反！"趣付狱。狱具，诏磔于市，枭其首，榜狱词处决图示天下，族人逆党皆伏诛。……廷臣奏瑾所变法，吏部二十四事，户部三十余事，兵部十八事，工部十三事，诏悉厘正如旧制。（《明史》卷三〇四《刘瑾传》）

(四) 魏忠贤之祸

熹宗初，魏忠贤结帝乳媪客氏，并邀宠幸，挑逐异己，树立党羽，遂专擅宫廷，屠毒正士，其祸为有明一代之冠。

魏忠贤，肃宁人。少无赖，与群恶少博，不胜，为所苦，恚而自宫，变姓名曰李进忠，其后乃复姓，赐名忠贤云。忠贤自万历中选入宫，隶太监孙暹，夤缘入甲字库，又求为皇长孙母王才人典膳，诣事魏朝。朝数称忠贤于王安，安亦善遇之。长孙乳媪曰客氏，素私侍朝，所谓对食者也。及忠贤入，又通焉，客氏遂薄朝而爱忠贤，两人

魏忠贤像

深相结。光宗崩，长孙嗣立，是为熹宗，忠贤、客氏并有宠，未逾月，封客氏奉圣夫人，……忠贤寻自惜薪司，迁司礼秉笔太监。……忠贤不识字，例不当入司礼，以客氏故得之。……忠贤颛客氏，逐魏朝，又忌王安持正，谋杀之，尽斥安名下诸阉。客氏淫而狠，忠贤不知书，颇强记，猜忍，阴毒，好谀。帝深信任此两人，两人势益张，用司礼监王体乾，及李永贞、石元雅、涂文辅等为羽翼，官中人莫敢忤。……与东林忤者，众目之为邪党，天启初，废斥殆尽，识者已忧其过激变生。及忠贤势成，其党果谋倚之以倾东林，而徐大化、霍维华、孙杰，首附忠贤。……是时叶向高、韩爌方辅政，邹元标、赵南星、王纪、高攀龙等皆居大僚，左光斗、魏大中、黄尊素等在言路，皆力持清议，忠贤未克逞。

(《明史》卷三〇五《魏忠贤传》)

时东林势盛，被目为邪党者，争附忠贤，谋为报复，乃假汪文言狱以发端。及杨涟劾忠贤二十四大罪，再起封疆之狱，而杨涟、左光斗、袁化中、周朝瑞、顾大章、魏大中六人，坐受熊廷弼贿俱遭惨死。

忠贤谋结外廷诸臣，秉谦及魏广微率先诏附，霍维华、孙杰之徒，从而和之。……忠贤得内阁为羽翼，势益张。(《明史》卷三〇六《顾秉谦传》)

忠贤及其党，……遂兴汪文言狱，将罗织诸人，事虽获解，然正人势日危。其年天启四年。六月，涟遂抗疏劾忠贤，列其二十四大罪。……忠贤初闻疏惧甚，其党王体乾及客氏，力为保持，遂令魏广微调旨，切责涟，……自是忠贤日谋杀涟。(《明史》卷二四四《杨涟传》)

天启四年，1624年。……是时牴排东林者，多屏废，方恨南星辈次骨。……给事中章允儒，江西人也，性尤忮，嗾其同官傅櫆，假汪文言发难。文言者，歙人，初为县吏，智巧任术，负侠气，于玉立遣入京刺事，输赀为监生，用计破齐楚浙三党。察东宫伴读王安贤而知书，倾心结纳，与谈当世流品。光熹之际，外廷倚刘一燝，而安居中，以次行诸善政，文言交缺力为多。魏忠贤既杀安，府丞邵辅忠，

遂劾文言，褫其监生。既出都，复逮下吏，得末减，益游公卿间，舆马尝填溢户外。大学士叶向高，用为内阁中书，大中及韩爌、赵南星、杨涟、左光斗，与往来，颇有迹。会给事中阮大铖与光斗、大中有隙，遂与允儒定计，嘱櫰劾文言，并劾大中貌陋心险，色取行违，与光斗等交通文言，肆为奸利。疏入，忠贤大喜，立下文言诏狱。……大学士叶向高，以举用文言，亦引罪求罢。狱方急，御史黄尊素，语镇抚刘侨曰："文言无足惜，不可使搢绅祸由此起。"侨领之，狱辞无所连。文言廷杖，褫职，牵及者获免。……未几，杨涟疏劾忠贤，大中亦率同官上言。……大学士魏广微结纳忠贤，表里为奸，大中每欲纠之，会孟冬时享，广微偃蹇后至，大中遂抗疏劾之。广微愠，益与忠贤合，忠贤势益张。以廷臣交攻，阳示敛戢，且曲从诸所奏请，而阴伺其隙。……尽逐诸正人吏部尚书赵南星等，天下大权，一归于忠贤。明年，天启五年。逆党梁梦环，复劾文言，再下诏狱。镇抚许显纯自削牍以上，南星、涟、光斗、大中及李若星、毛士龙、袁化中、缪昌期、邹维琏、邓渼、卢化鳌、钱士晋、夏之令、王之寀、徐良彦、熊明遇、周朝瑞、黄龙光、顾大章、李三才、惠世扬、施天德、黄正宾辈，无所不牵引，而以涟、光斗、大中、化中、朝

东林旧迹牌坊

卷五 明清

瑞、大章，为受杨镐、熊廷弼贿，……矫旨俱远下诏狱。……比入镇抚司，显纯酷刑拷讯。……文言之再下诏狱也，显纯迫令引涟等，文言备受五毒，不承。显纯乃手作文言供状，文言垂死，张目大呼曰："尔莫妄书，异时吾当与面质！"显纯遂即日毙之，涟、大中等逮至，无可质者，赃悬坐而已。……始熊廷弼论死久，帝以孙承宗请，有诏待以不死。刑部尚书乔允升等，遂欲因朝审宽其罪，大中力持不可，及忠贤杀大中，乃坐以纳廷弼贿云。(《明史》卷二四四《魏大中传》)

杨涟等之下狱也，大化献策于忠贤曰："彼但坐移官罪，则无赃可指。若坐纳杨镐、熊廷弼贿，则封疆事重，杀之有名。"忠贤大悦，从之，由是诸人皆不免。(《明史》卷三〇六《霍维华附徐大化传》)

下诏狱，酷讯，许显纯诬以受杨镐、熊廷弼贿，涟等初不承，已而恐不承为酷刑所毙，冀下法司，得少缓死，为后图，诸人俱自诬服。……忠贤乃矫旨，仍令显纯五日一追比，不下法司，诸人始悔失计。(《明史》卷二四四《左光斗传》)

杨涟塑像

杨涟等五人既死，群小聚谋，谓诸人潜毙于狱，无以厌人心，宜付法司定罪，明诏天下，乃移大章刑部狱。由是涟等惨死状，外人始闻。比对簿，大章词气不挠，刑部尚书李养正等，一如镇抚原词，以移官事，牵合封疆，坐六人大辟。爰书既上，忠贤大喜，矫诏布告四方，仍移大章镇抚，大章慨然曰："吾安可再入此狱！"呼酒……和药，饮之不死，投缳而卒。(《明史》卷二四四《顾大章传》)

忠贤意犹未已，复以风说，杀周起元、高攀龙、周宗建、缪昌期、周顺昌、黄尊素、李应升七人，史所谓前六君子、后七君子是也。

天启六年1626年。二月，……复使其党李永贞，伪为浙江太监李实奏，逮治前应天巡抚周起元，及江浙里居诸臣高攀龙、周宗建、缪昌期、周顺昌、黄尊素、李应升等，攀龙赴水死，顺昌等六人死狱中。苏州民见顺昌逮，不平，殴杀二校尉，巡抚毛一鹭为捕颜佩韦杨念如、周文元、马杰、沈扬。等五人，悉诛死。（《明史》卷三〇五《魏忠贤传》）

六年二月，忠贤欲杀高攀龙、周顺昌、缪昌期、黄尊素、李应升、周宗建六人，取实空印疏，令其党李永贞、李朝钦，诬起元为巡抚时，乾没帑金十余万，日与攀龙辈往来讲学，因行居间。矫旨，逮起元至，则顺昌等已毙狱中。许显纯酷榜掠，竟如实疏，悬赃十万，罄赀不足，亲故多破其家，九月，毙之狱中。（《明史》卷二四五《周起元传》）

汪文言初下狱，忠贤即欲罗织诸人，已知为尊素所解，恨甚，其党亦以尊素多智虑，欲杀之。会吴中讹言，尊素欲效杨一清诛刘瑾，用李实为张永，授以秘计，忠贤大惧，遣刺事者至吴中，凡四辈。侍郎乌程沈演家居，奏记忠贤曰："事有迹矣。"于是日遣使谯诃实，取其空印白疏，入尊素等七人姓名，遂被逮。（《明史》卷二四五《黄尊素传》）

李实龌龊不识字，然非忠贤党。黄尊素时至湖上，不避形迹，与实往来，遂谓诸君子将以实为张永也。此语流传都下，忠贤疑之。实司房知其事，大惧，求解于李永贞，永贞代草此疏，司房出实空头本上之。（文秉《先拨志始》卷上）

附忠贤诸奸，必欲将东林党人一网打尽，乃进《点将》诸录，借事摈

东林党人雕塑

斥。其实皆党人自相报复，特假手忠贤，以遂其私耳。

昆山顾秉谦相公等，因杨公疏有"门生阁老"字样，嗔之。南乐魏广微相公，于是年天启四年。孟冬之朔，又失误享庙大典，遂与外廷大相水火，乃以己意，用墨笔，间点《缙绅便览》一册，极重者三点，次者二点，又次者一点，阁部词林叶向高、韩爌等……六七十员，密付逆贤，皆目为邪党，托逆贤于御前借事摈斥，而昆山居然首揆矣。……又手写所欲起用之人黄克缵、王绍徽、王永光、徐大化、霍维华、阮大铖等五六十员，各加三圈、二圈不等，密付逆贤，目为正人，陆续点用。（刘若愚《酌中志》卷十一）

南乐相公之通内也，实自天启四年十月初一日，享太庙迟误，被台省参劾。……始与逆贤通焉，凡有书札，皆用阁揭折子，亲笔行书，外贴南红纸签，题曰"内阁家报"，钉封钤曰"魏广微印"，送至惜薪司掌家王朝用，朝用仍外加封识，画花押，差心腹官人，赍送逆贤直房，系李朝钦收掌。……崔呈秀之通内也，始自呈秀之旧居停许秉彝导引，凡有字帖及《点将录》、《同志录》、《天鉴录》，俱将原本付朝钦收掌。（刘若愚《酌中志》卷十）

涿州去京师百余里，其涿郡娘娘，宫中咸敬之，中官进香者络绎。冯相铨，其里人也，少年词林，美容公子，人多慕之。值神庙静摄久，交通禁中，是以中官多请冯入皇城游赏，自此内官皆知有小冯翰林矣。天启甲子四年。春，逆贤进香涿州，时铨被劾家居，跪谒路次，送迎供帐之盛，倾动一时，且涕泣陈盛明之冤，为东林陷害。逆贤怜其姣媚，已心许之。后杨都宪有参贤二十四罪之疏，贤窘甚，内营救于客氏、王体乾、李永贞、石元雅、涂文辅，而复求助于外廷，因具书于贤侄良卿，言外廷不足虑，教之行廷杖、兴大狱，以劫制之；又时时刺得外廷情事，密报逆贤，使为之备。贤感之刺骨，及汪文言再入诏狱，冯与霍维华、李鲁生、杨维垣、崔呈秀等，朝夕计议，罗织多人，密付良卿，转送逆贤，……暗授许显纯，显纯一一请教后行。冯又与大金吾田尔耕最昵，……南乐通逆贤之后，思得后劲，念冯曲意承事，因属意焉，而李鲁生等又赞助之，冯亦将"纶扉故事"一册，密托良卿转致逆贤，间在上前点缀。……初在讲幄时，日与良卿、傅应星深谈，……机锋显露，南乐闻而忌之，冯入相后，

渐闻其事，衔之，遂与呈秀、尔耕等谮南乐于逆贤，谓有二心，南乐从此谢政归矣。……其害经略熊廷弼者，因书坊卖《辽东传》，其四十八回内，有冯布政父子奔逃一节，极耻而恨之，令妖弁蒋应旸，发其事于讲筵，以此传出袖中而奏，致熊正法，其实与贵池相公无甚与也。……呈秀与逆贤看工之际，屏人谮之，冯知之，谋于李鲁生、霍维华、杨维垣等，乃造三案以锢诸贤。书成，逆贤见有呈秀姓名，无已称美，心逾恨之，而从来爱缘尽释矣，冯遂不能立朝，张我续始骎骎乎起用矣。（刘若愚《酌中志》卷二四）

忠贤……又从霍维华言，命顾秉谦等修《三朝要典》，极意诋诸党人恶。御史徐复阳，请毁讲学书院，以绝党根，御史卢承钦，又请立东林党碑，海内皆屏息丧气。……凡忠贤所宿恨，若韩爌、张问达、何士晋、程注等，虽已去，必削籍，重或充军，死必追赃，破其家；或忠贤偶忘之，其党必追论前事，激忠贤怒。当此之时，内外大权，一归忠贤。内竖自王体乾等外，又有李朝钦、王朝辅、孙进、王国泰、梁栋等三十余人，为左右拥护。外廷文臣，则崔呈秀、田吉、吴淳夫、李龙、倪文焕，主谋议，号五虎；武臣则田尔耕、许显纯、孙云鹤、杨寰、崔应元，主杀僇，号五彪；又吏部尚书周应秋、太仆少乡曹钦程等，号十狗；又有十孩儿、四十孙之号。而为呈秀辈门下者，又不可数计，自内阁六部，至四方总督巡抚，遍置死党。……所有疏，咸称厂臣不名，……票旨，亦必曰"朕与厂臣"，无敢名忠贤者。（《明史》卷三〇五《魏忠贤传》）

浙抚潘汝祯，首建忠贤生祠，诸方效尤，海内几遍，士大夫廉耻，扫地无余。

生祠之建，始于潘汝祯。汝祯巡抚浙江，徇机户请，建祠西湖。天启六年1626年。六月，疏闻于朝，诏赐名"普德"。自是诸方效尤，几遍天下。……每一祠之费，多者数十万，少者数万，剥民财，侵公帑，伐树木无算。开封之建祠也，至毁民舍二千余间，创宫殿九楹；仪如帝者，……而都城数十里间，祠宇相望，……上林一苑，至建四祠。朱童蒙建祠延绥，用琉璃瓦。诏建祠蓟州，金像，用冕旒。凡疏词揄扬，一如颂圣，称以尧天帝德，至圣至神，而阁臣辄以骈语褒答，中外若响应。黄运泰迎忠贤像，五拜，三稽首；率文武将吏，列

"普惠生祠"遗址

这是苏州巡抚毛一鹭为巴结魏忠贤而建的。

班阶下拜，稽首如初。已诣像前，祝称某事赖九千岁扶植，稽首谢；某月荷九千岁拔擢，又稽首谢。还就班，复稽首如初礼。运泰请以游击一人守祠，后建祠者必守。许其孝方建祠扬州，将上梁，而熹宗哀诏至，既哭临，释缞易吉，相率往拜。监生陆万龄，至谓孔子作《春秋》，忠贤作《要典》；孔子诛少正卯，忠贤诛东林，宜建祠国学西，与先圣并尊。司业朱之俊辄为举行，会熹宗崩乃止。……最后巡抚杨邦宪建祠南昌，毁周程三贤祠，益其地，䥶澹台灭明祠，曳其像。……无何，忠贤诛，诸祠悉废，凡建祠者，概入逆案云。(《明史》卷三〇六《阎鸣泰传》)

庄烈帝即位，首斥忠贤，忠贤惧诛，自缢死，客氏亦被笞杀。后定逆案，士大夫牵连者数百人。

帝性机巧，好亲斧锯髹漆之事，积岁不倦。每引绳削墨时，忠贤辈辄奏事，帝厌之，谬曰："朕已悉矣，汝辈好为之。"忠贤以是恣威福，惟己意。岁数出，……所过，士大夫遮道拜伏，至呼九千岁，忠贤顾盼未尝及也。客氏居宫中，胁持皇后，残虐宫嫔。……忠贤故骏，无他长，其党日夜教之，客氏为内主，群凶煽虐，以是毒痡海内。天启七年1627年。秋八月，熹宗崩，信王立。崇祯帝。王素稔忠贤恶，深自儆备，其党自危，杨所修、杨维垣，先攻崔呈秀以

尝帝；主事陆澄原、钱元悫，员外郎史躬盛，遂交章论忠贤，帝犹未发。于是嘉兴贡生钱嘉征劾忠贤十大罪：一、并帝，二、蔑后，三、弄兵，四、无二祖列宗，五、克削藩封，六、无圣，七、滥爵，八、掩边功，九、朘民，十、通关节。疏上，帝召忠贤，使内侍读之。忠贤大惧，急以重宝啖信邸太监徐应元求解，……帝知之，斥应元。十一月，遂安置忠贤于凤阳，寻命逮治。忠贤行至阜城，闻之，与李朝钦偕缢死。诏磔其尸，悬首河间，笞杀客氏于浣衣局内。(《明史》卷三〇五《魏忠贤传》)

八　明代之党争

(一) 台谏之横

明初广开言路，许中外臣僚与草野布衣，皆得上书言事，而台谏小臣或居风宪，或掌封驳，职任雄峻，言路始横。

> 明自太祖开基，广辟言路，中外臣寮，建言不拘所职，草野微贱，奏章咸得上闻。沿及宣、英，流风未替，虽升平日久，堂陛深严，而逢掖布衣，刀笔掾史，抱关之冗吏，荷戈之戍卒，朝陈封事，夕达帝阍。采纳者荣显其身，报罢者亦不之罪，……宜乎慷慨发愤之徒，扼腕而谈世务也。英、景之际，实录所载，不可胜书。……宪宗季年，阉尹擅朝，事势屡变。(《明史》卷一六四"传赞")

迨至中叶，宰相尝结言官，以锄翼己，阿党比周，清议始淆。

> 明至中叶以后，建言者分曹为朋，率视阁臣为进退，依阿取宠则与之比，反是则争。比者不容于清议，而争则名高，故其时端揆之地，遂为抨击之丛，而国是淆矣。虽然所言之是非，阁臣之贤否，黑白判然，固非私怨恶之所得而加，亦非可尽委之沽直好事，谓人言之不足恤也。(《明史》卷二三〇"传赞")

始而沽名，继而挟私，群臣结党，门户以成，而台谏遂为党之眉目。

江陵在位，大小臣工，咸以保留献媚为事。……迨江陵殁，而后来之权势，远不相及，于是气节自负者，咸欲以建白自见，顾九列大老，犹仍向前陋习，群指为跃冶，合喙以攻之，而大臣与小臣水火矣。辛自修、海瑞两中丞，挺然独立，南北两院之席，俱不暇暖，是大臣与大臣水火矣。又有奔走权门、甘心吠尧者，小臣复与小臣水火矣。水火不已，遂至分门角户，而党以成。（文秉《定陵注略》卷二《大臣党比》）

万历六年，1578年。……张居正揽权久，操群下如束湿，异己者率逐去之。及居正卒，张四维、申时行，相继柄政，务为宽大，以次收召老成，布列庶位，朝论多称之。然是时内阁权积重，六卿大氏徇阁臣指。诸大臣由四维、时行起，乐其宽，多与相厚善。四维忧归，时行为首辅，余有丁、许国、王锡爵、王家屏，先后同居政府，无嫌猜，而言路为居正所遏，至是方发舒。以居正素昵时行，不能无讽刺，时行外示博大能容人，心故弗善也。帝虽乐言者讦居正短，而颇恶人论时事，言事者间谪官。众以此望时行，口语相诋諆，诸大臣又皆右时行，拄言者口，言者益愤，时行以此损物望。万历十二年，1584年。御史丁此吕言：侍郎高启愚以试题舜亦命禹。劝进居正，帝手疏示时行，时行曰："此吕以暧昧陷人大辟，恐谗言接踵至，非清明之朝所宜有。"尚书杨巍因请出此吕于外，帝从巍言。而给事御史王士性、李植等，交章劾巍阿时行意，蔽塞言路。帝寻亦悔之，命罢启愚，留此吕。时行、巍求去，有丁、国言：大臣国体所系，今以群言留此吕，恐无以安时行、巍心。国尤不胜愤，专疏求去，诋诸言路。副都御史石星、侍郎陆光祖，亦以为言。帝乃听巍，出此吕于外，慰留时行、国。而言路群起攻国，时行请量罚言者，言者心益憾。既而李植、江东之以大峪山寿宫事撼时行，不胜，贬去，阁臣与言路，日相水火矣。……然是时天下承平，上下恬熙，法纪渐不振。时行务承帝指，不能大有建立。……评事雒于仁进酒色财气四箴，帝大怒，……将重遣，时行请毋下其章，而讽于仁自引去。……然章奏留中，自此始。（《明史》卷二一八《申时行传》）

自后，言官与执政，水火薄射，党论纵横，以至不可究诘。

赵用贤，……万历初，授检讨。张居正父丧夺情，用贤抗疏。

赵用贤故居

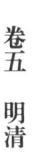

……疏入，与吴中行同杖除名。……居正死之明年，用贤复故官，进右赞善，江东之、李植辈，争向之，物望皆属焉。而用贤性刚，负气傲物，数訾议大臣得失，申时行、许国等忌之。会植、东之攻时行，国遂力诋植、东之，而阴斥用贤、中行，谓"昔之专恣在权贵，今乃在下僚；昔颠倒是非在小人，今乃在君子。意气感激，偶成一二事，遂自负不世之节，号召浮薄喜事之人，党同伐异，罔上行私，其风不可长"。于是用贤抗辩求去，极言"朋党之说，小人以之去君子，空人国"，词甚激愤，帝不听其去。党论之兴，遂自此始。……万历二十一年，1593年。王锡爵复入内阁，……用贤复以争三王并封，语侵锡爵，为所衔。会改吏部左侍郎，与文选郎顾宪成，辩论人才，群情益附，锡爵不便也，……用贤遂免归。户部郎中杨应宿、郑材，复力诋用贤，……都御史李世达、侍郎李桢，疏直用贤，斥两人诪诡，遂为所攻，高攀龙、吴弘济、谭一召、孙继有、安希范辈，皆坐论救褫职。自是朋党论益炽，中行、用贤、植、东之创于前，元标、南星、宪成、攀龙继之，言事者益裁量执政，执政日与枝拄，水火薄射，讫于明亡云。（《明史》卷二二九《赵用贤传》）

神宗怠政，章奏留中，大臣居位者，言路一攻，其人自去。去留之权，几尽操持于此辈，国事乃益不可问。

万历四十一年，1613年。吏部尚书赵焕罢。……明年二月，乃召继之代焕。继之久处散地，无党援，然是时言路持权，齐、楚、浙三党尤横，大僚进退，惟其喜怒。继之故楚产，习楚人议论，且年八十余，耄而愦，遂一听党人意指。(《明史》卷二二五《郑继之传》)

万历四十五年，……帝久倦勤，方从哲独柄国，碌碌充位，中外章奏悉留中，惟言路一攻，则其人自去，不待诏旨。台谏之势，积重不返，有齐、楚、浙三方鼎峙之名。……其时考选久稽，屡趣不下，言路无几人，盘踞益坚。后进当入为台谏者，必钩致门下，以为羽翼，当事大臣，莫敢撄其锋。(《明史》卷二三六《夏嘉遇传》)

万历四十年，……时神宗怠于政事，曹署多空，内阁惟叶向高，杜门者已三月，六卿止一焕在，又兼署吏部，吏部无复堂上官。兵部尚书李化龙卒，召王象乾未至，亦不除侍郎。户、礼、工三部，止一侍郎而已。都察院自温纯罢去，八年无正官。故事，给事中五十人，御史一百十人，至是皆不过十人。焕累疏乞除补，帝皆不报。其年八月，遂用焕为吏部尚书，诸部亦除侍郎四人。既而考选命下，补给事中十七人，御史五十人，言路称盛。然是时朋党已成，中朝议论角立。(《明史》卷二二五《赵焕传》)

（二）嘉靖议礼

世宗隆其所生之议，发之张璁、桂萼，以迎合帝意，骤得柄用，与宰相杨廷和暗相构陷，而有群臣伏阙固争大礼之事。世宗严罪首事者以惩之，编《明伦大典》一书，颁行全国，然廷臣结党角立，实开端于此。议礼为一事，党争为又一事，实则杨廷和与张、霍争相位而已。

嘉靖三年1524年。……七月乙亥，更定章圣皇太后尊号，去"本生"之称。戊寅，廷臣伏阙固争，下员外郎马理等一百三十四人锦衣卫狱。(《明史》卷一七《世宗纪》一)

先是大礼议起，孟春在云南闻之，上疏。……及孟春官吏部，则

明神宗的金冠

已尊本生父母为兴献帝、兴国太后，继又改称本生皇考恭穆献皇帝、本生圣母章圣皇太后。孟春三上疏，乞从初诏，皆不省。于是帝益入张璁、桂萼等言，复欲去"本生"二字。璁方盛气，列上礼官欺妄十三事，且斥为朋党。孟春偕九卿秦金等具疏，……遂发十三难，以辨折璁。疏入，留中。其时詹事、翰林、给事、御史及六部诸司、大理行人诸臣，各具疏争，并留中不下，群情益汹汹。会朝方罢，孟春倡言于众曰："宪宗朝，百官哭文华门，争慈懿皇太后葬礼，宪宗从之，此国朝故事也。"修撰杨慎曰："国家养士百五十年，仗节死义，正在今日。"编修王元正、给事中张翀等，遂遮留群臣于金水桥南，谓今日有不力争者，必共击之，孟春、金献民、徐文华，复相号召。于是九卿则尚书献民及秦金、赵鉴、赵璜、俞琳，侍郎孟春及朱希周、刘玉，都御史王时中、张润，寺卿汪举、潘希曾、张九叙、吴祺，通政张瓒、陈沾，少卿徐文华及张缙、苏民、金瓒，府丞张仲贤，通政参议葛桧，寺丞袁宗儒，凡二十有三人；翰林则掌詹事府侍郎贾咏，学士丰熙，侍讲张璧，修撰舒芬，……凡二十有二人；给事中则张翀……凡二十有一人；御史则王时柯，……凡三十人；诸司郎官，吏部则郎中余宽，……凡十有二人，户部则郎中黄待显，……凡三十有六人，礼部则郎中余才，……凡十有二人，兵部则郎中陶滋，……凡二十人，刑部则郎中相世芳，……凡二十有七人，工部则郎中赵儒，……凡十有五人；大理之属，则寺正母德纯，……凡十有一人，俱跪伏左顺门。帝命司礼中官谕退，众皆曰："必得俞旨，乃敢退。"自辰至午，凡再传谕，犹跪伏不起。帝大怒，遣锦衣先执为首者，于是丰熙、张翀、余翱、余宽、黄待显、陶滋、相世芳、母德纯八人，并系诏狱。杨慎、王元正，乃撼门大哭，众皆哭，声震阙廷。帝益怒，命收系四品以下官若干人，而令孟春等待罪。翼日，编修王相等十八人，俱杖死，熙等及慎、元正，俱谪戍。……帝怒不已，责孟春倡众逭怨，非大臣事君之道，法

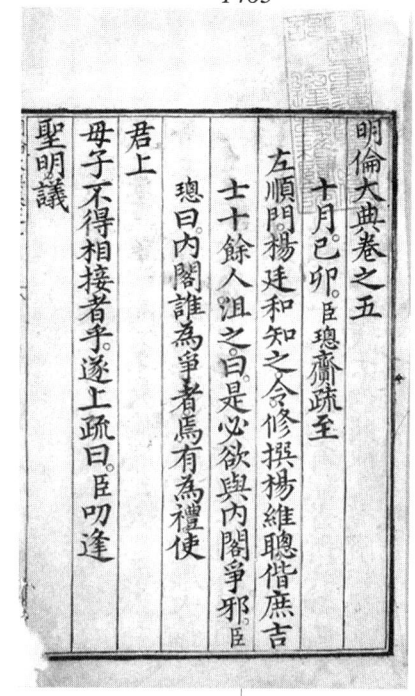

《明伦大典》书影

卷五 明清

宜重治，姑从轻夺俸一月，旋出为南京工部左侍郎。(《明史》卷一九一《何孟春传》)

嘉靖三年……十二月，方献夫言：大伦已明，纂辑张璁等五臣所奏，首以礼官之初议，终以近日之奏章，编成上下卷，刊行天下；许之。……七年，《明伦大典》书成，颁布天下，加恩纂述诸臣，敕定议礼诸臣之罪，杨廷和罪魁，革职为民。(朱国桢《皇明大事记》卷二七《大礼》)

夏言复奏郊天之礼，廷臣集议，各有所主，虽门户显然划分，而未兴大狱。然夏言遂以此进身柄用，夺张璁之位，特借议礼为名而已。

嘉靖九年1530年。正月，……上有事于南郊，夏言……因上疏，请举亲蚕之礼：言按祭统，天子亲耕于南郊，以供粢盛；王后亲蚕于北郊，以供纯服。……臣以为农桑之业，不宜独缺，耕蚕之礼，不宜偏废。疏入，上方以大礼悥廷臣，将大有更易，得之甚悦。……夏言复议周人以后稷配天于郊，以文王配帝于明堂，欲尊文王，而不敢以配天者，避稷也。今日宜奉太祖配天于圜丘，奉太宗配上帝于大祀殿。……礼部集上廷臣议，言主分祭者，都御史汪铉等八十二人；主分祭而以慎重成宪，及时未可为言者，大学士张璁等八十四人；主分祭而以上川坛为方丘者，尚书李瓒等二十六人；主合祭而以分祭为非者，尚书方献夫、李承勋等二百六人。……疏入，上令再议，而自为说示礼部曰："祀天祀帝，本自不同。当遵皇祖始制，露祭于坛，方合祀天之典。南郊祀天，北郊祀地，以二至行事，俱以高皇帝配，盖报本之意也。仍于岁首享帝大祀殿，以文皇配，盖为民祈谷之意也。朝日夕月，各以春秋仲月，行礼于朝阳、阜成二门，建坛。"……时上意持之坚矣。(朱国桢《皇明大事记》卷二八《更定郊祀》)

世宗既分祀天地于南北郊矣，其后以太祖、太宗并配天为非礼，遂省去太宗之祀，盖

张璁手迹

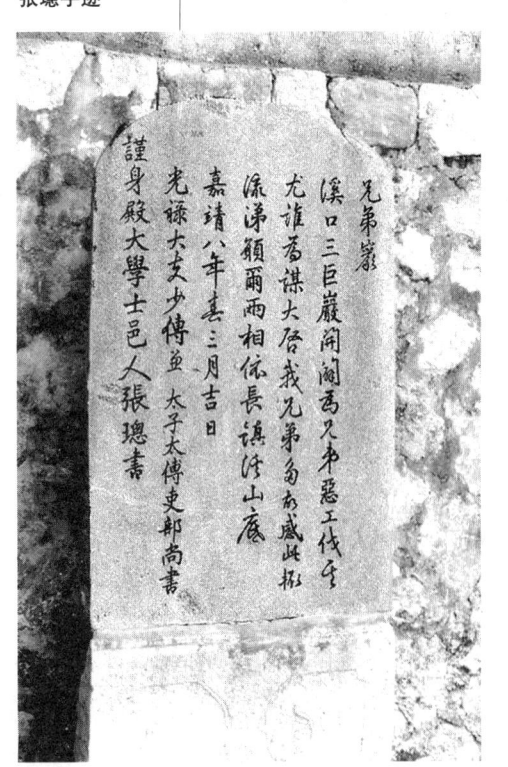

阴为献皇地也。至嘉靖十七年1538年。谀臣丰坊言：请仿古明堂之制，加献皇宗号，以配上帝。上意甚惬，遂以其年九月，举明堂大享礼于大内，尊献皇称睿宗，更上昊天上帝号为皇天上帝，而以睿宗配享。（沈德符《万历野获编》卷二《配天配上帝》）

大礼尊崇所生及郊礼分祀天地，既经议定，复议先师祀典，去像设主，终有清之世不改。明代事事法祖，不敢丝毫变异，独礼不然，为明史中一极可注目之事。

嘉靖九年，大学士张璁言：先师祀典，有当更正者。叔梁纥乃孔子之父，颜路、曾晳、孔鲤乃颜、曾、子思之父，三子配享庙廷，纥及诸父从祀两庑，原圣贤之心岂安？请于大成殿后别立室，祀叔梁纥，而以颜路、曾晳、孔鲤配之。帝以为然，因言圣人尊天与尊亲同，今笾豆十二，牲用犊，全用祀天仪，亦非正礼，其谥号、章服，悉宜改正。璁缘帝意，言孔子宜称先圣先师，不称王；祀宇宜称庙，不称殿，祀宜用木主，其塑像宜毁；笾豆用十，乐用六佾；配位公侯伯之号宜削，止称先贤先儒。……初洪武时，司业宋濂，请去像设主，礼仪乐章，多所更定，太祖不允。……至是以璁力主，众不敢违，毁像，盖用濂说。（《明史》卷五〇《礼志》四《先师孔子》）

（三）请立太子

党争之烈，以请立东宫为始，争之者皆东林党人，故有大东、小东之目。大东谓太子，小东则东林也。盖以攻讦时相，兼欲以爱立邀异日之恩。初神宗久不立太子，诸臣疑郑贵妃有夺嫡之意，交章上言，辄逢帝怒，时论遂归咎首辅申时行、王锡爵依违其间，无所救正，举朝哗然。

郑贵妃像

初，王皇后无子，王妃生长子，是为光宗常洛次之，母郑贵妃最幸。帝久不立太子，中外疑贵妃谋立己子，交章言其事，窜谪相踵，而言者不止，帝深厌苦之。（《明史》卷一二〇《福王常洵传》）

万历十四年1586年。正月，光宗年五岁，而郑贵妃有宠，生皇三子常洵，颇萌夺嫡意。时行率同列，再请建储，不听。廷臣以贵妃故，多指斥宫闱，触帝怒，被严谴。帝尝诏求直言，郎官刘复初、李懋桧等，显侵贵妃。时行请帝下诏，令诸曹建言，止及所司职掌，听其长，择而献之，不得专达，帝甚悦。众多咎时行者，时行连请建储。十八年，……下诏曰："朕不喜激聒。近诸臣章奏，概留中，恶其离间朕父子。若明岁廷臣不复渎扰，当以后年册立，否则俟皇长子十五岁举行。"时行因戒廷臣毋激扰。明年十九年。八月，工部主事张有德，请具册立仪注，帝怒，命展期一年，而内阁中亦有疏入。时行方在告，……密上封事，言："臣方在告，初不预知册立之事，圣意已定，有德不谙大计，惟宸断亲裁，勿因小臣妨大典"。于是给事中罗大纮劾时行，谓阳附群臣之议以请立，而阴缓其事以内交。中书黄正宾复论时行排陷同官、巧避首事之罪，二人皆被黜责。御史邹德泳疏复上，时行力求罢，诏驰驿归。(《明史》卷二一八《申时行传》)

王锡爵，……万历二十一年1593年。正月，还朝，遂为首辅。先是有旨，是年春，举册立大典。……及是，锡爵密请帝决大计。帝遣内侍，以手诏示锡爵，欲待嫡子，令元子光宗。与两弟福王常洵、瑞王常浩。并封为王。锡爵惧失上指，立奉诏，拟谕旨，而又外虑公论，……同列赵志皋、张位，咸不预闻。帝竟以前谕下礼官，令即具仪，于是举朝大哗。给事中史孟麟、礼部尚书罗万化等，群诣锡爵第力争，廷臣谏者，章日数上。锡爵偕志皋、位，力请追还前诏，帝不从。已而谏者益多，而岳元声、顾允成、张纳陛、陈泰来、于孔兼、李启美、曾凤仪、钟化民、项德祯等，遮锡爵于朝房，面争之，李腾芳亦上书锡爵。锡爵请下廷议，不许；请面对，不报，乃自劾三误，乞罢斥。帝亦迫公议，追寝前命。(《明史》卷二一八《王锡爵传》)

或作《忧危竑议》，大旨言郑贵妃欲夺储位，牵连多人，几兴大狱。

陈矩，……万历二十六年，1598年。提督东厂。……尝奉诏收书籍，中有侍郎吕坤所著《闺范图说》，帝以赐郑贵妃，妃自为序，镂诸木。时国本未定，或作《闺范图说》跋，名曰《忧危竑议》，大旨言贵妃欲夺储位，坤阴助之，并及张养蒙、魏允贞等九人，语极妄诞。(《明史》卷三〇五《陈矩传》)

初坤按察山西时，尝撰《闺范图说》。内侍购入禁中，郑贵妃因加十二人，且为制序，属其伯父承恩重刊之。戴士衡遂劾坤，因承恩进书，结纳宫掖，包藏祸心，坤持疏力辩。未几，有妄人为《闺范图说》跋，名曰《忧危竑议》，略言：坤撰《闺范》，独取汉明德后者，后由贵人进中宫，坤以媚郑贵妃也。坤疏陈天下忧危，无事不言，独不及建储，意自可见。其言绝狂诞，将以害坤，帝归罪于士衡等，其事遂寝。(《明史》卷二二六《吕坤传》)

吕新吾司寇初刻《闺范》一书，行京师未久，而皇贵妃重刻之，且为之序。……亦渐有潜訾，而无敢昌言者。吏科给事中戴士衡首发大难，……而前任御史、今全椒知县樊玉衡者继之，举朝骇愕。盖以首篇明德马后进封一事，不免稍碍眼耳。其时有为《图说》跋者，又专攻吕司寇，其语深文，且杂引在事知名大臣数人以实之，于是与张新建位。相左者，遂指及之。前二年，吕与秀水沈继山争为少宰，俱不得而沈独见逐，沈与新建素厚，吕遂疑新建为沈报复矣。吕先有疏，其朱语为直陈天下安危，而疏尾云"敬上忧危之疏"，以故跋语之前，又标名云"忧危竑议以讥切之"，……又书本名《闺范》，易名《闺鉴》，不知出自何人。(沈德符《万历野获编补遗》卷三"戊戌谤书")

嗣又有《续忧危竑议》，史所谓妖书者，亦挟私报怨之作，而廷臣即

郑贵妃墓

卷五 明清

欲假之以相倾轧。是时沈一贯当国，即所谓四明相国，东林诸人目为浙党之魁，积衅已深，欲借题逐之。而一贯反借之以陷沈鲤、郭正域，终以皦生光当罪，勉强结案。

万历三十一年1603年。十一月甲子昧爽，自朝房至勋戚大臣门，各有匿名书一帙，名曰《续忧危竑议》，言贵妃与大学士朱赓，戎政尚书王世扬，三边总督李汶，保定巡抚孙玮，少卿张养志，锦衣都督王之祯，千户王名世、王承恩等，相结谋易太子，其言益妄诞不经。矩获之以闻，大学士赓奏亦入。帝大怒，敕矩及锦衣卫大索，必得造妖书者。时大狱猝发，缉校交错，都下以风影捕系，所株连甚众。之祯欲陷锦衣指挥周嘉庆，首辅沈一贯欲陷次辅沈鲤、侍郎郭正域，俱使人属矩，矩正色拒之。已而百户蒋臣捕皦生光至。生光者，京师无赖人也，尝伪作富商包继志诗，有"郑主乘黄屋"之句，以胁国泰及继志金，故人疑而捕之。酷讯不承。……矩心念生光即冤，然前罪已当死，且狱无主名，上必怒甚，恐辗转攀累无已，礼部侍郎李廷机亦以生光前诗与妖书词合，乃具狱。生光坐凌迟死，鲤、正域、嘉庆及株连者，皆赖矩得全。（《明史》卷三〇五《陈矩传》）

皦生光，原顺天府学生员也。先年曾诈包继志以害郑皇亲，其捏名印造妖书诗云："五色龙文照碧天，谶书特地涌祥烟。定知郑主乘黄屋，愿献金钱寿御前。"其下曰"松风狂客题"。又跋云："偶从郊外贵家庄舍，得前诗，读毕，忽痛哭失声，左右惊觉夺去。臣归叹曰：'渠家阴谋羽翼成矣。'独访所谓松风狂客为谁，则豪商包继志也。包氏握锱资金宝，明以金钱行间，语曰：'巨防容蚁，而漂邑杀人；突泄一烟，而焚庐烧积。'则皇长子危乎哉。'凡我臣子，谁不疾首，故直书之。'"或散其党云，右俱生光自撰自跋如此，刊板印贴郑皇亲门下及各巷口，以恣诈害。时当光庙尚未膺册立，所以称皇长子也。事发，革衣巾，拟戍大同。……是时生光已从戍所赦回，……又刻有《石轩集》、《岸游稿》。此皆皦犯踪迹可据者也。（刘若愚《酌中志》卷二）

《酌中志》书影

神宗晚年，悚于浮议，乃立皇储，而不遣福王就国。群臣疑犹未释，追伏阙力请，不得已而许之，党局纠结不可复解矣。

　　万历二十九年1601年。……封常洵福王，……廷臣请王之藩者，数十百奏，不报。至四十二年，始令就藩。(《明史》卷一二〇《福王常洵传》)

　　孙慎行，……万历四十一年五月，……擢礼部右侍郎，署部事。……皇太子储位虽定，福王尚留京师，……宵小多窥伺，廷臣请之国者愈众，帝愈迟之。……最后贵妃复请帝留王，庆太后七旬寿节，群议益籍籍。慎行乃合文武诸臣，伏阙力请，大学士叶向高亦争之强。帝不得已，许明年季春之国，群情始安。(《明史》卷二四三《孙慎行传》)

(四) 京察

明制考核百官，以京察分黜陟。中叶以后，廷臣结党相轧，每用之以为报复。盖中察典者，即终身不复起用，计甚狠毒。主之者吏部尚书、都察院左都御史、吏科都给事中、河南道御史及吏部文选司郎中，故此数官，为党人必争之地。

　　任官之事，文归吏部，武归兵部，而吏部职掌尤重。吏部凡四司，而文选掌铨选，考功掌考察，其职尤要。……考察之法，京官六

陈寿祺编修的嘉庆殿试考差原卷

年，以己亥之岁，四品以上，自陈以取上裁，五品以下，分别致仕、降调、闲住、为民者有差，具册奏请，谓之"京察"。自弘治时，定外官三年一朝觐，以辰戌丑未岁，察典随之，谓之"外察"。州县以月计上之府，府上下其考，以岁计上之布政司，至三岁，抚按通核其属事状，造册具报，丽以八法，而处分察例有四，与京官同。明初行之，相沿不废，谓之"大计"。计处者不复叙用，定为永制。……京察之岁，大臣自陈，去留既定，而居官有遗行者，给事御史纠劾，谓之拾遗，拾遗所攻击，无获免者。弘、正、嘉、隆间，士大夫廉耻自重，以挂察典为终身之玷。至万历时，阁臣有所徇庇，间留一二，以挠察典，而群臣水火之争，莫甚于辛亥、丁巳。……党局既成，互相报复，至国亡乃已。（《明史》卷七一《选举志》三）

甲、癸巳大计

此为主察者与辅臣龃龉之始，亦即门户之祸所由始。

万历二十一年，癸巳，1593年。大计京朝官，力杜请谒。文选员外郎醴允昌，铣甥也，首斥之，考功郎中赵南星亦自斥其姻。一时公论所不予者，贬黜殆尽，大学士赵志皋弟预焉，由是执政皆不悦。王锡爵方以首辅还朝，欲有所庇，比至，而察疏已上，庇者在黜中，亦不能无憾。会言官以拾遗论劾勋勋员外郎虞淳熙，职方郎中杨于廷，主事袁黄。铣议谪黄，留淳熙、于廷，诏黄方赞画军务，亦留之。给事中刘道隆遂言淳熙、于廷不当议留，乃下严旨，责部臣专权结党。……帝以铣不引罪，夺其俸，贬南星三官。（《明史》卷二二四《孙铣传》）

门户之祸，决裂于癸巳，燎原于乙巳，而皆自辅臣尸之。……万历二十一年癸巳。正月，大计京朝官，主计者，吏部尚书孙铣，左都御史李世达，考功郎中赵南星，而当国者，首辅太仓王锡爵也。往例，凡大计外吏，必先禀白政府，谓之请教，所爱者虽不肖必留，所憎者虽贤必去，成故事久矣。是年，冢宰、功郎，锐意澄汰，力更前辙，被黜者，大半政府私人矣，太仓大怒。……太仓遂票旨，切责吏部专权结党，著令回话。铣上疏争之，强不认罪，有旨铣罚俸，南星降三级，调外任用。总宪李世达，礼部陈泰来、于孔兼等，相继讼言，并攻太仓，太仓随激圣怒，孙铣罢，南星、淳熙等皆削籍，泰来、孔兼皆降调。而门户之祸，坚固而不可拔，自此始也。（文秉

《定陵注略》卷三 "癸巳大计")

乙、乙巳大计

此为沈一贯与沈鲤之争。台谏交章论一贯，此为东林党人明白攻讦浙人之始。

> 沈一贯……素忌沈鲤，鲤亦自以讲筵受主眷，非由一贯进，不为下，二人渐不相能。礼部侍郎郭正域以文章气节著，鲤甚重之。都御史温纯，吏部侍郎杨时乔，皆以清严自持相标置，一贯不善也。……而党论渐兴，浙人与公论忤，由一贯始。……乙巳，万历三十三年，1605年。大察京朝官，纯与时乔主其事，钱梦皋、钟兆斗皆给事中。皆在黜中。一贯怒，言于帝，以京察疏留中，久之，乃尽留给事御史之被察者，且许纯致仕去。于是主事刘元珍、庞时雍，南京御史朱吾弼，力争之，谓二百余年计典，无特留者。时南察疏亦留中，后迫众议始下。一贯自是积不为公论所与，弹劾日众，因谢病不出。(《明史》卷二一八《沈一贯传》)

> 冢宰李戴去后，上悬其缺不补，少宰杨时乔署部事。杨素非四明沈一贯。所喜，而总裁温纯曾特纠御史于永清。永清，四明客也，力庇之，得无恙。计典届期，四明欲揭请大司马萧大亨主计，归德沈鲤。不可而止，仍用杨主计。及计典上，钱梦皋、张似藁等皆被黜，皆归四明之门者。四明大怒，假中旨格弗下，反留用钱梦皋等。……南北台省，相顾莫敢发，锡山刘郎中元珍首出疏，剖陈奸状，庞时雍主事、朱吾弼御史从而和之，士气未斩，公论昭明，计典终弗能格也。嗣此，公论日严，与庙堂之水火日甚，玄黄之衅既深，而国事亦不可为矣。(文秉《定陵注略》卷三《乙巳大计》)

丙、辛亥大计

万历三十九年，秦党孙丕扬主察，东林与之合，借以逐齐、楚、浙、宣、昆诸党，而南察则尽斥东林，党争于斯为最烈矣。

> 万历三十八年，……郑继芳巡按浙江，有伪为其书，诋王绍徽、

《定陵注略》书影

刘国缙者，中云：欲去福清，先去富平。欲去富平，先去耀州兄弟。又言：秦脉斩断，吾辈可以得志。福清谓叶向高，耀州谓王国、王图，富平即丕扬也。国时巡抚保定，图以吏部侍郎掌翰林院，与丕扬皆秦人，故曰秦脉。盖小人设为挑激语，以害继芳辈。而其书乃达之丕扬所，丕扬不为意。会御史金明时居官不职，虑京察见斥，先上疏力攻图，并诋御史史记事、徐缙芳，谓为图心腹。及图、缙芳疏辩，明时再劾之，因及继芳伪书事。国缙疑书出缙芳及李邦华、李炳恭、徐良彦、周起元手，因目为五鬼，五人皆选授御史，候命未下者也。当是时，诸人日事攻击，议论纷哎，帝一无所问，则益植党求胜，朝端哄然。及明年，三十九年，辛亥，1611年。大计京官，丕扬与侍郎萧云举、副都御史许弘纲，领其事，考功郎中王宗贤、吏科都给事中曹于汴、河南道御史汤兆京协理，御史乔允升佐之。故御史康丕扬、徐大化，故给事中钟兆斗、陈治则、宋一韩、姚文蔚，主事郑振先、张嘉言及汤宾尹、顾天埈、国缙咸被察，又以年例出绍徽、乔应甲于外，群情翕服，而诸不得志者深衔之。当计典之初举也，兆京谓明时将出疏要挟，以激丕扬，丕扬果怒，先期止明时过部考察，特疏劾之。旨下议罪，而明时辩疏，复犯御讳，帝怒，褫其职。其党大哗，谓明时未尝要挟，兆京只以劾图一疏实之，为图报复，于是刑

孙丕扬故居

中华二千年史

部主事秦聚奎力攻丕扬，为宾尹、大化、国缙、绍徽、应甲、嘉言辩。时部院察疏犹未下，丕扬奏趣之，因发聚奎前知绩溪、吴江时贪虐状，帝方向丕扬，亦褫聚奎职。由是党人益愤，谓丕扬果以伪书斥绍徽、国缙，且二人与应甲尝攻李三才、王元翰，故代为修隙。议论汹汹，弘纲闻而畏之，累请发察疏，亦若以丕扬为过当者。党人借其言，益思撼丕扬。礼部主事丁元荐甫入朝，虑察疏终寝，抗章责弘纲，因尽发昆宣党构谋状，于是朱一桂、郑继芳、周永春、徐兆魁、姚宗文争击元荐，为明时等讼冤。赖向高调护，至五月，察疏乃下。给事中彭惟成，南京给事中高节，御史王万祚、曾成易，犹攻讦不已，丕扬以人言纷至，亦屡疏求去，优诏勉留。（《明史》卷二二四《孙丕扬传》）

王图，陕西耀州人，由馆选历官吏部左侍郎。先是富平孙丕扬为冢宰，秦人几满九列，而江南之讲学者，遥相应和，群小忌而谋间之。会锡山顾宪成。驰书救淮抚，乃嗾富平发单咨访，廷辩东林、淮抚是非，以为钩党之计。王叹曰："秦人与东林，一网尽矣。"亟言于富平止之。群小知其所由解，皆怀恚恨。庚戌万历二十九年。王主会试，宣城汤宾尹与崇仁吴道南，争论闱事，盛气相诟谇。宣城门人王绍徽行间构崇仁于王，王正色拒之，宣城之党皆不悦。又王之子淑忭，为宝坻知县，贪酷淫虐，……而王舐犊情深，力加护持。巡按金明时露章入告，王甚恨之。及是大计京官，王以少宰佐计。明时知必不免，飞疏纠王，刘国缙等复倡五鬼造书之说，曲肆阻挠。王杜门求去，上不允，仍出佐计，而明时以要挟为富平所参，众咸谓事由宝坻秦聚奎，聚奎遂有舍死报国之疏。嗣是，日寻干戈，党隙愈深，而不可收拾矣。（文秉《定陵注略》卷九《辛亥大计》）

万历三十九年，大计京官，掌南察者南京吏部侍郎史继偕，齐楚浙人之党也，与孙丕扬北察相反，凡助三才、元翰者，悉斥之。（《明史》卷二三六《金士衡传》）

丁、丁巳大计

万历四十五年，浙党郑继之、李鋕主察，为报复辛亥大计，东林党人，一时斥逐殆尽。

时……李鋕以刑部尚书兼署都察院，亦浙党所推毂，四十五年，

丁巳，1617年。大计京官，继之与铨司其事，考功郎中赵士谔、给事中徐绍吉、御史韩浚佐之。所去留悉出绍吉等意，继之受成而已。一时与党人异趣者，贬黜殆尽，大僚则中以拾遗，善类为空。（《明史》卷二二五《郑继之传》）

追甲、丙之际，福清谢政于倦勤，崇仁负疚于铜臭，亓、赵、官、吴辈，纠齐、楚、闽、越、燕之众，角秦、晋、西江而胜之。丁巳之察，正人屏逐殆尽。（文秉《定陵注略》卷十《丁巳大计》）

戊、癸亥大计

天启三年，东林党人赵南星为左都御史主察，为报复丁巳大计，复尽逐齐、楚、浙、宣、昆诸人。

光宗立，……拜左都御史，慨然以整齐天下为任。天启三年癸亥，1623年。大计京官，以故给事中亓诗教、赵兴邦、官应震、吴亮嗣，先朝结党乱政，议黜之。吏科都给事中魏应嘉力持不可，南星著《四凶论》，卒与考功郎程正己置四人不谨。他所澄汰，一如为考功。（《明史》卷二四三《赵南星传》）

（五）东林及齐楚浙宣昆

顾宪成削籍里居，讲学东林书院，慕风者遥相应和，东林之名大著。而攻东林者，则有齐、楚、浙、宣、昆诸党。

顾宪成像

甲、东林

顾宪成，字叔时，无锡人。……擢吏部考功主事，历员外郎。……万历二十一年1593年。京察，吏部尚书孙鑨、考功郎中赵南星，尽黜执政私人，宪成实左右之。及南星被斥，宪成疏请同罢，不报，寻迁文选郎中，所推举，率与执政牴牾，……王锡爵将谢政，廷推代者，宪成举故大学士王家屏，忤帝意，削籍归。……暨削籍里居，……邑故有东林书院，宋杨时讲道处也，宪成与弟允成倡修之，……偕同志高攀龙、钱一本、薛敷教、史孟麟、于孔兼辈，讲学其中。……当是时，士大夫抱道忤时者，率退处林野，闻风响附，……讲习之余，往往讽议朝政，裁量人物，朝士慕其风者，多遥相应和，由是"东林"名大著，而忌者亦多。既而淮抚李三才被论，宪成贻书叶向高、孙丕扬为延誉，御史吴亮刻之邸抄中，攻三才者大哗，而其时于玉立、黄正宾辈，附丽其间，颇有轻浮好事名。(《明史》卷二三一《顾宪成传》)

东林，无锡东城隅地名也，左有杨时龟山先生祠，道学之所聚。道学，仕宦中名公也。……东林之盛，始于万历中年，远则赵南星、李三才竖帜，近则顾宪成、高攀龙为主。……天启委政，崔、魏专国，曰东林道学影附名也，为参语曰："聚不三不四之徒，作不深不浅之揖，讲不痛不痒之话，啖不冷不热之饼，相对片时，便云讲道学，名噪实鲜，迸逐其人宜也。"拆毁之令，不容片刻留。……当其盛时，门楣榜曰东林书院，入为丽泽堂，进为讲堂，凡六楹，榜曰依庸讲堂，后榜曰燕居，庙祀至圣，雍和肃穆，入焉起敬。廊后精舍书室，为游学孤寒饔飧斋宿地，鸡鸣风雨，读书声不少辍。坊外之榜，东曰洛闽中枢，西曰观海来游。讲学则每年一大会，每月一小会，先两月启知，有事赴会者，……自不爽期也。会必有一主，外则知宾二人，坐次会序，宾东主西，各以齿。坐定闻磬声，四书五经、《通

东林书院

卷五 明清

鉴》、《性理》，陈说随意，启难寻源，亦随人答问，坐久歌《鹿鸣》章。时万历帝廿年不视朝，国是每求诸野，故东林讲堂，奔走天下。迫其败也，逆阉乱政，钩党隙兴，……拆毁东林。……礼乐道义之场，入则名高，出则影丑者，一旦化为瓦砾灰烬。……崇祯改元，奉旨修复，诸生吴桂森重构丽泽堂三楹，视向日规模，十未逮一矣。（《花村谈往》卷一《拆毁东林》）

乙、齐楚浙宣昆

先是南北言官，群击李三才、王元翰，连及里居顾宪成，谓之"东林党"，而祭酒汤宾尹、谕德顾天埈，各收召朋徒，干预时政，谓之"宣党"、"昆党"，以宾尹宣城人，天埈昆山人也。御史徐兆魁、乔应甲、刘国缙、郑继芳、刘光复、房壮丽，给事中王绍徽、朱一桂、姚宗文、徐绍吉、周永春辈，则力排东林，与宾尹、天埈，声势相倚，大臣多畏避之。（《明史》卷二二四《孙丕扬传》）

"齐"则给事中亓诗教、周永春、御史韩浚，"楚"则给事中官应震、吴亮嗣，"浙"则给事中姚宗文、御史刘廷元，而汤宾尹辈阴为之主。其党给事中赵兴邦、张延登、徐绍言、商周祚，御史骆骎曾、过庭训、房壮丽、牟志夔、唐世济、金汝谐、彭宗孟、田生金、李征仪、董元儒、李嵩辈，与相倡和，务以攻东林、排异己为事。（《明史》卷二三六《夏嘉遇传》）

诸党相攻，每假借题目。淮抚李三才，才气凌厉，居腥膻之地，挥霍金缯，发踪指示，俨然党魁，遂为一时弹射之的。

自东林与四明并峙，门户之水火所由起矣。迨淮抚显为射的，亥察复多纷纭，加以宣苕荆熊相继而起，株连蔓引，逐影吠声，朝端如聚讼，不复有纪法矣。福清叶向高。强弩之末，急思卸担，而德清方从哲。为政，一时浙人翕然扶以为重。亓诗教，齐人也，出德清之门，时掖县赵焕。为冢宰，介掖县以交德清，于是齐、浙合，而楚、蜀、闽、粤和之，如火之燎于原，不可向迩。（文秉《定陵注略》卷十《门户之争》）

李三才，……擢升淮凤巡抚、漕运总督，加户部尚书。时矿税诸奄，横行恣睢，陈增在淮尤无状，三才力与之揩拄。三才家在北畿，

顾宪成墓

通州。不乏奥援，牢笼驾驭，权谲纵横，神庙用其言撤增，东南胥得安枕，而功高望重，颇见汰色。时议欲以外僚直内阁，……意在推戴三才，……遂为时目所议。兼以四明沈一贯。妖书、京察二事，大拂公论，三才条陈国是，攻之甚力。又太仓王锡爵。密揭，实自三才钩得之，《定陵注略》卷八：时太仓奉再召之命，以子衡久病，辞疏屡上，上或缓或急，为姜士昌所劾，特具此疏，令干仆赴京投递。仆至淮安，淮抚物色得之，引至衙署，醉之以酒，将此揭密行挑开，抄写遍布。播扬于众。于是四明之党，合谋驱除，邵辅忠首出疏劾之，……攻者四起。锡山顾公宪成，贻书福清叶向高。诸老，谓三才任事任劳，功不可泯，当行勘以服诸臣之心。一时攻淮抚者，并攻锡山。……从此南北党论，不可复解。（文秉《定陵注略》卷九《淮抚始末》）

韩敬者，归安人也，受业宣城汤宾尹。宾尹分校会试，万历三十八年。敬卷为他考官所弃，宾尹搜得之，强总裁侍郎萧云举、王图，录为第一。榜发，士论大哗，知贡举侍郎吴道南欲奏之，以云举、图资深，嫌挤排前辈，隐不发。及廷对，宾尹为敬夤缘，得第一人。后宾尹以考察褫官，敬亦称病去事三年矣，会进士邹之麟分较顺天乡试，所取童学贤有私，于是御史孙居相并宾尹事发之。……初宾尹家居，尝夺生员施天德妻为妾，不从，投缳死，诸生冯应祥、芮永缙辈，讼于官，为建祠，宾尹耻之。后永缙又发诸生梅振祚、宣祚朋淫

状，督学御史熊廷弼，素交欢宾尹，判牍言此施汤故智，欲借雪宾尹前耻，又以所司报永缙及应祥行劣，杖杀永缙。巡按御史荆养乔，遂劾廷弼杀人媚人，疏上，径自引归，廷弼亦疏辩。都御史孙玮，议镌养乔秩，令廷弼解职候勘。时南北台谏议论方嚣，各有所左右，振基……等持勘议甚力，而张笃敬……等驳之。疏凡数十上，振基及诸给事御史，复极言廷弼当勘斥，官应震等党庇。自是党廷弼者颇屈，帝竟纳玮言，令廷弼解职，其党大恨。（《明史》卷二三六《孙振基传》）

与东林始终为仇不解者，浙党也，余则附从而已。沈一贯、方从哲，皆浙党之魁，故攻之不遗余力。其争以立储为主脑，三案为余波，察典特报复之具，而其线索，则为东林与非东林而已。人才以东林为最盛，自命清流，余皆不敌，故始则依浙以抗东，继则合浙以事阉，未尝非东林持之过甚，以致困兽犹斗，铤而走险。嘉靖以后，首辅权重，率由诈力以得之。兹录沈、方及叶向高之事，以见所争虽各有题目，而首揆之席实争中之争也。

外史氏曰：……东林之名，遂满天下。推其名高之故，始于争立国本。……当时政府不相济而相轧，于是遂目争者为党人，一斥不复。沈一贯阴为贼害，恃权求胜，受黜者身去而名高，东林君子之誉沸宇内，尊其言为清议，即中朝亦以其是非为低昂，门庭愈峻，而求进者愈众。……自泾阳先生顾宪成。救淮抚之书出，而东林之祸萌。未几，妖书狱起，梃击案兴，而君子小人有不容之势矣，乃至摧遏正人，必欲一网打尽。辛亥京察，孙丕扬主之，于是攻东林者起矣；丁巳京察，郑继之主之，则尽攻东林者矣。世之所谓清流者，驱除殆尽。时台谏有齐、楚、浙三方鼎峙之号，士大夫有清誉者，莫不垂首丧气焉。迨光宗即位，叶向高、刘一燝执政，邹元标、赵南星、周嘉谟、冯从吾辈，皆班九卿，一时清流，稍有起色。奈诸君子持论太严，于是争红丸、移宫，而东林之祸炽矣。及夫熹宗，委命阉寺，熊、汪之狱既成，杨、左之祸遂烈，又假三案以媒孽东林，而正人君子，几无噍类。（陈鼎《东林列传》卷二《高攀龙传论》）

沈一贯，字肩吾，鄞人。……一贯之入阁也，为王锡爵、赵志皋所荐，辅政十有三年，当国者四年，万历二十二年入阁，二十八年当国，三十四年乞归。枝拄清议，好同恶异，与前后诸臣同。至楚宗、妖书、京察三事，独犯不韪，论者丑之，虽其党不能解免也。一贯归，言者

追劾不已，其乡人亦多受世诋諆云。(《明史》卷二一八《沈一贯传》)

叶向高，字进卿，福清人。……万历。三十五年1607年。五月，……擢向高礼部尚书，兼东阁大学士，与王锡爵、于慎行、李廷机并命。十一月，向高入朝，慎行已先卒，锡爵坚辞不出。明年，三十六年。首辅朱赓亦卒，次辅廷机以人言，久杜门，向高遂独相。……向高请增置阁臣，章至百余上，帝始用方从哲、吴道南。……四十二年，……向高乞归，……允其去。……向高在相位，务调剂群情，辑和异同。然其时党论已大起，……未几，又争李三才之事，党势乃成。……会辛亥京察，……向高以大体持之，察典得无挠，而两党之争，遂不可解。……天启元年1621年。十月，还朝，复为首辅。……熹宗初政，群贤满朝，天下欣欣望治。……魏忠贤、客氏，渐窃威福，……其时朝士与忠贤抗者，卒倚向高，忠贤乃时毛举细故责向高以困之。……四年，……杨涟上疏，劾忠贤二十四大罪。……忠贤虽愤，犹以外廷势盛，未敢加害，其党有导以兴大狱者，忠贤意遂决。……向高以时事不可为，乞归。……向高既罢去，韩爌、朱国祯，相继为首辅，未久，皆罢。……忠贤首诬杀涟、左光斗等，次第戮辱贬削朝士之异己者，善类为一空云。(《明史》卷二四○《叶向高传》)

方从哲，字中涵，其先德清人，隶籍锦衣卫，家京师。……万历四十一年1613年。拜礼部尚书，兼东阁大学士。……向高去国，从哲遂独相。……疏请推补阁臣，自后每月必请，帝以一人足办，迄不增置。……向高秉政时，党论鼎沸，言路交通铨部，指清流为东林，逐之殆尽。及从哲秉政，言路已无正人，党论渐息。丁巳万历四十五年。京察，尽斥东林，且及林居者。齐、楚、浙三党鼎立，务搏击清流，齐人亓诗教，从哲门生，势尤张。从哲昵群小，而帝怠荒亦益甚。……熹宗即位，……从哲力求去，……遣行人护归。……天启五年1625年。魏忠贤辑梃击、红丸、移宫三事，为《三朝要典》，以倾正人。……从哲不出，然一时请诛从哲者，贬杀略尽矣。(《明史》卷二

叶向高草书轴

卷五 明清

一八 《方从哲传》

齐楚浙诸党，既附魏珰以攻东林，遂造《天鉴》诸录，加以恶名，并颁党人榜于全国，凡丽名者，生者削籍，死者追夺。

七录者，曰"天鉴"，曰"雷平"，曰"同志"，曰"薙神"，曰"点将"，曰"蝇蚋"，曰"蝗蝻"。七录所载，或百余人，或二三百人，或多至五百余人。"党人榜"者，逆珰魏忠贤，于天启五年1625年。十二月乙亥朔，矫旨颁示天下，禁锢东林诸君，生者削籍，死者追夺，或逮问、追赃之文告也。又有"前锋"及"后劲"二榜，皆载清流姓名。……七录所载，不尽东林人也，"雷平录"或谓出于沈潅，本欲耸上尽逐诸贤，以罢去而辍；"蝇蚋录"则出于温体仁；"薙神录"或谓出于陈演，或曰出自杨维垣，有孙党、昆党、秦党、楚党、齐党、赵党、邹党、东林党、浙党之目；"点将录"则出于魏广微；"蝗蝻录"则出于阮大铖。又有"续点将录"、"续蝇蚋录"，则并七录而尽归东林矣。或曰"续蝇蚋录"及"蝗蝻录"，乃复社诸君子也。计二千二百五十五人，惟两陕、滇中无人。七录所载，有与东林毫无干涉者，以睚眦私忿而并入焉。（陈鼎《东林列传·凡例》）

乙丑天启五年。之后，崔呈秀密付逆贤之《天鉴录》者，首列东林渠魁叶向高、韩爌……等，次列东林胁从孙鼎相、徐良彦……等，其后又列真心为国、不附东林顾秉谦、魏广微、王绍徽、冯铨……等若干人。"同志录"者，首列辅臣词林部院诸臣，卿寺则陈宗器……，台省则黄尊素……，部郎常博则贺烺……，藩臬……，武弁……等若干人，最狠重者三圈，次者二圈，轻者一圈也。《点将录》者，首曰天罡星托塔天王李三才，及时雨叶向高，浪子钱谦益，圣手书生文震孟，白面郎君郑鄤，霹雳火惠世扬，鼓上蚤汪文言，大刀杨涟，智多星缪昌期等，共三十六人；地煞星神机军师顾大章，旱地忽律游士任等，共七十二人。（刘若愚《酌中志》卷十一）

御史卢承钦疏：……东林自顾宪成、李三才、赵南星而外，如王图、高攀龙等，谓之副帅；曹

《东林列传》书影

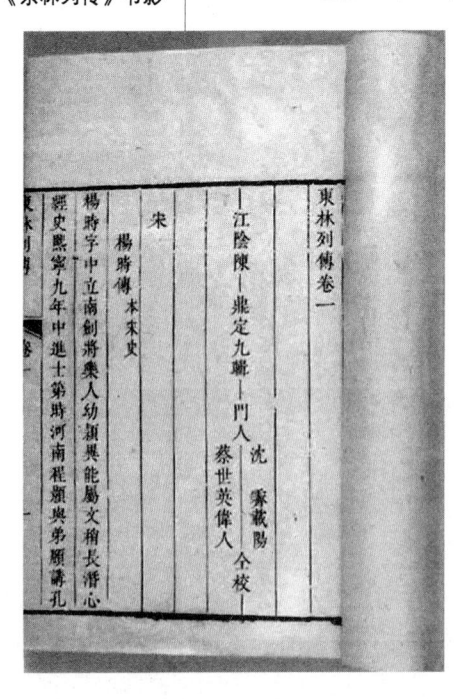

顾宪成纪念馆

于汴、汤兆京、史记事、魏大中、袁化中等，谓之前锋；李朴、贺烺、沈正宗、丁元荐，谓之敢死军人；孙丕扬、邹元标，谓之土木魔神。宜将一切党人，不论曾否处分，俱将姓名、罪状刊刻成书，榜示天下。（文秉《先拨志始》卷下）

（六）三案

梃击、红丸、移宫三案，为邪正两党肉搏之争。主者争者，各有是非，必指争者为别有用意，未免过甚之词。其争既烈，则各逞意气，而去事实愈远矣。兹分述如下。

甲、梃击

万历四十三年1615年。五月初四日酉刻，有不知姓名男子，持枣木梃，入慈庆宫门，击伤守门内侍李鉴，至前殿檐下，为内侍韩本用等所执。……慈庆宫者，皇太子所居宫也。明日，皇太子奏闻，帝命法司按问。巡城御史刘廷元鞫奏：犯名张差，蓟州人，……语无伦次，按其迹，若涉疯癫，……请下法司严讯。时东宫虽久定，帝待之薄，中外疑郑贵妃与其弟国泰，谋危太子，……方从哲辈，亦颇关通戚畹以自固。差被执，举朝惊骇，廷元以疯癫奏，刑部山东司郎中胡士相，偕员外郎赵会桢、劳永嘉共讯，一如廷元指，……疯癫具狱。

之寀时为刑部主事。心疑其非，是月十一日，之寀值提牢，散饭狱中，末至差，私诘其实。……始言小名张五儿，有马三舅、李外父，令随不知姓名一老公，说事成与汝地几亩。比至京，入不知街道大宅子，一老公饭我云，汝先冲一遭，遇人辄打死，死了我们救汝，畀我枣木棍，导我由后宰门直至宫门上，击门者堕地，老公多，遂被执。之寀备揭其语，因张。问达侍郎。以闻。……二十一日，刑部会十三司司官……再审，差供：马三舅名三道，李外父名守才，不知姓名老公乃……庞保，不知街道宅子乃住朝外……之刘成，二人令我打上宫门，打得小爷，吃有，着有。小爷者，内监所称皇太子者也。又言有姊夫孔道，同谋凡五人，……成与保，皆贵妃宫中内侍也。……帝心动，谕贵妃善为计，贵妃窘，乞哀皇太子，自明无它。……二十八日，帝亲御慈宁宫，皇太子侍御座右，……召大学士方从哲、吴道南，暨文武诸臣入，责以离间父子，谕令磔张差、庞保、刘成，无他及。（《明史》卷二四四《王之寀传》）

甫还宫，帝意复变，乃先戮差，令九卿三法司，会讯保、成于文华门，……不承罪。……帝以二囚涉郑氏，付外庭，议益滋，乃潜毙之于内，言皆以创重身死，而马三道等五人，命予轻比坐流配，其事遂止。（《明史》卷二四一《张问达传》）

乙、红丸

万历四十八年1620年。七月丙子朔，帝不豫，……乃崩，八月丙午朔，光宗嗣位。……帝已于乙卯得疾，……辛酉，帝不视朝。……时都下纷言，中官崔文升进泄药，帝由此委顿，而帝传谕，有"头目眩晕，身体软弱，不能动履"语，群情益疑骇。……戊辰新阁臣刘一燝、韩爌入直，帝疾已殆。辛未，召从哲、一燝、爌……等至乾清宫，帝御东暖阁。……帝复问有鸿胪官进药者安在，从哲曰："鸿胪寺丞李可灼，自云仙方，臣等敢信。"帝命宣可灼至，趣和药进，所谓红丸者也。帝服讫，称忠臣者再。诸臣出，俟官门外，顷之，中使传上体平善。日晡，可灼出，言复进一丸，从哲等问状，曰平善如前。……九月乙亥朔，……帝崩。中外皆恨可灼甚，而从哲拟遗旨，赉可灼银币。（《明史》卷二一八《方从哲传》）

丙、移宫

光宗嗣位，郑贵妃以前福王故，惧帝衔之，进珠玉及侍姬八人嗷帝。选侍李氏最得帝宠，贵妃因请立选侍为皇后，选侍亦为贵妃求封太后。……丁巳，帝力疾御门，命从哲封贵妃为皇太后，从哲遽以命礼部，侍郎孙如游力争，事乃止。……辛未，召从哲、一燝、熿，……至乾清宫，帝御东暖阁，凭几，……遂谕册封选侍为皇贵妃。甲戌，复召诸臣，谕册封事。……乙亥，……帝崩。……时李选侍居乾清宫，群臣入临，诸阉闭宫门，不许入。刘一燝、杨涟力拄之，得哭临如礼，拥皇长子出居慈庆宫，从哲委蛇而已。初郑贵妃居乾清宫侍神宗疾，光宗即位，犹未迁，尚书周嘉谟，贵妃从子养性，乃迁慈宁宫。及光宗崩，而李选侍居乾清宫，给事中杨涟，及御史左光斗，念选侍尝邀封后，非可令居乾清，以冲主付托也，于是议移宫。争数日不决，从哲欲徐之，至登极前一日，一燝、熿邀从哲立宫门请，选侍乃移哕鸾宫。明日庚辰，熹宗即位。（《明史》卷二一八《方从哲传》）

光宗崩，选侍与心腹阉李进忠等，谋挟皇长子自重，安发其谋于涟，涟偕一燝等入临。安绐选侍抱皇长子出，择吉即位，选侍移别宫去。（《明史》卷三〇五《王安传》）

乾清宫

次日，群臣立候上批，有旨，选侍着移仁寿宫，王安等从中恐吓，选侍遂不及待侍从，手抱八公主，徒步以行，凡簪珥衾裯之属，俱为群阉所掠夺。……内阉李进忠、刘朝、田诒等，乘机窃盗内帑，王安发其事，追究牵及选侍之父。（文秉《先拔志始》卷上）

魏忠贤擅权，诸党皆入阉，怂恿忠贤汇集三案谕旨及争执之词，为《三朝要典》，盖仿《明伦大典》之修，以王言定是非，兼为一网打尽之计。

天启五年1625年。五月癸亥，给事中杨所修请以梃击、红丸、移宫三案，编次成书，从之。（《明史》卷二二《熹宗纪》）

圣谕：朕惟君臣父子，人道之大纲；慈孝忠敬，古今之通义。有国家者，修之则治，紊之则乱；为臣子者，从之则正，悖之则邪，自古迄今，未有能易者也。乃有乘宫庭仓卒之际，遂怀倾危陷害之谋，构朝家骨肉之嫌，自为富贵功名之地，其为乱臣贼子，可胜诛哉！洪惟我皇祖神宗显皇帝，早建元良，式端国本，父慈子孝，厚无间然，而奸人王之寀、翟凤翀、何士晋、魏光绪、魏大中、张鹏云等，乃借梃击以要首功。我皇考光宗贞皇帝，一月御天，千秋称圣，因哀得疾，纯孝弥彰，而奸人孙慎行、张问达、薛文周、张慎言、周希令、沈维炳等，乃借红丸以快私憾。迨皇考宾天，朕躬缵绪，父子承继，正统相传，而奸人杨涟、左光斗、惠世扬、周朝瑞、周嘉谟、高攀龙等，又借移宫以贪定策之勋，而希非望之福。将凭几之遗言，委诸草莽；以待封之宫眷，视若寇仇，臣子之分谓何？敬忠之义安在？幸天牖朕衷，仰承先志，康妃、皇妹，恩礼有加，而守正之臣，凡因三案被诬者，皆次第赐环，布列在位，嘉言周伏，朝政肃清。特允部院科道诸臣之请，将节次明旨，并诸臣正论，命史官编辑成书，颁行天下，使三朝慈孝，灿然大明，天下万世，无所疑惑。其凡例、体裁，一仿《明伦大典》故事，即于新春开馆纂修，特命辅臣顾秉谦、于绍栻、黄立极、冯铨为总裁官，施凤来、孟绍虞、杨景辰、姜逢元、曾楚卿为副总裁官，徐绍吉、谢启光、余煌、朱继祚、张翀、华琪芳、吴孔嘉、吴士元、杨世芳为纂修官，乔炜、秦之垣、李桐为誊录官，郑崇光、姜云龙为收掌官。卿等受兹委任，须同心协力，研精殚思，采集周详，持议明核。凡系公论，一切订存，其群奸邪说，亦量行摘录，后加史官断案，以昭是非之实。务在早完，书成之日，名曰《三

朝要典》，以仰慰皇祖皇考在天之灵，用副朕觐光扬烈之意。钦哉，故谕。天启六年正月十五日。（《三朝要典》圣谕》）

魏珰既诛，倪元璐请毁《三朝要典》一疏，持论颇为平允。

> 倪元璐，……崇祯元年1628年。……进侍讲。……四月，请毁《三朝要典》，言梃击、红丸、移官三议，哄于清流，而《三朝要典》一书，成于逆竖，其议可兼行，其书必当速毁。盖当事起议兴，盈廷互讼，主梃击者力护东宫，争梃击者计安神祖；主红丸者仗义之言，争红丸者原情之论；主移官者弥变于几先，争移官者持平于事后，数者各有其是，不可偏非。总在逆珰未用之先，虽甚水火，不害埙篪，此一局也。既而杨涟二十四罪之疏发，魏广微此辈门户之说兴，于是逆珰杀人，则借三案；群小求富贵，则借三案，经此二借，而三案全非矣。故凡推慈归孝于先皇，正其颂德称功于义父，又一局也。网已密而犹疑有遗鳞，势已重而或忧其翻局，崔魏诸奸，始创立私编，标题要典。以之批根今日，则众正之党碑；以之免死他年，即上公之铁券，又一局也。由此而观，三案者天下之公议，《要典》者魏氏之私书，三案自三案，要典自要典也。今为金石不刊之论者，诚未深思，臣谓翻即纷嚣，改亦多事，惟有毁之而已。帝命礼部会词臣详议，议上，遂焚其板。（《明史》卷二六五《倪元璐传》）

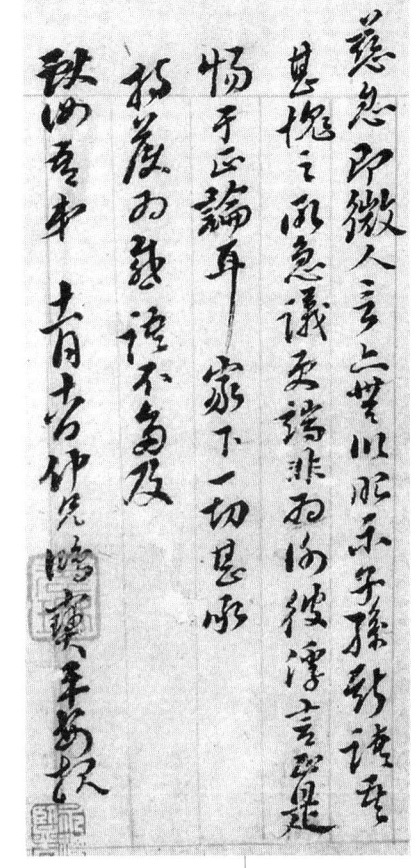

倪元璐书札

（七）复社

东林书院既毁，而不可复。崇祯以后，学子以砥砺举业为名，纷结文社，而以复社为最著，创立条规，数举大会，隐操政治之柄，实东林之变相，而党羽之众，交结之广，有过之无不及。盖东林所以讲学，而讲学者尚限于达官，复社则以论文，入社者皆有入学科举之望，此所以从之者如水之赴壑也。

东林弓河书院,毁于逆珰,高景逸、顾庸庵两先生,移建于锡城东门内,更名道南。终崇祯朝讲学甚盛,从游者益众,主席者亦不一其人,而其分则为复社,又分而为几社,数千人。然讲者听者,或无功业于世,或鲜道德于身,徒事口舌,讲论诵说,乃或偶踵东林之门,或偶听讲于东林,或出些微少资于东林,或假肄业于东林以博科第,或附影射于东林以求名高,或执役服于东林以志求食,或入乡贤名宦而不可得借足于东林,或甘阿势求荣以趋承而邀福于东林者。
(陈鼎《东林列传凡例》)

复社之眉目,实为二张溥、采。声势之盛,与崇祯一朝相终始,至操宰相进退之权。其与东林异者,东林之人自窥台鼎,复社则假手外人,预为要约,务求有济,操术为较工。故当时如温体仁诸人力与之持,虽以严旨临之,而终不能遏制。

张溥,字天如,号西铭。太仓人,……与同里张采字受先,号南郭。共学齐名,号娄东二张。崇祯元年,以选贡生入都,采方成进士,两人名彻都下。已而采官临川,溥归,集郡中名士,相与复古学,名其文社曰"复社"。四年,成进士,改庶吉士,以葬亲乞假归。……四方嗷名者,争走其门,尽名为复社。溥亦倾身结纳,交游日广,声气通朝右,所品题甲乙,颇能为荣辱。诸奔走附丽者,辄自矜曰:"吾以嗣东林也。"执政大僚,由此恶之。里人陆文声者,输赀为监生,求入社,不许,采又尝以事挞之。文声诣阙,言风俗之弊,皆原于士子,溥、采为主盟,倡复社,乱天下。温体仁方枋国事,下所司,迁延久之。提学御史倪元珙、兵备参议冯元扬、太仓知州周仲连,言复社无可罪,三人皆贬斥,严旨穷究不已。闽人周之夔者,尝为苏州推官,坐事罢去,疑溥为之,恨甚,闻文声讦溥,遂伏阙,言溥等把持计典,已罢职,实其所为,因及复社恣横状。章下,巡抚张国维等,言之夔去官,无预溥事,亦被旨谯让。至崇祯十四年,1641年。

张溥铜像

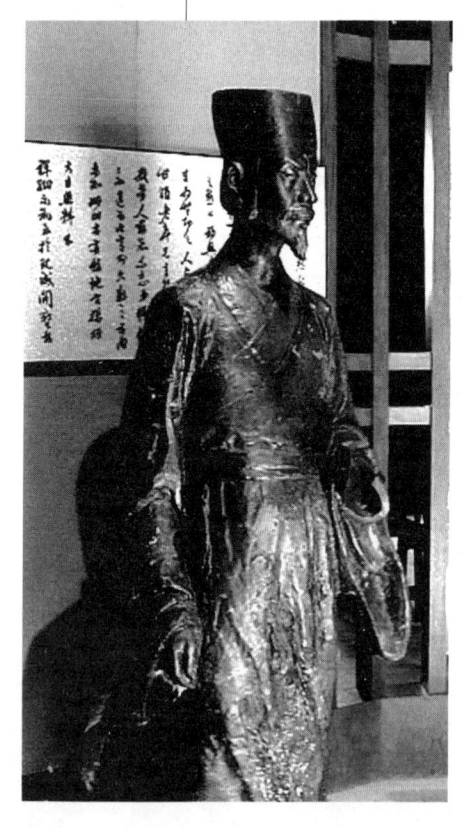

溥已卒，而事犹未竟。刑部侍郎蔡奕琛，坐党薛国观系狱，未知溥卒也，讦溥遥握朝柄，己罪由溥，因言采结党乱政。诏责溥、采回奏，采上言。……当是时体仁已前罢，继者张至发、薛国观，皆不喜东林，故所司不敢复奏，及是至发、国观亦相继罢，而周延儒当国，溥座主也，其获再相，溥有力焉，故采疏上，事即得解。(《明史》卷二八八《张溥传》)

复社之盛，乃由各社合并而成。

夏允彝，弱冠举于乡。……是时东林讲席盛，苏州高才生张溥、杨廷枢等慕之，结文会，名"复社"，允彝与同邑陈子龙、松江华亭人。徐孚远、王光承等，亦结"几社"相应和。(《明史》卷二七七《陈子龙附夏允彝传》)

令甲以科目取人，而制义始重。士既重于其事，咸思厚自濯磨，以求副功令，因共尊师取友，互相砥砺，多者数十人，少者数人，谓之文社，即此以文会友、以友辅仁之遗则也。好修之士，以是为学问之地，驰骛之徒，亦以是为功名之门，所从来旧矣。……吴江令楚人熊鱼山开元，……慕天如名，迎至邑馆，巨室吴氏、沈氏诸弟子，俱从之游学，于是为尹山大会，茗雪之间，名彦毕至。未几，臭味愈

张溥故居

卷五 明清

集，远自楚之蕲、黄，豫之梁、宋，上江之宣城、宁国，浙东之山阴、四明，轮蹄日至。比年而后，秦、晋、闽、广，多有以文邮致者。是时江北匡社、中洲端社、松江几社、莱阳邑社、浙东超社、浙西庄社、黄州质社与江南应社，各分坛坫，天如乃合诸社为一，而为之立规条、定课程，曰："自世教衰，士子不通经术，但剿耳绘目，几幸弋获于有司。登明堂不能致君，长郡邑不能泽民，人材日下，吏治日偷，皆由于此。溥不度德，不量力，期与四方多士，共兴复古学，将使异日者，务为有用，因名曰'复社'。"又申盟词曰："毋从匪彝，毋读非圣书，毋违老成人，毋矜己长，毋形彼短，毋巧言乱政，毋干进辱身。嗣今以往，犯者小用谏，大则摈。"既布天下，皆遵而守之。又有各郡邑中，推择一人为长，司纠弹、要约，往来传置。天如于是裒十五国之文而诠次之，目其集为国表，七百余人，文二千五百余首。受先作序冠弁首。集中详列姓氏，以示门墙之峻；分注郡邑，以见声气之广云。（陆世仪《眉史氏复社纪略》卷一）

入复社者几遍全国，滇、黔僻壤，亦趋赴恐后，唯北方较少。

崇祯庚午三年，1630年。乡试，诸宾兴者咸集，天如又为金陵大会。癸酉崇祯六年。春，溥约社长，为虎丘大会，先期传单四出，至日，山左、江右、晋、楚、闽、浙，以舟车至者数千人。……复社声气遍天下，俱以两张为宗。……溥奖进门弟子，亦不遗余力，每岁科两试，有公荐，有转荐，有独荐。……复值岁科试，辄私拟等第名数，及榜发，十不失一，所以为弟子者，争欲入社，为父兄者，亦莫不乐其子弟入社。迨至附丽者久，应求者广，才俊有文、倜傥非常之士，虽入网罗，而嗜名躁进、逐臭慕膻之徒，亦多窜于其中矣。……其于先达所崇为宗主者，皆宇内名宿，……职任在外，则代之谋方面，在内，则为之谋爰立，皆阴为之地，而不使之知，事后彼人自悟，乃心感之。不假结纳，而四海盟心，门墙之所以日广，呼应之所以日灵，皆由乎此。（陆世仪《眉史氏复社纪略》卷二）

文社之结，明亡未已，至清顺治时，加以厉禁，其势始杀。

文社始天启甲子，四年，1624年。合吴郡、金沙、橝李，仅十有一人，张溥天如、张采受先、杨廷枢维斗、杨彝子常、顾梦麟麟士、

朱隗云子、王启荣惠常、周铨简臣、周钟介生、吴昌时来之、钱栴彦林，分主五经文字之选，而效奔走以襄厥事者，嘉兴府学生孙淳孟朴也，是曰应社。当其始取友尚隘，而来之、彦林谋推大之，讫于四海，于是有广应社，贵池刘城伯宗、吴应箕次尾、泾县万应隆道吉、芜湖沈士柱昆铜、宣城沈寿民眉生，咸来会，声气之孚，先自应社始也。崇祯之初，嘉鱼熊开元宰吴江，进诸生而讲艺，于时孟朴里居，结吴甗扶九、吴允夏去盈、沈应瑞圣符等，肇举复社，于时云间有几社，浙西有闻社，江北有南社，江西有则社，又有历亭席社，昆阳云簪社，而吴门别有羽朋社、匡社，武林有读书社，山左有大社，佥会于吴，统合于复社。复社始于戊辰，崇祯元年，1628年。成于己巳。崇祯二年。……孟朴渡淮泗，历齐鲁，以达于京师，贤大夫士，必审择而定衿契，然后进之于社，……先后大会者三，复社之名动朝野。……十年正月，苏州民陆文声，疏陈风俗之弊，皆原于士子。庶吉士张溥，知临川县事张采，倡立复社，以乱天下。思陵下提督学政御史倪元珙察核，倪公言：诸生诵法孔子，引其徒谈经讲学，互相切劘，文必先正，品必贤良，实非树党。文声以私憾妄讦，宜罪。阁臣以公蒙饰，降光禄寺录事。苏州推官周之夔者，与溥同年举进士，初亦入社，至是希阁臣意，墨经诣阙，复讦奏溥等树党挟持。案久未结，逸言罔极，至有草檄以声复社十罪者，大略谓：派则娄东、吴下、云间，学则天如、维斗、卧子，上摇国柄，下乱群情，行殊八俊、三君，迹近八关、五鬼。外吾党者，虽房、杜不足言事业；异吾盟者，虽屈、宋不足言文章。或呼学究智囊，或号行舟太保，传檄则星驰电发，宴会则酒池肉林。所云行舟传檄，殆指孟朴言之。十五年，御史金毓峒，给事中姜采，各上疏白其事，始奉旨：朝廷不以语言文字罪

夏允彝及其子夏完淳

卷五 明清

人，复社一案准注销。后福藩称制，阮大铖怨戊寅崇祯十一年。秋南国诸生顾杲等一百四十人之具防乱公揭也，日思报复，爰有王实鼎"东南利孔久湮，复社渠魁聚敛"一疏，大铖语马士英云：孔门弟子三千，而维斗等聚徒至万，不反何待？至欲陈兵于江，以为防御，心知无是事，而意在尽杀复社之主盟者。时昆铜暨宜兴陈贞慧定生辈，皆就逮系狱，桐城钱秉镫，宣城沈寿民，亡命得脱。假令王师下江南少缓，则复社诸君子，难乎免于白马之祸矣。(《复社姓氏传略》卷首引《静志居诗话》)

社事以选文及会盟，为有力之结合，徒党既盛，而内讧起，遂有周之夔之攻讦，之夔亦曾预社盟也。

于是天如、介生周钟。有复社国表之刻。复者，复兴绝学之义也；先君子杜麟征与彝仲夏允彝，有几社六君子会义之刻。允彝、麟征、周立勋、徐孚远、彭宾、陈子龙。几者，绝学有再兴之几，而得知几其神之义也。两社对峙，皆起于己巳崇祯二年。之岁。……自辛未崇祯五年，1632年。至辛巳，崇祯十四年。娄东之局，几比尼山，举天下文武将吏、朝列大夫、雍庠子弟，称门下士、从之游者，几万余人，……四方会吊毕，退而大集于虎丘，为复社最盛事。……周公之夔者，……奋身作难，……虽门弟子日进，而局中之会盟，寝以少息，……三吴子弟，各自一宗，不敢齿及复社二字者数年。……至西铭之变，海内会葬者万人，壬午崇祯十五年。之春，又大集于虎阜。……嗣后复社之大会，无复再举矣。复社之大局虽少衰，而吾松几社之大会，则日以振。(杜登《春社事始末》)

往者邑子不快于社事，谓先生溥。以阙里自拟，曰配，曰哲，傅会指目先生门下士。……又有无名氏，诡托徐怀丹，檄复社十大罪。……之夔入京师，执二书为左验。(吴伟业《复社纪事》)

时浙人温体仁以清刚得君，专柄七年，力与众正为难。周延儒本与体仁合，复社张溥力间之，使相携贰，借延儒以逐体仁。

周延儒，字玉绳，宜兴人。……崇祯六年1633年。六月，引疾归，……温体仁遂为首辅矣。始延儒里居，颇从东林游，善姚希孟、罗喻义；既陷钱谦益，遂仇东林；及主会试，所取士张溥、马世奇

等，又皆东林也。至是归，失势，心内
惭，而体仁益横，越五年始去。去而张
至发、薛国观相继当国，与杨嗣昌等并
以媢嫉称，一时正人郑三俊、刘宗周、
黄道周等，皆得罪。溥等忧之，说延儒
曰："公若再相，易前辙，可重得贤
声。"延儒以为然。溥友吴昌时，为交关
近侍，冯铨复助为谋，会帝亦颇思延儒，
而国观适败，十四年二月，诏起延儒，
九月至京，复为首辅。……延儒被召，
溥等以数事要之，延儒慨然曰："吾当
锐意行之，以谢诸公。"既入朝，悉反体
仁辈弊政，……广取士额及召还言事迁
谪诸臣，……中外翕然称贤。……又信
用文选郎吴昌时。……昌时，嘉兴人，
有干材，颇为东林效奔走，然为人墨而傲，通厂卫，把持朝官，同朝
咸嫉之。(《明史》卷三○八《周延儒传》)

温体仁信札手迹

吴应箕以一诸生，而倡发留都防乱揭，以攻阉党余孽阮大铖，亦为复
社一大公案。后来马、阮当国，欲造顺案，且欲借僧大悲兴党狱，以陷应
箕等，兼罗织东林，会明亡不果。

吴应箕，字次尾，贵池人。……阮大铖以附珰削籍，侨居南京，
联络南北附珰失职诸人，劫持珰道。应箕与无锡顾杲、桐城左国材、
芜湖沈士柱、余姚黄宗羲、长洲杨廷枢等，为留都防乱公揭讨之，列
名者百四十余人，皆复社诸生也。(《明史》卷二七七《邱祖德附吴应箕
传》)

时有狂僧大悲，出语不类，为总督京营戎政赵之龙所捕。大铖欲
假以诛东林及素所不合者，因造十八罗汉、五十三参之目，……纳大
悲袖中。(《明史》卷三○八《马士英传》)

(八) 逆案

庄烈帝既立，立诛客魏，定为逆案六等，颁示天下，自旧辅以至庶

僚，获罪者三百二十余人，重则立决，轻亦禁锢终身。是时东林复向用，实借此为三案作报复。

方忠贤败时，庄烈帝纳廷臣言，将定从逆案。大学士韩爌、李标、钱龙锡，不欲广搜树怨，仅以四五十人上，帝少之，令再议；又以数十人上，帝不怿，令以"赞导"、"拥戴"、"颂美"、"谄附"为目，且曰内侍同恶者，亦当入。爌等以不知内侍对，帝曰："岂皆不知，特畏任怨耳。"阅日，召入便殿，案有布囊，盛章疏甚伙，指之曰："此皆奸党颂疏，可案名悉入。"爌等知帝意不可回，乃曰："臣等职在调旨，三尺法非所习。"帝召吏部尚书王永光问之，永光以不习刑名对，乃诏刑部尚书乔允升、左都御史曹于汴同事，于是案名罗列，无脱遗者。崇祯二年1629年。三月，上之，帝为诏书，颁示天下，首逆凌迟者二人：魏忠贤、客氏；首逆同谋决不待时者六人：呈秀及魏良卿、客氏子都督侯国兴、太监李永贞、李朝钦、刘若愚；交结近侍，秋后处决者十九人：刘志选、梁梦环、倪文焕、田吉、刘诏、薛贞、吴淳夫、李夔龙、曹钦程、大理寺正许志吉、顺天府通判孙如洌、国子监生陆万龄、丰城侯李承祚、都督田尔耕、许显纯、崔应元、杨寰、孙云鹤、张体乾；结交近侍次等充军者十一人：魏广微、周应秋、阎鸣泰、霍维华、徐大化、潘汝桢、李鲁生、杨维垣、张讷、都督郭钦、孝陵卫指挥李之才；交结近侍又次等论徒三年输赎为民者：大学士顾秉谦、冯铨、张瑞图、来宗道、尚书王绍徽、郭允宽、张我续、曹尔祯、孟绍虞、冯嘉会、李春晔、邵辅忠、吕纯如、徐兆魁、薛凤翔、孙杰、杨梦衮、李养德、刘廷元、曹思诚、南京尚书范济世、张朴、总督尚书黄运泰、郭尚友、李从心、巡抚尚书李精白等一百二十九人；交结近侍减等革职闲住者，黄立极等四十四人；忠贤亲属及内官党附者又五十余人。（《明史》卷三〇六《崔呈秀传》）

逆案既定，终崇祯十七年，不能翻案。南渡后，马、阮当国，其案始翻，生者起用，死者追恤，复治北都从逆之罪，以胁东林旧人。一年之间，党争大起，驯至明亡。

案既定，其党日谋更翻，王永光、温体仁阴主之，帝持之坚，不能动。其后张捷荐吕纯如，被劾去，唐世济荐霍维华，福建巡按应喜

臣荐部内闲住通政使周维京，罪至谪戍，其党乃不敢言。福王时，阮大铖冒定策功起用，其案始翻，于是太仆少卿杨维垣、徐景濂、给事中虞廷陛、郭如暗、御史周昌晋、陈以瑞、徐复阳、编修吴孔嘉、参政虞大复辈，相继而起。(《明史》卷三〇六《崔呈秀传》)

福王时，杨维垣翻逆案，为维华等讼冤，章下吏部，……追赐恤典、赠荫、祭葬、谥，全者，维华及刘廷元、吕纯如、杨所修、徐绍吉、徐景濂六人；赠荫、祭葬，不予谥者，徐大化、范济世二人；赠官祭葬者，徐扬先、刘廷宣、岳骏声三人；复官不赐恤者，王绍徽、徐兆魁、乔应甲三人；他若王德完、黄克缵、王永光、章光岳、徐鼎臣、徐卿伯、陆澄源，名不丽逆案，而为清议所抑者，亦赐恤有差。(《明史》卷三〇六《霍维华传》)

九　明之衰亡

(一) 满洲之崛起

甲、建州女真

清为女真之裔，明初设建州卫以统之，所谓建州女真是也。后为兀狄哈即野人女真。所侵，渐次南徙。

女真，古肃慎之地，居混同江即松花江。东，后汉谓之挹娄，元魏谓之勿吉，隋唐谓之黑水靺鞨。靺鞨强盛，号渤海。渤海浸弱，臣于辽，避辽兴宗讳，更女真曰女直。至阿骨打始大，国号曰金。金亡归元，元改万户府五，以总摄之。(《剿奴撮议》附陈继儒《建州考》)

国初定开元，改开原道，控带诸夷。女直各部，在混同江以东，东滨海，西接兀良哈，南邻朝鲜，北至奴儿干。略有三种：自汤站东抵开原居海西者，为"海西女直"；居建州、毛怜者，为"建州女直"；极东为"野人女直"。……永乐元年，遣行人邢枢，招谕奴儿干诸部野人酋长来朝，因悉境附。九年春，遣中使治巨舰，勒水军江上，召集诸酋豪，縻以官赏，于是……始设奴儿干都司，自开原东

> 皇帝洪福前　建州左衛都指揮僉
> 脫難男猛可憐怕奏奴婢進貢
> 四甲頭來了奏要僉父前職望
> 朝廷可憐見准僉父職在邊好管
> 恩賜
> 聖旨知道
> 人民便益怎生

建州指揮僉事上明廷的奏章

北，至松花江以西。先後置建州、毛憐、塔山等衛一百八十四，兀者等所二十，其酋為都督、都指揮、千百戶、鎮撫，賜敕印，各統分部。復置站地面，各七，寨一，不領於衛所，令歲以冬月，從開原入朝貢。唯野人女直，避遠無常期。諸部願內附者，開原設安樂州，遼陽設自在州處之。已又為海西、建州各夷，立馬市開原，歲時賜予甚厚，終帝世，奉職謹，征調輒赴。建州衛指揮阿哈出，以功賜姓名李思誠，其子釋家奴曰李顯忠，弟猛哥不花，亦以內附領毛憐衛，累都督同知。久之，顯忠死，子滿住襲，求駐牧蘇子河。……宣德間，守臣務招徠，請居建州老營地，……所名東建州乃是也。……正統初，建州左衛都督猛哥帖木兒為七姓野人所殺，弟凡察、子童倉，走朝鮮，亡其印，詔更給，以童倉弟董山，襲建州衛指揮。亡何，凡察歸，得故印。詔上更給者，匿不出，乃更分置右衛，剖二印，令董山領左，凡察領右。（茅瑞徵《東夷考略·女直通考》）

建州、毛憐，則渤海大氏遺孽，樂住種，善緝紡，飲食服用，皆如華人，自長白山迆南，可拊而治也。海西山寨之夷，曰熟女直，完顏之後，金之遺也。俗尚耕稼，婦女以金珠為飾，倚山作寨，聚其所親居之。居黑龍江省，曰生女直，其俗略同山寨，數山寨仇殺，百十戰不休。自乞里迷去奴兒干，三千餘里，一種曰女直野人，又一種曰北山野人，不事耕稼，惟以捕獵為生。諸夷皆善馳射。（《皇明九邊考》卷二《遼東鎮邊夷考》）

建州三衛設置遷徙簡表

衛名	設置		遷徙		備考
	始官	年代	初居	遷地	
建州衛	阿哈出	永樂元年	依蘭附近	初遷於琿春，再遷於鏡城，復遷於灶突山。	《滿洲源流考·部族》七，建州為本朝岐邠，故州置於渤海，本在吉林境，至遼時，一移於凌河之南，再移凌河之北。金元相承，置節度使，而建州遂在今錦州邊外喀喇沁、土默特之間。是州雖已移，而故地相傳，舊稱尚在，明初因以名衛耳。
建州左衛	猛哥帖木兒	永樂十年			
建州右衛	凡察	正統七年			

明之中叶，建州豪酋董山强悍，虽能诱杀之，而屡临以兵，仅止羁縻。

正统末，董山与李满住等，并附也先为耳目，抄掠辽东。景泰中，都御史王翱，谕归所掠，稍宁戢。……成化二年，……董山来朝，语不逊，纠毛怜海西夷，频盗边。三年，命武靖伯赵辅，充靖虏将军，……率汉番京边官军五万，往征之，山悔自归，诏羁广宁，寻伏法。九月，分三道捣其巢，……刻日会剿，朝鲜亦……佐兵万人，遏东走路，俘斩千计，并诛李满住，………遂班师。……六年，建州夷窥边庚虚，谋作乱。巡抚御史彭谊，……整师出辽阳，众溃匿。朝廷因示羁縻，以董山子脱罗为指挥，……诸夷复贡，然往往声报董山仇，纠掠塞上。（茅瑞徵《东夷考略·女直通考》）

继董山而起者有王杲，杀戮边将，其势复强，为总兵李成梁所击灭。

王杲，建州右卫都指挥使也。生而黠慧，解番汉语言字义，尤通日者术，剽悍好乱，数盗边。嘉靖三十六年十月，窥抚顺，殄备御彭文洙，益骛恣，岁掠东州、惠安、一堵墙诸堡，无虚月。四十一年五月，副总兵黑春捣杲巢，杲设伏媳娣山，得春，磔之。由是视杀汉官如莽，常深入辽阳，掠孤山，卤抚顺、汤站，前后戮指挥王国住等甚众。（茅瑞徵《东夷考略·建州女直考》）

李成梁家族墓

卷五 明清

万历元年，……建州都指挥王杲，故与抚顺通马市，及是诱杀备御裴承祖，成梁谋讨之。明年，二年。杲复大举入，成梁檄副将杨腾、游击王惟屏分屯要害，而令参将曹簠挑战，诸军四面起，敌大奔，尽聚杲寨。寨地高，杲深沟坚垒以自固，成梁用火器攻之，破数栅，矢石雨下，把总于志文、秦得倚先登，诸将继之，杲走高台，射杀志文。会大风起，纵火焚之，先后斩馘千一百余级，毁其营垒而还。……杲大创，不能军，走匿阿哈纳寨，曹簠勒精骑往，杲走南关，都督王台执以献，斩之。……十年，……初王杲死，其子阿台，走依王台长子虎儿罕，以王台献其父，尝欲报之。王台死，虎儿罕势衰，阿台遂附北关，合攻虎儿罕，又数犯孤山、泛河。成梁出塞，遇于曹子谷，斩首一千有奇，获马五百匹。阿台复纠阿海连兵，入抵沈阳城南浑河，大掠去。成梁从抚顺出塞百余里，火攻古勒寨，射死阿台，连破阿海寨，击杀之，献馘二千三百，杲部遂灭。（《明史》卷二三八《李成梁传》）

迤东都督王兀堂继起，亦为李成梁所破。

去瑷阳二百五十里，为王兀堂部。瑷阳故市地，兀堂亦奉约唯谨。……万历元年，……总兵李成梁请展筑宽奠等六堡地，……自是开原而南，抚顺、清河、瑷阳、宽奠并有市，诸夷亦利互易，无敢跳梁。当是时，东夷自抚顺、开原而北，属海西王台制之；自清河而南，抵鸭绿江，属建州者，兀堂亦制之。（茅瑞徵《东夷考略·建州女直考》）

万历七年，……迤东都督王兀堂故通市宽奠，后参将徐国辅弟国臣，强抑市价，兀堂乃与赵锁罗骨数遣零骑侵边。明年八年。三月，以六百骑犯瑷阳及黄冈岭，指挥王宗义战死。复以千余骑从永奠入，成梁击走之，追出塞二百里，敌以骑卒拒，而步卒登山鼓噪，成梁大败之，斩首七百五十，尽毁其营垒。……其秋，兀堂复犯宽奠，副将姚大节击破之，兀堂由是不振。（《明史》卷二三八《李成梁传》）

海西女真王台，势强而得众，为明廷捍边。晚岁势衰，同部起衅，争战不息，而建州女真日强，始阴有吞并之志。

永乐初，把娄夷来归，置塔山、塔鲁诸卫，备外藩。宣德四年，海西女直始入寇，浸勾建州剽掠。正德间，祝孔革等为乱，阻朝贡。

嘉靖初，夷酋速黑忒捕杀叛夷猛克，修贡谨，赐金带大帽。其后王台益强，能得众，居开原东北，贡市在广顺关，地近南，称南关；其逞加奴、仰加奴，居开原北，贡市在镇北关，地近北，称北关云。开原孤悬，扼辽肩背，东建州、西恍惚太二夷，常谋窥中国，而台介东西二夷间，扞蔽令不得合，最忠顺，因听袭祖速黑忒右都督，为之长。东陲晏然，耕牧三十年，台有力焉。万历二年，西虏小黄台吉，以五千骑，压海西新寨请婚，台以女许之，因约必无犯开原塞。明年，三年。台缚送建州逆酋王杲，加勋衔，晋二子都督秩。当是时，台所辖东尽灰扒、兀剌等江，南尽清河建州，北尽二如，延袤几千里，内属保塞甚盛。盖晚岁而北关二奴之衅兴，始逞、仰二奴父，都督祝孔革，为台叔王忠所戮，夺贡敕并季勒寨，及台以女妻仰加奴卵翼之。已加奴等结婚西寨虏哈屯慌惚太，潜为向导，势渐张，欺台老，日伺隙修怨。会台子虎儿罕，好残杀，部夷虎儿干、白虎赤，先后叛归加奴，因尽夺季勒寨，调兀剌江上夷，与虎儿罕构兵。是后仰加奴十三寨，止遗把吉把大哥五寨属台，它如灰扒、兀剌及建州夷，各云翔不受钤束，南关势渐蹙。十年七月，台竟以忧愤死。（茅瑞徵《东夷考略·海西女直考》）

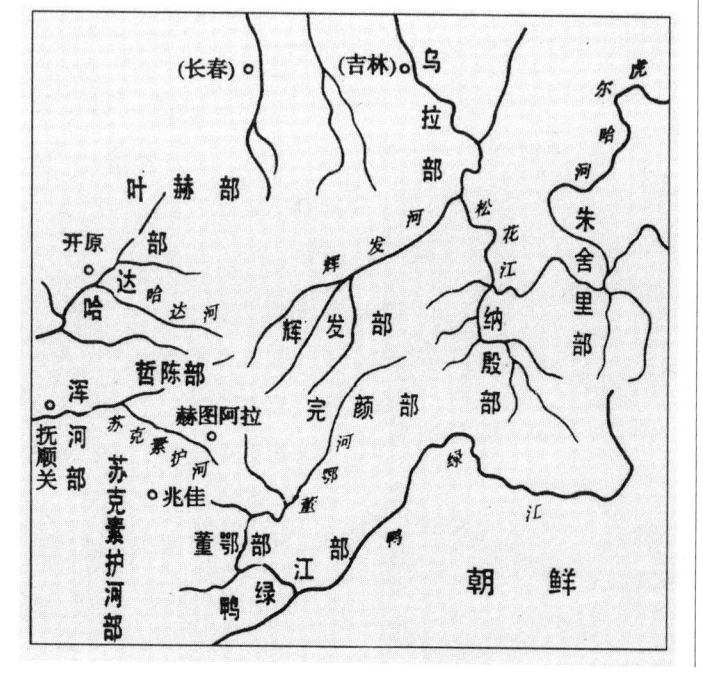

明末建州、海西女真各部分布图

卷五　明清

北关清佳砮、杨吉砮，素仇南关，王台没，屡侵台季子猛骨孛罗，且借土蛮暖兔慌忽太兵，侵边境。其年万历十年。十二月，巡抚李松，使备御霍九皋许之贡市。清佳砮、杨吉砮，率二千余骑，诣镇北关谒松，九皋见其兵盛，谯让之，则以三百骑入，松先伏甲于旁，约二人不受抚则炮举甲起。顷之，二人抵关，据鞍不逊，松叱之，九皋麾使下，其徒遽拔刀击九皋，并杀侍卒十余人，于是军中炮鸣，伏尽起，击斩二人，并其从骑，与清佳砮子兀孙孛罗，杨吉砮子哈儿哈麻，尽歼焉。成梁闻炮，急出塞，击其留骑，斩首千五百有奇，余众刑白马，攒刀，誓永受约束，乃旋师。……十五年，……北关既被创后，清佳砮子卜寨，与杨吉砮子那林孛罗，渐强盛，数与南关虎儿罕子歹商构兵。成梁以南关势弱，谋讨北关以辅翊之。明年十六年。五月，率师直捣其巢，卜寨走与那林孛罗合，凭城守。城四重，攻之不下，用巨炮击之，碎其外郭，遂拔二城，斩馘五百余级。卜寨等请降，设誓不复叛，乃班师。(《明史》卷二三八《李成梁传》)

王台孽子康古陆，向奔逞加奴者，乘虎儿罕殁，即来归，已并妻其父妾温姐，分海西业，与猛骨孛罗、歹商鼎立。……以仇虎儿罕故，甘心歹商，为北关内应，……而猛骨孛罗以母温姐故，亦助康古陆。……会游击黄应魁，勒兵执温姐、康古陆，已念戮温姐则猛酋携，释之，囚康古陆胥命，而猛骨孛罗竟为北关诱胁，从那酋攻歹商，……并劫温姐去。……大将军成梁，决策进剿，……释二酋不诛，……并释康古陆。……亡何，康古陆死，……温姐以乳疮亦死，兵备使成逊因令北关卜寨、那林孛罗，南关猛骨孛罗、歹商，相结释憾。……是后卜寨亦以女许歹商，那林孛罗妻，则歹商姊也。而歹商酗酒好杀，众稍贰。万历十九年正月，往卜寨受室，因过视姊，中途，那、卜二酋，阴

清太祖
努尔哈赤像

令部夷……射商殚。……自此以后，猛骨孛罗修贡唯谨，然南关势孤且弱，而建州**奴儿哈赤**日益强，……阴有窥海西意。（茅瑞徵《东夷考略·海西女直考》）

乙、清太祖之兴起

太祖之祖叫场与父他失，为李成梁向导，以讨王杲之子阿台，旋亦被误杀。成梁以太祖方幼，留置帐下，及长，助乞还建州，统一诸部，遂雄据东方。

> 万历十一年春，阿台复纠虏大举。……成梁闻阿台有婿曰他失，其父曰教场，乃使教场绐阿台，而潜以兵袭之，……直捣古勒寨，……射阿台死，……已而并杀教场、他失于阿台城下。他失子即清太祖也，以幼得不死，留置帐下……十四年。……初清太祖多智，事成梁甚恭，成梁悉以所得诸部畀之，遂雄东方，蚕食诸小夷。（《明史钞略·李成梁传》）

> 奴儿哈赤，王杲之奴，叫场之孙，他失之子也。《清太祖实录》，生于嘉靖三十八年。先年，叫场、他失，皆忠顺，为中国出力。……大兵征剿阿台，围寨攻急，他失因父在内，慌忙救护，混入军中，叫场寨内烧死，他失被兵误杀。因父子俱死，时镇守李总兵，将他失尸首寻获，……又将寨内所得敕书二十道、马二十匹，给领今奴儿哈赤，继祖父之志，仍学好忠顺。（《筹辽硕画》卷首程令名《东夷奴儿哈赤考》）

> 臣等谨案：……明臣黄道周《博物典汇》，……谓我显祖宣皇帝……遇害时，太祖高皇帝方四岁，李成梁……迎太祖高皇帝及弟……厚致饩养，高皇帝稍长，读书有谋略。十六岁，始出之建地，故兵端动，以复祖父仇为辞。……此道周记明政之不纲，边臣之召祸，与实录可互证也。（《开国方略》卷一）

太祖以保塞功，进秩龙虎将军。既并海西南关地，其势益张。既知辽防空虚，渐不相下，隙端屡启，遂不可复制。

> 昔我父被大明误杀，与我敕书三十道、马三十匹，送还尸首，坐受左都督敕书，续封龙虎将军大敕一道，每年给银八百两、蟒段十五匹。（《清太祖武皇帝实录》卷一）

奴尔哈赤，一些古籍对努尔哈赤的旧称。

1500

奴儿哈赤,佟姓,故建州枝部也。……斩克十五有功,得升都督,制东夷。……奴儿哈赤既窃名号,夸耀东夷,则势愈强。……旋以保塞功,万历二十三年,得加龙虎将军,秩视王台时矣。……二十九年,……当是时,奴酋新并南关,势张甚,益结西虏啕灰扒、黑龙江诸夷,宽奠新疆居民六万余口逼奴酋穴,住种参貂市易,渐狎。李成梁再出镇,乃……徙还故土,弃新疆为瓯脱,复困。……请金缯,即于叆阳、清河诸沿边田土,摊派给赏。维时三十三年,……成梁等以招回华人叙功,……奴儿哈赤得赏,志益骄。明年八月,沿清河边,强裁参价索价,已复争入贡车价,语狂悖,边吏始仓皇请增兵,而朝鲜亦报奴酋席卷江上,并吞及海夷。……三十六年,海建修贡,礼部议吾儿忽答南关猛骨孛罗子。羁建州,冒敕领赏,宜折其谋。寻奴儿哈赤日治兵,声略北关。三十七年,遣子莽骨太,以万骑修南寨;已又勒七千骑声言围猎,入靖安堡;……又勒五千骑往抚顺关胁蟒段牛酒;已又勾西虏宰赛、暖兔等,窥开原辽场。边吏日夜告急,御史熊熊廷弼按部,请添募兵万,……急抚北关,且收宰、暖,以携其交。顷之,奴儿哈赤请遵谕减车价入贡。……三十九年,……复耀兵侵兀刺诸酋,而江夷卜台吉,竟驱投北关,其婿也,因与北关金台失、白羊骨二酋修怨。四十一年三月,益垦南关旷土,图窥伺,并纠西虏宰暖……二十四营,尽甲驰清河间。辽告急,征蓟兵五千赴援,并禁籴及参貂珠宝,而奴儿哈赤亦已好语谢都御史张涛,谓抚安等区,耕牧日久,请奉约,新垦概罢。……四十二年,……益勾西虏图北关,……复垦前罢耕地。开原参议薛国用,力主驱逐,……援兵……至者,道相望。……奴闻震恐,……遂遵谕退地定界,……南关边外四堡:曰三岔,曰抚安,曰柴河,曰靖安,……及白家冲、松子二堡,共立碑六。……姑给柴河秋获,遂将六堡俱退,大书番字碑阴,自明年永不敢越种。……四十三年,白羊骨竟许婚暖兔,遣谕不听,……奴儿哈赤亦讫无变动。(茅瑞徵《东夷考略·建州女直考》)

努尔哈赤穿用的甲胄

臣复勘得，自抚顺关起，至东州堡迤东，清河所属，以至瑷阳一带，为成化中副总兵韩斌所定之旧界，内惟孤山一堡，又迤东新、宽、大、永、长五堡一带，为万历二年巡抚张学颜、总兵李成梁所展之新界，而新旧分矣，……不可谓其尽建夷地，今尽弃与夷，……此弃地之大略也。卷查居民告垦者，自万历十三四年间已有之，……无故赶回……而人众数万，不借此先声以劫之，谓奴酋将以兵索地。人岂肯入。……自是烧毁人房屋，剽掠人财物生畜，自是驱逼人渡江潜避，而溺死千余人，冻馁而死者万余人，余皆流离殍死，不知处所，此驱回人口之大略也。……奴酋既安坐而得数百里之疆土矣，其心以为界碑不立，则抚顺以南新得之地尚未定，抚顺以北南关之地尚无名。……会阁臣以车价通夷事发，谋同赵楫等，急求入贡，以完通夷之局，……而奴酋曰："必为我速立碑，我始贡。"……毕竟碑立而后起贡也。自此碑一立，我民即不敢于碑外拾取一草，……此界碑之大略也。万历二十三年，夷人奏讨赏银五百两、蟒段纱各五匹，向未议给，二十九年，委官潘仲礼等，议以汉人不必收回，量于种地人户，派凑额赏，充前犒赏，前文，于东西新地，派银三百八十两，合抚顺原有额赏一百二十两，凑足五百两。为存吾地耳。其后地既归夷，前项赏赐，……而楫复疏将宽奠、清河、抚顺沿边一带，未曾起科田土，摊派充赏。见今查议，无处摊派。然自三十一年起，至三十五年，奴酋已三不贡矣，而所许赏银，则已俱借库银，逐年支给，不敢迟缺，此抚赏之大略

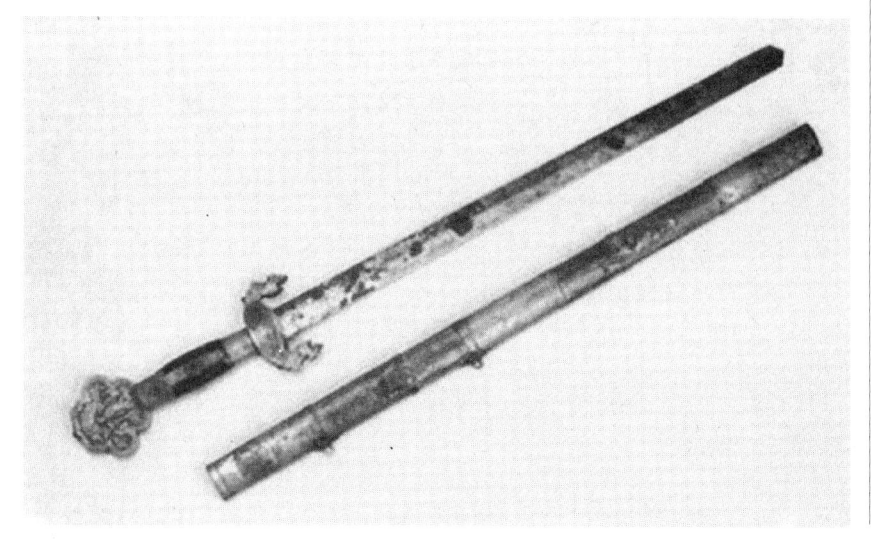

努尔哈赤用过的宝剑

卷五 明清

也。以上四略，臣绝不作一风闻影响语，皆翻阅卷案而总括之，可按而覆者。(《筹辽硕画》卷一《辽东巡按熊廷弼抚镇弃地啖房疏》)

当太祖初起之时，女真诸部方各争雄长，不相统属。

太祖起兵也，……是时诸国分裂，满洲国部五：曰苏克素护河，曰浑河，曰完颜，曰栋鄂，曰哲陈；长白山国部二：曰讷殷，曰鸭绿；东海国部三：曰渥集，曰瓦尔喀，曰库尔喀；扈伦部四：曰叶赫，曰哈达，曰辉发，曰乌拉，……各主其方，争相雄长，强陵弱，众暴寡，而扈伦四部最强，在满洲之北，惟乌拉当满洲东北。皆以所居之河得名。乌拉、辉发二河入松花江，哈达、叶赫二河入辽河，即明之海西卫与建州卫、野人卫而三。海西亦谓之南关、北关，南关哈达，北关叶赫，逼处开原、铁岭，乃明边之外障也。东海三部，则皆野人卫，在宁古塔以东，濒海岛屿，距明边绝远，羁縻而已，而满洲五部，长白山二部，则皆建州卫，处辽沈之东。(魏源《圣武记》卷一《开国龙兴记》一)

太祖起兵，以复仇为名，先讨尼堪外兰，以其唆杀祖父也，继服栋鄂、哲陈、完颜诸部，遂奄有建州之地。

明万历十一年，太祖年二十有五，……以景、显二祖之仇，起兵讨尼堪外兰，率甲十三，袭之于图伦城，苏克素护河部。尼堪外兰仓卒遁。……又讨之于嘉班城，于抚顺边外，皆不获。……尼堪外兰远遁，筑城于鄂勒珲，恃诸部中隔，我兵不能往讨。太祖乃先自近部始，万历十二年，以兵五百攻栋鄂部之翁鄂洛城，万历十三年，攻浑河之界藩城、栋嘉城、萨尔浒城，……十四年，复攻苏克素护河之爪兰佳城、浑河部之贝珲城、哲陈部之托摩和城，皆克之。……万历十五年，命巴图鲁额亦都攻哲陈部……克之，万历十六年，复克完颜部。时满洲环境五豪部皆服，全有建州，遂与海西部为敌国。……十七年，又遣兵收服长白之鸭绿江部，尽有其众。(魏源《圣武记》卷一《开国龙兴记》一)

时海西四部正强，见太祖之势渐盛，恐为所制，乃合九部之师攻之，转为太祖所败。

于是退迩啬忌，……遂协而图我。……万历二十一年，叶赫、哈

达、辉发、乌拉、扈伦四部。科尔沁、锡伯、卦勒察、蒙古三部。珠舍里、讷殷长白山二部。九国之师三万来侵,营浑河北岸,国人皆惧。太祖酣寝达旦,诘朝,率诸贝勒……启行,至古呼山,据险而阵,谕将士曰:"乌合之众,其心不一。殪其前锋,必反走,走而乘之,必大克。"时敌方攻赫济格城,命额亦都以百骑挑之,敌罢攻来战,叶赫贝勒布斋、一作卜寨。科尔沁贝勒明安,身先督阵,布斋马触木而踣,我兵斩之,明安马陷淖,弃鞍跨骣马遁,众军遂溃,乘胜逐北,斩级四千,获马三千,铠胄千,并禽乌拉贝勒之弟布占泰,军威大震。……万历二十五年,叶赫、哈达、辉发、乌拉四部,遣使来乞盟缔姻。(魏源《圣武记》卷一《开国龙兴记》一)

海西内部交哄,太祖计并哈达,攻灭辉发、乌拉、叶赫,遂奄有海西诸部,所以剪明之羽翼也。

万历二十六年,1598年。……那酋又攻猛酋,猛酋力不能支,因质妻子求援于奴酋。奴酋利其妻妾部落,悉兵以出,袭而执之。猛酋寄命奴寨几二年,奴酋乃伪以女许妻猛酋,而阴纵其妾与通,徐以私

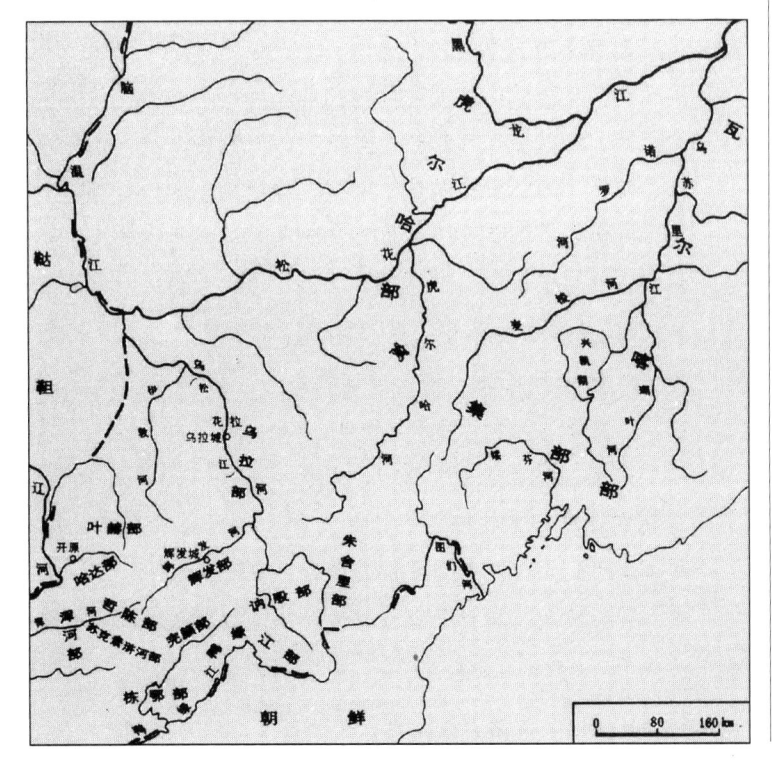

16-17世纪女真诸部分布图

卷五 明清

奸外母，射杀之，尽得其所有。此二十八年事也。及我中国切责，……奴酋因悔罪，许妻猛酋子吾儿忽答以女，……送吾儿忽答归南关。……三十一年，那林孛罗与白羊谷卜寨之子。又纠庄南抢杀吾儿忽答，吾酋穷迫无归，因投奴寨自存。自后吾酋不返，而南关之敕书、屯寨、土地、人畜，尽为奴有矣。(《筹辽硕画》卷首程令名《东夷奴儿哈赤考》)

万历三十五年，辉发贝勒以所部多叛归叶赫，遣子质我而树援焉。已又信叶赫贝勒之诳，索还其子，以质于叶赫，所约之昏，亦背不来取，而筑重城以拒守。是年，……太祖征之，辉发以亡。(魏源《圣武记》卷一《开国龙兴记》一)

万历四十年，征乌拉。初布占泰阵获于我，旋释归，使主其国，妻以宗女。……三十五年，其所属之瓦尔喀部来归，太祖遣褚英、代善、费英东，以兵四千迎之，布占泰以兵万人阻之，为我军所败。……师还，又遣褚英、阿敏，以兵五千，克其宜罕山城，布占泰惧不敢战，执献叶赫之人以和，并求昏，上亲女许之。四十年，复背盟，再侵我渥集部之虎尔哈路，欲娶我国所聘叶赫之女，又以鸣镝射公主。太祖亲临乌拉河，克其沿河五城，尽焚其庐舍糗餱，许盟而还。布占泰复以其子质叶赫，怒我师，师至，布占泰以兵三万逆战，太祖身陷阵，败其军。先伏兵夺其城门，尽树纛帜，布占泰收败卒，不能入，遂奔叶赫，乌拉以亡。(魏源《圣武记》卷一《开国龙兴记》一)

万历四十一年，……是秋，遂以兵四万征叶赫，叶赫尽敛其乡民保城，使诉于明曰："扈伦四国，满洲已灭其三，今复侵我，必及明矣。"明使游击马时相，率火器千，助叶赫，太祖服其七城十九寨旋师。叶赫恃明之援，遂以所许我国之女归蒙古，……太祖既誓师仇明，……遂以天命四年明万历四十七年。……而自将六师深入叶赫，克二十余寨。叶赫告急于明，于是明有四路之师，太祖覆其军二十万，是秋克开原，克铁岭，拊叶赫之背，遂围其贝勒锦台什一作金台失，那林孛罗弟。于东城，围其弟布扬古一作白羊谷。于西城。攻东城之军，……陷之，锦台什登台自燔死，布扬古以西城降，遂歼守叶赫之明兵千。(魏源《圣武记》卷一《开国龙兴记》一)

复以其间出兵攻略野人女真，拓地日广，兵力日加。

瓦尔喀部者，沿瓦尔喀河入鸭绿江，濒海两岸，皆其部落，在兴京之南，近朝鲜。万历二十六年，遣长子褚英，以千卒征之，取其安楚库路屯寨二十余，招降万余。三十六年，瓦尔喀部优斐城长，以五百户越乌拉境来归。……三十七年，……以瓦尔喀部落之流寓朝鲜者，请于明，明为我谕朝鲜，遣还千余户。太宗天聪元年，明天启七年。大兵征朝鲜，我瓦尔喀之在其国者，二百余户皆来归。天聪九年，明崇祯八年。命武巴海等，以兵四百，自宁古塔往征瓦尔喀，收丁壮五百有六十。以其地多岛屿，明年复分兵四路，每路兵二三百，各携向导，造海舠，先后共取还岛丁千余。……崇德五年，命朝鲜以舟师攻瓦尔喀之叛入熊岛者来献捷。是为征瓦尔喀之师。(魏源《圣武记》卷一《开国龙兴记》一)

《圣武记》书影

虎尔哈部者，居虎尔哈河，出吉林乌拉界，经宁古塔城，北行七百里至三姓城，入混同江，《唐书》渤海王都临忽汗河者也。万历三十九年，命额亦都以兵二千攻东海虎尔哈部之札库塔人，三日克其城，俘斩三千，并招降其附近五百户。天命三年，东海虎尔哈路长，率百户来朝，……于是争乞留，且转招其族属。……天命四年，遣卒征虎尔哈部，收其丁壮二千，其路长来降者，驾出城亲款之。……崇德八年，遣阿尔津等征虎尔哈于黑龙江，凡克三屯，招降四屯获男妇二千八百余，牲畜貂皮虎豹皮称是。是为征虎尔哈部之师。(魏源《圣武记》卷一《开国龙兴记》一)

渥集部者，在虎尔哈部之东，连山茂林。万历三十八年，以卒千征东海渥集部，取其三路屯寨，俘二千人，并降其虎尔哈路、瑚叶路而还。又有自归之绥芬路、宁古塔路，命额亦都以千人往迁之，为渥集之雅兰路人所掠，遂击收其众万余而还。三十九年，复以兵千，取渥集部之乌尔固辰、穆林二路，俘千余人。是为征渥集部之师。(魏源《圣武记》卷一《开国龙兴记》一)

外此东海小部，随时略服。天命元年，征东海萨哈连路，乘舟沿

卷五 明清

马勒简河，取屯寨数十，八月，至黑龙江岸，……师遂济。及还，……又招服南岸之诺罗路、锡拉忻路，及使犬部音达珲、塔库喇二路。天命二年，遣兵四百，收濒海散处各部，其岛居负险者，刳小舟二百往，尽取之。天命十年，遣兵征东海卦勒察部，俘二千人。盖东海诸部，……与我隔于乌拉，又贪乌拉布市之利，甘为其属，故自乌拉削平，而后威棱薄海表。……至黑龙江等部，……征之自太宗天聪九年始，时有入贡。索伦豪于骑射，乃命副都统霸奇兰，率兵逾黑龙江，收抚其未服壮丁二千四百有奇，余丁七千二百而还。崇德元年，索伦为科尔沁部落侵掠，命来朝之索伦部长速归防御。五年，遣穆什哈等征索伦，俘其壮丁三千百有五十。六年，并征蒙古兵，征已降复叛之索伦博木果，擒其众九百余。盖索伦当黑龙江极北，兴安大岭之麓，介俄罗斯及喀尔喀蒙古之间，挽强命中，……雄于诸部。天命间，大兵虽一度黑龙江下游，未尝至索伦，天聪、崇德，始臣绝域，际东北海，于是辽金部落，咸并于满洲矣。（魏源《圣武记》卷一《开国龙兴记》一）

太祖武功既盛，内部制度，亦渐臻完备，始建号称尊。

【创制满文】

己亥，万历二十七年。……二月，……上欲以蒙古字，制为国语颁行，巴什额尔德尼、扎尔固齐噶盖辞曰："蒙古文字，臣等习而知之，相传久矣，未能更制也。"……上曰："无难也，但以蒙古字合

调兵用的满文木信牌

我国之语音，联缀成句，即可因文见义矣。"……于是上独断，将蒙古字制为国语，创立满文，颁行国中，满文传布自此始。(《清高皇帝实录》卷三)

【八旗兵制】

辛丑，万历二十九年。……是年，上以诸国佥服人众，复编三百人为一牛录，每牛录设额真一。先是我国凡出兵校猎，不计人之多寡，各随族党，屯寨而行，猎时每人各取一矢，凡十人设长一领之，各分队伍，毋敢紊乱者，其长称为牛录额真，至是遂以名官。(《清高皇帝实录》卷三)

乙卯，万历四十三年。……上既削平诸国，每三百人设一牛录额真，后改称牛录章京，即后佐领。五牛录设一甲喇额真，后改称甲喇章京，即后参领。五甲喇设一固山额真，即后都统。每固山额真左右设两梅勒额真。后改称梅勒章京，即后副都统。初设有四旗，旗以纯色为别，曰黄，曰红，曰蓝，曰白，至是，添设四旗，参用其色镶之，幅之黄白蓝者红缘，幅之红者白缘。共为八旗。行军时，地广则八旗并列分八路，地狭则八旗合一路而行。……当兵刃相接时，被坚甲执长矛大刀者为前锋，被轻甲善射者从后冲击，俾精兵立他处，勿下马，相机接应。……破敌之后，察核将士战功必以实，有罪者虽亲不贳，必置之法，有功者虽仇不遗，必加之赏。……将士各欲建立功名，每闻征伐，靡不欢忻效命，攻则争先，战则奋勇，……所至无敌，丕昭烈焉。(《清高皇帝实录》卷四)

【理政大臣】

乙卯，万历四十三年。……又置理政听讼大臣五人，扎尔固齐十人，佐理国事，上五日一视朝。(《清高皇帝实录》卷四)

【筑城寨】

丁亥，万历十五年。上于硕里口、虎栏哈达、东南加哈河两界中之平冈，筑城三层，并建宫室。(《清太祖实录》卷二)

癸卯，万历三十一年。……上自虎栏哈达南冈，移于祖居苏克苏河、加哈河之间，赫图阿剌地，筑城居之。(《清高皇帝实录》卷三)

满清发源地——赫图阿拉城

寨在宁古塔内，城高七丈，杂筑土石，或用木植横筑之，城上环置射箭穴窦，状若女墙，门皆用木板，内城居其亲戚，外城居其精悍卒伍，内外见居人家，约二万余户。北门外则铁匠居之，专治铠甲；南门外则弓人箭人居之，专造弧矢；东门外则有仓厫一区，共计一十八厫，每厫各七八间，乃是贮谷之所。（《筹辽硕画》卷首《程令名东夷奴儿哈赤考》）

【建元称帝】

天命元年丙辰，明万历四十四年，1616年。春正月壬申朔，四大贝勒代善、阿敏、莽古尔泰、皇太极及八旗贝勒大臣，率群臣集殿前，分八旗序立，上升殿，登御座，众贝勒大臣，率群臣跪，八大臣出班，跪进表章，……尊上为覆育列国英明皇帝，……建元天命，以是年为天命元年。时上年五十有八。（《清高皇帝实录》卷五）

万历四十七年，……朝鲜方咨报奴酋移书声吓，僭号后金国汗，建元天命，斥中国为南朝，黄衣称朕，意甚忿。（《东夷考略·建州女直考》）

万历四十七年……五月，……奴酋僭号后金皇帝，改元天命。（许重熙《嘉靖以来注略》卷一一《万历注略》）

丙、清太祖与明之战争

当清太祖崛起之际，辽东诸地，半为其所据，而明之防御，亦极空

虚，所有兵马粮械，一无足恃，识者早已忧之。

辽西起山海关，东抵镇江，延袤二千三百余里，而临海一面不与焉。虏酋首以百计，控弦数十万，直前屯者为赖蟒等酋，直宁远者为獐兔、拱兔等酋，直广宁者为小歹青、以儿邓、黄台吉等酋，折而西北，则虎墩兔憨为虏王，而东西部皆属之，北则暖赤、伯言、他不能等，折而东北，则卜言顾等，又折而东，则秒花等酋，此河西三面虏也。逾三岔河而东，则额伯革打大成等直海州西，孛儿败伯言儿等直辽沈西、暖兔、宰赛等直开原西，而北则恍惚太等，东北则北关，东则南关，辽沈之东，则奴速等酋，此河东三面之虏也。面面缭绕，如处重围，而三岔河界辽为两段，虏又插入其内，据其心腹而居之，盖无地无虏焉，……盖无地无时而不急虏焉。而又则地方居民，被虏几掠尽，自关以东至宁远，三百余里，不见村落，近广宁虽稍有村落，而两三落落如晨星；自广宁东至三岔河，一百八十里，黄沙白草，一望凄然；而河东，起东昌历辽、沈、开、铁、清河、宽奠、镇江，近边一带，长亘千数百里，尽成瓯脱，……是屯塞如此其寡少也。沿边墩台，大半坍塌，虽有存者又低矮，……而所至城堡，更倾圮，甚且城多无门，……是墩台壕堑城堡，又如此其废坏也。全镇军额，失亡几半，见在军虽八万余，……人马精壮者，不过二万有奇，除三大营已得三分之一，其余又不过一万有奇，而以守二千数百里之边，散于两协守、七参将、十二游击、二十五守备之部下，能分几何？其步军皆不习弓马，……一切器械皆朽钝，……而买备马匹，……亦四选之余，以我下驷当虏上驷，何以御敌？……是兵马器械又如此其单弱而朽散也。辽饷惟家丁差厚，其营堡军士，月止四钱，或二钱五分，每岁折色四月，本色八月。各仓旧储米豆，向因盐粮援例人等买票虚出，通关情弊，以致陈者不出，新者不入，泥烂如粪，而近收者，又被官吏插和沙土糠秕等物。各军虽得粮票，多不愿关领，遇有前项买票者，则每票卖银四五分，无则付之水

明代虎头牌

火而已,而折色又假官帐,为将领所扣克,有经年不得分厘者。终岁嗷嗷,日见逃窜,是军士又如此其饥馁而无食也。

当此无地无时无不急虏之日,而我之屯塞、城堡、墩墉、壕堑、军马、器械、钱粮之类,一无足恃,于此而欲收绝漠之功,谈何容易。……顾臣所尤虑者,不独在强虏,而又在饿军。何也?辽军自东征骚扰以来,复遭高淮税监。毒虐,离心离德,为日已久,今又驱饥寒之众,置之锋镝之下,愤怨之极,势且离叛。尝密闻外间人言,向特怕虏杀我耳,今闻虏筑板升以居我,推衣食以养我,岁种地,不过粟一囊、草数束,别无差役,……我与其死于饥饿,……死于兵刃,……而无宁随虏去,犹可得一活命也。不祥之语,以为常谈,而近益甚,汹汹皇皇,莫保旦夕。及今不为设法处饷,远行救济,直待一旦内溃,为夷狄驱,而噬脐无及矣。(《筹辽硕画》卷一《辽东巡按熊廷弼务求战守长策疏》)

太祖于建号之三年,始出兵攻明,首破抚顺、清河。

天命三年戊午明万历四十六年,1618年。……夏四月……壬寅巳刻,上率步骑兵二万征明,临行书七大恨告天,其书曰:"我之祖父,未尝损明边一草一木也,明无端起衅边陲,害我祖父,恨一也。明虽起衅,我尚欲修好,设碑勒誓,凡满汉人等,毋越疆圉,敢有越者,见即诛之,见而故纵,殃及纵者,讵明复渝誓言,逞兵越界,卫助叶赫,即北关。恨二也。明人于清河以南,江岸以北,每岁窃逾疆场,肆其攘夺,我遵誓行诛,明负前盟,责我擅杀,拘我广宁使臣网古里、方吉纳,挟取十人,杀之边境,恨三也。明越境以兵助叶赫,俾我已聘之女,改适蒙古,恨四也。柴河、三岔、抚安三路,我累世分守疆土之众,耕田艺谷,明不容刈获,遣兵驱逐,恨五也。边外叶赫,获罪于天,明乃偏信其言,特遣使臣遗书诟詈,肆行陵侮,恨六也。昔哈达助叶赫,二次来侵,我自报之,天既授我哈达之人矣,明又党之,挟我以还其国,已而哈达之人,数被叶赫侵掠。夫列国之相征伐也,顺天心者胜而存,逆天意者败而亡,何能使死于兵者更生,得其人者更还乎?天建大国之君,即为天下共主,何独构怨于我国也?初扈伦诸国,合兵侵我,故天厌扈伦启衅,惟我是眷,今明助天谴之叶赫,抗天意,倒置是非,妄为剖断,恨七也。欺陵实甚,情所难堪,因此七大恨之故,是以征之。"上拜天毕,焚其书。(《清太祖

实录》卷五)

万历四十六年四月，奴儿哈赤佯令都夷赴抚顺市，潜以劲兵踵袭，十五日凌晨，突执游击李永芳，城遂陷。巡抚都御史李维翰，趣总兵张承胤移师应援。二十一日，奴儿哈赤暂退，诱我师前，以万骑回绕夹攻，承胤及副总兵颜廷相、游击梁汝贵死之，全军覆没。……闰四月，奴儿哈赤归汉人张儒绅等，赍夷文请和，自称建州国汗，备述恼恨七宗。……盖张儒绅等，系东厂差役，奴酋借以闻帝座。……五月十九日，奴儿哈赤统众，克抚安、三岔、白家冲三堡。……七月，……奴儿哈赤从鸦鹘关入，二十二日晨，围清河，参将邹储贤拒守，援辽游击张旆请战，不从。贼冒板挖墙，……堕东北角，因积尸上城，旆战死。储贤遥见叛人李永芳招胁，大骂赴敌，亦死之。……自三岔至孤山，并遭焚毁。(《东夷考略·建州女直考》)

明加辽饷七百万，竭全国之力，费时一年，遣杨镐为经略，四路出师，以师期先泄，三路皆败，是为萨尔浒之役。明兵号称四十七万，实则八万人，诸将皆百战之余，杜松、刘绖皆战死。清兵号称八旗，而预战者不过万人，以少胜众，固由明师贪功深入，各不相救，以致将死兵歼；亦由明廷不习边事，不知彼己，叫嚣主战，已有必败之势。明清兴亡，实以此役为最大关键。

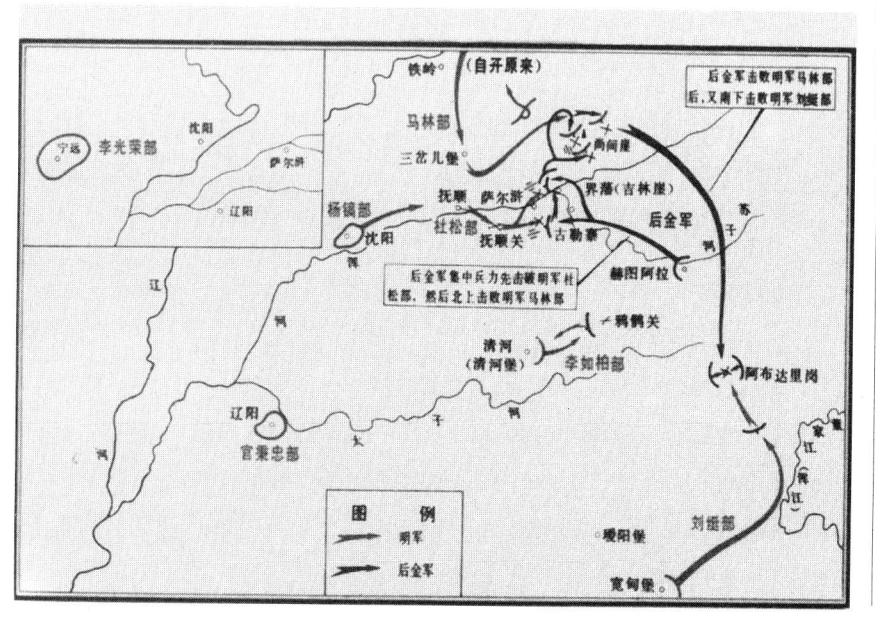

萨尔浒大战示意图

卷五 明清

万历四十六年四月，清兵起，破抚顺，……远近大震。廷议镐熟谙辽事，起兵部右侍郎，往经略。既至，申明纪律，征四方兵，图大举。至七月，清兵由鸦鹘关克清河，副将邹储贤战死。诏赐镐尚方剑，得斩总兵以下官。……其冬，四方援兵大集，遂议进师，……大学士方从哲、兵部尚书黄嘉善、兵科给事中赵兴邦等，皆以师久饷匮，发红旗日趣镐进兵。明年，四十七年。定议以二月十有一日誓师，二十一日出塞，兵分四道，总兵官马林出开原，攻北；杜松出抚顺，攻西；李如柏从鸦鹘关出，趋清河，攻南；东南则以刘綎出宽奠，由凉马佃捣后，而以朝鲜兵助之。号大兵四十七万，期三月二日，会二道关并进。天大雪，兵不前，师期泄。（《明史》卷二五九《杨镐传》）

明辽东经略杨镐，集兵沈阳二十四万，四路深入，每路兵六万，……合趋我都城。……太祖尽征各路屯寨之兵，集城中，戒严以待。明将杜松，素勇轻敌，欲立首功，先期出抚顺关，日驰百余里，抵浑河，河流急，不结筏，策马径渡，军多溺死，而车营五百，阻水不克渡。三月朔，我各路侦卒，皆以明师告，太祖以南北二路皆山险且远，敌不能即至，宜先败其中路之兵。

时杜松以三万余众，屯萨尔浒山，而自引兵二万围界藩，……太祖命大贝勒代善、四贝勒皇太极，以二旗兵援界藩，而亲统六旗兵攻萨尔浒。明兵恃火炮，甫战日未昃，忽大霾晦，咫尺不相辨。明兵列炬以战，我兵从暗击明，万矢雨集，发无不中，而明兵从明击暗，铳炮皆中柳林，……遂乘晦逾堑拔栅，溃其军三万余。而右翼军渡河援界藩者，先遣千骑，合山上兵，据高驰下，与山下兵夹攻，冲敌阵为数队，杜松中矢死，逐北二十余里。……明北路兵闻之，急据尚间崖，环营三濠，火器列濠外，而骑兵继后，又监军。潘宗颜及游击龚念遂，各以万人分营数里外，相犄角。……龚念遂军先与我军遇，四贝勒引千骑横冲之，步兵继进，专攻一隅，斫其车，破其楯。太祖驰赴尚间崖，明兵二万阵山麓，……而马林营内之兵，出与濠外兵合，……大贝勒即怒马直入其阵，二贝勒阿敏、三贝勒莽古尔泰，麾二旗兵继之，于是后至之六旗兵，皆不及布阵，驰马突入，人自为战。诸贝勒兵已贯阵，出其背，与大军表里夹击，呼声震天地，明兵瓦解，……复破潘宗颜军于芬斐山。马林收残卒，走开原，而叶赫兵已于中

途遁还，于是两路军皆破。明杨镐闻之，急檄止李如柏、刘綎二军，惟如柏得檄还，而綎军已涉险深入，距都城五十余里，尚未知西北路败信也。太祖移军御之，……綎军连破寨，……分四万兵为四军，前二军皆其精锐，第一军阵阿布达里冈，四贝勒引右翼兵出其上，乘高击之，綎军殊死战，大贝勒又引左翼兵出其西，冒杜松军旂帜，被其衣甲，绐入綎营，大呼格杀，军遂溃。綎退入后军，未及阵，为我所乘，力战死，其康应乾步兵，合朝鲜兵二万，……大败遁去，朝鲜副元帅姜功烈，遂以朝鲜余兵五千，降于我。

是役，明倾天下之力，尽征宿将猛士，及朝鲜、叶赫精锐，同日深入，使我不能兼顾。我军不过四五万，并力破其一路，阅五日，而三路皆破。……明与我朝之兴亡，肇于是战。（魏源《圣武记》卷一《开国龙兴记》二）

师期豫宣，东人得预备，曰凭尔几路来，我只一路去。……李如柏不遇敌，得以全师归，一时朝议喧然，谓李实通敌。（夏允彝《幸存录·东人大略》）

万历四十七年……五月，……户科李奇珍论李如柏，先纳奴儿弟素儿哈赤女为妾，生第三子，彼中有"女婿作镇守，辽东落谁手"之谣。（许重熙《嘉靖以来注略》卷一一《万历注略》）

太祖乘胜，攻拨开原、铁岭而据之，辽、沈已成孤立。

奴儿哈赤遂乘胜窥开、铁，图抢金台失寨。……六月，从静安堡

萨尔浒大战的遗物——明代铁炮

入,薄开原,北关为出援兵二千,比至,城已被克。总兵马林、副将于化龙等死之。……奴儿哈赤以七月从三岔堡入,克铁岭。游击喻成名、史凤鸣、李克泰等阵没。铁岭、开原为辽重蔽,既并陷贼,则河东已在贼握中。北关与辽声息不属,而奴酋乘胜缚宰赛,胁暖兔炒花为助。……八月,经略侍郎熊廷弼入辽,申军令,方慰抚北关为犄角,奴儿哈赤佯攻辽沈,缀我师,突引万骑,连破金台失寨及白羊骨寨,北关并没。(《东夷考略·女直通考》)

明乃以熊廷弼为经略,廷弼严防守,人心复固。惟中朝结党,为言官丑诋,不得已乞去。代以袁应泰,恃蒙兵为守。及清兵至,蒙人内应,辽阳遂下,应泰死之,沈阳亦遂不守,辽东大小七十余城尽失。

熊廷弼,字飞百,江夏人。……万历三十六年,巡按辽东,……在辽数年,杜馈遗,核军实,按劾将吏,不事姑息,风纪大振。……四十七年,杨镐既丧师,廷议以廷弼熟边事,……代镐经略。未出京,开原失,……甫出关,铁岭复失,沈阳及诸城堡军民,一时尽窜,辽阳汹汹。廷弼兼程进,……督军士造战车,治火器,浚濠缮城,为守御计,令严法行。数月,守备大固,乃上方略,请集兵十八万,分布瑷阳、清河、抚顺、柴河、三岔儿、镇江诸要口,首尾相应,小警自为堵御,大敌互为应援。更挑精悍者为游徼,乘间掠零骑,扰耕牧,更番迭出,使敌疲于奔命,然后相机进剿。疏入,帝从之。……廷弼乃躬自巡历,自虎皮驿抵沈阳,复乘雪夜赴抚顺。……时兵燹后,数百里无人迹,……所至招流移,缮守具,分置士马,由是人心复固。

廷弼……自按辽,即持守边议,至是主守御益坚。然性刚负气,好谩骂,不为人下,物情以故不甚附。明年四十八年。五月,清兵略地花岭,六月,略王大人屯,八月,略蒲河,将士失亡七百余人。……而给事中姚宗文,腾谤于朝,廷弼遂不安其位。宗文者,故户科给事中,丁忧

熊廷弼像

还朝，欲补官，而吏部题请诸疏，率数年不下，宗文患之，假招徕西部名，属当事荐己，疏屡上，不得命。宗文计穷，致书廷弼令代请，廷弼不从，宗文由是怨。后夤缘复吏科，阅视辽东士马，与廷弼议多不合。辽东人刘国缙，先为御史，坐大计谪官，辽事起，廷议用辽人，遂以兵部主事赞画军务。国缙主募辽人为兵，所募万七千余人，逃亡过半，廷弼闻于朝，国缙亦怨。廷弼为御史时，与国缙、宗文同在言路，意气相得，并以排东林、攻道学为事，国缙辈以故意望廷弼，廷弼不能如前，益相失。宗文故出国缙门下，两人益相比而倾廷弼。……当是时，光宗崩，熹宗初立，朝端方多事，而封疆议起。御史冯三元劾廷弼，……诏下廷议。廷弼愤，抗疏极辩，且求罢。……给事中魏应嘉复劾之，朝议允廷弼去，以袁应泰代。(《明史》卷二五九《熊廷弼传》)

　　袁应泰，代熊廷弼为经略。……应泰历官，精敏强毅，用兵非所长，规画颇疏。廷弼在边，持法严，部伍整肃，应泰以宽矫之，多所更易。而是时蒙古诸部大饥，多入塞乞食，应泰言："我不急救，则彼必归敌，是益之兵也。"乃下令招降，于是归者日众，处之辽沈二城。……议者言，收降过多，或阴为敌用，或敌杂间谍其中为内应，祸且叵测。……天启改年，清太祖天命六年，1621年。三月十有二日，清兵来攻沈阳，总兵官贺世贤、尤世功，出城力战败还。明日，降人果内应，城遂破，二将战死，总兵官陈策、童仲揆等赴援，亦战死。应泰乃撤奉集威宁诸军，并力守辽阳，引水注濠，沿濠列火器，兵环四面。守十有九日，清兵临城，应泰身督总兵官侯世禄……出城五里迎战，军败多死。其夕，应泰宿营中，不入城。明日，清兵……击败诸将，遂渡濠。……应泰乃入城，与巡按御史张铨等，分陴固守。……又明日，二十一日。攻城急，应泰督诸军列楯大战，又败，薄暮，谯楼火，清兵从小西门入，城中大乱，民家多启扉张炬以待，……或言降人导之也。应泰居城楼，知事不

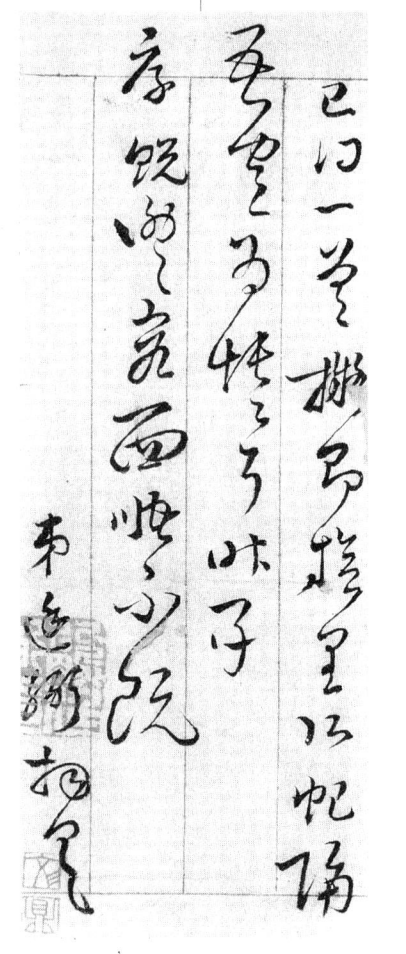

熊廷弼致友人书札

济，……遂佩剑印，自缢死。(《明史》卷二五九《袁应泰传》)

辽阳既下，其辽东……河东大小七十余城官民，俱薙发降。(《清太祖实录》卷七)

明再起熊廷弼为经略，建三方布置之策，主守；而巡抚王化贞与廷弼不合，主攻。清兵来攻，广宁复下，关外地尽失，廷弼、化贞皆论死。廷弼素有干略，为时所倚，以无罪被论，复以牵连党祸而罹极刑，任事者愈寒心矣。

天启元年，沈阳破，……辽阳破，河西军民尽奔，自塔山至闾阳二百余里，烟火断绝，京师大震。阁臣刘一燝曰："使廷弼在辽，当不至此。"……帝乃治前劾廷弼者，……乃复诏起廷弼于家，而擢王化贞为巡抚。……至六月，廷弼入朝，乃建三方布置策，广宁用马步列垒河上，以形势格之，缀敌全力；天津、登莱各置舟师，乘虚入南卫，动摇其人心，敌必内顾，而辽阳可复。于是登莱议设巡抚如天津，以陶朗先为之，而山海特设经略，节制三方，一事权。遂进廷弼兵部尚书，兼右副都御史，驻山海关，经略辽东军务。……七月，廷弼启行，……又以京营选锋五千，护廷弼行。先是……化贞乃部署诸将，沿河设六营，……画地分守西平、镇武、柳河、盘山诸要害，各置戍设防。议既上，廷弼不谓然，疏言：……今日但宜固守广宁，若驻兵河上，兵分则力弱，敌轻骑潜渡，直攻一营，力必不支，一营溃，则诸营俱溃。……河上止宜置游徼兵，更番出入，示敌不测。……自河抵广宁，止宜多置烽堠，……而大兵悉聚广宁，相度城外形势，犄角立营，深垒高栅以俟。"……疏上，优旨褒答。……化贞以计不行，愠甚，尽委军事于廷弼。……

先是四方援辽之师，化贞悉改为平辽，辽人多不悦，廷弼言辽人未叛，乞改为平东或征东，以慰其心。自是化贞与廷弼有隙，而经抚不和之议起。……化贞为人骄而愎，素不习兵，……与廷弼尤牴牾，妄意降敌者李永芳为内应，信西部言，谓虎墩兔助兵四十万，遂欲以不战取全胜，……务为大言周中朝。尚书张鹤鸣深信之，所请无不允，以故廷弼不得行其志，广宁有兵十四万，而廷弼关上无一卒，徒拥经略虚号而已，……廷弼又显诋鹤鸣，……鹤鸣益恨。……化贞一切反之，绝口不言守，……驰奏辩，且曰"愿请兵六万，一举荡平"。

宁远之战示意图

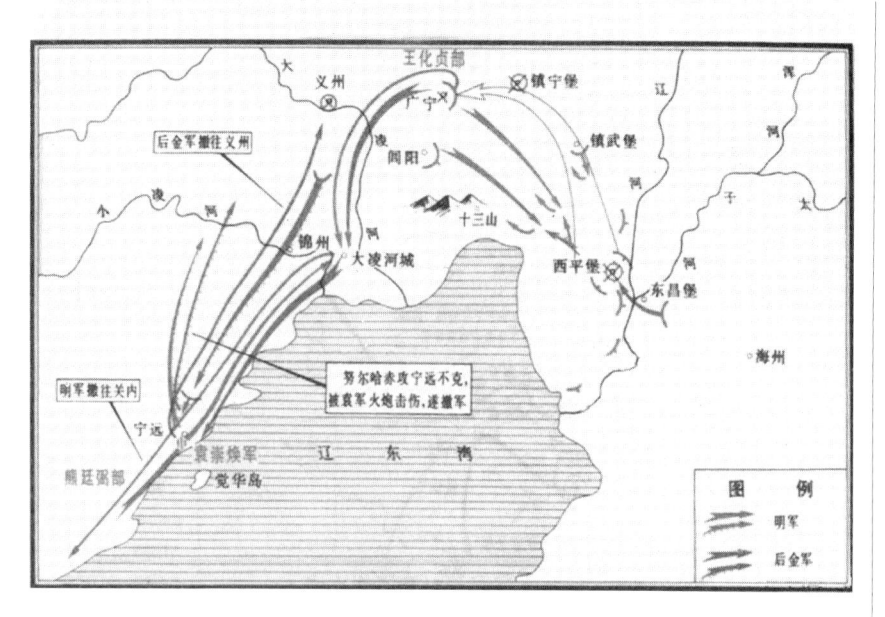

……时叶向高复当国，化贞座主也，颇右之。……

二年清太祖天命七年，1622年。正月……清兵逼西平，……围急，化贞信中军孙得功计，尽发广宁兵畀得功及祖大寿往会。……二十二日，遇清兵平阳桥，锋始交，得功及参将鲍承先笋先奔，镇武、闾阳兵遂大溃，刘渠、祁秉忠战没沙岭，大寿走觉华岛。西平守将罗一贯，待援不至，与参将黑云鹤亦战殁。廷弼已离右屯，次闾阳。……时清兵顿沙岭，化贞素任得功为腹心，而得功潜降于清，欲生缚化贞以为功，讹言敌已薄城，城中大乱奔走。……化贞方闭署理军书，不知也，参将江朝栋排闼入，……掖之出，……遂弃广宁，踉跄走。与廷弼遇大凌河，化贞哭，廷弼微笑曰："六万众一举荡平，竟何如？"化贞惭，议守宁远及前屯，廷弼曰："嘻，已晚，惟护溃民入关可耳。"乃以己所将五千人授化贞为殿，尽焚积聚……入关。……清兵入广宁，化贞逃已两日矣。清兵追逐化贞等二百里，不得食，乃还。报至，京师大震，鹤鸣自请视师。二月，逮化贞，罢廷弼，听勘。四月，……奏上狱词，廷弼、化贞并论死。后当行刑，廷弼令汪文言，赂内廷四万金祈缓，既而背之。魏忠贤大恨，誓速斩廷弼，及杨涟等下狱，诬以受廷弼贿，甚其罪。……会冯铨亦憾廷弼，与顾秉谦等侍讲筵，出市刊《辽东传》，谮于帝曰："此廷弼所作，

卷五 明清

希脱罪耳。"帝怒，遂以五年八月弃市，传首九边。(《明史》卷二五九《熊廷弼传》)

天命七年……正月，……上入广宁城驻跸，……凡四十余城守御官，各率其所属百姓来降。……二月，……上还辽阳，留诸贝勒统兵守广宁城，以河西所降各城堡官民，移之渡河至辽东。(《清太祖实录》卷八)

孙承宗奉命督师，纳袁崇焕之议，主守宁远。清太祖屡攻宁远，崇焕皆固守不下，史谓太祖不怿而归，实即受伤，故未久即死。

孙承宗，字稚绳，高阳人。……天启二年，……清兵逼广宁，王化贞弃城走，熊廷弼与俱入关，……遂拜承宗兵部尚书，兼东阁大学士，入直办事。……兵部尚书王在晋，代廷弼经略辽东。……在晋乃请于山海关外八里铺，筑重关，用四万人守之，……承宗请身往决。……承宗乃议守关外，监军阎鸣泰主觉华岛，袁崇焕主宁远卫，在晋持不可，主守中前所。……初化贞等既逃，自宁远以西，五城七十二堡，悉为哈喇慎诸部所据，声言助守边，前哨游击左辅，名驻中前所，实不出八里铺。……还朝，……承宗面奏在晋不足任，乃改南京兵部尚书。……在晋既去，承宗自请督师，……尽驱哈喇慎诸部，……乃复出关巡视。抵宁远，集将吏议所守，而崇焕……力请守宁远，承宗然之，议乃定，令祖大寿兴工，崇焕、满桂守之。……当是时，魏忠贤益盗柄，以承宗功高，欲亲附之，令刘应坤犒军中官。等申意，承宗不与交一言，忠贤由是大憾。……五年……九月，……承宗求去益力，十月，始得请。……承宗在关四年，前后修复大城九、堡四十五，练兵十一万，立车营十二、水营五、火营二、前锋后劲营八，造甲胄器械弓矢炮石渠答卤楯之具，合数百万，拓地四百里，开屯五千顷，岁入十五万。(《明史》卷二五〇《孙承宗传》)

袁崇焕，字元素，东莞人。……天启五年夏，承宗与崇焕计，遣将分据锦州、松山、杏

孙承宗像

山、右屯及大小凌河，缮城郭居之，自是宁远且为内地。……十月，承宗罢，高第来代，谓关外必不可守，令尽撤锦右诸城守具，移其将士于关内。……崇焕力争不可，……第意坚，且欲并撤宁、前二城。崇焕曰："我宁前道也，官此当死此，我必不去。"第无以难，乃撤锦州、右屯、大小凌河及松山、杏山、塔山等守具，尽驱屯兵入关，委弃米粟十余万，……民怨而军益不振。……清知经略易与，六年清太祖天命十一年，1626年。正月，举大军，西渡辽河，二十三日，抵宁远。崇焕闻，即偕大将桂、副将左辅朱海、参将大寿、守备何可刚等，集将士，誓死守，……乃尽焚城外民居，携守具入城，清野以待。……大军进攻，戴楯穴城，矢石不能退。崇焕令闽卒罗立，发西洋巨炮，伤城外军。明日再攻，复被却，围遂解。……分兵数万略觉华岛，杀参将金冠等，及军民数万，崇焕方完城，力竭不能救也。高第镇关门，……至是坐失援，第、杨麒山海守将。并褫官去，而以王之臣代第，赵率教代麒。……清举兵，所向无不摧破，诸将罔敢议战守，议战守自崇焕始。(《明史》卷二五九《袁崇焕传》)

袁崇焕像

天命十一年……二月，……上至沈阳。上自二十五岁起兵以来，征讨诸处，战无不胜，攻无不克，惟宁远一城不下，不怿而归。……七月，……上不豫。……八月，……上崩。在位凡十一年，年六十有八。(《清高皇帝实录》卷十)

当清太祖之下辽阳也，即定为东京，旋迁沈阳，谓之盛京。基业已成，凌逼中原，而明廷方急于党争，熟视无睹，虽欲不亡，不可得矣。

天命六年……三月，……辽阳既下，……上曰："国之所重，在土地人民，今还师，则辽阳一城，敌且复至，据而固守，……后必复烦征讨，非计之得也。且此地乃明及朝鲜、蒙古接壤要害之区，天既与我，即宜居之。"贝勒诸臣皆曰"善"，遂定议迁都，迎后妃诸皇子。……四月，……后妃诸皇子至辽阳，及诸臣眷属皆迁至。(《清高

卷五 明清

沈阳故宫大政殿

皇帝实录》卷七）

　　天命七年……三月，……上曰："……辽阳城大，年久倾圮，……"遂筑城于辽阳城东五里太子河边，创建宫室，迁居之，名曰东京。（《清高皇帝实录》卷八）

　　天命十年乙丑……三月，……上欲自东京迁都沈阳，……曰："沈阳形胜之地，西征明，由都尔鼻渡辽河路，直且近；北征蒙古，二三日可至；南征朝鲜，可由清河路以进。且于浑河、苏克苏浒河之上流伐木，顺流下，以之治宫室为薪，不可胜用也。时而出猎，山近兽多，河中水族，亦可捕而取之。朕筹此熟矣。"……上自东启行，……至沈阳。（《清高皇帝实录》卷九）

　　太宗天聪八年……四月，……谕曰："……沈阳为天眷盛京，黑图阿喇城为天眷兴京。"（王先谦《东华录》卷二）

丁、清太宗之制度

　　清太祖之死，以贝勒四人共掌国事。后太宗以事诛阿敏及莽古尔泰，而代善素驯谨，乃定于一尊。

　　太宗文皇帝，太祖第八子也。……太祖建元天命，以上及次子代善、第五子莽古尔泰、弟贝勒舒尔哈齐之子阿敏，并为和硕贝勒，国

中称代善大贝勒，阿敏二贝勒，莽古尔泰三贝勒，上四贝勒。太祖初未尝有必成帝业之心，亦未尝定建储继立之议。上随侍征讨，运筹帷幄，奋武戎行，所向奏功，诸贝勒皆不能及。又善抚亿众，体恤将士，……自是国中暨藩服，莫不钦仰。……天命七年三月，谕分主八旗贝勒曰："尔八人同心谋国，或一人所言，有益于国，七人共赞成之，庶几无失。当择一有才德能受谏者，嗣朕登大位。"……十一年八月，……太祖……宾天，……诸贝勒……遂合词请上即位。……九月庚午朔，太宗……即位，……诏以明年为天聪元年。（王先谦《东华录》卷一）

天聪三年……正月，……先是太祖天命六年二月，太祖命上及三大贝勒，佐理国中政事，按月分掌，上即位，仍令三大贝勒，分月掌理，至是，上谕曰："向因直月之故，一切机务，辄烦诸兄经理。嗣后可令弟侄辈代之，倘有疏失，咎坐见直者。"三大贝勒皆曰善，遂以诸贝勒代理直月之事。（王先谦《东华录》卷一）

天聪五年……十二月，……先是上即位，凡朝会行礼，代善、莽古尔泰并随上南面坐，受诸贝勒率大臣朝见，不论旗分，惟以年齿为序。礼部参政李伯龙奏：朝贺时，每有逾越班次，不辨官职大小，随意排列者，请酌定仪制。……命代善与众共议，代善曰："我等奉上居大位，又与上并坐，甚非此心所安。自今以后，上南面居中坐，我与莽古尔泰侍坐于侧，外国蒙古诸贝勒，坐于我等之下，方为允协。"众皆曰善。……奏入，……上是之。……天聪六年正月，受朝贺，行新定朝仪。（王先谦《东华录》卷一）

天聪六年正月，……上自即位以来，历五年，凡国人朝见，上与三大贝勒俱南面同坐受，自是年更定，上始南面独坐。（《满洲老档秘录》下编）

太宗徇诸臣之请，上尊号，史称改号为大清，其实所称者后金也。

天聪十年明崇祯九年。……四月己卯，

皇太极像

五日。内外诸贝勒文武群臣上表，请上称尊号。是日……多尔衮捧满字表文，土谢图济农捧蒙古字表文，孔有德捧汉字表文，率诸贝勒大臣文武各官，诣阙跪进。……乙酉黎明，上率诸贝勒大臣，祭告天地，乃受宽温仁圣皇帝尊号，建国号为大清，改元为崇德元年。……丁酉，叙功，册封大贝勒代善为和硕礼亲王，贝勒济尔哈朗为和硕郑亲王，多尔衮为和硕睿亲王，多铎为和硕豫亲王，豪格为和硕肃亲王，岳托为和硕成亲王，阿济格为多罗武英郡王，阿巴泰为多罗饶余贝勒，科尔沁巴达礼为和硕土谢图亲王。……辛丑，封孔有德为恭顺王，耿仲明为怀顺王，尚可喜为智顺王。（王先谦《东华录》卷二）

初太祖创八旗，每旗设总管大臣旧称固山额真，顺治十七年改称都统。各一，佐管大臣旧称梅勒额真，顺治十七年改称副都统。各二，特设议政五大臣，理事十大臣。……至是，太宗即位。上集诸贝勒定议，每旗仍各设总管大臣一，……是为总管旗务之八大臣。凡议国政，与诸贝勒偕坐共议之，出猎行师，各领本旗兵行，一切事务，皆听稽察。如前此之固山额真，兼议政大臣。其佐管大臣，每旗各二，……此十六大臣，赞理本旗事务，审断词讼，如前此之梅勒额真，兼理事大臣。不令出兵驻防。又每旗各设调遣大臣二，……此十六大臣，出兵驻防，以时调遣，所属词讼，仍令审理。后为驻防副都统，暨前锋统领、护军统领诸职。（王先谦《东华录》卷一）

崇德二年……四月，……命贝子尼堪罗托博洛等，与议国政，每旗复设议政大臣三员。……上集王贝勒大臣及新设议政大臣，谕曰："向来议政大臣，或出征，或在家，有事咨商，人员甚少，若遇各处差遣，则朕之左右及王贝勒之前，竟无议事之人矣。……如某事应施行，某事应入告，当先与管旗大臣公议，然后奏闻。"（王先谦《东华录》卷二）

【增编蒙汉八旗】

太祖天命元年之前二载，明万历四十二年。始立八旗，……六万人，然犹合满洲、蒙古、汉军为一也。其额满洲佐领即牛录章京，又章京皆称额真，雍正元年始改之。三百有八，蒙古佐领七十有六，汉军佐领十有六，共四百佐领，每佐领编壮丁百有五十。及后归附日众，生齿日增，于是天聪九年，又分蒙古为八旗，兵万六千八百四十。崇德

七年，又分汉军为八旗，兵二万四千五十，凡孔、耿、尚三王之天祐兵、天助兵，皆归入汉军。自后佐领愈增，无定额，又于满蒙汉八旗之外，设索伦、锡伯及察哈尔兵。（魏源《圣武记》卷十一《武事馀记》）

蒙古旗，……天命时分为二旗，……天命九年，始编蒙古五牛录，天聪初时，分二旗，左翼蒙古固山额真。……右翼蒙古固山额真，……天聪九年二月丁亥，分蒙古为八旗，固山额真八员，梅勒章京十六员。（《松月堂目下旧见》卷五）

汉军旗，……汉军固山额真，天命时，总统汉人军民一切事务，都统总兵官施古礼、额驸佟养性，天命四年归降，乃抚顺客游商人达尔哈齐之孙，佟佳氏，命总统汉人，六年加总兵。天聪五年正月乙未，命总统汉人军民，都统一切。六年卒，分为二旗。左右副将石廷柱、马光远。天聪九年，设新编汉人牛录，分入旗内。崇德二年七月乙未，分汉人为两旗，……左翼昂邦章京石廷柱，天命四年正月降，原明广宁守备。右翼昂邦章京马光远，天聪四年正月归降，原明建昌参将。照满洲编壮丁为牛录，纛元青色。崇德四年六月丙申，分汉军为四旗，每旗固山额真一员，左右梅勒章京二员，甲喇章京四员，每旗设牛录章京十八员，两黄旗……纛元青镶黄色，……两白旗……纛元青镶白色，……两红旗……纛元青镶红色，两蓝旗……纛元青色。……崇德七年六月甲辰，分为八旗，纛归本旗色。（《松月堂目下旧见》卷五）

八旗阅兵图

卷五 明清

天聪八年……四月，……谕曰："朕闻国家承天创业，未有弃其国语，反习他国之语者。……凡我国官名及城邑名，俱新易以满语，勿仍袭总兵、副将、参将、游击、备御等旧名。天命五年，列武爵，分总兵官为三等，副将、参将、游击亦如之，牛录额真俱称备御，每牛录下设千总四员。嗣后赏册书名，定五备御之总兵为一等公，一等总兵官为一等昂邦章京，二等总兵官为二等昂邦章京，三等总兵官为三等昂邦章京；一等副将为一等梅勒章京，二等副将为二等梅勒章京，三等副将为三等梅勒章京；一等参将为一等甲喇章京，二等参将为二等甲喇章京，游击为三等甲喇章京，备御为牛录章京。（王先谦《东华录》卷二）

【改文馆为内三院】

太祖……初创帝业，初设文馆，以亲近侍臣，在馆办事，名其官曰巴克什。至崇德元年，始改内三院，补满洲汉军大学士、学士等官。（《松月堂目下旧见》卷一）

天聪十年……三月，……改文馆为内三院：一名"内国史院"，记注上起居、诏令，收藏御制文字，凡用兵行政，六部所办事宜，外国所上章奏，俱令编为史册，并纂修历代祖宗实录，拟郊天告庙祝文、功臣诰命、诸贝勒册文；一名"内秘书院"，撰与外国书，及上赐敕书并谕祭文，录各衙门奏疏及词状；一名"内弘文院"，注释古今政事得失，进讲御前，侍讲皇子，并教诸亲王，颁行制度。……崇德元年五月，……以希福为内弘文院大学士，范文程、鲍承先为内秘书院大学士，刚林为内国史院大学士。（王先谦《东华录》卷二）

国初直文馆者，掌文字，学问优赡，则赐号巴克什。……按天聪间，凡文臣前称榜式者，皆改称笔帖式，其特赐榜式者，仍称榜式。榜式即巴克什，清语滚舌音。（吴振棫《养吉斋丛录》卷一）

【设六部】

太宗天聪五年，设六部，以贝勒掌各部事，设满蒙汉承政三员，参政八员，启心郎一员，惟工部省蒙古、汉军参政六员。崇德三年，六部各留承政一员，余皆改参政，有左参政、右参政。（吴振棫《养吉斋丛录》卷一）

崇德三年……七月，更定六部官制五等《东华录》：每衙门止设满洲承政一员，以下酌量设左右参政、理事、副理事、启心郎、额者库各官，凡五等。睿王同希福、刚林、范文程等议定停止王领部院事，增设都察院、理藩院，始定部院各设承政一、参政二。（弘旺《皇清通志纲要》卷二）

【考试儒生】

天聪三年……九月，……初考试儒生。先是乙丑年明万历四十四年。十月，太祖察出明绅衿，尽行处死，谓种种可恶，皆在此辈。其时儒生隐匿得脱者，约三百人，至是考试，分别优劣，得二百人。凡在皇上包衣下，八贝勒等包衣下，及满洲、蒙古家为奴者，皆拔出，……俱免二丁差徭，并候录用。（王先谦《东华录》卷一）

戊、清太宗之攻明

自明失全辽，赖袁崇焕为辽东巡抚，力守锦州、中左、大凌三城，以战为守，以和为用。清太祖之死，崇焕遣使吊之，屡次议和，不得要领。天启七年五月，清兵攻锦州，不克而归，自清兴以来，未有之挫也。未几，崇焕以不得于魏奄，罢去。崇祯元年，再召为督师，以恢复全辽自任。首诛奄党毛文龙，以一事权。二年，清兵大举入关，围京师，崇焕千里赴援。清人设间，谓与崇焕有成约，朝议遂以崇焕引敌胁和为罪，论死。实则仇东林者之报复，首具疏劾崇焕者，温体仁也。

天启六年，……先是八月中，太祖高皇帝晏驾，崇焕遣使吊，且以觇虚实。太宗文皇帝遣使报之，崇焕欲议和，以书附使者还报。……清兵将讨朝鲜，欲因此阻其兵，得一意南下。七年清太宗天聪元年。正月，再遣使答之，遂大兴兵渡鸭绿江南讨。朝议以崇焕、王之臣不相能，召之臣还，罢经略不设，以关内外尽属崇焕。……崇焕锐意恢复，乃乘大军之出，遣将缮锦州、中左、大凌三城，而再使使持书议和。……崇焕初议和，中朝不知，及奏报，优旨许之，后以为非计，频旨戒谕。崇焕欲借是修故疆，持愈力，而朝鲜及文龙被兵，言

官因谓和议所致。四月,……时总兵赵率教驻锦州,护版筑,……五月十一日,清兵直抵锦州,四面合围,率教偕中官用,婴城守。……崇焕以宁远兵不可动,选精骑四千,令尤世禄、祖大寿将,绕出大军后决战,别遣水师东出,相牵制。……世禄等将行,清兵已于二十八日分兵趋宁远,崇焕与中官应坤、副使毕自肃,督将士登陴守,列营濠内,用炮距击,而满桂、世禄、大寿,大战城外,……大军亦旋引去,益兵攻锦州,以溽暑不能克,士卒多损伤,六月五日,亦引还,因毁大小凌河二城。时称宁锦大捷,桂、率教功为多。忠贤因使其党论崇焕不救锦州为暮气,崇焕遂乞休。中外方争颂忠贤,崇焕不得已,亦请建祠,终不为所喜。七月,遂允其归,而以王之臣代为督师,兼辽东巡抚,驻宁远。……

未几,熹宗崩,庄烈帝即位,忠贤伏诛,廷臣争请召崇焕。……崇祯元年四月,命……督师蓟辽,兼督登莱天津军务。……七月,崇焕入都,……上言"恢复之计,不外臣昔年以辽人守辽土、以辽土养辽人、守为正着、战为奇着、和为旁着之说"。……八月初抵关,……崇焕遂留镇宁远。……崇焕始受事,即欲诛毛文龙。文龙者,仁和人,以都司援朝鲜,逗留辽东,辽东失,自海道遁回,乘虚袭杀清镇江守将,报巡抚王化贞,……遂授文龙总兵,累加至左都督,挂将军印,赐尚方剑,设军镇皮岛,如内地。皮岛亦谓东江,在登莱大海中,绵亘八十里,……北岸海面八十里,即抵清界,其东北海,则朝鲜也。岛上兵本河东民,自天启元年,河东失,民多逃岛中,文龙笼络其民为兵,分布哨船,联接登州,以为犄角计,中朝是之,岛事由此起。……时清恶文龙蹑后,故致讨朝鲜,以

毛文龙碑亭

其助文龙为兵端。顾文龙所居东江，形势虽足牵制，其人本无大略，……糜饷无算，……无事则鬻参贩布为业，有事亦罕得其用。……崇焕尝疏请遣部臣理饷，文龙恶文臣监制，抗疏驳之，崇焕不悦，及文龙来谒，接以宾礼，文龙又不让。崇焕谋益决，至是崇祯二年。遂以阅兵为名，泛海抵双岛，文龙来会。……六月五日，邀文龙观将士射，……伏甲士幄外。文龙至，……縶缚，……崇焕曰："尔有十二斩罪，……"遂取尚方剑，斩之帐前，……乃分其卒二万八千为四协，以文龙子承祚、副将陈继盛、参将徐敷奏、游击刘兴祚主之。……帝骤闻，意殊骇，念既死，且方倚崇焕，乃优旨褒答。……文龙既死，甫逾三月，清兵数十万，分道入龙井关、大安口。崇焕闻，即督祖大寿、何可刚等入卫。……清兵越蓟州而西，崇焕惧，急引兵入护京师，营广渠门外。帝立召见，深加慰劳。……与大军鏖战，互有杀伤。……都人骤遭兵，怨谤纷起，谓崇焕纵敌拥兵，朝士因前通和议，诬其引敌胁和，将为城下之盟。帝颇闻之，不能无惑。会清设间，谓崇焕密有成约，令所获宦官知之，阴纵使去。其人奔告于帝，帝信之不疑，十二月朔，再召对，遂缚下诏狱。……方崇焕在朝，尝与大学士钱龙锡语，微及欲杀毛文龙状，及崇焕欲成和议，龙锡尝移书止之，龙锡故主定逆案，魏忠贤遗党王永光、高捷、袁弘勋、史𣅀辈，谋兴大狱，为逆党报仇，见崇焕下吏，遂以擅主和议、专戮大帅二事，为两人罪。……法司坐崇焕谋叛，龙锡亦论死。三年八月，遂磔崇焕于市。(《明史》卷二五九《袁崇焕传》)

袁崇焕墓碑

崇焕既诛，明乃起用孙承宗督师，收拾军心，克复遵化、永平、迁安、滦州四城，以清关内，再筑大凌、右屯二城以为守。崇祯四年，清兵再攻锦州，败明兵于长山，大凌河遂失。言者论承宗筑城起衅，承宗遂引疾去。

崇祯二年清太宗天聪四年。十月，清兵……将薄都城，廷臣争请召承宗，诏以原官兼兵部尚书，守通州。……祖大寿……偕崇焕入卫，见崇焕下吏，惧诛，遂与副将何可纲等，率所部万五千人东溃。

……承宗闻，……手书慰谕大寿，……命承宗移镇关门，……大寿敛兵待命。……三年正月，大寿入关谒承宗。……时清兵拔遵化，……永平，……迁安，遂下滦州，……攻抚宁及昌黎，俱不下。当是时，……承宗、大寿军在东，马世龙及四方援军在西，……乃令东西诸营并进。……五月，……四城俱复。……四年正月，出关东巡。……初右屯、大凌河二城，承宗已设兵戍守，后高第来代，尽撤之，二城遂被毁。至是邱禾嘉巡抚辽东，议复取广宁、义州、右屯三城，承宗言广宁道远，当先据右屯，筑城大凌河，以渐而进，兵部尚书梁廷栋主之，遂以七月兴工。工甫竣，清兵大至，围数周。承宗闻，驰赴锦州，遣吴襄、宋伟往救。禾嘉屡易师期，伟与襄又不相能，遂大败于长山。在锦县东南。至十月，城中粮尽援绝，守将祖大寿，力屈出降，城复被毁。廷臣追咎筑城非策也，交章论禾嘉及承宗，承宗复连疏引疾。十一月，得请……归。(《明史》卷二五〇《孙承宗传》)

承宗上奏曰："……右屯城已隳，修筑而后可守。筑之敌必至，必复大小凌河，以接松、杏、锦州。锦州绕海而居，敌难陆运，而右屯之后即海，据此则粮可给，兵可聚，始得为发轫地。"奏入，廷栋力主之，于是有大凌筑城之议。……崇祯四年五月，……祖大寿以兵四千据其地，发班军万四千人筑之，议以石砡土兵万人。……工垂成，廷栋罢去。廷议大凌荒远不当城，撤班军赴蓟，责抚镇矫举令回

孙承宗的车营模型

奏，禾嘉惧，尽撤防兵，留班军万人，输粮万石济之。八月，清兵抵城下，掘濠筑墙，四面合围，别遣一军截锦州大道，城外堠台皆下，城中兵出悉败还。禾嘉闻之，驰入锦州，与总兵官吴襄、宋伟，合兵赴救，……与清兵遇，大战长山、小凌河间，互有伤损。九月望，清兵薄锦州，分五队直抵城下，襄、伟出战不胜，乃入城。二十四日，监草张春，会襄、伟兵，过小凌河东五里，筑垒列车营，为大凌声援，清兵扼长山，不得进。禾嘉遣副将张洪谟、祖大寿、靳国臣、孟道等，出战五里庄，亦不胜，夜趋小凌河，至长山，接战大败，春及副将洪谟、杨华征、薛大湖等三十三人俱被执，副将张吉甫、满库王之敬等战殁。大寿不敢出，凌城援自此绝。……大凌粮尽，食人马，清屡移书招之，大寿许诺，独副将可纲不从。十月二十七日，大寿杀可纲与副将张存仁等三十九人，投誓书约降。是夕出见，以妻子在锦州，请设计诱降锦州守将，而留诸子于清。……大寿伪逃还，……入锦州，大凌城……亦被毁。十一月六日，清复攻杏山，明日，攻中左所，城上用炮击，乃退。……禾嘉知其纳款状，具疏闻于朝，……而帝于大寿，欲羁縻之，弗罪也。……禾嘉持论，每与承宗异，不为所喜，时有诋诿，既遭丧败，廷论益不容，遂坚以疾请。五年四月，诏许还京，以杨嗣昌代。（《明史》卷二六一《邱民仰附邱禾嘉传》）

清兵既得大凌，后二年，复受耿、孔之降。初毛文龙之诛，分其部众为两协，其部将耿仲明、孔有德为山东参将，将兵援大凌，惩于毛部多以事被诛，乃于崇祯四年中途叛明。翌年正月，攻据登州，明兵围攻，期年不克，六年二月，始降于清。是为清兵抚有汉军之始，内地虚实，得尽知之。明兵所恃者火器，耿、孔挟红夷大炮以降，以利器资人，明更无所恃矣。故耿、孔之降，清廷极所以优异之，足以知其关系于明之存亡者甚大。

天聪七年明崇祯六年。三月，……明故毛文龙部将孔有德、耿仲明据登州，遣其党……自盖州登岸来降。……五月，……上命贝勒济尔哈朗、阿济格、杜度率

孔有德像

兵迎之。孔有德、耿仲明者，辽东人也，太祖取辽东时，奔入皮岛，为毛文龙部下末弁，遂以毛氏称之。后文龙为袁崇焕所杀，山东登州巡抚调有德为……参将，仲明亦为参将。辛未年明崇祯四年，清天聪五年。上围大凌河，登州巡抚遣有德率骑八百，援大凌河。至吴桥县，遇巡抚所遣买马参将李九成，二人相议，始有叛志，……遂陷临邑、陵、商河、青城等县，往攻登州。城中耿仲明……等为内应，内外夹攻，遂得其城。……孔有德……乃自称都元帅，李九成为副元帅，整饬兵马，攻取城堡，遇明兵，辄击败之，山东大乱。明总兵祖大弼率兵数万来攻登州，……九成阵亡，兵寡敌众，度不能支，乃共议来奔我国，为旅顺口城守总兵黄龙水军截战，副将李应元、田良祚被杀。有德等欲从镇江登岸，朝鲜又以兵助明邀击之，济尔哈朗……率兵迎于江岸，……明兵、朝鲜兵，见我兵势盛，遂退。于是数百船官兵家口、兵器枪炮等物，尽抵江岸，不遗一物。……六月，……新附元帅孔有德、总兵官耿仲明等至，上率诸贝勒出德盛门十里，迎至浑河岸，……行抱见礼。……八月，敕谕孔有德、耿仲明曰："尔都元帅、总兵官，乃特专征伐之人，……卿等携来红衣大小炮，已运至通远堡矣，到时即以付卿，枪炮弓矢，须令军士时时教演，不得间断，旗纛俱用皂色。十月……明广鹿岛副将尚可喜……来约降。……天聪八年，……春正月戊子朔，上御殿，命孔有德、耿仲明与八和硕贝勒，同列于第一班行礼。……二月，……命贝勒多尔衮、萨哈廉往迎降将尚可喜。三月，……副将尚可喜奏，率三岛官民……至海州，上降敕慰劳之。……四月，……降将尚可喜来朝，上出迎十里外，……以尚可喜为总兵官，赐敕印。……五月，……谕……孔元帅兵为天祐兵，尚总兵兵为天助兵。……天聪十年……四月，……封孔有德为恭顺王，耿仲明为怀顺王，尚可喜为智顺王，部下官员，论功升擢，赏赉有差。（王先谦《东华录》卷二）

崇祯四年……孔有德反山东。……有德者，辽人，与耿仲明、李九成、毛承禄辈，皆毛文龙帐下卒也。文龙死，走入登州，登莱巡抚孙元化，官辽久，素言辽人可用，乃用承禄为副将，有德、仲明为游击，九成为偏裨，且多收辽人为牙兵。是年，大凌河新城被围，部檄元化发劲卒，泛海趋耀州盐场示牵制，有德诡言风逆，改从陆赴宁

远。十月晦，有德及九成子千总应元，统千余人以行。经月抵吴桥，县人罢市，众无所得食，一卒与诸生角，有德抶之，众大哗。九成先贳元化银，市马塞上，用尽无以偿，适至吴桥，闻众怨，遂与应元谋劫有德，相与为乱。……元化者，故所号善西洋大炮者也，至是亦主抚，檄贼所过郡县无邀击，贼长驱无敢一矢加者。贼佯许元化降，元化师次黄山馆而返，贼遂抵登州，元化遣将张焘率辽兵驻城外，总兵张可大率南兵拒贼。……五年正月，战城东，辽兵遽退，南兵遂败，焘兵多降贼。贼遣之归，士民争请，拒勿内，元化不从，贼遂入。日夕，城中火起，中军耿仲明、都司陈光福等，导贼入自东门，城遂陷。……元化……及府县官悉被执。……有德既破登州，推九成为主，已次之，仲明又次之。贼益攻莱，辇元化所制西洋大炮，日穴城，城多颓。……八月，朱大典合兵救莱，兵甫接，贼辄大败，围解。有德走登州，……大典围登，九成战死，城破追剿，有德、仲明入海道，生禽承禄等，斩应元，贼尽平。……元化……嘉定人，天启间举于乡，所善西洋炮法，盖得之徐光启云。(《明史》卷二四八《徐从治传》)

崇祯三年，……登莱巡抚孙元化，以刘兴治乱东江，请黄龙往镇，兵部尚书梁廷栋，亦荐龙为总兵，与元化恢复四卫；从之。先是毛文龙死，袁崇焕分其兵二万八千为四协，命副将陈继盛、参将刘兴治、毛承祚、徐敷奏主之，后改为两协，继盛领东协，兴治摄西协。

……兴治凶狡好乱，与继盛不相能，……遂杀继盛。……龙莅皮岛受事，兴治犹桀骜如故。四年三月，复作乱，……杀参将沈世魁家众，世魁率其党夜袭杀兴治，乱乃定。……耿仲明遂偕孔有德反，以五年正月陷登州，招岛中诸将，旅顺副将陈有时、广鹿岛副将毛承禄，皆往从之。龙急遣尚可喜、金声桓等，抚定诸岛。……贼党高成友者据旅顺，断关宁天津援师，龙令游击李维鸾偕可喜等击走之，即移驻其地，援始通。……六年二月，有德、仲明屡为巡抚朱大典所败，航海遁去。龙度有德等必遁，遁必经旅顺，邀击之，有德几获而逸。……有德等大愤，欲报龙，会贼舟泊鸭绿江，龙尽发水师剿之。七月，有德等侦知旅顺空虚，遂引清兵来袭，龙数战皆败，火药矢石俱尽，……围急，知不能脱，自刭死。……事闻，……以副总兵沈世魁代龙为总兵官。……七年二月，广鹿岛副将尚可喜降于清，岛中势益孤。十年，朝鲜告急，世魁移师皮岛为声援，有德等来袭，世魁战败，……阵亡。……从子副将志科，集溃卒，至长城岛，欲得世魁敕印。监军副使黄孙茂不予，志科怒，杀之，……遂率所部降清。诸岛虽有残卒，不能成军，朝廷亦不置大帅，以登莱总兵遥领之而已。明年十一年。夏，杨嗣昌决策，尽徙其兵民宁、锦，而诸岛一空。（《明史》卷二七一《黄龙传》）

自后清兵于崇祯七年，入宣、大、应、朔等处；八年，入代、忻、应、崞；九年，入居庸，破昌平，逼京师，南下保定；十一年秋，入通州，分陷真定、广平、顺德、大名；明年正月，破济南，执德王，二月北归，盖几无岁不用兵。然皆不能从山海关直入，得地不能守，故必欲取关外四城，以通孔道，而锦州为必攻之地，故于十四年筑长围困之。七月，蓟辽总督洪承畴，率八总兵、兵十三万往救，死守松山。翌年二月，城破，承畴降，锦州、杏山、塔山皆下，宁远关门劲卒尽丧，明只能凭关而守矣。

上太宗。以大军屡入塞，不得明尺寸地，皆由山海关阻隔，而欲取关，非先取关外四城不可。崇德六年，崇祯十四年。命睿亲王多尔衮……等攻锦州，期以必克，……命郑亲王济尔哈朗往代，逼城筑长围困之，并扼松、杏援师之路，……锦州告急。……夏五月，明蓟辽总督洪承畴、巡抚邱民仰，率王朴、唐通、曹变蛟、吴三桂、白广恩、马科、王廷臣、杨国柱八总兵，军十三万，马四万，集宁远，乌

粮支一岁。祖大寿遣卒自锦州逸出，传语毋浪战，但以车营徐逼出境，承畴亦议以兵护粮饷辎重，由杏山输松山，再由松山输锦州，松山，锦州城南十八里；杏山，锦州城西南四十八里。步步立营，以守为战。而兵部尚书陈新甲，以师久饷匮，遣职方司郎中张若麒赴军。若麒素狂躁，日夜报捷，并请密敕趣战，承畴遂不敢坚持前议，留粮饷于宁远、杏山及塔山外之笔架冈，塔山、锦州城西南六十里。而以兵六万先进，诸军继之。骑兵环松山三面，而步兵据城北之乳峰冈，两山间列七营，卫以长濠。

洪承畴像

八月，太宗闻之，亲统大军赴援，……六日而至，自山至海，横亘大路，断其杏山之饷，并分军败其塔山护饷之兵，遂获笔架冈积粟。明兵既失饷道，又不敢野战，遂撤其步兵七营，背松山城而阵，夜屡突营不利。太宗知明军自宁远至松山，所赍行粮不过五六日，势必走，乃夜布诸军潜伏塔山、杏山、小凌河诸要隘，邀其去路，……而亲督大军横列以待。次夜初更，吴三桂等六总兵，果更番殿后，严阵逃退，而王朴所部先遁，诸军无复行列，争奔杏山。我追兵蹑其后，伏兵邀其前，明兵弥山亘野，且战且走，六镇兵皆溃入杏山。曹变蛟亦撤兵入松山城，与洪承畴、邱民仰、王廷臣困守，突围五次，皆不遂。……上又料明杏山兵必奔宁远，复遣精兵，一伏高桥，一伏桑噶尔斋堡，俟杏山军出，扼险掩杀，王朴等仅以身免，张若麒匿渔舟，由海遁还，……先后歼敌兵五万三千七百八十余。……于是松山城中饷援皆绝，我军复掘外围困之。九月，驾还盛京，明侍郎沈廷扬，由天津海运粮饷，至松山济师，始延数月。崇德七年，崇祯十五年。松山副将夏承德，密送质子为内应，我军入城，生擒洪承畴、祖大乐等，送盛京，邱民仰、曹变蛟、王廷臣等战死。纵祖大乐还锦州，锦州被围一载，闻松山失，亦降，旋克塔山、杏山。(魏源《圣武记》卷一《开国龙兴记》三)

事闻，帝惊悼甚，设坛都城，承畴十六，民仰六，赐祭尽哀，……

卷五 明清

寻命建嗣都城外，与承畴并列，帝将亲临祭焉。将祭，闻承畴降，乃止。（《明史》卷二六一《邱民仰传》）

自崇焕之诛，人不敢复言和事，清廷欲和，未必出于本意，然明廷除和而外，决无复全辽之力。惜其时皆持虚骄之论，谓中朝无事"四夷"之理，不能战而讳和。自松、杏既失，本兵陈新甲再申和议之请，明帝已允之矣，特不欲彰露其事，乃为周延儒所泄，言路大哗，明帝遂坚不欲和，以罪诛新甲。

陈新甲，……崇祯十三年正月，代傅宗龙为兵部尚书。……十五年……三月，松山、锦州相继失。……当是时，"闯贼"蹂躏河南。……初新甲以南北交困，遣使与清议和，私言于傅宗龙，宗龙出都日，以语大学士谢陞。陞后见疆事大坏，述宗龙之言于帝，帝召新甲诘责，……陞进曰："倘肯议和，和亦可恃。"帝默然，寻谕新甲密图之，而外廷不知也。已言官谒陞，陞言上意主和，诸君幸勿多言，言官骇愕，交章劾陞，陞遂斥去。帝既以和议委新甲，手诏往返者数十，皆戒以勿泄，外廷渐知之，故屡疏争，然不得左验。一日，所遣职方郎马绍愉，以密语报，新甲视之，置几上，其家僮误以为塘报也，付之抄传，于是言路哗然。……帝愠甚，……降严旨切责新甲，令自陈，新甲不引罪，反自诩其功。帝益怒，……七月，……遂下狱，……弃新甲于市。……帝初甚倚之，晚特恶其泄机事，且彰主过，故杀之不疑。（《明史》卷二五七《陈新甲传》）

崇德七年三月，驻守锦州杏山王贝勒等……奏，明国差总兵二员、锦农官一员、职方司官一员，至王贝勒前，欲求讲和，赍来伊主敕谕一道云："谕兵部尚书陈新甲：据卿部奏，辽沈有休兵息民之意，中朝未轻信者，亦因以前督抚各官，未曾从实奏明。今卿部屡次代陈，力保其出于真心，我国家开诚怀远，似亦不难听从，以仰体上

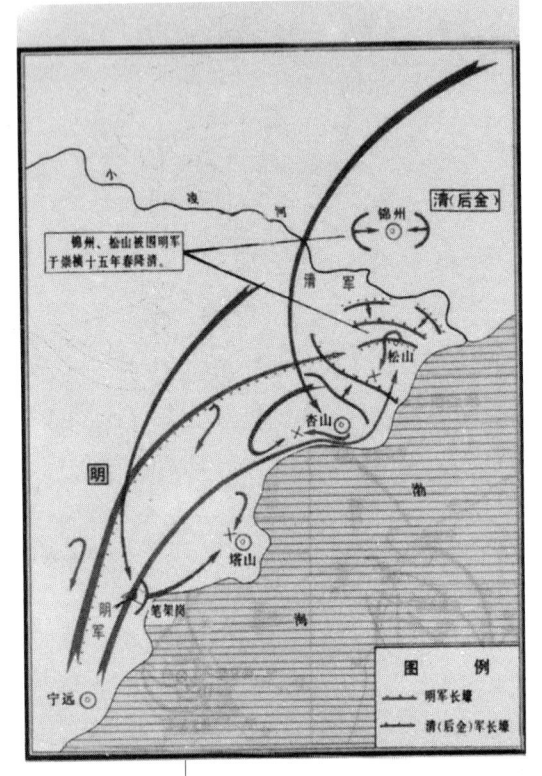

松山之战示意图

天好生之仁，以复还我祖宗朝恩义联络之旧。今特谕卿便宜行事，差官宣布，取有的确信音回奏。"……五月，郑亲王济尔哈朗等奏，明遣兵部职方司员外马绍愉、主事朱济之、副将周维墉、鲁宗孔，游击、都司、守备八员，僧一名，从役九十九名，至宁远城，欲来见皇上求和。命遣使迎之。……来使携有敕书一道云："敕谕兵部尚书陈新甲：昨据卿部奏称，前日所谕休兵息民事情，至今未有确报，因未遣官至沈，未得的音。今准该部便宜行事，差官前往，确采实情具奏。特谕。"……六月，……遣还，命大臣遥至五十里外，宴饯之，仍赍书明主曰："……若两国各能审度祸福，矜全亿兆，诚心和好，则自兹以后，宿怨尽释。……至两国有吉凶大事，须当遣使交相庆吊，每岁贵国馈兼金万两、银百万两，我国馈人参千斤、貂皮千张。若我国满洲、蒙古、汉人及朝鲜人等，有逃叛至贵国者，当遣还我国；贵国人有逃叛至我国者，亦遣还贵国。以宁远双树堡中间土岭为贵国界，以塔山为我国界，以连山为适中之地，两国俱于此互市。自宁远双树堡土岭界北至宁远北台，直抵山海关长城一带，若我国人有越入，及贵国人有越出者，俱加稽察，按律处死。或两国人有乘船捕鱼海中往来者，尔国自宁远双树堡中间土岭沿海至黄城岛以西为界，

山海关东门城楼

卷五 明清

我国以黄城岛以东为界,若两国有越境妄行者,亦当察出处死。倘愿如书中所言,以成和好,则我两人或亲誓天地,或各遣大臣代誓。……若不愿和好,再勿遣使致书,……"于是以书授来使,命……送来使至连山而还。(王先谦《东华录》卷三)

清太宗四次入关,而时露欲和之意,说者遂谓清志在子女玉帛而已,明廷讳和,终以自误。及李自成破北京,清兵剑及屦及,兴"吊民伐罪"之师,为明君复仇,且免三饷,以收人心,乃知其初言和,特多方以误明,兼伺机待动,使果与之和,遂能止其不加兵耶?

东人一犯宣府,一入山西,两由蓟入燕,而壬午之入,直走青齐,及淮而止,所至屠掠一空,为祸至剧。我之兵力,每以讨"寇","寇"急则调边兵以征"寇";东人急,又辍剿"寇"之兵将以防东人。卒之二患益张,国力耗竭,而事不可为矣。闻"寇"逼都城,欲辍关外之兵,入关御"寇",议久不决,而"寇"已破都门而入,烈皇帝身殉社稷。……"寇"之发难以何事起,天下嗷嗷,皆以加赋之故,然赋加于何年?皆以东人发难也。(夏允彝《幸存录·国运盛衰之始》)

自万历后,岁征辽饷六百六十万,崇祯中复加剿饷二百八十万,练饷七百二十万,先后共增赋千有六百七十万。竭天下兵饷大半以事关东,而中原"盗贼"蜂起,……所至破城陷藩,东西交哄。明之诸臣,于"流寇"或多议抚,而于我朝反讳议和,又不图所以战守,盈廷筑室,蜩螗羹沸。(魏源《圣武记》卷一《开国龙兴记》三)

明末辽东重镇失守经过简表

城名	时代			概况	备考
	明纪	清纪	公元		
抚顺	神宗万历四十六年四月	太祖天命三年	1618年	清兵破抚顺城,千总王命印死之,总兵官张承允师往援,败没。	
开原	万历四十七年六月	天命四年	1619年	清兵破开原,守将马林等败没。	
铁岭	同年七月	同上	同上	清兵围铁岭,游击喻成名、史凤鸣、李克泰,督兵拒守,城破,俱死之。	《明史·李成梁附子如桢传》,经略杨镐使守铁岭,后以孤城难守,令如桢还屯沈阳,仅以参将丁碧等防守,力益弱。清兵临城,如桢拥兵不救,城遂失。

续表

城名	时代 明纪	时代 清纪	时代 公元	概况	备考
沈阳	熹宗天启元年三月	天命六年	1621年	清兵取沈阳，总兵官尤世功、贺世贤战死，总兵官陈策、童仲揆、戚金、张名世等往援，战于浑河，皆败没。	《明史·贺世贤传》，清以重兵薄沈阳，世贤及总兵尤世功设兵守城法甚具。世贤勇而轻，嗜酒，旦日饮酒，率亲丁千，出城逆击，期尽敌而反。清兵佯败，世贤乘锐进，倏精骑四合，世贤战且却，抵西门，身被十四矢。城中闻世贤败，各鸟兽窜，而降丁复叛，断城外吊桥，驰突围中，中矢坠马死，世功引兵援，亦战死。
辽阳	同年三月二十日	同上	同上	清兵攻辽阳，经略袁应泰等拒守，城破死之。	
广宁	天启二年正月	天命七年	1622年	清兵攻广宁，经略熊廷弼、巡抚王化贞等，俱走入关，城陷。	《清太祖武皇帝实录》，大明败兵入广宁，报经略熊廷弼、巡抚王化贞，二人闻之大惊，遂与通判万有孚、监军道高出等，弃城向山海关而逃。二十三日，大兵起行，下广宁，四十余城之官，各领所属民降。帝息兵十日，乃移兵，欲进山海关。熊廷弼尽焚沿路屯堡房屋而走，大兵至中左所，复回锦州。
旅顺	思宗崇祯六年七月	太宗天聪七年	1633年	清兵攻旅顺，守将黄龙战死。	
锦州	崇祯十五年三月	崇德七年	1642年	清兵围锦州，守将祖大寿拒守经年，以援绝出降。	《明史·庄烈帝纪》，崇祯十四年夏四月壬子，清兵攻锦州，祖大寿拒守。七月壬寅，洪承畴援锦州，驻师松山。八月乙巳，援兵战于松山、阳和，总兵官杨国柱败没，总兵官吴三桂、王朴自松山遁，诸军夜溃。十五年二月戊午，清兵克松山，洪承畴降，三月己卯，祖大寿以锦州降于清。

续表

城名	时代 明纪	时代 清纪	时代 公元	概况	备考
宁远	崇祯十七年三月	世祖顺治元年	1644年	李自成攻京师，撤宁远兵民御"寇"，遂弃关外地。	《明史·吴麟征传》，方"贼"之陷山西也，蓟辽总督王永吉，请撤宁远吴三桂兵，守关门，选士卒西行遏"寇"，即京师警，旦夕可援。天子下其议，麟征深然之。辅臣陈演、魏藻德不可，谓无故弃地二百里，臣不敢任其咎。及烽烟彻大内，帝始悔不用麟征言，旨下永吉。永吉驰出关，徙宁远五十万众，日行数十里，十六日入关，二十日抵丰润，而京师已陷矣。

己、对朝鲜之用兵

清太宗以朝鲜助明，于即位之始，遣兵攻之，所以绝东顾之忧也。

祖高皇帝天命四年，明兵二十四万，四路来侵，朝鲜遣其将姜宏立，以兵助明。……太祖上宾，亦不遣使吊问。而明总兵毛文龙，招辽遗民数万守皮岛，亦名东江，在鸭绿江口，去朝鲜及我朝东境各八十里，屡出师袭沿海城寨，牵制我朝，与朝鲜犄角。……太宗文皇帝天聪元年，……当明天启七年，朝鲜国王李倧嗣位之三年也，正月，命贝勒阿敏等率师征朝鲜。渡鸭绿江，先败文龙兵于铁山，文龙遁还皮岛，遂克义州、定州及汉山城，……长驱而进。……进师平壤，……逼国都，倧挈妻子遁江华岛，复遣使诣军谢罪。江华岛在开州南海中，我军无舟不能渡也，乃遣使赴岛宣谕。……三月，……和议成，约为兄弟之国，……乃分兵三千，戍义州，振旅而还。……是秋，从倧请，召还义州之兵，并许赎所俘人民，定议春秋输岁币，互市中江。是年，明经略袁崇焕杀毛文龙于双岛。……五年，将乘虚征诸岛，征兵船于朝鲜，使至其国，三日乃见，倧曰："明国犹吾父也，助人攻吾父之国可乎？"自是渐渝成约。（魏源《圣武记》卷六《国初征抚朝鲜记》）

至太宗改元称尊，以朝鲜败盟，统军亲征。鲜兵溃败，其王纳降。乘

胜下皮岛，明人自是不复守岛，东忧尽绝。

天聪十年，当明崇祯九年也，四月，改元崇德，国号大清。……是时我朝已臣蒙古，破明军，无内顾忧，乃于十一月……亲征，驰檄朝鲜官民，讨其败盟之罪。……豫亲王前锋马福塔等以三百骑潜袭王京，败其精兵数千，倧仓皇遣使迎劳城外款兵，而徙妻子江华岛，自率亲兵逾江汉江，保南汉山城。……我军入其都城，……合军渡江，围南汉山城。……明年二年。正月，……初倧遣使告急于明，并檄国中诸道勤王，欲固守以待外援。时明国方急流"寇"，不暇恤邻，……国中东南诸道援兵，相继奔溃，西北援兵，逗挠……不进，城中食且尽。我军四路并出，分略诸道。……倧再上书请成，上太宗降敕切责，令出城亲觐，并缚献倡议败盟之人，倧始奏书称臣，乞免出城。适其妻子及大臣家口在江华岛者，我睿亲王……小舸径渡，败其鸟枪兵千余，遂入岛城，获王妃王子宗室七十有二人，群臣家口百有六十六人。……倧乃献出倡议败盟之宏文馆校理尹集、修撰吴达济及台谏官洪翼汉诣军前，上敕令纳明所给诰命册印，委身归命，质二子，奉正朔，岁时贡献、表贺，一如明国旧制，有征伐，调兵扈从，并献犒师礼物，毋擅筑城垣，毋擅收逃人，则三百年宗社，数千里封疆，保尔无恙。倧顿首受命，……从数十骑出城，先于汉江东岸三田

皇太极嗣位时
战略形势示意图

卷五 明清

渡，筑坛设黄幄，上陈仪卫，渡江登坛，……倧率其下伏地请罪，诏赦之，……赐燕毕，还其君臣家属于王京。二月，召回诸道之兵，振旅而西。……四月，倧送质子洼、淏等至。五月，攻明皮岛，以明降将孔有德等为向导，乘朝鲜兵船，尽俘岛众数万而还，明人自是不复守岛。(魏源《圣武记》卷六《国初征抚朝鲜记》)

庚、内蒙古之平定

太祖初起时，内蒙察哈尔部，最称强盛，诸部不堪其扰，纷来归附，及太宗出兵攻察哈尔，遂一举而定之。

> 内札萨克蒙古，……东抵吉林、黑龙江界，西至贺兰山，南界长城，北拒瀚海，络雍、冀、幽、并、营五州北境，袤数千里，明初悉攘诸漠北，中叶复荐食漠南，边患遂与明代相终始。我朝龙兴，首臣科尔沁，继平插汉，即察哈尔。于是诸部先后来庭。……初元太祖起和林，削平西北诸国，建王驸马等世守之，……而仲弟哈萨尔以射闻，季弟勒格图以勇闻，佐命功尤大，今之阿巴噶、阿巴哈纳二部，皆勒格图后也；两科尔沁及札赉特、杜尔伯特、郭尔罗斯、四子部落、茂明安、乌剌善、青海和硕特九部，皆哈萨尔后也。又有太祖十五世孙达延车臣汗者，建庭和林，支裔繁布于漠南北，若奈曼、巴林、敖汉、苏尼特、乌珠穆沁、鄂尔多斯、克什克腾、喀尔喀左右翼九部，皆其后也。翁牛特则太祖弟谔楚因之后，札鲁特及土默特右旗，则太祖十八世孙之后，惟喀喇沁及土默特左翼，为太祖功臣济拉玛之后，余皆元子孙，皆以插汉部为大宗。(魏源《圣武记》卷三《国朝绥服蒙古记》一)

【科尔沁部】

科尔沁部，在喜峰口外，东西距八百七十里，南北距二千有百里，南界盛京边墙，北界索伦，本元太祖弟哈萨尔之后，明初置兀良哈三卫之一也，后自立国曰科尔沁。明洪熙间为厄鲁特所破，东避嫩江，以同族有阿鲁科尔沁，因号嫩江科尔沁以自别。其札赉特、杜尔伯特、郭尔罗斯三部，皆科尔沁一部所分，兄弟同牧，皆属插汉部。我太祖初年，科尔沁与叶赫、哈达、乌拉、辉发、锡伯、卦尔察、珠舍里、纳殷，共九部之师三万来侵，……陈兵古呼山，太祖亲御破之。

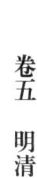

喜峰口长城遗址

逾数年，复征乌拉部，败科尔沁来援之众，于是科尔沁与诸部遣使来乞好。天命九年，插汉林丹汗，以兵侵陵诸部，诸部或北徙瀚海依喀尔喀，或东走依科尔沁。科尔沁怨插汉之暴，思归我朝，遂率之来觐，自是为不侵不叛之臣。（魏源《圣武记》卷三《国朝绥服蒙古记》一）

【察哈尔部】

插汉部者，元之嫡裔大宗也。初顺帝北归和林，连易五主，始去国号，称鞑靼可汗，皆在洪武之世。永乐初，本雅失里可汗为阿鲁台所立。宣德中，脱脱不花可汗为瓦剌酋长脱欢所立，景泰中也先篡之，不久，部下仍立脱脱不花子，号小王子，自是世以小王子称。正德中，小王子尤强。……嘉靖中，稍厌兵，徙幕辽东边外，称土蛮，而分诸部落留西北边。……万历中，大清兵起，明人思用东部插汉小王子，欲以敌大清，而要挟岁赏，终无成效。末年，林丹汗士马强盛，横行漠南，……天命四年来聘书称"统领四十万众蒙古国主巴图鲁青吉斯汗，致书水滨三万众满洲国主"，且恃其虓劲，冯陵诸部。诸部先后驱归大清，请师援救。天聪六年四月，太宗统大军，尽征各部蒙古兵征察哈尔，……出其不意，逾内兴安岭千三百里，至其庭。林丹汗谋拒战，而所部解体，遂徙其人畜十余万众，由归化城渡河西奔，沿途离散十之七八，林丹汗走死于青海之大草滩，我大军至归化

城，收其部落数万而还。……九年。其子额哲，奉所部传国玺来降，封亲王。(魏源《圣武记》卷三《国朝绥服蒙古记》一)

虎墩兔者，居插汉儿地，亦曰插汉儿王子，元裔也。其祖打来孙，始驻牧宣塞外，……四传至虎墩兔，遂益盛。……万历四十六年，……清兵起，略抚顺及开原，插汉部乘隙拥众挟赏。……四十七年，清兵灭宰赛喀尔喀部酋及北关金台什、布羊古等。金台什孙女为虎墩兔妇，于是蓟辽总督文球、巡抚周永春等，以利啖之，俾联结炒花诸部以捍清兵，给白银四千，明年为泰昌元年，加赏至四万，虎乃扬言助中国，邀索无厌。(《明史》卷三二七《鞑靼传》)

天聪二年二月，……蒙古喀喇沁部塔布囊苏布地……等，以书来奏曰："察哈尔汗不道，伤残骨肉，……我喀喇沁部落，被其欺陵，夺去妻子牲畜。我汗与……喀尔喀诸部落前来至土默特部落格根汗赵城地方，将所驻察哈尔兵四万剿杀之。我汗……回时，值察哈尔兵三千人，赴张家口请赏于明，未得而回，……又尽杀之。左翼阿鲁阿霸垓三部落，及喀尔喀部落，遣使来约，欲与吾合力兴师，且有'与天聪皇帝同举兵'之语。……观伊等来约之言，察哈尔汗根本动摇，可乘此机，……同嫩阿霸垓喀喇沁土默特兴师。(王先谦《东华录》卷一)

(二) 人民之举义

甲、十三家

始发难于延绥之边兵，饥民纷起应之，固由天灾所致，而延饷自万历末，至崇祯初，欠至一百三十八万，兵民皆饥，所以揭竿而起。

"流贼"所由起，大约有六，叛卒、逃卒、驿卒、饥民、响马、难民是也。天下形势，莫强于秦，秦地山高土厚，其民多膂力，好勇敢斗，故六者之乱，亦始于此，而卒以亡天下。(计六奇《明季北略》卷四《流贼初起》)

秦以延绥、宁夏、甘肃为三边。延绥据河为塞，……分险列戍，沙碛不生五谷，军民计口，仰食县官，承平忱愒，算崇祯改元，上距万历四

《明季北略》书影

十七年，延饷缺额者，至一百三十八万。天启中，秦抚乔应甲、延抚朱童蒙，皆奄党也。应甲贪婪狂易，法纪溃弛，四封之内，攻亭长、杀长吏而莫禁；童蒙朘削军廪，助三殿大工，兵民侧目，始祸实自两人。秦地所出新饷、均输、间架三者，专以备他急，数日增，吏因缘为奸，羡余辄倍，西安镇兵数万，率买闲占役，以空名隶尺籍。宗室乡绅，以供役使。民不堪，复无所惮，以此纠合边人为"贼"。……崇祯己巳，二年。秦大旱，粟踊贵，军饷告匮，总督杨鹤、甘抚梅之焕，分道勤王，是年复以稽饷而哗，其溃卒畏捕诛，亡命山谷间，倡饥民为乱。时东事急，朝议核兵饷，各边镇咸厘汰，裁额至数十万，乘障兵咸噪而下。而兵科给事刘懋疏请裁定驿站，岁可节金钱数十万，上喜，著为令，有滥予者，罪勿赦。懋意谓苏民也，而河北游民，借食驿糈，至是遂无所得食，……溃兵乘之，而全陕无宁宇矣。(吴伟业《绥寇纪略》卷一《渑池渡》)

崇祯元年，……先是辽左用兵，逃军惮不敢归伍，相聚剽房，至是关中频岁浸，有司不恤下，……群"贼"蜂起，三边饥军应之，"流氛"之始也。当是时，承平久，卒被兵，人无固志，大吏恶闻"贼"，曰此饥民，徐自定耳。明年，总督武之望死，……遂拜鹤兵部右侍郎，代之望总督陕西三边军务，……而继起者益众。鹤素有清望，然不知兵，其冬京师戒严，延绥、宁夏、甘肃、固原、临洮五镇总兵官，悉以勤王行。延绥兵中道逃归，甘肃兵亦哗，惧诛，并合于"贼"，"贼"益张。……鹤匿不奏，而给降"贼"……免死牒，……"贼"淫掠如故，有司不敢问，"寇"患成于此矣。(《明史》卷二六○《杨鹤传》)

己巳，清兵薄畿，征四方援兵勤王，保定兵首溃，余亦多中路逃者，因与饥民合势，啸聚山泽。秦中镇将守臣，议蹙"贼"于险，据隘阸之，可一鼓尽也。三边总督杨鹤独力主招抚议，"贼"出险，遂横不可制。(邹漪《明季遗闻》卷一)

起兵者受欺就抚，旋复引去，由晋而东，转至河南，大会于荥阳，所谓十三家，分途攻取，其势浸盛。

"流贼"始乱，大抵皆秦晋间人也。……其首乱者，则王子美、苗顺、张圣、姬三儿、王嘉胤、黄虎、小红狼、一丈青、龙得水、混江龙、掠地虎、上天猴、孟良、刘六等，其目甚众，而神一元、高应登为最。自副将张应昌斩高应登、神一元后，其弟一魁领其众，勾西人，陷城堡，其势益强。督抚讨之，久无功。崇祯四年，总督杨鹤招抚之，群目皆降。既而鹤杀茹成名，群"贼"疑惧，遂拥一魁复叛去，鹤被逮拟戍。时则有李老柴、一条龙、独头虎、独行狼、上天龙、马老虎、李二、田近庵、翻山鹞、蝎子块、浪天猴之属，其势愈横。是时李老柴、一条龙、独行狼，共破中部县，巡抚练国事围之，李老柴、一条龙出降，而独行狼溃围走。是冬，群"盗"皆降于总督洪承畴。承畴患神一魁之难制也，诱而杀之，其党十八寨大"贼"，皆叛入晋，由晋而东，渐逼畿辅矣。总督卢象升御之，"贼"遂入豫，犹在河北也。自……"贼"渡河南，……横行于秦、蜀、楚、豫之间，飘忽震荡，蹂躏荼毒。（郑廉《明季遗闻》卷一）

崇祯八年正月，大会于荥阳，老回回、曹操、革里眼、左金王、改世王、射塌天、横天王、混十万、过天星、九条龙、顺天王及高迎祥、张献忠，共十三家、七十二营，议拒敌。（《明史》卷三〇九《李自成传》）

十三家简表

称号	姓名	始　　末	备　　考
闯王	高迎祥	崇祯九年七月被擒，磔死。	《明史·李自成传》，九年，孙传庭新除陕西巡抚，锐意灭"贼"，秋七月，禽迎祥于盩厔，献俘阙下，磔死，于是"贼"党乃共推自成为闯王矣。
八大王	张献忠		
曹操	罗汝才	崇祯十六年为李自成所杀。	《明史·李自成传》，自成自下宛、叶，克梁、宋，兵强士附，有专制心，顾独忌汝才，乃召汝才所善贺一龙宴，缚之，晨以三十骑，斩汝才于帐中，悉兼其众。自成既杀汝才、一龙，又夺马守应兵。
老回回	马守应	崇祯十六年为李自成所并。	
革里眼	贺一龙	崇祯十六年为李自成所杀。	
左金王	贺锦	崇祯十六年为李自成部将。	《绥寇纪略·通城击》，贺锦输诚自成，拔为制将军。
改世王	许可变	崇祯十二年降。	《明史·孙应元传》，淅川知县郭守说降其党许可变、胡可受。（监军刘）元斌至军，檄除可变、可受罪，授以官。

续表

称号	姓名	始　末	备　考
射塌天	李万庆	崇祯十二年降于左良玉。	《明史·刘国能附李万庆传》，战败，徙应山、德安，会光玉、进忠等皆大败，进忠惧而降，而顺天王已死，万庆势益孤。文灿檄良玉击之，由张家林七里河分击，"贼"大奔，良玉遣国能往谕万庆降，万庆驰见输情。
顺天王		崇祯十二年前死。	
混十万	马进忠	崇祯十二年降于左良玉。	
过天星	惠登相	崇祯十三年降于左良玉。	《明史·左良玉传》，良玉乘胜击过天星，降之。过天星者名惠登相，既降，遂始终为良玉部将。
九条龙			
横天王			

乙、李自成、张献忠

人民倡义者，以张、李之最强，驰逐之地最广。熊文灿主抚，固为无用，杨嗣昌四正六隅之策，实难尽行，亦等于空论。加以举国鼎沸，顾此则失彼，已疲于奔命。当时督抚中能任事者，卢象升死于清，洪承畴降于清，孙传庭则战死，诸将若左良玉之流，皆"养寇自重"，此所以愈"剿"而愈滋。其时纪纲大紊，政以贿成，民苦苛敛，赴义者如水之赴壑，衣冠之士亦抵掌画策，争为新朝佐命矣。

李自成，米脂人，世居怀远堡李继迁寨。……幼牧羊于邑大姓艾氏，及长，充银川驿卒。善骑射，……数犯法，知县晏子宾捕之，将置诸死，脱去为屠。……崇祯元年，……白水"贼"王二……等一时并起。……有安塞马"贼"高迎祥者，自成舅也，与饿民王大梁聚众应之，迎祥自称闯王。三年，……延安"贼"张献忠，亦聚众据十八寨，称八大王。……四年，……三十六营，众二十余万，聚山西，自成乃与兄子过，往从迎祥，与献忠等合，号闯将，未有名。……九年，……孙传庭新除陕西巡抚，……秋七月，禽迎祥于盩厔，献俘关下，磔死，于是"贼"乃共推自成为闯王矣。……十三年，……杞县举人李信，……卢氏举人牛金星，……二人皆往投自成。自成大喜，改信名曰岩。金星又荐卜者宋献策，长三尺余，上谶记云："十八

闯王李自成

子，主神器。"自成大悦，岩因说曰："取天下以人心为本，请勿杀人，收天下心。"自成从之，屠戮为减，又散所掠财物，赈饥民。……岩复造谣词曰"迎闯王，不纳粮"，使儿童歌以相煽，从自成者日众。……十五年，……入襄阳。十六年，……自成自号奉天倡义大元帅，号罗汝才代天抚民威德大将军，分其众曰标营，领兵百队，曰先后左右营，各领兵三十余队，标营白帜黑纛，自成独白鬃大纛，银浮屠，左营帜白，右绯，前黑后黄，纛随其色。……自成善攻，汝才善战，两人相须若左右手。自成下宛、叶，克梁、宋，兵强士附，有专制心，……斩汝才，……悉兼其众。……牛金星教以创官爵名号，大行署置，……凡五营二十二将，又置上相左辅右弼，六政府侍郎、郎中、从事等官，要地设防御使，府曰尹，州曰牧，县曰令，……于是河南、湖广、江北诸"贼"，莫不听命。……献忠方据武昌，自成遣使贺，且胁之曰："老回回已降，曹操辈诛死，行及汝矣。"献忠大惧，南入长沙。

　　当是时，十三家、七十二营诸大"贼"，降死殆尽，惟自成、献忠存，而自成独劲，遂自称曰新顺王。集牛金星等议兵所向，……顾君恩曰："……关中，大王桑梓邦也，……宜先取之，建立基业。"……自成从之。……冬十月，自成陷潼关，……遂连破华阴、渭南，……进攻西安。守将王根子开东门纳"贼"，……改西安曰长安，称西京。……十七年正月庚寅朔，自成称王于西安，"僭"国号曰大顺，改元永昌，改名自晟。……设天佑殿大学士，以牛金星为之，增置六政府尚书，设弘文馆、文谕院、谏议、直指使、从政、统会、尚契司、验马寺、知政使、书写房等官，以乾州宋企郊为吏政尚书，平湖陆之祺为户政尚书，真宁巩焴为礼政尚书，归安张嶙然为兵政尚书。复五等爵，大封功臣，侯刘宗敏以下九人，伯刘体纯以下七十二人，子三

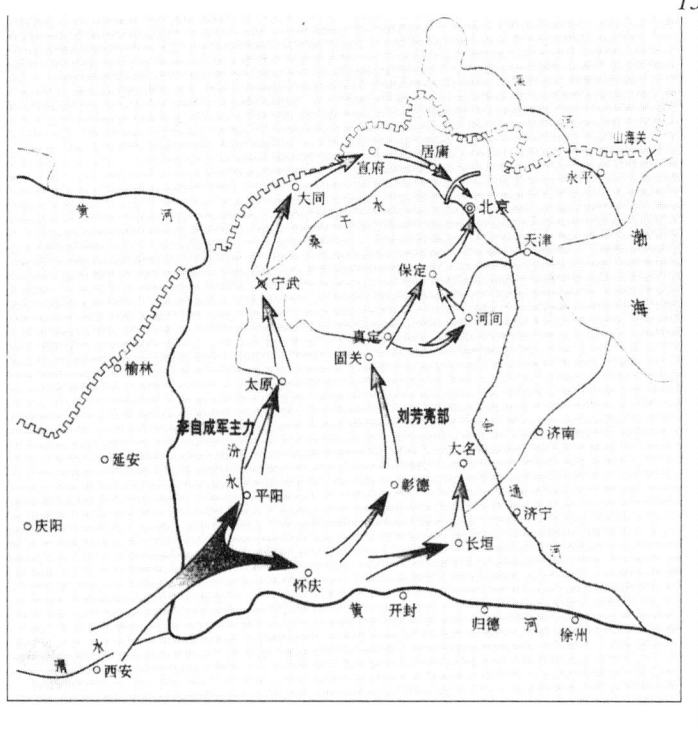

李自成进军北京示意图

十人,男五十五人。定军制,……籍步兵四十万,马兵六十万。……草檄,驰谕远近,指斥乘舆。(《明史》卷三〇九《李自成传》)

逮乎京师陷,其下争走金帛财物之府以分之,此其为利同也。始何以合,今何以散,若是其悬焉者,则以前之所招饥民,而后之所御骄兵也。兵贪则骄,骄则惰,惰则不战而溃矣。……彼饥寒乞活之人,一旦见宫室帷帐,珍怪重宝以千数,志得意满,饮酒高会,有富贵归故乡之心,肢箧担囊,唯恐在后,何暇同心胆共功名哉,所谓骄而难制者此也。(吴伟业《绥寇纪略》卷九《通城击》)

张献忠者,延安卫柳树涧人也,与李自成同岁生。长隶延绥镇为军,犯法当斩,主将陈洪范奇其状貌,为请于总兵官王威释之,乃逃去。崇祯三年,陕西"贼"大起,王嘉允据府谷,陷河曲,献忠以米脂十八寨应之,自号八大王。明年,四年。嘉允死,其党王自用,复聚众三十六营,献忠及高迎祥、罗汝才、马守应等,皆为之渠。……十六年,……陷武昌,……献忠遂"僭"号,改武昌曰天授府,江夏曰士江县,据楚王第,铸西王之宝,"伪"设尚书、都督、巡抚等官,开科取士。……下令发楚邸金,振饥民,蕲黄等二十一州县悉

附。时李自成在襄阳，闻之忌且怒，贻书谯责。左良玉兵复西上，"伪"官吏多被禽杀，献忠惧，乃悉众趋岳州长沙。……岳州……长沙陷，寻破衡州，吉王、惠王、桂王俱走永州，……自追三王于永。……三王入广西，……城陷，……又陷宝庆、常德，……遂东犯江西，陷吉安、袁州、建昌、抚州、永新、安福、万载、南丰诸府县，广东大震。……"贼"有献计取吴越者，献忠惮良玉在，不听，决策入川中。十七年春，陷夔州，至万县，水涨，留屯三月。已四月。破涪州，败守道刘麟长、总兵曹英兵，六月。进陷佛图关，破重庆，八月初九日。……遂进陷成都。……是时清兵已定京师，李自成遁归西安，南京诸臣尊，立福王，命故大学士王应熊督川湖军事，兵力弱，不能讨"贼"。献忠遂"僭"号大西国王，改元大顺，冬十一月庚寅，即"伪"位，以蜀王府为宫，名成都曰西京。用汪兆麟为左丞相，严锡命为右丞相，设六部、五军都督府等官，王国麟、江鼎镇、龚完敬等为尚书，养子孙可望、艾能奇、刘文秀、李定国等，皆为将军，可望为平东，能奇为定北，文秀为抚南，定国为安西。赐姓张氏。分徇诸府州县，悉陷之。保宁、顺庆先已降自成，置官吏，献忠悉逐之，自成发兵攻不克，遂据有全蜀。惟遵义王祥守。一郡，及黎州土司马金，坚不下。（《明史》卷三〇九《张献忠传》）

照得朱贼杨嗣昌，昔天曾调天下兵马，敢抗天兵，嗣昌幸早死，于吾忍矣。今过武陵，乃彼房屋土田坟墓在此，只不归顺足矣，为何拴同乡绅士庶，到处立团？合将九族尽诛，坟墓尽掘，房屋尽行烧毁，霸占土田，查还小民。有捉杨姓一人者，赏银十两，捉其子孙兄弟者，赏千金，为此牌仰该府。（杨山松《孤儿吁天录》卷十六）

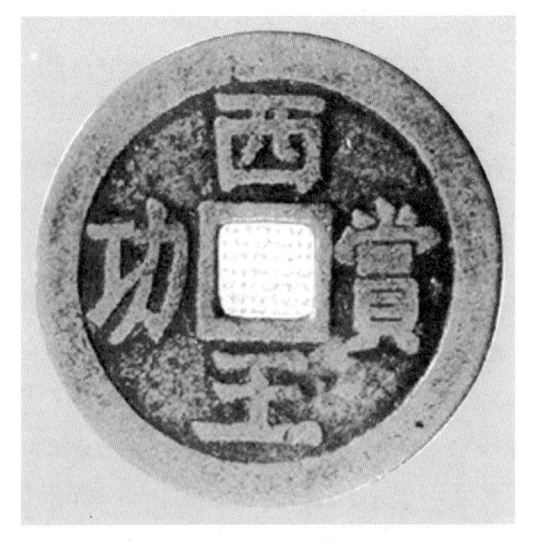

闯、献纵横，名都骤突者，皆以"寇"得我火器。（吴伟业《绥寇纪略》卷十二《虞渊沉》）

张献忠"西王赏功"钱币

崇祯朝大事年表

时期		义 师			清 兵		备 考
明纪/公纪	督师	概要	十三家	李自成	张献忠	年号	攻略概况	
思宗崇祯元年 （戊辰）		陕西义师大起	《明史·李自成传》，陕西大饥，延绥缺饷，固原兵劫州库，白水"贼"王二、嘉川"贼"王左挂、飞山虎、大红狼等一时并起。有安塞"马贼"高迎祥、自成聚众应之，迎祥自称闯王，大梁自称大梁王。			太宗天聪二年		
崇祯二年 （己巳）	杨鹤总督陕西三边军务	山西、甘肃、延绥勤王兵溃，义师合	《明史·李自成传》，山西巡抚耿如杞勤王兵哗而西，延绥总兵吴自勉、甘肃巡抚梅之焕勤王兵亦溃，与"群盗"合。			天聪三年	《圣武记》，冬，大举伐明，以蒙古兵为向导，由喜峰口毁边墙入，围遵化，陷之，趋蓟州。明督师袁崇焕入援，我军营即海子，纵反间，崇祯帝即召崇焕入狱，下之狱。大同总兵满桂战死，生擒总兵黑云龙、麻登云等。太宗不欲克之，乃为议和书，分置永定门外，移军略蓟而东。	《明史·耿如杞传》，二年，京师戒严，如杞率总兵官张鸿功、勒令五千赴援。先至京师，冬至明日，汛地既定而后乃给军令。冬至明日，汛地既至，如杞既至，兵部令守通州，明日调昌平，又明日调良乡。汛地累更，军三日不得饷，乃大噪而大掠。
崇祯三年 （庚午）		义师攻山西	《明史·李自成传》，又有神一元、不沾泥、可天飞、郝临庵、红军友、点灯子、李老柴、独行狼诸"贼"在蜂起，或改秦，入晋，或东击。		《明史·张献忠传》，王嘉胤据府谷，陷河曲，献忠以米脂十八寨应之，自号八大王。《鸡窗剩言》，献忠初号黄虎，后称八大王。	天聪四年	《圣武记》，正月，克永平、克迁安、克滦州，惟昌黎固守。进攻亦不克。三月，命二贝勒阿敏守永平各城。《明史·庄烈帝纪》，五月，马世龙、祖大寿等率人滦州，清兵东归，永平、迁安，遵化相继复。	

续表

时期		督师	义师				清兵	备考
明纪	公元		概要	十三家	李自成	张献忠	年号	攻略概况	
崇祯四年（辛未）	一六三一年	杨鹤招抚不效，被逮论死。洪承畴总督三边军务。	义师三十六营聚山西	《明史·李自成传》，嘉成允犯泽、潞，为左右所杀，其党共推王自用结群，号紫金梁者为魁，老回回、八金刚、扫地王、射塌天、简正虎、邢红狼、过天星、满天星、破甲继、上天龙、蝎子块、曹操、混世王等及献忠、迎祥共三十六营，众二十余万，聚山西。《明史·练国事传》，总督洪承畴汇善调度，"贼"魁多殪，余尽走山西，关中稍靖。	《明史·李自成传》，自成乃与兄子过，往从高迎祥，号闯将，未有名。	《明史·张献忠传》，献忠及罗汝才皆就抚，旋入山西肆掠。	天聪五年		《明史·杨鹤传》，一元死，第一魁围庆阳，陷合水，遂还合水知县将州，别一魁决杀，过天星、独先登、金翅鹏、拓先庵、田近庵、金头虎、上天龙等，亦先后降，鹤设俯座于城楼，宣圣谕，令设誓，或归农，或立伍，鹤雀呼万岁，或归坐，跪拜行礼五星应归，"贼"自是视鹤如戏矣。"群盗"一魁之党知成名者，尤柴鹫，鹤令、魁视总督鹰如儿戏矣，诱杀之于楼州，其党猜惧，扶一魁以叛。
崇祯五年（壬申）	一六三二年		义师自山西平阳下太行，而畿南豫象分犯河北	《绥寇纪略·渑池渡》，"贼"以七月破大宁，八月破隰州，再破石楼寿阳，移营攻泽州，城陷，全晋震动。阔半月，"贼"已南下太行，浸寻平定源修武。《明史·李自成传》，"贼"分众为三，简正虎、邢红狼、上天龙据吴城、氪汾州、沁州；自用、献忠、氪太原、据交城文水，氪武乡，入辽州。			天聪六年		

续表

时期	督师	义师 概要	义师 十三家	义师 李自成	张献忠	清兵 年号	清兵 攻略概况	备考
明纪元 公元								
崇祯六年（癸酉）一六三三年		山西义师均败，河渡河，由渑池分攻楚、豫、蜀、秦。	《明史·李自成传》，总兵曹文诏，率陕西兵至，屡败大盗，山西"盗"俱败。之败于山西者，亦奔河北合营，迎李自成、献忠、曹操、老回回等俱至。《明史·左良玉传》，"贼"纵横三晋，河北州间，其冬，汤九州扼其前，京营兵尾其后，"贼"大困，三十六家，诡词乞合，天寒河冰合，"贼"遂从渑池渡，乃入户氏山中，由此自郧襄入川中，折而扰秦陇，复出没川中湖北，以攻河南。	《明史·李自成传》，"贼"自渑池渡河，迎祥、自成与兄及及人河南，自成舍子过，结李年，高双喜、顾君恩、高杰、过、杰、善谋，自成善谋。		天聪七年		
崇祯七年（甲戌）一六三四年	陈奇瑜为山陕、河南、四川、湖广、军办总督，专办"贼"。	义师自四川走湖广，复入陕西。官军围兴安，自成等陷于车厢峡，被奇瑜诈降，逸出。	《明史·李自成传》，"贼"走汉南，奇瑜以湖广不足忧，及奇瑜陈兵，引兵西击。献忠、自成等陷于车厢峡。自成等贿奇瑜左右诈降，"贼"许之，即大噪，栈道尽，"屠"所过七州县。		《明史·庄烈帝纪》，张献忠突商雒，凡十三营，流入汉南。	天聪七年 八月	《圣武记》，七月，复谕诸贝勒曰，一从宣府入口，一由独石入口，会于应州；一由龙井关至大同，会于宣府。诸军合集方堡之兴安车厢峡，忠察自成，谙入其中，山得胜堡入，历大沿边人，趋朔州，又有沿边州者，茶虎口至朔州，所向无捷，九月凯旋。	《明史·陈奇瑜传》，先是"贼"入蜀，复由蜀以湖广尽败行而西，乃各宁要害，截"贼"。见官军四集，大惧，奔逸。通人兴安车厢峡，峻山大隘，诸峰陡立，中亘四十里，易入难出。"贼"误入其中，山泉涸绝，无所得食，困甚，弓矢尽脱，马乏刍，死者过半。自成见势绌，伪请降，遣诈之。先籍三万千余人，每百人，以安抚官一护之，既出栈道，遂不受约束，尽杀安抚官，攻掠诸州县，关中大震。

1551

续表

时期		督师	义师			清兵		备考
明纪元	公元		概要	十三家	李自成	张献忠	年号	攻略概况
崇祯八年乙亥	一六三五年	卢象升援,寻改督山西、陕西、川、湖广、河南、山西、江北军务,代卢象升。	义师十三家大会于荥阳,旋破凤阳,焚皇陵。	《明史·李自成传》,正月,大会于荥阳,共十三家,七十二营,议拒敌。	《明史·李自成传》,迎祥献忠东下,江北兵乘胜下凤阳,焚皇陵。自成从献忠善数者,不与。自成怒,与曹操小隙破徽州,固始,破寿州,颍州,俱不守,破桐城,舒城。献忠独东,围庐州,攻巢,无为,潜山。及黄,献忠入太湖,宿松诸城,应天巡抚张国维徇之,献忠从献善败绝岭,借迎祥西奔,与曹操合。《明史·庄烈帝纪》,五月,曹文诏追"贼"至真宁之湫头镇,遇伏,力战死之。洪承畴身追自成,战青南临潼,迎祥亦复败,败东走,迎祥绝险,借自成出朱阳关,东渡华阴,南原绝岭,与之,迎祥寻为祖宽所擒,而守应,汝才献忠。	《明史·张献忠传》,迎祥献忠东去,献忠独东下,破寿州、颍、舒城,破庐江,攻桐城,破巢、无为、潜山。应天巡抚张国维徇之,献忠从献善败绝岭,借迎祥西走,过天星复合,入陕西,大会迎祥于凤翔,大战洪承畴自临潼,自成亦败走,迎祥亦复败,祖宽兵至,合兵复东。祖宽去,迎祥寻为祖宽所擒,各盘踞郧阳,商洛山中,不能救,献忠亦酒山中。	天聪九年	《圣武记》,春,命贝勒多尔衮、岳托、豪格等,任收插汉部落,攻明边境,八月,多尔衮等既降插汉,得其国玺,俘其国夫人,人仗,听州毁宁武等,人口牲畜七万,还归化城。	
崇祯九年丙子	一六三六年	卢象升人卫,高迎祥至盩厔黑水峪,被孙传庭擒。	《明史·卢象升传》,是时楚豫"贼"及迎祥等,俱在秦楚蜀之交万山中,象升自南阳搜襄阳进兵,九月,追"贼"至邸西龙桥,"贼"大败,战于朱攻寿州,大破之,戒严。京师戒严,有诏人卫,遂大举。《明史·庄烈帝纪》,三月,高迎祥,李自成陷定,边将祖大弼破之,走密,登封,象升分道改令大乐军击"贼",自成精锐几及,"贼"复分再入陕。	《明史·李自成传》,是春,迎祥,李自成等,利和,又督孝感援,开来督孝援,升车寿州,"贼"大败,北龙桥,攻寿州,折而西大破之,走密,边将祖大弼破之,象升奏捷,封象升太子太保分道改令大乐击"贼",自成精锐几及"贼",自成复分再入陕,光化走湖广。	《明史·庄烈帝纪》,十月,张献忠犯襄阳。	崇德元年	《圣武记》,四月,命武英郡王阿济格等,分路适独石口入居庸,过保定,兖十二城,五十六战皆捷,俘人备十有八万,明督师宣大总督大敌战,九月,尚书张凤翼,皆按乐不敢战,日服大黄药求死,俱死,俾兵从建昌兵出边。	《明史·孙传庭传》,当是时,"贼"乱关中,有名字者以十数,高迎祥最强,拓养坤次之,所谓闯王,蝎子块也。传庭设方略,袭击迎祥于盩厔黑水略,禽之。《明季北略》,清将崔秉德,清兵从建昌冷口还,守将起潜不敢战,清军兵遇山西,总监高起潜兵不救,杨言当半渡击之,俟骑报师已尽行四日,起潜始进石门山,报斩三级。

续表

时期		督师	义师			清兵	备考
明纪	公元		概要	十三家	李自成	张献忠	年号	攻略概况	
崇祯八年乙亥	一六三五年				迎祥由鄙襄趋兴安，汉中，自成由南山逾商雒，走延绥。孙传庭新除陕西巡抚，秋七月，锐意灭"贼"，意灭迎祥于盩厔匪被禽，遂遇害。于是"贼"党共推自成为闯王矣。				
崇祯十年丁丑	一六三七年	熊文灿代王家祯，总理南、陕西、四川、湖广、河南军务。时兵部尚书杨嗣昌建四正六隅之策，"贼"灭文灿至京军屡捷，"贼"益戢，文灿决计招降。	《绥寇纪略·黑水摘》，老回回等大占郧襄，休粮息马，秋高食足，以其全军，合曹操，闯塌天诸"贼"，可二十万。长驱沿流东下，江六合，杯于、望江，江浦，在任震扰。"贼"本分两路于仪扬，来攻，从巷未者，由黄梅人潜山，太湖，以通皖桐；从豫来者，由光固人定远、滁州、浦六。《明史·左良玉传》，良玉从中州救之，急抵六安，连战皆大破"贼"，走成潜山。会马燧，刘良佐，亦屡败"贼"于桐城户庐州，江北警少息。		《明史·李自成传》，攻泾阳三原，蝎子块。过天星俱米会，传庭督变蛟连战七日皆忘。蝎子块始降，自成与过天星奔秦州、人蜀，破宁羌，七盘关，剑阁，连破昭化、广元、梓潼、江油、青州等州县，不克，攻成都七日，不克，先后集所，间改四路二十余营，巡抚王维章悉力拒守，城不得破，会马爌良佐大破"贼"，刘良佐，亦屡败"贼"，走霍潜山，众兵咸集，"贼"退去。	《明史·张献忠传》，忠纠汝才、守应反困塌下，与江北"贼"，人合，贺锦等一龙，贺锦等人合，火达淮扬，顺流东下，人合，剿刘良佐合兵援之，大破马爌，走潜山。"贼"乃复出太湖，连走蕲黄。总兵官李文戬，连破"贼"，复破"贼"，"贼"皆走。	崇德三年		《明史·杨嗣昌传》，请以四正面，江北为四正面，四巡抚分剿而专防；以延绥、山西、山东、江南、江西、四川为六隅，六巡抚分防而协剿，是谓十面之网。

续表

时期		督师	义师			清兵	备考
明纪年	公元纪年		概要	十三家	李自成	张献忠	年号	攻略概况	

| 崇祯十六年（癸未） | | 正月，改洪承畴蓟辽，孙传庭定山东三边。三月，总督保定山东、河北、郑崇俭总督陕西三边务，代洪承畴。七月，熊文灿下狱。八月，大学士杨嗣昌督师，誓师襄阳。 | 罗汝才等十三部，败于熊文灿，求抚。罗汝才、马进忠、西营九氏、贺一龙、左金王等十三部，传檄乃引兵东。张献忠大败，西走郧乡，灵宝。文灿处之郧西。张献忠为左良玉所败，亦伪降于熊文灿，窜居商洛山中。 | 《明史·孙传庭传》，湖广"贼"惟河南罗汝才、马进忠、左金王等十三部，西氮文灿，处之郧西。均州，张献忠所部，均在洛山中。 | 《明史·庄烈帝纪》，正月，洪承畴败"贼"于潼关。三月，李自成还走陕西。洮州出番地，总兵官曹变蛟追破之，复入塞。走西和礼县。十月，洪承畴"贼"于南关，适至，献忠逸去，变蛟大破之，面流血，遂逃未已请降。《明史·李自成传》，成尽亡其卒，独与刘宗敏、田见秀等十八骑溃围，窜伏商洛山中。其年，献忠受抚，自成势益衰。总理熊文灿，方主抚，益宽之。 | 《明史·左良玉传》，献忠假自旗号，屯于南阳。獻忠逸去，追及之，疑中其肩，复奔房山，良玉发兵分八道，一沽之，大破之，杀其八。渡流十八城，未门请降。《明史·庄烈帝纪》，四月，张献忠伪降于谷城，熊文灿受之。 | 崇德三年 | 《圣武记》，八月，命睿亲王多尔衮，克勤郡王岳托等，两路伐明。蓟辽总督吴阿衡，嗜酒不设备，大兵逾人墙子岭，及青山关，两翼兵会于通州，逐分八道，一沽之河，运输，驰真定，广平，至山东临清州，破济南。《明史·庄烈帝纪》，十一月，清兵克高阳，致仕大学士孙承宗死之。十二月，卢象升败于巨野，死之，征洪承畴入卫。 | |

| 崇祯十二年（己卯） | | | | | 《明史·李自成传》，献忠反于谷城，自成大喜，出收众，众皆大集。 | 《明史·熊文灿传》，张献忠之降也，拥兵方数十万，踞谷城，索十万人饷不肯释甲。五月，其后汝才谷城，劫汝才房反，是月九营大俱反。《明史·张献忠传》，左良玉追击之，罗岱为前锋，至罗英山，良玉大败，中伏死，献忠嗣由房山将西出。 | 崇德四年 | 《明史·庄烈帝纪》，正月，清兵人济南，德王枝被执，布政使张秉文死之。二月，出青山，阑五月，凡深人二千里，山东七十余城。 | |

续表

时期		督师	义师			清兵	备考
明纪	公元		概要	十三家	李自成	张献忠	年号	攻略概况	
崇祯十三年（庚辰）		丁启睿总督陕西三边军务，代郑崇俭。	罗汝才等扰蜀，左良玉大败之于兴山，遂走巫山。李自成被围于鱼腹山中，旋出兵河南。张献忠大败于玛瑙山，与罗汝才合。罗汝才等纷走豫西，复与张献忠合。	《明史·庄烈帝纪》：五月，罗汝才攻夔州，石砫女官秦良玉连战却之。六月，总兵官贺人龙等分道逐汝才走大宁。七月，左良玉等大破罗汝才于兴山，汝才走巫山与张献忠合。《明史·杨嗣昌传》关河大旱，人相食，陕西蜂伏复开，河南李际遇、所在告警，饥民从之。《明季遗闻》：人大饥，相聚为"群盗"大起，千百为群者，不可胜数。如一条龙、张判千、袁老山之属，其他临颍一条龙、寿州袁时中、高杰附刘泽清、民相聚为"盗"者尤众。帝命泽清会总兵杨御蕃"剿捕"之。		《明史·杨嗣昌传》：当是时，李自成潜伏陕右，贺一龙、左金王等四营，跳梁汉东，嗣昌专攻贺人龙，献忠屡败之，献忠人川。二月七日，与陕西副将贺人龙于玛瑙山，大破之。李国奇，夹击献忠于玛瑙山，大破之。《明史·张献忠传》：献忠走白羊山，时汝才从宁昌德，才及过天星图攻大昌鱼所扼，欲渡江，为官兵所扼，遂与之合，破大昌，遂屯开县，趋达州，破剑州，将人汉中，不得达，乃走走巴西，入绵州，北渡成都，破泸州、走汉州，破永州，入巴州，又自巴走达州，复至开县。先是嗣昌闻"贼"人川，进驻重庆。		
崇祯十四年（辛巳）		杨嗣昌死，罗汝才等由川东进。加丁启睿兵部尚书，改督广军务，专办"流贼"。李自成破洛阳，尽杀福王，复东攻陕西、河南、湖广、四川、山西。张献忠陷襄阳，改开封。	《明史·未大典传》：六月，命大典总督江北及河南、湖广军务，专办"流贼"。"贼"帅袁时中，大典说之，"贼"帅万、横额皆氏等，总兵刘良佐等，击破之。	《明史·李自成传》：正月，攻河南。有官军叛降，勾福王常洵，专人百里，取王血，杂鹿醢尝之，名福禄酒。遂移营开封，攻七昼夜解去。	《明史·张献忠传》：献忠果东出，令汝才拒邵抚袁继咸等，自率轻骑，自驰三百里，杀鹿师，杀佐使者于道，取军符，给破襄阳城，东略地。	崇德六年	《豫变纪略》：福王者，神宗爱子也。儿子群而不果，封于洛阳，而命曰福。王之为人，性酷嗜，而酷嗜货财。泪乎连岁饥荒，民不聊生，"盗贼"遍野，王	

续表

时期	督师	义师 概要	义师 十三家	义师 李自成	义师 张献忠	清兵 年号	清兵 攻略概况	备考
崇祯十四年（辛巳）	及江南北诸军，仍兼督陕西三边军务，督陕西三边军务，赐剑印，如嗣昌。傅宗龙代丁启睿总督陕西三边军务，汪乔年代傅宗龙。	献忠复袭破襄阳，杀襄王，左良玉击败之，遂东走，入英、霍山中，与革左二贺合。		"破虏"罗汝才、"土寇"袁时中，皆归自成。《明史·庄烈帝纪》，二月，李自成攻开封，王允成力守，众道散走。王恭根，巡按衙史高名曰民，李恭祖却之。秋七月，李自成会时汝才已先与自成合。献忠遂投自先为自成合。九月，以部曲被杀之，不从，自成欲杀之，汝才谏兵官虎大威击之。九月，傅宗龙师沈新蔡，与傅宗龙督杨文岳军会，遇"贼"，贺人龙、李国奇败，师溃，傅宗龙贼围，出"贼"，傅宗龙贼围，城破死之。十一月，趋项城，城破叶县，守令皆死之。十二月，许州、长葛、罗汝才、李自成，连破郾陵，合攻开封。	信阳，大破之。献忠走免，已复出商城，开将向英山，又为副将周王为成所破，从骑止数十。献忠遂投李自成曰："留之益力。"乃阴与献约曰："分官兵力。"忠五百骑，使逸去，一斗合，道到瓦罐子。众复盛，乘间破亳州，人英霍相见，破刘国能死之。又破南阳，杀唐王丰镇，总兵官猛如虎等死，连破消川、许州、长葛、罗汝才，合攻开封。		之粟红贯朽自若。既而城破矣，"贼"乃出示，开仓赈饥民，远近饥民，荷旗而往应之者，如流水，日夜不绝，一呼百万，而其势蒸原不可扑。	
崇祯十五年（壬午）	孙传庭总督陕西三边军务。	革左二贺复败，北投于李自成。献忠复破庐州，又破太湖，复攻湖广。李自成决河开封，孙传庭破之。		《明史·李自成传》，再围开封，巡抚高名衡、周王开封、巡抚高名衡、周王开封、巡抚陈永福力拒之，尋兵陈永福力拒之，尋兵射自成中目，自成大败而去。"贼"陈州，归德，睢州、宁陵、太康数十郡，已复攻开封，决河淹长围，为针水灌。《明史·庄烈帝纪》，六	《明史·张献忠传》，攻舒城，六安，破庐州，无为、庐下，习水师于巢湖。总兵黄得功，刘良佐战于夫山，败献忠，江南大震，献忠败走。是年十月，献忠大破官军于潜山，革左望见贼走北，投自成。	崇德七年	《圣武记》，十月，命贝勒阿巴泰等伐明。左翼自界岭口入，右翼自雁门关者侯恂于狱，乃释政尚书初荐良玉复督师，起督师。发客金十五万，搞良玉营将士，激厉之。良玉及虎大威、杨德政，会营西蕃仙镇。"贼"营西。"贼"势盛，良玉望见昝遁，一夕拔营走北，俘人民三十六万九千口，牲畜五十五万有奇，金银珠玉缎绢称是。	自成《明史·左良玉传》，三月，自成自西复围开封，左翼自山入，山东充州城门，发奢金关东黄崖口入，会于蓟州，克州十八，俘人民三十六万九千口，牲畜五十五万有奇，金银珠玉缎绢称是。自成师未仙镇。"贼"营西，势盛，良玉望见昝遁，一夕拔营走襄阳，开封以河决亡。九月，开封得，遂引兵西，谋拔襄阳为

续表

时期		义师			清兵	
明纪元 / 公元	督师	概要	十三家	李自成	张献忠	年号	攻略概况	备考
崇祯十五年壬午		援开封败，自成南下破襄阳。		月，诏孙传庭出关。兵部侍郎侯恂督左良玉军援开封。七月，杨德政、方国安四仙镇兵，馈于朱仙镇。九月，"贼"决河灌开封。十月，孙传庭败绩于郏县。十二月，李自成走武昌，分兵攻破荆州。	太湖，会良玉避自成东下，尽撤湖广兵，从，破黄梅。献忠闻之			根本。时良玉壁樊城，大造战舰，驱襄阳一郡人以实军，有众二十万。然亲军爱将大半死，而降人不奉约束，良玉亦渐衰多病，不复能与自成角矣。《明史·孙传庭传》，是役也，天大雨，粮不至，士卒采青梅以食，冻且馁，故大败，豫人所谓柿园之役也。
崇祯十六年癸未	六月，以孙传庭为督师，总制应陕、豫、楚、川、黔五边。	贺《明史·李自成传》，罗汝才、一龙等，为自成所袭杀养成，夺守应兵。时十三家仪存自成、献忠，仍总反张献忠，余皆应自成。李自成献忠献于襄阳，孙传庭败于关人走西安，并破泰陇诸地。张献忠据武昌，称新顺王。李自成取良玉，寻避之攻湖南，并入大江西。	自成既杀汝才、一龙，又袭杀养威，夺守应兵。当杀袁时中子杞县。是时，十三家七十二营仅存自成、献忠，降死始忽，而自成独劲。	《平寇志》，正月，自成又号天倡王。三月，文武大元帅，杀革里眼，左金王，旋称顺王。四月"贼"以数子一十五以上为兵，余皆杀之。《平寇志》，孙传庭败，牛金星教以创置官名号，大行署置，自成遂自称新顺王。《明史·庄烈帝纪》，九月，孙传庭复宝丰，进次郏县，李自成迎击败之，传庭退以"贼"造反，"贼"大败，还保潼关，兵乏食引退。十月，余众退保潼关，李自成破潼关，孙传庭死之，连破华	《明史·张献忠传》，春，连破广济、蕲州，人黄冈，武昌，执金王，笼而沉诸江，铸西王之宝。《平寇志》，三月，城破黄州。五月，六月，献楚省，"僭"称京城，铸西王之宝。八月，庄烈帝复武昌，左良玉复岳州，长沙，张献忠破岳州，九月，衡州，永州，十月，吉安，十二月，破抚州，左良玉复长沙。	崇德八年	《圣武记》，三月初入营河北驿以河洛荆襄，四战之地，故乡，土马甲天下，据之可以传己出塞，及四月大兵反攻，扶黄赛同，惟蓟天险，无自蓟川龙车家庭、何，我师败绩于南阳，渡芦沟，兼旬未至，时勤王南归，大队败走西安。"贼"遂镇刘泽清、黄得功、唐通、周遇吉，劲兵猛将，守将王根子，开门入之，"贼"至皆集通州，督师大学士周延儒，无敢一议邀遏。惟吴出塞，将出边，始合兵邀拒还。《明史·林日瑞传》，三边反大军已列城闭城，将西宁卫卫守不下，"贼"无后顾，乃长驱而东。	《明史·冯师孔传》，自成据襄阳以洛荆襄，四战之地，不遇我军一骑，或安之可以路，及天津至十余里，白驼百三百余里，同道人陕西，无自漆川至李筌，渡芦沟河，我师败绩于南阳，"贼"遂耗胜破潼关，大队长驱，"贼"至十日人之，"贼"遂破。城破。《明史·林日瑞传》，三边既破，惟西宁卫卫守不下，"贼"无后顾，乃长驱而东。

续表

时期		督师	概要	十三家	义师		清兵	备考
明纪元	公元				李自成	张献忠	年号	攻略概况	

| 崇祯十六年癸未 | 1643 | | 正月，大学士李建泰出师讨"贼"，元，率兵由山西人贵河间，破畿南，旋降于河间，崇祯帝缢死于煤山。福王即帝位于南京，以明年为弘光元年。三桂乞清兵入关，自成大败，走还陕西。张献忠据有全川，据全蜀，称帝于成都。 | | 州、渭南、临潼，"屠"商州，破西安。十一月，人延安、"屠"凤翔、人榆林、宁夏、庆阳相继下。十二月，渡河破平阳，山西州县相继降贼。 | | | | |
| 崇祯十七年甲申 | 1644 | | | | 《平寇志》，正月，自成称王于西安，更其名曰自成，"僭"国号大顺，改元永昌。《明史·李自成传》，二月，自成渡河，破汾州，徇河曲，静乐，巡抚蔡懋德死之。北徇忻代、宁武，总兵周遇吉战死。自成攻大同，总兵姜瓖降之，巡抚卫景瑗死之，并边东犯大同，"贼"，并边东犯大同，巡抚卫景瑗死，总兵姜瓖迎降，太监杜之秩、总兵王承胤迎降，由柳沟通居庸关，总兵唐通、太监杜之秩降，遂攻昌平，破昌平，"贼"游骑至平则门。十七日，门外先设三大营，悉降 | 蜀碧，张献忠复自楚"谴"蜀，正月，下夔府，人万县，六月，破重庆，瑞王常浩死之，八月，"贼"攻成都，蜀王至澨等死之，太平王至溁自称帝，十一月，张献忠大号大西，改元大顺，以成都为西京。 | 世祖顺治元年 | | 《明史·宦官·高起潜传》，李自成破宣府，帝以杜勋镇宣府，助自成攻城，即降。自成设黄幄，坐广宁门外，"贼"至、自成设黄幄，坐广宁门外，"贼"至、自成设黄幄，召秦二王、左右席地坐，助侍其下。呼城上，请人见，守城诸将，缒之、同人大内，左右称"贼"，劝降自为计。左右称"贼"，复缒下，语守城诸将曰："吾曹富贵固在也。"俄而城破，诸军皆降。《明史·李邦华传》，李自成破山西，陷京师，清帝固守京师，仿永乐朝故事，太子监国南都。居数日未得命，帝召对群臣中允光时亨，拱护行两京。帝得疏意动，绕殿行，目读之，帝得疏意动，绕殿行，目读之，帝留之。将欲行其疏，会帝南正使给事中光时亨，以借言泄密纠之，帝曰："国君死社稷，正也。朕志定矣。"遂寝邦华策不议。 |

续表

时期			义 师			清 兵	备 考
明纪元 / 公元	督师	概要	十三家	李自成	张献忠	年号 / 攻略概况	
崇祯十七年（甲申）				"贼"。十九日，皇城不守，帝为众拒于煤山。《小腆纪年》，四月，"贼"率众拒吴三桂，战于一片石，大破闯贼于山海关，闯"贼"走永平，还京师，焚宫殿西走，破"贼"于真定，"贼"走平阳，遂走韩城。			
弘光元年、隆武元年（乙酉）	五月，南京闰六失守。六月，唐王即皇帝位于福州，称隆武元年。	李自成战为清兵所败，弃西安，走襄阳。寻据武昌，又为清兵所追，不知所终。张献忠在蜀。		《小腆纪年》，正月，清兵取西安，李自成走襄阳。二月，走承天；三月，攻潜江。五月，自成居武昌五十日，谋夺舟南下取金声恒，又连为王师所蹙，谋跟湖南，夕坡营宿。命其四十八骑趋通山之九宫山，乡兵遇之，乱刃交加死。	《小腆纪传·纪二》，三月，川省督师王应熊，总督樊一蘅，摄巡抚马乾，参政刘麟长，副将曾英，同知詹天颜，武进士杨展，土司杨之明，各起兵攻献"贼"，收复夔州县，献"贼"西征，绅士及其伪官。	顺治二年	
隆武二年（丙戌）		张献忠因川中不靖，欲东走楚，杨展邀之，乃走川北。清兵入川，献忠战死于西充之凤凰山。			《小腆纪传·纪三》，三月，献"贼"率众东下，杨展逆战于江口，大破之，"贼"走还成都。七月，献"贼"于川北。《蜀碧》，十有二月，王师西征，追"贼"于凤凰山，击之，献忠被害。	顺治三年	

1559

中华二千年史

续表

时期	督师	概要	义 师		清 兵	备 考
			十三家	李自成 张献忠	年号 攻略概况	
明纪元						

附记：

一、《明史·杨嗣昌传》，崇祯十年，嗣昌议增饷之策有四，曰因粮，曰溢地，曰事例，曰驿递。因粮者，因旧额之粮量为加派，亩输粮六合，石折银八钱，伤地不与；岁得银百九十二万九千有奇；溢地者，民间土田溢原额者，核实输赋，岁得银四十万六千有奇；事例者，富民输资为监生，一岁而止；驿递者，前此邮驿裁省之银，以二十万充饷。议上，帝乃传谕"延蔓"，不集兵民涂炭；生民涂炭，勉从廷议，"不增赋无以饷兵，暂累吾民一年，除此腹心大患。"其改因粮为均输，布告天下，使知为民去害之意。"（当时谓之"剿饷"十二年，于是有练饷之议。初嗣昌增"剿饷"，期一年为止，后饷尽而"賊"未子，于是"剿饷"外复增练饷七百三十万。（《明史·食货志》，杨嗣昌督师，苗加练饷银一分。）神宗末，崇祯初再增百四十万，名辽饷，至是复增"剿饷"、练饷额溢之，先后增额饷千六百七十万，民不聊生，益起为"盗"矣。

二、《明史·郑崇俭传》，帝自即位以来，诛总督七人，谓崇俭、杨一鹏、熊文灿、范志完、赵光抃、蓟抚被戮数者十有一人；蓟抚王应豸、山西耿如杞、宣府李养冲、登来孙元化、大同张翼明、顺天陈祖苞、保定张其平、分山东颜继祖、四川邵捷春、永平马成名、顺天潘永图，被逮自尽不与焉。又《明史·杨嗣昌传》，崇祯十二年，帝命嗣昌议文武诸臣失事事宜，分五等，曰宁边失机，曰守边失机，曰残破城邑，曰纵敌出塞。于是中官则蓟镇总监邓希诏、分监孙茂霖，巡抚则顺天陈祖苞、保定张其平，山东颜继祖，总兵则蓟镇吴国俊、陈国威、山东倪宠、援剿祖宽、李重镇，及他副将以下，凡三十六人，同日弃市。（《庄烈帝纪》八月癸巳，三十三人，俱弃市。）

三、《明史·兵志》、京营，崇祯十年，时兵事益亟，帝命京军出防剿，皆监以中官，鹰绘优渥，扶势而骄。多李人浑获以为功，轻折挥诸将士，将士益解体。又《宦官·高起潜传》：（六年）"流贼"大炽，命太监陈大金、阎思印、谢文举、孙茂棻等，为内中军，分入大帅曹文诏、左良玉、张应昌诸营，名曰监军。在边嗣名悉名监视。已而诸监多侵克军资，临敌辄抱拥精兵生遁，诸将悉苦之下。八年，尽撤诸镇内臣。诏撤监视总理内臣，惟京营及关宁如故。

四、《明史·赵光抃附范志完传》，时关内外，并建二督，而关外加督师衔，地望尤尊。又于昌平、保定、密云、天津、保定六巡抚，宁远、昌平、通州、天津、保定八总兵，星罗棋置，无地不防。惟天津、中协、西协、昌平、密云、保定六巡抚，宁远、永平、顺天、密云、天津、保定六巡抚之内有四督。又有宁远、永平、顺天、密云、天津千里之内有四督，而事权反不一。

(三) 明之亡
甲、北都之倾覆

李自成既得关陕，乃自山西出雁门，大同迎降。自居庸入昌平，破京师，庄烈帝自缢于煤山。

> 崇祯十七年1644年。……三月……十八日，……日瞑，太监曹化淳启彰义门，"贼"尽入。帝出宫，登煤山，望烽火彻天，……徘徊久之。归乾清宫，令送太子及永王、定王于戚臣周奎、田弘遇第，剑击长公主，趣皇后自尽。十九日丁未，天未明，皇城不守，鸣钟集百官，无至者，乃复登煤山，书衣襟为遗诏，以帛自缢于山亭，太监王承恩缢于侧。（《明史》卷三〇九《李自成传》）

> "贼"遂薄内城，……更余，召太监王承恩入，整内员为出亡计，又传朱谕至内阁，命成国公提督内外诸军，夹辅东宫。已而微服欲夺门出，不得，望见正阳门城上，悬白笼灯三碗，知大事已去，即刻还宫。白笼灯者，自一至三，以表"寇"信之缓急也。……走煤山，缢死，……御笔血诏云："朕在位十七年，薄德匪躬，上邀天罪，至'建虏'入内地四次，'逆贼'直逼京师，诸臣误朕也。朕无颜见祖宗于地下，将发覆面而死，任'贼'分裂朕尸，勿伤百姓一人。"

明崇祯帝自缢处

(邹漪《明季遗闻》卷一)

京师既破，畿辅、山东、河南悉定，自成乃改定制度，分设各官。

  自成毡笠缥衣，乘乌驳马，入承天门，"伪"丞相牛金星，尚书宋企郊、喻上猷，侍郎黎志陞、张嶙然等，骑而从。登皇极殿，据御座，下令大索帝后，期百官三日朝见。文臣自范景文，勋戚自刘文炳以下，殉节者四十余人。……太子投周奎家，不得入，二王亦不能匿，先后拥至，皆不屈，自成羁之官中。长公主绝而复苏，舁至，令"贼"刘宗敏疗治，已乃知帝后崩。……越三日己酉昧爽，成国公朱纯臣，大学士魏藻德，率文武百官入贺，皆素服，坐殿前。自成不出，……百官慑伏不敢动，……大学士陈演劝进，不许，……自成自居西安，建置官吏，至是益尽改官制。……召见朝官，自成南向坐，金星、宗敏、企郊等，左右杂坐，以次呼名，分三等授职，自四品以下，少詹事梁绍阳、杨观光等，无不污"伪"命；三品以上，独用故侍郎侯恂。其余勋戚文武诸臣奎、纯臣、演、德藻等，共八百余人，送宗敏等营中，拷掠责赇赂，至灼肉折胫，备诸惨毒。……时"贼"党已陷保定，李建泰降，畿内府县悉附，山东河南，遍设官吏，所至无违者。及淮，巡抚路振飞，发兵拒之，乃去。(《明史》卷三〇九《李自成传》)

  李闯既入五日，建设"伪官"，改印曰符、券、契、章，凡四等，令职方司收缴前印，悉更铸之。更官名，六部更六政，府内门更天祐殿，翰林院更弘文院，文选更文谕院，巡抚更节度使，兵备道更防御使，六科更谏议，御史更直指使，太仆寺更验马寺，尚宝寺更尚玺寺，通政司更知政使，布政司更统会，知府更尹，知州更牧，知县更令，主事更从事，中书更书写房，正总兵更正总权，副总兵更副总制，五军府更五军部，守备更守旅，把总更守旗，其余皆如故。官服领帽，以云为级，一品一云，九品为九云。……三月二十一日，文武官仪入朝者，……牛金星执摺绅点名，不用者，发权将军、制将军处分，用者送吏部，既受职，止给小票，向礼政府领契，刻期赴任。(钱𫘤《甲申传信录》卷五)

其不用者，令缴金宝，杀斩勋戚文武二百余人。

李自成的陕西行宫

　　百官之投职名也，用者既分三等，授"伪职"。其不用者，每官用马兵二人，执刀随之，驱往西华门外四牌楼街，铁索锁五人一串，如逐羊豕然。……顷之忽"伪"旨云：前朝犯官，送权将军刘处分。……明日，……刘……以次论"赃"，内阁十万，部院、京堂、锦衣帅七万，科道、吏部郎五万、三万，翰林一万，部属以千计，勋戚无定数，……能缴者立搜进之，不能者即严刑。"（徐鼒《小腆纪年》卷四）

　　二十六日，……诸"贼臣"……匍伏午门前，合词劝进，其表文有"独夫授首，四海归心，比尧舜而多武功，迈汤武而无惭德"，皆传周钟所作。（管葛山人辑《平寇志》卷十）

方事急时，明廷议撤关宁吴三桂师，以救京师，皆惧负失地之咎，久之始决议。三月二十日，三桂行至遵化，京师已破，复驰回榆关，自成屡招之不降。自成知边兵劲，且虑清人出师，故自率大军征之。三桂已降清，清人初闻京师破，即出师观衅，以摄政王多尔衮为奉命大将军，尚逡巡未入关，比三桂请讨"贼"复仇，其意乃决。

　　顺治元年四月辛酉，四日。大学士范文程上摄政王启曰："……盖明之劲敌，吾国与'流寇'也。正如秦失其鹿，楚汉逐之，虽与明争天下，实与'流寇'角胜也。为今日计，我当任贤以抚众，使近悦

远来，蠢兹'流孽'，亦将进而臣属于我。彼明之君，知我规模，非复往昔，言归于好，亦未可知。"……甲子，七日。以出师祭告太祖武皇帝、大行皇帝，……命摄政和硕睿亲王多尔衮，爰代眇躬，统大军前往伐明，……赐大将军敕印，……统满洲、蒙古兵三之一。……庚午，十三日。洪承畴上启曰："……'流寇'可一战而除，宇内可计日而定矣。今宜先遣官宣布王令，以此行特扫除'逆乱'，期于灭'贼'，……"壬申，十五日。……师次翁后，明平西伯吴三桂，……自山海关来致书曰："……我国与北朝通好，二百余年，今无故而遭国难，北朝应恻然念之，而'乱臣贼子'，亦非北朝所宜容也。夫除暴剪恶，大顺也；拯危扶颠，大义也；出民水火，大仁也；兴灭继绝，大名也；取威定霸，大功也。……乞念亡国孤臣忠义之言，速选精兵，直入中协西协，三桂自率所部，合兵以抵都门。灭'流寇'于宫闱，示大义于中外，则我国之报北朝者，岂但金帛，将裂土以酬，不敢食言。……"癸酉，十六日。……报吴三桂书曰："……予闻'流寇'覆绝崇祯帝，不胜发指，用是率仁义之师，沉舟破釜，誓不返旌，期必灭'贼'，出民水火。……今伯若率众来归，必封以故土，晋为藩王，一则国仇得报，二则身家可保，……"丁丑，二十日。三桂复……来致书曰："接王来书，知大军已至宁远。救民伐暴，扶弱锄强，义声震天地，其所以相助者，实为吾先帝。……幸王速整虎旅，直入山海，首尾夹攻，'逆贼'可禽，京之东西，可传檄而定也，……"己卯，二十二日。师次山海关，……是日进吴三桂为平西王。……

（《初修世祖实录》卷四）

自成与三桂大战于一片石，清兵乘之，自成大败西归，仍以长安为都。

初三桂奉诏入援，至山海关，京师陷，犹豫不进。自成劫其父襄，作书招之，三桂欲降，至滦州，闻爱姬陈沅即陈圆圆。被刘宗敏掠去，愤甚，疾归山海关，袭破"贼"将。自成怒，亲部"贼"十余万，执吴襄于军，东攻山海关，以别将从一片石越关外。三桂惧，乞降于清。四月二十二日，自成兵二十万，阵于关内，自北山亘海。我清。兵对"贼"置阵，三桂居右翼末，悉锐卒搏战，杀"贼"数千人，"贼"亦力斗，围开复合。战良久，我清。兵从三桂阵右突出，冲"贼"中坚，万马奔跃，飞矢雨堕，天大风，沙石飞走，击"贼"如霣。自成方挟太子登高冈观战，知为我清。兵，急策马下冈走。我清。兵追奔四十里，"贼"众大溃，……自成奔永平。我清。兵逐之，三桂先驱。至永平，自成杀吴襄，奔还京师。时牛金星居守，诸降人往谒，执门生礼甚恭，金星曰："讹言方起，诸君宜简出，由是降者始惧，多窜伏矣。自成至，悉镕所拷索金，及宫中帑藏器皿，铸为饼，每饼千金，约数万饼，骡车载归西安。二十九日丙戌，"僭"帝号于武英殿，追尊七代皆为帝后，立妻高氏为皇后。……是夕，焚宫殿及九门城楼。诘旦，挟太子、二王西走，而使"伪"将军左光先、谷可成殿。五月二日，清兵入京师，下令安辑百姓，为帝后发丧，议谥号，遣将偕三桂追自成。……自成至定州，我兵追之，与战，斩谷可成，左光先伤足，"贼"负而逃。自成西走真定，益发众来攻，我兵复击之，自成中流矢，创甚，西逾故关入山西。会我兵东返，自成乃鸠合溃散，走平阳。……定州之败，河南州县多反正。……李岩请率兵往，金星……因谮其欲反，自成令金星与岩饮，杀之，"贼"众俱解体，自成归西安。(《明史》卷三〇九《李自成传》)

摄政王入京师，以讨"贼"为名，首为庄烈帝发丧三日，且免三饷，以收人心。

五月戊子朔，……清国师檄其三桂。西行追"贼"。……初三庚寅

多尔衮像

……摄政王入居武英殿，……令各官俱照旧，……为先帝设位帝王庙，哭临三日，……谥先帝为怀宗端皇帝。……吴三桂追"贼"，……及于真定，逐之出关而止，……封吴三桂为平西王。……十二己亥，三桂旋师入燕。……十五壬寅，摄政王登武英殿，受朝贺。王出示京城，令官民除服薙发，衣冠悉遵大清之制，自是京城内外，尽皆薙发。（计六奇《明季北略》卷二〇《吴三桂请兵始末》）

是时清兵次第分定畿辅、山西、山东、河南诸地。

摄政王……入燕京，……时京北、京东诸府皆降，惟京南保定、大名、真定等府，"溃贼土寇"蜂起，而山东、河南闻自成败窜，诸州县并杀其"伪"防御使牧令，复为明。……六月，遣肃亲王豪格往定山东、河南，遣都统叶臣等往定山西，又命户部侍郎王永鳌招谕之。十月，清授吴三桂平西王敕印，寻议大举讨"流贼"，恐其阻关固守，又恐其西"窜"甘肃，乃以英亲王阿济格为靖远大将军，……又以豫亲王多铎为定国大将军，率孔有德等由河南夹攻潼关，约会于西安。是冬叶臣等兵出固关，进平三晋，所至迎降，擒"伪"伯陈永福于太原，败"伪"总兵李过于大同，巡抚马国柱进剿汾州平阳之"贼"，山西悉平。直隶巡抚卫国允、沈文奎，先后削平真定、大名、顺德、广平山寨之"寇"，畿南始定。肃亲王驻军济南，遣兵破青州，斩"贼"赵应元。应元前降复叛，杀侍郎王永鳌者也。又平满家洞之"贼"，地界四县，周二三百里，"巢窟"二百五十有奇，……肃亲王遣尚书尔格等捣之。明年，顺治二年。饶余郡王阿巴泰继攻各"穴"，……始破山东诸郡，悉置官吏。（魏源《圣武记》卷一《开国龙兴记》四）

然后英王自塞外，豫王自河南，分两路攻陕西。自成走湖广，溃于九宫山，部属降于南明，以图抗清。而清兵势锐，已席卷长江中游，豫王且先下江南矣。

顺治元年十月，命和硕英亲王阿济格，为定远大将军，征"流寇"。英亲王纡道边外，从土默特鄂尔多斯部取驼马，复转入边，二年二月抵西安。时和硕豫亲王多铎授定国大将军，帅师征江南。已移南征之师，以正月二日，克自成兵于潼关矣。英亲王既至，豫亲王转旆南下，

英亲王乃建大将军鼓旗，蹑"贼"后追之。时"贼"自西安收败卒，出蓝田，分道"鼠窜"，由西而南，豫楚之间，所至皆"贼"，而独不得自成所在。……闻自成养子蒋鼎者，拥兵五千，卫"贼"家口，据湖广承天府，于是大将军令固山额真谭泰为帅，同贝子满达海、薄何托吞齐哈，暨诸将急击之，席忒库仍为前锋。比师至，鼎业分"贼"兵水陆两道遁去，我兵亦两道追蹑击。……自成复从间道潜走荆州，大师疾趋荆，自成又遁去。大师由荆州循江而东，乏舟不得济，至湖口，获"贼"舰二百余，济江。……自成走武昌，……围武昌数匝，"贼"将"伪"刘侯、田侯，引兵五千人，出城迎敌，大败之，自成复遁去。……乘胜蹑击，至富池口，……直逼庐帐，自成……潜越富池口而遁。……自成走九江，大将军令谭泰等，率大师乘舟追之，……"贼"军师宋献策……就擒。……追及谷口，会"贼"方环山而阵，旋以精骑突入，……自成复遁去。……"贼"溃奔九宫山，大师薄山下，直摧中坚，入"贼"垒，……生擒自成妻妾，及"贼"侯某，牛金星、宋企郊皆遁亡。独索自成不得。有降卒言，自成败走时，领步兵才二十人，路为乡民所困，自缢而死。遣人往视其尸，朽不可辨，自成生死，终未有实据云。是役也，大小战凡十余合，所过下河南、湖广、江南、江西六十三城，收降"贼"众二十余万。……师次九江，明总督袁继咸，御史黄澍，司道李犹龙，宁南侯左良玉子梦

李自成墓

卷五 明清

庚,总兵十二员,马步十万人,俱舣舟江中,悉招降之,获其船四万余艘。(《张文贞公集》卷七《纪灭闯献二贼事》)

李自成死,众拥其兄子锦原名过。为主,奉自成妻高氏,及高氏弟一功,骤至澧州,拥众三十万,言乞降,远近大震。允锡议抚之,总督何腾蛟亦驰檄至,乃躬入其营,开诚慰谕。……别部田见秀、刘汝魁等,亦来归。唐王大喜,……授锦御营前部左军,一功右军,并挂龙虎将军印,封列侯。赐锦名赤心,一功名必正,……号其营曰忠贞,封高氏贞义夫人。……然赤心书疏犹称自成先帝,称高氏太后云。……明年清顺治三年。正月,腾蛟大举,期诸军尽会岳州,独赤心先至……(《明史》卷二七九《堵允锡传》)

当李自成据北京时,张献忠入蜀,建号称帝。蜀中杨展等十三家起而与抗,蜀愈纷乱。清兵既得关中,下江南,移师入蜀,献忠死之,其部将孙可望、李定国、刘文秀、白文选,先后皆降永历帝以抗清。后唯可望降清,定国崎岖滇缅间,发愤以死,尤为忠义卓绝。

顺治三年正月,诏肃亲王豪格为靖远大将军,同平西王吴三桂等,征张献忠于四川。……肃王以三月至西安,时明旧副总兵孙守法,郧阳总兵王光恩,固原副将武大定、贺珍,起兵兴安、汉中,屡破"流贼",遂陷凤翔,围西安,受唐王封伯爵,关中响应。总督孟乔

李定国祠

芳，都统和洛辉，屡败其众，复渭南、蒲城、武功、同州，至是肃王遣兵分剿邠州、庆阳、延安之"寇"。五月，进军汉中，破贺珍等于鸡头关，遂解汉中、兴安之围。七月，分大军之半进四川。……是冬，大破张献忠于西充，斩之。（魏源《圣武记》卷一《开国龙兴记》四）

甲申，……献忠以十一月十六日，即"伪位"，……羁縻全川，惟遵义一郡不下，献忠侈然有帝蜀之心矣。当是时，曾英、李占春、于大海起合州，王祥起遵义，杨展起犍为，曹勋起黎州，大学士王应熊缟素誓师，……传檄讨"贼"。……献忠之去重庆，本不置兵，故英一鼓而巴渝复为国守。……诸蜂起之魁，或称四家，或称十三家，袁韬、武大定，……次有天字城之谭文、谭诣、谭宏，巫山之刘体纯，鄞城之胡明道，金城之姚玉麟，施州卫之王光兴，皆甚著，其王有进、呼九思、景果勒、张显、刘惟灵、白蛟龙、杨炳英、李世杰等，莫可稽考，总所谓夔东十三家者也。……献忠闻兵起，顾刘文秀曰："杨展不足忌，重庆要害地，不可失。"文秀往，而李占春逆之多功城，于大海并力夹击，文秀大败。其别将攻嘉定者，亦为两人所挫衄，"贼"大沮。"贼"初谋自蜀入秦，平东孙可望。先破马爌于汉中，自谓秦陇可唾手得，李自成乃以贺珍易马爌，而趣之进兵，平东与战而败。……献忠……渐以出兵数败，士众反覆，攘袂嗔目，有咀嚼蜀人之心。……在诸将中，多用川民为兵，无如都督刘进忠，将执之而坑其众。……会本朝大兵至汉中，进忠因而归命。王问以献忠所在，进忠曰："在顺庆之金山铺，为西充盐亭之交境，去此千四百里，疾驰五昼夜可及。"献忠以进忠守朝天关，殊不意有大兵，前驱至而未信。进忠已入营中，与善射者俱，而指示之曰："此献忠也。"发一矢中额，讶曰"果然"，逃伏积薪之下，执近侍询之而得，乃曳出斩之。献忠不得志于汉中，谋东下吴楚而不果者，有曾英以为之沮也。（吴伟业《绥寇纪略》卷一〇《盐亭诛》）

顺治元年，福王立于南京。……时张献忠已据全蜀，惟遵义未陷，樊一蘅与王应熊避其地，一

《绥寇纪略》书影

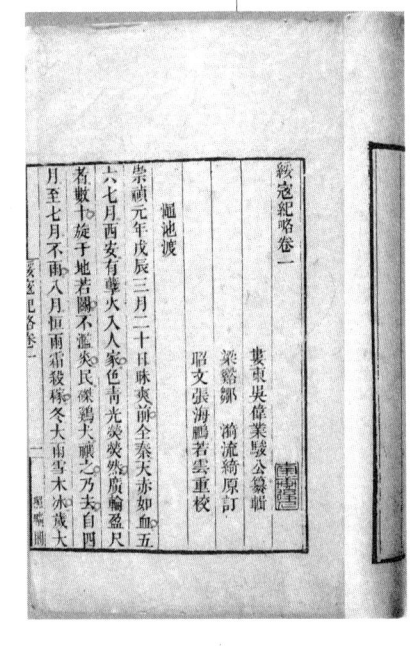

蘅于崇祯十六年冬被命总督川陕军务，福王复申前命，并命应熊总督川湖云贵军务。檄诸郡旧将，会师大举。会巡抚马乾复重庆，松潘副将朱化龙，同知詹天颜……复龙安茂州，一蘅乃起旧将甘良臣为总统，副以侯天锡、屠龙，合参将杨展，游击马应试、余朝宗所携溃卒，得三万人。明年二年。三月，攻叙州，应试、朝宗先登，展等继至，……"伪"都督张化龙走，遂复其城，一蘅乃犒师江上。初乾复重庆，"贼"将刘廷举，求救于献忠，献忠命养子刘文秀攻重庆，水陆并进。副将曹英，与参政刘麟长，自遵义至，与部将于大海、李占春、张天相等夹击，破"贼"兵数万，英威名大振，诸别将皆属兵二十余万，奉一蘅节制。杨展既复叙州，"贼"将冯双礼来寇，每战辄败，孙可望以大众援之，……朱化龙……率番骑数百冲"贼"兵，"贼"惊溃，死者满山谷，……他将复连败"贼"于摩泥滴水。一蘅乃命展、应试取嘉定邛眉，故总兵官贾连登及其中军杨维栋取资简，天锡、高明佐取泸州，占春、大海守忠涪，其他据城邑奉征调者，洪雅则曹勋及监军副使范文光，松茂则监军佥事詹天颜，夔万则谭弘、谭诣。一蘅乃移驻纳溪，居中调度，与督师应熊会泸州，檄诸路刻期并进。献忠颇惧。……明年三年。春，展尽取上川南地，屯嘉定，与勋等相声援，而应熊及王祥在遵义，乾英在重庆，皆宿重兵。"贼"势日蹙，惟保宁、顺庆，为"贼"将刘进忠所守，进忠又数败。献忠怒，遣孙可望、刘文秀、王尚礼等攻川南郡县，……连战不利。……又闻清兵入蜀境，刘进忠降，大惧，七月，弃成都，走顺庆，寻入西充之凤凰山。十二月，清兵奄至，射杀献忠，……可望等率残卒南奔，骤至重庆，英出不意，战败死于江，"贼"遂陷綦江，应熊避之毕节卫。逾月，四年正月。"贼"陷遵义入贵州。清兵追至重庆，巡抚乾败死，遂入遵义，以饷乏旋师，王祥等复取保宁二郡。

　　一蘅再驻江上，为收复全蜀计，乃列上善后事宜及诸将功状于永明王。永历帝。……时应熊已卒，而宗室朱容藩，故偏沅巡抚李乾德，并以总制至，杨乔然、江尔文以巡抚至，各自署置。……诸将袁韬据重庆，于大海据云阳，李占春据涪州，谭诣据巫山，谭文据万县，谭弘天字城，侯天锡据永宁，马应试据芦卫，王祥据遵义，杨展据嘉定，朱化龙、曹勋仍据故地，摇黄诸家据夔州夹江两岸，而李自成

"余孽"李赤心等十三家，亦在建始县。一蘅令不行，保叙州一郡而已。顺治五年，容藩自称楚世子，建行台夔州，称制封拜。时乔然已进总督，而范文光、詹天颜巡抚川南北，吕大器以大学士来督师，皆恶容藩，谋诛之。六年春，容藩遂为占春所败，走死云阳。……乾德利展富，说韬、大定杀展，分其赀，……诸镇亦皆愤，有离心。七年。秋九月，孙可望遣白文选攻杀祥，降其众二十余万，尽得遵义、重庆。……八年十月。可望又使刘文秀大败武大定兵，长驱至嘉定，大定、韬皆降，乾德投水死。文秀兵复东，谭弘、谭诣、谭文尽降，占春、大海降于清。明年九年。正月，文秀还云南，留文选守嘉定，刘镇国守雅州。三月，清兵南征，文选、镇国挟曹勋走，文光、天颜、化龙相继死。（《明史》卷二七九《樊一蘅传》）

戊戌，顺治十五年。……清兵大举取滇，平西王统满汉官兵，由四川一路进，自渝抵遵，所至之处，莫不迎降。……总督李国英总统镇将，"攻剿"夔东刘李……等十三家，困围一载，始拔其寨而降其众，地悉平。自此东西南三川，全归大清，"蜀乱"暂定矣。自乙酉顺治二年。以迄，……计九府，百二十州县，惟遵义、黎州、武隆等处，免于屠戮，上南一带，稍存孑遗，余则连城带邑，屠尽杀绝。……或有险远山寨，间有逃出三五残黎，初则采芹挖蕨，继则食野草剥树皮，草木俱尽，而人遇且相食矣。（李馥荣《滟滪囊》附《欧阳氏遗书》）

自甲午顺治十一年。以后，蜀地渐归版图，而诸"贼"之负固者，犹出入重夔巴峡间。及顺治十六年，谭宏、谭诣……来降。未几，大兵取重庆、叙州、马湖等属。时三郡为"贼"将卢名臣孙可望部将。所据，我……水陆并进，攻破佛图关，直抵"贼巢"，擒斩无数，……献"逆孽"之扰蜀者尽矣。……初"闯贼余孽"李赤心，窜死广西南宁间，其子来亨代领其众，走川东，分据川湖间，耕田自给，而先溃出关之郝摇旗，名永忠，袁宗第及刘虎等，共依结之。时献党虽尽，永忠、宗第尚据巴东。康熙元年壬寅冬十二月，我总督李国英奉旨统秦豫广三省兵将，会四川进"剿"，师驻万县。……二年癸卯，……宗第败走巴东，大兵追及巫山，遂据其城。……郝永忠、刘体纯数合众攻巫山甚急，我兵出战，体纯等败走。……体纯自缢，大兵乘胜追至黄草坪，永忠、宗第皆授首。惟李来亨居茅麓山，高险难攻，

我兵四面围之。……来亨力穷势迫，三年。八月初六日，焚其妻子自缢。茅麓破，马腾云、拓天宝、王光兴俱纳款投诚，至是"闯孽"之在蜀所谓西山"寇"于是尽。（彭遵泗《蜀碧》卷四）

乙、南明之支撑

【南都之亡】

北都失守，南京推立福王由崧为帝，以马士英为大学士，居中用事，出史可法督师于外。建四镇于江北，合之左镇，岁縻饷三四百万，岁入仅足取给，将帅骄横，已露倾覆之端。

> 福王……圣安皇帝，神宗显皇帝第二子福恭王之长子，讳由崧，……崇祯十六年七月，嗣封福王。十七年三月，京师失守，四月己巳，烈皇帝凶问至南京，……南京诸大臣闻变，仓卒议立君，……以福王告庙。……五月戊子朔，驻跸于内守备府。己丑，群臣劝进，王辞让，遵景帝故事，以福王监国。……庚寅，王行告天礼，升殿，百官行四拜礼。……壬辰，以史可法为东阁大学士，兼兵部尚书，高弘图为东阁大学士，兼礼部尚书，并入阁办事；马士英为东阁大学士，兼兵部尚书，仍总督凤阳等处地方都察院右都御史军务。……可法请分江北为四镇，以黄得功、刘泽清、刘良佐、高杰四人分统之，……可法乃奏设督师于扬州，节制诸将。……戊戌，群臣劝进，……壬寅，王即皇帝位，……以明年为弘光元年。（顾炎武《圣安本纪》）

福王既位，马、阮当国，立意报复，与东林为难，首诛北都从逆诸臣，时有伪太子、童氏、大悲僧，亦称三案。群臣交哄不已，皆指摘马、阮。先是左懋第请和于清，清人拒之，致书史可法，责其不为故君复仇，为兴师南下借口。南都党争方急，一不为备。

> 马士英，贵阳人。字瑶草。万历四十四年，与怀宁阮大铖，同中会试。又三年，士英成进士。……崇祯十七年三月，京师陷，帝崩。南京诸大臣闻变，仓卒议立君，而福王由崧、潞王常淓，俱避"贼"至淮安，伦序当属福王。诸大臣虑福王立，或追怨妖书及梃击、移宫等案；潞王立，则无后患，且可邀功。阴主之者，废籍礼部侍郎钱谦益；力持其议者，兵部侍郎吕大器，而右都御史张慎言，詹事姜曰广，皆然之。前山东按察使金事雷缜祚、礼部员外郎周镳，往来游

南明江北四镇简表

镇名	镇将	汛地	纪事	备考
滁和	靖南侯黄得功	驻庐州。辖滁州、和州、全椒、来安、含山、江浦、六合、合肥、巢县、无为州，十一州县。经理光固一带招讨事。		《明史·黄得功传》，黄得功，号虎山，开原卫人。崇祯十四年，以总兵与王宪分护凤阳泗州陵，驻定远。张献忠攻桐城，得功与刘良佐，合兵击之于鲍家岭，"贼"败遁，追至潜山，禽斩闯世王马武、三鹞子、王兴国。十七年，封靖南伯，福王立江南，进封侯。明年，清兵已渡江，知福王奔，分兵袭太平。得功方收兵屯芜湖，福王潜入其营，得功督麾下八总兵，结束前迎敌。而刘良佐已先归命，大呼"岸上招降"，得功怒叱曰："汝乃降乎！"忽飞矢至，中其喉偏左，得功知不可为，掷刀，拾所拔箭，刺吭死。中军田雄，遂挟福王降。得功军中呼为黄闯子，其军行纪律严，下无敢犯，所至人感其德。
凤寿	广昌伯刘良佐	驻临淮。辖凤阳、临淮、颍上、颍州、寿州、太和、定远、六安、霍丘，九州县。经理河南陈杞一带招讨事。		《小腆纪年》，良佐，字明辅，大同左卫人。初与高杰同居李自成麾下，杰护内营，良佐护外营。杰降后，良佐亦归朝。或曰故淮督朱大典部将也。崇祯十五年，同黄得功大败张献忠于潜山，尝乘花马陷阵，故亦号花马刘云。《南疆逸史·刘良佐传》，总督朱大典部将也。从护祖陵，御左革，最后收永城，亦有功。
徐泗	兴平伯高杰	驻泗州。辖徐州、萧县、砀山、丰县、沛县、泗州、盱眙、五河、虹县、灵璧、宿州、蒙城、亳州、怀远，十四州县。经理河北河南开归一带招讨事。		《明季南略》，高杰，字英吾，米脂人。初为李自成先锋，后与自成后妻邢氏通，惧诛，遂借以归降，隶秦将贺人龙麾下。孙传庭督秦中，令杰与白广恩为前锋，二将各不相下，遂溃，潼关不守。甲申，调赴李建泰军前，未至，闻建泰兵溃，遂抢河东一带，由山西、河北，率兵南下，大肆劫掠。抵扬，欲入城，扬人畏惧，登陴死守，杰攻之，多杀掠。五月初五日，杰兵大掠江北，声言欲送家眷，安顿江南，约刘泽清刻日南渡。史可法议发户部一万两，遣职方郎万元吉前谕各镇，分别犒赏。《明季遗闻》，杰降"贼"也，有骁勇名，称翻山鹞。
淮扬	东平伯刘泽清	驻淮安。辖山阳、清河、桃源、宿迁、海州、沛县、赣榆、盐城、安东、邳州、睢宁，十一州县。经理山东一带招讨事。		《明季南略》，刘泽清，字鹤州。崇祯时为总兵官，甲申二月，移镇彰德。"贼"警急，召将兵入援，不奉诏。三月，大掠临清，统兵南下，所至焚掠一空。五月十二日，泽清以数百人，大掠瓜州。淮安自路振飞、王燮，同心戮力，颇称巩固，振飞去后，泽清突来盘踞，散遣义士，桀骜者，籍之部下，抢掠村落一空，与淮抚田仰，日肆欢饮。北兵南下，有问其如何御者，泽清曰："吾自择江南一郡去耳。"泽清大兴土木，造宅淮安，极其壮丽，休卒淮上，无意北往。《绥寇纪略》补遗，睢州许定国者，毁家养士，负其功不得封，上书诋高为"贼"，高由是怨许，常曰："吾见许，必手刃之。"公之遣高图中原也，争之经年，始见从。定国惧讨，贻书公，求自全计，公语其使曰："许总兵何地不可居，而必睢州乎？"

镇名	镇将	汛地	纪事	备考
附记				一、《青燐屑》，诸藩各分汛地，长江而上，为左良玉汛地；天灵州而下至仪征三叉河，为黄得功汛地；三叉河而北至高邮州界，为高杰汛地；自淮安而北至清江浦，为刘泽清汛地；自黄家营而北，为史公汛地；自宿迁至骆马湖，为总河军门王永吉汛地。 二、《小腆纪年》，史可法疏言：从来守江南者，必于江北，当酌地利设四藩，以淮扬庐泗自守，而以凤徐滁六为进取之基。督师驻扬州，居中调遣，其四镇则各自画地，……一切军民听统辖，州县有司听节制，营卫原存旧兵听归并整理，荒芜田土听开垦，山泽有利听开采，仍许于境内招商收税，以供军前买马制器之用。每镇额兵三万人，岁供本色米二十万，折色银四十万，听各镇自行征取，……"从之。 三、《三垣笔记》，往时南粮南饷，以给官俸军粮，常苦压欠不给。上即位后，楚镇四镇，频以匮告。……楚镇名五万余，需饷一百八万；四镇兵各三万，需饷二百四十万，本色一百万。 四、《明史·高杰附刘泽清传》，时武臣各占分地，赋入不以上供，恣其所用，置封疆兵事一切不问，与廷臣互分党援，干预朝政，排挤异己，奏牍纷如，纪纲尽裂，而泽清所言尤狂悖。

马士英像

说。时士英督师庐凤，独以为不可，密与操江诚意伯刘孔昭，总兵高杰、刘泽清、黄得功、刘良佐等结，而公致书于参赞机务兵部尚书史可法，言伦序亲贤，无如福王，可法意未决。……士英亦自庐凤拥兵迎福王至江上，诸大臣乃不敢言，王之立，士英力也。当王监国时，廷推阁臣，刘孔昭攘臂欲得之，可法折以勋臣无入阁例，孔昭乃讼言："我不可，士英何不可？"于是进士英东阁大学士，兼兵部尚书、都察院右副都御史，与可法及户部尚书高弘图并命，士英仍督师凤阳。士英大愠，令高杰、刘泽清等，疏趣可法督师淮扬，而士英留辅政，仍掌兵部，权震中外。

士英为人，贪鄙无远略，复引用阮大铖，日事报复。……初史可法、高弘图及姜曰广、张慎言等，皆宿德在位，将以次引海内人望，而士英必欲起大铖。……中旨起大铖兵部添注右侍郎，……明年弘光元年。二月，进本部尚书，兼右副都御史，仍阅江防。吕大器、姜曰广、刘宗周、高弘图、徐石麒，皆与士英龃龉，先后罢归。士英独握大柄，内倚中官田成辈，外结勋臣刘孔昭、朱国弼、柳祚昌，镇将刘泽清、刘良佐等，而一听大铖计，尽起逆案中杨维垣、虞廷陛、郭如闇、周昌晋、虞大复、徐复阳、陈以瑞、吴孔嘉，其死者悉予赠恤。……朝政浊乱，贿赂公行。四方警报狎至，士英身掌中枢，一无筹画，日以锄正人、引凶党为务。初举朝以逆案攻大铖，大铖憾甚，及见北都从逆诸臣，有附会清流者，因倡言曰："彼攻逆案，吾作顺案与之对。"以李自成"伪"国号曰"顺"也。士英因疏纠从逆光时亨等，时亨名附东林，故重劾之。大铖又诬逮顾杲，及左光斗弟光先下狱，劾周镳、雷縯祚，杀之。时有狂僧大悲，出语不类，为总督京营戎政赵之龙所捕。大铖欲假以诛东林及素所不合者，因造十八罗汉、五十三参之目，书史可法、高弘图、姜曰广等姓名，纳大悲袖中，海内人望，无不备列。……大铖……将穷治其事，狱词诡秘，朝士皆自危，而士英不欲兴大狱，乃当大悲妖言律斩而止。……

先是，左良玉接监国诏书，不肯拜，袁继咸强之，乃开读如礼，而属承天守备何志孔，巡按御史黄澍入贺，阴伺朝廷动静。澍挟良玉势，当陛见，面数士英奸贪不法。……澍……还湖广，……士英……削澍职，寻……逮澍，……澍遂匿良玉军中，良玉与士英由此有隙。及伪太子狱起，良玉遂假为兵端。太子之来也，识者指其伪，而都下士民哗然是之。时又有童氏者，自称王妃，亦下狱。督抚镇将交章争太子及童妃事，……众论益籍籍，谓士英等朋奸，导王灭绝伦理。澍在良玉军中，日夜言太子冤状，请引兵除君侧恶。良玉……又以士英裁其饷，大憾，移檄远近，声士英罪，……遂引兵而东。士英惧，乃遣阮大铖、朱大典、黄得功、刘孔昭等御良玉，而撤江北刘良佐等兵从之西，……淮扬备御益弱。会良玉死，其子梦庚连陷郡县，率兵至采石，得功等与相持。（《明史》卷三〇八《马士英阮大铖传》）

史可法与马士英不协，建空名于外，四镇强横，不奉号令，不待清师南下，识者已知其不可为矣。

史可法，字宪之，号道邻。大兴籍，祥符人，世锦衣百户。……可法……举崇祯元年进士，……拜南京兵部尚书，参赞机务。十七年四月朔，闻"贼"犯阙，誓师勤王，渡江抵浦口。闻北都既陷，……南都议立君，张慎言、吕大器、姜曰广等曰："福王由崧，神宗孙也，伦序当立，而有七不可：贪、淫、酗酒、不孝、虐下、不读书、干预有司也。潞王常淓，神宗侄也，贤明当立。"移牒可法，可法亦

以为。然凤阳总督马士英，潜与阮大铖计议，主立福王，咨可法。可法以七不可告之，而士英已与黄得功、刘良佐、刘泽清、高杰，发兵送福王至仪真，于是可法等迎王。……王监国，……可法遂请督师，出镇淮扬，……议分江北为四镇，……得功、泽清、杰争，欲驻扬州，杰先至，大杀掠，尸横野，城中恟惧，登陴守，杰攻之浃月，泽清亦大掠淮上，临淮不纳，良佐军亦被攻。朝命可法往解，得功、良佐、泽清皆听命，乃诣杰，杰……旦日朝可法帐中，……可法坦怀待之，接偏裨以温语，杰大喜过望，然杰亦自是易可法。……为具疏，屯其众于瓜洲，杰又大喜。杰去，扬州以安，可法乃开府扬州。六月，清兵击败"贼"李自成，自成弃京师西走，青州诸郡县，争杀"伪官"，据城自保，可法请颁监国、登极二诏，慰山东河北军民心。……杰居扬州，桀骜甚，可法开诚布公，导以君臣大义，杰大感悟，奉约束。十月，杰帅师北征，可法赴清江浦，遣官屯田开封，为经略中原计。诸镇分汛地，自王家营而北，至宿迁，最冲要，可法自任之。……顺治二年正月，……河上告警，诏良佐、得功率师扼颍寿，杰进兵归徐。杰至睢州，为许定国所杀。……清兵已取山东河南，北逼淮南，四月，……还扬州。（《明史》卷二七四《史可法传》）

左良玉借口伪太子之狱，以为真故君之子，忽起清君侧之师，实则欲就食安庆。马、阮急撤备北之兵以防之，故清兵渡淮入江，如入无人之境。良玉死于军中，其子竟率部降清。

左良玉，字昆山，临清人。……崇祯十七年正月，诏封良玉为宁南伯。……福王立，晋良玉为侯，……以上流之事，专委良玉。……湖广巡抚何腾蛟，及总督袁继咸，居江西，皆与良玉善，南都倚为屏蔽。良玉兵八十万，号百万。……良玉自朱仙镇之败，精锐略尽，其后归者，多乌合，军容虽壮，法令不复相慑。……良玉之起由侯恂，恂故东林也。马士英、阮大铖用事，虑东林倚良玉为难，谩语修好，而阴忌之，筑板矶

史可法像

城，为西防。……会朝事日非，监军御史黄澍挟良玉势，面触马阮，既返，遣缇骑逮澍，良玉留澍不遣。澍与诸将日以清君侧为请，良玉踌躇弗应。亡何，有北来太子事，澍借此激众，以报己怨，召三十六营大将与之盟，良玉反意乃决，传檄讨马士英。……良玉疾已剧，至九江，邀总督袁继咸入舟中，……继咸正辞拒之，部将郝效忠，阴入城，纵火残其城而去。良玉望城中火光曰："予负袁公！"呕血数升，是夜死。时顺治二年四月也。诸将秘不发丧，共推其子梦庚为留后。七日，军东下，朝命黄得功渡江防剿。……诸军自彭泽下，连陷建德、东流，残安庆城，独池州不破，……诸将乃议旋师。时清兵已下泗州，逼仪真矣，梦庚遂偕澍以众降于九江。（《明史》卷二七三《左良玉传》）

清世祖于顺治元年入燕京，十月即皇帝位，建号曰大清，乃遣豫亲王南征。二年五月六日，破南京，擒福王，诸臣迎降。马士英奉福王、太后走浙江，清兵追之，遂定江、浙。

顺治元年……六月……丁卯，摄政睿亲王多尔衮与诸王贝勒大臣等，定议应建都燕京，……奏迎驾。……八月……乙亥，车驾发盛京。……十月……甲子，上御皇极门，颁诏天下，诏曰：……于今年十月初一日，……即皇帝位，仍建有天下之号曰大清，定鼎燕京，纪元顺治。（王先谦《东华录·顺治》卷一）

顺治元年……七月，招抚山东河南侍郎王鳌永密奏江南情形，言南中拥立福王，改元弘光，史可法为阁部。……摄政王多尔衮遗书可法谕之降，可法旋报书，语多不屈。十月丁卯，……晋多罗豫郡王多铎为和硕亲王，旋拜定国大将军，……将师下江南。（《张文贞公集》卷七《纪平定江南事》）

顺治二年……二月，……命豫王移师征江南。转师入关，同英王破西安，逐李自成之后。豫王南下之师，三月……会于归德府。时开封、汝宁间，列寨百数，刘洪起长之；南阳列寨数十，萧应训长之；洛阳列寨亦数十，李际遇长之，各拥兵四五万。……时明……以江北分四镇，……议画淮而守。……及大兵南下，于是明睢州总兵许定国诱杀高杰，遂与李际遇先后纳款我军，为向导，河南诸郡邑，望风悉下。……我兵二道并进，一出淮北，一出淮南。……出淮北者，为都统准塔山东之兵，五月，降高杰部将李成栋于徐州，败刘泽清兵于宿迁，

……追至淮安，泽清及总漕田仰，皆遁入海，我兵徇通州、泰州皆下。其出淮南者，豫王自将之，由归德趋泗州，……渡淮。明督师大学士史可法，……将督以援泗，至中途，泗州已失守，淮扬告急，福王方手书趣其入援，拒左良玉，及浦口，始命回扬。……豫王大军，自天长、六合水陆并进，距扬州二十里而营。……拒守七昼夜，发炮伤城外军数百。豫王怒，令精兵大炮专攻城西北隅，崩声如雷，守陴不退，我兵践城下积尸而登，遂陷，……可法死之。我兵留十日，屠之而南。五月初，师至扬子江，……我兵乘雾夜渡，……遂陷镇江。自丹阳、句容抵南京，营于郊坛之北，而福王已先三日……走芜湖，马士英、阮大铖亦率亲兵数千由溧水走杭州矣，明诸勋戚文武大臣迎降。……遣贝勒尼堪……等，追福王于芜湖，明靖南侯黄得功中流矢死，总兵田雄、马得功拥福王出降，江南悉定。而英王上游追"流寇"之兵，亦至九江，……遣章天于偕降将金声桓徇江西，又遣兵分守荆州、武昌，尽收湖北。……豫王，六月，……令贝勒博洛等，追明潞王常淓于杭州，沿途徇所过郡邑，并分兵徇松江、太仓下之。明大学士马士英、总兵方国安等迎战败走，渡钱塘江，我军营于江岸，……开门降，……浙西亦略定。豫王承制，改南京为江南省，其郡邑以城降者即使为守，奏授江宁、安庆巡抚以下官三百七十三人。七月，俘福王凯旋，命多罗贝勒勒克德浑为平南大将军，同都统叶臣等镇守江南，下令海内薙发易衣冠，命内院大学士洪承畴，总督军务，招抚南方。（魏源《圣武记》卷一《开国龙兴记》四）

南都既破，清兵入浙，潞王迎降，浙东奉鲁王监国，不用闽中之命，而其部将争饷互攻，并舟山而不能守。鲁王崎岖海岛以死，葬于金门，唯余张名振、张煌言，与郑成功结连，为海上抗清之师。

【闽粤滇之继溃】

继福王而帝者，为唐王聿键，改元隆武，都于福州，号福京。时鲁王以海监国绍兴，颇相龃龉。唐王受制于二郑，不足有为。大学士黄道周出师被执，清兵入闽，二郑降，唐王不知所终，史称被执而诛，未足为信也。继唐王而立者，为唐王聿𨮁，立于广州，改元绍武，未几即亡。桂王称帝于肇庆，改元永历，拥有粤、桂、湘、赣、滇、黔之地，其势渐振。清以孔有德、耿仲明、尚可喜率师征之，命洪承畴为经略，桂王穷蹙入

滇。吴三桂自蜀率师入滇，追至缅甸，擒桂王杀之，明始亡。自北都之覆，至是历年二十。当清兵之下江南，薙发令下，义师蜂起，不久皆败没，独郑成功据思明，时扰漳、泉，入长江，攻金陵，声势颇盛，复据台湾，与滇、黔遥相呼应。桂王既亡，成功亦卒为明祚一线之延，台湾始终奉永历年号，至永历三十七年始亡。兹略纪三王之立，而大事则备列于表。

"唐王"……帝讳聿键，……太祖高皇帝九世孙，封国河南之南阳府。……崇祯五年壬申，……帝袭位。……九年丙子八月，京师戒严，帝率护卫军勤王，又杀其两叔，……前锋值"寇"，亡其内竖二人，乃返国。十一月，下礼部议，……废为庶人，安置凤阳高墙。……弘光登极大赦，帝出高墙，遣官送寓广西。道杭州而南都陷，帝劝潞王监国，三日潞王出降。时靖卤伯郑鸿逵自京口，户部主事苏观生自南都，胥会于杭，遂奉帝入闽。闰六月七日监国，二十七日，……即皇帝位于福州，……以福建省为福京，福州府为天兴府，布政司为行在大明门，……改是年乙酉七月一日以后为隆武元年，进靖卤伯郑鸿逵为定卤侯，南安伯郑芝龙为平卤侯，以黄道周为少保吏部尚书武英殿大学士，苏观生为礼部右侍郎，张肯堂少保吏部尚书，吴春枝兵部右侍郎兼右副都御史。（黄宗羲《行朝录》卷一《隆武纪年》）

绍武皇帝，讳聿𨮁，思文帝第四弟也。隆武改元，封唐王以主唐祀，闽败浮海至广州。时大学士丁魁楚、瞿式耜，已奉桂王监国于肇庆。隆武大学士苏观生从赣入广，故与魁楚有隙，以为由隆武而言，则宜及其弟，乃与大学士何吾驺，布政司顾元镜，在籍侍郎王应华，于丙戌十一月癸卯朔，请王监国。……初五日，王即帝位，以广州都司署为行在，改明年为绍武元年，自旧辅观生而外，何吾驺仍为大学士，顾元镜、王应华皆为东阁大学士，以军国事专属观生。（黄宗羲《行朝录》卷一《绍武之立》）

"鲁王"……王讳以海，太祖十世孙。……崇祯十七年春二月甲戌，嗣鲁王位。北都之变，诸王皆南下。乙酉夏四月，弘光帝命移驻台州。五月，南都不守，六月，浙中潞王亦降。闰六月己丑，九江道佥事孙嘉绩，吏科都给事中熊汝霖，同起兵于余姚；其明日，诸生郑遵谦应之绍兴，……兵部尚书张国维起兵东阳；又明日，刑部员外郎钱肃乐起兵于鄞，……奉笺赴台，请王监国。同时以兵以饷来归

者,总兵王之仁自定海,黄斌卿遣将自舟山,张名振自石浦,沈宸荃、冯元飏亦应之慈溪,声势震兴。二十八日,再奉笺劝进,……即日移驻绍兴,以分守署为行在,进肃乐右佥都御史,加督师衔,以张国维、朱大典、宋之溥为东阁大学士,国维督师江上,大典镇守金华,之溥司票拟。……列兵江上,画地戍守。总兵方国安,自浙西来。(徐鼒《小腆纪传》卷七《监国鲁王纪》)

"桂王"……永历帝,神宗之孙,桂端王常瀛少子也,讳由榔。崇祯九年,封永明王。十六年,张献忠陷衡州,王由永州入粤西。……隆武帝立,……端王薨于苍梧,长子安仁王由㰒袭封,居肇庆。……安仁王薨,隆武帝以王袭封。……隆武二年丙戌八月,驾陷汀州,变闻,总督丁魁楚,巡抚瞿式耜,与巡按御史王化澄、郑封,知府朱治悯,锦衣卫佥事马吉翔,太监庞天寿等,议监国。……乃以冬十月十四日丙戌,监国肇庆,……以府署为行在,颁诏楚滇黔蜀,以魁楚为东阁大学士兼戎政尚书,吕大器为东阁大学士兼兵部尚书,式耜以大学士兼吏部右侍郎。……十八日庚申,即皇帝位,仍称隆武二年,以明年为永历元年,……进督师何腾蛟为武英殿大学士,……式耜为文渊阁大学士。(徐鼒《小腆纪传》卷四《永历纪》上)

顺治五年1648年。戊子正月,……上在桂林,称永历二年。……是月癸亥,降将金声桓偕其党王得仁,以南昌……来归。……夏四月,明闰三月,……乙亥,降将李成栋,以广东……来归,遣洪天擢、潘曾纬、李绮,赍奏赴南宁迎驾。时……乍闻成栋来归,惊疑百端,天擢等力陈成栋忠诚,且述江西金声桓事甚悉,人心始安。……闰四月,明四月,乙未,遣吏部侍郎吴贞毓,祥符侯侯性,劳李成栋军,封成栋惠国公。(徐鼒《小腆纪传》四《永历纪》上)

金声桓使人间道赍佛经置密疏其中,赴南宁输款。……六月,广东李成栋使亦至。成栋自广西回,击杀陈子壮、张家玉等,擢授提督。巡抚

唐王朱聿键像

佟养甲为总督，李成栋自负功高，不欲受节制，又得金声桓密书，遂反。使至，封李成栋惠国公，……金声桓豫国公，及王得仁、佟养甲……等侯伯有差。……顺治六年1649年。己丑，肇庆称永历三年。大兵围南昌久，金声桓告急，使李成栋、何腾蛟、堵允锡等，分道援之，未至，南昌已破。乌金王大兵南下湘潭，……何腾蛟被执，不屈死之。二月，李成栋兵亦败于信丰，堕水死。事闻，赠何腾蛟与李成栋、金声桓皆王爵。（冯甦《劫灰录·永明王始末》）

永历三年1649年。己丑……七月，楚降将李赤心等，兵败入广。初，李"贼"部曲之降于何腾蛟也，李过一名锦。赐名赤心，封兴国公，高必正封郑国公，营名忠贞。腾蛟死，为大学士堵允锡所抚。湖南北既失，赤心等由郴桂竟趋梧州，欲入广东，允锡力主其议，李元胤曰："我辈做鞑子时，公不来复广东，今反正后，乃来争广东乎？皇上在此，他来何为？"允锡语塞而止。（黄宗羲《行朝录》卷三《永历纪年》）

李定国者，陕西延安人，与孙可望、刘文秀、艾能奇，俱少从张献忠为"贼"，张献忠儿畜之。……丁亥正月，陷贵州，三月，入云南。……庚寅，定国受封为西宁王，东攻靖州、江岗，皆克之，遂陷广西，败定南王孔有德，执陈邦传等，北取永州、衡州，楚粤间归附者日众，不复受孙可望约束。……永明王使使封定国为晋王，召之入卫。……丙申十二月，定国败于新会，驰回安隆，奉永明王入滇。……于是定国与蜀王刘文秀，并居云南，而事权专归定国。……性亢直，与人无私，回滇矫孙可望之失，事永明王尽礼，进奉极丰，不以威凌士类，人以此多之。……永明王入缅甸，定国伏兵于磨盘山，原名高黎贡山。大战不胜，走至铜壁关结营，招集散失士马，……率众驻孟定土府。闻白文选在木邦，移兵南岛，与之会。……定国知白文选不与同心，亦移屯猛缅。……辛丑。八月十八日，与白文选俱引还洞武，……遂率所部东向九龙江而进，……缅酋竟献永明王于平西王吴三桂军前。定国在九龙江闻报，东走景线。壬寅五月，至猛腊，士马死亡日众，定国乃置醮，自述平生所为，如天命已绝，愿速死，毋徒苦众人。未几，云南四月二十五日上崩之信亦至，定国遂病，以六月二十七日卒于军。（冯甦《劫灰录·李定国传》）

1582

南明大事年表

公元年号	清		南 明			备 考
	对南概况	年号	福 王	鲁 王	唐 王	
一六四四年甲申	五月初二日，摄政睿亲王多尔衮入北京。六月，遣肃亲王豪格往定山东，河南。统叶臣等往定山西。十月初一日，迎世祖至北京，定北京为京都。命英亲王阿济格为靖远大将军出大同，豫亲王多铎为定国大将军出河南，夹攻李自成于陕西。	顺治元年 崇祯十七年	五月初三日，马士英、史可法等，奉福王由崧监国于南京。十五日，即帝位，马士英奉江北分四镇，以黄得功、刘泽清、刘良佐、高杰四人分守之。六月，马士英奉兵入朝，入阁办事，史可法督师江上。七月，马士英奉逆案前光禄卿阮大铖起用，廷臣交章劾奏，不省。湖广巡抚御史黄澍入朝，命左懋第为兵部右侍郎，奉使东北京，不屈被执。十月，命以六等定从逆诸臣罪，周钟等八人，光时亨、陈名夏等七人；一等应斩决者，二等应绞者十人，三等应杖拟赎者，四等应赎，五等应徒拟赎者，未企郑等十一人；未学显等十六人可法论谪降，语多抑勒。十一月，清摄政睿亲王多尔衮遣使致书史可法招降，可法报书不屈。十二月，通政司杨维垣，请重刊《三朝要典》，称帝不允，张献忠据四川，分地复职起用。	崇祯十七年		
一六四五年乙酉	正月，破西安，李自成走湖广。二月，命豫亲王移师征江南，英亲王追剿自成。五月，英亲王人南京。豫亲王追李自成，自成不知所终。六月，始遣薙发易服之制，不遵者无赦。闰六月，命内阁大学士原任尚书洪承畴，招抚江南各省，改南京为江宁府，应天府为江宁府。	弘光元年	三月，左良玉举兵反，檄数马士英罪。下镇抚司勘讯。四月，良玉病殁九江，寻死。其子梦庚目称留后，陷湖口，建德，东流，安庆，至池州。黄得功败之于板子矶，梦庚以众降于清英王。四月，清豫亲王南下之师，渡淮通扬州。史可法方奉兵，闻警奉还，督兵民拒守七日。城陷，可法死之。清兵留十日，屠之而南。五月，清兵临江，马士英扶太后走杭州，从狄云桥狭逃乘发奔溃。十二日至清豫奉功营。江上防兵奔溃，直趋南京。十五日清豫王至南京，诸臣迎降，遂陷镇江，江上清豫王至南京，拘于江宁县，九月北去，隆武元年	闰六月二十八日，未大典、张国维、熊汝霖、孙嘉绩、钱肃乐等，奉鲁王以海监国于绍兴。七条沙，王之仁、方国安，命定海监沙沥。命吴江生员陆世钥、吴易、孙嘉绩、熊汝霖、王之仁守绍兴，郑遵谦守小沙湖，西兴。郑遵谦守小沙	闰六月初七日，郑芝龙、黄道周，苏观生等，奉唐王聿键监国于福州。二十七日即皇帝位，以七月一日为隆武元年。封郑芝龙为平虏侯，赐芝龙子森姓朱名成功，命招讨大都督，以附马都尉统率禁旅，郑芝龙专政，集廷臣议战守，以询大学。八月，郑芝龙不支，以饷马都尉统率禁旅，兴王吴易举兵于太湖。	
一六四六年		隆武二年		闰六月二十八日，监国鲁王巡抚田仰，监军道周本征，奉吴阳王朝聿生崇为黄斌卿所杀。隆武二年五月，本徹在舟山小沙岙，荆。	六月，监国鲁王巡抚田仰，奉吴阳王朝聿生崇为黄斌卿所杀。吴江生员陆世钥、吴易。八月，吴易、主事孙兆奎等，起兵于太湖。	《南疆逸史·死事诸臣传》：适下令薙发，乡民皆惊，而吏胥乘势鱼肉，民汹汹思乱。

续表

公元年号	清 对南概况	南明 福王 年号	备考
顺治二年乙酉	七月，命贝勒勒克德浑为平南大将军，同固山额真叶臣等，代豫亲王多铎。贝勒勒克德浑自杭回军江陵，十二月，移征湖广。十月，托候饷，寻引还。九月，湖广总督佟养和，受李自成、左良玉众降。闻腾蛟向腾蛟索饷，进腾蛟大学士。又题授张光璧、黄朝选、刘承胤、王永忠、袁宗第（良玉旧将），李赤心、郝永忠、马进忠、曹志建、董英（腾蛟旧将），并总兵官，分镇湖南北，与马士秀、卢鼎、马进忠、王进才，所谓十三镇也。荆州清兵相持，闽浙水火。时江西杨廷麟延帝以郑芝龙不足恃，欲入楚亲征，郑鸿逵均颇振，军势不足恃，欲入楚亲征，下诏亲征，以唐王聿钊、邓王聿㰒监国，曾樱郑芝龙留守，十月友福京。云南土司沙定洲改下昆明，黔国公沐天波走楚雄。	借一年，令群臣捐俸、绅士输助，征府县银粮未解者，官吏督追，同里驱然。廷臣请郑芝龙出关，不得已方请郑鸿逵逵出浙东，郑彩出江西。分饷分地之议起，浙东正供钱粮，尽归方、王所奉，富庶多给，师无所取给，户乐输之又不许。十一月，拜方国安为帅。马士英、阮大铖，俱人方国安军中，清朝见，不许。中书舍人卢象观奉宗室盛功起兵子官兴。同六月，江阴典史陈明遇、贡生黄毓祺等起兵拒守。松江在籍前兵部侍郎沈犹龙、给事中陈子龙等。昆山举人周至王佐才，奉前总兵王佐才，起兵拒守。嘉定进士黄淳耀等、奉前左通政侯峒曾等起兵拒守。徽州推官温璜、前职方郎中尹民兴，与生员赵初浣等起兵守泾县。宁国在籍前山东巡抚邱祖德等起兵攻城。贵池副榜吴应箕，复建德泾流。	六月，卢象观等谋袭南京不克，亡入太湖。八月，与清兵战，败死。八月，清将李成栋刘良佐合攻，八十一日而城破，居之。八月，降将李成栋陷松江，沈犹龙等死之。七月，城陷，佐才等死之。七月，清兵陷嘉定，黄淳耀、侯峒曾等死之。九月，降将金声桓破绩溪，金声一等被执，死于南京。兵败归华阴山寨，七月寨陷，祖德死之。徽州推官温璜、温璜死之。九月，清兵陷徽州，温璜死之。九月，清兵陷泾县，尹民兴走闽中。九月，兵败，死。箕被执，复建德寻流。

1583

续表

公元年号	清 年号	对南概况	南明 福王	备 考
一六四五年乙酉 顺治二年			六月，长兴县民金有鉴，奉通城王盛蓥，起兵复湖州。闰六月，嘉兴在籍翰林屠象美等起兵拒守。参将方元章，副将姚志倬、张起芬等起兵复余杭。七月，江西布政使夏万亨等，奉益王由本，起兵建昌。临川在籍吏部主事曾亨应、揭重熙等，起兵抚州。前左庶子杨廷麟、左中允刘同升等起兵赣州。前工部侍郎刘士桢等，起兵复吉安、庐陵。前泥水知县胡定海等，起兵德兴。德化诸生李合初，起兵胀山，复德化、瑞昌。德安邹贤操起兵，泸溪县知县张建昌，复建昌，贡生魏一柱年、张载述等，起兵拒守。六月，攻长兴民败。明年正月，败走长兴，复攻长兴，阵殁。兵败于三塔湾，象美死之。寻战败，元章死之。寻清兵陷城，万亨等皆死之。清兵至城下，众溃事无成，八月亨应被执不屈死，重熙走闽，隆武二年十月，城破、杨廷麟等死之。吉安复陷，含初死之。清兵破袭兰兵屯闽。明年吉安复陷，求援于闽，赣破，避之南田。清九江守将袭腴山，合初死。部将私款于清兵，部将私款于清兵，被执，寻败。	《南疆逸史·死事诸臣传》，江右自左梦庚降，其部将金声桓不愿北行，清于豫王取江西后以自效。惟朱智略，其至也，惟承掠义兵起矣，始于是诸郡州守义兵起矣，饶于建昌，而广信，抚，挠继之，惟赣之威，其被毒也亦最酷。

1584

续表

公元年号	清 年号	清 对南概况	南明 年号	南明 福王	备考
一六四五年乙酉	顺治二年	三月，命肃亲王豪格为靖远大将军，统师征张献忠于四川。四月，命贝勒博洛为征南大将军，率师征福建、浙江。八月，命恭顺王孔有德为平南大将军，智顺王尚可喜等，率满洲怀顺王耿仲明，率蒙古汉军官兵，征湖广、两广。		十一月，前陕西郡督同知孙守法，奉秦藩第四子称汉中王者起兵复凤翔，开郿五郎山，傲召各郡兵将，将薄西安。于是整至，三原、泾阳、澄城、临潼、白水诸县次第来归。军声大震。	奉中子朝。明年正月，援兵至，乃解围去。所得郡县复失。六月，守法退回五郎山。又明年正月，守法奔行长安石鳖谷。法奔亡之荐安。清总督孟乔芳告急于清。明年正月，援兵至，乃解围去。所得郡县复失。六月，守法退回五郎山。又明年正月，守法奔行长安石鳖谷。接兴安总督乔芳击之，守法攻之，守法中伏，阵殁。
一六四六年丙戌	顺治三年		隆武二年	正月，帝驻建宁。三月，郑芝龙不欲帝行，使军民数万人遮道号呼，拥驾不得前。帝不得已，驻延平。清兵陷绍武。万元吉退保赣州。四月，郑彩弃广信，奔入杉关。清兵遂陷抚州。五月，进追赣州，万元吉、悉力固守。六月，郑芝龙阴受洪承畴约款，驰返安平，尽撤关隘水口守兵。言海寇至，托陆路诸防。仙霞岭空虚无人。何腾蛟遣将郝永忠率兵迎帝人。八月，自延平出奔，清兵由延平人。清兵由延平入。清兵追帝。二十七日抵汀州，追兵至，被执，后至九龙溪，投水死，帝遇害于福京。永历	正月，王任绍兴。五月，清兵隔钱塘江，炮坏方国安营壮，国安即拥兵遁，挟王自绍兴奔舟山。六月，列成栋贰，马阮哄国以献，监国脱走航海。清兵取绍兴、宁波、温台诸地，堆朱大典守金华。八月，大破导清兵攻破金华、屠之。方国安、阮大铖并为清师所诛，复进破衢州，全浙尽陷。	

1585

1586

续表

公元年号	清		南 明			备考
	年号	对南概况	桂王	唐王	福王	
顺治三年丙戌		十二月，肃亲王豪格败害张献忠于凤凰山。	十月四日，桂王由榔监国于肇庆。十一月十八日即皇帝位，以明年为永历元年，命中彭燿，事中陈嘉读宣谕观生所，命兵科给事中陈嘉读宣谕观生所，广东平乐所，佳察，兵部右侍郎林所，以拒广州兵。十二月，广州失陷报至肇庆，瞿式耜请守峡口，司礼监王坤难之，乃奉	十一月一日，唐王聿键监国于广州，五日即皇帝位，改元绍武。十二月，桂林佳乘胜败广师三山口。唐总督林佳鼎至兵林察，"海盗"诈降，乘风纵火，唐兵大败，李成栋率清兵，已由闽入广，下潮惠，用两府印移牒广州	九月，富平将军张名振等，奉王至舟山，守将黄斌卿不纳，飘泊外洋。十一月，王次中左所，即厦门。郑芝龙执王，彩已投清，今郑会郑成功起兵海上，办驻厦门。以鲁监国元年唐鲁旧嫌，不愿奉王，于是郑彩奉王次长垣。	
					郑成功 十二月，成功以其父芝龙降清北去，与所善陈辉清等，盟峡复，收兵南澳，得数千人，文称忠孝伯招讨大将军。	

续表

公元年号	清		南 明				备 考
	年号	对南概况	桂王	唐王	福王	郑成功	
				年号			

公元年号	清对南概况	桂王 永历元年	唐王 绍武元年	福王	郑成功	备考
一六四六年丙戌 顺治三年		帝奔梧州。正月，帝在梧州，帝北走平乐，李成栋取肇庆，帝自平乐，瞿式耜奉帝如桂林。高富廉梧继陷。武胡自请留守桂林，帝遂就总兵刘承胤于武冈。三月，成栋改桂林。武胡督兵拒成，成栋不利，陈子壮等兵起。八月，张家玉、高明等反。式耜乘之，复定广西。克东莞，耿仲明、尚可喜等之兵，自孔有德。式耜出岳州。五月，孔有德等陷衡州，陷宝庆。进攻武冈，刘承胤败降，马吉翔等奉帝走象州。十一月，时湖南尽陷，何腾蛟与式耜颁饷势，画地分守。十二月，帝还桂林。三月，自贵州人云南，张献忠余党死，据之。	报平安。苏观生不信之，不为备。十五日，袭陷广州。帝被执，投缳死。	正月，王在长垣，浙旧臣先后奔附。以熊汝霖为东阁大学士，加张煌言右佥都御史，进郑彩建国公。张名振定西侯。四月，降清将松江提督吴兆胜谋反正。与郑部侍郎陈子龙等，潜招浙东海师内犯。张名振、沈廷扬投海死，遇飓子龙事泄被杀，名振遁还，乃与部将阮进合军。	称隆武三年。成功提师归自南澳，时郑彩众稍集，金门为郑彩所据。乃泊鼓浪屿，四月，鸿逵之兵、圈泉州。鸿逵让舟回岛，成功舟泊港。不克。成功率鲁国公部八礼而十月，成功谒国公于鲁监国。称臣，鲁颁监国三年历，成功颁隆武四年历，于是海上遂有二明。	《明季南略》，孙可望陕西米脂人，一无赖子，流落为"啵"。有养子四人，长即可旺，次孙文秀，次李定国，次艾能奇，次刘忠。献忠人蜀，献忠箭死。丙戌秋，清兵入蜀，冲散曾英军，由遵又渡乌江，众四万人。也贵州。丁亥二月，清兵至遵义，可旺遂率众走滇。据之。可旺自以名不雅，改名望。
一六四七年丁亥 顺治四年	十一月，以侍郎陈泰为靖南将军，偕梅勒章京董阿赖等，征福建。					

续表

公元年号	清		南 明	
	年号	对南概况	福 王 / 鲁监国	备 考
一六四八年戊子	顺治五年	三月，命固山额真谭泰为征南大将军，固山额真何洛会、尚可喜佐之，会剿江西。自江宁进九江，尚可喜率二王，征江西。四月，命固山额真刘之源、佟图赖代谭泰为定南将军，驻防宝庆，待卫山额真墨尔根、李国翰，为定西将军，驻防汉中。平西王吴三桂、自陕西移镇汉中。九月，命郑亲王济尔哈朗，为定远大将军，会孔有德征湖广。十一月，端重亲王博洛等统兵成大同。	永历二年	正月，帝在桂林，总兵王得仁，以怨望杀长官，迎故大学士姜日广，故御史揭重熙等，所得府县，破失殆尽，三路进讨，福所得府县，破失殆尽，三路进讨，福安两邑。当闽地之克复时，清调宁浙兵赴征，于是温台宁绍诸遗民，乘间争结山寨，以数百计。而四明大兰山王翊之军，会稽王化龙、台州俞国望、仲芳、余化奎明、奉化袁应甫、浙西之湖州柏襄甫等，皆争招集营军无赖，不能不从事抄掠。惟推惶营军上虞平冈，李长祥率军上虞东山，章钦臣冯京第，则率目耳群民，不扰于民，而又单弱。	称隆武四年。五月，王复仁，复同安，复月又陷。秋，遭中书舍人江西督北去，温台响应，军声颇振。子灿，黄志高奉表行在，封威侯。
一六四九年己丑	顺治六年	正月，帝在桂林，清江西提督金声桓、总兵王得仁，以怨望杀长官，故故大学士姜日广，会将仲明，尚可喜赴江，征江西。四月，清广东提督李成栋，亦协总督佟养甲，以广东内附。八月，帝以李成栋养子元胤为锦衣指挥使。五月，向腾蛟出兵复全州，九月遣焦琏、胡一清，使王庆复宝庆，马进忠复常德。十一月，堵允锡等李赤心等，败降将线国安于湘潭，遂复衡州，胡一清、湘阴、湘乡、衡山等。固长沙。十一月，清大同总兵姜瓖反正，陕西、朔州、朔州、铜关、保德、雁门关、五台、太原告警，故参将郭林、甘肃丁国栋据河西，洗派，陷兰州县。又长平阳、大宁、洛川、大宁、大同时告警，故官将李占春、白弗、张全定等，各以兵千大海、李建泰据太平，远至兵都。同时丁调川西，分陕川南丁调，以兵降州，以钱邦芑为巡抚，请制诸军。是时疆土，有云贵广、江西、湖南，四川七省之地，是时朝廷皆庆子李元胤，而朝臣外分是楚两党，主吴者桂王，张孝	称隆武五年，正月，王定安。复建宁、邵武、兴化，复二府一州。及漳浦、海澄、连江、长乐等二十七县。三月，清广东提督李成栋，亦败失给，仅存宁德。三路进讨，福安两邑，当闽地之克复时，清调宁浙兵赴征，于是温台宁绍诸遗民，乘间争结山寨，以数百计。而四明大兰山王翊之军，会稽王化龙、台州俞国望、仲芳、余化奎明、奉化袁应甫、浙西之湖州柏襄甫等。	《小腆纪传·金声桓传》，声桓宁宇臣，辽东卫人，入关救左良玉军，积功充总兵官。左梦庚之降也，诸将相率北去，英亲王令以提督总兵守江省也自效。英亲王令以提督总兵守江省也自效，遂传檄于南康南昌，合营也九江，遂传檄下南康南昌，以饮定抚州、饶州、吉安、广信、江右悉平，惟赣州未下。《小腆纪传·李成栋传》，成栋辽东人，或曰陕西人，初为史可法部将，以总兵守徐州，清兵南征，率所部降。贝勒博洛入浙，成栋分阅大仓，嘉定，从征福建，定浙江、漳州，顺治三年，授镇守吴淞总兵官，合军征广东，所向克捷。《圣武记·开国龙兴记五》，初李成栋之徇江西、李成栋养天子、终未尝以一卒入闽广者。王贝勒今辽沈旧臣章京五。借之，攻城略地，皆声桓。及事平，以总兵保甲为两广总督，养甲于巡抚。巡按货骄这以江西五，亦以广东叛，并蓄发易冠，移檄远近，通表桂王，奉永历年号。《蜀碧》，初"贼"据全川，椎遵义未下，为王祥所守，及献忠"深"可望等四"贼"将永乐走，大兵遣

续表

1589

公元年号	清 对南概况	南明 福王 年号	南明 福王	备考
一六四八年 顺治五年戊子		永历二年	起，吴贞毓、李用楫、堵允锡、王化澄、万翱、程源、邓之奇、皆内结马吉翔，外结陈邦傅；主楚者袁彭年、丁时魁、蒙正发、刘湘客、金堡，皆外结瞿式耜，内结李元胤，其势张甚。人目为五虎。	之，以粮尽引还，"贼"遂陷遵义，我师既还，王祥等入保顺二部，樊一蘅永驻江上，为收蜀计。上书永明王，以为户兵二部尚书，诸将祥等进爵有差。时于大海据云阳，李占春据涪州，袁韬据重庆，谭诣据巫山，谭文据万县，谭弘据天字城，侯天锡据永宁马应试据泸州，王祥据遵义，杨展据嘉定，朱化龙、曹勋等据地自置，而宗室朱容藩、杨乾等据沅李乾德以总制至，杨乾尽然。江乐文以巡抚李乾德以总制至，杨乾尽然。江乐文以巡抚各置官。《行朝录·永历纪年》，袁彭年为虎头，丁时魁为虎尾，蒙正发为虎身，金堡为虎牙，刘湘客为虎皮。非奉成栋陈洛之广东大小官员，桂林、平乐则瞿式耜为政，庆远、柳州则焦琏传为政，思、太则陈邦传为政。
一六四九年 顺治六年己丑	正月，攻陷南昌，江西略定。正月，封恭顺王孔有德为定南王，命率兵任剿广西；怀顺王耿仲明为靖南王，智顺王尚可喜为平南王，率兵任剿广东、驻防。	永历三年	正月，帝在肇庆。通南昌，金声桓、王得仁困之。十月，李成栋攻赣州以救南昌。战不利，退屯南康。是月城破。金声桓、王得仁皆死。江西全省复陷。是月，陷湘潭，督师何腾蛟死之。二月，李成栋败于信丰，渡河坠水死。三月，堵允锡入军赀于茶胶，大掠衡永，走广西。李赤心军允锡以胡一青、郝印选兵守衡州，清兵至，衡州一府俱不守。	称永历三年 三月，成功复漳浦，下诏安云霄，屯水关。七月，永明帝遣使封郑成功为延平公，自此奉永历正朔。 正月，王次沙埕。六月，闽地尽陷，郑彩亦弃王去。张名振由南田复健跳所，迎王复入浙。从健跳每日朝于水殿。九月，张名振、阮进、沈黄斌卿、奉王居舟山。十一月，遣澄波将军阮美乞师日本，不得请而返。	《明史·杨畏知传》，阿迷土官沙定洲继乱，据云南，黔国公沐天波逃楚雄，孙可望等人云南，定洲还走，大败，迎天波归，可望等遂据会城，永明王已称号于肇庆。前御史临安

续表

公元年号	清年号	对南概况	南明 年号	福王	备考
一六四九年己丑	顺治六年	八月，湖南略定，命郑亲王济尔哈朗班师，孔有德进征广西。	永历三年	四月，孙可望疏请封王，廷议不可，久不决。七月，封可望为平辽王，赐名朝宗，刘文秀、李定国、艾能奇为匡公，可望却不受。封皮熊为匡国公，镇守贵州；以备孙可望。八月，清英亲王阿济格等兵围大同，城中食尽，殷将斩姜瓌以降，其山西、陕西等地，亦先后为清兵截定。鲁监国四年	四月，孙可望疏请为国主，以下支纪年，铸兴朝通宝钱、李定国、刘秀两人不为下。周鉴庆、李得朝锦，李成栋等，并加封爵，遭畏知进可命加封王。庶可相制，封王。请封王，为定国、文秀皆列侯。时堵允锡曾赐空校，得庆宜行胡执恭奉，庆国公陈邦传可望平辽王，守泗城卦者，矫命改封可望秦王。亡何，先矫命封可望秦王，亡何，畏知等至，可望察王不受。
一六五〇年庚寅	顺治七年	正月，尚可喜等兵入广东。	永历四年	正月，帝在肇庆。清兵由虔夫入广东，陷南雄、韶州，进通广州，杜永和人城固守，帝留李元胤、马吉翔守元胤，而走梧州。二月，命陈邦、高必正东援。五月，高必正与陈邦传有隙，率所部西回。陈邦傅从出也李元胤，马吉翔进驻三水，观望不敢进，清遂招降潮惠各镇。八月，孙可望复遣使至帝，自称秦王，且以不愿改号为请，付从官集议。不从。九月，可望由云南东袭贵州，执永熊，又使贺九仪袭遵义，王祥师败自刎死，于是张先璧、王永祥印逃，皆归于可望，势益强，地与粤西相接。九月，清兵陷全州，守将赵印选、胡一青，王永祥，退人桂林，于是榕江遂成空壁。鲁监国五年	正月，王在舟山，命阮进守螺头门。九月，周瑞、周芝以楼船三百余艘，分屯温之三盘，为掎角。四明山寨破，王翊以其众人大海，大咬山寨破，御史锡梦张锡死之。	潮人黄海如，陈斌导成功人入人潮，成功南下，郑鸿逵邀人揭阳卫。六月，进讨海盗苏利于碣石卫，不克，旋师围潮州。清兵乘之，复攻盘陀岭，诏安，进取云霄，遂解围军干潮阳，寻乘流至厦门。八月，两岛，为厦门、金门两岛，为郑彩、彩鹏联据，成功袭杀之，并其众，彩亦全军付成功，威震海上。十月，招安铜山、南澳，闽安镇诸岛。

续表

公元年号	清		南 明	备考
	年号	对南概况	福 王 / 鲁监国	
顺治七年庚寅 公元一六五〇年		十一月，清将孔有德攻桂林，诸将望风而遁。大学士瞿式耜、总督张同敞俱被执，不屈死。清将尚可喜等陷广州，朴永和走琼州。鲁监国在琴远，闻广州失，飞帆先归，谋劫驾以叛，不及，李元胤追谴及于南宁，从古翔东人色，乃括行橐，并古翔所献四千金散给之。	永历四年 悉听约束，乃分其军为五，自为中军，林察为左军，周瑞为右军，周鹤芝为后前军，以举人冯澄世等为参谋。十二月，清兵攻广东，成功自率诸镇南下勤王。	
顺治八年辛卯 公元一六五一年		正月，帝在南宁。二月，孙可望遣兵人卫，杀大学士严起恒等，乃封可望为秦王。九月，陈邦傅以浔州降于清，震恐。十月，帝改宁。刘文秀取成都。武大定降。于大海在忠州，力不支，遂以所部降。十二月，清兵取南宁，帝由水道走土司。及，上下失色，尽焚龙舟重器而行，舟从陆。孙可望顺一路进发，遣其将狄三品等率平下雷归顺一路进发，遣其将狄三品等奏封，尽其移跸安隆，许之。	永历五年 正月，王在舟山。二月，张名振杀平西伯王朝先。其部将张济明，走降济清，舟山虚实尽泄，总督陈锦，决计大举。七月，清将张天禄出崇安，马进宝出台州降警。阮进独当吴淞，风返炎乞，人舟俱残。抵螺头子横洋，振率兵青城力拔。九月，力竭城陷，张煌言偕王再人闽，依国。 闽二月，清福建建巡道黄澍，垂涎金六，密与巡抚张学圣谋，袭陈积资。拆马得功守厦门。擢其积贷，成功还乡，厦通归，乃以索偿为名，并力转攻海澄，得下勤王。	
顺治九年壬辰 公元一六五二年		永历六年 二月，帝至安龙府，改名安隆所。孙可望礼副之。拒孔有德，遣刘文秀人蜀，王复臣副之。文秀人蜀，步骑六万，由武冈出全州以攻桂林，拒吴三桂，步骑三万，分出叙州，攻成都。	正月，王次金门，未成功。寻次金门，赉千金，绸缎百端，安插从官，收给余恤，馈月饷。定西侯保名振，拜为总制。三月，成功礼待颁恭，进围漳州，凡七阅月。十月，奉命援潮，成功力战保海澄。屡捷，清固山额真金砺，成功力退保海澄。	

续表

1592

公元年号	清		南　明	备考
	年号	对南概况	福　王 / 永历 / 鲁监国	
一六五二年壬辰	顺治九年	七月，命和硕敬谨亲王尼堪，为定远大将军，统大军征湖南贵州。九月，命护军统领阿尔津为定南将军，住征广东未定州县。十二月，复命往征湖广辰常。	永历六年 五月，李定国等复靖州，进攻湖南。七月，复宝庆、全州。清孔有德守桂林，定国攻拔之，有德自杀，执叛将陈邦传父子，送贵阳伏诛。七月，刘文秀入川，取叙州、重庆。三桂走绵州，进拔保宁败绩。文秀攻汉中宁败绩，清兵复入川，文秀还云南。十一月，李定国驻衡州，诸将始有怨心。国，而文秀又见废。十一月，李定国驻衡州，清将孙可望驻沅州，遣白文选攻拔辰州，亲王尼堪奉命征楚粤，抵湘潭，进忠走永定，尼堪追之。清兵复陷衡州。可望走宝庆。尼堪追之，败于阵，定国万屯兵武冈，时帝在安龙。马吉翔掌戎务定，将吏等人臣礼。庞天寿督勇卫营，谋通帝内阁六部官，改可望又自设内阁六官，拟国号曰后明，帝闻之，益忧愤。	
一六五三年癸巳	顺治十年	正月，命随征贝勒也齐，命大学士洪承畴，经略湖广、两广、云贵等地军务，兼理粮饷。五月，命驻防江宁品邦章京喀喀木，为靖南将军，帅师征广东。十二月，命固山额真陈泰为定南靖寇大将军，统兵镇湖南。	永历七年 正月，帝在安龙。李定国自桂林胜后，不复受孙可望约束。可望恶之，使人召赴议事。定国辞不行，径回广西。三月，大败，走晌口。清兵冰引还。帝闻李定国据有广西，且与孙可望有隙，乃与内阁吴贞毓等十八人谋召定国入卫。十一月，密使林青阳至广西，定国受救感泣，许以身报。	三月，王次金门，成功礼仪斩疏。王乃自去监国号，飘泊岛屿。定西候张名振，是春以未成功之兵二万、北上、号召崇明。破京口、截长江、驻音崇明。寻被逐、撤回厦门。十二月，张名振与靖兵战于崇明之平阳沙，大胜。 五月，清将金砺改攻海澄。成功固守，清兵不利，砺走回漳州。

续表

公元年号	清		南明	备考
	年号	对南概况	南王 福	
一六五四年甲午	顺治十一年	五月，命固山额真将军、帅玛喇为靖南将军，帅师援广东。十二月，命亲王世子济度，为定远大将军，贝勒巴尔尔处率军，为定远大将军成功。	永历八年	正月，帝在安龙。三月，孙可望闻密敕召李定国人卫之谋，使部将郑国、械系吴贞毓等十八人，为首者凌迟，余为从处斩，贞毓以大臣赐绞。定国悉可望来袭，出掠雷廉以避之。四月，围广州。欧继发援广州败走。十月，闰六月，定国攻梧州。清将尚可喜、耿继茂援广州，定国攻肇庆失利。	正月，王移居南澳。张名振以上游有蜡书为内应，率海舰数百，溯流而上，再人京口，抚仪真，至观音门。十三日泊金山，遥祭孝陵，挥泪题诗。越二日，至镇江，复以海艘助饷金不得，焚小闸，焚六艘而去。索盐商助饷金不得，乃以海船人山东登莱诺处，寻以海艘入山东登莱诺处无所获，乃还。	正月，遣兵攻崇明，败绩。二月，清遣使册封成功为海澄公，不受。八月，清封郑芝龙同安侯，郑鸿逵奉化伯，郑芝豹左都督，遣使赍漳泉惠潮四府府安插兵将敕命入闽。十二月，取漳州、漳属十县降者九，独龙岩不下；泉属七县，降者六。
一六五五年乙未	顺治十二年	八月，命固山额真阿尔津为宁南靖寇大将军，同固山额真卓罗等，驻防荆州。固山额真祖泽润，分防长沙。	永历九年	正月，帝在安龙。二月，李定国为清兵所败，自高州退守南宁、广东邑悉复。五月，刘文秀自川南率众六万，成艦千余，出川峡，遭卢名臣为清都统辰双礼分犯岳州、武昌，回舟攻常德，不得进。卢名臣溺死，荆州长沙诸将赴援，设伏城外，文秀大败，与双礼还半突出来击，文秀大败，益跋扈。	五月，未成功拜张名振为元帅，陈辉、洪旭、陈六御副之，统二十四镇长江，复舟山。十一月，张名振以所部归张煌言。	正月，取仙游，雄踞海上，分所部为七十二镇，设六官，改厦门为思明州，遗地遗臣为分理庶事，避地遗臣沈忠、辜朝荐、辛许国等事。六月，取揭阳，普宁。清定远大将军济度起闽庶剿，成功乃度安平镇、漳州、南安，同岛以待清安，漳安回岛以待清海，遣将郝文兴守海澄。

1593

续表

1594

公元年号	清年号	清对南概况	南明 年号	南明 福王	备考
一六五六年丙申	顺治十三年	十二月，孙可望降。知明内讧事，于是洪承畴、吴三桂等，皆奏请承机大举。诏宁南靖寇大将军洪承畴，平西王吴三桂，为平西大将军，同固山额真墨尔根侍卫李国翰，由汉中四川进；固山额真赵布泰为征南将军，同提督线国安，由广西进。三路约会于贵州。	永历十年	正月，帝在安龙。时李定国驻兵南宁，衰弱不振，孙可望遣兵袭之，反为所败，定国遂趋安隆。三月，孙可望侦知，令白文选将兵迎帝入贵州，太后闻之哭，从官皆哭，文选心动，故迟其行。俟定国至，遂共奉帝西走云南。时刘文秀守滇，亦怨望，因偕人省垣，封定国为巩国公，文秀为蜀王，白文选为巩国公，遣白文选等回贵阳慰谕。	七月，清大将军伊尔德等，复攻陷舟山。张煌言退驻天台，寻拔兵袭川。清师迂舟山之民而空其地，煌言还驻军焉。	
一六五七年丁酉	顺治十四年		永历十一年	正月，帝在滇都。五月，遣张虎送可望妻子还贵州。可望既无内顾，八月，举兵叛，以白文选为大总统，马宝为先锋，合兵十四万入滇，九月，夹水而阵，与定国，文秀军襄城。诸将皆不直可望，旬间道袭定国，约阵而不战。定军精锐奔其中坚，马宝亦归于定国。文秀驱之，可望至贵阳，留守冯双礼亦叛噪驱之，截其子女金帛归滇。十月，可望长沙，乙降于清洪承畴军前，封义王。	正月，清军南王尚可喜拨骑兵同潮州总兵刘伯禄禾攻揭阳，守将苏茂出战败绩。四月，清师见各溃船只已备，遣将略攻金门，因风失利，旋改阿安。五月，论揭阳之败，斩苏茂，黄梧不安，降于清。七月，成功出清师与总督驻漳州，福州空虚，遂举兵北上，复阿安，进围福州，攻城不克，败还阿安。十二月，清再遣使招成功。 七月，成功领舟师北上复台州，天台，太平，海门卫北亦投降。清总督李率泰攻阿安，陷之，成功闻报，虞两岛有失，乃退师回厦门。	

续表

公元年号	清 年号	清 对南明概况	南明 福王 年号	南明 福王	备 考
一六五八年戊戌	顺治十五年	正月，命信郡王多尼为安远"靖寇"大将军，同平郡王可铎等，率师改云南。	永历十二年	正月，帝在滇都。二月，清兵分楚、蜀、粤三路取云贵，李定国遣刘正国、杨武等分守四川之三陂，马进忠驻贵州。三月，王自贵阳，关有才据水昌反。李定国自将讨平之，用是不及援贵州。清贝子洛托至贵阳，马进忠弃城遁。清吴三桂发汉中，兵至合州、重庆总兵杜子香弃城走；至三陂，刘正国走，遵义陷。五月，败杨武于三陂，进招水西，蔺州各土司。七月，大学士文安之，复督川东十三家兵，及谭宏、谭文、谭诣等，以舟师袭重庆，谭诣杀谭文以降，诸部解散，三桂复屯遵义。成期入滇，李定国使冯双礼扼南盘江之黄草坝拒中路，张先璧守北盘江之铁索桥；自守北盘江选出西路，别遣白文选出西路，图复贵州，以牵制三桂遵义之师。十二月，清吴三桂兵出遵义，由苗江绕渡，出天字桥之背，白文选弃七星关走，马宝守可渡河亦弃之。广西清军得泗城土司自向导，由间道入安龙，李定国闻之，败绩，退保北盘江。清粤师由普安州人，中路公背王兵，水溃冯双礼子鸡公背，追至北盘江。清兵亦浮桥济师，抵曲靖。定国军还云南，请帝出幸。	正月，永历帝遣使兵部右侍郎张煌言为兵部左侍郎、兼翰林院学士，招张煌言，不受。	正月，永历帝遣使册封成功为延平王，赐尚方剑，便宜行事；册封成功部将王秀琦为祥符伯，甘辉为建威伯，马信为建安伯，万礼为永安伯，黄廷为崇明伯，陈辉为忠靖伯，洪旭为忠振伯，郝文兴为庆都伯，余新为拜爵有差。七月，成功与张煌言会师，大举北上，议攻南京。从行甲士十七万，五万习骑射，五万习步击，以方人住来策应。马信、万礼为前部，甘辉为监军，扬帆北上。清平阳、瑞安守将献城降，饮羊山、鹹风作、漂没舟中数千，舰数十，乃旋泊舟山，以为后图。

续表

1596

公元年号	清		南明	备考
	年号	对南概况	福王 年号 事迹	
顺治十六年己亥		二月,以罗托等班师,命平西王吴三桂驻镇云南,平南王尚可喜驻镇广东,靖南王耿继茂驻镇四川。十月,经略洪承畴以疾乞休,特准解任回京调理。十二月,命靖南王耿继茂,移镇广西。	永历十三年	正月,上次永平,至永昌,清兵入滇都。二月,白文选与张先壁、陈胜之师,皆败绩于大理之王龙尖,文选由沙木和走右甸,寻走镇康人木邦。李定国使总兵靳武统兵四千麾帝人腾越,伏兵磨盘山以待追兵。清吴三桂兵至,得报,而前驱已人二伏,急舍骑而步,以炮发其伏,定国败走,清亦亡都统下十余人。帝在腾越出奔,出铁壁关,抵纓木河,是为缅境。至缅甸之大金沙江,缅人以舟迎。至井梗至木邦,已而文选以兵人缅,缅使大至井梗,求徽止兵,文选战不胜,走回孟良。四月,缅甸复迎帝至阿瓦对江之城也。梗起之,阿瓦,缅西所居十余间,帝居之,者梗有草庐十余间,帝居之,编竹为城,宁兵百余人,从臣自备竹木,结宇而聚处焉。	张煌言出天台达海壖,复树纛鸣角,招集散亡,成功闻之,亦遣兵来助。海上有长亭乡者,多田而苦潮,乃遣又民筑塘捍之。五月,成功闻清师三路攻云南,乃约张煌言大举北上以图牵制。六月,由崇明人江,攻克瓜州,镇江。七月,煌言别领所部溯江西上,至芜湖,传檄郡邑,江南北府县响应者太平,宁国,池州,和州,徽州,广德,无为,繁昌,当涂,芜湖,泾县,宁国,宣城,建德,铜陵,南陵,太平,贵池,建德,东流,石埭,合山,庐江,巢县,舒城,溧阳,建平,凡四府,三州,二十二县,日夕待变。东南大震。时清江宁防军,大半移征云贵,城守空虚,佯其攻,成功郎廷佐。缓兵议攻,成功人通款信之,按兵仪凤门外,依山为营。清将见郑兵疏放,樵苏四出,士卒释戈,纵酒浦

续表

公元年号	清		南明	备考
	对南概况	年号	福王	
顺治十六年己亥	四月，平西王吴三桂奏，李定国等挟永历帝通出边外，有三患二难。七月，命靖南王耿继茂，移镇福建；命都统宗室罗托为安南将军，率师攻郑成功。八月，遣内大臣公爱星阿、为定西大将军，率师攻定国。			鱼而嬉，乃用车骑夜袭，破前屯，成功伞移帐。质明，清师以三路攻其前，骑兵绕出山后夹攻，郑兵大溃，甘煇被执死，成功以余舰扬帆出海。八月，煇言征贵州路被扼，与清凯旋兵遇，亦成败，遂变姓名从建德祁门山中，出天台以入海。九月，成功回师厦门。
顺治十七年庚子		永历十四年	正月，帝在缅甸之者梗。七月，缅甸选由木邦举兵薄阿瓦迎帝，不克而去。	五月，清将军达素、总督李率泰，奉命搜金厦两岛。成功督诸将御之。清兵不谙水性，眩晕仆呕逆，不能成军，遂大败。
顺治十八年辛丑		永历十五年	正月，帝在缅甸之者梗。二月，李定国、白文选再以兵迎帝，于缅甸不得，击缅兵于锡箔江。四月，江木克，移兵罹兵病，怒其败，五月，缅人罹兵病，怒其败，三桂檄缅人献帝自效，众欲从之。	三月，成功自江南败归，地蹙军孤，遂进据台湾。十月，清杀郑芝龙于北京，全家遇祸，徙少长，暨三十里界外居民

续表

公元年号	清		南　明	备　考
	对南概况	年号	南福　王	
一六六一年 顺治十八年	辛丑而甫不可。其弟莽猛白，因众怒而弑之，自立为缅王。七月十六日，以兵围行帐，出则缚而杀之，沐天波、马吉翔等凡四十二人俱被害，自缢而死者凡二十二人。八月，李定国、木兑定国还孟艮。九月，清兵吴三桂追帝于茶山。十一月，白文选兵缅甸，降之。十二月，吴三桂驻兵缅甸之旧晚坡，缅人执帝以献。初九日，三桂拥帝北旋。	永历十五年	十一月，是岁张煌言以成功之波，还驻林门。清再遣使招之，不受。鲁王殂，悟桐日甚，越二年甲辰，散军居南田之悬鲁，七月，敛执，至杭州，谕降不屈，死之。	于内地，焚渔商舟出海。十二月，成功取台湾，改为东都，以赤嵌城为承天府，曾天兴、万年两县，是岁，张煌言驻师福建之沙关。
一六六二年 圣祖康熙元年 壬寅	三月，吴三桂以帝还云南，居故都督府，严兵守之。四月，戊午，絷帝及太子出，弦绞于市，太后及后俱人京，道殂。六月，招讨大元帅晋王李定国卒。			五月，朱成功卒。自隆武丙戌起兵，凡十有七年，卒年三十九，历子经，至十一月，朱成功之子经，入于台湾。

清

清世系

自太祖称帝，明神宗万历四十四年、公元1616年。至宣统帝逊位，1911年。凡十二主，共二百九十六年，其自世祖入主中国至逊位，计十主二百六十八年。

太祖，姓爱新觉罗，"爱新"满语金之意，"觉罗"为族之意。名努尔哈赤，显祖长子，于明神宗万历四十四年称帝，国号金，建元天命，在位凡十一年。

太宗，名皇太极，太祖第八子。嗣立，改元天聪，十年。改国号曰清，改元崇德，八年。在位凡十八年。

世祖，名福临，太宗第九子。嗣立，改元顺治，迁都北京，1644年。在位凡十八年。

圣祖，名玄烨，世祖第三子。嗣立，改元康熙，削平三藩，平定台湾，统一中国，在位凡六十一年。

世宗，名胤禛，圣祖第四子。嗣立，改元雍正，在位凡十三年。

高宗，名弘历，世宗第四子。嗣立，改元乾隆。传位于仁宗，自为太上皇，又四年崩。在位凡六十年。

仁宗，名颙琰，高宗第十五子。嗣立，改元嘉庆，在位凡二十五年。

宣宗，名旻宁，仁宗第二子。嗣立，改元道光，在位凡三十年。

文宗，名奕詝，宣宗第四子。嗣立，改元咸丰，在位凡十一年。

穆宗，名载淳，文宗长子。嗣立，改元同治，在位凡十三年。

德宗，名载湉，文宗弟醇亲王奕譞之子。穆宗无嗣，立之，改元光绪，在位凡三十四年。

宣统帝，名溥仪，德宗弟醇亲王载沣之子。德宗无嗣，立之，改

本编所引原书，对于少数民族及人民起义，有侮辱字样，本应加以括弧，唯其数过多，为排字方便起见，一律省去，读者谅之。——著者

元宣统。武昌革命军起，乃退位。在位凡三年，清亡。

```
                              清帝系表
    (一)太祖—(二)太宗—(三)世祖—(四)圣祖—(五)世宗—(六)高宗
    (七)仁宗—(八)宣宗—(九)文宗—(十)穆宗
                  └醇王奕譞—(十一)德宗
                          └醇王载沣—(十二)宣统帝
```

按清之建国，自努尔哈赤始，故以之为第一世，至其先世系，特就太祖实录所载，表列于下。

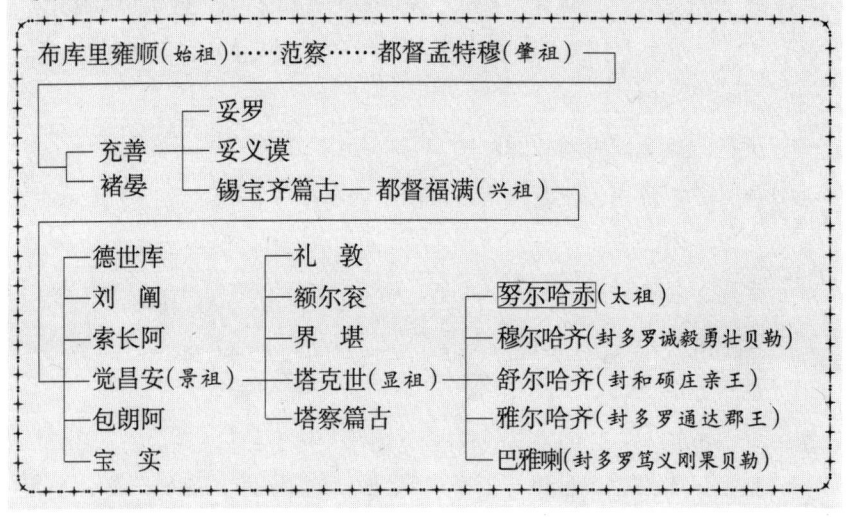

```
布库里雍顺(始祖)……范察……都督孟特穆(肇祖)
        ┌充善─┬妥罗
        │     ├妥义谟
        └褚晏 └锡宝齐篇古—都督福满(兴祖)
    ┌德世库      ┌礼敦
    ├刘阐        ├额尔衮        ┌努尔哈赤(太祖)
    ├索长阿      ├界堪          ├穆尔哈齐(封多罗诚毅勇壮贝勒)
    ├觉昌安(景祖)├塔克世(显祖)─┼舒尔哈齐(封和硕庄亲王)
    ├包朗阿      └塔察篇古      ├雅尔哈齐(封多罗通达郡王)
    └宝实                       └巴雅喇(封多罗笃义刚果贝勒)
```

一　顺治之始基

（一）制度之粗定

顺治之初，一切制度，若官制、地理，尽袭明旧，甚至遵用《大明会典》，称为祖训，援引旧制、旧例为行政标准。

甲、沿用明制

顺治元年甲申1644年。六月戊午，初二日。大学士冯铨、洪承畴启言：……按明时旧例，凡内外文武官民条奏，并各部院覆奏本章，皆下六部票拟，已经批红者，仍由内阁分下六科抄发各部院，所以防

微杜渐，意至深远。以后用人行政要务，乞发内院票拟，奏请裁定。摄政和硕睿亲王是其言。(《清世祖实录》卷五)

甲戌，十八日。顺天巡按柳寅东启言：……宜速定律令，颁示中外。……摄政和硕睿亲王报曰："经纶方始，治理需人，凡归顺官员，不必苛求。此后官吏犯赃，审实立行处斩，鞭责似觉过宽，自后问刑，准依明律。"(《清世祖实录》卷五)

乙酉，二十九日。令内外各衙门印信俱并铸满汉字样。(《清世祖实录》卷五)

七月己亥，十四日。山东巡按朱朗铗启言：……顷闻新补监司三人，俱关东旧臣，若不加冠服以临民，恐人心惊骇，误以文德兴教之官，疑为统兵征战之将。乞谕三臣，各制本品纱帽圆领，临民理事。摄政和硕睿亲王谕："目下急剿逆贼，兵务方殷，衣冠礼乐，未遑制定。近简用各官，姑依明式，速制本品冠服，以便莅事。其寻常出入，仍遵国家旧例。"(《清世祖实录》卷六)

八月己巳，十四日。定在京文武官员支给俸禄柴直，仍照故明旧例。(《清世祖实录》卷七)

十一月乙酉朔，初一日。大学士冯铨等奏言：翰林院明初原定为正三品衙门，后因詹事府有翰林三品、四品官，遂改为五品。……再察翰林原额虽止二十员，然明朝因职务殷繁，又为储才之地，将来备内阁、宗伯、少宰之选，故用人多至三四十员不等。《会典》开载，以为无定员，正为此也。……得旨：翰林院著为正三品衙门。詹事府并尚宝司衙门，俱著裁去。(《清世祖实录》卷一一)

顺治二年乙酉1645年。十二月癸卯，二十五日。江南道御史杨四重奏言：一代之兴，必有一代之制。今皇上大统既集，而一切诸务尚仍明旧，不闻有创制立法见诸施行者，恐非所以答天下仰望之心也。请亟敕臣工，讨论故实，求其至当，定为画一之规，永矢不刊之典。

顺治帝福临像

卷五 明清

(《清世祖实录》卷二二)

乙、定律例

顺治三年所定大清律，止易明为清而已，内容全仍其旧。

  顺治元年甲申1644年。六月甲戌，十八日。顺天巡按柳寅东启言：……鼎革以来，政教未敷，……宜速定律令，颁示中外。……摄政和硕睿亲王报曰："……自后问刑，准依明律。"（《清世祖实录》卷五）

  八月丙辰朔，初一日。刑科给事中孙襄条陈刑法四事，一曰定刑书，……今法司所遵，乃故明律令，就中科条烦简，情法轻重，当稽往宪、合时宜，斟酌损益，刊定成书，布告中外，俾知画一遵守。……摄政和硕睿亲王谕令法司官，会同廷臣详译明律，参酌时宜，集议允当，以便裁定成书，颁行天下。（《清世祖实录》卷七）

  顺治二年乙酉1645年。二月己未，初六日。刑科都给事中李士焜奏言：……今者律例未定，止有杖决二法，重者畸重，轻者畸轻。请敕部臣亟定律法，……分别杖、流、绞、斩之例。……得旨：修律官参酌满汉条例，分别轻重差等，汇成一编进览。（《清世祖实录》卷一四）

  五月戊子，初七日。福建道试监察御史姜金允奏言：……我朝刑书未备，止用鞭辟。臣以小民无知犯法，情有大小，则罪有重轻，斩之下有绞、徒、流、笞、杖，不忍尽死人于法也；斩有立决，复有秋决，于缓死中寓矜全也。故历朝有大理覆奏，有朝审、热审，又有临时停刑，盖死者不可复生，恒当慎之。今修律之旨久下，未即颁行非所以大彰皇仁也。请敕部速行定律，以垂永久。得旨：著作速汇辑进览，以便裁定颁行。其覆奏、朝审、热审、停刑各款，著三法司一并详察旧例具奏。（《清世祖实录》卷一六）

  己亥，十八日。刑科给事中孙襄奏言：……修律屡奉纶音，诸臣或以开创之始，未免过于郑重，而不知此非所以创为者，但取清律、明律，订其同异，删其冗繁，……似无事过为纷更。疏入，得旨：……所奏是，刑部知道。（《清世祖实录》卷一六）

顺治四年丁亥1647年。三月乙丑，二十四日。大清律成，命颁行中外。(《清世祖实录》卷三一)

我朝自太祖、太宗肇造区夏，维时俗淳刑简，所著为令，鞭朴斩决而已。世祖章皇帝除暴诛残，混一中外，举旧章而修明之，特命儒臣纂辑《大清律例》，颁行天下，于是斩、绞、徒、流、笞、杖之条具，而朝审、秋审、热审之制详，酌相沿之制，成维新之典。(《皇朝文献通考》卷一九五《刑考》一)

世祖御制序文曰："朕惟太祖、太宗创业东方，民淳法简，大辟之外，惟有鞭笞。朕仰荷天庥，抚临中夏，人民既众，情伪多端，每遇奏谳，轻重出入，颇烦拟议，律例未定，有司无所禀承。爰敕法司官，广集廷议，详译明律，参以国制，增损剂量，期于平允。书成奏进，朕再三覆阅，仍命内院诸臣校订妥确，乃允刊布，名曰《大清律集解附例》。尔内外有司官吏，敬此成宪，勿得任意低昂，……子孙臣民，其世世守之。"(《清史稿·刑法志》一)

《大清律》，即《大明律》改名也，虽刚林奏定，实出胥吏手。如内云：依大诰减等，盖明初颁大诰，各布政司刊行，犯者呈大诰一本服罪，故减一等，其后不复纳。但引大诰，溺其旨矣。今清朝未尝作大诰，辄引之，何也？(谈迁《北游录·纪闻》下《大清律》)

顺治八年，1651年。闰二月癸亥，十六日。刑科给事中赵进美奏言：臣阅《大清律》，凡大辟诸罪，有立决，有监候再审奏决。今律例久颁，未见遵行，请敕法司，以后应监候者，俱于秋后覆奏定夺。又按律例有热审一条，亦顺时行政、慎重民命之一端，似当修明举行，以副皇上如天好生之德。章下所司。(《清世祖实录》卷五四)

顺治十二年，1655年。正月，……疏言：……诸司职掌，未有成书，请以近年奉旨遵行者，参以前朝会典，编为简明则例，以励官守，并下部议行。(《清史列传》卷七八《曹溶传》)

太子太保吏部尚书臣宗室韩岱等，案查处分满官，臣部未有一定律例，俱系酌量事情轻重，公同议处。谨将处分过事件，逐一开列，进呈御览。(《文献丛编》第二辑《吏部处分过之满洲官员事件文册》)

丙、定赋役全书

三饷既免，田亩制度与地方收支，皆有更易，故屡修赋役全书。

1604

摄政王多尔衮像

世祖初并宇内，即除明季加派私增之弊，订定赋役全书，颁行天下。（《皇朝文献通考》卷一《田赋考》）

顺治元年，1644年。十一月庚戌，廿六日。山东道监察御史宁承勋奏言：赋役之定制未颁，官民无所遵守。祈敕部于赋役全书外，无艺之征，尽行裁革。如恩诏内有全免者，有半免者，有免三分之一者，著定书册，刊布海内。令州县有司，遵照规条，户给易知由单，庶愚民尽晓，而永遵良规矣。下户部议。（《清世祖实录》卷一一）

顺治三年，1646年。四月壬寅，二十六日。谕户部：……今特遣大学士冯铨，前往户部与公英俄尔岱，彻底察核在京各衙门钱粮款项数目，原额若干，现今作何收支销算；在外各直省钱粮，明季加派三项，蠲免若干；现在田土，民间实种若干，应实征起解存留若干。在内责成各该管衙门，在外责成抚按，严核详稽，拟定赋役全书，进朕亲览，颁行天下。（《清世祖实录》卷二五）

顺治十一年，1654年。四月丙寅，初七日。户部奏言：赋役全书，关乎一代之制度，各省之利弊。查考旧籍，贵详尽无遗；创立新规，期简明易晓。请敕臣部右侍郎，将旧贮全书，作速订正，督率各司官，照所管省分，创造新书。仍会同户科，详加磨勘，有应增减变通者，小则部科酌定，大则上疏奏请，务求官民易晓，永远可行。书成进呈御览，刊发内外衙门，颁行天下，凡征收、完纳、解运、支销、考成、蠲免诸法，悉据此书，用垂永久。报可。（《清世祖实录》卷八三）

顺治十二年，1655年。四月丙子，二十二日。谕户部：赋役全书，上关国计盈亏，下系民生休戚。屡览尔部奏疏，或驳回该督抚另造，节催不应，或发出该地方誊刻，经久不完。明是官胥利于朦混，故意错误，希图延缓岁月，便其私派横征，殊可痛恨。今欲将全书刻期告成，方略安在，并令督抚造报，如何始能画一，其悉心详议具奏。

中华二千年史

(《清世祖实录》卷九一)

顺治十二年七月癸卯，二十一日。先是，刑科给事中武攀龙劾奏户部左侍郎王弘祚所定河南赋役全书，朦混错误。……有旨令弘祚回奏，及弘祚回奏，下部议，攀龙随又驳参，弘祚又具疏申辨。……至是部议：河南省赋册，已经题明发回刊刻，一时未便取到。查各省修造规式，原自相同，山西省全书见送户科覆核，……其河南等处全书，即依式攒造可也。从之。(《清世祖实录》卷九二)

顺治十四年，1657年。十月丙子，初七日。谕户部：……兹特命尔部右侍郎王弘祚，将各直省每年额定征收、起存、总撒实数，编列成帙，详稽往牍，参酌时宜，凡有参差遗漏，悉行驳正。钱粮则例，俱照明万历年间，其天启、崇祯时加增，尽行蠲免。地丁则开原额若干，除荒若干，原额以明万历年刊书为准，除荒以覆奉俞旨为凭。地丁清核，次开实征，又次开起存、起运者，部寺仓口，种种分晰，存留者，款项细数，事事条明。至若九厘银，旧书未载者，今已增入；宗禄银，昔为存留者，今为起运。漕白二粮，确依旧额，运丁行月，必令均平，胖袄盔甲，昔解本色，今俱改折。南粮本折，昔留南用，今抵军需。官员经费，定有新规，会议裁冗，改归正项。本色绢布、颜料、银朱、铜、锡、茶、蜡等项，已改折者，照督抚题定价值开列，解本色者照刊定价值造入。每年督抚再行确查时值，题明填入易知单内，照数办解。更有昔未解而今宜增者，昔太冗而今宜裁者，俱细加清核，条贯井然。后有续增地亩钱粮，督抚按汇题造册报部，以凭稽核。纲举目张，汇成一编，名曰《赋役全书》，颁布天下。(《清世祖实录》卷一一二)

丁、十三衙门

顺治一朝，前明内监揽权如故，因改二十四衙门为十三衙门。后以抑制内监，始改为内务府，康熙以后，遂为永制。

顺治十一年，1654年。冬十月己卯，二十三日。谕礼部：内府事务殷繁，须各司分理，乃止设十三衙门，其原设之尚方司，未曾议及。此司系太宗时设立，职掌甚要，断不可少，著仍旧设立，共为十四衙门，尔部即行通知。(《清世祖实录》卷八六)

顺治十八年，1661年。罢十三衙门，以其事归内务府。顺治十一

年，裁内务府，置十三衙门，曰司礼监、尚方司、御用监、御马监、内官监、尚衣监、尚膳监、尚宝监、司设监、兵仗局、惜薪司、钟鼓司、织染局。十二年，改尚方司为尚方院。十三年，改钟鼓司为仪礼监，尚宝监为尚宝司，织染局为经局。十七年，改内官监为宣徽院，礼仪监为礼仪院。至是年，顺治十八年。圣祖仁皇帝御极，……十三衙门尽行革去，凡事皆遵太祖、太宗时定制行，内官俱永不用。(《皇朝文献通考》卷七七《职官考》一)

顺治十八年二月乙未，十五日。谕吏部、刑部等大小各衙门：……大抵委任宦寺，未有不召乱者。……我太祖、太宗痛鉴往辙，不设宦官。先帝以宫闱使令之役，偶用斯辈，继而深悉其奸，是以遗诏有云：祖宗创业，未尝任用中官，且明朝亡国，亦因委用宦寺，朕凛承先志。……乃知满洲佟义、内官吴良辅，……荧惑欺蒙，变易祖宗旧制，倡立十三衙门名色，广招党类，恣意妄行，……权势震于中外，以窃威福，……内外各衙门事务，任意把持，……其情罪重大，稔恶已极。……吴良辅已经处斩，佟义若存，法亦难贷，已服冥诛，著削其世职。十三衙门尽行革去，凡事皆遵太祖、太宗时定制行，内官俱永不用。(《清圣祖实录》卷一)

世祖开国，鉴明代之失，裁汰宦官，设内务府，罢织造太监。顺治十年，乃设乾清宫执事官，及直殿局。十一年，裁内务府，置十三衙门，凡八监，……三司，……二局。……十二年，命工部立十三衙门铁敕，禁宦官窃权干政。(王庆云《熙朝纪政》卷三《纪裁十三衙门》)

十三衙门尽革，以三旗包衣仍立内务府，置总管大臣，兼以公卿，而无专员。又仿《周官》内宰、官正、官伯、膳夫之职，次第立堂郎中，及七司郎中，各率其属，以充其事，收奄宦之权，归之旗下。(王庆云《熙朝纪政》卷三《纪立内务府》)

戊、驻防

清初入关，其兵力只及于保定、德州、济宁，继扩于济南、太原，俱

顺治铁牌

中华二千年史

以满兵驻守。及渡江后，满兵为后劲，择要害地驻扎，是为驻防之始。康熙以后，驻防始遍于全国。

顺治元年，世祖章皇帝定鼎燕京，分置满洲、蒙古、汉军八旗于京城内，镶黄、正黄旗居北方，正白、镶白旗居东方，正红、镶红旗居西方，正蓝、镶蓝旗居南方。左翼自北而东，自东而南，镶黄旗在安定门内，正白旗在东直门内，镶白旗在朝阳门内，正蓝旗在崇文门内；右翼自北而西，自西而南，正黄旗在德胜门内，正红旗在西直门内，镶红旗在阜城门内，镶蓝旗在宣武门内。(《皇朝文献通考》卷一七九《兵考》一)

设盛京八旗驻防兵。时以迁都燕京，命内大臣何洛会为盛京总管，设左右翼梅勒章京各一人，统领满洲、蒙古、汉军八旗兵驻防盛京，并设各城城守官。至三年，改总管为按班章京。十年，增设宁古塔按班章京。(《皇朝文献通考》卷一七九《兵考》一)

设直省八旗驻防兵。时初设独石口、张家口防御，分遣甲兵驻防。至二年，复遣八旗兵驻防直隶之顺德府，山东之济南府、德州、临清州，江南之徐州府，山西之平阳府、潞安府、蒲州府，凡八城，每城设协领一人，满洲章京四人，蒙古、汉军章京各二人。寻复增定江南江宁府、浙江杭州府等处驻防兵制，嗣后随各省形势，设将军、都统、副都统，或但设城守尉、防守尉驻防。(《皇朝文献通考》卷一七九《兵考》一)

顺治二年乙酉1645年。十月庚辰，初二日。遣八旗官兵，驻防顺德、济南、德州、临清、徐州、潞安、平阳、蒲州

宣武门旧影

八城，每旗分驻一城，每城协领一员，满洲章京四员，蒙古、汉军章京各二员，兵丁各六百名。(《清世祖实录》卷二一)

顺治三年丙戌1646年。二月丙申，十九日。遣侍郎巴山、梅勒章京张大猷，率驻防济南、临清、德州、睢州弁兵并家口，镇守江宁，甲喇章京傅喀蟾，梅勒章京李思忠，率驻防顺德、潞安、平阳、蒲州弁兵并家口，镇守西安。(《清世祖实录》卷二四)

顺治五年，1648年。十月戊戌，初七日。命梅勒章京郭朝宗，驻防汉中。(《清世祖实录》卷四〇)

顺治五年，1648年。十月戊戌，初七日。设驻防沧州城守尉一员，防御三员，骁骑校四员；济宁州城守尉一员，防御三员，骁骑校四员；淮安府城守尉一员，防御七员，骁骑校八员；济南府城守尉一员，防御三员，骁骑校四员；临清州城守尉一员，防御三员，骁骑校四员；大名府城守尉一员，防御三员，骁骑校四员；河间府城守尉一员，防御三员，骁骑校四员。(《清世祖实录》卷四〇)

顺治七年，1650年。二月甲午，十一日。命官兵驻防顺义、昌平、三河、潮县、良乡、固安、采育、东安等处，每城满洲章京二员，蒙古章京一员，每牛录兵四名。(《清世祖实录》卷四七)

(二) 政令之严急

当时以剃发、圈地、逃人，为不可抗之政令，抗者及言其不便者必死。江南因护发而起义师，北方圈地，夺人民田土无算，督捕之害尤烈。

甲、剃发

顺治二年，1645年。六月丙寅，十五日。谕礼部曰："向来薙发之制，不即令画一，姑听自便者，欲俟天下大定，始行此制耳。今中外一家，君犹父也，民犹子也，父子一体，岂可违异？若不画一，终属二心，不几为异国之人乎？此事无俟朕言，想天下臣民，亦必自知也。自今布告之后，京城内外，限旬日，直隶各省地方，自部文到日，亦限旬日，尽令薙发。遵依者为我国之民，迟疑者同逆命之寇，必置重罪。若规避惜发，巧辞争辩，决不轻贷。该地方文武各官，皆当严行察验，若有复为此事，渎进章奏，欲将朕已定地方人民，仍存明制，不随本朝制度者，杀无赦。其衣帽装束，许从容更易，悉从本

朝制度，不得违异。(《清世祖实录》卷一七)

顺治二年，1645年。七月戊午，初九日。谕礼部，官民既已薙发，衣冠皆宜遵本朝之制，从前原欲即令改易，恐物价腾贵，一时措置维艰，故缓至今日。近见京城内外军民，衣冠遵满式者甚少，仍着旧时巾帽者甚多，甚非一道同风之义。尔部即行文顺天府、五城御史，晓示禁止官吏纵容者，访出并坐，仍通行各该抚按，转行所属一体遵行。(《清世祖实录》卷一九)

乙、圈地

顺治四年，1647年。正月辛亥，初九日。户部奏请：去年八旗圈地，止圈一面，内薄地甚多，以致秋成歉收。今年东来满洲，又无地耕种，若以远处府、州、县、屯、卫、故明勋戚等地拨给，又恐收获时，孤贫佃户无力运送。应于近京府州、县内，不论有主、无主地土，拨换去年所圈薄地，并给今年东来满洲。其被圈之民，于满洲未圈州、县内，查屯、卫等地拨补，仍照迁移远近，豁免钱粮，四百里者，准免二年，三百里者，准免一年。以后无复再圈民地，庶满汉两便。疏入，从之。于是圈顺义、怀柔、密云、平谷四县地六万七百五垧，以延庆州、永宁县、新保安、永宁卫、延庆卫、延庆左卫、右卫、怀来卫无主屯地拨补；圈雄县、大城、新城三县地四万九千一百一十五垧，以束鹿、阜城二县无主屯地拨补；圈容城、任丘二县地三万五千五十一垧，以武邑县无主屯地拨补；圈河间府地二十万一千五百三十九垧，以博野、安平、肃宁、饶阳四县先圈薄地拨补；圈昌平、良乡、房山、易州四州县地五万九千八百六十垧，以定州、晋州、无极县、旧保安、深井堡、桃花堡、递鹨堡、鸡鸣驿、龙门所无主屯地拨补；圈安肃、满城二县地三万五千九百垧，以武强、藁城二县无主屯地拨补；圈完县、清苑二县地四万五千一百垧，以真定县无主屯地拨补；圈通州、三河、蓟州、遵化四州县地十一万二百二十八垧，以玉田、丰润二县圈剩无主屯地及迁安县无主屯地拨补；圈霸州、新城、涿县、武清、东安、高

清代发式

卷五　明清

鸡鸣驿遗迹

阳、庆都、固安、安州、永清、沧州十一州县地十九万二千五百一十九垧，以南皮、静海、乐陵、庆云、交河、蠡县、灵寿、行唐、深州、深泽、曲阳、新乐、祁州、故城、德州各州县无主屯地拨补；圈涿州、涞水、定兴、保定、文安五州县地十万一千四百九十垧，以献县先圈薄地拨补；圈宝坻、香河、滦州、乐亭四州县地十万二千二百垧，以武城、昌黎、抚宁各县无主屯地拨补。（《清世祖实录》卷三〇）

丙、督捕逃人

窝逃之罪重于逃人，盖以维护八旗巨室之私利。

顺治元年，1644年。置各州县甲长总甲之役，……凡遇盗贼、逃人奸宄窃发事件，邻佑即报知甲长。……若一家隐匿，其邻佑九家甲长总甲不行首告者，俱治以罪。（《皇朝文献通考》卷二一《职役考》一）

顺治二年乙酉1645年。三月戊申，谕户部：……此等投充旗下人民，有逃走者，逃人及窝逃之人两邻、十家长、百家长俱照逃人定例治罪。（《清世祖实录》卷一五）

顺治三年，1646年。十月乙酉，十三日。谕：有为薙发、衣冠、圈地、投充、逃人，牵连五事具疏者，一概治罪，本不许封进。（《清世祖实录》卷二八）

（三）笼络汉人

凡可以笼络汉人者，无不尽力为之。满人首先习读汉文，以示尊儒右文。知汉人所重者史，特诏修明史；知汉人所重者科举，特准生员、举人一体应乡、会试。官吏俱以原官起用。

甲、修明史

顺治二年，1645年。五月壬午，初一日。内三院大学士冯铨、洪承畴、李建泰、范文程、刚林、祁充格等奏言：臣等钦奉圣谕，总裁明史。查旧例设有副总裁，应用学士、讲读学士等官，今请以学士詹霸、赖衮、伊图、宁完我、蒋赫德、刘清泰、李若琳、胡世安，侍读学士高尔俨，侍读陈具庆、朱之俊，为副总裁官。其纂修等员，应加选取，今选有郎廷佐、图海、罗宪汶、刘肇国、胡统虞、成克巩、张端、高珩、李奭棠为纂修官，石图等七员为收掌官，古禄等十员为满字誊录官，吴邦豸等三十六员为汉字誊录，以及收发草本等事宜。从之。（《清世祖实录》卷一六）

顺治四年，1647年。五月丁卯，二十七日。谕大学士刚林、祁充格曰："尔等纂修明史，其间是非得失，务宜据事直书，不必意为增减，以致文过其实。"（《清世祖实录》卷三二）

顺治八年，1651年。闰二月癸丑，初六日。大学士刚林等奏言：臣等纂修明史，查天启四年及七年六月实录，并崇祯一朝事迹，俱缺。宜敕内外各官，广示晓谕，重悬赏格，凡钞有天启、崇祯实录，或有汇集邸报者，多方购求，期于必得；或有野史、外传、集记等书，皆可备资纂辑，务须广询博访，汇送礼部。庶事实有据，信史可成。下所司知之。（《清世祖实录》卷五四）

顺治十六年，1659年。五月己卯，十九日。礼部议覆：翰林院掌院学士折库讷等疏言，明朝一代之史，理应修辑，以昭鉴戒。请敕各直省地方官，凡收藏有明崇祯十七年朝报，及召对纪载，可备采择者，务期广为搜罗，速行汇送翰林院，以便题请纂修。其野史小说，不许滥收。报可。（《清世祖实录》卷一二六）

乙、满人习汉书

顺治二年，1645年。三月乙未，十二日。大学士冯铨、洪承畴等

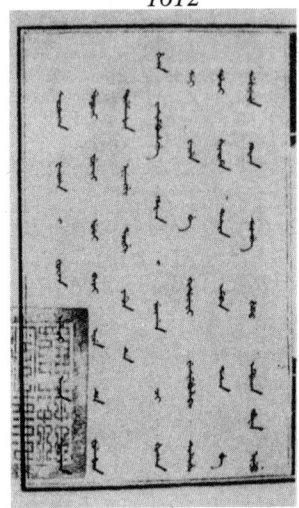

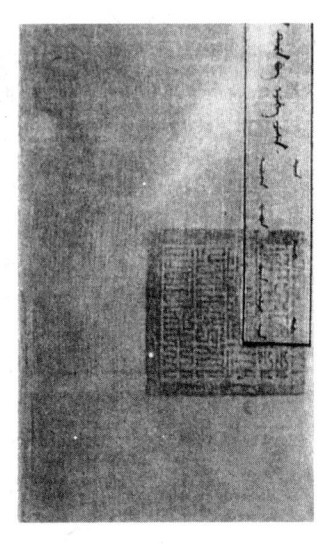

无圈点"满文"

奏言：……皇上……满书俱已熟习，但帝王修身治人之道，尽备于六经，……必习汉文、晓汉语，始上意得达，而下情易通。伏祈择满汉词臣，朝夕进讲。（《清世祖实录》卷一五）

五月戊戌，十七日。命满洲子弟就学，分为四处，每处用伴读十人，勤加教习，十日一次赴监考课；遇春秋演射，五日一次，就本处习练。俾文武兼资，以储实用。从国子监祭酒薛所蕴请也。（《清世祖实录》卷一六）

九月己巳，二十一日。先是每牛录各取官学生一名，以十名习汉书，余习满书。至是礼部奏请增额，命每牛录增取一名，于原额习汉书十名外，加用十名，余俱习满书。（《清世祖实录》卷二〇）

顺治八年，1651年。三月丙午，二十九日。吏部奏言：各旗子弟率多英才，可备循良之选，但学校未兴，制科未行耳。先帝在盛京爱养人才，开科已有成例，今日正当举行。臣等酌议满洲、蒙古、汉军各旗子弟，有通文义者，提学御史考试，取入顺天府学，乡试作文一篇，会试作文二篇，优者准其中式，照甲第除授官职，则人知向学，进取有阶矣。报可。（《清世祖实录》卷五五）

顺治十一年，1654年。十二月戊寅，二十二日。礼部奏言：会试俱有定例，他赤哈哈番、笔帖式哈番皆系六七品官，各有职任，优劣自有分别，况历科中式举人颇多，嗣后满洲、蒙古、汉军会试，止准举人应试，其在院、部等衙门，他赤哈哈番、笔帖式哈番等，不准会试，庶满汉试例一体矣。从之。（《清世祖实录》卷八七）

丙、开科取士

顺治元年，1644年。十月，诏：……（一）会试定于辰、戌、丑、未年，各直省乡试，定于子、午、卯、酉年。凡举人不系行止黜革者，仍准会试，各处府、州、县儒学食廪生员仍准给廪，增附生员仍

准在学肄业，俱照例优免。(《清世祖实录》卷九)

顺治二年，1645年。四月辛酉，初九日。礼部议覆都给事中龚鼎孳疏言：故明旧制，考取举人，第一场时文七篇，二场论一篇、表一篇、判五条，三场策五道。今应如科臣请减时文二篇，照故明洪武时例，用时文五篇，于论、表、判外，增用诗，去策，改用奏疏。至京城贡院颓坏，应即修葺。得旨考试仍照旧例行，贡院著即修葺。(《清世祖实录》卷一五)

顺治三年，1646年。正月甲戌，二十六日。礼部奏言：龙飞首科，正士类弹冠之日。今年二月，会试天下举人，其中式名额，及内帘房考官，均宜增广其数，以收人才而襄盛治。得旨：开科之始，人文宜广，中式额数，准广至四百名，房考二十员，后不为例。(《清世祖实录》卷二三)

顺治开科，沿前明旧制，首场四书艺三篇，经艺四篇；次场论一篇，表一道，判五条，试五经者，并作诏诰；后场策五道。时给事中龚鼎孳，请用诗，去策，改用奏疏。不许。定磨勘试卷例，首严弊幸，次简瑕疵，前场以明理会心、不愧先儒者为合式，后场以出经入

南京贡院

卷五 明清

史、条对详明者为合式。（王庆云《熙朝纪政》卷一《纪科举篇目》）

顺治十四年，1657年。正月戊午，十五日。谕吏部：朕惟制科取士，课吏荐贤，皆属朝廷公典。……以后内外大小各官，俱宜恪守职掌，不许投拜门生，如有犯者，即以悖旨论罪。荐举各官，俱照衙门体统相称，一切读阅卷考试等项，俱不许仍袭师生之号，……如揭榜后，有仍前认作师生者，一并重处不贷。……永绝朋党之根。（《清世祖实录》卷一〇六）

丁酉科场兴大狱，论死论流者甚众，明为肃场规，其实则箝制士人，而党争亦有关焉。

顺治十四年，1657年。十月甲午，二十五日。先是刑科右给事中任克溥参奏：乡会大典，慎选考官，无非欲矢公矢慎，登进真才。北闱榜放后，途谣巷议，啧有烦言。臣闻中式举人陆其贤，用银三千两，同科臣陆贻吉，送考官李振邺、张我朴，贿买得中。北闱之弊，不止一事。此辈弁髦国法，亵视名器，通同贿卖，慭不畏死。伏乞皇上大集群臣，公同会讯，则奸弊出而国法伸矣。事下吏部、都察院严讯，得实，奏闻，得旨：……李振邺、张我朴、蔡元禧、陆贻吉、项绍芳，举人田耜、邬作霖，俱著立斩，家产籍没，父母兄弟妻子俱流徙尚阳堡。主考官曹本荣、宋之绳，著议处具奏。（《清世祖实录》卷一一二）

十一月癸亥，二十五日。工科给事中阴应节参奏：江南主考方犹等，弊窦多端，榜发后，士子怨其不公，哭文庙，殴帘官，物议沸腾。其彰著者，如取中之方章钺，系少詹事方拱乾第五子，悬成、亨咸、膏茂之弟，与犹联宗有素，乃乘机滋弊，冒滥贤书。请皇上立赐提究严讯，以正国宪、重大典。得旨：据奏南闱情弊多端，物议沸腾。方犹等经朕面谕，尚敢如此，殊属可恶。方犹、钱开宗并同考试官，俱著革职，并中式举人方章钺，刑部差员役速拿来京，严行详审。（《清世祖实录》卷一一三）

顺治十五年，1658年。二月庚年，初三日。礼部磨勘丁酉科乡试朱卷，劾奏违式各官，河南省考试官黄鈗、丁澎，用墨笔添改字句，山东省同考官同知袁英、知州张锡怿、知县唐瑾、吴暹、何铿、章贞，用蓝笔改窜字句，山西省考试官匡兰馨、唐赓尧，批语不列衔

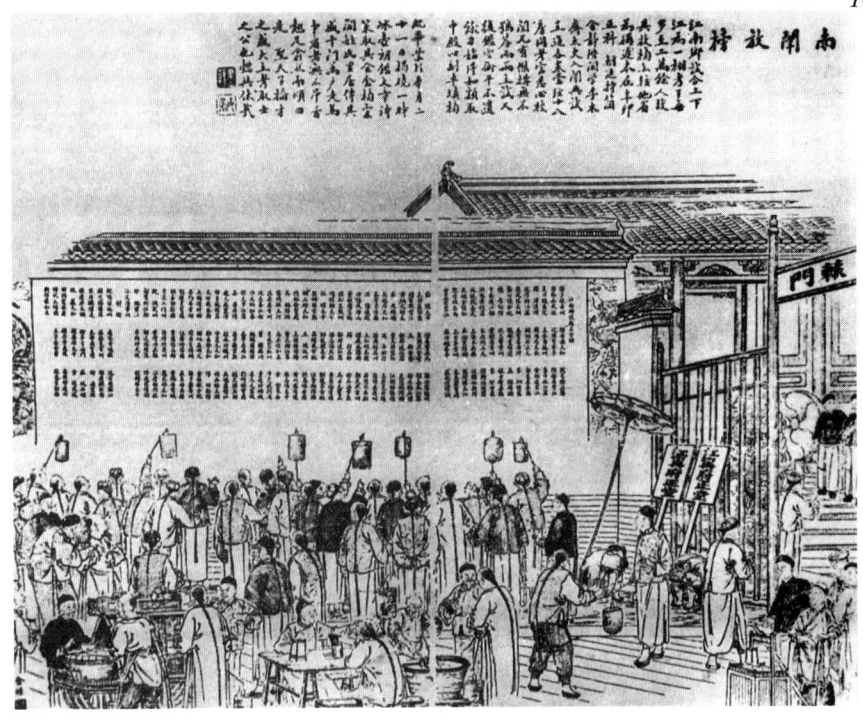

南闱放榜图

名，俱属疏忽。得旨：俱著革职逮问。掌河南道御史上官鉉，劾奏江南省同考官舒城县知县龚勋，出闱后，被诸生所辱，事涉可疑。又有中式举人程度渊者，啧有烦言，情弊昭著。应详细磨勘，以厘凤奸。得旨：著严察逮讯。(《清世祖实录》卷一一五)

四月辛卯，二十五日。谕刑部等衙门：开科取士，原为遴选真才，以备任使，关系最重，岂容作弊坏法。王树德等，交通李振邺等，贿买关节，紊乱科场，大干法纪，命法司详加审拟。据奏，"王树德、陆庆曾、潘隐如、唐彦曦、沈始然、孙旸、张天植、张恂，俱应立斩，家产籍没，妻子父母兄弟流徙尚阳堡；孙珀龄、郁之章、李倩、陈经在、邱衡、赵瑞南、唐元迪、潘时升、盛树鸿、徐文龙、查学诗，俱应立斩，家产籍没；张昺、孙兰苴、郁乔、李苏霖、张秀虎，俱应立绞，余赞周应绞监候，秋后处决"等语，朕因人命至重，恐其中或有冤枉，特命提来亲行面讯。王树德等，俱供作弊情实，本当依拟正法，但多犯一时处死，于心不忍，俱从宽免死，各责四十板，流徙尚阳堡。余依议。董笃行等，本当重处，朕面讯时，皆自认委系溺职，姑著免罪，仍复原官。曹本荣等，亦著免议。(《清世祖实录》卷

卷五 明清

一一六）

七月辛酉，二十六日。刑部议河南主考黄钤、丁澎，违例更改举人原文作程文，且于中式举人朱卷内，用墨笔添改字句，黄钤又于正额供应之外，恣取人参等物。黄钤应照新例籍没家产，与丁澎俱责四十板，不准折赎，流徙尚阳堡。议上，命免钤、澎责，如议流徙。（《清世祖实录》卷一一九）

十月癸未，二十日。刑部等衙门，会勘原任推官李燧升，受诸云子嘱托，为徐荣向李振邺贿买关节，情真应论死，并籍其家，其父母兄弟妻子流徙尚阳堡。原任翰林诸豫，为李燧升过付，应一并责徙。得旨：燧升免死，俱流徙尚阳堡。（《清世祖实录》卷一二）

十一月辛酉，二十八日。刑部鞫实江南乡试作弊一案，正主考方犹拟斩，副主考钱开宗拟绞，同考试官叶楚槐等，拟责遣尚阳堡，举人方章钺等，俱革去举人。疏入，得旨：方犹、钱开宗，差出典试，经朕面谕，务令简拔真才，严绝弊窦，辄敢违朕面谕，纳贿作弊，大为可恶。如此背旨之人，若不重加惩治，何以儆戒将来？方犹、钱开宗，俱著即正法，妻子家产籍没入官。叶楚槐、周霖、张晋、刘廷桂、田俊民、郝惟训、商显仁、李祥光、银文灿、雷震声、李上林、朱建寅、王熙如、李大升、朱菎、王国祯、龚勋，俱著即处绞，妻子家产籍没入官。已死卢铸鼎，妻子家产，亦著籍没入官。方章钺、张明荐、伍成礼、姚其章、吴兰友、庄允堡、吴兆骞、钱威，俱著责四十板，家产籍没入官，父母兄弟妻子并流徙宁古塔。程度渊在逃，责令总督郎廷佐、亢得时等，速行严缉获解。（《清世祖实录》卷一二一）

丁、征隐逸

顺治元年，1644年。七月甲寅，二十九日。摄政和硕睿亲王谕：……近见廷臣所举，类多明季旧吏，及革职废员，未有肥遁山林、隐迹逃名之士。（《清世祖实录》卷六）

十月，诏：……（一）山林隐逸之士，有怀才抱德、堪为时用，及武略出众、胆力过人者，抚按据实举荐，该部覆核征聘来京，以便擢用。（《清世祖实录》卷九）

十月，诏：……（一）前朝文武进士，文武举人，仍听该部核用。（《清世祖实录》卷九）

戊、起用旧人

自顺治二年，起用奄党冯铨，先后执政几二十年，刘正宗承其衣钵。东林旧人结宦官与争，终不能胜，盖铨能得八旗欢心也。

> 顺治元年，1644年。……五月戊子朔，摄政睿亲王多尔衮，师至通州，……己丑，师至燕京。……庚寅，谕故明内外官民人等曰："各衙门官员俱照旧录用，可速将职名开报，如虚饰假冒，罪之。其避贼回籍、隐居山林者，亦具以闻，仍以原官录用。兵丁愿从军，或愿归农者，许该管官送至兵部，分别留遣。凡投诚官吏军民，皆著薙发，衣冠悉遵本朝制度。"……癸巳，摄政睿亲王令在京内阁、六部、都察院等衙门官员，俱以原官同满官一体办事。（《清世祖实录》卷五）

> 顺治二年，1645年。八月庚寅，十一日。户科给事中杜立德奏言：阁臣冯铨所行弗类，诸臣具实以告，非私论也。将逾旬日，未蒙鉴裁，内外大小群情汹汹，继后有系天下国家大事者，谁敢再出一语？将人臣直言之气不鼓，如是非何？如彰瘅何？祈令满汉大臣，朝堂共议，庶几公论克协，而法守允垂。况如马士英、阮大铖，招权纳贿，弄其君于鼓掌，宋企郊煽恶流毒，神人共愤，乃任其遁而不之捕，讳其迹而为之荐，皆非所以示公道、昭大权。……下所司知之。（《清世祖实录》卷二〇）

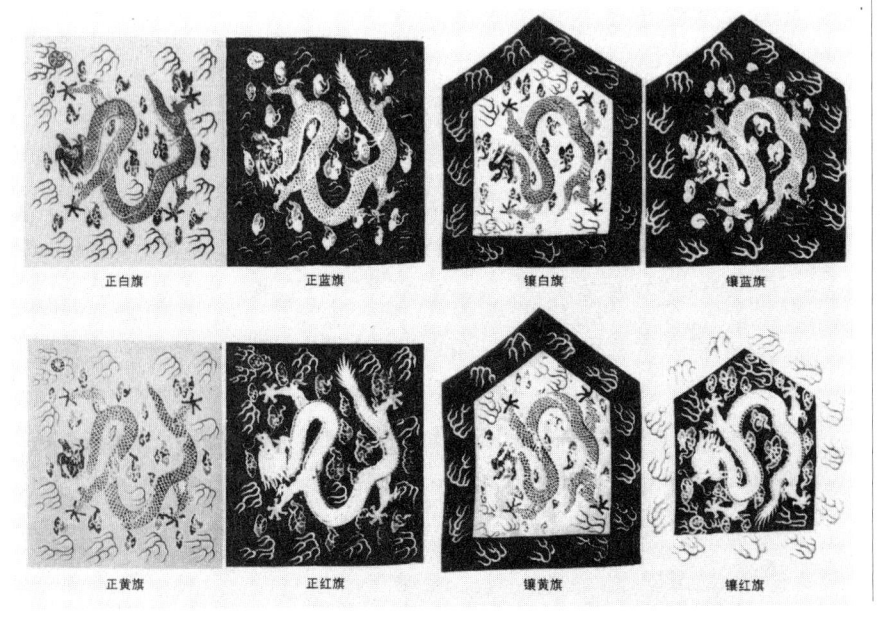

清八旗旗帜

| 正白旗 | 正蓝旗 | 镶白旗 | 镶蓝旗 |
| 正黄旗 | 正红旗 | 镶黄旗 | 镶红旗 |

卷五 明清

丙申，十七日。先是给事中许作梅、庄宪祖、杜立德，御史王守履、桑芸、李森先、罗国士、邓孕槐、吴达等，交章劾内弘文院大学士冯铨，原系故明天启阉寺魏忠贤党羽，曾向大同总兵官姜瓖索银三万两，向江禹绪索金一百两。其子源淮又设宴馔于内院宴饮，礼部左侍郎孙之獬受源淮贿，遂收为伊标中军。又礼部侍郎李若琳，系铨党羽，其人庸懦无行。俱宜罢黜究治，请将冯铨父子肆诸市朝。疏入，命刑部确讯具奏。至是刑部以鞫问无实，拟科道各官俱反坐，启摄政王。王于重华殿传集内院大学士等官，及刑部科道各官，逐一鞫问，所劾冯铨、孙之獬、李若琳各款，俱无实迹，因冯铨自投诚后，薙发勤职，孙之獬于众人未薙发之前，即行薙发，举家男妇，皆效满装，李若琳亦先薙发，故结党同谋陷害。于是摄政王谕曰："故明诸臣，各立党羽，连章陈奏，陷害忠良，无辜被罚，无功滥用，酿成祸患，以致明亡。今尔科道各官，如何仍蹈故明陋习，陷害无辜？据尔等所劾三人，皆系恪遵本朝法度者，即此足见尔等结党谋害。"给事中龚鼎孳对曰："冯铨乃背负天启，党附魏忠贤作恶之人。"铨曰："忠贤作恶，故尔正法，前此铨即具疏告归田里。如铨果系魏党，何为不行诛戮？又何为不行治罪？流贼李自成将我故主崇祯陷害，窃取神器，鼎孳何反顺陷害君父之李贼，竟为北城御史？"王曰："此言实否？"鼎孳曰："实。岂止鼎孳一人，何人不曾归顺？魏徵亦曾归顺唐太宗。"王笑曰："人果自立忠贞，然后可以责人。己身不正，何以责人？鼎孳自比魏徵，以李贼比唐太宗，殊为可耻。似此等人，何得侈口论人，但缩颈静坐，以免人言可也。"既而又曰："此番姑从宽免尔等罪，如再蹈故明陋习，不加改悔，定不尔贷！"后数日，以李森先启内，"请将冯铨父子肆诸市朝"之语过甚，令革森先职。（《清世祖实录》卷二〇）

顺治五年，1648年。七月丁丑，十四日。设六部汉尚书、都察院汉左都御史各一员，以陈名夏为吏部尚书，谢启光为户部尚书，李若琳为礼部尚书，刘余祐为兵部尚书，党崇雅为刑部尚书，金之俊为工部尚书，徐起元为都察院左都御史。（《清世祖实录》卷三十九）

顺治十年，1653年。四月己未，二十四日。大学士冯铨上疏引罪，得旨：上有所询，直言无隐，臣道宜然。但冯铨与陈名夏等素相矛

盾，朕所习知，因言不合理，是以有责问之旨。今冯铨既知己非，再观自新，仍照旧办事。以后诸臣有如此怀私修怨、不公不平者，急宜省改。(《清世祖实录》卷七四)

顺治十一年，1654年。三月辛卯，初一日。内翰林国史院大学士宁完我，劾大学士陈名夏，结党怀奸，情事叵测，疏曰："……痛恨我朝薙发，鄙陋我国衣冠，蛊惑故绅，号召南党，布假局以行私，藏祸心而倡乱。何以明其然也？名夏曾谓臣曰：'要天下太平，只依我一两事，立就太平。'臣问何事，名夏推帽摩其首云：'只须留头发，复衣冠，天下即太平矣。'……一吏科魏象枢，系陈名夏姻亲，结为一党。象枢误参司官钱受祺，擅委中军，后自检举。"奉旨：中军巡捕悬殊，何得错误，著议奏。部覆：钱受祺无罪，免议，魏象枢降级调用。名夏辄自票部本云："事属疏忽，著罚俸六个月。"成克巩云："既奉严旨，而票'事属疏忽'，似属相悖，不如改'既经检举'"。名夏依言改之，次日发出红本。冯铨云："此本票错，落去'钱受祺免议'字样，理应检举。"名夏云："冯系当直，成系票签，该你二人检举。"克巩作色言曰："签系何人所拟，教我二人检举乎？"后来竟不曾检举。(《清世祖实录》卷八二)

辛丑，十一日。先是吏部等衙门会鞫大学士宁完我劾奏陈名夏诸款俱实，陈名夏论斩，家产籍没，妻子流徙盛京，随命议政诸王贝勒大臣核议。至是和硕承泽亲王硕塞等会议：陈名夏情罪重大，仍应论斩，妻子家产分散为奴，伊子陈掖臣提到，另行审结，疏入，得旨：

陈名夏扇面书法

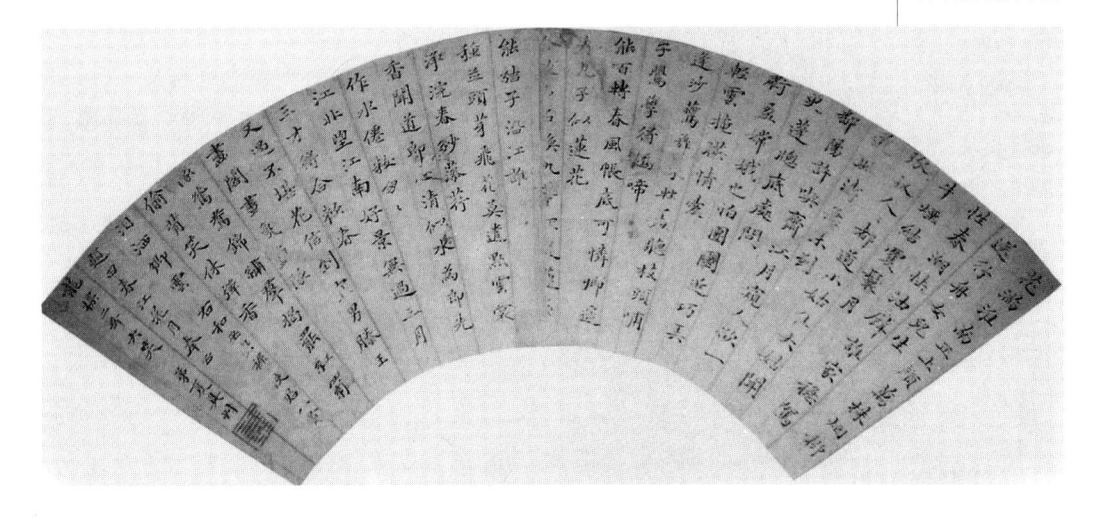

陈名夏所犯之罪实大，理应处斩，但念久任近密，不忍肆之于市，著处绞，妻子家产免分散为奴，余依议。(《清世祖实录》卷八二)

顺治十三年，1656年。二月丙子，二十七日。上在南苑，……上曰："朕非不知之遴等而用之，即若辈朋党之行，朕亦深悉。"……复谕诸臣曰："今人多结朋党，……何若为国为君效忠、安受富贵之为荣乎？纵使党与已成，及陷诛戮，孰能庇免？即如诛陈名夏，黜龚鼎孳时，其党曾有一人出而救之，或分受其过者乎？且多有因而下石者，是名为朋党，而徒受党之害也。(《清世祖实录》卷九八)

三月乙未，十六日。吏部议覆左副都御史魏裔介，广东道御史焦毓瑞，户科都给事中王祯，各劾陈之遴疏，拟革之遴职，永不叙用。疏入，得旨：陈之遴经朕训诫，不啻再三，望其省改过恶，尽去偏心，以图报称。乃毫不自悔，任意结党营私，大负朕恩。本当罢斥示惩，念其既已擢用，位至大臣，不忍即行革职，著以原官发盛京地方居住。(《清世祖实录》卷九九)

顺治十五年戊戌1658年。四月壬辰，二十六日。吏部等衙门会议：陈之遴、陈维新、吴维华、胡名远、王回子等，贿结犯监吴良辅，鞫讯得实，各拟立决。得旨：陈之遴受朕擢用深恩，屡有罪愆，叠经贷宥，前犯罪应置重典，特从宽以原官徙住盛京，后不忍终弃，召还旗下。乃不思痛改前过，以图报效，又行贿赂，交结犯监，大干法纪，深负朕恩。本当依拟正法，姑免死，著革职，并父母兄弟妻子流徙盛京，家产籍没。陈维新姑免死，并父母兄弟妻子流徙盛京，家产籍没。吴维华、胡名远、王回子等，俱姑免死，各责四十板，并父母兄弟妻子流徙宁古塔，家产籍没。(《清世祖实录》卷一一六)

顺治十七年庚子1660年。正月辛巳，二十五日。礼科右给事中杨雍建疏言：臣闻

宁古塔将军驻地旧城遗址

朋党之害，每始于草野，而渐中于朝宁，拔本塞源，尤在严禁结社订盟。今之妄立社名、纠集盟誓者，所在多有，而江南之苏、松，浙江之杭、嘉、湖为尤甚。其始由于好名，其后因之植党，相习成风，渐不可长。请敕部严饬学臣，实心奉行，约束士子，不得妄立社名，纠众盟会，其投刺往来，亦不许用同社、同盟字样，违者治罪。……得旨：士习不端，结社订盟，把持衙门，关说公事，相煽成风，深为可恶，著严行禁止。(《清世祖实录》卷一三一)

十一月辛酉，初十日。议政王、贝勒、大臣、九卿、科道，遵旨会议具奏：魏裔介、季振宜疏参刘正宗，……得旨：刘正宗性质暴戾，器量褊浅，持论矫激偏私，囿揆于理，处事执谬自恣，务显所长，悻愎琐屑，负气乖张，唯以沽名好胜为事，弗顾国家大体。时或适意，则骄矜夸诩；偶拂其意，则忿然不平，绝无休休老成之度。凡伊劣状，朕素知之，特以才学，故加擢用，屡行诫饬，复降严谕，冀其省改，以副朕简拔之意。乃置若罔闻，性愈恣睢，量愈褊急，卒无悛悔，罪过滋多，大负擢用深恩。本当依拟正法，念任用有年，姑从宽免死，著革职追夺诰命，籍没家产一半，归入旗下，不许回籍。张缙彦巧辩欺饰，本当依拟处斩，亦从宽免死，著革职追夺诰命，籍没家产，流徙宁古塔地方。(《清世祖实录》卷一四二)

(四) 财政之清理

顺治一朝，兵费最多，先免三饷以市恩，后复保留万历辽饷。乱后逃亡者众，荒地大增，乡绅仍明季之习，多不纳粮赋，赋入不给，乃有清厘之举，而江南奏销，遂成大狱，则由有意抑制绅衿。

甲、免三饷

顺治元年秋七月，……摄政睿亲王谕官吏军民人等曰："……前朝弊政，厉民最甚者，莫如加派辽饷，以致民穷盗起，而复加剿饷，再为各边抽练，而复加练饷，惟此三饷，数倍正供，苦累小民，剥脂刮髓，远者二十余年，近者十余年，天下嗷嗷，朝不及夕。更有召买粮料，名为当官平市，实则计亩加征，初议准作正粮，既而不与销算，有时米价腾贵，每石四五两不等，部议止给五分之一，高下予夺，惟贿是凭，而交纳衙门，又有奸人包揽，猾胥抑勒，明是三饷之

顺治亲政时向全国颁发的诏谕

外，重增一倍催科，巧取赎民，最为秕政。兹哀尔百姓困穷，夙害未除，痌瘝切体，……为尔下民请命，自顺治元年为始，凡正额之外，一切加派，如辽饷、剿饷、练饷，及召买米石，尽行蠲免。各该抚按，即行所属各道、府、州、县、军、卫衙门，大张榜示，晓谕通知。如有官吏朦胧混征暗派者，察实纠参，必杀无赦，倘纵容不举，即与同坐。"（《清世祖实录》卷六）

顺治五年戊子1648年。十一月辛未，十一日。诏：……（一）派征钱粮，俱照万历年间则例，其天启、崇祯年加增，尽行蠲免，通行已久，如有贪官污吏例外私派，多征扰民者，该抚按官纠参重处。（《清世祖实录》卷四一）

乙、停贡献

今制，宫庭服御所必需，率令有司以经费购办，未尝责贡民间，轸念人劳，罢免贡献者，为类尤广。……世祖章皇帝定鼎之始，将降谕旨，于故明各道额解内庭物产，分别蠲除，嗣是岁需上供，悉归经费采办。（《皇朝文献通考》卷三八《士贡考》）

丙、搜括

【兵饷】

今国所最急者财也，岁入一千八百一十四万有奇，岁出至二千二百六十一万有奇，出浮于入者四百四十七万有奇。此四百余万者，皇

上即日令诸臣焦思持筹，竭盈朝之心计，以臣度之，不能措至数十万，而国体已伤，民心已愁，甚非长策也。臣因和盘打算，国用所以不足之故，皆由养兵耳，各省镇满汉官兵俸□□□算之费，至一千八百三十三万零，大兵过往，骡马粮草等项，约算一百四十万两，其在京王公及各官俸薪披甲月饷，不过二百万有奇耳，则是岁费二千二百余万两者，凡十分在养兵，一分在杂用也。（王命岳《耻躬堂文集》卷一《议经国远图疏》）

臣忆自乙未科殿试对策内称，入不敷出者八十余万，至顺治十三年，入不敷出四百四十余万矣。臣自十五年九月给假离京，至今年七月还朝，意谓二年之内，计臣持筹，量入为出，当大异昔日，比臣入署以来，留心查核，则今日入不敷出者至七百余万，即以云南一省言之，总括一省夏税、秋粮、盐课、矿课、商、鱼、牛税，共正、杂虽止十六万一百两零，而今办滇南兵饷，至九百万两有奇。夫九百万两者，天下正赋钱粮共数当不及此也。……今之议者，必曰余寇未尽，未可安枕，八旗禁旅，必不可撤，六万绿旅，必不可裁，用兵必不可休。……查云南原有旧屯一万一千一百七十一顷，科粮三十八万九千九百九十二石零，……官收额内军饷，额外米粟既登，价值自贱，倘邀天之庇，每粟一石价可三金，则视今年之每石十金者，已省四分之三矣。（王命岳《耻躬堂文集》卷四《论滇饷疏》）

【奏销案】

顺治十二年乙未1655年。正月辛五，十六日。户部议覆户科都给事中朱之弼疏言：布政使、知府、直隶州知州俱应通计所属钱粮完欠，照州、县一体参罚，十分全完者优升；欠一分者罚俸六个月，照常升转；欠二分者住俸，欠三分者降俸一级，欠四分者降俸二级，欠五分者降职一级，欠六分者降职二级，俱戴罪督催，停其升转，俟完日开复；欠七分者降职一级调用，欠八分者降职二级调用；欠九分、十分者革职。从之。（《清世祖实录》卷八八）

顺治十五年戊戌1658年。五月戊申，十二日。谕户部：年来钱粮匮乏，……江南无锡等县，历来钱粮欠至数十万，地方官未见有大破积弊征比完结者，皆由官吏作弊，上官不行严察。且乡绅举贡之豪强

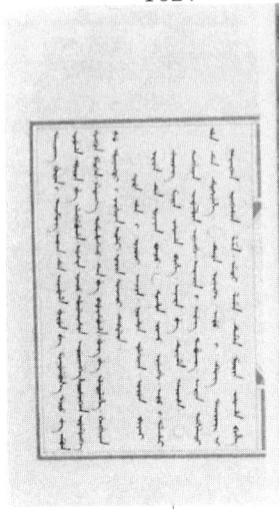

《满文老档》书影

者，包揽钱粮，隐混抗官，多占地亩，不纳租税，反行挟制有司。有司官不能廉明自守者，更惧其权势，不敢征催。该部遇有如无锡等州县之欠粮者，察明奏请选择廉明谨慎满洲启心郎、理事等官，先往一县，不带多人，不预别事，专令督理拖欠钱粮。或钱粮在官，借口民欠；或乡绅及其子弟、举贡生员、土豪隐占地亩，抗不纳粮；或畏惧豪强，不敢征比等项情弊，务期察明惩治。清察一处，即可为他处榜样。历年各省逋欠钱粮，多系贪官猾吏那移蚀，以及乡绅、举贡生员、土豪影射占隐，年来抚按未行清察，不能尽厘奸剔弊之职，今责成抚按，严加清察。如有前项情弊，题参重处；如曲庇不行指参，本犯一经发觉，即治抚按以徇纵之罪。（《清世祖实录》卷一一七）

顺治十八年辛丑1661年。六月庚辰，初三日。江宁巡抚朱国治疏言：苏、松、常、镇四府属并溧阳县未完钱粮，文、武、绅衿共一万三千五百一十七名，应照例议处，衙役人等二百五十四名，应严提究拟。得旨：绅衿抗粮，殊为可恶，该部照定例严加议处。（《清圣祖实录》卷三）

二　康熙之统一

（一）三藩之平定

甲、建藩及撤藩

清既定两广、云南，以吴、尚、耿、孔四王镇守其地。

顺治十六年己亥1659年。……三月……甲寅，先是经略辅臣洪承畴疏奏：云南山川峻险，幅员辽阔，非腹里地方可比。请敕议政王、

贝勒、大臣，密议三路大兵，作何分留驻守；贵州中路汉兵及广西汉兵，作何布置安设。……诏议政王、贝勒、大臣会议。至是王等议：平西、平南、靖南三藩内，应移一王驻镇云南，……应移一王分镇粤东，一王分镇蜀中。何王应驻何省，恭候上裁。奏入，命平西王驻镇云南，平南王驻镇广东，靖南王驻镇四川。(《清世祖实录》卷一二四)

顺治十六年，1659年。正月，……由榔奔永昌。二月，三桂同贝勒尚书卓布泰，进征南州，……渡澜沧江，下永昌，由榔先遁。我兵渡潞江，……乘胜取腾越州，追至南宁，乃振旅由永昌、大理、姚安还。……诏吴三桂镇云南。(《清史列传》八〇《逆臣传·吴三桂》)

初，继茂与尚。可喜攻下广州，……即城中驻兵牧马营，靖南、平南二藩府，东西相望。……顺治十六年，1659年。三月，上命移四川。十七年，1660年。七月，改命移福建。(《清史稿·列传》二一《耿仲明子继茂传》)

顺治八年辛卯1651年。春正月……庚申，定南王孔有德疏报，攻克广西省城，底定桂、平二府。(《清世祖实录》卷五二)

二月壬寅，移定南王孔有德官属、兵丁、眷属，驻广西桂林府。(《清世祖实录》卷五三)

孔有德先死，以其婿孙延龄镇守广西。

顺治九年，1652年。……孙可望令李定国与冯双礼，将八万人自黎平出靖州，别遣马进忠自镇远出沅州，两军会武冈，图桂林，……定国与王之邦、刘之讲、吴子圣、廖鱼、卜宁，率所部，自西延大埠，疾驰向桂林。……有德率师出战，定国……所部战甚力，……有德败绩，退保桂林。定国昼夜环攻，城陷，有德自杀。(《清史稿·列传》一一《李定国传》)

孙延龄……父龙，随孔有德来归，隶汉军正红旗，授二等男爵，……有

康熙帝朝服像

德以女四贞字延龄。……五年,1666年。五月,……命延龄为镇守广西将军,统辖有德所遗部众,驻桂林。(《清史列传》八〇《逆臣传·孙延龄》)

三藩之兵,初为三四万人,后渐扩至七八万人,以吴三桂为最强。

顺治元年,1644年。四月,……吴三桂率众迎睿亲王,令三桂兵肩系白布为识,……合击大破贼,追奔四十里。是日,睿亲王……进三桂爵为平西王,分隶步骑兵二万,先驱讨贼。(《清史列传》八〇《逆臣传·吴三桂》)

顺治六年,1649年。改封靖南王,……与尚可喜征广东,仲明将旧兵二千五百,新增兵七千五百,合为万人。(《清史稿·列传》二一《耿仲明传》)

顺治六年,1649年。五月,改封平南王,……旋命率旧兵二千三百,新增兵七千七百,合万人,与仲明同征广东。(《清史稿·列传》二一《尚可喜传》)

迨南方略定,……其时孔有德已遇害,无后,故惟留三桂王云南,尚可喜王广东,耿仲明之子继茂王福建。继茂卒,子精忠袭封。耿、尚二藩,所属各十五佐领,绿旗兵各六七千,丁口各二万,三桂藩属五十三佐领,绿旗兵万有二千,丁口计数万,是为三藩并建之始。(魏源《圣武记》卷二《康熙戡定三藩记》上)

三藩中,三桂功最高,兵最强,……破流贼,定陕,定川,定滇,取永明王于缅甸,又平水西土司安氏,四方精兵猛将,多归其部下,计五丁出一甲,甲二百设一佐领,积五十余佐领,辖以左右都统,设前后左右援剿四镇,分十营,每营兵千有二百,以吴应麒、吴国贵、夏国相、胡国柱等为都统,以马宝、王屏藩、王绪等十人为总兵。(魏源《圣武记》卷二《康熙戡定三藩记》上)

顺治十七年庚子1660年。六月……辛丑,议政王、贝勒、大臣等,会议户部裁兵筹饷一事,滇逆未靖,满洲大兵不应撤还,但协饷艰难,应将绿旗兵未招募者停止招募,投诚兵愿为民者令其为民,共以三万为额。至于各省军需俱取之本省,独滇省用各省转输,……今请敕平西王及该省督抚,于本省设法,酌量取用,其月饷仍令各省起解。(《清世祖实录》卷一三七)

昆明吴三桂王府

顺治十七年，1660年。部臣奏：计云南省俸饷岁九百余万，除召还满兵外，请裁绿营兵五万之二。三桂谓边疆未靖，兵力难减。（魏源《圣武记》卷二《康熙戡定三藩记》上）

三藩不只割据一方，自为政令，骚扰地方人民，吴三桂所铸钱，通行各省，名为西钱，其藩下官，不关吏部，分选各省，名为西选。清廷每岁负担军饷九百万，桂王平定后，军饷尚需四百万，闽、粤所需，略与此等，致岁入二千万，全以饷军，不足者尚五百万，故不得不下撤藩之令。然撤藩则三藩必反，人皆知之，群臣无敢赞撤藩者，一切不顾，期于必撤者，唯康熙帝及明珠二人而已。

初，耿继茂与尚可喜攻下广州，怒其民力守，尽歼其丁壮，即城中驻兵牧马营，靖南、平南二藩府，东西相望。继茂尤汰侈，广征材木，采石高要县七星岩，工役无艺。后创设市井私税，民咸苦之。广东左布政使胡章，自山东赴官途中，上疏言：臣闻靖南王耿继茂、平南王尚可喜，所部将士，掠辱士绅妇女，占居布政使官廨，并擅署置官吏。……乞敕二王还官廨，释俘虏。继茂奏辩，可喜亦有疏自白，章坐诬论绞。……逾年，高要知县杨雍建内迁给事中，疏陈广东滥役私税诸大害，谓一省不堪两藩，请量移他省。（《清史稿·列传》二一

卷五 明清

《耿仲明子继茂传》)

顺治十六年己亥 1659 年。冬十月……己酉，……谕吏、兵二部：……前已有旨，命平西王吴三桂移镇云南，……当兹地方初定之时，凡该省文武官贤否，甄别举劾，民间利病，因革兴除，及兵部钱粮，一切事务，俱暂著该藩总管，奏请施行，内外各衙门，不得掣肘。……俟数年后，该省大定，仍照旧令各官管理。(《清世祖实录》卷一二九)

康熙二年癸卯 1663 年。二月……丁巳，兵部议，准平西王吴三桂，疏请将云、贵二省总督、巡抚敕书，撰入"听王节制"四字。从之。(《清圣祖实录》卷八)

踞由榔所居五华山故官为藩府，增华崇丽，籍沐天波庄田为藩庄，假浚渠筑城为名，广征关市榷税、盐井、金矿、铜山之利，厚自封殖。(《清史列传》卷八〇《逆臣传·吴三桂》)

康熙二年癸卯 1663 年。五月……乙酉，……户部议覆：平西王吴三桂疏言滇省初定，请开鼓铸。……从之。(《清圣祖实录》卷九)

顺治十七年庚子 1660 年。十一月……壬申，四川道御史杨素蕴奏言：臣阅邸报，见平西王恭请升补方面一疏，以副使胡允等十员，俱拟升云南各道，并奏差部曹，亦在其内，臣不胜骇异。……即前此经略用人，奉有吏、兵二部不得掣肘之旨，亦惟以军前效用各官，或五省中人地相宜、资俸应得者，酌量具题，从未闻以别省不相干涉之处，及见任京官，公然坐缺定衔，如该藩今日者也。……诸臣才品为该藩所知，亦宜先行具题，奉旨俞允，然后令吏部照缺签补，犹不失权宜之中计，乃径行拟用，无异铨曹。(《清世祖实录》卷一四二)

所辖文武将吏，选用自擅，各省员缺，时亦承制除授，谓之西选。又屡引京朝官、各省将吏，用以自佐。(《清史稿·列传》二六一《吴三桂传》)

其所除授，号曰西选，西选之官遍天下。

尚可喜像

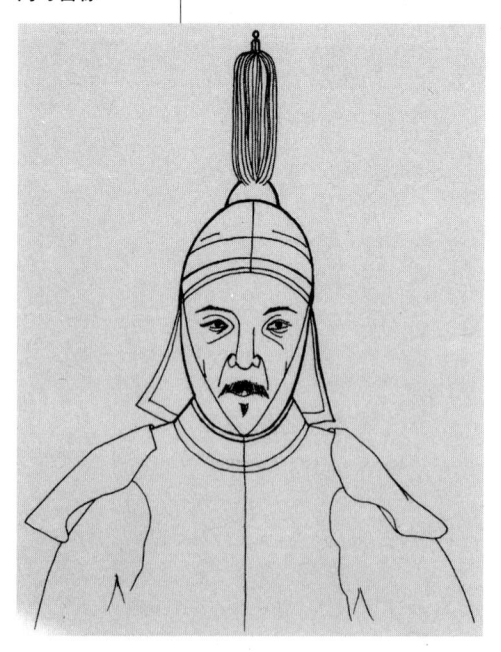

顺治十七年，部臣奏：计云南省俸饷，岁九百余万，……加以闽、粤二藩运饷，岁需二千余万，近省挽输不给，一切仰诸江南，……核天下财赋，半耗于三藩。（魏源《圣武记》卷二《康熙戡定三藩记》上）

尚可喜适有归老辽东、留子镇粤之请，……时康熙十二年，1673年。三月也。部议遂令其尽撤藩兵回籍。三桂及耿精忠闻之，不自安，亦于是年七月，疏请撤兵，以探朝旨。上敕廷臣议，皆言……不如勿徙，惟户部尚书米思翰、兵部尚书明珠、刑部尚书莫洛等，力请徙藩。……上念藩政久握重兵，势成尾大，非国家利，又三桂子，精忠诸弟，皆宿卫京师，谅无能为变，特允其请，徙藩山海关外。（魏源《圣武记》卷二《康熙戡定三藩记》上）

乙、吴三桂之称兵

吴三桂敢于称兵，盖知清廷主幼国疑，良将劲卒一时俱尽，而闽粤西北必可助己，画江以守，然后徐观天下之变。举兵而后，果如所期。然三桂手刃桂王，又自号为周，虽复中国衣冠，不足以资号召也。

三桂本挟云南，要旨慰留，冀得世守藩封，如沐氏故事，永踞滇中。撤藩命下，愕然气沮，其党愤愤不平，谓王功高，……怂恿举事。三桂亦自负才武不世出，地险财富，所属亲军与两迤诸镇将健卒，皆百战之锐，素得其死力，即他直省平日所植党，兵起当无不从命，且开国诸宿将，多先后物故，无足抗颜行者，遂决计反。（刘健《庭闻录》四）

散布伪札，四出诱煽，襄阳总兵杨嘉来，以襄阳应贼，广西将军孙延龄、提督马雄，以桂林应贼，四川巡抚罗森、提督郑蛟麟、总兵谭洪、吴之茂，以四川应贼，福建耿精忠闻之，亦同时反，……是冬陕西又有王辅臣之变。（魏源《圣武记》卷二《康熙戡定三藩记》上）

欲立明后，以号召天下，则缅甸之役无可自解；欲行至中原，据腹心始举事，复恐日久谋泄，遂于康熙十二年。十一月二十一日，发兵反。……自称天下都招讨兵马大元帅，以明年为周元年，蓄发易衣冠，旗帜皆白。（魏源《圣武记》卷二《康熙戡定三藩记》上）

十三年正月，三桂自称周王。有某生者，上书极谏，大略谓"宜奉明朝，称前平西伯，缟素待罪，以告天下，则忠臣义士孰不倾心。

吴三桂戎装像

今义旗再举，便以开国，是解天下体也。自此人窥王志，无复望其景从矣"。（刘健《庭闻录》五）

郑经……答其吴三桂。书曰："……自古成天下之大业，必先建天下之大义。以殿下之忠贞，而择立先帝之苗裔，则足以号召人心，而感奋忠义，不佞所以区区道及，亦欲依日月之末光，早建匡复之业，枕戈待旦，以俟会师之举尔。"（江日升《台湾外记》卷一六）

丙、南北之相持

清廷骤闻巨变，兵力未集，但图自守。其初一二年间，所注意者，以捐纳筹饷，及命南怀仁铸炮，以利器械而已，吴军亦不敢出岳州一步，遂成相持之局。

郎中党务礼、萨穆哈，在黔督理移藩，舟马疾驰，十二日至阙告变，湖广总督蔡毓荣亦奏至，举朝震动。……先遣都统巴尔布等，率满洲精骑三千，由荆州守常德；命都统珠满，以兵三千，由武昌赴守岳州；命都督尼雅翰、赫业、席布根特、穆占、佟国瑶等，分驰西安、汉中、安庆、兖州、郧阳、汝宁、南昌诸要地听调遣；……命顺承郡王勒尔锦，为宁南靖寇大将军，统师至荆州；……命西安将军瓦尔喀，率骑兵赴蜀，而大学士莫洛，经略陕西。……我兵云集荆、襄、武昌、宜昌诸郡，无敢渡江撄其锋者。（魏源《圣武记》卷二《康

熙戡定三藩记》上)

康熙十五年，1676年。……十月，疏言：迩者关中底定，闽逆投诚，荡平虽可刻期，然一日未罢兵，即一日不可无粮饷。宜于浙江、江西、湖广开捐例，纳米、豆、谷、麦、草束，以济军需。山东、河南岁值大稔，并宜捐米，贮临河州县，支应本省兵粮，多则运解京仓。疏下部议，……准开例湖广、江西、福建三省，现任官捐加级、纪录，四品以下降革官，捐复原职，分别录用、先用及顶带荣身。十七年，1678年。五月，疏言：天下盐课定额，不下三百余万，止陕西省遇闰加银，应令各省一例，又可增银二十余万，于军需不无小补。……十九年七月，疏言：……尚之信……近为属下护卫张永祥控告，其自辩疏中有云，张永祥假其名色，每年私收税银一千六百两，即此可知，尚之信所自收之税，当不下百万。应令督抚察核归公，累民者奏明豁免。……疏下王大臣等议行。
(《清史列传》卷八《余国柱传》)

康熙十九年，1680年。三月，……诏曰："军兴数载，供亿浩繁，朕恐累民，不忍加派科敛，因允诸臣条奏，凡裁节浮费，改折漕贡，量增盐课、杂税，稽查隐漏田赋，核减军需报销，皆用兵不得已之意，事平自有裁酌。"(魏源《圣武记》卷二《康熙戡定三藩记》上)

明年，康熙十三年。……命西洋人南怀仁，多制轻便火炮，俾越山渡水，以利行军之用。(魏源《圣武记》卷二《康熙戡定三藩记》上)

明年，康熙十三年。……三桂……亲赴常、澧督战，……贼将吴应麒踞岳州，于城外浚濠三重，设陷坑鹿角，以拒步骑，于洞庭峡口，攒立梢桩，以拒舟舰，而澧州、石首、华容、松滋，皆布重兵为犄角。……十五年，1676年。……是时，三桂以兵七万，据岳州、澧州诸水口，以拒荆州江北之师，以兵七万据长沙、萍乡、醴陵，以拒

南怀仁像

卷五 明清

江西之师。（魏源《圣武记》卷二《康熙戡定三藩记》上）

丁、闽粤及西北之平定

清廷欲灭吴军，唯有先翦其羽党，闽、粤、桂及西北，果皆次第戡定，而吴军始孤。

李之芳，……康熙十二年，1673年。以兵部侍郎总督浙江军务，会吴三桂反。十三年，……耿精忠亦叛，遣其将曾养性、白显忠、马九玉，数道窥浙，浙大震，之芳檄诸将扼仙霞关。……时上命都统赖塔率师入浙，五月，偕赖塔率满洲兵千、绿旗兵二千、乡勇五百，进驻衢州。……显忠自常山，陷开化、寿昌、淳安，养性自处州，犯义乌、浦江、东阳、汤溪，……温州镇总兵祖宏勋叛，召寇陷平阳，再进陷黄岩，集悍卒数万窥衢州。七月，之芳与赖塔……率总兵官李荣、副都统瑚图等，薄贼垒军坑西，……麾众越壕、拔栅，败之，遣陈世凯乘胜复义乌、汤溪，鲍虎复寿昌、淳安，牟大寅破常山，王廷梅败贼于金华石梁大沟源，李荣亦复东阳，复败贼于金华寿溪，……参将洪起元复嵊县。……十月，贼将桑明等五万众，由常山逼衢州西沟溪，倚山为营，觊联南路贼巢。之芳与赖塔议，出不意，遣廷梅与参领禅布，夜趋沟溪，分队进攻，又大破之，贼弃营遁。（《清史稿·列传》三八《李之芳传》）

康熙十三年，1674年。六月，命康亲王杰书为奉命大将军，率师讨耿精忠。师至金华，温州、处州已陷。……十四年，1675年。复处州及仙居，……诏宁海将军傅喇塔自黄岩规温州，趣杰书自衢州入。……十五年，1676年。自金华移师衢州，精忠将马九玉屯大溪滩，拒师，杰书督诸将力击之，……精忠兵大败。……杰书令偃旗鼓，一日

康熙戎装像

夜行数百里，乘月攻克江山，进徇常山，次仙霞关，……精忠兵不战溃，金、应虎降。进拔浦城，檄精忠谕降，师复进拔建阳，抚定建宁、延平二府。精忠遣其子显祚迎师，杰书承制，许以不死，精忠出降。（《清史稿·列传》三《杰书传》）

康熙十五年，1676年。春，尚、可喜发愤死，三桂封之信辅德亲王，趣其出师，索其助饷，又遣伪总督董重民代金光祖，伪巡抚冯苏代佟养巨，分守要冲。光祖、之信皆复悔，密通款于江西大军。十六年，1677年。夏六月，唆旧督标兵噪饷，执伪总督董重民于肇庆，率军民薙发反正。（魏源《圣武记》卷二《康熙戡定三藩记》下）

之信旋遣使赴江西，通款大军，密疏愿立功赎罪。……十六年，1677年。……之信遣副都统尚之瑛，率兵迎大军，驻韶州，疏陈闽属归正，……部议叙之信袭封平南亲王。（《清史列传》卷八〇《逆臣传·尚之信》）

有傅宏烈者，旧为庆阳知府，当三桂未反时，举发三桂不轨事，坐诬，谪戍苍梧。延龄既叛，宏烈欲假事权，集兵图恢复，受三桂伪职，为信胜将军。与延龄友善，数以大义陈说，延龄犹豫未决，妻四贞约宏烈往迎大兵，至即反正。十六年，1677年。宏烈迎大兵于江西，先致书将军舒恕，言四贞欲延龄归顺，……谓无刻不以隆恩豢养为念，若赐敕赦延龄罪，封四贞为郡主，则粤西可定。……为三桂侦知，使从孙世琮，纠贼逼桂林，诱执延龄杀之。……延龄旧将刘彦明……等……逐走贼众，偕线国安子成仁，率桂林官吏兵民归顺，四贞还京师。（《清史列传》卷八〇《逆臣传·孙延龄》）

康熙十四年，1675年。秦州、兰州、巩昌、定边、靖边、临洮、庆阳、绥德、延安、花马池相继失，辅臣自踞平凉，使其党分据各郡，陇右皆陷于贼。惟甘肃提督张勇，总兵孙思克、王进宝、陈福，斩使缴札，故河西及陕西未陷。洞鄂督诸将复秦州，进攻平凉，张勇遣诸将复兰、延、巩诸郡，自守巩昌、秦州，以隔蜀贼、陇贼相通之路，诏以张勇为靖逆将军，便宜行事。……十五年，1676年。……图海至，督诸将一战，大败贼于平凉城北，夺其虎山墩。……辅臣惧，遂……降，王屏藩、吴之茂屡为张勇、王进宝所败，遁还汉中，固原、庆阳诸郡皆复。（魏源《圣武记》卷二《康熙戡定三藩记》上）

仙霞关遗迹

戊、三路之征南

吴三桂初起时，即倚达赖讲和，本无北伐决心。既又失闽、粤之助，使清师得专力对湘。此时乃窃帝号自娱，欲以牢笼所部，不知已到日暮途穷之境，未几即死。众奉其孙世璠，终以地势险阻，人尚用命，致迟二年之久，清师克昆明，其乱始平。自称兵以至覆亡，先后达八年之久，史称为三藩之乱。有称后三藩者，盖以别于福、唐、桂三王也。

明年，康熙十三年。……西藏达赖喇嘛奏言：三桂若穷蹙乞降，可宥其一死；倘竟鸱张，不若裂土罢兵。上严斥不许。（魏源《圣武记》卷二《康熙戡定三藩记》上）

初三桂举兵，诸将或言宜疾行渡江，全师北向；或言直下金陵，扼长淮，绝南北运道；或言宜出巴蜀，据关中，塞殽函自固。三桂年老，更事多，欲出万全，不肯弃滇、黔根本，初得湖南，即下令诸将，毋得过江，以为事纵不成，可画长江而国，故用兵数载，未尝长驱东北。（魏源《圣武记》卷二《康熙戡定三藩记》上）

康熙十六年，1677年。……闽粤王师，数路告捷，耿精忠、尚之信先后反正，韩大任走降于福建，江西略定，……上命诸将专力湖南。十七年，1678年。……时三桂年六十有七矣，失陕西、闽、粤三

大援，至是又失江西，大兵云集湘湖间，疆宇日蹙，且军兴调发，财用耗竭，川湖赋税，不足供兵饷，恐四方见轻，情竭势绌，乃思窃帝号自娱，其下亦争劝进，以衡州当兵冲，自长沙徙都之。(魏源《圣武记》卷二《康熙戡定三藩记》上)

卜吉三月朔，……是日，乘马出伪宫，冠翼善冠，衣朱衣，登坛行衮冕礼，毕，乘辇返。……伪国号周，伪元昭武，改衡州为定天府，册妻张氏为后，……世璠为太孙，加郭壮图大学士，仍守云南。设云南五军府、兵马司，改留守为六曹、六部，晋胡国柱、吴应麒、吴国贵、吴世琮、马宝等大将军，封王屏藩东宁侯，予尚方剑，余晋爵有差。……八月……十八日，三桂死。(刘健《庭闻录》卷五)

贼众匿丧不发，……召国柱返衡州，推国贵总军务，而使国柱入滇，迎世璠奔丧。国柱至滇，郭壮图等以滇为根本重地，力阻世璠勿轻出，国柱大哭于东郊，数日，卒不许。……九月，伪后张氏死。十月，衡州发丧。十一月，世璠僭号，郭壮图等奉遗令立之。……十八年，1679年。正月，世璠僭元洪化。(刘健《庭闻录》五)

康熙十八年己未1679年。春正月……己未，安远靖寇大将军多罗贝勒察尼、詹事府詹事宜昌阿等疏报，逆贼吴应麒等窃踞岳州，坚垒死守，……水陆围困，断其粮道，逆贼势蹙，伪总兵王度冲、伪将军陈珀等，于本月十八日，各以其舟师来降，吴应麒等弃城遁，遂复岳州。(《清圣祖实录》卷七九)

岳州既复，诸贼震恐，勒尔锦亦率师自荆州渡江，彝陵、澧州之贼，皆以舟师降，常德、长沙贼将皆弃城焚掠遁，安亲王由长沙进衡州，吴国贵、夏国相等亦遁。……时湖南上游，惟辰州之辰龙关，与武冈之枫木岭，为入黔要路，皆天险，吴国贵、马宝踞武冈，胡国柱等踞辰州。安亲王至武冈，攻贼于枫木岭，广西巡抚傅宏烈由后路断其饷道，而大军奋击其前，炮殪吴国贵，贼溃遁，……遂复武冈。贝勒察尼攻辰龙关，径狭箐密，仅容一骑，贼

《圣武记》书影

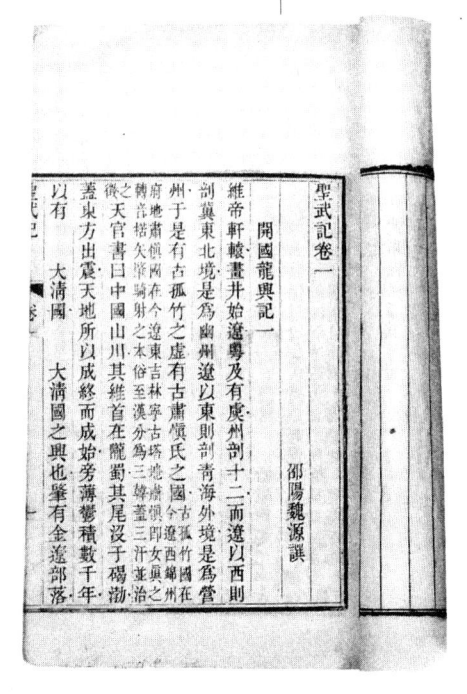

跨隘口立五营，以拒官兵，相持逾年，始由间道袭破之，遂克辰州、沅州，胡国柱走贵阳。是为湖南入黔滇之师。（魏源《圣武记》卷二《康熙戡定三藩记》上）

　　康熙十八年，1679年。正月十八日，……岳州平。是役也，公蔡毓荣居风涛炮火间，凡八阅月。……十九日，公入城安抚，……且为进征辰、沅计。……十月二十四日，公次常德，礼科给事中莫洛、户部郎中宜口赍敕至，敕曰："皇帝谕总督蔡毓荣：……方今贼既败遁负险，不便专恃马兵，若用绿旗步兵之力，则扑灭甚为有益。……尔当各率所属绿旗官兵，平定辰、沅，恢复云、贵。"……又曰："谕总督蔡毓荣、周有德，提督桑格，自古汉兵逆乱，亦惟以汉兵剿平，彼时岂有满兵助战？今逆贼大败，乘此逃散之际，理宜恢复辰、沅，速定云、贵。……从古以来，险隘地方，若不攻取，岂有自定之理。其作何领兵平定地方，著详议具奏。"公陈进机宜曰："今贼居辰龙关，势处上游，最为险隘，密布火炮、滚木、擂石，又于关外设垫挖濠，明挟我以不能仰攻之势，必取小路，分兵进剿，使贼势分，然后斩关直入。……"又疏曰："自镇远以下，辰、沅之水，直趋武陵，贼踞上游，现在白溶等处，贼船累累，我兵由陆进攻，贼或轻舟顺流袭我之后。……白溶距辰州六十里，现有伪左将军扎营，必由水路分贼势。……但滩高水隘，战船、沙船难行，快船亦不便撑驾，需八浆辰揪小船二百，每船容十余人，分载百子炮、过山鸟等轻便火器，上逼白溶，一面仍由辰龙关夹攻。疏入，立授公绥远将军印，总统绿旗兵。……十九年，1680年。正月，公率诸军进，命水路副将曾兰、水师游击多泰、总兵官陈华分驾辰揪战船，山西提标分布辰溪、桃源一带，以备应援，兼护粮道。三月初五日，公师抵宁香铺，分拨诸将，曰辰州坪，曰巫溪，曰苍溪，曰郭家溪，并潜师入。公亲督大军攻关，贼方拒敌，伏兵并发，出不意，弃关走，伪将军高启隆、巴养元夜遁，辰州伪知府傅祖禄、伪参将黄仲礼，各率所属纳印献城，伪定北将军杨有禄、伪水师左将军周珍、伪右将军杨宝荫亦赴军门投诚，……辰、沅平。（陆楣《铁庄文集》卷六《云贵总督蔡公西征纪略》）

　　康熙十八年己未1679年。秋七月……乙卯，……镇南将军莽依图疏报，伪将军吴世琮等，围南宁日久，城中食尽，旦夕且陷，投诚马

承荫请救，总督金光祖遣总兵官谭升、杨国泰等，率兵往南宁援之。吴世琮率众……逆战，臣与将军觉罗舒恕、额楚、都统、贝勒等，分路扑剿，杀贼甚多，吴世琮负重伤遁，遂解南宁之围。（《清圣祖实录》卷八二）

是年，康熙十八年。吴世琮亦败于广西，命大将军贝子赖塔，由南宁进云南，连败贼将何继祖众二万于安笼所，于黄草坝，……擒馘无算，是为由粤入滇之师。……提督赵良栋、王进宝，皆自任取蜀，十八年，1679年。十月，亦两路出师。……于是进宝复凤县、武关，王屏藩力不支，弃汉中，走保宁。我兵三路趋之，十九年，1680年。正月，败贼二万于城外锦屏山，夺桥而进，王屏藩自缢死，生擒吴之茂等，乘胜复顺庆。而赵良栋由略阳进克阳平关，渡白水江，复龙安，浮渡明月江，亦以是月克成都，降其伪将军以下文武百余，又败胡国柱于建昌。而图海亦复兴安；将军佛尼勒等复永宁，复马湖；湖广提督徐治都败杨来嘉于巫山，复夔州，复重庆，四川尽复。会是秋降贼谭洪等复叛，乃诏王进宝留镇四川，而赵良栋以勇略将军兼云贵总督，统川师进捣。是为由蜀入滇之师。（魏源《圣武记》卷二《康熙戡定三藩记》上）

康熙十八年，1679年。四月，良栋疏言：……今湖南底定，宜取汉中、兴安，以图四川。臣愿精选所属步骑五千，独当一路。上嘉许之。……于是良栋进师密树关，先袭黄渚关，以分贼势，遂大破贼，复徽县。……良栋遂趋略阳，击走吴之茂，复略阳城，遣兵取阳平关，徇沔县。王进宝亦复凤县，定汉中府，良栋会之于宁羌，各奏捷。诏授良栋勇略将军，仍管宁夏提督事。十九年，1680年。正月，

康熙所用铠甲

卷五 明清

良栋……连挫贼众于白水坝、石峡沟、青箐山，招降龙安府，渡明月江，过绵竹县，贼惊溃，伪将军汪文元、伪巡抚张文德等降，遂复成都。得旨嘉奖，擢云贵总督，加兵部尚书衔，仍管将军事。良栋闻命，谓宁夏提督有代者，则镇兵不能随征，因疏辞云贵总督。上弗许。会部议，宁夏宜如旧制，设总兵，诏即以良栋子荫生宏灿任之，率镇兵随征。……良栋分遣游击冶国用等，西徇雅州，复象岭、建昌诸卫，东徇叙州，复纳溪、永宁等县。(《清史列传》卷七《赵良栋传》)

康熙十九年十月，湖南大军，自平越趋贵阳，吴世璠偕应麒奔云南，降其文武伪官二百余，十一月，复遵义、安顺、石阡、都匀、思南等府。(魏源《圣武记》卷二《康熙戡定三藩记》上)

上命……安亲王、顺承郡王、贝勒察尼还京，以贝子彰泰代为定远平寇大将军，蔡毓荣为绥远将军，授方略，同将军穆占、总督董卫国，由沅州进征。十月，克复镇远府，伪将军张足法等败走，遂下平越，趋贵阳。世璠偕应麒奔云南，伪侍郎郭昌同文武伪官二百人降。十一月，……伪将军李本深降。(《清史列传》卷八〇《逆臣传·吴三桂》)

康熙十九年九月，会师进取贵州，贼众拒镇远。……十一月初九日，全师抵两路口地方，公相度形势，曰："贼固垒拒守，我对面击，猝难取胜。"乃遣奇兵二，一由秀地取石巷口、大岩门等隘，出镇远卫袭其后，一纡道出镇远县，挠其旁，公同大将军贝子所统八旗官军，于十一日对贼垒施炮，三路夹攻，卫国连夺关隘，……十五日，齐冲贼营，……贼夜遁。进至油榨关、偏桥、兴隆，……于是镇远府、县、卫以及偏桥、兴隆二卫尽复。(陆楣《铁庄文集》卷六《云贵总督蔡公西征纪略》)

康熙二十年，1681年。正月，贼将夏国相、高启隆、王会等，拥众二万，屯平远西南山，又分兵万余，据盘江西坡。……贼以象迎战，我军迫险，见象即惊溃，蔡毓荣以红旗督战，众奔不能止，死伤山积。逾二日，毓荣整队复进，贼不能支，弃险西走，贵州尽复。大将军贝子赖塔，自广西进滇，

《三藩纪事本末》书影

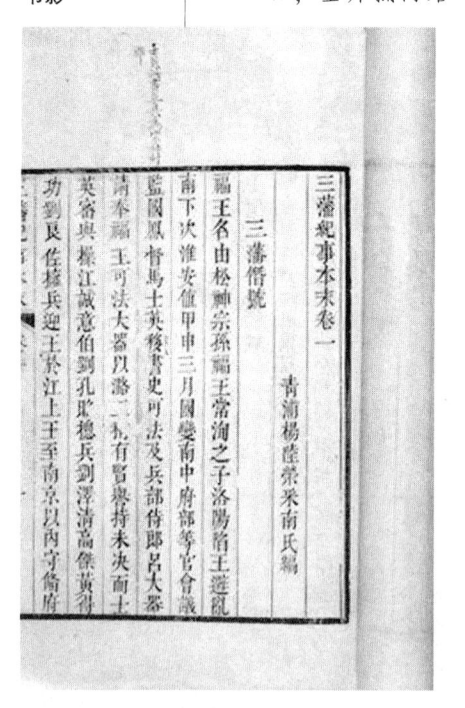

亦屡败贼，与楚师会于曲靖，分队前进。二月，抵云南，世璠使郭壮图率步骑数万，列象阵，迎战三十里外，我贝子彰泰军其左，赖塔军其右，自卯至午，贼五却五进，殊死战，象忽反践其军于金汁河，我劲骑左右冲之，始大却，进逼之城东归化寺，擒斩殆尽。自归化寺列营，亘碧鸡关，为长围数十里。……数月，临安、永顺、姚安、大理诸路伪总兵，相继降。（魏源《圣武记》卷二《康熙戡定三藩记》上）

先是贼遣胡国柱、夏国相、马宝等犯蜀，陷泸、叙、建昌、永宁、马湖诸府，又嗾降将马承荫再叛于柳州，谭洪、彭时亨等再叛于川东，以分我兵力。至是，省城危急，尽调川贼回救，赵良栋率诸将分路蹙击，或死或溃降，无一援兵得至滇城者。世璠复割地，乞师于西藏达赖喇嘛。……九月，赵良栋之师自蜀至滇。初长围距城远，贼负固抗拒，数月不下。良栋连逾三濠，夺三桥，直薄其城，诸军从之，皆薄城下，围之数重。……十月，城中食尽援绝，守南门贼内应，启门纳师，世璠及郭壮图皆自杀，俘伪大学士方光琛、伪将军夏国相、马宝等，函世璠首献阙下，析三桂骸骨，颁示海内。诸将争取子女玉帛，惟赵良栋严禁军士，并簿籍藩产以献。云、贵、川、湖地悉平，班师。（魏源《圣武记》卷二《康熙戡定三藩记》上）

九月，良栋至军，……请于彰泰曰："我师不速战，相持日久，粮不继，何以自存？"彰泰曰："皇上豢养满洲兵，岂可轻进，委之

平定吴三桂后颁布的善后诏谕

于敌？且尔兵初来，亦宜体养，何可令其伤损？"良栋不从，率所部，夜攻南坝，破垒夺桥，遂薄城。彰泰语良栋："尔兵攻已瘁，宜暂退，令总督蔡毓荣代守。"良栋曰："我兵死战所得地，奈何令他人守乎？"于是彰泰令诸军悉进。世璠兵出城，战于桂花寺，诸军皆奋斗，世璠兵大败，乃自杀，余众以城降，云南平。（《清史稿·列传》四二《赵良栋传》）

清之入关，恃四王之力，及平定三藩，又恃张勇、赵良栋诸人之力。三藩既定，而征台之议以起。

（二）台湾郑氏之亡

甲、郑成功之抗清

隆武之败，郑芝龙降清，其子成功力谏不听，遂入海起兵以抗清。

郑成功，南安县石井巡司人也。初名森，字大木。父芝龙，字飞黄，小字一官，……落魄，……去之日本，娶……妇，生成功。……芝龙与弟芝虎，亡之颜思齐党中为盗。思齐海澄人，居台湾，一时群盗陈衷纪、杨六、杨七、刘香等，皆出其门。衷纪亦海澄人，最桀骜，芝龙委身事焉。台有居人，自芝龙等始。思齐死，众无所立，……推为魁，陆梁海上，官军莫能捕。然大权犹归衷纪，芝龙仍阳奉之。朝议招抚，……芝龙故有求抚意。……崇祯元年九月，芝龙杀衷纪于岛上，忌刘香，发其父塚，……率所部降于督师熊文灿。三年，以平广盗，征生黎，焚荷兰，收刘香功，迁都督，于是成功……已七岁矣，……赂而归之，……大为季父芝豹所窘，叔父鸿逵独伟视焉。读书颖敏，不治章句。……十五补邑诸生。……弘光封芝龙为南安伯，鸿逵靖虏伯。其明年，鸿逵与黄道周迎唐王，即位福州，……晋芝龙平虏侯，鸿逵定虏侯，俱加太师，芝豹澄济伯。……芝龙幼习海，群盗皆故盟或门下，就抚后，海舶不得郑氏令，不能来往，每船例入三千金，岁入万计，以此富敌国。自筑城于安平镇，舳舻直通卧内，所部兵自给饷，不廪于官。……以故，郑氏贵震于七闽。既而成功陛见，隆武奇之，……赐姓朱，改名成功，封御营中军都督，赐尚方剑，仪同驸马，自是中外称国姓云。……隆武驾陷汀州，……芝龙退保安平，军容甚盛，旌旗摇海。……贝勒王……以书招之曰：

"……两粤未平，今铸粤闽总督印以相待，……"芝龙得书大喜，则召成功计事，成功泣谏，芝龙曰："……若幼，恶识人事。"遂进降表，……至福州，见贝勒王，握手甚欢，折箭为誓。……夜半，忽拔砦挟芝龙以北。成功……既力谏不从，又痛母死非命，乃悲歌慷慨，谋起师。（黄宗羲《行朝录》卷六附《郑成功传》）

芝龙北上，乃与所厚数十人举义，收兵南澳，时年二十四，文移称招讨大将军，罪臣国姓。比闻永历即位，遣使间道上表，尊奉正朔。……时，厦门先为……郑彩及……郑联所据，成功自南澳回，旧将稍集，乃移屯鼓浪屿，以洪政、陈辉为左右先锋，杨才、张进为亲丁镇，郭泰、余宽为左右镇，林习山为楼船镇，进攻海澄。……洪政中流矢死，乃引还。（夏琳《闽海纪要》卷上）

郑成功像

初据金、厦二岛为根据地，连破同安、漳浦、南安、平和、海澄、长泰等县，进围漳州七阅月。清总督陈锦赴援，战不利，为其下所杀，以首献成功，东南大震。成功复取兴化、福州，已而复破舟山，始终奉永历年号。是时清方以洪承畴经略西南七省，赖成功出没海上，分其兵力，使不得进展。

顺治十一年，成功寇漳州，千总刘国轩叛，献城。（《清史列传》卷八〇《逆臣传·郑芝龙》）

乙酉，……明隆武元年夏闰六月，……明主召郑芝龙子成功，赐姓朱，封忠孝伯。……丙戌三年，明隆武二年春正月，明主以忠孝伯成功，为御前营内都督，赐尚方剑，仪同驸马，……命佩招讨大将军印。……己丑六年，明永历三年……七月，明主遣使晋招讨大将军忠孝伯国姓成功为漳国公。……癸巳十年，明永历七年夏五月，……成功既败固山金砺，遣监纪施士绅，以蜡表奏明主行在，并叙破提督杨名高及歼总督陈锦之功，明主即命晋封成功为延平王，成功表辞。……丁酉十四年，明永历十一年……冬十一月，明主遣漳平伯周金汤

卷五 明清

……及太监刘国柱，从海道赍延平王敕印至，晋封潮王，成功谦让不敢当，仍称招讨大将军。(夏琳《闽海纪要》卷上)

清屡攻成功不克，乃欲诱降之，且执芝龙下狱，令作书招降。成功终不肯屈，必不得已，愿如朝鲜称藩，仍保衣冠之旧。清知其坚定不移，乃安插芝龙于辽东，后竟族之。

顺治九年十月，……上命芝龙书谕成功……降，许赦罪授官。……十年，诏封……成功海澄伯，……成功不受封。……十一年，……芝龙请令世忠偕使往抚，成功益骄，要地及饷，不薙发，书词悖慢。……十二年，……敕芝龙自狱中以手书招成功，不降，即夷其族。(《清史列传》卷八〇《逆臣传·郑芝龙》)

甲午十一年，明永历八年春二月，遣官议抚，以海澄公印封成功，成功弗受。……十一月，再遣内院学士叶成裕、理藩院阿山及芝龙少子郑度，赍敕至，许以泉、漳、惠、潮四府，安插兵众，成功坚执不从。……丙申十三年，明永历十年……十二月，……同安侯郑芝龙遣谢表劝成功就抚，不听。(夏琳《闽海纪要》卷上)

方清师三路入滇逐桂王走永昌之时，成功大举乘虚直袭南京，长江南北迎降者众。清总督郎廷佐屡约降展期，成功顿兵坚城之下，以为廷佐穷蹙无计，不虞有他。及崇明梁化凤援至，一战而成功大败，大将余新被擒，甘辉等死之，乃扬帆出海。精锐尽丧，图据台湾为休养生聚之计。

顺治十六年五月，成功连舻北犯，逾崇明，陷镇江，顺流犯江宁。八月，舟至观音门，值贵州凯旋大军，浮江下，败其前锋。成功率水陆贼数万，围江宁，列巨舰，阻江南北要路。江苏巡抚蒋国柱、总兵梁化凤赴援夹攻，贼大败，阵斩伪总统余新，生擒伪提督甘辉等，俘斩甚众。余孽退犯崇明。游击刘国玉等复击败之，成功南遁。(《清史列传》卷八〇《逆臣传·郑芝龙》)

己亥顺治十六年，海上称永历十三年，五月十八日，赐姓。至崇明，……六月十六日辰时，进兵攻瓜州，……水师进断滚江龙，……左冲镇周全斌挥兵渡水，……突上岸，……诸军乘胜……攻城，巳时，遂克瓜州，阵斩游击左云龙，生擒操江军门朱衣佐。……十九日，赐姓督师镇江南岸七里港，……二十二日，……移营到银山下。

……满兵……分五路而来，赐姓亲督右武卫周全斌、左虎卫陈魁迎敌，于是奋勇争先，满兵披靡，……遂令攻城，清总镇高谦、知府戴可进献城投降。……七月初七日，至观音门，……十二日，派前锋镇余新、中冲镇萧拱宸扎狮子山，堵凤仪门。……二十三日夜，城中觇知余新懈怠无备，清副将梁化凤率兵夜出……而袭其营，余新被擒，……全军覆没，……满兵遂蜂拥出城扎营。……赐姓欲再决一战，令杨祖、姚国泰、杨正、蓝衍等，扎在山上，甘辉、张英等，伏在山内，林胜、陈魁等，列在山下，赐姓督陈鹏、万禄等，在观音门应援，万礼、万义等，堵御大桥头大路，马信、吴豪、韩英等，由水路蹑其后，黄安专督水师防江。……清兵大队抄出山后，……杨祖众寡不敌，败走，蓝衍战死，……甘辉、张英等被围，……张英阵亡，甘辉被捉，林胜、陈魁……全军俱没，万礼……被捉，万义泅水而逃。赐姓见大势已溃，先抽兵下船，……后载诸残兵出港，查失将领中提督甘辉、后提督万礼、五军张英、亲军林胜、陈魁、镇将蓝衍、魏标、卜世用、副将洪琅、户官潘庚钟、仪卫吴赐等十二名。……八月初四日，泊船吴淞江。……初八日，至崇明城，……十一日，开炮攻打，城崩数丈，清守将梁化凤，死拒不退。……九月初七日，至思明州。（鹭岛道人《海上见闻录》卷一）

隆武之立，鲁王监国不为之下，唐、鲁成隙，故成功奉事永历，不与鲁通。鲁王既覆，遗臣张名振、张煌言，犹率舟师。名振曾登燕子矶，望祭孝陵。煌言尤系人望，独与成功合，江上之役，与成功会师，煌言已下芜湖，上江四府、三州、二十四县皆降，而成功兵败，煌言从徽、浙出海。及成功卒，煌言散遣其众，独居南田悬岙，为清人所执，斩于杭州。其友吕留良营葬西湖南屏山下，至今与岳坟比烈。

张煌言像

张公讳煌言,字元箸,别号苍水,浙宁波府鄞县西北厢人也。……举崇祯壬午乡试。……方钱忠介公之集师,……独公先至,……即遣公迎监国鲁王于天台。王授公为行人,至会稽,赐进士,加翰林院编修,兼官如故,入典制诰,出筹军旅。……闽中颁诏之使至,……因请自充报使入闽,以释二国之嫌。……江干之破也,公泛海入舟山,道逢富平将军张名振,扈王入闽,公从之。既至,招讨使郑成功,以前颁诏之隙,修寓公之敬于王,而不为用,……王加公右佥都御史。……庚寅,闽师溃,诸将以王保舟山,名振当国,召公以所部入卫,加公兵部右侍郎,兼官如故。辛卯,……是秋,……舟山陷,公扈王再入闽,次鹭门。时郑成功军甚盛,既不肯奉王,……而公独以名振之军为王卫,……然公极推成功之忠,尝曰:"招讨始终为唐,真纯臣也。"成功闻之,亦曰:"侍郎始终为鲁,亦岂与吾异趋哉!"故成功与公所奉不同,而其交甚睦。癸巳,……明年,……是年名振卒,遗言以所部付公。……丁酉,……公还军舟山,时王已去监国号,通表滇中。戊戌,滇中遣使加公兵部左侍郎,兼翰林院学士。……是年七月,成功以师会公北行,仍推公为监军,泊舟羊山,……则风涛立至,……碎船百余,……复还军舟山。……明年五月,成功会公天台,悉师以行,……而请公以所部为前军,向瓜洲。……成功遣水师提督罗蕴章,以所部助公,又令善泅水者,断滚江龙,横江铁索。……遂以十七舟竟渡,……操江都御史朱衣祚被禽,明日成功始至,……攻城克之。……公曰:"吾但以偏师水道薄观音门。"……成功即请公行,未至仪真五十里,士民迎降。六月二十七日,成功来告镇江之捷,公兼程昼夜,次日抵观音门,而致书成功,请以步卒陆行赴白下。……大兵之征黔者凯旋,闻信倍道而至,入同守城,于是严备已具。……初四日,成功水师方至,次日,公所遣别将以芜湖降书至,成功……请公往扼之,……乃至芜湖,相度形势,一军出溧阳,以窥广德;一军镇池州,以遏上流之援;一军拔和州,以固采石;一军入宁国,以逼东道休、歙诸城。大江南北,相率来归,其已下者,徽州、宁国、太平、池州四府,广德、和、无为三州,当涂、芜湖、繁昌、宣城、宁国、南宁、南陵、太平、旌德、贵池、铜陵、东流、建德、青阳、石埭、泾、巢、含山、舒城、庐江、高淳、溧

水、溧阳、建平二十四县。……徽州降使方上谒，而江宁之败问至。……八月七日，次铜陵，与大兵之援白下者遇，公奋击败之，沉其四舟。是夕，大兵以不利，引而东下，炮声轰然，而公军误以为来劫营，遂溃。……公乃焚舟登陆，士卒愿从者尚数百人。十七日，……而追至，士卒纷窜，相依止一童一卒。……公方病疟，力疾零丁至休宁，买棹入严陵，……改而山行，自东阳、义乌以出天台，……遂驻节天台，树纛鸣角，故部渐集。成功闻公还，亦喜，遣兵来助公，……乃遣人告败于滇中，且引咎。滇中赐公专敕慰问，加官尚书，兼官如故。（全祖望《鲒埼亭集》卷九《鄞张公神道碑铭》）

顺治十七年……冬十月，鲁王卒，成功与兵部侍郎王忠孝，礼葬之金门后浦。（沈云《台湾郑氏始末》卷四）

鲁王薨，……公哭曰："孤臣之栖栖有待，徒苦部下，相依不去者，以吾主上，今更何所待乎！"……壬寅，滇中遂陷，成功亦卒于台，公哭曰："已矣，吾无望矣！"……癸卯，遣使祭告于王。甲辰六月，遂散军，居南田之悬岙，……从者惟故参军罗子木、门生王居敬、侍者杨冠玉，将卒数人，舟子一人。……浙之提督张杰惧公终为患，期必得公而后已。……已而募得公之故校，……故校乃以夜半出山之背，攀藤而入，暗中执公，并子木、冠玉、舟子三人，己亥。七月十七日也。……九月初七日，公赴市，……挺立受刑，子木等三人殉焉。（全祖望《鲒埼亭集》卷九《鄞张公神道碑铭》）

郑氏纵横海上，为清劲敌，乃为海禁以备之，起自江北，迄于闽、粤之交，长江则自镇江以下，皆在禁中，不许舟楫往来，对外贸易，一皆断绝。闽中尤严，沿海之地三十里，空其地，徙其人，使郑氏不得陆上接济。直至康熙二十四年，始开海禁。

顺治十八年，谕迁濒海民入内界，增兵守边。（《清史列传》卷八〇《逆臣传·郑芝龙》）

十八年。诏沿海居民，三十里界外，尽徙内地，禁渔舟商舟出海，以杜构煽。(魏源《圣武记》卷八《康熙戡定台湾记》)

辛丑顺治十八年，海上称永历十五年……八月，……京中命户兵部尚书苏纳海至闽，迁海边居民之内地，离海三十里，村庄田宅，悉皆焚弃。(鹭岛道人《海上见闻录》卷二)

顺治十八年，附永历十五年……六月，……海澄公黄梧一本，内密陈灭贼五策。一，金、厦两岛弹丸之区，得延至今日而抗拒者，实由沿海人民走险，粮饷油铁桅船之物，靡不接济。若从山东、江、浙、闽、粤沿海，居民尽徙入内地，设立边界，布置防守，则不攻自灭也。二，将所有沿海船只，悉行烧毁，寸板不许下水，凡溪河监桩栅，货物不许越界，时刻了望，违者死无赦。如此半载，海贼船只，无可修葺，自然朽烂，贼众虽多，粮草不继，自然瓦解。此所谓不用战而坐看其死也。……廷议：遣兵部尚书苏纳海来闽勘迁。……八月，兵部尚书苏纳海至闽，斥弃海岛。(江日升《台湾外记》卷一一)

康熙十七年春，……上以海寇盘踞厦门诸处，勾结山贼，煽惑地方，由濒海民为之接济，诏如顺治十八年例，迁界守边。(《清史列传》卷八〇《逆臣传·郑芝龙》)

康熙十七年。春，郑氏复出，沿海连下城堡十余，诏复迁沿海居民，画界如旧。(魏源《圣武记》卷八《康熙戡定台湾记》)

戊午十七年，明永历三十二年……十二月，再迁界。甲寅之变，闽省居民迁入内地者，悉还故土。丙辰冬，八闽归顺，复令迁界。康亲王奏言，迁界累民，罢之。至是，督抚请迁，报可。会破海澄，围泉州，事暂停。及泉州围解，遂行迁界之令，上自福州福宁，下至诏安，沿海筑寨，置兵守之，仍筑界墙以截内外，滨海数千里，无复人烟。(夏琳《闽海纪要》卷下)

康熙二十年正月，姚启圣、吴兴祚，疏请展界，俾沿海民复业，从之。(《清史列传》卷八〇《逆臣传·郑芝龙》)

乙、郑成功在台湾之经营

台湾久隶我国版图，崇祯中，刘香、郑芝龙居之，擅海上贸易之利，东自日本，西至安南，帆樯往来，郑氏主之。芝龙往闽，乃为荷兰所据。成功逐荷人而有其地，辟田畴，设郡县，设施一如内地。郑氏富强之基，

1647

郑成功收复台湾后，接受殖民主义者的投降书

尤恃海外商业。

顺治十八年，……成功既自江南败归，又接济路绝，由榔已走缅，少声援，势日蹙，乃觊取台湾以自保。(《清史列传》卷八〇《逆臣传·郑芝龙》)

顺治十八年，海上称永历十五年辛丑正月，……时红夷亦恐海上动兵，故于庚子春，复遣通事舍人何斌，及其酋长，再来议贡。何斌密进地图，劝赐姓取之。(鹭岛道人《海上见闻录》卷二)

永历十五年辛丑正月，……集诸将密议曰："天未厌乱，闰位犹在，使我南都之势，顿成瓦解之形。去年虽胜达房一阵，伪朝未必遽肯悔战，则我之南北征驰，眷属未免劳顿。前年何廷斌所进台湾一图，田园万顷，沃野千里，饷税数十万，造船制器，吾民鳞集所优为者。近为红夷占据，城中夷伙，不上千人，攻之可垂手得者。我欲平克台湾，以为根本之地，安顿将领家眷，然后东征西讨，无内顾之忧，并可生聚教训也。"时众俱不敢违，然颇有难色，惟宣毅后镇吴豪，京经。到此处，独言风水不可，水土多病。藩心衔之，谓其有阻贰师，独协理戎政杨朝栋，倡言可行，藩嘉与之。(延平王户官杨英《从征实录》)

辛丑十八年，明永历十五年春……三月，成功兴师攻台湾。……

卷五 明清

1648

成功以清。世祖新崩，未暇征战，遂决意取之。……夏四月，……成功舟次澎湖，下令曰："视吾鹢首所向。"至鹿耳门，水骤涨丈余，大小战船，衔尾而进，纵横无碍。红夷大惊，以为自天而下。成功以手加额曰："此天所以哀吾而不委之壑也。天怜孤臣，有宁宇矣！"引兵登岸，先取赤嵌。红夷败，退保王城，酋长揆一，死守不下，乃列营环围以迫之，俟其自降。……秋八月，红夷率甲板及成功战，成功击败之。……自是，甲板不敢复出。……十二月，……成功督攻王城，平其炮台，揆一乞降，许之，凡珍宝辎重，听其搬回本国。揆一泣谢，率残兵五百余名，归荷兰。（夏琳《闽海纪要》卷上）

其制度若官制、地理、学校、选举、兵、农，规画有常者，分举之如下。

己未顺治。十二年、明永历九年春二月，明招讨大将军延平王成功，承制设六官。初成功以明主行在遥隔，军前所委文武职衔，一时不及奏闻，明主许其便宜委用，武职许至一品，文衔许设六部主事。成功复疏请，以六部主事衔卑，难以弹压。明主乃赐诏，许其军前所设六部主事，秩比行在侍郎，都事秩比郎中，都吏秩比员外。于是设六官，以潘赓钟为吏官，洪旭为户官，陈宝钥为礼官，张光启为兵官，程璞为刑官，冯澄世为工官，设协理各一员，左右都事各二员；以常寿宁为察言司，邓会、张一彬为正副审理；又设储贤馆、育胄馆，以前所试洪初辟、杨芳、吕鼎、林复明、阮旻锡等充之，……又以死事诸将及侯伯子弟柯平、林维荣，充育胄馆。……中左所郎厦门城，至是改称思明州，以薛柱、郑会，先后知州事。（夏琳《闽海纪要》卷上）

顺治十八年……五月，改赤嵌城为承天府，杨朝栋为府尹，置天兴、万年二县，以祝敬、庄文烈为知县。……十一月，……揆一王与诸酋长如约还荷兰，成

清代绘台湾地图之台北地区图

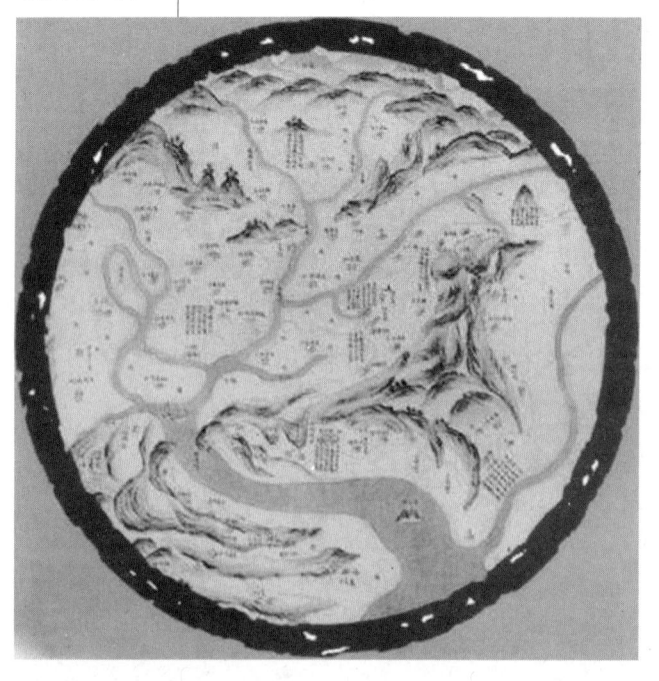

功祭告天地山川，置社稷、宗庙、学校，改台湾为东都，城曰安平。(沈云《台湾郑氏始末》卷四)

康熙三年，明永历十八年三月，……郑经至东都，……改东都为东宁，置天兴、万年二州。(夏琳《闽海纪要》卷上)

甲寅十三年，明永历二十八年……十一月，……郑经设六官，以洪磊为吏官，杨英户官，郑斌礼官，柯平刑官，杨贤工官，各名曰协理，不设兵官，以陈绳武为赞画兵部，仍置六科都事、都吏，及察言、承宣二司，中书舍人，本科等官。初成功虽承制设六官，文书仅称卑职，至郑经中年，文武具启，始称臣。……以郑省英为宣慰使，总理各部钱粮，各县令以六科都事为之。又设盐运使，分管盐场。……又设饷司，科杂税以给兵食。(夏琳《闽海纪要》卷下)

庚戌九年，明永历二十四年春二月，……郑经立国学，以叶后诏为国子司业。(夏琳《闽海纪要》卷上)

丙辰十五年，明永历三十年……二月，……郑经以中书舍人许明廷，提督泉、漳学政。(夏琳《闽海纪要》卷下)

顺治十八年……十一月，……察举孝弟力田，及有奇才异能者试用。(沈云《台湾郑氏始末》卷四)

台湾安平古堡遗迹

卷五 明清

丁亥顺治。四年，明永历元年，……明招讨大将军忠孝伯国姓成功起兵，置左右先锋镇、左右镇、援剿左右镇、中冲镇、亲丁镇、楼船镇、中提督、右提督、左提督、前提督、后提督、都督、水师戎旗镇、饷镇、正副总督、左右卫镇、后卫镇、护卫前镇、左右武卫、左右虎卫、亲军、亲军总镇、提督亲军、骁骑镇、英兵镇、殿兵镇、前提督左右镇、五军、五军都督、咨议参军、戎政、协理戎政、中军、仪卫、侍卫、护卫。（夏琳《闽海纪要》卷上）

永历十五年……五月……十八日，本藩令谕云：东都明京，开国立家，可为万世不拔基业。本藩已手辟草昧，与尔文武各官，及各镇大小将领，官兵家眷，尽来胥宇，总必创建田宅等项，以遗子孙计，但一劳永逸，当以已力京经。营，不准混侵土民及百姓现耕物业。兹将条款开列于后，咸使遵依，如有违越，法在必究。着户官刻板颁行，特谕。……承天府安平镇，本藩暂建都于此，文武各官，及总镇大小将领家眷，暂住于此，随人多少圈地，永为世业，以佃以渔，及京经。商，取一时之利。……各处地方，或田或地，文武各官，随意选择，创置庄屋，尽其力量，永为世业，但不许纷争。……本藩阅览形胜，建都之处，文武各官，及总镇大小将领，设立衙门，亦准圈地，创置庄屋。……文武各官，圈地之处，所有山林陂池，具图来献，本藩薄定赋税，便属其人掌管。……各镇及大小将领官兵，派拨汛地，准就彼处择地起盖房屋，开辟田地。……各镇及大小将领，派拨汛地，其处有山林陂池，具启报闻，本藩即行给赏。……沿海各澳，除现在有网位、罟位，本藩委官征税外，其余分与文武各官，及总镇大小将领，前去照管，不许混取，候定赋税。……文武各官，开垦田地，必先赴本藩报明亩数，而后开垦；至于百姓，必429明亩数，报明承天府，方准开垦。如有先垦而后报，及报少而垦多者，察出定将田地没官，仍行从重究处。（延平王户官杨英《从征实录》）

康熙十八年……十二月，……令……周全斌总督承天府南北路，分地开垦，围生牛而教之耕，乡仍曰社，田仍二十五戈为一甲，三年然后定赋税，限沟渠，时畜泄，毋听民兼并买卖。（沈云《台湾郑氏始末》卷四）

自海禁后，郑氏独专海外之利，东西洋各国船货，麇集于台湾，不独

通贩于南洋，且可转徙内地货物，以与东西洋交易。是时海禁虽严，守口官兵，可以利动，海禁本以困之，而不料反利于郑氏。

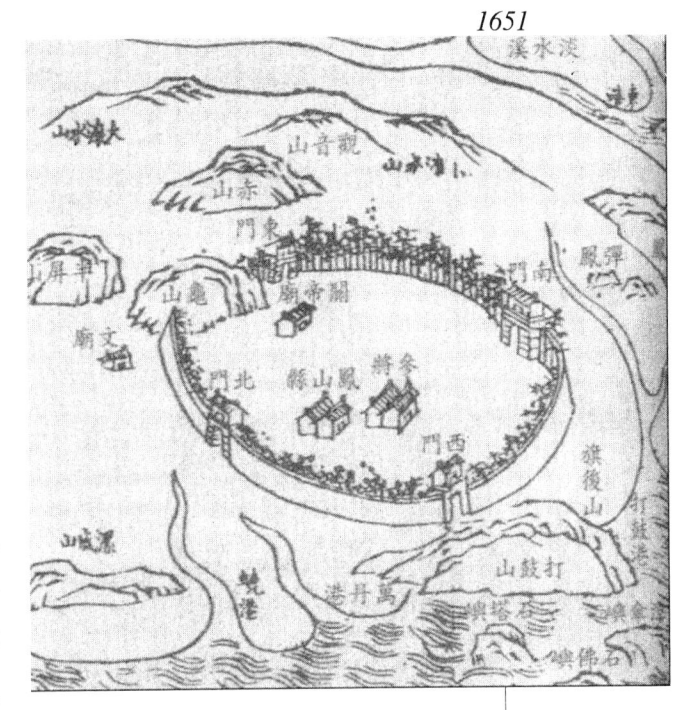

丁酉十四年，明永历十一年……夏六月，台湾红夷酋长揆一，使通事何斌，贡外国珍宝于成功，求通商，……许之。……冬十一月，……明前监臣徐孚远，……奉明主命使安南，为交趾所得，欲要以臣礼见，孚远不屈而还，……于是成功怒，遂禁止商船，不许往交趾贸易。(夏琳《闽海纪要》卷上)

甲辰康熙三年，明永历十八年……三月，……郑经至东都，……通鱼盐，……贸易外国。(夏琳《闽海纪要》卷上)

乙卯十四年，明永历二十九年……六月，……先是，厦门为诸洋利薮，癸卯，破之，番船不至。至是，英圭黎及万丹、暹罗、安南诸国贡物于经，求互市，许之。(夏琳《闽海纪要》卷下)

成功以海外弹丸地，养兵十余万，……战舰以数千计，……而财用不匮者，以有通洋之利也。我朝严禁通洋，片板不得入海，而商贾垄断，厚赂守口官兵，潜通郑氏，以达厦门，然后通贩各国，……于是通洋之利，惟郑氏独操之，财用益饶。(郁永河《裨海纪游·伪郑逸事》)

成功自立之道，在法立令行。军法尤严，有降敌者，全家处死。寓兵于农，教兵即以教民，故其众无不用命。百度官常，不问亲疏，皆有一定之法。能以一隅与清相抗，端即在此。

戊戌十五年，明永历十二年春三月，成功筑演武亭练兵。亭在厦门港院东澳仔岭之交，成功筑以操练军士，以石狮重五百斤为的，力能举者，拨入左右虎卫亲军，皆戴铁面，着铁裙，执斩马大刀，并戴

台湾凤山旧城地图

卷五　明清

弓箭，号曰铁人。（夏琳《闽海纪要》卷上）

戊戌顺治十五年，海上称永历十二年……三月，……拔陈魁、陈鹏为左右虎卫镇。（鹭岛道人《海上见闻录》卷一）

顺治十八年……十二月，……成功……令……诸将以时简肄武备，严守望，缉奸宄，如律。（沈云《台湾郑氏始末》卷四）

成功自起兵以来，军律严明，禁止淫掠，犯者立斩。破城之日，诸军虽争取财物，遇妇人在房内，则却退不敢入，远近称快。（夏琳《闽海纪要》卷上）

台湾平，……成功曰："……今……得有此土，……当效寓兵于农之法，庶可饷无匮，兵多粮足。……故善为将者，不得不兴屯以富兵。……今台湾乃开创之地，虽僻处海滨，安敢忘战。……按地开荒，……农隙则训以武事，有警则荷戈以战，无警则负耒以耕。"（江日升《台湾外记》卷一一）

台湾既平，……于是辟草莱，兴屯聚，严法令，犯者虽亲不贷。或谏以用法宜稍宽，成功曰："子产治郑，孔明治蜀，皆以严从事，况立国之初，不加一番整顿，则流弊不可胜言矣。"（夏琳《闽海纪要》卷上）

成功立法尚严，虽在亲族，有罪不少贷。……其立法，有犯奸者，妇人沉之海，奸夫死杖下。为盗不论赃多寡必斩，有盗伐人一竹者，立斩之。至今台湾市肆，百货露积，无敢盗者，以承峻法后也。（郁永河《裨海纪游·伪郑逸事》）

丙、郑经及郑克塽之继承

成功得台湾一年而没，虽康熙帝亦谓朱成功乃明室遗臣，非朕之乱臣贼子，终清之世，犹为之立祠追谥，盖邦人怀之不忘也。其子郑经继世，已萌纷争之渐，幸部众犹存，故能抗清与荷兰之夹攻焉。

顺治十八年，附永历十五年……六月，……海澄公黄梧一本，内密陈灭贼五策，……三，其父芝龙，羁縻在京，成功赂商贾，南北兴贩，时通消息。宜速究此辈，严加惩治，货物入官，则交通可绝矣。四，成功坟墓，现在各处，叛臣贼子，诛及九族，况其祖乎？悉一概迁毁，暴露殄灭，俾其命脉断，则种类不待诛而自灭也。……七月，兵部尚书苏纳海至闽，……会黄梧拿诸大商贾，毁郑氏之祖坟，……将大杉木锯开

两边，中凿孔相连，将各尸合在内，用铁箍箍上，外加封皮，沿途递解，逢郡县收狱，至福州，……中止。(江日升《台湾外记》卷一一)

顺治十八年十月，同安侯郑芝龙，为其家人尹文器出首通海。时康熙新即位，四辅苏克隆，与龙有隙，以初三日，殛芝龙于柴市，又杀其子孙、家眷，凡十一人。(鹭岛道人《海上见闻录》卷二)

壬寅康熙元年，明永历十六年夏四月，……世子经居思明州，与乳媪通，生子。成功闻之，大怒，命黄昱至岛，谕郑泰，监杀世子经，及经母夫人董氏，以教子不严也。……忠振伯洪旭，不肯用命。……五月朔，成功感冒风寒，……及疾革，……叹曰："自国家飘零以来，枕戈泣血，十有七年，进退无据，罪案日增，今又屏迹遐荒，遽捐人世，忠孝两亏，死不瞑目。天乎天乎，何使孤臣至于此极也！"顿足抚膺，大呼而殂，时年三十有九，为五月八日也。初成功倡义时，无兵将，又无粮饷，徒以忠贞自矢，众遂日附，治军严整，……赏罚必信，……故一时知勇，……乐为之用。虽位极人臣，犹以未能恢复境土为恨，终其世不敢称王，……终身奉明。正朔，以两岛抗天下全力，威振海内，从古未有也。(夏琳《闽海纪要》卷上)

延平郡王，赐姓郑成功者，福建泉州府南安县人。少服儒冠，长遭国恤，感时仗节，移孝作忠，顾寰宇难容洛邑之顽民，向沧溟独辟

台湾延平郡王祠

田横之别岛，奉故主正朔，垦荒裔山川。……康熙三十九年，圣祖仁皇帝诏曰："朱成功系明室遗臣，非朕之乱臣贼子。敕遣官护送成功及子经两柩，归葬南安，置守冢，建祠祀之，……合无仰恳天恩，准予追谥，并于台郡敕建专祠。"（沈葆桢《沈文肃公政书》卷五）

光绪元年……正月，钦差大臣沈葆桢等……又奏：明故藩朱成功，忠烈昭然，有功台郡，请予建祠追谥。下部议，寻予谥忠节。（《清德宗实录》卷三）

壬寅康熙元年，海上称永历十六年……五月初八日，国姓招讨大将军殂于东宁都，……提督马信，及诸镇将黄昭等，议以其弟郑世袭护理大将军印。未几，……世袭以黄昭、萧拱宸为腹心，……谋自立。报至思明州，郑泰、洪旭、黄廷、工官冯澄世、参军蔡鸣雷等，立长子经为嗣，称世子，发丧即位。……十月，……世藩以周全斌为五军，冯锡范为侍卫，陈永华为咨议参军，至澎湖，……因乘风入鹿耳门，登岸。……次早，黄昭……破营而入，……为流矢所中，……全斌令斩其首，大呼示众，军士皆迎降。……世藩入安平镇，请世袭至，待之如初。（鹭岛道人《海上见闻录》卷二）

癸卯二年，明永历十七年春正月，……经既定内难，祭告先王，调诸将分守各汛，自率周全斌等，及其叔世袭，回思明州。是年，永历讣至，经犹奉正朔，称永历十七年。（夏琳《闽海纪要》卷上）

癸卯二年，明永历十七年……九月，荷兰红夷，……纠集甲板船十六只，夷兵数千，会靖南王耿继茂及总督李率泰攻金、厦两岛。……冬十月，……郑经以寡不敌众，遂弃思明州及金门，退守铜山。……三年……三月，郑经弃铜山，退守东都，……以咨议参军陈永华理国政，……分诸将土地，课耕种，征租赋，税丁庸，兴学校，……安抚士民，……俨然别一乾坤。（夏琳《闽海纪要》卷上）

三藩构兵，耿精忠结郑经为援，而各怀一心，胜不相让，败不相救，且至相攻，经虽进取兴、漳、汀、邵、泉、惠、潮七郡而不能守，且府库因之以耗，衰象已呈，施琅乃得肆其攻取之计。

康熙……十三年，耿精忠叛应吴三桂，据福建，结锦经。为援，锦乃仍称由榔年号，纠众渡海而西，陷泉州、……潮州，总兵刘进忠，叛降于锦，锦遂入潮州。（《清史列传》卷八〇《逆臣传·郑芝龙》）

精忠既反，复令黄镛往东宁，请郑经以舟师由海道取江南，且以战地相许，曰："世藩将水，吾将陆，江浙可定也。"镛回，言海上舟不满百，兵不满万，精忠始轻之。明招讨大将军世子郑经，遣礼官柯平入福州报聘，精忠意甚轻之，谩应曰："世藩来甚善，各分地自战可也。"由是兵端遂起。……五月，郑经至思明州，传檄四方，……寻遣人至精忠处，议拨船及地方安插兵众，精忠不答，于是郑耿交恶。六月，郑经入泉州，……海澄公黄芳度，以漳州降郑经。……秋七月，潮州总兵刘进忠，……先降于耿精忠，……至是，……乃以城降经。……九月，……耿精忠遣都尉王进，率兵攻泉州，郑经命右武卫刘国轩，提督诸军御之。……冬十月，……刘国轩破王进于涂岩，追至兴化而还。……十一月，……漳府既约降郑经，诸邑皆下，独刘炎据守漳浦，附耿精忠。……郑经令赵得胜等，由海澄攻之，……刘炎……出降。（夏琳《闽海纪要》卷下）

甲寅康熙十三年，海上称永历二十八年……十一月，吴三桂遣周文骥来和解。……十四年……正月，耿王遣使贺正议和，送船五只。世藩遣使报聘，约以枫亭为界，自是二家交好。（鹭岛道人《海上见闻录》卷二）

丙辰十五年。明永历三十年……秋九月，总统兵马上将军耿精忠，遣原提督王进功回泉州，……取救兵，密嘱曰："吾忍死以待。"进功至，郑经授为中提督匡明伯，竟不发兵。（夏琳《闽海纪要》卷下）

戊午十七年，明永历三十二年……九月，……刘国轩……复率诸镇入漳，……乘胜长驱，冲至耿精忠营。精忠故仇海上，挥戈迎战，亲自督阵，大呼疾骤，诸军继进，国轩奔溃，遂弃长泰，出江东，退屯观音山。……十八年……冬，耿精忠及刘国轩战于板尾寨，败绩。（夏琳《闽海纪要》卷下）

施琅像

己未康熙十八年，海上称永历三十三年……十二月，姚启圣、吴兴祚大集舟师，攻厦门，题请浙、粤水师克期协攻。世藩调各洋船、私船，配兵北上，以右武卫林陞为总督，左虎卫江胜、楼船右镇朱天贵为左右副总督，率诸军御之。……十九年……二月，……万正色。提督至围头，朱天贵以七船冲其舻，所向无前，……万提督乘风收入泉州港。……海上各船，无所取水，乃退至金门。（鹭岛道人《海上见闻录》卷二）

二月二十二日，经闻林陞退守金门，以为战败，急驰谕令国轩退守思明州。……时国轩全师引回，犹欲据厦门，然兵心已变，不可收拾，……踉跄回东宁，……经于三月。十二日至东宁。（夏琳《闽海纪要》卷下）

自耿逆叛乱，与郑氏失好，耿兵方图内向，郑兵即蹑其后，已据闽之兴、漳、泉、汀、邵，粤之潮、惠七郡，养兵之用，悉资台湾，自此府藏虚耗，败归之后，不可为矣。（郁永河《裨海纪游·伪郑逸事》）

辛酉二十年明，永历三十五年春正月壬午，招讨大将军延平王世子郑经，殂……于承天府行台，时年四十，为正月二十八日。（夏琳《闽海纪要》卷下）

郑经之没，继承又启纷纭。内部涣散，诸将不和，为致败之由。施琅本成功部将，降清后，力言台湾可取，盖知虚实最悉也。

会经卒，其长子克臧，长而才，……监国二载，礼贤恤下，谨法令，物望归之，而群小惮其明察，经诸弟亦不利其立也。侍卫冯锡范，先以计罢陈永华兵柄，……克臧失助，……遂袭杀克臧，而立次子克塽，袭延平王，幼弱不能莅事，事皆决于锡范，于是郑氏遂败。（魏源《圣武记》卷八《康熙戡定台湾记》）

康熙二十年六月，……启圣等奏：侦得逆贼郑锦于正月二十七日身死，其长子为众所杀，伪侍卫冯锡范立锦次子克塽，锡范婿也。上谕：郑锦既伏冥诛，贼中必乖离扰乱，宜乘机规定澎湖、台湾，总督姚启圣、巡抚吴兴祚，提督诺迈、万正色等，其与将军喇哈达、侍郎吴努春，同心合志，分派绿旗舟师，酌量前进。（清代官书《记明台湾郑氏亡事》卷三）

总督姚启圣上疏，请攻台湾，力荐内大臣施琅可任水师提督。万提

督言，台湾难攻，且不必攻。朝命召见施琅，仍以靖海将军充水师提督，改万正色为陆师提督，代诺迈。（鹭岛道人《海上见闻录》卷二）

康熙二十年……十月，……琅奏：督抚均有封疆重寄，……臣职领水师，征剿事宜，理当独任。……上谕总督姚启圣，统辖福建全省兵马，同提督施琅进取澎湖、台湾，巡抚吴兴祚……不必进剿。……二十一年十月，……提督施琅奏：臣于水师营中，简选精兵二万人，战船三百艘，已足破海寇，请令督抚趣办粮饷，给臣军，而独任臣以讨贼。……上谕：提督施琅既请以讨寇自任，总督姚启圣，可停其进剿，同巡抚吴兴祚，趣办粮饷，勿致稽误。（清代官书《记明台湾郑氏亡事》卷三）

壬戌康熙二十一年，海上称永历三十六年正月，……刘国轩以铳船十九号，战船六十号，兵六千人，拨诸将守澎湖，亲身往来督视。（鹭岛道人《海上见闻录》卷二）

二十二年……六月……丁亥，先锋游击蓝理，以鸟船先进，国轩奋击，尽没其船，禽理，遂击琅楼船，亲搏战，射琅中其一目，左冲镇杨德纵琅，遂遁。朱天贵以火器锐，奔国轩，鏖战良久，天贵中流矢，伤腕，乃遁。戊子，琅退屯八罩，国轩帅陈启明、王隆、曾瑞、江胜，分屯虎井、桶盘二屿，而自将攻琅，与林贤等力战，自辰至午，国轩负重创，退，琅遂麾诸军夜进，乘风焚杀。己丑，二屿尽失。……癸巳，琅遣战舰百余，分取鸡笼屿、四角山、牛心湾，而自将大舰五十六居中，八十舰居后，径攻澎湖。国轩悉众逆战，乘西北风大起，击沉其大舰数十，朱天贵中炮死。日午，风反南，琅大呼锐进，贤继合攻，波涛沸天，士皆股栗，国轩疾战不支，诸将莫进，琅会诸军围击，气益厉，国轩大败，乘走舸从吼门遁，杨德先以部众降，陈启明等四十七镇将皆死，澎湖遂破。……琅给降卒衣冠廪饩，还招台湾人众，冯锡范首倡议降，国轩与明宗室王等，力不能阻，……而锡范先遣郑平英等，约以秋七月甲午望日诣降。（沈云《台湾郑氏始末》卷六）

表奏，帝降敕，至京入觐，封为汉军公。自国姓起兵，迄世孙，凡三世，奉明永历正朔三十七年，至是降，而明朔亡。……明宁靖王朱术桂，……自以明宗室亲，义不可辱，乃朝服拜二祖列宗，……遂从容自经，妾王氏、袁氏、梅姐、荷姐、秀姑，皆缢以殉。（夏琳《闽海纪要》卷下）

施琅纪念馆

　　台湾既定，主弃主留者，一时不决。主弃者多，谓难于守。康熙帝独排众议，谓能守二十年，即不当弃，议遂定，台湾分立之局以结。

　　康熙二十二年。十二月，……琅往福省，与部堂苏督抚会议台湾弃留，……琅遂决意主留，题疏曰："……台湾地方，乃江浙闽粤四省之左护，……亲历其地，备见野沃土膏，物产利溥。……若弃为荒陬，复置度外，……则该地深山穷谷，窜伏潜匿，……纠党为祟，……剽掠滨海。……甚至，此地原为红毛聚处，……亦必乘隙以图，一为红毛所有，则彼性狡黠，……重以夹板船只，精壮坚大，……若再得此地，……附其依泊，必倡合党伙，窃窥边场，逼近门庭，……沿海诸省，断难晏然。……以斯方拓之土，奚难设守，以为东南之藩篱，……台湾设总兵一员，水师副将一员，陆师参将二员，兵八千名，澎湖设水师副将一员，兵二千名，通共计兵一万名，足以固守，又无添兵增饷之费。其防守总兵、副、参、游等官，定以三年或二年，转升内地，无致久任，永为成例。……"圣祖览琅疏，下部议，议台湾伪为盛天府、万年州、天兴州，今改为台湾府，辖三县，以附郭为台湾县，南路为凤山县，北路为诸罗县，仍设道官一员，兼辖厦门地方。……议上，奉旨依议，遂收入版图。（江日升《台湾外记》卷三〇）

三　康乾施政之张弛

(一) 内政
甲、惩贪污

清朝入关，首习奢侈，故贪风流行，所谓河山方以贿终，功名复以贿始也。初以死刑惩之而不能止，乃改为追赃，而贪冒者愈多，故康熙时奖廉以惩贪。然廉者未必真廉，贪者安能骤改？康熙帝尝谓"去弊不可太甚，弊为养人之物"，盖明明以贪诱人为己用，安能望吏治之澄清乎！有清一代，政治污浊，贿赂公行，旗员尤甚，人民之困苦极矣！

　　康熙七年，1668年。六月戊子，上谕户部：因地方官员，滥征私派，苦累小民，……每于正项钱粮外，加增火耗，……设立名色，恣意科敛，或入私囊，或贿上官，致小民脂膏竭尽，困苦已极，朕甚悯之。督抚原为察吏安民而设，布政使职司钱粮，厘剔奸弊，……道府各官，于州县尤为亲切，州县如有私派滥征，枉法婪赃情弊，督抚各官，断无不知之理，乃……纠疏甚少，此皆受贿徇情，故为隐庇。此等情弊，深可痛恨。嗣后如有前弊，督抚司道等官，不行严察揭参，或经体访察出，或被科道纠参，或被百姓告发，将督抚一并严处，不贷。（《清圣祖圣训》卷三六）

　　康熙十八年，1679年。七月壬戌，……谕曰："顷者地震示儆，实因一切政事，不协天心。……朕……约举大端，凡有六事，……一、民生困苦已极，大臣长吏之家，日益富饶，民

康熙读书像

间情形，……近因家无衣食，将子女入京贱鬻者，不可胜数。……此皆地方官吏谄媚上官，科派百姓，总督、巡抚、司道，又转而馈送在京大臣，以天生有限之物力，民间易尽之脂膏，尽归贪吏私橐。……一、用兵地方，诸王、将军、大臣，以攻城克敌之时，……多掠占小民子女，或借名通贼，将良民庐舍焚毁，俘获子女，掳取财物。……一、……遇水旱灾荒，……或蠲免钱粮分数，或给发银米赈济，皆地方官吏任意侵渔，……以致百姓不沾实惠。一、……又有衙门蠹役，恐吓索诈，致一事而破数家之产。……总之，大臣廉，则督抚有所畏惮，不敢枉法行私；督抚清正，则属下官吏，操守自洁。……作何立法严禁，……著九卿、詹事、科道会同详议，以闻。"（《清圣祖圣训》卷一○）

康熙二十四年，1685年。九月庚辰，……上曰："凡别项人犯，尚可宽恕，贪官之罪，断不可宽。此等人蔑视法纪，贪污不悛者，只以缓决故耳。今若法不加严，不肖之徒，何以致警？此内贪官耿文明等正法外，其余正犯，俱照尔等所议完结。……十一月戊午，上谕大学士等曰："穆尔赛身为大吏，贪酷已极，秽迹显著，非用重典，何以示惩。"（《清圣祖圣训》卷二五）

康熙二十四年乙丑1685年。十月庚子，上谕大学士等曰："今年所拟秋决贪官甚多，若尽行处决，朕心不忍；若不行处决，贪劣之徒，何以知儆？且或有犯赃虽多而情有可矜者，或有犯赃虽少而情有可恶者，若一律议罪，殊属未允。尔等将贪官情罪，分别轻重，朕当酌量定罪。"（《清圣祖圣训》卷二八）

康熙三十六年丁丑1697年。五月辛卯，上谕议政大臣等曰："山西巡抚温保，居官极恶，刻剥百姓，不可言述。……今观沿途之民，无不切齿，思食其肉。况温保不比他人，尝为学士，朕爱惜斯民之意，不可谓不知之。布政使甘度，居官亦极恶，今蒲州之民，皆逃入山中，伊等若善，民岂肯逃乎？倭伦往抚，如不肯降，即押温保、甘度至彼处立斩。如此贪官，若不诛戮，何以惩众。"（《清圣祖圣训》卷二六）

于成龙，山西永宁人，顺治十八年，由副榜贡生，授广西罗城知县。……十九年二月，擢直隶巡抚。……成龙既莅任，戒州县私加火

耗，馈上官节礼。……二十年正月，入觐，谕曰："尔为今时清官第一，殊属难得。……"寻谕日讲官曰："于成龙……即以廉明著闻，洊陟巡抚，益励清操，凡在亲戚交游相请托者，概行峻拒，所属人员并戚友间有馈遗，一介不取，朕甚嘉之。知其家计凉薄，特赐内帑银一千两，亲乘良马一匹，以示鼓励。"……十二月，特旨授江南、江西总督。……二十三年……四月，卒于官，……谥曰清端。七月，内阁学士锡住，勘问海疆，还，上问曰："……原任总督于成龙，居官如何？"锡住奏，成龙甚清，……上曰："于成龙因在直隶居官甚善，朕特简任总督，……病故后，知其始终廉洁，甚为百姓所称。……居官如于成龙者有几？"十一月，上南巡，……回銮，谕大学士等曰："国家澄叙官方，首重廉吏，其治行最著者，尤当优加异数，以示褒扬。原任江南江西总督于成龙，操守端严，始终如一，朕巡幸江南，延访吏治，博采舆评，咸称居官清正，实天下廉吏第一，应从优褒恤，为大小臣工劝。"（《清史列传》卷八《于成龙传》）

于成龙，汉军镶黄旗人。……康熙七年，由荫生授直隶乐亭知县。……直隶巡抚于成龙迁两江总督，疏荐其可大用，寻又请敕廷臣推清操久著，与相类者，为江宁知府，上即擢成龙任之。二十三年十月，上南巡至江宁，传谕曰："朕在京师，闻尔居官廉洁，今临幸此地，确加咨访，与所闻无异。用锡亲书手卷，以嘉尔清操。"……二十五年三月，擢直隶巡抚，濒行，赐银千两，表里二十端。……二十六年四月，上以于成龙廉能称职，诚心爱民，特旨嘉奖。（《清史列传》卷八《于成龙传》）

彭鹏，福建莆田人，顺治十七年举人。……康熙二十三年，授三河县知县。二十七年十月，圣祖仁皇帝巡幸畿甸，召问鹏不从耿逆，及在籍、在官状，命侍卫赍银三百两，谕曰："尔居官清正，不受民钱，特赍银三百两，以养尔廉，胜视民间数万两多矣。"……三十八

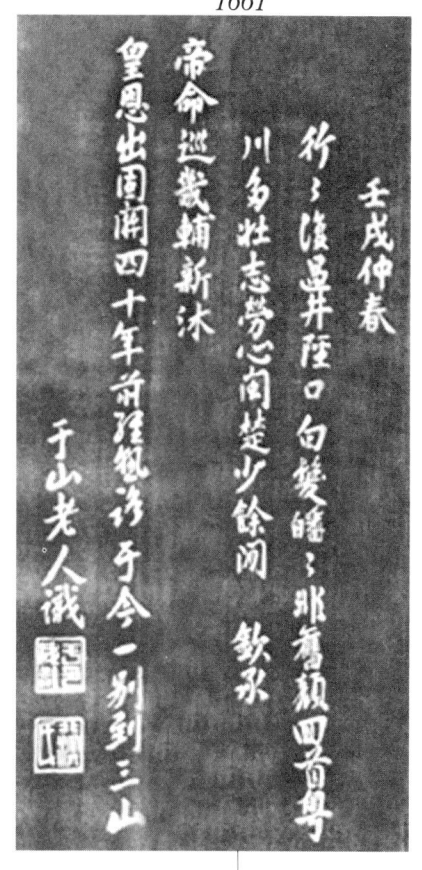

于成龙手迹

卷五 明清

年四月，擢广西巡抚，既抵任，劾罢加派科敛之贺县知县喻兆绅，贪酷之荔浦知县叶之莘。(《清史列传》卷一〇《彭鹏传》)

张鹏翮，四川遂宁人，康熙九年进士，选庶吉士。……三十九年正月，……上谓大学士等曰："张鹏翮前往陕西，朕留心察访，果一介不取，天下廉吏，无出其右者。"三月，调河道总督，……上曰："张鹏翮遇事精勤，从此久任河务，必能有益。"……四十四年……十月，谕吏、工二部曰："张鹏翮在河数载，殚心宣力，不辞艰瘁，又清洁自持，朕心深为嘉悦。"(《清史列传》卷一一《张鹏翮传》)

张伯行，河南仪封人，康熙二十四年进士。……四十八年十二月，……伯行调任江苏巡抚，……上曰："张伯行居官清正，天下之人，无不尽知。……噶礼……未闻有清正之名，……噶礼屡次具折参张伯行，朕以张伯行操守为天下清官第一，断不可参。"手批不准。……翌日，召九卿等入，谕曰："张伯行居官清廉，……人所共知，噶礼操守，朕不能信，若无张伯行，则江南地方必受其朘削一半矣。……尔等能体朕保全清官之意，使为正人者，无所疑惧，则海宇长享升平之福矣。"遂命革噶礼职，伯行复原任。(《清史列传》卷一二《张伯行传》)

陈璸，广东海康人，康熙三十三年进士。……五十五年……十月，卒于官，……遗疏，言"闽省捐谷项下，应交臣衙门公费，及余平银二项，除支用外，现存司库银一万三千四百余两，……充西师之费，以尽臣未尽之心"。……又谕大学士等曰："陈璸居官甚优，操守极清。朕亦见有清官，然如伊者，朕实未见，即从古清臣，亦未必有如伊者。前在台湾道任内，所应得银三万两，俱于修理炮台等公事动用，署总督印务应得银两，亦未分毫入己。来京陛见时，曾奏称，贪取一钱，即与百千万金无异。……今观其居官，实能践所奏之言，诚清廉中之卓绝者。"(《清史列传》卷一一《陈璸传》)

乙、抑党争

清初惩于明季党祸，钳制士绅，屡兴大狱，使不得结党。然入关之初，八旗分擅兵权，各不相下，柄政者不得不倚汉人为用。多尔衮之追废，陈名夏、陈之遴与有力焉，未几即遭报复，名为与冯铨相争，其实拥兵者操纵之。康熙初有四辅政，倾之者索额图也，倾索额图者明珠也，倾

1663

耕

土膏犹动正丰晓鼟晨课耕衣支节宇苦惟稙穉事陇亩时駐叱牛亭

東阡西陌水潺潺披蓑来泥塗爲念襄力作鼓舞歌塵間句田

康熙御笔《耕织图》

明珠者徐乾学、高士奇也，明珠去，徐、高亦去矣，主之者康熙帝也。自是兵权始集中于帝室。党争即在严禁之列，汉人自相攻讦者少。后复有废太子之党，则帝王家事，所诛戮者多满人。自雍、乾以后，率秉此意，以抑党争。

王鸿绪、高士奇、明珠、徐乾学诸人，在康熙时，互为党援，交通营纳，为左都御史郭公琇疏劾。（吴振棫《养吉斋馀录》卷四）

郭琇，……康熙二十七年……二月，擢琇任佥都御史。先是琇具疏劾大学士明珠、余国柱，结党行私，背公纳贿，兼及尚书佛伦、侍郎傅拉塔等。会议会推，附和要索，复及靳辅与明珠、余国柱等，交通声气，靡帑分肥状，请加严遣。于是明珠等罢任、降用有差。……二十八年……五月，擢左都御史。九月，疏劾少詹事高士奇，与原任左都御史王鸿绪，表里为奸，植党招摇，给事中何楷、翰林陈元龙、王顼龄，依附坏法状。得旨：高士奇、王鸿绪、何楷、陈元龙、王顼龄，俱著休致回籍。（《清史列传》卷一〇《郭琇传》）

徐健庵……与高淡人，将北门余佘庐声势奸利之状尽告上，上曰："似此何无一言者？曰："谁敢。"上曰："满洲不敢，汉官何惧？"曰："汉官独不要命耶？"上曰："有予作主，何惧？"曰：

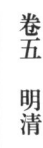

卷五 明清

"皇上作主，即有敢言者。"健庵具稿，令淡人持入，言郭琇久具稿，但迟徊不敢即上。上览之，令即上，北门、大冶皆落职。……后张汧与祖泽深相讦，马齐、于成龙出审，而张汧尽发高、徐及泽州书，谓己原无为巡抚望，诸公迫为之，谓不成便得奇祸，且复辞以闽中藩库有亏，诸公曰当令新闻抚为汝承认，后张仲举不敢不承认，因于捐免钱粮中，借使费名色扣还，后为一参县叩阍，而张公亦得祸。汧又言，一为楚抚，诸公又立参，祖泽深遂及于祸。于、马回，尽呈其原书，上尽识其笔迹，因俱解任。但解任后，高、徐声光更盛，日日入南书房修书，凡有文字，非经徐健庵改定，便不称旨，满、汉俱归其门。健庵竟与北门斗财力，势均力敌，莫如之何，直至徐复谋高，而始两败俱伤矣。（李光地《榕村语录续集》卷一四《本朝时事》）

郭琇先参明珠、余国柱，是高、徐先说明白，疏稿先呈皇上，上改几字而始上，在戊辰二月。郭琇再参王鸿绪、高士奇，是己巳南巡回十月，亦徐为之也。……明、余既罢相，权归高、徐，徐又见高更亲密，利皆归高，于是又谋高。……九月，方使郭华野再参，其稿以徐健庵为之，稿方就，而高淡人已得之。送皇后灵路上，高即诉徐，徐仰天嘻吁，言谗人相构，至于此极。又呼郭华野至，告以云云，面质其事，别去，徐握郭手曰："事急矣，先发者制人。"明日疏遂上。然高已将本稿呈上览矣。会许有三复参徐，皇上谓汉人倾险，可恶已极，始俱赶出。徐、高哀恳求留，上固婉转出之。……淡人是年冬归，东海直至庚午春始回。（李光地《榕村语录续集》卷一四《本朝时事》）

丙、减赋税

台湾平后，财政有余，欲以示惠于民，乃有普免钱粮，巡幸经过地方免征之事。甚且颁诏，滋生人丁，永不加赋，雍正时，遂有地丁合一之制。普免则雍、乾之世，尚屡行之，然官吏预征，实惠不及农家，佃农更无论矣。

康熙五十一年二月二十九日，谕将直隶各省现今征收钱粮册内有名人丁，永为定数，嗣后滋生人丁，免其加增钱粮，但将实数另造清册具报，'……五十二年，万寿恩诏，但据五十年丁册，定为常额，续生人丁，永不加赋，雍正四年，奉旨，以各邑丁粮，均派入各邑地粮之内，无论绅衿富户，不分等则，一例输将，又匠价向系另征，乾隆

三年，奉旨，均摊入本邑地粮之内，无论绅衿富户，不分等则，一例输将，由是地丁匠价，统归一则，真所谓一条鞭矣。(吴振棫《养吉斋馀录》卷一)

　　世祖章皇帝甫定中原，凡故明加派，以及荒阙诸赋，亦既除洗无余矣，圣祖仁皇帝御极之五十二年，诏天下丁赋，据五十年丁册为额，永不加增，世宗宪皇帝念江南之苏、松，浙江之嘉、湖，赋额较重，清厘减免，我皇上善继善述，后蠲除共六十余万两，乃若际左藏之充盈，嘉民生之悦豫，畅兹偕乐，益茂隆施，则若康熙三十年、五十年、雍正八年、乾隆之十有一年、三十一年、三十五年、四十三年、赐复蠲租，普周四海，他如恭遇国家庆典，銮辂时巡，随地随时，除逋免赋。(《皇朝文献通考》卷三九《国用考》)

丁、治黄河

康熙帝以河、漕为二大政，屡次南巡，皆以视河工为名，治河岁费，由三十万金达三百万。治河有名者靳辅，称为有效，然只筑减水坝护高家堰而已；于成龙主修海口，与靳辅议不合；张鹏翮、陈鹏年皆随事补救，无创设。

　　靳辅，汉军旗人。……康熙……十六年八月，授河道总督，……疏言：黄河之水，裹沙而行，水合则流急而沙随水去，水分则流缓沙

康熙黄河筑堤图

停，河底日高，全赖各处清水，并力助刷，始能奔趋归海而无滞，归仁一堤，原以障睢水，及水涸邱家、白鹿诸湖水，不使侵淮，且令小河口、白洋河入黄刷沙。自顺治十六年归仁堤溃，淮湖诸水侵淮，不复入黄刷沙，黄水从小河口、白洋河二处逆灌，积沙渐成陆地。康熙六七年间，王家营邢家口溃，而黄水不由云梯关入海，古沟翟家坝溃，而淮水不赴清口会黄。十五年，高家堰、清水潭、烂泥浅皆溃，而运道益淤，徐州以下，黄流缓弱散漫，而河底益高矣。谨以大修事宜，分列八疏，一曰取土筑堤，使河宽深，清江浦历云梯关至海口，……河身宽至四十丈，深可二丈，可以渐复旧观，其夫役请并令山东河南协募。二曰开清口及烂泥浅引河，使得引淮刷黄。三曰加筑高家堰堤岸，……四曰周桥闸至翟家坝，共三十二里，原冲支河九道及决口三十四处，须次第堵塞，……五曰深挑清口至清水潭二百三十里运道，……六曰合淮阳田，按上中下三则，每亩纳修河银三钱至二钱有差，往来淮阳两关，纳剥浅银一年，以米豆每石二分，货物每斤四分为率。七曰裁南河、中河、北河、通惠四分司，就近归道员管理，裁管河同知山清、安海、宿桃三缺，改并山盱、归仁、邳宿三员，以重责成。八曰按里设兵，画堤分守，暇则栽柳蓄草，添土帮堤，每月乘浚船，下铁扫帚，刷河底淤沙，督率员弁，严立课程，用期久远。疏下王大臣，……遂皆如所请，诏发帑兴工。辅乃开通清口、烂泥浅，引河四道，浚清江浦至云梯关外河身，创束水堤一万八千余丈，塞王家冈、武家墩、高家堰诸决口，河堤外加筑缕堤及格堤，徐州、宿迁筑浅水坝十三座，其坝东西宽十二丈，南北长十八丈六尺，……每坝一座，共成七洞，……计其泄水之地，……清水潭旧堤冲溃，辅为弃深就浅计，筑西堤九百二十余丈，东堤六百余丈，更挑新河长八百四十丈，奏改名永安河，又以甘罗城西运口黄流内灌，易致停淤，自新庄闸西南挑浚至太平坝，又至文华寺挑浚至七里闸，复转而西南，亦接至太平坝，因达烂泥浅，去淮、黄交会之地约十里，计阅两月工竣。先是漕船由骆马湖行八十余里，始抵窑湾，夏秋则盛涨，冬春则水涸，重运多阻，辅于湖旁疏浚皂河故道，上接泇河通运。二十年三月，以大修已越三年，黄河未尽归故道，自请议处，部议革职，得旨，留任督修。（《清史列传》卷八《靳辅传》）

二十一年五月，上遣尚书伊桑阿、侍郎宋文运等阅工，并以候补布政使崔维雅随往，因具奏上《河防刍议》、《两河治略》二书，及条列二十四事，欲更改靳辅所行减水坝诸法也。十月，伊桑阿等还奏：靳辅建议大修………黄河不归故道，其言固难信，崔维雅改议修筑，亦未必成功。辅疏言：河工次第告竣，海口大辟，下流疏通，腹心之患已除，萧家渡决口，堵塞亦易，不宜有所更张，因详辨维雅陈二十四事不可行。并下廷议，工部尚书萨穆哈等请令辅赔修，……召辅来京。……二十二年四月，疏报萧家渡工成，河归故道，请修七里沟险汛，天妃坝、王公堤等闸座，又请增开封、归德堤工，以防上流壅滞。……十二月，诏复原职。二十三年十月，上南巡，……因书《阅河堤》诗赐之。二十四年，……上念高邮、宝应诸州县，湖水泛溢，民田被淹，命安徽按察使于成龙，经理海口，及下河事宜。辅疏言：下河卑于海潮五尺，疏海口则引潮内侵，大不便，请自高邮城东车逻镇筑长堤二，历兴化白驹场至海口，束所泄之水入海，堤内涸出田亩，丈量还民，其余田，招民屯垦，以抵经费。廷议如所奏，召辅及于成龙进京。成龙力主开浚海口故道，辅仍议筑长堤……束水敌海潮。大学士九卿俱从辅议，通政使参议成其范、给事中王又旦、御史钱钰，从成龙议。时宝应人侍读乔莱奏辅议非是，乃命尚书萨穆哈往勘视，寻以开海口无益回奏。会江宁巡抚汤斌入为尚书，奏下河宜疏浚，上命侍郎孙在丰，往董其事。

二十六年七月，诏询下河田畴，何策可纾水患，辅疏言：……高家堰之堤外筑重堤一道，……此工一成，束堰堤减下之水，使北出清口，则洪泽湖之水，不复东溢下河，其下河十余万顷之地，可变成沃产，而高、宝诸湖，可涸出田亩数千顷，招人屯垦，可以裕河库。……洪泽湖广阔非常，一遇风起，多覆舟沉溺，行此堤内之河，则避湖险而就安流，有便于商民者甚大。……时于成龙任直隶巡抚，诏以辅疏示询成龙，成龙言下河宜开，重堤不宜筑，上遣尚书佛伦、侍郎熊一潇、给事中达奇纳、赵吉士，与总督董讷、总漕慕天颜会勘。天颜、在丰议与辅相左，佛伦等以应从辅议还奏，乃下九卿会议。二十七年正月，御史郭琇疏言：……河臣靳辅，…糜费帑金数百万，终无底止之期，……又复攘夺民田，妄称屯垦。……二月，给事中刘楷疏

1668

言：……河工道厅杂职，百十余员，题补之权，总归河臣。……果能奏安澜之效，犹且不可。……及至任事，漫无寸功，惟见每岁报冲决而已。嗣后大小河官，应仍归吏部选补。御史陆祖修疏言：……河臣靳辅，身虽在外，而呼吸甚灵，九卿中……皆左袒河臣，不顾公议。……河臣积恶已盈，中外人心，总望睿断罢斥。……今兼屯害民之事，去一靳辅，天下仰赖圣明无逾此矣。时慕天颜、孙在丰，亦疏论屯田累民，及辅阻挠下河开浚事。……辅寻得请入觐，先疏论于成龙、慕天颜、孙在丰朋谋陷害，又自辩"……郭琇、……于成龙久与结拜兄弟，慕天颜频与宴好殷勤，孙在丰亦与亲密异常者也。……盖郭琇与孙在丰为庚戌科同年，陆祖修为诸生时，拜慕天颜为师，又系在丰教习门生，刘楷、陆祖修，己未科同年，并江南人，与隐占田亩者，无非桑梓亲戚年谊之契，故彼呼此应，协力陷臣。慕天颜与孙在丰结婚姻，因于成龙倡开海口之议，故必欲附成龙以攻臣，而助在丰，兼夺臣任。……臣受任之初，群议蜂起，百计阻挠。……两河得以复故，正须绸缪善后，而诸臣合计交攻，……全不顾运道民生大计。……倘蒙圣驾再巡阅堤工，更命重臣清丈隐占地亩，则臣与诸臣

康熙南巡图

中华二千年史

之是非功罪立分。"……疏入，……下九卿察议，……寻允九卿议，停筑重堤，革辅职，以福建总督王新命代之。(《清史列传》卷八《靳辅传》)

初漕船出清河口入黄河，行二百里，始抵张庄运口。辅奏于清河县西仲家庄建闸，上自宿迁、桃源、清河三县北岸，遥接二堤内，加挑中河一道，俾漕船既出清口截渡北岸，避黄河一百八十里之险溜，由仲家庄闸内，进中河，历皂河、泇河北上。及工竣，学士开音布、侍卫马武往勘，还奏中河商贾舟行不绝，漕运可通。上谕廷臣曰："……若王新命顺从于成龙之说，将原工程尽行更改，是各怀私怨，必致贻误河工。"乃命尚书张玉书、图纳等往勘确议，还奏河身渐次刷深，黄水迅溜入海，其已建闸坝堤埽，及已浚引河，并应如辅所定章程，无庸更改。……二十八年正月，上南巡阅河，辅从行。……三月，谕吏部曰："朕南巡时，江南、淮安人民，皆称誉前任河道总督靳辅，思念不忘，且念浚河深通，筑堤坚固，实心任事，劳绩昭然，可复其原品。"……三十一年……二月，王新命以勒取库银，为运河同知陈良谟讦罢，上谕大学士曰："朕听政以来，以三藩及河务、漕运为三大事，夙夜厪念，曾书而悬之宫中柱上，至今尚存。倘河务不得其人，一时漕运有误，关系非轻。靳辅熟练河务，……其令仍为河道总督。"……十一月，卒于官，……谥曰文襄。……四十六年，上南巡还，谕吏部曰："朕厪念河防，屡行亲阅。……粤从明季寇氛，决黄灌汴，而洪流横溢，岁久不治，迄于本朝，在河诸臣，未能殚心修筑，以至康熙十四五年间，黄、淮交敝，海口渐淤。朕乃特命靳辅为河道总督，靳辅……兴建堤坝，广疏引河，排众议而不挠，竭精勤以自效，于是淮黄故道，次第修复，而漕运大通，其一切经理之法具在，虽嗣后河臣，互有损益，而规模措置不能易也。……朕每莅河干，遍加咨访，沿淮居民，感颂靳辅治绩，众口如一，久而不衰。"(《清史列传》卷八《靳辅传》)

当时与靳辅立异最力者乔莱，盖不利巨室也，特召莱入京居住，莱竟以忧死。

乔莱，……江苏宝应人。……康熙……二十四年，……会御史奏浚海口泻积水，而河道总督靳辅上言：浚海口不便，请于邵伯、高邮

间，置闸泄水，复筑长堤抵海口，以束所泄之水，使水势高于海口，则趋海自速。……适莱入直召问，莱疏陈四不可行，略言："河臣议开大河，筑长堤，堤在内地者，高丈六尺，河宽百五十丈，近海者，堤高一丈，河宽百八十丈，势必坏陇亩，毁村落，不可行一。河臣议先筑围埝，用车踏去埝内之水，取土筑堤。淮阳地卑，原无干土，况积潦已久，一旦取土积水中，投诸深渊，工安得成？不可行二。河臣欲以丈六之堤，束水一丈，是堤高于民间庐舍多矣，伏秋风雨骤至，势必溃，即当未溃之时，潴水屋庐之上，岂能安枕？不可行三。至于七州县之田，向没于水，今束河使高，田中之水，岂能倒流入河，不能入河，即不能入海，淹没之田，何日复出？不可行四。"上是之，河臣议乃寝。（《清史列传》卷七〇《文苑传》一《乔莱传》）

往时奉命看河时，紫垣亲拉予至高家堰上周家闸地方，诉冤，曰："君是公道者，当日潘印川将此处四十里不筑堤，名之曰天然减水坝，使水灌入淮阳各州县，人曾无有一怨詈者。今予劳役数年，为筑四十里长堤，以护民田，留六七闸坝泄水，而淮阳绅士百姓，哗然谤怨，可谓有天理乎？"（李光地《榕村语录续集》卷一八《治道》）

继靳辅而为河督者，多取号称清廉之人，盖取其不浮冒也。

于成龙，汉军镶黄旗人。……康熙……三十一年……十二月，靳辅卒，成龙任河道总督。……三十三年七月，疏言洪泽一湖，密近淮城，为淮、睢二水所汇归，伏秋水发，波涛澎湃，仅恃高堰土堤，虽加筑坚固，仍须岁修抢修，急宜改修石工，所有六坝，及自小黄庄起，至古沟东涵洞止，共估工料银五十万两有奇。疏下部议，从之。三十四年八月，……旋丁父忧回京，奏山阳县龙王闸修造尚迟，五空桥及檀度寺应建闸，通运高堰石工，应开武家墩及杨家庙等坝运料事，并下新任总河董安国即行。（《清史列传》卷八《于成龙传》）

张鹏翮，四川遂宁人。……三十九年……三月，调河道总督。……四月，疏言：臣过云梯关，阅拦黄坝，巍然如山，中间一线之细如注，下流不畅。……拦黄坝上流，计黄河水面宽八十三丈余，则拦黄坝亦应照丈尺拆挑，一律宽深，方足宣泄。亟堵马家港，使水势不至旁泄，俟黄水大涨，开新挑之河，资其畅流，冲刷淤垫，则黄水入海，自能畅达。又言清口为淮黄交汇处，目今……河身淤垫，竟成平

陆，独有黄河入运。……应于张福口开引河一千五十丈，深丈余，宽十丈，引清水于黄河口相近处入运，使之畅达，庶可敌黄，并建闸以时启闭。又言：人字河……至芒稻山，分为二派，又名芒稻河，两岸即狭，又有土岭二处，今湖水方盛，应多集夫，掘使畅流。水口下有芒稻闸，年久塌坏，矶心颇高，宜另建以防江潮。又凤皇桥引河，……宜加浚，引水从王家楼入运盐河汇入芒稻河。又双桥、湾头二河，现今同入芒稻河，底亦浅，应于冬月浚，使深通，其湾河闸，雁翅塌卸，宜及时修砌。此三处之水，俱相继入芒稻河，……现在委员分修，克期竣工。诸疏俱下部议行。五月，疏言：臣遵旨……将拦黄坝拆去，河身开浚深通。……工竣，水势畅流入海。……是月，……鹏翮疏陈十九款：一、……旧有运料河，……应加浚深，……一、清水会黄入海关键，全在六坝，……尤在夏家桥一坝，以全湖水势趋此故也。……若急于堵塞，则高家堰危险可虞，……应俟水落堵塞，庶为万全。一、高家堰容纳七十二处山河之水，……前河臣于成龙，改六坝为四滚水坝，……宜并为三，就原有之草字河塘、漕河为引河，并筑顺水堤，则田庐无淹没之虞。一、武家墩，至小黄庄，……原有石堤，……必须加高。一、古沟至六坝以下，俱系土堤，宜改石，……一、清河县运口，至高邮州界首里河，……宜加浚。一、高邮、宝应、江都西岸土石堤工，多为湖水啮侵，俟冬时兴工。一、高邮城南石坝五，改为四滚水坝，开引河使水有去路。……一、运口至滨海，两岸堤工，必须加倍高宽。一、王家营引河，……作速挑浚深道，……一、新改中河堤岸单薄，……应勒限修筑完固。一、王家营减水大坝，应酌开十丈。一、桃源县黄河南岸堤工，……四千二百余丈，应加培高厚。一、……今黄河身高，去岁漫缺二次，黄河灌骆马湖口，……亟

张鹏翮辑
《诸葛忠武志》

卷五 明清

宜堵筑，以御黄水。一、王家营缺口，月堤单薄，应培修高厚，以作正堤。一、徐城对沙嘴，……应挑掘，……郭家嘴旧有石工，至北门迤西，……自北至段家庄，加砌石工，……自杨家楼至段家庄，筑月堤。……疏入，诏下部速议行。……九月，疏言：……再于归仁堤五堡，建矶心石闸，于引河两岸，筑束水堤，泄归仁堤之水出黄河，可以冲刷河身，保护田庐。得旨：……应及今年黄河水小兴工，……十二月，疏言：臣……先疏海口，水有归路，黄水不出岸矣。既排芒稻河，引湖水入江，高邮、宝应等处水由地中行矣。再辟清口，开张福口裴家场引河，淮水有出路矣。加修高家堰，堵塞六坝，逼清水复归故道。（《清史列传》卷一一《张鹏翮传》）

四十年正月，疏言：……今运河初浚，海水出黄，转盼伏秋二汛继至，即宣泄之道，不可不急筹也。今于张福口裴家场中间，开大引河一道，并力敌黄。若黄水大发，则闭裴家场口门，使清水由文华寺入运河。倘运河水大，山阳一带，由泾、涧二河泄水，宝应一带，由子婴沟泄水，俱归射阳湖入海；高邮一带，仍由城南柏家墩二大坝泄水，江都一带，由人字河、凤凰桥等河泄水，入江。若遇黄、淮并涨，清水由翟家坝天然坝泄水，黄水由王家营减水坝入盐河，至平旺河入海。若粮船过完，黄水大发，则闭拦黄坝，使不得倒灌；黄水不涨，则堵塞运河头坝，令清水全入黄河，官民船照例盘坝，即古人设天妃闸之意也。疏入，上嘉其得治河秘要。……四十一年……八月，疏言：烟墩对岸，沙滩挺出河心，逼溜南行，恐被冲刷，请于邵家庄开引水，建草坝，分水势。又颜家庄水势逼射北岸，亦请开引河一道，则水顺流而险工不受冲矣。上谕大学士等曰："……即照所题行，……"四十五年十一月，疏言：黄河万里来源，汇聚百川，至清口与淮交会，总因……来源多而去路少，一时宣泄不及，所以两年水涨，堤工危险，……惟有遵旨，预开鲍家营引河，俾黄河异涨，借此减泄，……工程可以保固，洪泽湖异涨，借此畅流，高家堰工程，得平稳矣。再于中河横堤，建草坝二，于鲍家营开引河处，建草坝一，相机启闭，中河亦不虞淤塞矣。下部议，从之。……四十七年九月，疏奏黄、运、湖、河，修防平稳。得旨：张鹏翮自任总河以来，……殚心尽力，……比年两河安定，堤岸无虞，深为可嘉。……十月，内迁

刑部尚书。(《清史列传》卷一一《张鹏翮传》)

陈鹏年,湖广湘潭人。……康熙……五十六年……九月,河道总督赵世显,奏令往视河南武陟县钉船帮决口。十月,鹏年疏言:黄河老堤,冲开八九里,见今大溜直趋决口,应于对岸上流广武山淤滩,另开引河,使溜南趋;再于决口稍东,逢湾取直,亦开一引河,引溜东行,仍归正河,方可渐次堵筑。……十一月,……诏,鹏年署河道总督。……六十一年……八月,疏言:萧县黄河南岸,田家楼险工,须建月堤,以资保障,邳州运河徐塘口迤下,河道浅滞,应于徐塘口以上,挑挖月河,接入彭家河,而彭家河亦应挑深,其山阳县运河,文华寺下,引河淤垫,应加挑浚。又高家堰、山盱二汛一带河堤,风浪冲激,应加倍筑土一万四千余丈,山盱汛天然南北两坝,原防湖水暴涨,……今南坝与东水南堤逼近,应筑实为堤,改北坝为南坝,另于迤北百丈之外建坝,则束水南堤,地宽流缓,可免激射之患。疏下部,即行。……十一月,……世宗宪皇帝御极,实授鹏年河道总督。寻疏言:前经定议,自沁河堤头,至詹家店,无堤之十八里,留备宣泄。今河势北趋,较前迥异,若留此空隙,亦属可虞。应……自沁河堤头至詹家店,连筑大堤,直接荥泽县老堤,通计三千四百四十丈,俟春融并筑,竣工,下所司知之。(《清史列传》卷一三《陈鹏年传》)

佐靳辅治河者陈潢,其人实通古今,讲求河事,有独到之处。

陈潢,……浙江秀水人。……为河督靳辅幕客,辅治河多资其经画。圣祖仁皇帝南巡阅工,尝问辅曰:"尔必有通今博古之人,为之佐。"辅以潢对,特赐参赞河务、按察司佥事衔。两河既奠,仿古沟洫法,为沟田之制,旋以吏议夺职,寻卒。著有《河防摘要》,论治河要策,一曰河性,……二曰审势,……三曰估计,……四曰任人,……五曰源流,……六曰堤防,……七曰疏浚,……八曰工料,……九曰因革,……十曰善守,谓黄河无一劳永逸之策,在时时谨小慎微,……十一曰杂志,……十二曰辩惑。(《清史列传》卷七一《文苑传》二《陈潢传》)

至臣幕友陈潢,……其间兴工之委曲,及将来竣工,非陈潢协力区画不可。念臣垂老多病,……则继臣司河者,仍必得陈潢在幕佐之,庶不歧误。此臣十年以来之血诚,欲吐而未敢者,今据实陈明。……

疏下廷议，……并赐陈潢佥事道衔。(《清史列传》卷八《靳辅传》)

其京师附近之浑河，改名永定河，足以示范。

康熙……三十七年二月，命以总督衔管直隶巡抚事。三月，兴修永清、固安至张协七十里旧堤，挑浚浑河淤沙，十旬竣工，诏锡名永定河。……奏设南北岸两分司，一以重责成，视黄、运两河之例，敕部择谙练河务之候补候选人员，赴工效用。(《清史列传》卷八《于成龙传》)

康熙三十八年十二月壬午，……上曰："河身宜加深浚，……但难得其法耳。……今永定河虽小，仿佛黄水，欲以水力刷浚之法试之，使河底得深，十月间往视之时，……令将河身束之使狭，坚筑两边堤岸，若永定河行之有效，即将此法用之黄河。"(《清圣祖圣训》卷三三)

康熙四十一年壬午九月甲子，……上谕大学士等曰："……朕观永定河修筑之法甚善，河身直，河底深，所以淤沙尽皆冲刷。今治黄河，……试照永定河修治之。"(《清圣祖圣训》卷三四)

康熙时，治河经费不详，唯岁费三百万见于《实录》，亦可谓巨矣。

康熙六十一年，1722年。十一月……甲午，……上崩于寝宫，遗诏曰："……所有巡狩行宫，不施采绘，每处所费，不过一二万金，较之河工岁费三百余万金，尚不及百分之一。"(《清圣祖实录》卷三〇〇)

戊、兴捐纳

清代弊政，捐纳为最，然一代不改，《会典》中一字不提，盖讳言之。

余国柱，……康熙十五年，……授户科给事中，十月，疏言：迩者关中底定，闽逆投诚，荡平虽可刻期，然一日未罢兵，即一日不可无粮饷。宜于浙江、江西、湖广开捐例，纳米、豆、谷、麦、草束，以济军需。山东、河南岁值大稔，宜捐米贮临河州县，支应本省兵粮，多则运解京仓。疏下部议，以山东、河南需粮无几，运京徒滋耗费，浙江兵已进征福建，无须捐纳，准开湖广、江西、福建三省，现任官加级纪录，四品以下降革官捐复原职，余分别录用先用，及顶带荣身。(《清史列传》卷八《余国柱传》)

陆陇其，……康熙九年进士。……二十九年，……授陇其四川道

监察御史。……三十年正月，户部以大兵征噶尔丹，军用浩烦，奏行运输粮草，准作贡监及纪录加级复级封赠，与捐免保举例，御史陈菁奏请删捐免保举条，而增捐应升先用。部议不准。陇其疏言：捐纳一事，原非皇上所欲行，不过因一时军需孔亟，不得已而暂开，若许捐免保举，则与正途无异，……是清廉可捐纳而得也。至于捐纳先用，大抵皆奔竞躁进之徒，多一先用之人，即多一害民之人。……窃见近日督抚于捐纳之员，有迟之数年，既不保举，又不纠劾者。……夫既以捐纳出身，又不能发愤自励，则其志趣卑陋，甘于污下可知，使之久居民上，其荼毒小民，不知当如何。乞敕部通稽捐纳之员，到任三年而无保举者，即行开缺休致，庶吏治可清，选途可疏，而民生可遂矣。疏入，下九卿议，九卿言：先用未准捐，止捐免保举，实无碍正途。若定限到任三年而无保举者，即行休致，则营求保举，奔竞益甚，俱无庸议。议上，得旨：保举一条，著会同陈菁、陆陇其再行详议。及议，陈菁与九卿等并言：事例已行，次年三月即停止，可不必更张。陇其遂独为一议曰："捐纳一途，实系贤愚错杂，惟恃保举以防其弊。……至于到任三年，无保举者令休致，谓恐近于刻，不知此辈由白丁捐纳得官，其心惟思偿其本钱，何知有皇上之百姓，踞于民上者三年，亦已甚矣，又可久乎？况休致在家，仍得俨然列于搢绅，为荣多矣。……此休致之议，亦从吏治民生起见，未有吏治不清而民生可安者，未有仕途庞杂而吏治能清者，俱难无庸议者也。"于是陈菁与九卿等，各为一议，曰："捐纳官员，倘有劣迹，可随时纠劾。捐纳保举之后，仍按俸升转。督抚既未保举，必无徇庇之情，而官之贤否，自有分别，何虞庞杂？至到任三年之内，虽无奇政动上官之保举，亦无劣迹来下民之告发，即为安养无事之官，何可勒令休致，以从前急公之人，附八法之末乎？……国家用人，不必分其门而阻其途；实政

陆陇其像

卷五 明清

惠民，不必格成议而徇迁见。迩者军需孔亟，计各项之捐纳人少，而保举之捐纳人多，是以增列此项。陇其不计缓急轻重，浮词粉饰，寸步难行，致捐纳之人，犹豫观望，紧要军需，因此迟误，务虚名而偾实事，莫此为甚。应请革职，发往奉天安插。议上，上曰："陆陇其居官未久，懵懵不知事情，妄昧陈奏，理应依议处分，念系言官，著宽免。"（《清史列传》卷八《陆陇其传》）

  陆稼书不晓事，当日他上捐纳本，上发九卿议时，已依他，永不开，于振甲为总宪，也不能消除众论。而稼书毕竟要将已往选过的官，一总限年去之，……振甲大怒入奏，……遂将稼书问死罪，减等为流，上亦寝其事，仍未革职，至甄别始革职回。……捐纳之事，振甲一力担当，大行其道，自壬申康熙三十一年。以迄于今未已者，亦稼书之有以激之也。（李光地《榕村语录续集》卷一五《本朝时事》）

康熙捐叙事例简表

名　称	年月	事　由	捐例概况	备　考
纳监事例	康熙四年三月	备荒	凡民间俊秀子弟并富民，捐米五百石、银五百两者，俊秀子弟转咨礼部送监读书，富民加与九品顶戴荣身，所纳银米，就便存贮仓库备荒。	《政治全书·捐叙》，顺治六年，因兵饷不敷，户部援纳监生一项。康熙三年二月，奉旨纳银例监准贡，以后著停止。
捐赈流民议叙	原例		凡活五百名以上者，纪录一次；千名以上者，纪录二次。	
捐修文庙议叙	原例		凡大小各官捐银五百两以上，教官银至二百两以上，俱准纪录一次，如多捐，照数纪录，不准加级。	
捐修城垣议叙	原例		凡举人贡生捐银二百两，或米二百石，出仕之日，准与纪录，生员捐银三百两者，准入监读书；监生捐银四百两者，准贡。见任各官捐银一千两者，准加一级，五百两，准纪录一次。民人耆老，捐银三百两者，准给九品顶戴；五百两者，准给八品顶戴。	
捐修营房议叙	康熙四年七月		凡文武各官，照捐修城垣例，准与议叙。	
捐修城楼各项议叙	原例		凡捐银至五百两以上者，俱准纪录一次。	
捐助兵饷议叙	原例	云贵兵饷	凡五百两以上者，纪录一次；千两以上者，纪录二次。	

续表

名　　称	年月	事由	捐例概况	备　考
贵州捐纳事例	康熙十九年二月	佐助军需	凡捐助粮草，现任官捐纪录加纪，现在进士举人贡生为出任日之纪录加级，生员准其入监读书，文武进士举人贡生监照应得之缺先用，富民顶戴荣身，候补文官知州知县，武官守备等，准其先用，降级调用各文武官，复还原官录用，廪生等为贡生。	
云南捐纳事例	康熙二十年四月	佐助军需	照贵州捐纳各项粮草，准于长沙、广东、贵州捐纳之人，分缺选用。	
直隶捐纳事例	康熙二十八年十月	救荒	凡捐谷米，富民给顶戴荣身，俊秀及生员，准作监生，免其入监读书，期满考用，司府首领等官，州县佐贰教职等官，不论已仕未仕，照各级给与封典荣亲，文武官加级纪录，降级留任者复还。	
各省常平捐例	康熙二十八年十一月	积储	凡捐谷米，文武官员纪录，俊秀生员准作监生，富民给九品顶戴荣身，或给匾旌奖。	
山西捐纳事例	康熙二十八年十二月	歉收赈饥	照直隶捐纳之例，准于五台崞县杀虎口捐纳，将米谷即行赈济现在饥民。	
大同捐纳事例	康熙二十九年六月	灾歉	照直隶捐纳之例，在大同府城与杀虎口，一并捐纳，酌量减数。	
大同张家口捐纳事例	康熙三十年二月	佐助军需	凡捐纳米豆草束，文武官因公诖误革职者，以原官补用，内外应具题保举。方以京官正印升用者，免其保题，并丁忧官子，免其保举。内外未得封典者，均照原职品级给与封典，富民给与顶戴荣身。不论旗民俊秀生员，准作监生，免其入监读书，期满考用，文武各官给与封典荣亲，及加级纪录，降留者准复还，在外告病者以原官补用。不论旗民廪监等生，俱准作岁贡。	
甘肃捐纳事例	康熙三十年三月	积屯备战守	大致照大同捐纳事例，酌议增添。凡死罪监禁人犯，内除十恶强盗及杀人人犯外，一应死罪，俱免死释放。文武进士举人贡监生员等因事故革黜者，俱准复还，举人会试五科不中方准拣选者，准不分科，一体拣选。	
西安捐纳事例	康熙三十一年三月	积屯米谷	照甘肃事例，将米折银，凡情愿捐原官虚级荣身者，内而郎中以下，外而道员以下，武职副将以下，俱照甘例，米数减半捐纳。	

续表

名　称	年月	事由	捐例概况	备　考
通仓运米事例	康熙三十四年十月	运通仓米十万储盛京	凡捐米石，富民给顶戴荣身，文武官员加级纪录，降留者准复还，旗民俊秀子弟准作监生。又文武准给封典，拟死罪者，免死释放，流犯免罪，发回本籍。	
甘肃常平事例	康熙四十二年二月	积贮	凡文武官员加级纪录及捐监捐贡三项，其各省常平捐纳之例停止，俱令在甘肃捐纳。	
山东捐纳事例	康熙四十三年十月	积贮	照甘肃常平事例，酌量加增。	
捐马事例	康熙四十五年四月		按匹折价交库。	
户部捐银事例	康熙五十年七月	补足国帑	因大同运米捐纳冒领亏空案，有情愿顶捐照湖滩河所运米之例，每石连脚价作银七两二钱，特开新例。	
福建开捐事例	康熙五十二年五月	积贮	捐例准捐之项，大体同前，惟所捐谷石，不准在本省采买。	
广东广西捐例	康熙五十三年二月	积贮	照闽省事例开捐。	
甘肃粮草事例	康熙五十三年三月	积储备边	捐款与三十年甘肃捐例同，惟照福建、广东删去各官保举、复还进士举人贡监、举人拣选、革职封典四条。	
甘肃赈荒捐例	康熙五十三年九月	安插穷民	增添捐例，为候补荫生，各项捐纳外，另立一班轮用，如用米一石加捐银二钱，用银每石折二两四钱。	
江南常平仓事例	康熙五十三年十月	弥补赈亏	开捐米石，大州县一万五千石，中县一万石，小县八千石，不产稻谷，仍听麦粟兼收，不拘外省外郡，一体收捐。	
甘肃军需捐例	康熙五十四年六月	泽旺抢掠哈密，遣兵援剿。	将甘肃先用并应得之缺分用之例，有多捐一倍者，即以应升缺先用。	
大同捐马	康熙五十四年十二月	挽运粮饷	在大同地方交银一百五十余万两。	
甘肃湖滩河所捐例	康熙五十六年九月	军需	照例于肃州减四，甘州减三，凉州西宁减二，仍以米麦豆三色兼收，将捐纳官生另立一班铨选。	
大同宣府喂养驼马捐例	康熙五十八年正月	挽运	照三十六年题定捐马条例捐纳，折银加倍交纳，减二收银，每驼一只，作马二匹，折银三百两。	
西凤捐补运粮米脚事例	康熙五十八年十月	补还脚价	照三十一年西安捐纳原例，补还司库动用脚价。	

续表

名　　称	年月	事　由	捐例概况	备　考
湖滩河所捐驼事例	康熙五十八年十一月		于湖滩河所收捐驼只，交与运米大人使用，另立一班铨选。	
兰州捐驼折价例	康熙五十九年五月	军需	大同驼马捐例满期，乃展限六个月，改每驼一只折银七十二两。	
肃州新添捐运例	康熙五十九年六月	军需	照湖滩河所之例，增添九款，另立一班铨选。	
河工捐补事例	康熙六十年四月	工费亏欠	修筑工程，应进核减等项，非侵挪者约六十余万，照大同现行捐驼之例，折银补捐。	
云南捐补事例	康熙六十年六月	军需亏欠	军需挪款，设法清偿，照甘肃驼捐例，特开捐纳。	
军站坐台捐例	康熙六十一年正月	军务	凡情愿驿站效力坐台者减半备银前往，一年不误公事，不论班次即用，交银在户部者，另立一班铨选。	
两路军前运米例	康熙六十一年三月	军需	将米运至傅尔丹、祁里德二处，不论班次铨选。	
浙江补漕捐例	康熙六十一年月	补还漕项	照六十年题定河工捐纳贡监之例。	
户部收银增减例	康熙六十一年十二月		增减驼米条款银数。	
附　记	本表据朱植仁《本朝政治全书》，择要而录。			

雍乾以后，踵行捐例，由户部贵州司捐纳房主之，曰常捐，如捐贡监虚衔加级纪录之类，大捐则实官捐也。开捐之日多，停止之日少，多事之秋，军需、河工、赈济，皆取给于实官捐。京官可捐至郎中，外官至道员，武官至参将，不惜减成以广招徕，有低至二成上兑者。户部常与外省争捐款，外省不胜，则以停止分发为请，贻笑致讥，有失政体。其欠饷移奖、报效叙官者，尚不在此列。仕途之杂，至于不可究诘，吏治败坏，率由于此。（表见下页）

（二）文事

甲、奖励理学

清圣祖提倡理学，盖仿元之用姚枢、许衡，以为粉饰牢笼之具，又顺、康之时，贪风甚炽，欲借道学以矫其弊。

康熙四十三年，1704年。六月丁酉，上谕讲官等曰："古今讲道学者甚多，……而言行相符者盖寡，……故君子先行后言，果如周、

雍乾以后实官捐纳事例简表

捐名	开捐日期	开捐原因	开捐收入银数	备考
阿尔泰运米事例	雍正二年	用兵西陲。		
营田事例	雍正五年	直隶议兴营田水利工程。		
广西开垦事例	雍正八年	垦荒经费,仿照营田例开捐。		
海塘事例	雍正十一年	海塘动工。		
户部豫筹粮运例	雍正十二年	用兵边方。		
金川运米事例	乾隆十三年	用兵金川。		
河工事例	乾隆二十二年			
豫工事例	乾隆二十六年	河南诸河并涨。		
川运事例	乾隆三十九年	用兵金川。		
川楚善后筹备事例	嘉庆三年	川楚用兵。	由嘉庆三年至六年,收款甚多。	
工赈事例	嘉庆六年	永定河漫溢工赈。	由六年九月至七年,收款甚多。	
衡工事例	嘉庆八年	豫省衡家楼漫口。		
土方事例	嘉庆十三年			
续增土方例	嘉庆十五年			
豫东事例	嘉庆十九年	豫东等省被灾。		
武陟河工事例	嘉庆二十四年			
续增武陟投效例	嘉庆二十五年			
酌增事例	道光七年	运河淤塞、堵筑挑浚之费及征张格尔军饷。		
筹备经费事例	道光十三年	筹办河工赈灾军需。	前后九月,收银八百余万两。	
豫工事例	道光二十一年	豫工筹款。		
筹赈事例	道光三十年	赈灾		
广东广西湖南各地事例	道光三十年	太平天国之役	仅收银二十四万余两。	

续表

捐名	开捐日期	开捐原因	开捐收入银数	备考
筹饷事例	咸丰元年	广西军需（咸丰二年、三年、六年、九年以及同治五年、七年、八年先后议增条款，至光绪五年始停止）	每年所入最多不过银百万两。	
台防经费事例	光绪十年	台湾军需。		仅二月即停捐。
海防事例	光绪十年	中法战事	每年所入仅二三百万两。	
郑工事例	光绪十三年	河南郑州黄河漫口。	光绪十三年所入不过八十万，十四年十二月止，连前共收银四百万。	
新海防事例	光绪十五年	海军经费。		
江南筹办防务事例	光绪二十年		该年共收银一百二十五万两。	
江宁筹饷事例	光绪二十六年	江苏滨海临江防务。		
秦晋实官捐	光绪二十六年	秦晋荒歉及军需。		
顺直善后实官捐	光绪二十七年	八国联军侵扰北京各地后，饿莩塞途，赈济需款。		七月，下谕停止。
附记	本表根据《历年现行事例》及《清史稿·选举志》举要于此。			

程、张、朱，勉行道学者，自当见诸议论，……朱子洵称大儒，非泛言道学者可比拟也。"……五十六年，1717年。十一月丙子，上谕大学士等曰："为君之道，要在安静，不必矜奇立异。……朕自幼喜读性理书，千言万语，不外一'敬'字。人君治天下，但能居敬，终身行之足矣。"（《清圣祖圣训》卷五）

辑刊《朱子全书》，以《四书集注》试士，尊崇朱子，跻于孔庙四配、十哲之次。盖以明季讲学，多主阳明，清初孙奇逢、黄宗羲诸人，皆发王学余绪，故欲以朱子矫之，使皆主敬存诚，尊君亲上，然其效甚微。顾炎武、李颙、吕留良虽主朱子，而始终不忘恢复，此岂可加以限制耶。

康熙五十一年，1712年。二月丁巳，上谕大学士等曰："朕自冲龄，笃好读书，博览载籍，每见历代文士著述，即一字一句，于义理

稍有未安者，辄为后人指摘。惟宋儒朱子，注释群经，阐发道理，凡所著作及编纂之书，皆明白精确，归于大中至正，经五百余年，学者毫无疵议。朕以为孔孟之后，有裨斯文者，朱子之功，最为弘巨。应作何尊崇，尔等会同九卿、詹事、科道，详议具奏。"（《清圣祖圣训》卷一二）

康熙五十一年，1712年。二月丁巳，……大学士会同礼部等衙门议覆：宋儒朱子配享孔庙，本在东庑先贤之列，今应遵旨升于大成殿十哲之次，以昭表彰至意。从之。（《清圣祖实录》卷二四九）

宵旰孜孜，思远者岂不柔，近者岂不怀，非先王之法不可用，非先生之道不可为，反之身心，求之经史，手不释卷，数十年来，方得宋儒之实据。虽汉之董子，唐之韩子，亦得天人之理，未及孔孟之渊源。至邵子而玩弄河洛之理，性命之微，衍先天、后天之数，定先甲、后甲之考，虽书不尽传，理亦显然矣。周子开无极而太极，《通书》之类，其所授受，有自来矣。……二程之充养，有道经天纬地之德，聚百顺以事君亲。……至于朱夫子，集大成而绪千百年绝传之学，开愚蒙而立亿万世一定之规，穷理以致其知，反躬以践其实。释《大学》……无不开发后人而教来者也，五章补之于断简残篇之中，……虽圣人复起，必不能逾此。问《中庸》名篇之义，则不偏不倚，无过不及之名，未发已发之中，本之于时中之中，皆先贤所不能及也。《论语》、《孟子》则逐篇讨论，皆内圣外王之心传，于世道人心之所关匪细。以五经则因经取义，理正言顺，和平宽弘，非后世借此而轻议者同日而语也。……朕读其书，察其理，非此不能知天人相与之奥，非此不能治万邦于衽席，非此不能仁心仁政施于天下，非此不能外内为一家。……故不揣粗鄙无文，而集各书中凡关朱子之一句一字，命大学士熊赐履、李光

康熙仿米芾字轴

地……汇而成书，名之《朱子全书》。……朕又所思者，朱子之道，五百年未有辩论是非，凡有血气，莫不尊崇。"（《朱子全书》御制序）

康熙五十年，1711年。四月甲戌，上谕大学士等曰："《朱子全书》，凡天文、地理、乐律、历数，俱非泛然空论，皆能确见其所以然之故，朕常细加寻绎，欲求毫厘之差，亦未可得，即如径一围三畸零之数，讲论亦自通彻，尚有'留待后人参考'之语，其虚心不自是如此"。（《清圣祖圣训》卷五）

朕自冲龄至今，六十年来，未尝少辍经书，唐、虞、三代以来，圣贤相传授受，言性而已，宋儒始有性理之名，使人知尽性之学不外循理也。故敦好典籍，于理道之言，尤所加意，临莅日久，玩味愈深，体之身心，验之政事，而确然知其不可易也。前明纂修《性理大全》一书，颇谓广备矣，但取者太烦，颣者居多，凡性理诸书之行世者，不下数百，朕实病其矛盾也。爰命大学士李光地诠择进览，授以意指，省其品目，撮其体要，既使诸儒之阐发不杂于支芜，复使学者之披寻不苦于繁重，……名曰《性理精义》，颁示天下。（《御纂性理精义·序》）

性理之学，至宋而明，自周、程授受，粹然孔、孟渊源，同时如张如邵，又相与倡和而发明之。……朱子生于其后，绍述周、程，参取张、邵，斟酌于其及门诸子之同异是非，然后孔、孟之旨粲然明白，道术一归于正焉。（《御纂性理精义·凡例》）

乙、理学名臣

康熙时，所谓理学名臣，汤斌、陆陇其稍有本末，余皆以此致身持禄而已，虽亦尊闽、洛，而与其时名儒之在野者，不甚相涉，欲恃此数人转移风气，难矣。

柏乡魏先生，讳裔介，……历官大学士。守周、程、张、朱正脉，身体而心会之。著有《圣学知统录》，及《知统翼录》。……又《圣学知统合录》说曰："……夫道者，天地人物之所不能外也，知道则知天矣，知天则知性矣，知性则知仁矣，知仁则知义礼智信矣，知义礼智信，则知诚明之合一，知诚明之合一，则知明德新民止至善，为千古圣学之极，则格物致知，其求知之方也；正心诚意修身，其守知之要也；齐家治国平天下，其充知之量也。究其归则体用兼

该，显微一贯，穷以淑身，达以济世，归于仁而已矣。……又著《希贤录》，……盖致知、格物、正心、诚意、修身、齐家、治国、平天下，俱蕴括其中矣。(唐鉴《国朝学案小识》卷六)

蔚州魏先生，讳象枢，……官至刑部尚书。以道自任，在朝激浊扬清。……自给谏洊历左都御史，陈奏至八十余疏，凡国家大根本、大纲常、大典礼、大政事，以及吏治积弊，民生疾苦，无不周悉，而荐举清廉，参核贪墨，尤凛凛焉。……先生之学，盖主于诚，成于忠，而终身存省于勿欺者也。……先生尚名节，重道义，……所著有《寒松堂全集》、《日知录》、《元明儒言录》、《嘉言录》。(唐鉴《国朝学案小识》卷四)

睢州汤先生，讳斌，……历官工部尚书。……于书无不读，而尤好习宋诸大儒书，……其《苏州府儒学碑记》有曰："国家兴治化在正人心，而正人心在崇经术，……宋濂、洛、关、闽诸大儒出，阐天人性道之源流，故天下知性不外乎仁义礼智，……道不外乎人伦日用，……所谓得六经之精微，而继孔、孟之绝学。……夫所谓道学者，六经四书之旨，体验于心，躬行而有得之谓也。……又《嵩阳书院记》有曰："……今滞事物以为穷理，未免沉溺迹象，既支离而无

嵩阳书院遗址

本，离事物而言致知，又近于堕聪黜明，亦虚无而鲜实，学路久迷，习染日深，偶尔虚见，未为其得，非默识本体，诚敬存之，绵绵密密，不贰不息，前圣心传，何能会通无间。故曰：苟不至德，至道不凝焉。呜呼，岂易言哉！"观此则先生之言之教，专主程朱无疑也。……先生潜心圣贤之学，尽性至命，一以诚正为本，一以忠孝为先，尚力行不尚讲论，观其事君临民，知其学之所得者深且粹也。（唐鉴《国朝学案小识》卷三）

孝感熊先生，讳赐履，……历官东阁大学士。……尊朱子，辟阳明，著《学统闲道录》、《程朱学要》、《十子学要》、《下堂笥记》、《会约》等书。谓洙泗之统，惟朱子得其正，濂洛之学，惟朱子汇其全。又谓自开辟以来，未有孔子，自秦汉以来，未有朱子，朱子乃三代以后绝无仅有之人。又曰："不有孟子，则孔子之道不著；不有朱子，则程子之道不著，而孔孟之道亦不著。……"又曰："……且不学而能，是不学之学；不虑而知，是不虑之虑；不勉而中，是不勉之勉；不思而得，是不思之思。……若徒骛于不学、不虑、不勉、不思之虚名，坐弃其与能、与知、自中、自得之实理，废置有本体之真工夫，冒认无工夫的假本体，希图自在，厌弃修为，而不知其与禽兽同归也。……"又曰："……如云，无善无恶，则是在天为无善无恶之命，在人为无善无恶之性，率无善无恶之性，为无善无恶之道，修无善无恶之道，为无善无恶之教，不知成何宇宙？甚矣姚江之徒之谬也！"读此数则，可知先生之学矣。（唐鉴《国朝学案小识》卷六）

安溪李先生，讳光地，……进士，历官大学士。谭经讲学，一以朱子为宗。其所以学朱子者，曰诚，曰志敬，曰知行。尝谓性诚而已矣。圣贤之学，亦诚而已矣，……明根于诚，而诚又根于明，诚者成始成终之道，而明在

李光地塑像

其间，故《中庸》曰："自诚明谓之性，自明诚谓之教，诚则明矣，明则诚矣。"实理浑然，而万物皆备于我，此所以谓自诚明而为性之体；万物散殊，无非完其性之固有，此所以谓自明诚而为教之用。事于性者，尊德性之事也；事于教者，道问学之事也。《易》曰："忠信所以进德也，修辞立其诚，所以居业也。忠信即诚也，主于忠信，以诚致明，尊德性也，故德修而为业之本；辞修诚立，以明致诚，道问学也，故业可居而为德之资，德业相资，故诚明相生也。曾子曰："夫子之道，忠恕而已。"忠其德也，恕其业也。孟子曰："反身而诚，忠也，强恕而行，恕也。"忠恕皆诚也。忠则所谓"大哉乾元，万物资始"，诚之源也；恕则所谓"乾道变化，各正性命"，诚斯立焉。终始于诚，而明在乎其间，此圣学相传之要。……先生精且博矣。……所著有《榕村语录》、……《榕村全集》、《周易通论》，……而其最有推阐者，莫如《周易义》，理家特重焉。（唐鉴《国朝学案小识》卷六）

平湖陆先生，讳陇其，……历官御史。励志圣贤，博文约礼，由洛闽而上追沂洙。尝谓圣门之学，虽一以贯之，未有不从多闻多见入者，欲求圣学，断不能舍经史。又谓今之正学者无他，亦宗朱子而已。宗朱子为正学，不宗朱子，即非正学。董子云："诸不在六艺之科，孔子之术者，皆绝其道，勿使并进，然后统纪可一，而法度可明。"今有不宗朱子者，亦当绝其道，勿使并进。……先生之于学也，思之慎而辨之明，得之深而言之切。其《太极论》曰："论太极者，不在乎明天地之太极，在乎明人身之太极。明人身之太极，则天地之太极在是矣。先儒论太极，所以必从阴阳五行天地生物之初言之者，惟恐人不知此理之原，故溯其始而言之，使知此理之无物不有，无时不然，虽欲顷刻离之而不可得也。……观先生积诚励行，孳孳不已，自修身正家，以及莅官立朝，动准古人，罔有阙失，俨然程朱之气象，亦卓然程朱之事为。学程朱如先生，则亦程朱也矣，岂独如之而已哉。（唐鉴《国朝学案小识》卷一）

仪封张先生，讳伯行，……进士，历官礼部尚书。学以程朱为准的，不参异说，不立宗旨，主敬以端其本，穷理以致其知，躬行以践其实。……先生曰："仁者，天地生物之心；敬者，圣学之所以成始

而成终者也。万善之理，统于一仁，千圣之学，括于一敬，故道莫大于体仁，学莫先于主敬。"……又曰："人必于道理上，见得极真，而后贫贱患难上，立得脚住；亦必于贫贱患难上，立得脚住，而后于道理上，守之愈固。"……又曰："学者实心做为己工夫，须是先读五经、四书，后读《近思录》、《小学》，……再读薛文清《读书录》、胡文敬《居业录》，然后知朱子得孔孟之真传，当恪守而不失。再读罗整庵《困知记》、陈清澜《学蔀通辨》，然后知阳明非圣贤之正学，断不可惑于其说。"……又曰：何以为学？曰：致知力行；何以为治？曰：厚生正德；何以治己？曰：存理遏欲；何以处世？曰：守正不阿；何以待人？曰：温厚和平。此五者，其庶几乎？……所著《困学录》，……可以推阐程、朱之所已言，引申薛、胡之所未及。（唐鉴《国朝学案小识》卷二）

丙、博学鸿儒

康熙戊午，开博学鸿儒科，其时三藩军事尚未全定，欲以此收揽山林文学之士。与征者皆一时名流，不应举如傅山、杜越诸人，则强迫就道。试竣，布衣、生员，即授检讨，老病不入试者，亦授中书，意在羁縻之。鸿博诸人，预修明史，然由布衣、生员授职者，不数年斥逐殆尽。乾隆丙辰之试，则以夸盛事而已，人才大不如前，授予亦较矜慎。至光绪中，屡有请赓续两科之盛者，卒不能行，仅一举经济特科，所试者时务策论，奖叙亦薄，盖视之甚轻也。

　　康熙十七年春正月，……谕吏部：自古一代之兴，必有博学鸿儒，振起文运，阐发经史，润色词章，以备顾问著作之选。朕万几余暇，游心文翰，思得博学之士，用资典学。我朝定鼎以来，崇儒重道，培养人才。四海之广，岂无硕彦奇才，学问渊通，文藻瑰丽，可以追踪前哲者？凡有学行兼优，文词卓越之士，不论已仕未仕，令在京三品以上及科道官员，在外督、抚、布、按，各举所知，朕将亲试录用。其余内外各官，果有真知灼见，在内开送吏部，在外开报督抚，代为题荐。务令虚公延访，期得真才，以副朕求贤右文之至意。尔部即通行传谕。于是大学士李霨等，荐原任副使道曹溶等七十一人，上命俟各员赴京齐集之日请旨，其在外见任者，不必开缺。（《清圣祖实录》卷七一）

康熙十八年……二月，……谕吏部：朕以万几之暇，留心经史，思得博学鸿儒，备顾问著作之选，故特颁谕旨，令内外诸臣，各举所知。膺荐人员，已经陆续到部，欲行考试，因天寒晷短，恐其难于属文，弗获展厥蕴抱。今天气已渐融和，应定期考试，所有应行事宜，尔部会同翰林院，详议具奏。……三月丙辰朔，试内外诸臣荐举博学鸿儒一百四十三人，于体仁阁赐宴，试题璿玑玉衡赋，省耕诗，五言排律二十韵。……甲子，谕吏部，荐到文学人员，已经亲试，其取中一等彭孙遹、倪灿、张烈、汪霦、乔莱、王顼龄、李因笃、秦松龄、周清原、陈维崧、徐嘉炎、陆葇、冯勖、钱中谐、汪楫、袁佑、朱彝尊、汤斌、汪琬、邱象随，二等李来泰、潘耒、沈珩、施闰章、米汉雯、黄与坚、李铠、徐釚、沈筠、周庆曾、尤侗、范必英、崔如岳、张鸿烈、方象瑛、李澄中、吴元龙、庞垲、毛奇龄、钱金甫、吴任臣、陈鸿绩、曹宜溥、毛升芳、曹禾、黎骞、高咏、龙燮、邵吴远、严绳孙，著纂修明史。其见任、候补及已仕、未仕各员，作何分别授以职衔。其余见任者仍归原任，候补者仍令候补，未仕者俱著回籍。内有年老者，作何量给职衔，以示恩荣。尔部一并详议具奏。告病者不必补试。（《清圣祖实录》卷七九）

命阁臣稽前代制科授官故事，议上，……诏俱授翰林官，时授侍讲一人，……授侍读四人，……授编修十八人，……授检讨二十七人。（王庆云《熙朝纪政》卷一《纪制科特举》）

雍正十一年，再举是科。乾隆元年，以御史吴元安言，增首场以经解史论，次场诗赋论，考试一等授编修五人，刘纶、潘安礼、诸锦、于振、杭世骏，二等授检讨五人，陈兆仑、刘藻、夏之蓉、周长发、程恂。授庶吉士五人，杨度、沈廷芳、汪士鍠、陈士璠、齐召

南。次年补试万松龄、张汉授检讨，朱荃、洪世泽庶吉士。(王庆云《熙朝纪政》卷一《纪制科特举》)

丁、开馆修书

宋、明皆以修书牢笼文士，清亦如之。顺、康、雍、乾四朝，开馆修钦定书，自诗文、类书、当代政书，及军事方略、纪略，凡数十百种。其著者则为明史之修，顺、康屡修未成。万斯同有《明史稿》甚翔核，为王鸿绪《明史稿》所本，《明史》又本万、王之书，始于乾隆四年告成。先后六七修，历时九十余年。

> 明史自康熙十八年开局，纂修五十人，皆以博学宏词荐入翰林者也。总裁官初用叶方蔼、张玉书，其后汤斌、徐乾学、陈廷敬、张英、王鸿绪相继为总裁。久之未成，特敕廷敬任本纪，玉书任志、表，鸿绪任列传。五十三年，鸿绪列传稿成，表上之，而本纪、志、表，尚未就绪。鸿绪复加纂辑，雍正元年，再表上之，于是明史始有全稿。乾隆初，诏修明史，总裁官大学士张廷玉奏：即以鸿绪稿为本，而稍增损之。九年，史成，颁行天下，盖阅六十余年之久。(吴振棫《养吉斋丛录》卷二〇)

《图书集成》，初为陈梦雷一手所纂，本名《汇编》，后乃开馆，广事征辑，书成而梦雷得罪。雍正初，以铜活字印行六十余部，一仍梦雷所编

万斯同墓

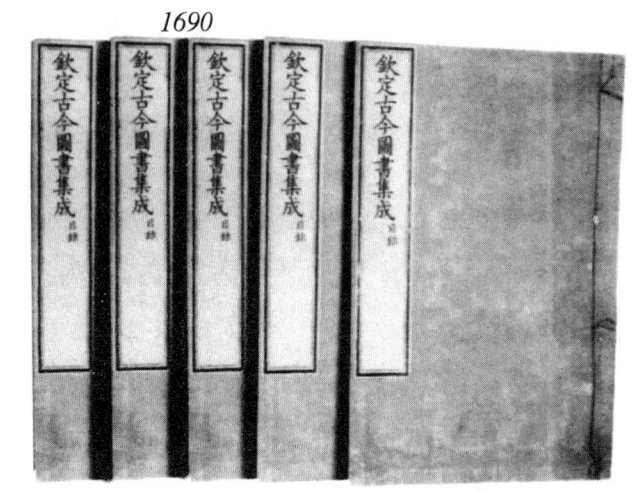

《古今图书集成》书影

之旧而没其名。此书浩博逊于《永乐大典》，然分门别类，所包者广，颇便翻检，亦不可废之书也。

《古今图书集成》，纂辑始于康熙间。雍正初，复命尚书蒋廷锡等董其事，至三年，始告成。是书为编六，为典三十二，为部六千一百九，为卷一万，有一部而数百数十卷者，有一卷十余部者。每部有汇考，有总论，有图，有表，有列传，有艺文，有选句，有杂录，有外编，无者阙之。首历象汇编，其典四，曰乾象典，岁功典，历法典，庶征典；次方舆汇编，其典四，曰坤舆典，职方典，山川典，边裔典；次明伦汇编，其典八，曰皇极典，宫闱典，官常典，家范典，交谊典，氏族典，人事典，闺媛典；次博物汇编，其典四，曰艺术典，神异典，禽虫典，草木典；次理学汇编，其典四，曰经籍典，学行典，文学典，字学典；次经济汇编，其典八，曰选举典，铨衡典，食货典，礼仪典，乐律典，戎政典，祥刑典，考工典。每典复分门类，计五百二十函，又目录二函。（吴振棫《养吉斋丛录》卷二〇）

《四库全书》开馆，初由朱筠创议，就《永乐大典》，辑已佚之书，后乃遍征人间所藏。适有禁毁书籍之事，乃借修四库书，广事搜求，加以焚毁，或删订原书，去其违碍，去取之责，由于敏中窥帝意定之。全书卷帙浩繁，所毁虽多，而不禁之书，得以保存至今者不少，故为世间所重。纪昀任编纂甚久，撰集提要，学人亦颇称之。

康熙二十五年，有藏书秘录给直采集钞写之旨。乾隆间，遍访藏书，蒐罗大备，因辑为《四库全书》，仿甬东范氏天一阁规制，建文渊、大内。文源、圆明园。文津、热河。文溯盛京。四阁，贮全书，每阁藏书三万六千册。又以江、浙为人文渊薮，复缮三分，分建三阁，镇江金山曰文宗，扬州曰文汇，杭州曰文澜。又于全书中择尤精者亦分四库，得一万二千卷，别名《荟要》，于大内之摘藻堂，圆明园之

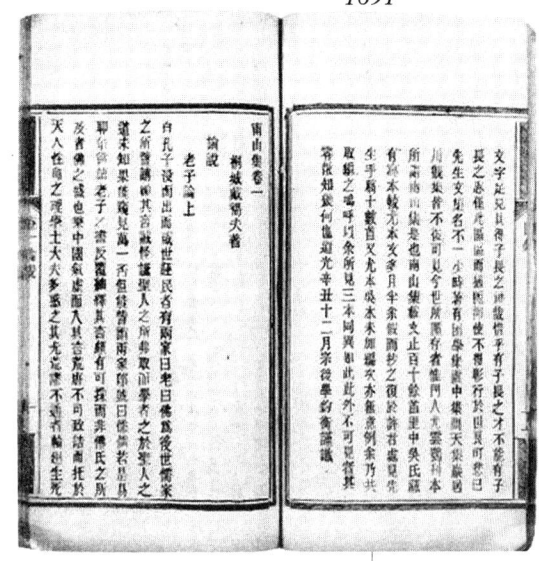

味腴书室，各庋一部。按四库所藏，经之类十，一曰易，二曰书，三曰诗，四曰礼，五曰春秋，六曰孝经，七曰五经总义，八曰四书，九曰乐，十曰小学；史之类十五，一曰正史，二曰编年，三曰纪事本末，四曰别史，五曰杂史，六曰诏令奏议，七曰传记，八曰史钞，九曰载记，十曰时令，十一曰地理，十二曰职官，十三曰政书，十四曰目录，十五曰史评；子之类十有四，一曰儒家，二曰兵家，三曰法家，四曰农家，五曰医家，六曰天文算法，七曰术数，八曰艺术，九曰谱录，十曰杂家，十一曰类书，十二曰小说，十三曰释家，十四曰道家；集之类五，一曰楚辞，二曰别集，三曰总集，四曰诗文评，五曰词曲。凡经六百九十五部，一万二百十九卷；史五百六十四部，二万一千六百五十七卷；子九百二十二部，一万七千八百七卷；集一千三百三十部，二万九千四十八卷。总凡三千五百十一部，七万八千七百三十一卷。（吴振棫《养吉斋丛录》卷二〇）

四库书，每部以香楠木片，上下夹之，约以绸带，外用香楠木匣贮之。书面皆用绢，经用黄，经解用绿，史用赤，子用蓝，集用灰色，所约带及匣，上镌书名，悉从其色。（吴振棫《养吉斋丛录》卷一七）

戊、文字之狱

清以科举诱利禄之士，复为制科，以示隆重，复有南巡召试，其献诗赋进呈著述者，每有奖叙，可谓待士甚厚。一方面则极挫辱戮夷之，庄史之狱，以其诋毁兴朝也；《南山集》之狱，则称永历年号，亦不得免矣。雍正之世，是古非今者，率罹重谪。乾隆时，一字违碍，每兴大狱，犯者以大逆谋反论，本身兄弟及其子成年者，皆处决，妻若幼子，流宁古塔、尚阳堡等地。自生民以来，未有如是之惨酷者也。

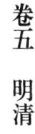

清代文字狱简表

案由	时期	事　略	定　谳	备　考
毛重倬等坊刻制艺序案	顺治五年四月	坊刻选文悖谬荒唐，序文止记干支，不用顺治年号。	毛重倬、胥庭清、史树骏、缪慧远等，皆置于法。	郑词庵《笔记补逸》，戊子四月，相刚林，有"直纠悖乱坊刻以正人心"一疏云：臣等因课子孙，聊市坊刻，其文皆悖谬荒唐，显违功令，已令人不胜骇异。其序止写丁亥干支，并无顺治年号。凡书必系年号，以尊一统，历代皆然。此辈删而不用，目无本朝，阳顺阴违，逆罪犯不赦之条。
庄氏《明史稿》案	顺治十八年起，康熙二年五月结	浙江湖州富户庄廷鑨，因病损目，遂以育史自居，与明故相国朱国桢家邻，因购得其《史概》未列传稿本，乃招宾朋群为增损修饰，又续纂天启崇祯两朝事，中多指斥语，名曰《明书辑略》。书成而廷鑨死，无子，其父允城伤之，为之刊行。有罢官归安令吴之荣，索贿于允城，又觊朱佑明富，挟吓之，俱未遂，愤而白之大吏。大吏未以上闻，之荣益恨，入都签标诋毁语，而补刻朱史氏即朱佑明一条，奏记于四顾命大臣。上闻，事遂发。	庄廷鑨戮尸，庄允城瘐死京狱，戮尸，其弟廷钺及其弟子孙，年十五以上均斩，妻女配沈京披甲为奴，作序者李令皙，凌迟处死。列参阅者，归安茅元铭、吴之铭、吴之镕、李祈焘、茅次莱、乌程吴楚、唐元楼、严云起、蒋麟征、韦金祐、韦一口、吴江张隽、董二西、吴炎、潘柽章、仁和陆圻、海宁查继佐、范骧。陆、查、范三人，因未见书，事前检举，免罪，董已前死，其余十四人，均凌迟处死。朱佑明被诬，亦凌迟处死。各犯妻女，发边为奴。刻匠、刷匠与书贾、藏书者，斩。知府谭希闵，推官李焕，训道王兆祯，绞。	庄氏史案，如书所云王某孙婿，即清之德祖，建州都督，即清太祖。又自丙辰迄癸未，俱不书清年号，而于隆武永历之即位正朔，必大书特书。其取祸之端，有如此。《顾亭林年谱》，凡死七十二人。杨凤苞《秋室集》，记庄廷鑨史案本末。庄氏史，顺治十七年冬刊成，颇行于世。陆、查、范三人，未见书，而闻其名在参阅中，于是年十二月，各呈检呈于学道胡尚衡。胡饬湖州府学教授赵君宋检举，君宋买此书磨勘，摘出谤毁语数十百条，申复学道。允城上下行贿，窜易书中忌讳处，改刊，仍然印行。以改刊明书呈礼部、都察院、通政司三衙门，谓可消弭矣。未几，李廷枢、吴之荣，又发其事。
沈天甫等诗集案	康熙六年四月	江南民人沈天甫、吕中、夏麟奇、叶大等，撰逆诗二卷，诡称黄尊素等作，陈济生编集，故明大学士吴甡等六人为之序。天甫使麟奇索贿于牲子中书吴元莱，元莱察其书非父手迹，控于巡城御史以闻，下左司严鞠。	沈天甫、夏麟奇、吕中、叶大等皆斩决。被诬者悉置不问。	《顾亭林年谱》，康熙七年春，在都寓慈仁寺，闻莱州黄培诗狱牵连即星驰赴鞫，下济南府狱。注：始知姜元衡告其主黄培逆诗案，禀称有《忠节录》，即《启祯集》一书，陈济生所作，系昆山顾宁人到黄家搜辑发刻者。此书已于六年二月，曾经沈天甫出首矣，元衡称另是一书，罗知名之士三百余人，审明，十月狱得解。

续表

案由	时期	事略	定谳	备考
戴名世《南山集》案	康熙五十年十月起，五十二年二月结	翰林院编修戴名世，见桐城方孝标著有《钝斋文集》《滇越纪闻》，于清事颇多微词，心喜之，所著《南山集》内《孑遗录》，多采孝标纪事。左都御史赵申乔，据以奏闻，帝怒，令九卿会鞫，牵连至数百人，供词五上折本，卒从宽具狱。	戴名世从宽免凌迟，著即处斩。方孝标戮尸，方登峄、方云旅、方世樵俱免死，并妻子充发黑龙江。案内干连人犯，方苞等俱从宽免治罪，著入旗。汪灏、方苞作为序，免死，革职入旗。	全祖望《鲒埼亭集》，前侍郎桐城方公神道碑，里人戴田有日记多采方孝标之言。方苞《望溪集》，《教忠祠祭田序》，余以《南山集》序牵连赴诏狱。徐忠亮《戴先生传》，《南山集》有与余生书谓宏光之帝南京，隆武之帝闽粤，永历之帝两粤，帝滇黔，岂遽不如昭烈之在蜀，帝昺之在厓山，传并称余生瘐死狱中，则世传名世获罪，实由称三王年号，当有其事。
汪景祺《西征随笔》案	雍正三年十二月	浙人汪景祺，为年羹尧记室，羹尧败，为人告讦，大逆罪中，有"见汪景祺《西征随笔》，不行参奏"等语，旋由刑部等衙门议奏，得旨：汪景祺作诗，讥讪圣祖，大逆不道。	汪景祺照大不敬律斩决。妻子发往黑龙江为奴，期服之亲兄弟亲侄，俱著革职，发遣宁古塔。五服以内之族人，见任及候选者俱查出革职，交地方官管束。	《养吉斋馀录》，汪景祺，钱塘人，作《读书堂西征随笔》，所作诗甚多悖谬，又讥圣祖谥法，雍正年号，又作《功臣不可为论》，以檀道济、萧懿比年羹尧。
查嗣庭试题案	雍正四年九月	浙人查嗣庭，康熙四十五年进士，官礼部侍郎。雍正四年，出为江西正考官，试题曰"维民所止"，评者谓"维止"二字，是取"雍正"二字之首，帝大怒，革职拿问。又于寓所搜出日记，有直论时事之文，援以为叛逆之实据。	查嗣庭瘐死狱中，仍戮尸枭示。子坐死，家属流放，停浙江乡会试六年。	
吕留良文选案	雍正六年六月起，十年十二月结	湖南靖州人曾静，以应试州城，获见吕留良选文，内有论夷夏之防，及井田封建等语，乃遣徒张熙往浙，至留良家，访书。留良子葆中，悉以父遗书授之，所著诗文，皆愤懑激烈之词。又与留良之徒严鸿逵，鸿逵之徒沈在宽等往来，遂生异心。时川督岳钟琪方被议忧疑，或言钟琪系出宋岳飞，自仇清室，静闻而信之，遣熙投书钟琪，劝举大义，钟琪讯得主名，即以奏闻。案结之后，帝将吕、严、曾、沈之著书言论，及累次谕旨，勒为一书，刊布学宫，名曰《大义觉迷录》。	吕留良、吕葆中，照大逆治罪，戮尸枭示，吕毅中斩立决，其孙辈发遣宁古塔为奴。严鸿逵党共济，戮尸枭示，其孙发往宁古塔为奴，沈在宽附会讹讠其，斩立决，嫡属照律治罪。黄补庵自称留良私淑门人，所作诗词荒唐狂悖，已死免究，妻妾子女给功臣家为奴，父母祖孙兄弟俱流二千里。车鼎丰、车鼎贲，刊刻逆书，往来契厚，孙克用阴相援结，周敬舆甘心附逆，俱斩监候，秋后处决。被惑门徒房明畴、金子尚，革去生员，杖一百，金妻流三千里。陈祖陶等十一人，杖责完结。	

1693

续表

案由	时期	事略	定谳	备考
屈大均诗文案	雍正八年十月起，至乾隆四十年三月结	广东巡抚傅泰奏，颁到《大义觉迷录》，有曾静之徒张熙供、屈温山集议论与逆书相合等语。大均子明洪，为惠来县教谕，到省缴印投监自首，得旨从宽拟遣。至高宗时查缴禁书，大均族曾孙屈稔湞、屈昭泗，藏有其书，被搜出上闻，帝因文内有雨花台葬衣冠之事，谕查刨毁，督抚详查无实结案。	诗文多悖逆句销毁。屈稔湞、屈昭泗拟斩决，因前有缴出违碍书免罪之谕，稔湞、昭泗，均免治罪。	
谢济世注《大学》案	乾隆六年九月起，七年正月结	谢济世官御史，参河南巡抚田文镜贪黩不法，获罪，发往阿尔泰军前效力。顺承郡王锡保以济世注释《大学》，毁谤程朱，奏参之，帝以其不止毁谤程朱，乃用《大学》"见贤而不能举"两节，借以抒写怨谤，交九卿、翰詹、科道定拟。	谢济世罚充苦差，著作销毁。	
陆生柟史论案	乾隆七年七月	工部主事陆生柟，革职遣戍军台，著有《通鉴论》十七篇，为顺承郡王锡保所举发，谓其论封建，尤为狂悖，显系非议朝政。帝以为借古非今，肆无忌惮，令九卿、翰詹、科道定拟。	杀陆生柟于军前。	
王肇基献诗案	乾隆十六年八月	山西巡抚阿思哈奏，有流寓介休县之直隶人王肇基，赴同知衙门献恭颂万寿诗联，后载语句错杂无伦，且有毁谤圣贤、狂妄悖逆之处。	王肇基杖毙。	
丁文彬逆词案	乾隆十八年六月起，九月结	衍圣公孔昭焕奏有浙江人丁文彬，至门献书，言词闪烁，当搜出书二部，面书"文武记"，傍书"洪范春秋"，中间写"大夏大明新书"，内多大逆不道之言。又另有伪时宪书六本，旁书昭武伪年号。帝命山东巡抚杨应琚究治。	丁文彬大逆极恶，凌迟处死。其胞兄丁文耀，侄丁士贤、丁士麟，斩监候，秋后处决。王素行见逆书不首告，杖一百，流三千里。蔡颖达、徐旭初，杖八十。	
刘震宇《治平新策》案	乾隆十八年十月起，十一月结	江西金溪县生员刘震宇，自作《佐理万世治平新策》一书，至湖南，献于布政使周人骥，据以上闻，书内有更易衣服制度等条，实为狂诞，谕究治。	刘震宇居心悖逆，斩决。	
胡中藻《坚磨生诗钞》案	乾隆二十年二月起，十月结	翰林胡中藻，所著《坚磨生诗钞》，悖逆讥讪之语甚多，帝将其诗中各句摘出，谕九卿、翰詹、科道审定拟。	胡中藻免其凌迟，即行斩。鄂尔泰系中藻座师，独加赞赏，著撤出贤良祠。	

续表

案由	时期	事略	定谳	备考
刘裕后《大江滂》书案	乾隆二十年五月起，六月结	山西兴县人刘裕后，冒堂弟监生刘立后名，手持所作《大江滂》一部，在试院前，口称呈送学院。学政蒋元益，检阅书中语多不解，且有狂悖之处，据以奏闻。	刘裕后杖毙。其胞弟刘发后、子刘演召等均不知情，免议。	
程蛰《秋水诗钞》案	乾隆二十年九月起，十月结	江苏山阳县原任刑部郎中程蛰，家素封，有自称旗人直隶赵永德，挟嫌诈索不遂，乃将蛰所著《秋水诗钞》，更改诗题，改换字句，钞呈举发，指为诽谤，经审永德谓有刻本而不能呈出，奸情始白。	程蛰免罪。	
杨淮震投献《霹雷神策》案	乾隆二十年十二月起，二十一年正月结	山东德州生员杨淮震，著书曰《霹雷神策》，皆言制造炮火之事，献之于官。学政谢溶生以书多不经之谈，不可不彻底穷究，据以奏闻。	淮震照上书希求进用律，责板四十，又照生员不许建言例黜革，饬令伊父杨方竹严行管束。	
朱思藻"吊时"案	乾隆二十一年正月	江苏常熟人朱思藻，因风灾粮昂，意地方官未必详禀，不能邀恩赈恤，将四书之语，凑集成文，题为"吊时"。监生景如梓，呈首到官，督抚以其侮慢圣言，鸱张讪谤，应正典刑，拟罪奏闻。	朱思藻拟正法。张世美钞传，拟枷号两月，重责四十板。周金宝、张振声听从钞写，应各枷号一月，重责三十板。	
陈安兆著书案	乾隆二十一年十一月起，十二月结	湖南茶陵州生员陈安兆，著《大学疑断》一部，《中庸理事断》一部，《痴情拾余诗稿》一部。抚臣以其评驳朱注，更多尊谢济世之语，谓为狂妄诡僻，举以奏闻。帝阅该各书，并非谤讪国家，肆诋朝政，特谕申饬。	陈安兆无罪。	
沈大章密造逆书案	乾隆二十四年七月起，八月结	浙江归安人沈大章，与武举汤御龙，积有嫌怨，乃密造逆书，期加陷害。及书印成，谋之叶国凡，国凡遣王安民，于雨夜投入汤御龙所置渡船内。御龙阅为逆书，即以举发，经抚臣查究，得悉内情，入奏结案。	沈大章照谋反大逆凌迟处死，妻女给功臣家为奴。叶国凡与谋处斩，王安民知而不首，杖一百，流三千里。	
林志功捏造诸葛碑文案	乾隆二十六年四月	福建常山人林志功，素患疯癫，捏造诸葛碑文，语多不可解，投掷玉山县知县轿内，因被查拿，闽浙督抚，以之入奏。		

续表

案由	时期	事略	定谳	备考
阎大镛《俣俣集》案	乾隆二十六年五月	江苏沛县监生阎大镛，因抗粮拒差，诬官逃走，经拿获后，究出所著《俣俣集》事，总督高晋，寻得两部，奏称其中或讥刺官吏，或愤激不平，甚至不避庙讳，更有狂悖不经语句，悖逆显然。朱批：如此可恶，当引吕留良之例严办。		
余腾蛟诗词讥讪案	乾隆二十六年八月起，十二月结	江西武宁县人余豹明，首告革职原任刑部主事余腾蛟，曾修县志，载入讥讪诗词。巡抚胡宝瑔复搜出诗稿，谓多狂悖不经，奏请正法。帝阅其诗文各稿，蹈袭旧人恶调，不得谓之诽谤悖逆，另谕办理。	余腾蛟免议。	
李雍和潜递呈词案	乾隆二十六年九月起，十二月结	江西泰和县童生李雍和，穷愁潦倒，投呈学政谢溶生，溶生以词中第一条怨天，第二条怨孔子，第三条指斥乘舆，谓为悖逆，据以奏闻。	李雍和照大逆律凌迟处死。胞弟李大有斩监候，秋后处决。妻子给功臣家为奴。	
王寂元投词案	乾隆二十六年十月	甘肃成县人王献璧即王寂元，幼读书未成，出家为僧，拜赵廷佐为师，法名寂元。因穷困之故，希图骗钱，遂捏造仙佛下界等词，乘便掷入学政钟兰枝轿中。经查获，定罪。	王寂元照大逆律凌迟处死，妻子给功臣家为奴。赵廷佐拟杖八十。	
蔡显《闲渔闲闲录》案	乾隆三十二年五月起，六月止	江苏华亭举人蔡显，因所著《闲渔闲闲录》等书，中多失志无聊怨望诽讪语，因间评发他人阴私，将有公揭举发，显惧，自首。书列门人作繁，得书、刷匠等人，一并逮讯。	蔡显斩决。子蔡必斩监候，减发黑龙江为奴。未成年子及女，给功臣家为奴。闻人倓杖百，发遣伊犁。知情不首之门人刘朝栋、吴承芳拟杖，发往伊犁，凌日跻、倪世琳杖百，流三千里。收书之黄锦堂、李保成、吴秋渔、戴晴江、王充之等均系生监，斥革，杖一百，流三千里。马刻匠杖八十。	
齐召南跋《天台游记》案	乾隆三十二年十一月起，三十三年六月止	浙江天台县生员齐周华，为礼部侍郎齐召南堂兄，其人行为诡异，曾因著书，控妻逐子。旋以所著书求巡抚熊学鹏作序，学鹏阅后，以语多悖逆谬妄，遂于其家搜出著作多种。其祭吕留良文一篇，极力推崇，比之为夷齐孟子，又自称名号怪诞，于庙讳御名，公然不	齐周华照大逆律凌迟处死。子齐式昕、齐式文，孙齐传绕、齐传荣俱斩监候，秋后处决。妻妾媳及幼孙，给功臣家为奴。刻字匠周景文，杖一百，枷号一月，齐召南递回原籍，著闭门思过。	

续表

案由	时期	事略	定谳	备考
齐召南跋《天台游记》案	乾隆三十二年十一月起，三十三年六月止	避。有《天台游记》，召南曾为之跋，但经周华窜改，已非旧文，其他伪托叙述，牵连多人。		
柴世进投递词帖案	乾隆三十三年正月起，二月结	江苏山阳人柴世进，突入盐运使署，手执红封，内装红帖三个、白字纸九张，词句悖逆。抚臣拟科以大逆罪上奏，上谕：该犯乃系疯狂丧心，不值交法司覆谳，著杖毙示警。	柴世进杖毙。	
李绂诗文案	乾隆三十三年	江西巡抚吴绍诗，查出李绂各集，语多愤嫉，即行查封其家，奏请将绂子孙革职。奉谕：所签尚无悖谬讪谤实迹，著毋庸置议，家产复给还。	各书木板销毁。	
徐鼎试卷书平缅表案	乾隆三十三年八月	浙江临安县生员徐鼎，于乡试闱中，将试卷书写自作平缅表文。经学臣举发，据鼎供称，此表系宿作，因功名不遂，书此希图进用。		
李浩售卖图碑案	乾隆三十三年八月	福建闽县人李浩，将所得漳浦县逆犯卢茂等结盟各图，及传说广东石城县东山寺，狂风暴雨，现出血字孔明碑，为之刻板，赴各地售卖，冀听骗财。至浙江瑞安，为官吏查获，以为妖言惑众，恐谋不轨，入奏根究。		
王道定《汗漫游草》案	乾隆三十三年九月	浙江富阳县典史，盘获自称湖北荆门州生员王道定，素习堪舆，游食至浙，携有《汗漫游草》一本，诗句隐异，不知所指，白大吏上奏。		
李超海《武生立品集》案	乾隆三十四年四月	安徽宣城武生李超海，著有《武生立品集》，具呈学政，经查书中策论铭四篇，语句悖谬，妄诞不经，抚臣入奏究治。		
安能敬试卷诗案	乾隆三十四年五月	冀州学生员安能敬，试卷诗内，语涉讥讪。顺天学政倪承宽，奏请斥革逮问，上谕：其诗题不通，尚无别故，不必斥革。	无罪。	

续表

案由	时期	事略	定谳	备考
王珣遣兄投递字帖案	乾隆三十九年九月起，十一月结	直隶盐山县民王珣，作有神书神联，多鄙俚不经之词，遣兄王琦至京，投递于户部侍郎金简家，经访获奏闻。	王珣照造作妖书律，斩决，王琦发往乌鲁木齐给兵丁为奴。 盐山知县陈洪书，毫无觉察，照溺职律革职。 外委张仁德、千总张成德，不合送书至守备处，均杖八十。	
陆显仁《格物广义》案	乾隆四十年三月	广西巡抚熊学鹏，查缴违碍各书，以陆显仁《格物广义》一书，多有诽讪，签出入奏。上谕：书多剽窃尘言，不能谓之悖逆。又学鹏查有禁书，辄将其家属拘系，亦谕令释放。	书本书板销毁。	
澹归和尚《遍行堂集》案	乾隆四十年	帝检阅各省呈缴应毁书籍，有僧澹归所著《遍行堂集》，原任韶州府知府高纲为制序，兼为募资刻行。澹归名金堡，明末进士，曾事桂王，为给事中，居五虎之一。纲系高其佩之子，籍隶汉军，以旗人序逆书，故颁旨严查，纲子秉、桦、樑、棚、稹，均被逮系，家亦查封，惟未存有澹归集，只秉家搜出《皇明实纪》数书。		
严谱私拟奏折请立正宫案	乾隆四十一年七月起，八月结	山西高平县人严谱，曾充都察院书吏，役满候选，久未得缺，至为商肆司账。因妻子丧亡，感生无趣，欲立大名，乃撰奏稿，投递大学士舒赫德，请为代奏。中有"纳皇后顶触轻生"等语，事涉宫闱，帝颇震怒，严旨究治。	严谱斩决。	
沈德潜选辑《国朝诗别裁集》案	乾隆四十一年十二月起，四十四年五月结	沈德潜前辑《国朝诗别裁集》，进呈求序。帝以其将身事两朝、有才无行之钱谦益居首，内中体制错谬、世次倒置者，亦不可枚举，因命重行锓板，原板销毁。	原板原书销毁。	
王锡侯《字贯》案	乾隆四十二年十月起，十二月结	江西新昌县举人王锡侯，以《康熙字典》，难以穿贯，收字太多，删为《字贯》，中多讪议之词，并将庙讳御名字样，悉行开列，经县民王泷南呈首，谕将锡侯解京，交刑部严审。	王锡侯斩决。 子王霖、王霈、王沛，孙王兰飞、王梅飞、王壮飞、王云飞斩监候。 江西布政使周克开、按察使冯廷丞革职治罪。 两江总督高晋，降一级留任，江西巡抚海成斩监候。	

续表

案由	时期	事略	定谳	备考
王尔扬撰墓志案	乾隆四十三年四月	山西辽州举人为武乡李范撰墓志，用"皇考"二字，经地方官拿禁，白之巡抚上奏。帝以迂儒用古，并非叛逆，旨饬释放。	无罪。	
刘翱呈供状书案	乾隆四十三年五月	湖南安化县人刘翱，年八十六岁，自将所著书及各官指驳，为供状书，呈递抚臣颜希深，中多悖逆之处。		
黎大本私刻《资孝集》案	乾隆四十三年六月	湖南临湘监生黎大本，将其母八十寿辰诗文，裒为《资孝集》，刻之。黎沈兴之妻李氏，因私仇举发，帝谕：众文比其母为姬姜太姒，皆迂谬妄用古典，无庸深究。	无罪。	
袁继咸《六柳堂集》案	乾隆四十三年六月	明袁继咸，籍江西宜春，所著《六柳堂集》等书，语多悖逆，奉谕查究，当于后人袁起宗家，查获板片。	查禁，木板销毁。	
徐述夔《一柱楼诗集》案	乾隆四十三年八月	江苏泰州已故举人徐述夔诗集，语多愤激讥刺，有"明朝期振翮，一举去清都"等句。经如皋县民童志璘首，谕其孙徐食田隐匿不早呈缴，解京严讯。	徐述夔照大逆律戮尸，孙徐食田、徐食书斩监候。前礼部尚书沈德潜为之作序，因已故不究，撤销恤谥，并仆御碑。	
殷宝山投递献言案	乾隆四十三年八月。	江苏丹徒县生员殷宝山，呈文学政刘墉，题曰"刍荛之献"，甚属狂悖。即被收禁，于家中搜出诗文，内《记梦》一篇，有"若姓氏，物之红者，红乃朱也"之语，显系怀故国，实属叛逆。		
韦玉振为父刊刻行述案	乾隆四十三年十月	江苏赣榆县人韦玉振，为父韦锡刊刻行述，内有"于佃户之贫者，赦不加息，并赦屡年积欠"等语，其族叔韦照举控于县，抚臣以其敢用赦字，殊属狂妄，奏闻。		
刘峨刷卖《圣讳实录》案	乾隆四十三年十一月起，四十四年四月结	河南祥符县民刘峨裱褙铺内刷卖《圣讳实录》一书，内刊有庙讳御名，各依本字正体写刻，殊属不法。此书板片，系李伯行价买，当给刘峨之父刘振，并同究治。	刘峨、李伯行斩决，转卖人胡喜智杖一百，枷号两个月。	

续表

案由	时期	事略	定谳	备考
龙凤祥《麝香山印存》案	乾隆四十三年十二月起,四十四年正月结	江西万载县举人龙凤祥,云南试用知县,因案发解贵州,贫苦无聊,将所存图章,印成册本,希图送人获利。抚臣以其语多怪诞,并涉怨望,据情入奏。	龙凤祥发遣伊犁,充当苦差。	
陶煊、张灿《国朝诗的》案	乾隆四十三年十二月起,四十四年正月结	湖南宁乡陶煊、湘潭张灿合辑《国朝诗的》,选入钱谦益、屈大均、吕留良等狂悖诗句。	诗集查毁。本人已故,陶煊子士僙,张灿之子之灋,无另刊之事,免其治罪。	
李骥《虬峰集》案	乾隆四十四年正月	扬州兴化县,国初人李骥,所著《虬峰文集》,诗句狂悖甚多,当拘其族人李东献等,追究刻板,早已烧毁。		
陈希圣诬告案	乾隆四十二年二月	湖南安福县生员陈希圣,挟嫌悔婚,诬控邓諹收藏禁书,素与不轨人来往,经审不实。		
冯王孙《五经简咏》案	乾隆四十四年三月起,四月结	湖北宁国州候选训道冯王孙,在盐道衙门,求入书院,呈缴所著《五经简咏》二本,经督臣查核,语多狂悖,并有不避庙讳之处,拘革奏闻。	冯王孙照大逆律凌迟处决,传首本籍,子冯生梧、冯生棣坐斩。妻女幼子给功臣家为奴。	
黄检私刻祖父奏疏案	乾隆四十四年二月起,四十五年三月结	汉军福建巡抚黄检,于山西臬司任,私刻其祖父大学士黄廷桂奏疏,朱批且多不符。	书板烧毁。黄检交部严加议处。	
智天豹编造万年书案	乾隆四十四年四月起,五月结	直隶高邑人智天豹,自幼业医,意欲献书求富贵,乃编造本朝年号书,谎言遇见老主显圣传授,于乾隆年数一条,肆行咒诅。	智天豹斩决,妻给功臣家为奴。其徒张九霄代献逆书,斩监候,秋后处决。	
王沅《爱竹轩诗》案	乾隆四十四年五月	安徽天长县生员王赞廷呈首贡生程树榴序刻王沅诗本,语多狂悖。抚臣入奏,上谕:程树榴诗序有"造物者之心,愈老而愈辣,斯所操之术,愈出而愈巧"等语,牢骚肆愤,怨谤上苍,不可不严加惩治。		
沈大绶《介寿辞》、《硕果录》案	乾隆四十四年六月起,七月结	湖南临湘沈大绶,由举人授知县,所著《硕果录》、《介寿辞》等书,语多怨谤狂悖之处。其子沈荣英,复携板片至江西印刷,经查办,始行呈缴。	沈大绶照大逆律戮尸,子孙兄弟侄等缘坐斩决,妇女幼子,给功臣家为奴。作序人陈湄江苏斩决。自行焚烧人庄老满斩监候,秋后处决。分送书本陈应华四人,杖流。	

续表

案由	时期	事略	定谳	备考
王大蕃撰寄奏疏书信案	乾隆四十四年六月起，四十八年十一月结	安徽婺源县民王大蕃，至江西景德镇茶店帮工，穷极无聊，想及协办大学士程景伊属同乡，冀其提拔，又虑无因，遂撰写奏疏，捏告贪官害民收漕考试等弊，送至南昌修撰戴衢亨家，托为转寄，因而举发。	王大蕃发往伊犁为奴，在配乘间脱逃，通谕查拿。	
石卓槐《芥圃诗钞》案	乾隆四十四年十一月起，四十五年五月结	湖北黄梅县监生石卓槐，所撰诗钞，狂悖之处甚多，经江南宿松县监生徐光济呈首指控。	石卓槐照大逆律凌迟。列名作序人，均系伪托，无庸议。	
祝庭诤《续三字经》案	乾隆四十四年十一月	江西德兴县革生祝平章呈族人生员祝庭诤，所作《续三字经》一本，书内议论前代，语多讥讽，又称"发披左，衣冠更，难华夏，遍地僧"等语，明寓诋谤。	祝庭诤照大逆律戮尸。孙祝浃，将逆书默写存留，照律拟斩决。家属缘坐，流杖多人。	
魏塾妄批江统《徙戎论》案	乾隆四十五年四月	山东寿光县民魏塾，所批江统《徙戎论》，有"晋惠帝不听江统之言，后致五胡之乱，就想到如今各处回教，都是外来的，恐怕后来也有混闹"等事语，显系悖逆狂妄。	魏塾斩决。嫡属论斩者，改为斩监候。	
戴移孝碧落后人诗集案	乾隆四十五年五月起，十月结	安徽和州戴移孝，与子戴昆所著诗集，有"短发支长恨"，及"且去从人卜太平"等句，实属悖逆，其孙戴世道，敢于乾隆九年为之刊刻，目无法纪，鲁裕之序文，有"怼君违亲"等语，更属悖谬。	戴移孝、戴昆照大逆律戮尸。戴世道斩决，缘坐之戴用霖、戴世德、戴世法斩监候，秋后处决。妻给功臣家为奴。	
艾家鉴试卷写条陈案	乾隆四十五年七月	湖北宜昌府学生员艾家鉴，于本年七月乡试卷内，混写条陈，妄谬悖逆，丧心病狂。		
吴英拦舆献策案	乾隆四十五年九月	广西巡抚奏，平南县生员吴英，拦舆投递策书，语多狂悖，且叠犯御名。		
刘遴宗谱案	乾隆四十五年九月	山东沂水县生员刘遴等修宗谱，凡例有"卓裔源本，衍汉维新"等不经字样。	家谱销毁。	
王仲儒《西斋集》案	乾隆四十五年十二月	江苏兴化贡生王仲儒，所刻诗稿，狂悖指斥之处甚多，毛际可为之作序。	王仲儒之曾孙王度，于限内呈缴免罪，书板销毁。	
梁三川奇冤录案	乾隆四十六年三月	广东巡抚奏，新兴县盘获嘉应州生员梁三川，有自著《念泉奇冤录》并诗稿二本，诞妄不经。		

续表

案由	时期	事略	定谳	备考
尹嘉铨为父请谥案	乾隆四十六年三月起,四十八年十二月结	原任大理寺少卿尹嘉铨为其父故巡抚尹会一,曾邀赐诗,褒奖孝行,乃具折请谥不准,又奏请从祀文庙。帝怒其肆狂,谕治罪,查抄,搜出所著书,妄自尊崇,毁谤时事,狂悖之处甚多。	尹嘉铨加恩免凌迟,改处绞立决。家属免缘坐。著作分别销毁。	
焦禄控造谤帖案	乾隆四十六年五月起,闰五月结	安徽太平县民焦禄,诬控族人焦良先、焦永榜等,捏造谤帖,"大不仁"三字上,写有"清朝"二字,实属悖逆,经审究出实情。	焦禄照大逆律凌迟。缘坐胞弟焦文学子焦秀彩。母妻幼子给功臣家为奴。	
吴碧峰刻《孝经对问》案	乾隆四十六年十一月起,四十七年正月结	明末人瞿罕,所著《孝经对问》、《体孝录》二书,语有违背,湖北黄梅县人吴碧峰刊刻,自行缴出。	吴碧峰在监病死免议,瞿学富藏书,王模、曾兴作序,均拟杖一百,发遣乌鲁木齐。	
叶廷推《海澄县志》案	乾隆四十六年十一月起,十二结	福建海澄在籍知县叶廷推纂辑县志,周铿挟嫌,诬控所载碑传诗句,词语狂悖。	叶廷推无罪。周铿诬告,拟斩决。	
程明諲代作寿文案	乾隆四十六年十二月起,四十七年五月结	河南桐柏县居住楚民郑友清生日,戚友浼湖北孝感县生员程明諲作文,语多悖逆。	程明諲斩决。	
卓长龄等忆鸣诗集案	乾隆四十七年二月起,六月结	浙江仁和县监生卓长龄著有《高樟阁诗集》,伊子卓敏、卓慎亦著有《学箕集》等稿,族人卓轶群有《西湖杂录》等书,内有狂妄悖逆之语,其孙卓天柱收藏,不即缴毁。	卓长龄、卓征、卓敏、卓慎、卓轶群,照大逆律戮尸。孙卓天柱、卓天馥斩决。卓连之收藏不首,斩决。妇女幼子给功臣家为奴。	
高治清《沧浪乡志》案	乾隆四十七年三月	湖南龙阳县监生高治清,刊行《沧浪乡志》,抚臣以其语多悖妄,奏请究治。谕谓吹求失当,毋庸查办。	无罪。	
方国泰收藏《涛浣亭诗集》案	乾隆四十七年五月	安徽巡抚谭尚忠奏,歙县已故贡生方芬所著《涛浣亭诗》,语多狂悖,伊孙方国泰隐藏不首,应照大逆治罪。谕以签出各条不得谓之悖逆,着毋庸办理。	无罪。	
回民海富润携带经卷案	乾隆四十七年五月	广东崖州回民海富润,携带回经及汉字天方至圣实录年谱等书,游学至广西,为官吏盘获,抚臣认为狂悖荒唐,根究入奏。谕查旧教经典,并无悖逆之语,毋庸办理。	无罪。	

续表

案由	时期	事略	定谳	备考
冯炎《注解易、诗二经》案	乾隆四十八年二月起，四月结	山西临汾县生员冯炎著《易、诗二经注解》，欲上献进用，书内语多不经，呈尾言图娶张杜二表妹，尤为狂妄。		
乔廷英、李一互讦诗句案	乾隆四十八年二月	河南登封县生员乔廷英缴出生员李从先之父李一所作糊六条，半痴解十条，语句甚多狂悖。李一供，乔廷英亦有悖逆之词，于廷英家搜出诗稿，亦有不法语句，并搜出禁书明傅梅所刻《雉园存稿》一部。		
胡元杰控戴如煌诗草案	乾隆四十八年四月	湖北黄陂县人胡元杰，寄居河南固始，失馆穷愁，意图讹诈，诬告商城知县戴如煌所作诗草内，词语悖逆。经查并无违碍，拟加反坐。		
楼绳等呈首《谕家言》案	乾隆四十八年五月	浙江义乌县监生楼绳等因其父楼德连所著《谕家言》，及《巢穴图略》，有违碍字句，请改不允，至父故，遂缴于官。	本人已死。其子楼绳等畏法呈缴，加恩免罪。书本板片销毁。	
吴文世云氏草案	乾隆四十八年十二月	浙江江山县生员毛德聪，控告本邑宦家职员郑涛，与弟生员郑澜，心怀悖逆，请淳安县生员吴文世，在家造逆书一部，取"云从龙"之意，名《云氏草》。		
贺世盛《笃国策》案	乾隆五十三年七月	湖南耒阳县生员贺世盛，代人作词被拿，搜出所作《笃国策抄》一本，指摘时政，语多悖逆。	贺世盛斩决。	
附　记	一、本表以清代文字狱档、《东华录》、《掌故丛编》为据，参以他书。 二、定罪一栏，间有缺者，俟补。			

四　康雍间之国内外诸民族

（一）康熙朝

甲、俄罗斯

清之入关，以盛京为陪都，与吉林、黑龙江，各设将军，其地饶沃而空旷。北邻俄罗斯，俄人时时阑入境内，大事抄掠，故清对东北，一则徙

卷五　明清

民实边，从事开垦，一则严防俄罗斯。自三藩已平，俄人正袭据雅克萨地，乃以兵逐之。

俄罗斯东边接黑龙江者，以外兴安岭为界，当明末季，清方定黑龙江索伦、达瑚拉及使犬、使鹿各部，东北际海。而俄罗斯东部曰罗刹者，亦逾外兴安岭，侵逼黑龙江北岸之雅克萨、尼布楚二地，树木城居之，两师相值，各罢兵。既又南向侵掠布拉特、乌梁海，夺四佐领。崇德四年，大兵再定黑龙江，毁其木城归，而未及戍守也，兵退而罗刹复城之。顺治十一年，遣兵于黑龙江逐之。十五年，调高丽兵逐之，又数遣大臣督兵，以饷不继半途返。顺治十二年、十七年，俄罗斯两附贸易商人至京奏书，绝不及边界事。康熙十五年，贸易商人尼果赉等至，圣祖召见之，贻察罕汗书，令约束罗刹，毋寇边。久之未答也，而罗刹复东略人畜于赫哲、费雅哈地，薮我逋逃，阻我索伦貂贡，将割据黑龙江东北数千里瓯脱地。上以其密迩留都，不可滋蔓，又重开边衅，乃于二十一年，遣都统彭春等，以兵猎黑龙江，径薄其郭，侦形势，于墨尔根及齐哈尔各筑城戍之，置十驿，通水运，又令喀尔喀车臣汗，断其贸易，令戍兵刈其田稼以困之。二十四年四月，官兵乘冻解，水陆并进，克其城，纵其人归雅库旧部。二十五年正月，罗刹复以火器来据城，我师围攻之，死守不去。时荷兰贡使在

雅克萨古城遗迹

都，称与俄罗斯邻，乃赐书付荷兰，转达其汗。时察罕汗已卒，新察罕汗嗣立，……九月，复书即至，言中国前屡赐书，本国无能通解者，今已知边人构衅之罪，即遣使臣诣边定界，请先释雅克萨之围。明年，使出北方陆路，至喀尔喀土谢图汗境，文移往复。二十八年十二月，始与我大臣索额图等，会议于黑龙江，一循乌伦穆河上游之石大兴安以至于海，凡山南流入黑龙江之溪河，尽属中国，山北溪河，尽属俄罗斯；一循流入黑龙江之额尔呼纳河为界，南岸尽属中国，北岸属俄罗斯。乃归我雅克萨、尼布楚二城，定市于喀尔喀东部之库伦，而立石勒会议七条，满、汉、拉提诺、蒙古、俄罗斯五体文于黑龙江西岸，于是东北数千里化外不毛之地，尽隶版图。（魏源《圣武记》卷六《国朝俄罗斯盟聘记》）

罗刹者，鄂罗斯国人也。……所属有居界上者，与黑龙江诸处密迩，我达呼尔、索伦之人，因呼之为罗刹。每横肆杀掠，纳我逋逃，为边境患。顺治九年，驻防宁古塔章京海色，率所部击之，战于乌拉村，稍失利。十二年，尚书都统明安达礼，自京师往讨，进抵呼玛尔诸处，攻其城，颇有斩获，旋以饷匮班师。十四年，镇守宁古塔昂邦章京沙尔呼达，败之尚坚乌黑，十五年，复败之松花、库尔濣两江之间。十六年，沙尔呼达卒，其子巴海代，寻授将军；十七年，巴海大败之古法坛村，然皆中道而返，未获薙除。……迨康熙十五年，鄂罗斯察罕汗，遣使尼果来等贡方物，上……仍颁温谕，令其归逋逃，严禁罗刹，勿扰边境，许贸易通好。其后竟未奏覆，而罗刹自恃辽远，反侵入精奇哩、乌拉诸处，筑室盘踞，……而恃雅克萨城为巢穴，……数扰索伦、赫真、裴雅喀、奇勒尔居民，掠夺人口，俾不得宁处。上……遂决意征剿，……调乌拉、宁古塔兵一千五，并置造船舰，发红衣炮、鸟枪及教之演习者，于爱珲、呼玛尔二处，建立木城。……康熙二十四年正月癸未，命都统公朋春等，帅师剿抚罗刹，……上命都统公朋春统兵，护军统领佟宝、副都统班达尔沙、参赞户部侍郎萨海督耕，……丁亥，给马喇副都统衔，……参赞军务。……都统公朋春等帅师进发，五月二十二日，抵雅克萨城下，……罗刹仍恃巢穴坚固，迁延不去。二十三日，分水陆兵为两路，列营夹攻，复移置火器营。二十五日黎明，急攻之，城中大惊，罗刹头目里克舍谢

1706

等，势迫，诣军前稽首乞降，……雅克萨城以复。……康熙二十五年二月戊戌，……上谕：今罗刹复回雅克萨，筑城盘踞，若不速行扑剿，势必积粮坚守，图之不易。其将军萨布素等，……止率所部二千人，攻取雅克萨城，……及现在八旗汉军内福建藤牌兵四百人，令侯林兴珠率往。四月庚寅，命郎坦等参赞军务。……九月己酉，……鄂罗斯国察罕汗遣使上疏，其略云：……皇上在昔所赐之书，下国无通解者，……及果尼来归，问之，但述天朝大臣，以不还逋逃根特木尔等，骚扰边境为词。近闻皇帝兴师辱临境土，有失通好之意，知果下国边民构衅作乱，天朝遣使明示，自当严治其罪，何烦辄动干戈。今奉诏旨，始悉端委，遂令下国所发将士，到时切勿交兵，恭请明察我国作乱之人，发回正法，即嗣遣使臣议边界外，先令米起佛儿魏牛高宜番法俄罗瓦等，星驰赍书以行。乞撤雅克萨之围，仍详悉作书晓谕下国，则诸事皆寝，永远辑睦矣。疏入上谕：鄂罗斯国察汉汗以礼通好，驰使请解雅克萨围，朕本无意屠城，……其令萨布素等，撤回雅克萨之兵。（《平定罗刹方略》卷一二三）

两次收复雅克萨，并不穷追，以待议和，卒订《尼布楚条约》，自阿尔泰山至黑龙江，画界为守。康熙帝借传教士之力，颇知外情，应付裕如，主画界事者，则索额图、张鹏翮也。

索额图奏言：尼布楚、雅克萨，应仍归界内。上曰："以尼布楚为界，则俄罗斯遣使贸易，无栖托之所，彼若乞与尼布楚，可即以额

雅克萨之战

雅克萨古战场遗址

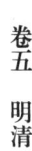

尔固纳河为界。"索额图至尼布楚，费耀多啰等，欲以尼布楚、雅克萨归彼界，固执争辩，索额图详述旧属我朝原委，斥其侵踞之非，宜感戴皇上好生德意。于是定议，以额尔固纳河及格尔必齐河为界，立碑垂示久远。(《清史列传》卷八《索额图传》)

应于议定格尔必齐河诸地立碑，以垂永久，勒满、汉字，及鄂罗斯、喇第讷、蒙古字于上。……碑曰："大清国遣大臣与鄂罗斯国议定边界之碑，一，将北流入黑龙江之绰尔纳，即乌伦木河，相近格尔必齐河为界，循此河上流不毛之地，有石大兴安，以至于海，凡山南一带，流入黑龙江之溪河，尽属中国，山北一带之溪河，尽属鄂罗斯。一，将流入黑龙江之额尔古纳河为界，河之南岸，属之中国，河之北岸，属于鄂罗斯，其南岸之眉勒尔客河口，所有鄂罗斯房舍，迁移北岸。一，将雅克萨地方，鄂罗斯所修之城，尽行除毁，雅克萨所居鄂罗斯人民及诸物，尽行撤往察汉汗之地。一，凡猎户人等，断不许越界，如有一二小人，擅自越界捕猎偷盗者，即行擒拿，送各地方，该管官照所犯轻重惩处，或十人、十五人相聚，持械捕猎，杀人掠抢者，即行正法，不可以小故，沮坏大事，仍与中国和好，勿起争端。一，从前一切旧事不议外，中国所有鄂罗斯之人，鄂罗斯所有中国之人，仍留不必遣还。一，今既永相和好，以后一切行旅，有准令往来文票者，许其贸易不禁。一，和好会盟之后，有逃亡者，不许收留，即行送还。(《清圣祖实录》卷一四三)

雍正五年，复与俄订《恰克图条约》，为喀尔喀与俄通商之约，主要点在以货易货，不用金银。自后俄数遣使来聘，并于北京建立教堂。

乙、喀尔喀

清未入关时，锐意经营近边蒙古，不甚以喀尔喀为意，通聘问往来而已。自准噶尔之强，喀尔喀骤衰，乃不得不加以援手，盖恐准噶尔得其地，则北方五省，俱将不宁也。

> 漠北，……太祖十五世孙达延车臣汗者，留牧其地，苗裔亦独盛他部。其季子格呼森札赉尔，留故土，析众万余，分授七子，为七旗，分左右翼，又为喀尔喀各部之祖。及其孙阿巴岱，赴唐古特谒达赖喇嘛，请藏经归漠北，众智而汗之，遂世号土谢图汗，并其族车臣汗、札萨克图汗而三。……太宗崇德元年，既平漠南插汉部，遣使宣捷于喀尔喀，喀尔喀来聘。……二年，贡，……诏定岁制，献白驼一，白马八，曰九白之贡。顺治三年，苏尼特部腾机思，太宗之额驸也，与睿亲王不合，率所部北投喀尔喀，于是土谢图汗、车臣汗，合兵三万迎之，并掠巴林部人畜，命豫亲王多铎为扬威大将军，往征……腾机思……闻风远遁，……追及于欧克特山，大破之。……八月，自土腊河，击败土谢图汗兵二万，次日，复败硕雷汗兵三万。……四年，札萨克图汗上书代解。……五年，腾机思复来归，喀尔喀亦奉表请罪。……十二年，三汗始遣子弟来乞盟，……设札萨克八，仍分左右翼。……康熙二十三年，左翼土谢图汗，攻右翼札萨克图汗，而夺其妾，构兵，又与准噶尔隙。……初，喀尔喀世雄漠北，及中叶，专佞喇嘛，习梵呗，懈武事，又部族嗜酒，自相陵蔑，遂为厄鲁特所觊觎。二十七年，噶尔丹大举入其庭，再战再北，三部落……瓦解。……三十年，驾出塞外，受其朝，大会于多伦泊，……宣敕谕分三十旗，为左右中三路，……仍留其汗号，与内札萨克各旗同列。……车驾再亲征，殄噶尔丹，而返喀尔喀于漠北，加封有功诸台吉，增编为五十五旗。……雍正九年，以固伦额驸策凌，奋击准噶尔功，

又增赛音诺颜部，授札萨克，……共前三部为四部，共七十四旗。乾隆中，增至八十二旗。(魏源《圣武记》卷三《国朝绥服蒙古记》二)

康熙二十七年，1688年。九月丁丑，巴林、乌朱穆秦、蒿齐忒、克西克腾、科尔沁……之各旗蒙古王台吉等，节次奏报：喀尔喀戴青台吉等，共二十八人，各率所属人众，入边请降。奉旨：令来降之喀尔喀，准于汛界以内游牧。至是，土谢图汗与其弟西地西里巴图尔台吉，率左右翼台吉等，又泽卜尊丹巴胡土克图，亦率其弟子等，偕入汛界乞降。沿边一带，阿霸哈纳诸台吉，皆愿从之内附。理藩院以闻，下议政王大臣集议，寻议：喀尔喀国破，土谢图汗、泽卜尊丹巴胡土克图等，诚心请降，应受而养之。……即令尚书阿喇尼，前往汛界，面见泽卜尊丹巴胡土克图、土谢图汗等，备宣谕旨。从之。……冬十月乙巳，尚书阿喇尼等奏：臣等于九月二十九日，至喀尔喀，问土谢图、汗泽卜尊丹巴曰："汝等入汛界而居之，意何也？今又将何往？"告曰："我等为厄鲁特所败，奔进汛界，永归圣主，乞救余生。作何安插，一惟上裁。"又曰："我等败遁，尽弃部落牲畜而来。……难以自存，伏祈皇上，俯赐宏恩。"臣等遂令土谢图汗、泽卜尊丹巴等，将从降台吉等名字，及喇嘛班第部落人口数目，……台吉三十余人，喇嘛班第六百余人，户二千人，口二万，……未到者尚多，俟到时，另行开送。上命议政王大臣集议，寻议：宜准土谢图汗、泽卜尊丹巴之降。……从之。(《清圣祖实录》卷一三七)

康熙三十年，1691年。夏四月丁卯，上……又以喀尔喀地居极北，曩虽进贡，未尝亲身归顺，今土谢图汗等，亲率所属数十万人来归，特往抚绥安辑，是日启銮。……乙酉，上驻跸多罗诺尔。……五月丙戌朔，…上曰："土谢图汗，兄弟内相构怨，托征厄鲁特起兵，遂杀札萨克图汗，使喀尔喀百姓流离，皆其所致。但伊曾遣使来奏云：我欲附天朝，惟恐不蒙容纳。然归附之意已决，今果率众来归，

1709

噶尔丹像

朕故不忍治罪。"马齐等又奏：札萨克图汗，乃喀尔喀七旗之长，累世抒诚进贡，札萨克图汗名号，似应仍令承袭。上曰："札萨克图汗，……而见在之子幼稚，扎萨克图汗之亲弟策妄札卜，众皆称其贤，意欲封为亲王。……至车臣汗，我朝已经袭封，可仍存其汗号。"……寻命喀尔喀七旗，与四十九旗同例。……六月乙卯，……谕达赖喇嘛曰："……喀尔喀……照四十九旗编为旗队，给地安插，……仍留土谢图汗、车臣汗之号，又念札萨克图汗被杀……可矜，授其亲弟策妄札卜为和硕亲王，其余各分等级，授以郡王、贝勒、贝子、公、台吉之衔。(《清圣祖实录》卷一五一)

丙、准噶尔

准噶尔汗噶尔丹，既并四卫拉部，奄有天山南路及青海之地，以兵入藏，取喀木地，与俄罗斯交好，得其鸟枪，然后东向以争喀尔喀。康熙帝乃三次大举以御之，噶尔丹穷蹙以死，清始得阿尔泰山以东地，归入版图。

厄鲁特，亦蒙古也。元之亡，蒙古分为三大部，漠南蒙古，漠北喀尔喀蒙古，皆成吉思汗之裔。惟居西域者，非元太祖后，出脱欢太师及也先瓦剌可汗之裔，是为厄鲁特四卫拉蒙古。国初，惟漠南蒙古早结和亲，而喀尔喀、厄鲁特两大部，皆雄长西北，间通使，间为寇。顺治中，王师方定中原，未遑远略，于是厄鲁特吞噬西北，日渐强大。初厄鲁特四卫拉部，曰绰罗斯，牧伊犁；曰都尔伯特，牧额尔齐斯；曰土尔扈特，牧雅尔；即塔尔巴哈台。曰和硕特，牧乌鲁木齐。和硕特固始可汗，于明末袭据青海，又以兵入藏，灭藏巴汗，而有喀木之地。绰罗斯特则据伊犁，兼胁旁部，与喀尔喀邻，势俱张甚。康熙中，绰罗特浑台吉死，子僧格立。僧格死，子索诺木阿拉布坦立，僧格弟噶尔丹杀之，自立为准噶尔汗。旋取青海和硕特车臣汗女，而袭杀车臣汗，兼有四卫拉特，复南摧回部城郭，诸国尽下之。威令至卫藏，则又思北并喀尔喀，乃自伊犁东徙帐阿尔泰山。……会喀尔喀土谢图汗……三部内哄，……二十七年夏，噶尔丹领劲骑三万，逾杭爱山，突袭其帐。……于是土谢图等三汗部落数十万众，尽弃牲畜帐幕，分路东奔，于九月投漠南，款关乞降。圣祖命尚书阿尔泰等……赡之，暂借科尔沁水草地，使游牧。噶尔丹亦遣使入贡，上敕其率众西归，还喀尔喀侵地，噶尔丹……骄蹇不奉命。……二十九年，以追

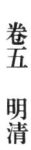

乌兰布通之战

喀尔喀为名，乘锐东犯，五月，侵及乌尔会河。喀尔喀东部车臣汗境内。……

方是时，朝廷已平三藩，定陇蜀，收台湾，和俄罗斯，天下无事，圣祖以噶尔丹势炽，既入犯，其志不在小。……六月，集大臣于朝，下诏亲征，命抚远大将军裕亲王福全为左翼，皇子允禔副，出古北口；安北大将军恭亲王常宁为右翼，出喜峰口。左翼兵遇贼乌珠穆秦，战复不利，收军，准噶尔乘胜长驱而南，深入乌兰布通，距京师七百里，乃止右翼兵，命康亲王杰书等屯归化城，要其归路。八月，……我军进击，大战于乌兰布通，……我师……争先陷阵，左翼兵绕山横击，遂破其垒，……贼乘夜走保高险，……由克什腾部……越大碛山宵遁。……我师轻骑追之已不及，……八月，班师回銮。明年驾出塞，于独石口外多伦泊，受喀尔喀各汗台吉之朝，以其三部为三十七旗。……三十一年……五月，噶尔丹遣使至归化城，声言入贡，……诏责还其使。三十三年，约噶尔丹来会盟，不报，而遣兵侵掠喀

卷五 明清

尔喀益甚，……阴遣使诱内蒙古各部叛归己。……三十四年，噶尔丹率骑三万入寇，沿克鲁伦河而下，侵掠至巴颜乌关，自秋徂冬，踞之不去，亦不犯漠南，……且大言借俄罗斯鸟枪兵六万，……其实俄罗斯并无意助寇。……明年春，上复祃牙亲征，……命将军萨布素，率东三省兵出东路，遏其冲；大将军费扬古，振武将军孙思克，率陕甘兵出宁夏西路，要其归；上亲统禁旅，由独石口出中路，皆赴瀚海而北，约期夹攻。……五月，遂由科图进逼贼境。……噶尔丹尚不信，登北孟纳兰山，望见御营黄幄龙纛，……大惊，拔营宵遁。……适我西路兵邀之于昭莫多，蒙古语"大树林"也，即明成祖破阿鲁台地，在肯特岭之南，土腊河之北，汗山之东，平旷饶水草，……为自古漠北战场。时敌军至者仅万余，然皆百战之余，我师饥疲，马僵其半，士多徒步，费扬古等……乃麓沿河伏骑，一横入阵，一袭其辎重，山上军奋呼夹击，贼始溃败，……噶尔丹以数十骑遁。……捷奏至御营，命费扬古留防科图，护喀尔喀游牧地，上亲撰铭，勒察罕拖诺山，及昭莫多之山而还。

……初，准噶尔自破喀尔喀后，恋漠北地，久不归，其伊犁旧部落，尽为兄子策妄那布坦所并，自阿尔泰山以西，皆非己有，又连年与中国战，精锐丧亡，……回部青海哈萨克，皆隔绝叛去。至是欲西归伊犁，则畏策妄那布坦之逼，欲南投乌斯藏，则道远不能至，欲北赴俄罗斯，而俄罗斯拒不受。……所属部落，或仅千人，或数百人，皆老羸，自相盗牛马。上乘其穷蹙，欲降之，九月，驾再幸归化城，……诏数其犯汛界之罪，又许以待喀尔喀恩例，招抚之，否即进兵，……命理藩院自独石口至宁夏，设驿以待，车驾旋京师，而噶尔丹倔强，卒不至。三十六年春二月，驾复渡黄河，幸宁夏，命马思哈、费扬古两路进兵。噶尔丹使子塞卜腾巴珠，征粮哈密，为回人擒献，所猎萨克呼里之地，野兽已尽，左右亲信数台吉，亦面怼大兵将至，先后望风款附，密向导大兵深入。又策妄阿布坦拥劲兵，伏阿尔泰山，将擒以献功。噶尔丹进退无地，……遂仰药死。……其下丹济腊以其尸及子女来献，至阿尔泰山，为策妄那布坦夺而献诸朝，所部尽降。于是阿尔泰山以东，皆隶版图。……四月，……上……还。（魏源《圣武记》卷三《康熙亲征准噶尔记》）

康熙中，准噶尔汗僧格死，其弟噶尔丹，杀僧格长子而自立，其次子策妄那布坦，与其父旧臣七人，逃居土鲁番，遣使乞降，圣祖卵而翼之，使协力擒仇。策妄乘噶尔丹南侵败衄之际，潜回伊犁，游牧博罗塔拉河，用其七友，收集散亡，杜尔伯特诸台吉从之，辟地至额尔齐斯河，遂有准部大半。及康熙三十六年，大军殄灭噶尔丹时，伊犁数千里，空无主。……圣祖以其旷莽辽隔，费转饷，又策妄方献噶尔丹之尸，外驯昵，遂尽阿尔泰山以西至伊犁，捐俾游牧，复成西域大部落。策妄既有准部，则尽反噶尔丹所为，思吞并四部为一，……杜尔伯特……久为所属，……至是，土尔扈特、和硕特二大部，复为所并，遂自立为汗。圣祖以其左右吞噬，驰突奔逸，将不可制，乃于五十八年，命皇十四子为抚远大将军，视师青海，遣两将军，分屯巴里坤、阿尔泰，以震其西；又两将军，由四川、青海两路入藏，拥立达赖，尽破厄鲁特之众，绝其南牧。六十一年，进军乌鲁木齐，以伊犁隔三岭之险，未犁其廷，而哲卜尊丹巴胡士克图，复代为请罪。上因使宣谕之，令自戢，渐撤西师。（魏源《圣武记》卷三《雍正两征厄鲁特记》）

费扬古，……康熙……二十九年，上以噶尔丹劫掠喀尔喀，又数扰我边境，授裕亲王福全抚远大将军，费扬古往科尔沁调兵随征，参

费公祠

卷五 明清

赞军事。是年八月，击败噶尔丹于乌兰布通。三十二年，命费扬古为安北将军，驻归化城。……三十四年七月，噶尔丹至哈密，费扬古率兵往御，噶尔丹由图拉河西窜去。……十一月，诏授为抚远大将军，召入觐，授方略。三十五年二月，以黑龙江将军萨卜素，率兵出东路，命费扬古集兵归化城出西路，振武将军孙思克率甘肃兵，西安将军博霁率陕西兵，会期并进，上亲统大军出中路。……五月三日，……上密谕费扬古邀击，亲督大军蹑追至拖诺山驻跸。费扬古闻噶尔丹遁归呼勒济，遂遣前锋统领硕岱，副都统阿南达、阿迪等，率兵先往，……诱至昭莫多，复分兵三队，……并遵上方略，令官兵皆步战，俟贼势披靡，乃上马冲击。时噶尔丹率众几万人，我军分队迎战，自未至酉，斩级二千余，贼皆溃奔，乘夜追逐三十余里，……噶尔丹引数骑远窜。上班师，留费扬古驻守科图。……三十六年……二月，上幸宁夏，诏费扬古密筹进剿噶尔丹，……费扬古进次萨奇尔巴勒哈逊，时厄鲁特部众，降者相继，丹济拉亦遣人纳款，言噶尔丹已死，欲携骸骨及其子女，并率三百户来归。费扬古以闻，上回銮。……六月，……费扬古有疾，诏昭武将军马思喀代统其兵。(《清史列传》卷一一《费扬古传》)

噶尔丹虽死，其犹子策妄阿拉布坦，袭其余势复强，东侵哈密，进扰喀尔喀。康熙帝命胤禵为抚远大将军，率三路兵至西宁以备之，更易六世达赖喇嘛，使为中朝效命。

康熙五十四年乙未，1715年。夏四月己卯，甘肃提督师懿德奏：四月初二日，哈密札萨克达尔汉白克额敏，咨言厄鲁特策妄阿喇布坦遣兵至北境侵掠五寨，初三日，又咨言贼兵于三月二十五日，抵哈密城下。(《清圣祖实录》卷二六三)

康熙五十七年戊戌1718年。冬十月丙辰，命皇十四子固山贝子允禵为抚远大将军。庚申……奉旨，往西安一路为第一起，往宁夏一路为第二起，往宣府、大同、榆林沿边一路为第三起。……上命护军统领吴世巴委、署护军统领噶尔弼，带领第一起兵，于十一月十五日起程，驻扎庄浪；副都统宗室赫石亨、宝色，带领第二起兵，于十一月二十九日起程，驻扎甘州；抚远大将军允禵，带领第三起兵，于十二月十二日起程，驻扎西宁。(《清圣祖实录》卷二八一)

1715

康熙五十八年，1719年。九月乙未，谕议政大臣等：此次差往西边胡毕图等前来回称，策零敦多卜等，及土伯特众喇嘛民人，俱言在西宁见有新胡必尔汗，实系达赖喇嘛之胡必尔汗，天朝圣主，将新胡必尔汗，安置在达赖喇嘛禅榻上座，广施法教，实与众人相望之意允协。……今将新胡必尔汗，封为达赖喇嘛，给与册印，于明年青草发时，送往藏地，令登达赖喇嘛之座。(《清圣祖实录》卷二八五)

康熙五十九年，……延信等随领兵，于九月初八日，自达穆起程，送新封达赖喇嘛进藏，其从前达赖喇嘛博克达，不便留住藏地，应发回京师。(《清圣祖实录》卷二八七)

(二) 雍正朝

甲、青海

青海介天山南路及西藏之间，喀尔喀信奉黄教，尊达赖为教主，若西藏落于准噶尔之手，则喀尔喀向背不可知，故欲击准噶尔，必先收青海，罗卜藏丹津，势在必翦之列。

雍正帝朝服像

青海，古西海郡，在西宁府西三百余里，……本汉时鲜水诸羌也，唐以前为吐谷浑，唐末并入吐番，于是崇佛成俗，始隶于卫、藏。明置西宁、河州诸卫，领以番酋，授以国师、禅师之号，不相统属，以涣其势，其后一并于套酋俺答，再并于厄鲁特固始汗，于是始变为蒙古。和硕特者，本四厄鲁特之一也。……明末，固始汗自西域入据青海，分部众为二翼，子十人领之。……太宗崇德中，固始汗强盛，击败唐古特藏巴汗，遣使自塞外通贡。……顺治初，又导达赖喇嘛入觐，诏封遵文行义敏慧固始汗，赐金册印弓矢甲胄，顺治十三年卒。是为国朝通青海之始，亦为青海厄鲁特之始。(魏源《圣武记》卷三《国朝绥服蒙古

记》三)

西域四厄鲁特中，准噶尔部最习战斗，青海和硕特部次之，世姻亦世仇也，于中国则惟准噶尔世寇塞，……而和硕特驯扰，故朝廷惟捍准夷，以扶植和硕特。雍正元年，青海复有罗卜藏丹津之叛。

罗卜藏丹津者，和硕特固始汗之孙也。初青海及喀木、藏、卫，旧称唐古特四大部，固始汗明末自甘凉塞外横侵据之，以喀木粮富，而青海广漠，故令子孙游牧青海，而喀木纳其赋，惟以藏、卫二部给达赖、班禅。顺治十三年，固始汗卒，其裔分二支，在藏者，为拉藏汗，在青海及河套者，为鄂齐图汗，为阿拉山王。寻鄂齐图汗为噶尔丹所破，阿拉山王来投，圣祖赐以贺兰山游牧地，青海汗绝。及圣祖出塞，青海固始汗子孙八台吉，亲入觐。时固始汗惟达什巴图尚存，赐爵亲王，余授贝子、贝勒、公爵，又预平西藏功，于是八家复振。噶尔丹及策妄，两世觊觎青海，皆震慑中国军威，不敢犯。休养百载，捍蔽西陲，虽藏中和硕特，末年为策妄所覆，而青海之和硕特部族如故也。至是，达什巴图之子罗卜藏丹津，袭亲王爵，从大军入藏归，以青海及唐古特，旧皆和硕部属，而己固始汗嫡孙，阴觊复先人霸业，总长诸部，乃于雍正元年夏，诱诸部盟于察罕托罗海，令各仍故号，不得复称王、贝勒、公等爵，而自号达赖浑台吉，以统之，欲胁诸台吉奉己如鄂齐尔汗，据唐古特以遥制青海。亲王察罕丹津、郡王额尔德尼不从，遂受罗卜藏丹津兵，仓猝不能抗，秋八月，挈众内奔，……命驻西宁之侍郎常寿往谕，反为丹津所执。初青海有大喇嘛，曰察罕诺们罕者，自西藏分支，住持塔尔寺，为黄教之宗，番夷信向。丹津以术诱煽使从己，大喇嘛既从，于是远近风靡，游牧番子喇嘛等二十余万，同时骚动，犯西宁，掠牛马，抗官军。冬十月，命川陕总督年羹尧为抚远大将军，驻西宁，以四川提督岳钟琪为奋威将军，参赞军务。年羹尧先分兵永昌布隆吉河，防其内犯，南守巴塘、里塘、黄胜关，扼贼入藏之路，又请敕富宁安等，屯吐鲁番及噶斯泊，截其通准夷之路，复遣诸将，分攻镇南、申中、南川、西川、北川、归德等堡，溃其党羽，遂移察罕丹津所部于兰州。罗卜藏丹津始惧，归常寿请罪，不许。十二月，各蒙古贝勒、贝子、公、台吉，各杀贼来归，降其胁从部落十余万。二年正月，岳钟琪攻党贼喇嘛于西

宁东北之郭隆寺，……其石门、奇嘉、郭恭等寺皆破，惟罗卜藏丹津尚负嵎于乌兰呼尔之柴达木，距西宁卫千余里。……岳钟琪……以精兵……兼程，捭其不备，……二月，出师，……途有侦骑，……殪之，又夜袭其守哈达河之贼，……追入崇山，歼贼二千，于是贼无哨探，……蓐食衔枚宵进，……黎明抵其帐，贼尚未起，……仓皇大溃。罗卜藏丹津衣番妇衣，骑白驼遁，官军穷追，日三百里，至桑骆海……而返，……而贼已于噶尔逊河，横越戈壁，北投准噶尔矣。俘其母弟妹，暨逆党头目。

……自出师至贼巢，凡十五日。……诏封年羹尧一等公，岳钟琪三等公。……四月，进剿余党。时庄浪卫之西山，亘二百余里，即唐史之石堡城，……土番数万据其中，乘青海有事，截饷戕吏，年羹尧屡剿屡叛。至是岳钟琪以兵二万讨之，……贼慑乞降，班师。先后辟青海地千余里，分其地，赐各蒙古，分二十九旗，其喀尔喀、土尔扈特、辉特等，各自为部，不得属青海，又西宁番者，北沿甘凉，西接回部，南界川滇，二三百部，皆吐番种，不相统属。明季，厄鲁特自北边横越侵之，遂役于厄鲁特，但知有蒙古，不知有中国。奏仿土司设番目，改隶道、厅、卫、所，以分厄鲁特之势，定其贡市之地，岁会盟，奏选盟长。……置大通、安西、沙州、柳沟各卫，增西宁西、北两路防兵，马步五千，设总兵于大通、西安，而改西宁卫为府，青海办事大臣，于此建牙焉。移阿拉山游牧于山后，而收山前为内地，以重宁夏之险。追各寺明国师印敕，每寺喇嘛，毋过三百人。禁藏兵器，城戍星罗，形格势禁，厄鲁特始不敢窥青海。(魏源《圣武记》卷三《雍正两征厄鲁特记》)

雍正元年，1723年。八月……庚午，侍郎常寿奏：七月二十二日，抵亲王罗卜藏丹津驻牧之沙拉图地方，恭宣谕旨，令伊等兄弟罢兵和睦。罗卜藏丹津诉称，戴青和硕齐察罕丹津，额尔得尼，厄尔克托克托奈，欲霸占招地，捏言我遣使准噶尔，

年羹尧像

1718

欲同策妄阿喇布坦背叛。……据察罕丹津诉称，罗卜藏丹津兴兵逐额尔得尼、厄尔克托克托鼐于内地，今勒令罪台吉，聚兵于巴尔托罗海处，意欲独占西招青海地方。……又据众蒙古告称，罗卜藏丹津勒令众等，呼伊为达赖混台吉，其余台吉，俱令呼旧日名号，一概不许称呼王、贝勒、贝子、公封号。细揣其意，……独占青海。……奏请赏伊汗号，踞占招地，遥管青海。……至问遣往准噶尔处使人音信，据云，准噶尔以青海人等不足凭信，又云，准噶尔兵丁已至噶斯口前，九月内可至青海等语。（《清世宗实录》卷一〇）

六十一年……十一月，抚远大将军贝子允禵还京，命羹尧管理军务。雍正元年……八月，青海罗卜藏丹津胁众台吉叛，……侵掠青海诸部。十月，羹尧自甘州率师至西宁，疏请进剿，特授抚远大将军，以前锋统领素丹、提督岳钟琪为参赞，敕授方略。羹尧……因奏进剿青海五事，一请选陕西、甘肃、四川、大同、榆林绿旗兵，及外藩蒙古兵万人，令钟琪等分领，由西宁、松潘、甘州、布隆吉尔四路进剿；一防守西宁、永昌、布隆吉尔、巴塘、里塘、黄胜关、察木多诸边口；一除归化城、张家口所买马驼外，请太仆寺拨孳生马三千，巴里坤选驼二千，赴军备用；一贮备军粮，即以臣在西安时预买米六万

塔尔寺

石充运;一请以景山所制火器给军。总理事务王大臣议,如所请。……二年正月,上以罗卜藏丹津负国叛贼,断不可宥,授钟琪奋威将军,命羹尧趣令讨贼。……三月,钟琪等师至柴达木,罗卜藏丹津率二百余人遁,追击至乌兰伯克,擒其母及贼酋吹喇克诺木齐等,尽收其人户马驼,青海平。……庄浪番贼,窃据桌子山,及棋子山,遣兵自西宁进剿,钟琪……转战五十余日,歼贼甚众,……毁其巢。……又以甘肃河西各厅,生聚繁庶,奏改宁夏、西宁、凉州、甘州、四厅为府,其所属各卫,皆改为州县。(《清史列传》卷一三《年羹尧传》)

乙、准部

准噶尔策妄阿拉布坦死,子噶尔丹策零立,屡犯边。雍正七年,大举攻之,傅尔丹、马尔赛、岳钟琪、锡保,先后为大将军,皆获咎。以后互有进退,至十三年,始言和,以阿尔泰山为界,许其通市及进西藏,唯煎茶人马,应加限制。康雍两朝,用兵西北,费及七千万两,多半以捐输报效充之。

罗卜藏丹津之投准噶尔也,策妄阿拉布坦纳之,朝廷遣使索献,不奉诏,亦不敢犯边。……雍正五年冬,策妄阿拉布坦死,子噶尔丹策零立,狡黠好兵如其父,屡犯边。七年,上议讨之,……以傅尔丹为靖边大将军,屯阿尔泰山,出北路;以岳钟琪为宁远大将军,屯巴里坤,出西路。……九年四月,傅尔丹进城科布多。六月,噶尔丹策零遣大小敦多、小策零,以兵三万犯北路,先遣谍,佯为我获,诡言厄鲁特大队未至,其前队千余,……在博克托岭,即阿尔泰山之东干。距我军三日程。傅尔丹勇而寡谋,遽信之,即以兵万余往袭,……贼以少兵……诱我,而伏兵二万谷中。俄胡笳远作,毡裘四合,乘高突冲,遂围我前锋四千于和通泊,泊在科布多西二百里。……傅尔丹以后军

岳钟琪像

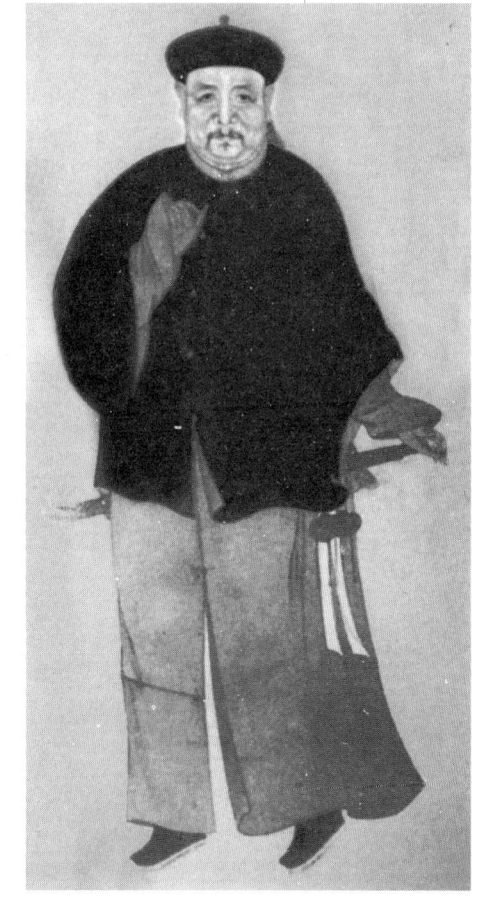

往援，贼已溃我参赞之师，直犯大营。傅尔丹命索伦、蒙古兵先御之，科尔沁蒙古树红纛，先靡而遁，土默特蒙古树白纛，奋摩贼垒，索伦兵但知蒙古兵败，误呼曰："白纛兵陷贼队矣！"诸军遂大溃。……惟满兵四千，卫辎重，且战且退，渡哈尔纳河，副将军巴赛查纳弼以下，皆战死。七月朔，还科布多者二千人。……岳钟琪闻北路被围，乃使纪成斌进攻乌鲁木齐，以分贼势，贼已委城先徙，无所得。诏降傅尔丹为振武将军，以顺承郡王锡保代之，……移科布多营于察罕廋尔，即察罕泊，在科布多东南二百里。又以马尔赛为抚远大将军，屯归化城。

方是时，准夷亦两路备兵，令诸台吉环峙乌鲁木齐，以伺我西路，又屯田于鄂尔齐斯河，以窥我北路，而北路邻喀尔喀，尤其所蓄意。……九月，两策零兵，乘胜谋东犯喀尔喀，以察罕廋尔、科布多，皆有大军，乃取道阿尔泰山迤南，一由小额尔齐斯河，一由大额尔齐斯河，小策零以精骑六千深入，而大策零拥大众二万于苏克阿勒达，以援应。我郡王额驸策凌，与亲王丹津多尔济，合兵迎击于鄂登楚勒河，遣六百骑宵入贼营挑战，诱其来追，而伏兵击之，大破其众。……时议以察罕廋尔大营偏北，而贼每绕山南麓东犯，乃于推河、翁金河及拜达里克河三处，各筑城，与察罕廋尔大营犄角，命马尔赛以绥远将军，移守拜达里克城，以扼山南之冲。十年七月，噶尔丹策零，亲率大众，由北路倾国入寇，……取道山南，潜至杭爱山，掠哲卜尊丹巴胡土克图之地，时哲卜尊丹巴已徙帐多伦泊，空无所得。八月，探知额驸策凌军赴木博图山，遂突袭其帐于塔密尔河，尽

掠子女牲畜。额驸中途闻之，即……返斾驰救，并急报顺承郡王，请师夹攻，……蒙古兵三万，绕间道出背，黎明，……贼梦中起，……追击于喀喇森齐泊，大战二日，贼大败，西路援师不至，沿途转战十余次，追至鄂尔昆河之杭爱山。……其地右阻山，左逼水，道狭不容大众，又横亘以大喇嘛寺，致兵无走路，我兵乘暮薄险蹴之，……贼三万，击斩其半，挤坠溺死亦半，……噶尔丹策零乘夜突围，绕山遁推河，尽弃辎重牲畜，塞满山谷，以阻我师。……北路两创准夷，皆额驸策凌功，晋封和硕超勇亲王，授大札萨克。时喀尔喀西北境，已拓至科布多乌梁海，而土谢图汗十七旗，亦滋息至三十八旗，乃分二十旗与策凌，为赛音诺颜部，以鄂尔昆河西北至乌里雅苏河为游牧，以翁金河为王庭，为中西东三部之屏蔽，自是喀尔喀为四部。

初岳钟琪之在西路也，……十年，……贼兵六千，自乌鲁木齐掠哈密，檄……将军石云倬等，邀其归路，遇贼相望二十里，迁延不击，纵贼饱扬。岳钟琪奏治罪，大学士鄂尔泰并劾岳钟琪，……七月，召还京。……十一年，以查郎阿署定远大将军，张广泗副之。……时西路自张广泗受任后，壁垒一新，贼至辄创。……十二年，……准噶尔遣使请和，……遣侍郎傅鼐，及学士阿克敦，报之。……策零欲得阿尔泰山故地，廷议不许，使命往返二载，始定议：以阿尔泰山为界，厄鲁特游牧，不得过界东，喀尔喀游牧，亦不得过界西。乾隆四年，又许其通市及进藏，煎茶人马，皆限以数，遂尽罢西、北两路兵。计自康熙五十六年备边以来，旋罢旋调，先后军饷七千余万。

(魏源《圣武记》卷三《雍正两征厄鲁特记》)

雍正七年，1729年。二月……癸巳，谕：……闻噶尔丹策零，甚属凶暴，……但留此余孽，不行剪除，实为众蒙古之巨害，且恐为国家之隐忧。……著诸王议政大臣、九卿、八旗大臣，……公同详确密议具奏。寻议：准噶尔部落，自噶尔丹逞凶悖逆，策妄

雍正手迹

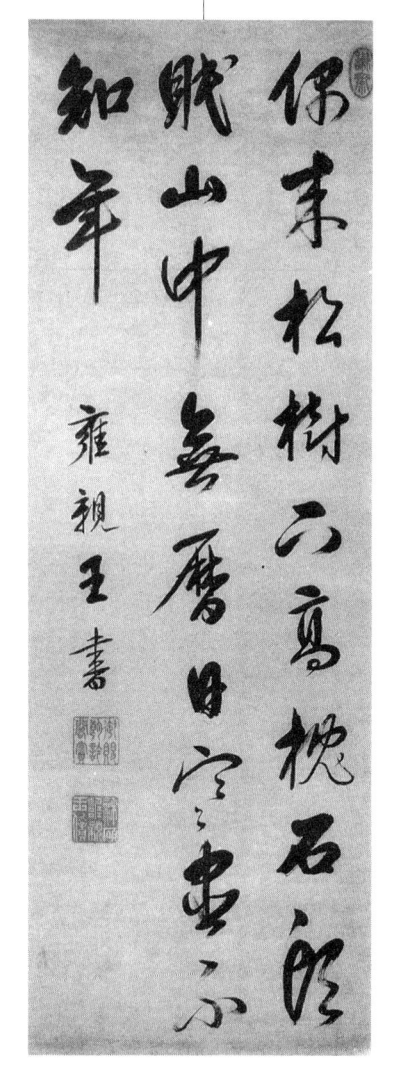

阿拉布坦复肆骄悍，俱伏冥诛。今噶尔丹策零，凶顽踵恶，若留此余孽，则喀尔喀、青海、西藏等处，必被其扰乱。伏乞皇上命将兴师，大彰天讨，以除蒙古人民之害。得旨：诸王、满汉文武大臣等众议金同，一切应行事宜，即著办理。……三月……丙辰，命领侍卫内大臣三等公傅尔丹，为靖边大将军，北路出师；川陕总督三等公岳钟琪，为宁远大将军，西路出师，征讨准噶尔。(《清世宗实录》卷七八)

岳钟琪，……雍正七年，……噶尔丹策零，……数侵掠喀尔喀诸部，上命……钟琪为宁远大将军，屯巴里坤，出西路讨之。……八年，十二月。准噶尔闻钟琪方入觐，乘间以二万余人入犯，尽驱驼马去。……总兵樊廷及副将冶大雄等，将二千人，转战七昼夜，总兵张元佐，督所部夹击，……还所掠驼马强半。……九年春，钟琪请移兵驻吐鲁番、巴尔库尔，为深入计。……七月，……钟琪自巴尔库尔，经伊尔布尔和邵，至阿察河，遇敌，击败之，逐至厄尔穆河，敌踞山梁以距，钟琪……诸军奋进，夺所踞山梁，敌败走，谍言乌鲁木齐敌帐尽徙，乃引兵还。……十年……六月，……召钟琪还京师。……张广泗劾钟琪调兵筹饷，统驭将士，种种失宜，……尽夺钟琪官，交兵部拘禁。(《清史稿·列传》八三《岳钟琪传》)

傅尔丹，……雍正……七年，……命傅尔丹为靖边大将军，出北路，……出驻阿尔泰。……九年，疏言：科布多为进兵孔道，请仍于此筑城。下廷议，如所请。六月，傅尔丹移兵科布多，噶尔丹策零遣所部塔苏尔海丹巴为间，为守卡侍卫所获，诘之，曰："噶尔丹策零发兵三万，使大策零敦多卜、小策零敦多卜，分将犯北路，小策零敦多卜已至察罕哈达，大策零敦多卜以事宿留未至。"傅尔丹信其语，计及其未集击之，令选兵万人，循科布多河西以进。……六月庚子，……进次雅克赛河，获准噶尔逻卒，言距察罕哈达止三日程，准噶尔兵不过千人，……傅尔丹命乘夜速进。……戊申，获谍，言准噶尔兵二千屯博克托岭，傅尔丹遣苏图岱豪……往击之，敌出羸兵诱师，而伏二万人谷中。……辛亥，逐敌入谷，伏发，据高阜冲击。……壬子，……日暮，围未解。……甲寅，敌环攻大营，……沙津达赖奋战入敌阵，师望见其纛曰："土默特兵陷贼矣！"遂大溃。乙卯，……傅尔丹杂士伍中以出。……七月壬戌朔，还至科布多，收余兵仅存二

千余。……寻十一月。命以锡保为靖边大将军，傅尔丹掌振武将军印，协办军务。(《清史稿·列传》八四《傅尔丹传》)

马尔赛，……雍正……九年，靖边大将军傅尔丹讨噶尔丹策零，师败绩，授抚远大将军，率师驻图拉。……旋命将蒙、汉兵五千人，驻翁衮，……寻改授抚远将军，驻札克拜达里克。十年秋，准噶尔大举内犯，……锡保札马尔赛，令与建勋将军达尔济合军截击。喀尔喀亲王丹津多尔济，亦驰报，促马尔赛发兵。马尔赛集诸将议，诺尔珲曰："我等当速发兵迎截，……"诸将皆和之，独都统李枺以为但当守城。马尔赛以枺言为然，诺尔珲……等力请，傅鼐至跪求，马尔赛持不可。达尔济遣使约会师，马尔赛终不应。……锡保等请诛马尔赛，……部议，当贻误军机律斩。十二月，遣副都统索林赴札克拜达里克，斩马尔赛。(《清史稿·列传》八四《马尔赛传》)

锡保，……雍正……七年三月，师讨噶尔丹策零，命锡保署振武将军印。……九年，上以锡保治军勤劳，进封顺承亲王，命守察罕廋尔，……十一月，授靖边大将军。……十一年，……寻以噶尔丹策零兵，越克尔森齐老，不赴援，罢大将军，削爵。(《清史稿·列传》三《诸王传·锡保传》)

查郎阿，……雍正……十年，召岳。钟琪还京师，以查郎阿署宁远大将军，命大学士鄂尔泰，驰驿往肃州，授方略，并赐白金万。……十三年，噶尔丹策零乞和，命查郎阿撤兵。(《清史稿·列传》八四《查郎阿传》)

福彭既袭平敏郡王。爵，……雍正十一年，……授定边大将军，

雍正为岳钟琪御书刻碑

卷五 明清

率师讨噶尔丹策零，师次乌里雅苏台。……十二年，率将军傅尔丹，赴科布多护北路诸军，寻召还。十三年，复命率师驻鄂尔坤，筑城额尔德尼昭之北，寻以庆复代，召还。(《清史稿·列传》三《诸王传·福彭传》)

丙、西藏

雍正遣兵入藏，诛阿尔布巴诸人之亲于准噶尔者，移置达赖于川边里塘，免其为人利用，仍是康熙更易六世达赖之故智。自是西藏始有驻兵，一代驻藏大臣之设亦于是开始。

西藏，古吐蕃，元明为乌斯藏，其人则谓之唐古特。其地分三部，曰康，即四川打箭炉外巴塘、察木多之地，为前藏；亦曰喀木。曰卫，即布达拉及大招寺，本吐蕃建牙之所，今达赖居之，为中藏；曰藏，即札什伦布，本拉藏所治，今班禅居之，为后藏。又并极西之阿里，则称四部云。……距天竺近，故经教至多。……自唐太宗以文成公主，下嫁吐蕃赞普，好佛立寺庙，西藏始通于中国。元世祖封西番高僧八思巴为帝师大宝法王，以领其地，后嗣世袭其号，而西藏始为释教宗主。明洪武初，太祖以西番地旷人悍，欲杀其势而分其力，故凡元代法王国师后人来朝贡者，辄因其故俗，许其世袭。……永乐初，成祖则兼崇其教，闻西僧哈立麻有道术，国人称曰尚师，遣使迎至京师，……封大宝法王西天大善自在佛，其徒三人，皆封国师。其后又封大乘、大慈二法王，礼之亚于大宝，于是其徒争来朝贡，所封有阐化、阐教、辅教、护教、赞善五王，又授西天佛子者二，灌顶大国师者九，灌顶国师十有八。法王等死，其徒辄自相承袭，岁一朝贡。……嗜茶，贪贡市，冀保世职，故终明世，无西番患。然皆红教，非黄教。其黄教宗祖，则创于宗喀巴，一名罗卜藏札克巴。以永乐十五年，生于西宁卫，得道于西藏之甘丹寺，

八思巴像

成化十四年示寂。

初明代诸法王，皆赐红绮禅衣，本印度袈裟旧式也。其后红教专持密咒，流弊……无异师巫，尽失戒定慧宗旨。宗喀巴初习红教，既而深观时数，当改立教，即会众，自黄其衣冠，遗嘱二大弟子，世世以呼毕勒罕转生，演大乘教。呼毕勒罕者，华言"化身"也。二弟子，一曰达赖喇嘛，一曰班禅喇嘛。喇嘛者，华言"无上"也。皆死而不失其道，自知所往，生其弟子辄迎而立之，……故达赖、班禅，易世互相为师教，……未尝受封于中国，中国亦莫之知也。达赖一世曰敦根珠巴者，即赞普之裔，世为番王，至是舍位出家，改名罗伦嘉穆错，嗣宗喀巴法，传衣钵，始以法王兼藏王事。其二世曰根敦嘉穆错者，自置第巴等，代理兵刑赋税，其弟子称胡土克图，则分掌教化，当明正德时，始以活佛闻于中国。……三世曰锁南嘉穆错，……名益著，青海、河套诸蒙古，罔不向服，……红教中大宝、大乘诸法王，亦皆俯首称弟子，改从黄教，化行诸部，东西数万里，煎茶膜拜，视若天神，诸番王徒拥虚位，不复能施其号令。……四世曰云丹嘉穆错，生蒙古图古隆汗族，十四岁入藏坐床。……五世曰罗卜藏嘉穆错，当我太宗文皇帝崇德二年，喀尔喀三汗，奏请发帑使延达赖喇嘛，四年，因厄鲁特使，贻达赖书，于是达赖、班禅及藏巴汗、青海固始汗，……各报使，……以崇德七年至盛京。……明年，遣使存问达赖、班禅，称为金刚大士，是为我朝通西藏之始。（魏源《圣武记》卷五《国朝抚绥西藏记》上）

达赖，梵言"海"，谓其智慧法力如海也。……班禅额尔得尼，梵言"宝"也。（王昶《蜀徼纪闻》）

崇德七年，1642年。冬十月己亥，图白忒部达赖喇嘛，遣伊喇固克散胡图克图、代青绰尔济等，至盛京，上出怀远门迎。……还至马馆前，上率众拜天毕，进马馆御座，伊喇固克散胡图克图等进见，上起，迎至门阈，伊喇固克散胡图克图等，以达赖喇嘛书，黄璔璐，捧进上，上立受之，……于是命古式安布，宣读达赖喇嘛及图白忒部藏巴汗来书。……伊喇固克散胡图克图及同来喇嘛等，各献驼、马、番菩提数珠、黑狐皮、羰单、羰褐、花毯……等物，酌纳之。（《清太宗实录》卷六三）

崇德八年，1643年。五月……丁酉，……图白忒部达赖喇嘛，所遣伊喇固克散胡图克图、厄鲁特代青绰尔济等归国，上率诸王、贝勒等，送至演武场饯之，并降敕，谕达赖喇嘛曰："宽温仁圣皇帝致书于金刚大士达赖喇嘛：今承喇嘛有拯济众生之念，欲兴扶佛法，遣使通书，朕心甚悦。兹特恭候安吉，凡所欲言，俱令察干格龙等口悉之。……"与顾实汗书曰："……今欲于图白忒部，敦礼高贤，故遣使，与伊喇固克散胡图克图偕行，不分其服色红黄，随处察访佛法护国。"（《清太宗实录》卷六四）

初，唐古特有四部，东曰喀木，曰青海，西曰卫，曰藏。固始汗者，本厄鲁特部。于明季吞并东二部，以青海地广，令子孙游牧，而喀木输其赋，其卫地则第巴奉达赖居之，藏地则藏巴汗居之。

第巴桑结者，与藏巴汗不相能，谓拉藏虐部众，毁黄教，乞师于固始汗，翦灭之，以其地居班禅，与达赖分主三藏，尽逐红帽、花帽诸法王，……于是红教益微。……第巴桑结……事多专决，……康熙二十一年，第五世达赖卒，第巴欲专国事，秘不发丧，伪达赖入定，居高阁，不见人，凡事传达赖命行之，自是益横。……又喀尔喀蒙古，自国初以入藏隔于厄鲁特，乃自奉宗喀巴第三弟子哲卜尊丹巴之后身，为大胡土克图，位与班禅相亚，凡数十年矣。至是，喀部车臣汗与土谢图汗构兵，圣祖遣使约达赖和解之。第巴奏使噶尔丹西勒图往蒙古，谓喇嘛坐床者为西勒图，盖达赖大弟子也，而喀部哲卜尊丹巴，亦奉诏莅盟，与西勒图并坐。噶尔丹使其族人随之观衅，因责喀部待达赖使无加礼，诟责之，为土谢图汗所杀，噶尔丹遂以报仇为名，袭侵其部，喀尔喀东走。……三十五年，圣祖亲征噶尔丹，至克鲁伦河，噶尔丹败窜，慰其部下曰："此行非我意，乃达赖喇嘛使言，南征大吉，是以深入。"上谓达赖存，必无是事，乃遣使赐第巴桑结书。……第巴桑结惶恐，密奏言：……第五世达

康熙敕封班臣额尔德尼金印

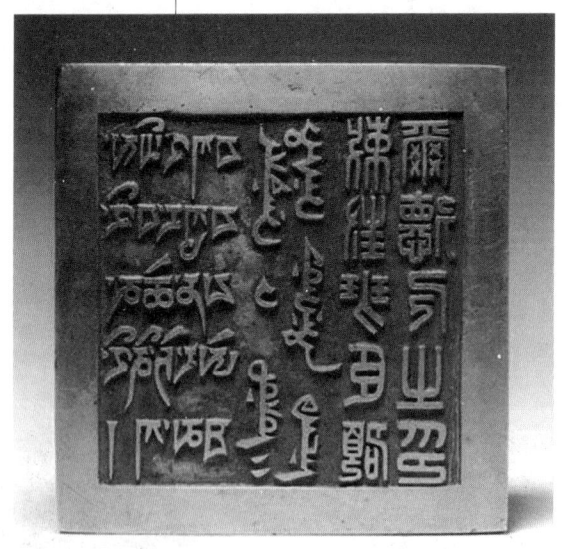

1727

赖喇嘛于壬戌年示寂，……前恐唐古特民人生变，故未发丧。……四十四年，第巴谋毒拉藏汗不遂，欲以兵逐之，拉藏汗集众，讨诛第巴。……

拉藏汗者，青海固始汗之孙也，固始汗既以卫、藏为达赖、班禅香火地，留其长子鄂齐尔汗辖其众，次子达赉巴图尔台吉佐之。……三十六年，拉藏汗嗣爵后，以议新达赖喇嘛，故与第巴交恶，至是，奏废第巴所立假达赖，……而藏中所立博克达山之伊西嘉穆错，为第六世达赖喇嘛者，青海诸蒙古复不信之，而别奉里塘之噶尔藏嘉错，……诸蒙古迎至青海坐床，请赐册印。……两部争议未决，而策妄扰藏之事起。初策妄阿拉布坦取拉藏之姊，而赘其子丹衷于伊犁，不令归。上以厄鲁特狙诈，敕拉藏毋恃亲疏防，拉藏耄而酣饮，不以为意。布达拉西北三百里，有腾格里海，西接后藏，……为准夷入藏必由之路，有铁索桥天险，……亦不之守也。五十五年十月，策妄果遣台吉大策零敦多布，领精兵六千，……涉险冒瘴，昼伏夜行。次年七月，始达藏界，……由腾格里突入，败唐古特兵，围攻布达拉，诱其众内应，开门，杀拉藏汗，虏其妻子，搜各庙重器，送伊犁，禁新达

布达拉宫

赖喇嘛于札克布里庙。诏西安将军额伦，特以军数千赴援。……额伦特军出库赛岭，贼佯败屡却，而精兵伏喀喇河以待，额伦特疾趋。……比至喀喇河，……贼……以其半据河拒我前，而分兵潜出我后，截饷道，相持月余，粮尽矢竭，九月，我师覆焉。……五十七年，命皇十四子为抚远大将军，屯青海之木鲁河，……将军傅尔丹、富临安，分出巴里坤、阿尔台，以猎其北，将军噶尔弼出四川，将军楚延信出青海，两路构藏。至是西藏诸土伯特，亦知青海呼毕勒罕之真，藏所旧立之赝，合词请于朝，乞拥置禅榻，诏许给册印。于是蒙古汗、王、贝勒、台吉，各率所部兵，……五十九年春，随大兵扈从达赖喇嘛入藏。……策零敦多布，由中路自拒青海军，而分遣其宰桑以兵三千六百拒南路，南路将军噶尔弼招抚巴塘、里塘番众，至察木多，……用副将岳钟琪以番攻番之计，招土司为前驱，……直趋西藏，……而青海军亦三败其中途劫营之贼。……厄鲁特进退受敌，遂大溃，不敢归藏，即由旧路北窜，……还伊犁者不及半。诏加封宏法觉众第六世达赖喇嘛，于九月登座，取拉藏所立博克达嘛喇归京师，……留蒙古兵二千，以拉藏旧臣贝子康济鼐掌前藏，台吉颇罗鼐掌后藏。(魏源《圣武记》卷五《国朝抚绥西藏记》上)

雍正二年……冬，藏中噶布伦等三人，忌贝子康济鼐之权，聚兵害之，欲投准噶尔，诏将军查郎阿，率川、陕、滇兵万五千进讨，未至，而台吉颇罗鼐，率后藏及阿里兵九千，截贼去路，擒首逆。诏以颇罗鼐总藏事，……留大臣正副二人，领川陕兵二千，分驻前后藏镇抚之。是为大臣驻藏之始。(魏源《圣武记》《国朝抚绥西藏记》下)

雍正五年，1727 年。秋七月……癸酉，……西藏噶隆札萨克台吉颇罗鼐等，奏报康济鼐与准噶尔构兵，所办诸事，洵有裨益，乃阿尔布巴、隆布奈、札尔鼐等，会同前藏头目，于六月十八日，将康济鼐杀害，臣即收聚后藏兵，防守驻扎，阿尔布巴等，复发兵来侵，被臣杀伤无算。今臣带领兵众，剿捕阿尔布巴等，伏祈皇上速遣官兵进藏，剿灭逆魁，以安西藏。……十一月癸丑朔，命四川、陕西、云南，各遣兵进藏，以左都御史查郎阿、副都统迈禄，总理一应军务。(《清世宗实录》卷五九)

查郎阿，……纳喇氏，满洲镶白旗人。……雍正……五年，迁左

1729

扎尔伦布寺

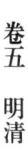

都御史。……是岁冬，西藏噶布伦、阿尔布巴等为乱，戕总理藏务贝子康济鼐。札萨克台吉颇罗鼐驰闻，上命查郎阿，偕副都统迈禄，率兵入藏。六年，擢尚书。秋，师至藏，驻藏副都统马喇等，已擒阿尔布巴，即按诛之，并歼其余党。查郎阿奏移达赖喇嘛暂居里塘，留兵二千，交驻藏大臣调遣，又奏请以颇罗鼐总理后藏，而前藏达赖喇嘛未还毕昭，新授噶布伦，虑未妥协，并令颇罗鼐兼领。皆从之。（《清史稿列传》卷八四《查郎阿传》)

雍正五年，……派西秦满汉兵八千四百，川兵四千，滇兵三千，三路交进，……粮饷先筹，……令三省……各计兵马多寡，足一年之用。……六年七月终，川陕两路兵合，八月朔日，共抵西藏，……提讯阿尔布巴、隆布奈、箚纳奈等，……爰定斩绞十七人，于九月晦日行刑，余党皆拟南徙，……仍留川陕官兵二千同驻藏内。……宣圣旨谓达赖喇嘛曰："佛本清净，诸番扰害，西顾实殷，迁置格达城，妥佛也，其速往诸。"此时达赖喇嘛，去之不忍，留之不得，收拾残经，检点行李，哭辞佛祖，痛别番僧，凄然……于冬月二十日就道。嗟乎，谁谓空门，看破一切，背井离乡，虽活佛不能忘情焉。……川省……官兵二千，驻镇里塘，护持格达。（毛振翺《西征记》）

卷五 明清

丁、西南之改土归流

土司、土官，多半始于元代，明初因仍不改。有明中叶以后，渐改流官。清初平水西，始改为四府。雍正中，乃大量于云南、贵州、广西三省，改土司、土官为府、州、县。任其事者，鄂尔泰、张广泗也，纯恃威力，果于杀戮，与司马相如所谓"浴以仁义，风以诗书"者，相去远矣。后来事变多端，皆不堪其虐者起而自救也。

西南夷，……在宋为羁縻州，在元为宣慰、宣抚、招讨、安抚、长守等土司，……而元、明赏功授地之土府、土州、县，亦错出其间。……国初因明制，属平西、定南诸藩镇抚之。康熙三年，吴三桂……水西宣慰安坤之叛，平其地，设黔西、平远、大定、威宁等四府。三藩之乱，重陷土司兵为助，及叛藩戡定，余威震于殊俗，至雍正初而有改土归流之议。……四年春，以鄂尔泰巡抚云南，兼总督事，奏言：云贵大患，无如苗蛮，欲安民必先制夷，欲制夷必改流。而苗疆多与邻省犬牙错，又必归并事权，始可一劳永逸。即如东川乌蒙、镇雄，皆四川土府，东川与滇，一岭之隔，至滇省城四百余里，而距成都千有八百里，夫冬乌蒙土府攻掠东川，滇兵击退，而川省令箭方至。……五十三年，土官禄鼎乾不法，钦差督抚会审毕节，以流官交质始出，益无忌惮，钱粮不过一百余两，而取于下者百倍。……东川虽已改流三十载，仍为土目盘踞，文武长寓省城，膏腴四百里，无人敢垦。若东川乌蒙、镇雄，改隶云南，俾臣相机改流，可设三府一镇，永靖边氛，此事连四川者也。广西土府、州、县、峒、寨等司，五十余员，分隶南宁、太平、思恩、庆远四府，……其边患除泗城土府外，余皆土目横于土司，且黔、粤向以牂牁江为界，而粤之西隆州，与黔之普安州，逾江互相斗入，苗寨寥阔，文武动辄推诿。应以江北归黔，江南归粤，增州设营，形格势禁，此事连广西者也。滇边西南界，以澜沧江江外为车里、缅甸、老挝诸土司，其江内之滇沅、威远、元江、新平、普洱、茶山诸夷，巢穴深邃，出没鲁魁、哀牢间，无事近患腹心，有事远通外国，……代为边害，论者谓江外宜土不宜流，江内宜流不宜土，此云南宜治之边夷也。贵州土司，向无钳束群苗之责，苗患甚于土司，而苗疆土司，几三千余里，千有三百余寨，古州距其中，群砦环其外，左有清江，可北达楚，右有都江，

可南通粤，皆为苗顽蟠据，梗隔三省，遂成化外。如欲问江以通黔、粤，非勒兵深入、遍加剿抚不可，此贵州宜治之边夷也。臣思前明流土之分，原因烟瘴新疆，未习风土，故因地制宜，使之向导弹压。今历数百载，相沿以敌治敌，遂至以盗治盗，苗猓无追赃抵命之忧，土司无革职削地之罚，直至事大上闻，行贿详结，上司亦不深求，以为镇静边民，无所控诉。……其改流之法，计禽为上，法剿次之；令其自首为上，勒献次之。惟治夷必先练兵，练兵必先选将，……必能所向奏效，实云贵边防百世之利。世宗知鄂尔泰必能办寇，即诏以东川乌蒙、镇雄二土府，改隶云南。六年，复铸三省总督印，令鄂尔泰兼制广西。于是自四年至九年，蛮悉改流，苗亦归化。其治川边诸土司也，用兵最先，……连破关隘，……两土府旬日平，以乌蒙设府，镇雄设州，又设镇于乌蒙，控制三属。……其治滇边诸夷也，先革土司，后剿猓夷，……又进剿澜沧江内孟余茶山土夷，……江内地全改流，升普洱为府。……其治黔边诸夷也，首尾用兵，凡五六载，终于古州，而始于广顺州之寨。……其治粤夷也，先改土司，次治土目，……首讨思陵州之八达寨，……复檄讨思明土府所属之邓横寨，……于是远近土目，争缴军器二万余，巡边所至，迎犒千里，三省边防皆定。（魏源《圣武记》卷七《雍正西南夷改流记》上）

初，苗疆辟地二三千里，几当贵州全省之半，增营设汛。……又鄂尔泰用兵招抚，止及古州清江，未及台拱之九股苗。……巡抚元展成，易视苗疆。……十年，……上下九股数百寨叛，……提督哈元生，……十一年春，进军台拱，……六路破之。……十三年春，苗疆吏以征粮不善，远近各寨蜂起，……复聚清江、台拱间，号召日众。……巡抚元展成，轻视苗事，与哈元生不合，……贼探知内地防兵，半戍苗疆，各城守备空虚，于是乘间大入，陷重安、江驿、黄平州，陷岩门司，陷清平县，……焚掠及镇远思州。

鄂尔泰像

1732

……六月，诏发滇、蜀、楚、粤六省兵会剿，特授哈元生扬威将军，湖广提督董芳副之。七月，命刑部尚书张照，为抚定苗疆大臣，副都御史德希寿副之。……生苗见各路援兵渐集，各掳掠回巢，弃城弗守。元生进军，……克复诸城，……又分兵三路，一由藁贡以通台拱，一由八弓援柳罗，以通清江，一由都匀援八寨。而八寨协副将冯茂，复诱杀降苗六百余，及头目三十余，冒功，于是苗逃归，播告徒党，诅盟益坚，……出抗官军，蔓延不可招抚。……初张照……密奏改流非策，致书诸将，首倡弃地之议，且袒董芳，专主招抚，与元生龃龉。

……旋议分地分兵，施秉以上，用滇、黔兵，隶元生；施秉以下，用楚、粤兵，隶董芳。于是已进之兵，纷纭改调互换，……文移辨论，致大军云集数月，旷久无功。贼乘间，复出焚掠，清平、黄平、施秉间，纷纷告警，官军顾此失彼，疲于奔命。……当时中外畏事者，争咎前此苗疆之不当辟，目前苗疆之不可守，前功几尽失，全局几大变。(魏源《圣武记》卷七《雍正西南夷改流记》下)

雍正四年，1726年。秋七月……丁未，……谕：贵州狆家苗肆行不法，十余年来，……朕知之甚悉，石礼哈方署巡抚印务，即奏称应

贵阳甲秀楼

行征剿，马会伯到任，亦奏与石礼哈相同，……何世璂到任，则奏称苗人应行招抚。……且狆家苗药箭铦利，地势险阻，亦不易于成事。……丁士杰所奏，大概亦与何世璂同。朕曾下旨与何世璂，即令其招抚，而何世璂并不能有所招抚。及高其倬到京，亦面奏应行征剿，……朕又降旨与鄂尔泰，亦奏称用兵为是，是以令石礼哈、马会伯，协同办理。……今据石礼哈奏报，谷隆、长塞、者贡、羊城屯等处，俱已攻破，首恶阿革、阿给，及为从凶苗川贩等，亦俱就擒。……著将各犯，交与鄂尔泰审究，……并安插抚恤，使地方永远宁谧，不受恶苗之扰。(《清世宗实录》卷四六)

　　鄂尔泰，……雍正……三年，迁广西巡抚，甫上官，调云南，以巡抚治总督事。贵州狆家苗为乱二十余年，……诏咨鄂尔泰。四年春，疏言云贵大患，无如苗蛮，欲安民必制夷，欲制夷必改土归流。……疏入，上深然之。……五月，……又以镇远土知府刁瀚，霑益土知州安于藩，素凶诈，计擒之，者乐甸土司刁联斗，乞免死改土归流。……十月，真除云贵总督。四川乌蒙土司禄万钟为乱，侵东川，鄂尔泰请以东川改隶云南，上从之。……招其渠禄鼎坤出降，……令鼎坤招万钟，数往不就抚，乃……破其所居寨，万钟走匿镇雄土司陇庆侯所。五年，万钟诣岳钟琪降，庆侯亦诣钟琪请改土归流，上命……交鄂尔泰接谳。……三月，镇沅狇刁如珍等，戕官焚掠，遣兵讨平之，获如珍。泗城土知府岑映宸，纵其众出掠，又发兵屯者相，立七营，鄂尔泰……进讨，映宸乞免死存祀，改土归流。……七月，发兵与湖北师，会讨定谬冲花苗，获其渠，降其余众。威远狇札铁匠等，新平狇李百叠等，应如珍为乱，九月，鄂尔泰……获札铁匠，降李百叠，威远、新平皆定。十一月，招降长寨后路苗百八十四寨，编户口，定额赋。……十二月，攻破云南倮窝泥种，取六茶山地千余里，划界建城，置官吏。……六年，……旋讨擒东川法戛土目禄天佑、则补土目禄世豪，按治米贴土目程永孝，论斩。永孝妻陆氏，结猓猡为乱，檄总兵张耀祖讨之，攻克门坎山，……获陆氏，米贴平。广西八达寨侬颜光色等为乱，……鄂尔泰遣兵往，侬杀光色以降。上命鄂尔泰总督云、贵、广西三省，……旋又抚贵州拜克猛、长寨、古羊等生苗百四十五寨。……七年……三月，令按察使张广泗，率师攻

贵州丹江、鸡沟生苗，破其寨，种人悉降，上下九股、清水江、古州诸地，以次定。……七月，招安顺、高耀等寨生苗，及犷狆诸种人内附。……八年五月，招黎平、都匀等寨生苗内附。

鄂尔泰既讨定群苗为乱者，诸土司慑军威，纳土疆。……而诸土司世守其地，一旦归版籍，……属苗内愤戁，乌蒙倮最狡悍，……六月，禄鼎坤、……鼎新、万福，遂纠众攻城，劫杀总兵刘起元，及游击江仁、知县赛枝大等。……乌蒙既陷，江外凉山、下方、阿驴、江内巧家营、者家海诸寨，及东川禄氏诸土目，皆起而应之，又令则补、以址诸寨，要截江路，以则、以擢诸寨，窥伺城邑，东川境内乞泥、矣氏、歹补诸夷，远近响应，……所在屯聚为乱。鄂尔泰集官兵万数千人，士兵半之分，三路进攻，……遂克乌蒙。鄂尔泰檄提督张耀祖，督诸军，分道穷搜屠杀，……群苗詟栗，……于是苗疆复定。……九年，疏请重定乌蒙、镇远、东川、威宁营汛，……下部议行。十年，召拜保和殿大学士，兼兵部尚书，办理军机事务。……十三年，台拱苗复叛，……苗患日炽，焚掠黄平、施秉诸地，鄂尔泰以从前布置未协，引咎请罢斥，并削去伯爵。……上允其请。（《清史稿·列传》七五《鄂尔泰传》）

五　乾隆之"十全武功"

（一）准部　附张格尔

准部噶尔丹策零死，内部纷争，剌麻达尔札继立为汗，大策零部达瓦齐，杀而代之。阿睦撒纳本与达瓦齐合谋，后复相争，不胜，乃投边言达瓦齐可攻，状愿为向导。乾隆十九年十一月，清廷命班第为定北将军，阿睦撒纳副之，大举攻达瓦齐。翌年五月，克伊犁，旋执达瓦齐归京师。

准部自噶尔丹以后，三世皆枭雄，能用其众，至乾隆十年，噶尔丹策零死。……策零有三子，次子那木札尔，以母贵，嗣汗位，童昏无行，恣睢狂惑，其同母女兄约束之，稍长，遂以谗言幽其女兄，多

戮宰桑。于是其女兄之夫，与诸台吉攻殪之，立其庶兄剌麻达尔札，而大小策零两部裔则谋拥立其弟策妄达什。大小二策零皆多敦多卜，准夷同族台吉，以谋勇，为策零父子两世将兵，西破卫藏，东摧蒙古者也。故大策零之孙达瓦齐，与小策零之子达什达瓦等，皆为国人所向，亦皆为剌麻达尔札所忌。俄策妄达什与达什达瓦复被剪锄，于是达瓦齐与其党阿睦撒纳奔哈萨克。……剌麻达尔札遣台吉将兵二万，搜讨二人于哈萨克，……阿睦撒纳遁回旧游牧地，……而潜简精锐千有五百，由闼勒奇山，……突入伊犁，……遂袭杀剌麻达尔札，……推立达瓦齐为汗。达瓦齐族贵而无能，旋为小策零之孙济噶尔所攻败，两酋争立，……国中大乱。阿睦撒纳复为诱除济噶尔，而还达瓦齐于伊犁，恃功益骄，……自迁帐于额尔齐斯河在阿泰山之南二百里。……遂侵掠伊犁边境，二人复大隙。达瓦齐三遣兵讨之，皆不克，自将精兵三万压额尔齐斯河，又使其骁将玛木特将乌梁海兵八千，东西夹攻。阿睦撒纳不能抗，遂……率所部……叩关内附，时乾隆十九年秋也。……阿睦撒纳率辉特、和硕特、杜尔伯特三部至，上久知其为部众所畏，可驱策向导，……阿睦撒纳入觐热河，备言伊犁可取状。……准部骁将玛木特，见诸台吉相踵内附，必召大兵，……亦脱身来归，于是准部爪牙心腹尽至。二十年二月，两路出师，班第为定北将军，出北路，阿睦撒纳副之，……玛木特为参赞；永常为定西将军，萨赖尔达什莲瓦宰桑副之，出西路。……西路出巴里坤，北路出

乾隆御题《平定准部得胜图序》

卷五 明清

1736

乌里雅苏台。……时两副将军，皆准部渠帅，建其旧纛先进，各部望风崩，……迎降。……达瓦齐素纵酒，不设备，……走保伊犁西北百八十里之格登山。……我师……渡伊犁河，长驱追袭，……达瓦齐距冰岭，南走回疆，以乌什城阿奇木伯克霍吉斯，为己所差，投之，而霍吉斯……执之以献，并获前青海叛贼罗卜藏丹津，献俘京师。(魏源《圣武记》卷四《乾隆荡平准部记》)

阿睦撒纳以有功，觊为四部汗，不得，二十年八月，举兵袭杀班第。清廷命兆惠击之，二十二年六月，适疾疫盛行，准部部众死亡相继，阿睦撒纳战败，走入俄罗斯，伊犁再定。翌年正月，进攻厄鲁特，师行所至，几无孑遗。此役凡辟疆周二万余里，清代疆域以是时为最广矣。

初四卫拉之分部也，……自绰罗斯浑台吉汗强盛，伊犁始为四部盟长，抗衡中国者数世。上欲俟事定，仍众建而分其力。而阿睦撒纳志未餍，必欲为四部总台吉，专制西域，……辄隐以总汗自处，擅诛杀掳掠，擅调兵，……不用副将军印，自用浑台吉菊形篆印，移檄各部落，讳言其降，言统领满、汉、蒙古兵，来平此地，……诡密叵测。将军参赞，先后密以闻。前有旨，令阿睦撒纳九月至热河，行饮至礼，……班第乃趣之行，……旋奉旨，以阿睦撒纳逆形已著，宜乘其未发诛之。如已入朝，可追及则追诛之，时阿睦撒纳已就道，……行至乌隆古河，……乃诡言暂归治装，……间道北逸。……贼四出煸

平定准噶尔图卷

乱，伊犁诸喇嘛宰桑，劫掠军台，蜂起应之。……大兵……至伊犁，贼已遁入哈萨克，……绰罗斯特、辉特二部，及哈萨克，先叛。……贼闻四部构乱，亦自哈萨克归，会诸贼于博罗格河，欲自立为汗，准部复大扰乱。……二十二年……三月，命定边左副将军成衮札布出北路，右副将军兆惠出西路，大剿之。会诸部落，亦自相吞噬，……至夏，痘疫盛行，死亡相望，兆惠复长驱至，各乌合贼皆败走，逆酋先后授首，惟阿逆未获。六月，兆惠……等穷追至右哈萨克，……阿逆……遁俄罗斯，我朝移檄索之，是冬，报阿逆患痘死，移尸近边。……二十三年春，……再剿漏网之厄鲁特。时各贼分四支，……伺隙出没，乃议兆惠由博罗布尔，富德由赛里木，分两翼围猎，约会于伊犁，皆分数路，……所至弥薙，搜山网谷。……初准部有宰桑六十二，管事官。新旧鄂拓二十四，为汗之部属，新旧各十二。昂吉二十一，昂吉者分支也，乃各台吉所有之户下。集赛九，专办供养喇嘛事务。共计二十余万户，六十余万口。……王师再入，……而大弥之，……必使无遗育逸种于故地而后已。计数十万户中，先痘死者十之四，继窜入俄罗斯哈萨克者十之二，卒歼于大兵者十之三，除妇孺充赏外，……数千里间，无瓦剌一毡帐。（魏源《圣武记》卷四《乾隆荡平准部记》）

乾隆十九年甲戌1754年。十一月……甲午，以进剿达瓦齐，宣谕准部，诏曰："诞告尔准夷有众，昔尔台吉噶尔丹策零，祇服朕训，恭顺无失，朕嘉其诚笃，二十年来，叠沛恩施，俾尔有众，各得休息。逮策妄多尔济那木札勒，承袭台吉，朕复加恩，悉如其旧。乃策妄多尔济那木札勒，赋性暴戾，不恤其众，喇嘛达尔札，因而篡弑。于时曾欲代申天讨，歼此逆乱，念噶尔丹策零后嗣，惟有喇嘛达尔札一人，用

乾隆戎装像

是……未加剿除。达瓦齐以噶尔丹策零臣仆，敢行篡弑，致噶尔丹策零后嗣灭绝，且又……败坏黄教。……朕念噶尔丹策零，……事朕有年，安忍视其宗灭地亡，……又值杜尔伯特台吉车凌乌巴什，辉特台吉阿睦尔撒纳等，不胜其虐，率属投诚。……然使安置于喀尔喀地方，……不若仍居旧地。……今为尔众，两路兴师，北路令将军班第、阿睦尔撒纳，西路命将军永常、萨喇尔，率兵前进，平定准部，以为车凌、阿睦尔撒纳人众复业之所。（《清高宗实录》卷四七七）

　　班第，……乾隆……十九年，师征准噶尔，复授兵部尚书，署定边左副将军，出北路。准噶尔内乱，辉特台吉阿睦尔撒纳来降，诏以明岁进兵，谕班第筹画。……十二月，授定北将军，召来京师示方略。二十年正月，大举讨准噶尔，班第出北路，阿睦尔撒纳授定边左副将军为副。……班第与阿睦尔撒纳等议，以二月出师，阿睦尔撒纳将六千人先行，班第将二千人继其后。……四月，师至博罗塔拉，得达瓦齐所遣征兵使者，知伊犁无备，班第谋约西路军锐进。五月，遂克伊犁，达瓦齐以万人保格登山，侍卫阿玉锡以二十余骑击之，惊走。……六月，疏请留察哈尔兵三百，喀尔喀兵二百，移驻伊犁河北尼楚衮治事，诸军次第遣还。是月，获达瓦齐，献俘京师。军初出，上察阿睦尔撒纳有异志，令班第严约束，及伊犁既定，上令和硕特四部，部置汗，将以阿睦尔撒纳为辉特汗。阿睦尔撒纳觊总统四部，意不慊，置副将军印不用，用故准噶尔台吉噶尔丹策凌菊形小印，檄诸部讦其降，言以中国兵定乱，叛迹渐著。上召阿睦尔撒纳，以九月至热河行在，行饮至礼，……参赞大臣色布腾巴尔珠尔，率遣还诸军以归。阿睦尔撒纳乞代奏，冀总统四部，期七月俟命，色布腾巴尔珠尔归，不敢闻，以班第趣阿睦尔撒纳诣热河，令参赞大臣额林沁多尔济与俱。阿睦尔撒纳怏怏就道，而上念阿睦尔撒纳终且叛，谕班第宜乘其未发讨之。……谕至，阿睦尔撒纳已行。……八月，阿睦尔撒纳行至乌陇古，解副将军印，还额林沁多尔济，走额尔齐斯，遂叛。伊犁道梗，阿睦尔撒纳之党，克什木巴朗、敦克多曼、集乌克图等作乱，班第与鄂容安，以五百人拒战，自固勒札赴空格斯，转战至乌兰库图，贼大至，围合，班第拔剑自刭，鄂容安同殉。（《清史稿·列传》九九《班第传》）

兆惠，……乾隆十九年议用兵，命协理北路军务。……二十年，命驻乌里雅苏台，……阿睦尔撒纳叛，陷伊犁，命兆惠移驻巴里坤。……二十一年，师收复伊犁，……召兆惠还京师，授方略，……并解扎拉丰阿定边右副将军以授兆惠。时阿睦尔撒纳北遁哈萨克，……厄鲁特诸宰桑从军者，谋为乱，绰啰斯汗噶勒藏多尔济，告兆惠，巴雅尔入掠其牧地。兆惠令宁夏将军和起将百人，征厄鲁特兵往御，而噶勒藏多尔济从子札那噶尔布，及宰桑呢吗、哈萨克锡喇、达什策零等，阴通巴雅尔，中途变作，和起死之。兆惠自伊犁将五百人，……与达什策零战，大败之。……二十二年正月，至乌鲁木齐，噶勒藏多尔济、札那噶尔布等，诸贼皆会，日数十战，马且尽，师步行冰雪中，至特讷格尔，遂被围。巴里坤办事大臣雅尔哈善，先遣侍卫图伦楚，将兵八百，益兆惠军，……及图伦楚兵至，围解。……上……命同定边将军札布，分路剪除厄鲁特。……时札那噶尔布已杀噶勒藏多尔济，会阿睦尔撒纳自哈萨克盗马窜还伊犁，掠札那噶尔布牧地，兆惠……令参赞大臣富德，逐捕阿睦尔撒纳。……兆惠乃率师继富德以北，……师复进，次额密勒西岸。富德师至塔尔巴哈台，获逃渠巴雅尔及其孥。……哈萨克汗阿布赉使献马。……阿布赉使言，阿睦尔撒

《平定伊犁得胜图》

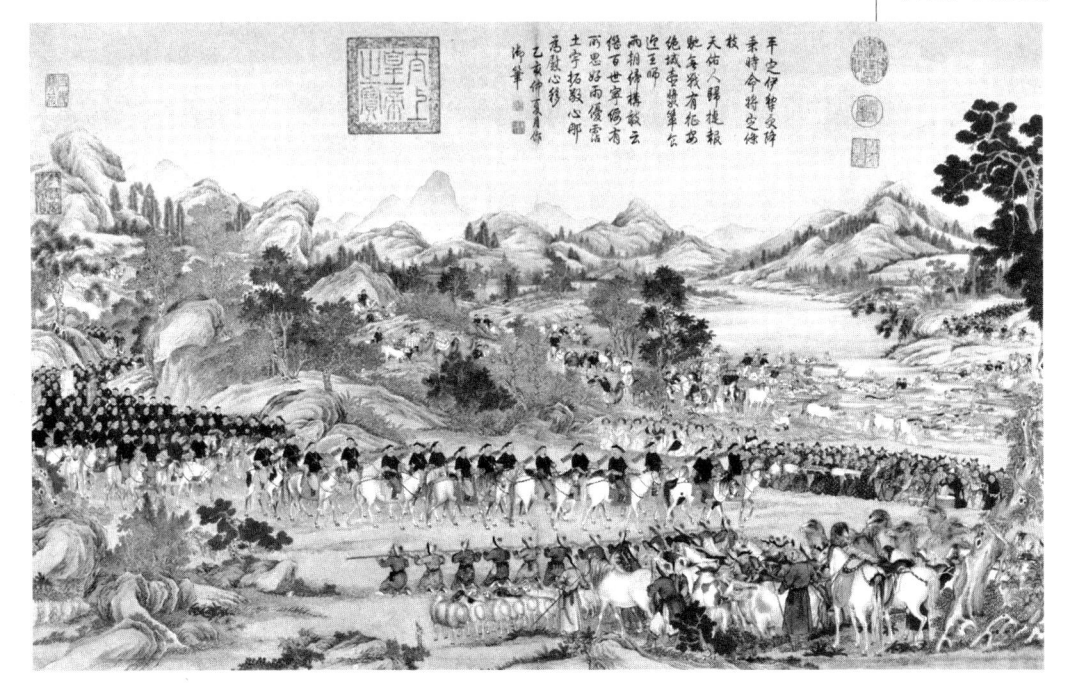

纳以二十骑来投，约诘朝相见，令先收其马，并及牛羊，阿睦尔撒纳惊走，获其从子达什车凌、宰桑齐巴罕，缚送兆惠，……命槛车致京师。兆惠分遣诸将图伦楚、三达保、爱隆阿，击败阿睦尔撒纳属众，降其渠纳木奇父子，送京师。兆惠复进，与富德军合，诇阿睦尔撒纳已入俄罗斯，上命还师。……二十三年正月，兆惠以厄鲁特人在沙喇伯勒，尚万户，当先剿除，……命兆惠剿厄鲁特，……并谕兆惠，厄鲁特性反覆，往往自残杀毋，以其乌合稍众，过疑虑。兆惠与副将军车布登札布等，分四道进剿，兆惠趋博罗布尔噶苏，车布登札布趋博罗塔拉，副都统瑚尔起等趋尼勒喀，侍卫达礼善等趋齐格特，皆会于伊犁，厄鲁特众纷纭溃窜，遂尽歼焉。上以贼渠哈萨克锡喇、鄂哲特等十余人，皆未获，命兆惠等加意奋勉。四月，兆惠获鄂哲特送京师。（《清史稿·列传》一〇〇《兆惠传》）

（二）回部

乾隆二十二年，天山南路布拉尼敦、霍集占兄弟，自立为巴图尔汗。二十三年，命哈尔哈善为靖逆将军，会兆惠攻之。兆惠至叶尔羌，困于黑水营，几不得免，翌年正月援集，始溃围出。六月再进兵，分取喀什噶尔及叶尔羌，霍集占兄弟弃库车，走逾葱岭，为巴克达山部所杀。是役用兵几历三年，于是天山南北路尽入版图。

> 回部者，天山南路也，……东西六千余里，南北千余里，西南北皆大山界之。唐以前，皆奉佛教，其以回回著者，则萌芽于隋唐，而盛于元以后，其祖国曰天方。……当明之末年，……玛墨特自西方至，各回城靡然从之。旋值厄鲁特强盛，尽执元裔诸汗，迁居天山以北，回部及哈萨克，皆为其属。……回部各城，则分隶诸昂吉，征租税，应徭役，并质回教酋于伊犁。康熙三十五年，噶尔丹败后，其质伊犁之回酋阿布多实，自拔来归，圣祖优恤，遣人护至哈密，归诸叶尔羌。……至其子玛罕木特，欲自为一部，不外属，噶尔丹策零复袭执而幽之，并羁其二子，……长曰布那尼敦，亦曰博罗尼都。次曰霍集占，即所谓大小和卓木者也。乾隆二十年夏，王师定伊犁，释大和卓木，以兵送归叶尔羌，使统其旧部，而留小和卓木礼之，使居伊犁，掌回务。及阿逆之变，伊犁傲扰，小和卓木率众助逆。……王师

再定伊犁，小和卓木遁归，始自疑贰，……将军兆惠，……遣副都统阿敏图往招抚。初小和卓木之归也，兄弟共议所向，大和卓木欲集所部，听天朝指挥，受约束，小和卓木以……若听朝廷处分，必召兄弟一人留质京师，……世以此受制于人。今幸强邻已灭，无逼处者，不以此时立国，乃长为人奴仆，非计。中国新得准部，反侧未定，兵不能来，即来，我守险拒之，馈饷不继，可不战挫也。计既决，集其伯克阿浑等，自立为巴图尔汗，传檄各城。……回户数十万皆靡，惟库车、拜城、阿克苏三城之阿奇伯克官名。鄂对等，……皆奔伊犁。……事闻，……命雅尔哈善为靖逆将军，二十三年五月，将满、汉兵万余，……由吐鲁番进攻库车。……和卓木兄弟闻之，率鸟枪兵万余，……来援。六月，领队大臣爱隆阿等，迎击半途，歼其前队……于和托鼐。……和卓木兄弟敛余兵八百，入保库车城，……两贼酋……以四百骑，潜出西门遁，……余众开门降。……两和卓木奔阿克苏，……不纳，……乌什亦不纳，于是小和卓木奔叶尔羌，大和卓木奔喀什噶尔。（魏源《圣武记》卷四《乾隆戡定回疆记》）

　　将军兆惠，奉命……移师而南。……时兵皆未集，惟领步骑四千先行。……师至叶尔羌，……贼……三战三北，入城固守不出。……兆惠以兵少不能攻城，欲伺间出奇，先营城东隔河有水草处，……所谓黑水营也。兆惠既分兵八百，……扼喀什噶尔援路，又侦知贼牧群在城南奇盘山下，谋渡河取之，……留兵守黑水营，而率千余骑自东而南。甫渡四百骑，桥忽断，城中贼出五千，来截我兵，……万余

1741

伊犁惠远古城

继之。……我军……且战且退，……阵亡将士百余，伤者数百，……贼复渡河来攻五昼夜，我军且战且筑垒，贼亦筑长围困我。……二十四年正月，……援军已集，即勒兵溃围，……还阿克苏。……夏四月，先遣兵援和阗，复二回城之陷于贼者。六月，……两路进师，兆惠由乌什取喀什噶尔，富德由和阗取叶尔羌，每路兵各万五千。两和卓木……震詟，……遂弃城……逾葱岭西遁，……走巴达克山，……本谋袭据，……会以其酋不亲迓，怒斩其使，欲约邻部扰之，于是巴达克山酋，兴兵拒战于阿尔浑楚岭，禽其兄弟，将军檄索之，函首军门，回部平。（魏源《圣武记》卷四《乾隆戡定回疆记》）

乾隆二十二年，1757。……阿睦撒纳已入俄罗斯，上命还师，旋授兆惠定边将军，讨布拉呢敦、霍集占。……二十三年，……会哈尔哈善围库车，霍集占突围走，上逮哈尔哈善，以兆惠代将。……既至军，调霍集占自库车出，入叶尔羌城守，乃帅师往捕，道阿克苏、……和阗、……乌什，……俱降，遂薄叶尔羌，……择要隘屯兵。霍集占出战，三败，保城不复出。兆惠遣副都统爱隆阿，以八百人，扼喀什噶尔来路，阻贼援，而率师临葱岭南河为阵。……兆惠念兵寡而城大，不任攻，谍言贼牧群在城南英奇盘山，乃帅轻骑，蹂其牧地，且致贼为野战，渡黑水，葱岭南河。才四百骑而桥圮，霍集占挟数千骑出师战。……士卒殊死战，五昼夜，杀贼数千人，诸将高天喜、鄂实、三格、特通额皆战死，兆惠马再踣，面及胫皆伤，乃收兵，筑垒掘壕以为卫，贼亦筑垒，与我师相持。布拉呢敦自喀什噶尔至，助霍集占困我师，靖逆将军纳穆札尔等，帅师赴援，中途遇回兵，力战皆死之。……霍集占既逼我师，为长围，相持数月。……迫岁暮，围合已三月。……二十四年正月，富德帅师至呼尔璊，遇回兵，转战五昼夜。阿里衮送马至，合军复

香妃画像

战，布拉呢敦出战，中弹伤，还喀什噶尔。师至叶尔羌河岸，阿里衮与爱隆阿合军为右翼，富德及舒赫德为左翼。……兆惠自围中望见火光十余里，马驼群嚣尘上，知援集，乃率余军，破垒出，与诸军相合。……兆惠督诸将分道进攻，布拉呢敦弃喀什噶尔，霍集占亦弃叶尔羌同遁。兆惠师至喀什噶尔，抚定余众。……兆惠复抚定霍罕额尔德尼伯克所属四城，并齐哩克、布鲁特、额德格纳，……复定各城伯克更番入觐例。二十五年二月，师还。（《清史稿·列传》一〇〇《兆惠传》）

富德，……乾隆……二十三年，……雅尔哈善讨霍集占无功，兆惠代将。师锐进，被围，命富德为定边右副将军赴援。二十四年正月，军次呼尔璊，遇贼骑五千，转战五日四夜，会参赞大臣阿里衮送马至，分翼驰突，贼众大溃，杀……贼千余，酋布拉呢敦中枪伤剧，异入城，旋遁喀什噶尔。……师进，次叶尔羌河岸，复战败贼。……霍集占党侵和阗，富德赴援，破贼。进攻叶尔羌，霍集占兄弟弃城遁，追败之于阿勒楚尔，又败之于伊西洱库尔淖尔，窜巴达克山，军从之，令擒献。巴达克山汗素勒坦沙，献霍集占首，师还。（《清史稿·列传》一〇一《富德传》）

（三）金川

金川之师，最为无名，以其地为唐维州地，特权辞耳，实则妄信满地黄金之说而艳之。出师之始，开实官捐纳之例，用充军饷，以为弹丸之地，传檄可定，不意险远难攻，将帅不和，历时二载，屡致偾师。示意令讷亲奏请班师，而讷亲支吾不肯负咎，怒而杀之；张广泗之诛，则由抗辩不屈。乃命贵戚傅恒视师，布置敷衍了结之局，由皇太后懿旨责令班师，可谓以用兵为戏者已。金川之地改为懋功等五屯。

金川者，小金沙江之上游也，一促侵水，出松潘徼外西藏地，经党坝而入土司境，颇深阔，是为大金川；一攒纳水，源较近，是为小金川，皆以临河山有金矿得名。二水均自东北而西南，至明正土司地合流，为宁远府之若水，至会理州为金沙江，亦名泸水。隋始置金川县，……唐维州地，明隶杂谷安抚司。万山丛蠹，中绕泓溪，皮船筏桥，曲折一线。……番民皆居石碉，与绰斯甲布等九土司，壤相错。康熙五年，其土司嘉勒巴内附，给演化禅师印，俾领其众。其庶孙莎

1744

金川战争中遗留的乾隆半边碉

罗奔者，以土舍将兵，从将军岳钟琪征西藏羊峒番有功。雍正元年，奏授金川安抚司，莎罗奔自号大金川，而以旧土司泽旺为小金川。……乾隆十一年，莎罗奔劫泽旺归，夺其印，四川总督檄谕之，始还泽旺于故地。明年，又攻革布什札及明正土司，巡抚纪山，遣……兵弹治，不奉约，反伤我官兵。……上以云贵总督张广泗，……调督四川。……时莎罗奔居勒乌图，……张广泗调兵三万，分两路，一由川西入攻河东，一由川南入攻河西。……十三年春，诸将多失事，……上乃命大学士公讷亲往视师，又起故将军岳钟琪于废籍，以提督衔赴军自效。……讷亲至，锐意灭贼，下令三日取噶尔厓，总兵任举、参将贾国良，战死，自是不敢专政，仍倚张广泗办贼。……将相不和，士皆解体，张广泗所用良尔吉者，……通莎罗奔，……军中动息，辄报贼，预为备，所向扞格。岳钟琪密奏之，……讷亲亦劾广泗老师糜饷各事。上逮张广泗入京，而命大学士傅恒代讷亲经略。是冬，张广泗至京，廷讯，责以挟私观望之罪，抗辩不服，怒斩之。命讷亲覆奏，先后呶呶万言，无一要领，……赐死。十二月，傅恒至军，则斩良尔吉……以断内应，增调邻省兵，克期进剿。……初上以土司小丑，劳师二载，诛两大臣，又失任举良将，已不释于怀，及是，闻其地险力艰，……已决计罢兵。……时傅恒及岳钟琪两路，连克碉卡，

中华二千年史

1745

军声大振，莎罗奔……遣人诣岳钟琪乞降，……乃宣诏赦其死。(魏源《圣武记》卷七《乾隆初定金川土司记》)

乾隆十二年，1747年。二月癸酉，谕：……据纪山奏称，"大金川土司莎罗奔，侵占革布什咱土司地方，彼此仇杀，又诱夺伊侄小金川土司泽旺印信，并把守甲最地方，扬言欲攻打革布什咱"等语。……如但小小攻杀，……自当任其自行消释，……倘果有拒抗侵轶，不得不宣布皇威，以全国体。……三月……己酉，谕：……据纪山奏，"大金川土司莎罗奔勾结党羽，攻围霍耳章谷，千总向朝选阵亡，并侵压牛毛，枪伤游击罗于朝"等语，经军机大臣议令该督抚等迅派官兵，遴选将弁，……相机进剿。……前将张广泗调任川陕总督，……再传谕与张广泗，令其即速前赴，会同纪山，相度机宜，……迅速剿灭。……此番进剿，一应事宜专听张广泗调度。(《清高宗实录》卷二八四)

乾隆十一年，1746年。大金川土司莎罗奔为乱，调张广泗。川陕总督。广泗至军，小金川土司泽旺、土舍良尔吉来降。……转战逾二年，师无功。十三年，……岳。钟琪亦劾广泗，……信用良尔吉，及汉奸王秋，泄军事于敌。上责广泗，……夺官，逮至京师，……十二月，斩广泗。(《清史稿·列传》八四《张广泗传》)

《乾隆平定两金川得胜图》(局部)

1746

乾隆十三年……四月，召讷亲还京师，授经略大臣，率禁旅，出视师。六月，讷亲至军，下令，期三日克噶拉依。噶拉依者，莎罗奔结寨地也。师循色尔力石梁而下，攻碉未即克，署总兵任举，勇敢善战，为诸军先，没于阵。讷亲为气夺，乃议督诸军筑碉，与敌共险，为持久。……讷亲与广泗合疏言：……明岁加调精锐三万，于四月进剿，足以成功，至迟亦不逾秋令。讷亲又别疏言：来岁增兵，计需费数百万，若俟二三年后，有机可乘，亦未可定。……乃召讷亲及广泗诣京师，……寻夺讷亲官。……十二月，广泗既诛，上封遏必隆讷亲父。遗刀，授侍卫鄂实，监讷亲还军，诛以警众。（《清史稿·列传》八八《讷亲传》）

乾隆……十三年，师征大金川，久无功。三月，高宗命起钟琪，予总兵衔，至军，即授四川提督。……讷亲令攻党坝，上以军事咨钟琪，钟琪疏言：党坝为大金川门户，碉卡严密，汉土官兵止七千余，臣……请益兵三千。广泗不应。……大学士傅恒，代为经略，钟琪奏请选精兵三万五千，万人出党坝及泸河，水陆并进；万人自甲索攻马牙冈、乃当两沟，与党坝军合，直攻勒乌围；卡撒留兵八千，俟克勒乌围，前后夹攻噶拉依；党坝留兵二千护粮，正地留兵千防泸河，余

《乾隆平定两金川得胜图》（局部）

四千往来策应，期一年，擒莎罗奔及郎卡。……命傅恒筹议，傅恒用其策。钟琪自党坝攻康八达山梁，大破贼，师进战塔高山梁，复屡破贼。……师入，莎罗奔惧，遣使诣钟琪乞降。（《清史稿·列传》八三《岳钟琪传》）

乾隆十三年，……讷亲既无功，九月，命傅恒暂管川陕总督，经略军务，寻授保和殿大学士，发京师及诸行省满汉兵三万五千，以部库及诸行省银四百万，供军储，又出内帑十万备犒赏。十一月，师行，……旋……特命加太保。……初，小金川土舍良尔吉，间其兄泽旺于莎罗奔，夺其印，即烝于嫂阿扣，莎罗奔之犯边也，良尔吉实从之，后诈降为贼谍，张广泗入奸民王秋言，使领蛮兵，我师举动，贼辄知之。傅恒途中疏请诛良尔吉等，……招良尔吉来迎，至邦噶山，正其罪，并阿扣、王秋，悉诛之。……十四午正月，上疏言：……臣惟攻碉最为下策，枪炮不能洞坚壁，于贼无所伤，贼不过数人，自暗击明，枪不虚发，是我惟攻石，而贼实攻人。……拟俟诸军大集，分道而进，别选锐师，旁探间道，裹粮直入，逾碉勿攻，绕出其后。……我兵既自捷径深入，守者各怀内顾，人无固志，均可不攻自溃，……直捣巢穴，取其渠魁，期四月间奏捷。上以金川非大敌，劳师两载，诛大臣，失良将，内不怿，及是，闻其地险难下，益不欲竟其事，遂以孝圣宪皇后谕，命班师，……反复累数千言。……时傅恒及提督岳钟琪，决策深入，莎罗奔复介绰斯申等诣岳钟琪乞贷死，钟琪亲入勒乌围，挈莎罗奔及其子郎吉诣军门，……傅恒遂受莎罗奔父子降。（《清史稿·列传》八八《傅恒传》）

后二十年，复有事金川，世称为小金川之役，以别于前，自乾隆三十六年迄四十一年，凡历六七年之久。当出师之始，四川总督阿尔泰力主不可用兵，以姑息诛之。木果木之溃，定边将军温福死之，全军皆溃，丧失

乾隆御制平定金川碑

卷五 明清

军资器械无算,固由碉寨难攻,而诸将高歌酣饮,坚壁不出,为致败之由。帝怒欲遣健锐火器营前往助攻,适阿桂以多金买通小金川内部,得袭取美诺,乘胜进攻大金川,悉取其地。两次用兵,兵费达七千万两。

莎罗奔兄子郎卞主土司事,渐桀骛。乾隆二十三年,逐泽旺及革布什札土司于吉地,总督开泰檄谕,而郎卞侵邻境不已。三十一年,诏总督阿尔泰檄九土司环攻之,而阿尔泰姑息,……由是两金川狼狈为奸,诸小土司皆不敢抗,而边衅棘矣。时泽旺老病不知事,郎卞亦旋死,其子索诺木与僧桑格,侵鄂克什土司。三十六年,……我兵往护鄂克什,僧桑格遂与官兵战,上以……阿尔泰……按兵打箭炉,半载不进,……赐死,命大学士温福,自云南赴川,以尚书桂林代阿尔泰为总督,共讨贼。温福由汶川出西路,桂林由打箭炉出南路。……三十七年……五月,桂林遣将薛琮等,将兵三千,……入黑垄沟,贼劫其后路,……桂林不赴援夹攻,全军陷没,……乃以阿桂代桂林为参赞大臣。……十一月,阿桂……连夺险隘,遂直捣贼巢,……僧桑格……窜入大金川。……上以贼酋同恶相济,宜一举并灭,乃命温福为定边将军,阿桂、丰伸额为副将军,……于是温福由功噶入,阿桂由当噶入,丰伸额由绰斯甲入。三十八年春,温福以贼扼险,不得进,别取道攻昔岭,驻营木果木。……六月,……小金川……降番……复叛,……潜兵袭木果木,温福尚不严备,……贼四面躥入,温福中枪死,各卡兵望风溃散,……小金川……复陷于贼。……乃授阿桂定西将军,丰伸额、明亮为副将军,……所向克捷,遂尽复小金川地。……敕诸将移……师,进讨大金川,……王师三路进攻。……贼巢有二,一乌勒图,一噶尔厓,其乌勒图,以罗博瓦山为门户,阿桂令海兰察、额森特、海禄三路,绕出其后,福康安、成德特、成额三路,仰攻其前。……明年,三十九年。……八月十五夜,进捣巢穴,……而莎罗奔兄弟,及各头目,已先期遁赴噶尔厓矣。……十二月,三路军皆会于噶尔厓,筑长围……断水道以困之。……贼势蹙,……外围益急,索诺木果从莎罗奔及其头目妻子,挈番众二千余,出寨奉印献军门,金川平。(魏源《圣武记》卷七《乾隆再定金川土司记》)

乾隆三十六年,1771年。六月……甲午,谕:……据阿尔泰等奏,

查办革布什咱情形一折，内称"郎卡之子索诺木，恳乞将革布什咱地方百姓，赏给当差"等语，此断不可允行。……看来索诺木年幼愚顽，罔识利害，阿尔泰若稍露就便完局之意，使彼得逞其欲，势必于附近土司，渐图蚕食，……于边境大有关碍。著传谕阿尔泰等，务须……详慎筹度，以期经久无弊。……
（《清高宗实录》卷八八七）

金川头人索诺木攻革布什咱，僧格桑亦围达木巴宗，侵明正土司。阿尔泰疏言：两金川相比，如议出师，需兵既多，糜饷亦巨。兹令董天弼临之以兵，仍使游击宋元俊宣谕索诺木。……谕斥阿尔泰掩饰偷安，夺大学士总督，留军治饷。……三十七年，……上责其倚老负恩，始终不肯以国事为念，命逮问。……三十八年，狱具拟斩，上命赐自尽。（《清史稿·列传》一一三《阿尔泰传》）

温福，……乾隆……三十六年，师征金川，授定边右副将军，以侍郎桂林佐之。……温福自汶川出西路，桂林自打箭炉出南路。时……僧格桑割地，乞援于……索诺木，索诺木潜遣兵助之，……上命先剿小金川，且勿声大金川罪。温福至打箭炉，分兵三道入，温福出巴郎拉，提督董天弼自甲金达援达木巴宗，总督阿尔泰自约咱攻僧格桑。……十二月，至巴郎拉，战三昼夜，贼败去。三十七年，取达木巴宗，进攻斯库叶安，……攻公雅山。十二月，授定边将军，以阿桂、丰升额副之。……再进克底木达，……僧格桑父泽旺所居寨也。师至，俘泽旺，槛致京师，诛于市，而僧格桑奔大金川。温福檄索诺木，令缚献，……不应。上将进讨大金川，……于是温福自功噶尔拉入，阿桂自当噶尔拉入，丰升额自绰斯甲布入。温福性刚愎，不广咨方略，惟……以碉卡攻碉卡，……士卒多伤亡，咨怨无斗志。……三十八年春，温福师至功噶尔拉，贼阻险，不得进，……驻军木果木，令提督

1749

紫阁元勋

阿桂像

卷五 明清

1750

《乾隆平定金川得胜图》(局部)

董天弼分军屯底木达。……索诺木阴使小金川头人,煽降番使复叛,……遂蜂起应之,先攻底木达,天弼死之,……潜袭木果木,……温福中枪死,……小金川地尽陷。(《清史稿·列传》一一三《温福传》)

乾隆三十八年,1773年。……小金川……陷,阿桂悉收降番械,毁碉寨,分置其人章谷打箭炉,斩其桀骜者,亲殿军,退驻达河。事闻,上怒甚,命发健锐、火器两营,黑龙江、吉林、伊犁、额鲁特兵五千,授阿桂定西将军,明亮、丰伸额副将军,舒常参赞大臣。……十月,攻下资哩,用番人木塔尔策,分师由中南两路进,潜军登北山巅,遂取美诺,明亮等亦克僧格宗来会。凡七日,小金川平。三十九年……二月,……乘胜临逊克尔宗,僧格桑死于金川,金川酋献其尸,而死守逊克尔宗。十月,阿桂用策先克默格尔山及凯立叶,……十一月,……金川东北之贼殆尽。四十年……八月,克隆期得寨,遂克勒乌围贼巢。……四十一年正月,克玛尔古当噶碉寨五百余,遂围噶拉依。索诺木母先赴河西集余众,大兵合围,与其子绝,遂降。阿桂令作书,招索诺木,而其头目降者相继,索诺木乃率众降。金川平,设副将同知分驻其地。(《清史稿·列传》一○五《阿桂传》)

(四) 廓尔喀

廓尔喀与后藏,以米盐琐屑构衅,本不烦用兵,特欲贵重乳臭之福康安，使得邀贝子之封。安南、台湾诸役，亦同此意。于是内外朋比，恣为侵欺，筹兵筹饷，动扰闾阎，人民受害不知纪极矣。

　　四川、云南之西为乌斯藏，乌斯藏之西南为廓尔喀，……廓尔喀本巴勒布国，旧分叶楞部、布颜部、库木部，于雍正九年，各奏金叶表文，贡方物，后三部并为一，遂与后藏为邻，东西数千里，南北千余里，其巢穴曰杨布，距边约十一二日程。其地亦有佛迹，唐古特人岁往朝塔，拭白土焉。自古不通中国，其与中国构兵，则自乾隆五十五年内犯西藏始。初班禅喇嘛以四十六年来朝，……中外施舍，海溢山积，及班禅卒于京师，赀送归藏，其财皆为其兄仲巴呼图克图所有，既不布施各寺庙与唐古特之兵，又摈其弟舍玛尔巴为红教，不使分惠，于是舍玛尔巴愤，诉廓尔喀以后藏之封殖，仲巴之专汰，煽其入寇。五十五年三月，廓尔喀借商税增额、食盐搀土为词，兴兵阑边，唐古特兵不能阏，而朝廷所遣援剿之侍卫巴宗、将军鄂辉成德等，复调停贿和，阴令西藏堪布等，私许岁币万五千金，按兵不战，……讽廓尔喀酋入贡，受封国王。……次年，藏币复爽约，于是廓尔喀以责贡为名，再举深入。……驻藏大臣保泰，一闻贼至，则移班禅于前藏，……贼大掠札什伦布，全藏大震，……乃命嘉勇公福康安为将军，超勇公海兰察参赞，……进讨。……明年，五十六年。……五月，连败其屯界之兵，尽复藏地。六月，大举深入，………距济陇八十里之铁索桥，初入贼界第一隘也。贼断桥阻险，福康安以正兵与贼相持，海兰察潜由上游筏渡，……合冲贼营，追剿……至东觉岭，……夺其险。六月九日，至雍雅山，廓夷震慑，遣使诣军前乞降，将军参赞严檄斥之，数日不报，复三路进攻。……将近其国都阳布之地，……贼以十营踞山，守御甚固，……冒雨上山，……至斗绝处，贼乘高木石雨下，隔河隔山之贼，三路来犯，我兵且战且退，死伤甚众。……方是时，其国境南邻印度之地曰彼楞者，久为英吉利属国，与廓夷积衅，福康安进兵时，曾檄近廓夷……等部，同时进攻，许事平分裂其地。及是，廓夷南告急于彼楞，彼楞佯以兵船赴援，实阴逼其边鄙。廓夷两支强大敌，汹惧无计，……再遣人诣军，卑词乞哀，时我师方挫，而贼进益险，且逾八月，即大雪封山难返，乃允其降，……班师。（魏源《圣武记》卷五《乾隆征廓尔喀记》）

1752

福康安像

中华二千年史

乾隆五十六年，1791年。八月……甲子，……驻藏办事大臣保泰、雅满泰奏，据喇嘛噶布伦禀称，六月二十四日，行至聂拉木，给信与廓尔喀，商议旧时未完债项。七月初六日，廓尔喀头人带领七十余人，至聂拉木，次早，廓尔喀头人等，领兵千余，向聂拉木进发。我等见来人甚众，一时不能禁止，将彼处桥梁拆毁，廓尔喀疑断其归路，混放鸟枪，致相争斗。廓尔喀即占据聂拉木，将噶布伦戴绷等，俱围在彼处。(《清高宗实录》卷一三八五)

九月甲午，谕：……廓尔喀侵占聂拉木、济咙，竟敢犯至札什伦布，若不痛加惩创，断不能使之慑服。……来年雪化后，务须宣示兵威，深入剿杀，使之畏惧帖服，方为一劳永逸之计。(《清高宗实录》卷一三八七)

乾隆五十六年，廓尔喀侵后藏，命福康安为将军，仍以海兰察为参赞大臣，督师讨之。……五十七年三月，福康安师出青海，……督诸军速进。行四十日，至前藏，……诸道兵未集，督所部，分六队，……进次玛噶尔辖尔甲山梁，……进攻济咙。济咙当贼要隘，大碉负险，旁列诸碉卡，相与犄角，乃分兵先剪其旁诸碉卡，并力攻大碉，……自辰至亥，克其寨，斩六百，擒二百。……六月，自济咙入廓尔喀境，进克索勒拉山，度热索桥，东越峨绿山，自上游潜渡，越密里山，攻旺噶尔，克作木古、拉载山梁，攻噶勒拉、堆补木诸山，破甲尔古拉、集木集两要寨，转战深入七百余里，六战皆捷。……福康安恃胜，军稍息，督兵冒雨进，贼为伏以待，台斐英阿战死。廓尔喀使请和，福康安允之。廓尔喀归所掠后藏金瓦宝器，令大头人噶木第马达特塔巴等，赍表进象马及乐工一部，上许受其降。(《清史稿·列传》一一七《福康安传》)

乾隆五十八年正月，奏藏内善后十八事，一曰达赖喇嘛、班禅额尔德尼与外番通信，应告驻藏大臣；二曰各边境设鄂博；三曰选边界营官，视内地边俸例推升；四曰禁袭充番目；五曰诸大寺坐床堪布公同补放；六曰商上银钱出入，照新定数目画一收放；七曰济咙、聂拉木边界收税，毋庸酌减；八曰禁私给免差照票；九曰僧俗户口造册清

查；十曰蒙古延喇嘛诵经，由驻藏大臣给照往；十一曰禁私用乌拉；十二曰禁罚赎不公，及私抄没家产之弊；十三曰官兵所需火药，就地配造；十四曰达赖喇嘛赏噶布伦、戴琫田庐，不得私占；十五曰禁商上喇嘛预支钱粮；十六曰各寨租赋按年收交商上，逃亡绝户免；十七曰驻藏大臣署设译廓尔喀番字吏；十八曰廓尔喀贡使往来，派文武官卫送。又奏外番商人来藏者，酌定次数，由驻藏大臣给照往来，由江孜、定日两汛官弁察之，寻常交易，随时稽验，毋得私越，均得旨议行。(《清史列传》卷二六《福康安传》)

（五）缅甸

缅甸之役，有土司及场商关系，起因则由垂涎宝石井，致兵连祸结，云贵总督刘藻战死，继之者杨应琚以失利赐死，将军明瑞战死，经略傅恒感瘴疠得疾，乃谬为敌人请和，匆匆旋师。

> 缅甸，……国于西南，不臣不贡。……乾隆十八年，茂隆场商吴尚贤，说甸入贡，缅酋麻哈祖，遣使……叩关求贡，使至京，锡赉如

缅甸古王宫

例。……明年，十九年。缅酋为木疏土司雍籍牙所篡。……初，我诸土司之近缅者，皆于缅私有岁币，自木疏据国后，诸土司以其故等夷，不复馈献，缅酋勒兵索之，……遂渐及我内属诸土司，……嗾孟艮酋，使内犯车里土司，扬言将渡滚龙江，……普洱、永昌边外，一日数惊，总兵刘得成……等，三路皆败。……时乾隆三十年也。诏大学士杨应琚，自陕甘移督云南。应琚至，会普洱贼渐退，官兵得以其间收复车里、孟艮、整次诸地，分隶土目。应琚见事机顺利，密奏缅甸可取状，……于是应琚自普洱移驻永昌。……缅贼闻，乃大出兵，攻木邦，攻景线，皆陷之。时副将赵宏榜，以兵数百，袭克蛮暮之新街，其地扼金沙江口，缅与中国互市处，据阿瓦上游，为缅必争之地。贼以兵溯江而上，宏榜烧器械辎重，走还铜壁关，贼数万，尾而入。应琚忧甚，痰疾遽作，诏两广总督杨廷璋赴滇，代治应琚军。……提督李时升，调兵万四千，令总兵乌尔登额由宛项进剿木邦，总兵朱仑由铜壁关进守新街。贼伴遣人议款，而分兵绕入万仞关，围永昌、腾越各边营汛，……援兵始至，贼……逸，时三十二年正月。

杨廷璋至军，见贼事未易竣，遂奏言应琚病已痊，臣谨归粤。……诏明瑞以将军兼云贵总督，……大举征缅。明瑞由木邦、孟艮攻东路，为正兵，参赞额尔景额及提督谭五格，由孟密出新街水路，约会于阿瓦。……明瑞……为浮桥，渡锡箔江，……至蛮结，……贼披靡，……皆宵遁。……然夷境益峭险，马乏草，牛踣途，贼烧积贮，空村砦，无粮可掠，进至象孔，迷失道，明瑞度不能至阿瓦，……冀与北路军合，……向木邦归。……缅自去冬象孔改道，……知我……不向阿瓦，即悉众来迫，我军且战且行。……额尔登额之进孟密也，中途阻于老官屯之贼，顿兵月余。……明瑞行抵小猛育，贼已猬集数万，……而额尔登额之援不至，……血战，……明瑞、观音保死之，三十三年。二月十日也。……是为征缅前一役。（魏源《圣武记》卷六《乾隆征缅甸记》上）

明瑞之死也，缅人不知，余威犹震，缅惧，纵所获卒……八人，持贝叶书，……乞罢兵。……上以……缅夷求款，未亲遣头目，……命绝之，勿报；命大学士傅恒经略，阿桂、阿里衮皆为副将军，明德为总督，哈国兴为提督。……三十四年……四月朔，经略至永昌、腾

缅甸古迹

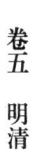

越，……乃议大军从金沙江上游之戛鸠江，经孟拱、孟养两土司地，陆行直捣阿瓦，偏师由东岸夹江而下，进取孟密。……十月朔，……出金沙江，贼已列舟扼江口。……哈国兴将水兵，阿桂、阿里衮各将陆兵，分趋两岸，……三路皆捷，而经略及阿里衮已病。诸将议不向阿瓦，惟老官屯有贼垒，……欲取之以蒇事。老官屯临大金沙江，贼分扼江之东西，我军逼其东寨，……截其西岸应援之贼，贼帅乃遣人……递缅文，请……议款。……阿桂集诸将，议进止，皆惮水土瘴疠，争愿罢兵。……上以大军再举，再破贼，已足张国威，……谕经略班师，……迁木邦、孟拱、蛮暮三土司于关内，分置大理、蒙化、宁洱，而空关外地。……缅旋以三土司未归，不肯入贡，亦不还所羁官兵。……暹罗者，居缅西南海，与缅世仇，缅酋孟驳，于乾隆三十六年灭之，而缅自连年抗中国，耗费不赀，又其土产……恃云南官商采买者，皆闭关罢市。缅加戍东北，而力战东南，其用日绌，既并暹罗，征取无艺。乾隆四十三年，暹罗遗民，愤缅无道，推其遗臣郑昭为主，起兵尽复旧封，又兴师侵缅地，于四十六年航海来贡告捷，朝廷不使亦不止也。……昭子华嗣立，亦材武，缅酋孟云不能支，乃东徙居蛮得。五十一年，诏封华为暹罗国王，于是缅酋益惧，……款关求贡。……五十五年，遣使贺八旬万寿，……赐敕印，封为缅甸国王，定十年一贡。(魏源《圣武记》卷六《乾隆征缅甸记》下)

是时缅甸为乱犯边，总督刘藻战屡败自杀，大学士杨应琚代为总督，师久无功，赐死，三十二年二月，命明瑞以云贵总督兼兵部尚书，经略军务。明瑞议，大军出永昌、腾越，攻宛顶、木邦，为正兵，遣参赞额尔登额出北路，自孟密攻老官屯，会于阿瓦。十一月，至宛顶，进攻木邦，贼遁，留参赞珠纳鲁……守之，率兵万余，渡锡箔江，攻蛮结，寇二万，立十六寨，寨外浚沟，沟外又环以木栅，列象阵为伏兵。明瑞令分兵为十二队，身先陷阵，……我兵毁栅进，无不一当百，……贼遁走。……师复进，十二月，次革龙，地逼天生桥渡口，贼踞山巅立栅。明瑞令别军出大道，若将夺渡口，而督军从间道，绕至天生桥上游，乘雾径渡，进据山梁，贼惊溃，俘馘二千余。复进至象孔，粮垂罄，欲退，虑额尔登额师已入，闻猛笼土司粮富，……乃移军猛笼。……且战且行，……日行不三十里，至猛笼，已岁除，土司避匿，发窖粟二万余石，驻三日，复军趋孟密。……贼蹑我军行，至夕驻营，……我军屯山巅，贼即营半山。明瑞谓诸将曰："贼轻我甚，不一死战，无噍类矣。贼识我军号，明旦我军传号，若将起行，则尽出营伏箐。"待明旦，贼闻声蚁附上山，我军突出，发枪炮，贼反走，乘之斩四千有奇，自此每夜遥屯二十里外。明瑞令休兵六日，贼栅于要道，我师攻之不能拔，得波竜人引……出。……三十三年正月，贼攻木邦，副都统珠鲁纳师溃自戕。……额尔登额出猛密，阻于老官屯，月余引还。……巡抚鄂宁檄援不应，于是明瑞军援绝，而贼自木邦、老官屯，两道并集，二月至小猛育，贼麇集五万余。我军食罄，……火药亦竭，……明瑞令诸将达兴阿、本进忠，分队溃围而出，而自为殿，血战万窾中，札拉丰阿、观音保皆死，明瑞负创，行二十余里，……而缢于树下。（《清史稿·列传》一一四《明瑞传》）

乾隆三十三年，1768年。将军明瑞征缅甸，败绩，二月，授傅恒经略，出督师。……三十四年，1769年。二月，傅恒师行，发京师及满蒙兵一万三千六百人从征，上御太和殿赐敕，赍御用甲胄。四月，至腾越，傅恒决策，师循戛鸠江而进，大兵出江西，取道猛拱、猛养，直捣木梳，水师沿江顺流下，水陆相应，偏师出江东，取猛密，夹击老官屯。往岁以避瘴，九月后进兵，……傅恒议：先数十日，出不意，攻其未备。……及傅恒至军，咨土司头人，知蛮暮有山曰翁

1757

缅甸古迹

古，多木，旁有地曰野牛坝，……凉爽无瘴，即地伐木造舟，……傅恒即使傅显佐莅事，……又得茂隆厂附近炮工，令范铜为炮。……八月，傅恒自南蚌趋戛鸠，……师复进，取猛养，破寨四，诛头人拉匿拉赛，设台站，令瑚尔起以七百人驻守，遂至南董干，攻南准寨，获头人木波猛等三十五人，进次暮腊，再进次新街，……刈禾为粮，行二千里，不血刃，而士马触暑雨，多疾病。会阿桂将万余人，自虎踞关，出野牛坝，造舟毕成，征广东、福建水师亦至，乃合军并进。哈国兴将水师，阿桂、阿里衮将陆师，阿桂出江东，阿里衮出江西。缅兵垒金沙江两岸，又以舟师扼江口。阿桂先与缅兵遇，……缅兵溃，哈国兴督舟师乘风蹴敌，缅兵舟相击，死者数千，阿里衮亦破西岸缅兵。……阿里衮感瘴而病，……旋卒。十一月，傅恒复进攻老官屯，……为水陆通衢，缅兵伐木立寨甚固，哈国兴督诸军力攻，未即克。……缅兵夜自水寨出，傅恒令海兰察御之，又令伊勒图督舟师掩击。……缅兵潜至江岸筑垒，又自林箐中出，海兰察击之，屡有斩馘。师久攻坚，士卒染瘴多物故，水陆军三万一千，至是仅存一万三千。傅恒以入告，上命罢兵，召傅恒还京师。傅恒俄亦病，阿桂以闻，上令即驰驿还，而以军事付阿桂。会缅甸酋懵驳，遣头人诺尔塔，赍蒲叶书乞罢兵，傅恒奏入，上许其行成，……懵驳遣头人诣军，献方物。

卷五　明清

十月，傅恒还驻虎踞关。……三十四年二月，班师。……既而缅甸酋谢表久不至，上谓傅恒方病，不忍治其罪，七月卒。（《清史稿·列传》八八《傅恒传》）

（六）安南

安南之役，两广总督孙士毅，与和珅合谋，朋分军饷。士毅师入安南，报虚捷，竟得锡封公爵，及为敌所袭，狼狈而退，仅以身免，因是夺封并褫其职，以福康安代之。福康安伪为阮光平请降而罢师，光平不赴京师，仅献代身金人。至乾隆五十五年始来朝，或谓疆臣使人伪为之，非光平也。

黎氏自明以来，世王安南。顺治十六年，王师定云南，国王黎维祺，遣使至军。康熙五年，……诏封维禧安南国王，……六传至维禟，而有阮氏之乱。初，明嘉靖中，安南为莫登庸所篡，国王黎维德走保清华，至孙维潭起兵，破莫复国，实其臣郑檜、阮口之力，世为左右辅政。后右辅政郑氏，乘阮死幼孤，兼摄左辅政，专国事，而出阮氏于顺化，号广南王，由是阮、郑世仇构兵。及黎维禟，权益下移，仅守府。郑栋……有篡志，而忌广南之强，乃诱其土酋阮岳、阮惠，共攻灭广南王于富春，阮惠自为泰德王，郑栋自为郑靖王，两王并抗，黎王无如何也。……乾隆五十一年，郑栋死，子郑宗、郑干内阋，干……请广南兵以灭宗，于是阮氏复专国。……明年，五十二年。维禟卒，嗣孙维祁立，阮惠……载珍宝归广南，使贡整留镇都城，贡整思扶黎拒阮，……阮惠……使其将阮任……攻贡整于国都，整战死，维祁出亡。……

五十三年，……有高平府督阮辉宿者，扈嗣孙母妻宗族二百口，……遁至……广西太平府龙州边，……两广总督孙士毅，广西巡抚孙永清，先后以闻。……上以黎氏守藩，……宜出师问罪，以兴灭继绝，……命孙士毅移檄安南各路，示以顺逆，早反正。……于是安南国土司及未陷各州官民，争缚伪党献地图，又关外各厂义勇数万，……请为向导。时阮惠兄弟亦叩关请贡，……上知阮惠……狡计缓师，令士毅严斥之。安南进兵路三，一出广西镇南关，为正道；一由广东钦州泛海，过乌雷山，至安南海东府；……一由云南蒙自县莲花

乾隆御题《平定安南图序》

滩陆行，至安南之洮江。……孙士毅及提督许世亨，率两广兵一万出关，以八千直捣王京，……其云南提督乌大经，以兵八千，……入交趾，……而至宣化镇。……十月末，粤师出镇南关，……各士兵义勇随行，声言大兵数十万，各守隘贼望风奔遁，惟扼三江之险以拒。十一月十三日，……抵寿昌江，……十五日，进军市球江，……适上游兵已绕出其背，……贼……瓦解溃北。十九日，薄富良江，江即在国门外，……渡江，……捣贼营，贼昏夜不辨多寡，大溃，……黎明，我师毕济。……孙士毅、许世亨入城宣慰，……黎维祁匿民村，……始出诣营，……宣诏册封黎维祁安南国王。……时阮惠已遁还巢穴，……诏即班师入关，而孙士毅贪俘阮为功，师不即班，又轻敌不设备。……阮氏谍知虚实，于岁暮倾巢再举，袭国都。……明年，五十四年。正月朔，军中置酒张乐，夜忽报阮兵大至，始仓皇御敌，我师众寡不敌，……黎维祁挈家先遁，滇师……亦退，孙士毅夺渡富良江，即斩浮桥以断后。由是在南岸之军，提督许世亨、总兵张朝龙以下，夫役万余，皆挤溺焉。士毅回镇南关，尽焚弃关外粮械火药，数十万士马，还者不及一半。云南之师，以……向导得全返，黎维祁母子复来投。奏闻，上以士毅不早班师，……命褫职来京待罪，以福康安代之。阮惠……惧王师再讨，又方与暹罗构兵，……叩关谢罪乞降，改名阮光平，遣其兄子光显赍表入贡。……福康安先后以闻，上以维祁再弃其国，并册印不能守，其天厌黎氏，……而阮光平既请亲觐，……乃允

卷五 明清

其请，其黎维祁赏三品衔，编旗安置京师。五十五年，阮光平来朝祝釐，……受封归。(魏源《圣武记》卷六《乾隆征抚安南记》)

阮光平父子以兵篡国，国用耗，商舶不至，乃遣乌艚船百余，总兵十二，以采办军饷为名，多招中国沿海亡命，啖以官爵，资以船械，使导入寇闽、粤、江、浙。嘉庆初，各省奏擒海盗，屡有安南兵将，及总兵封爵敕印，诏移咨安南，尚不谓国王预知也。暹罗既与广南积怨，会黎氏甥农耐王阮福映者，奔暹罗，暹罗妻以女弟，助之兵，克复农耐，势日强，号旧阮，屡与新阮战，夺其富春旧都，并缚献海贼莫扶观等，皆中国奸民，受安南……伪职，又上攻克富春时所获阮光缵光平嗣子。封册金印。是为嘉庆四年。诏以阮氏父子……负恩，……国都册印不保，灭亡已在旦夕。……命两广总督吉庆，赴镇南关，勒兵以备边。……七年十有二月，阮福映灭安南，遣使入贡，……乞以越南名国，诏封越南国王。(魏源《圣武记》卷六《乾隆征抚安南记》)

乾隆五十三年，1788年。……会安南国王黎维祁，为其臣阮惠所逐，其母妻叩关告变，士毅以闻，督兵诣龙州，防镇南关。帝嘉其识轻重，知大体，命自广西入安南，别遣云南提督乌大经，自蒙自进。阮惠遣将拒于寿昌江，又分兵屯嘉观，士毅师至，……遂复黎城，阮惠走富春。维祁至军中，士毅承旨，封为安南国王，捷闻，封一等谋勇公。……命班师，士毅犹豫，未即行。五十四年春正月，阮惠率其徒攻黎城，维祁亦挈其孥潜遁。士毅引兵退，渡市球江，驻江北，惠军追至，总兵李化龙殿，渡浮桥堕水死，浮桥断，提督许世亨等，皆战死。士毅还入镇南关，维祁与母子偕至，……解总督任。(《清史稿·列传》一一七《孙士毅传》)

乾隆五十四年，安南阮惠攻黎城，孙士毅师退，上移福康安两广总督。……惠更名光平，乞输款。福康安为疏，陈请罢兵，上允之。(《清史稿·列传》一一七《福康安传》)

乾隆一朝，凡两攻准部，一攻回部，两攻金川，两攻廓尔喀，一攻台湾、安南、缅甸，自诩为"十全武功"，且自号"十全老人"，除回疆稍有布置，余尽侵欺掩冒。一时成为风气，所谓军旅之中，商贾云集，倡优糜至，绮罗山积，鹅鸭成阵，酣歌恒舞，经月连旬，游客挟一纸书，立得千

金以去。尚不足以尽之,每次兴师,皆以耗时为务,师愈久则利愈多,库藏空虚,掊克日甚。故十次之师,与嘉、道人民起兵,有倚伏关系。其台湾林爽文之事,别入"人民反抗篇"中,不具于此。

(七)清之疆域

有清崛起东方,……太祖、太宗,力征经营,奄有东土,首定哈达、辉发、乌拉、叶赫,及宁古塔诸地,于是旧藩札萨克二十五部五十一旗,悉入版图。世祖入关,……定鼎燕都,悉有中国一十八省之地。……圣祖、世宗,长驱远驭,拓土开疆,又有新藩喀尔喀四部八十二旗,青海四部二十九旗,及贺兰山厄鲁特,迄于西藏四译之国。……逮于高宗,定大小金川,收准噶尔回部天山南北二万余里。……自兹以来,东极三姓所属库页岛,西极新疆疏勒至于葱岭,北极外兴安岭,南极广东琼州之崖山。……汉唐以来,未之有也。穆宗中兴以后,台湾、新疆,改列行省。德宗嗣位,复将奉天、吉林、黑龙江,改为东三省,与腹地同风,凡府、厅、州、县一千七百有奇。……太宗之四征不庭也,朝鲜首先降服,赐号封王。顺治六年,琉球奉表纳款,……继是安南、暹罗、缅甸、南掌、苏禄诸国,请贡称臣,列为南服。高宗之世,削平西域,巴勒提、痕都斯坦、爱乌罕、拔达克

乾隆平定台湾图卷

山、布哈尔、博洛尔、塔什干、安吉延、浩罕、东西布鲁特、左右哈萨克，及坎车提诸回部，联翩内附。……辟地至数万里，幅员之广，可谓极矣。（《清史稿·地理志》一）

清疆域简表

区别	名称	四界	面积	辖地	治所	备考
京畿	顺天府	四界皆直隶境。	广四百四十里，袤五百里。	顺天府 凡领州五、县十九。	京师（大兴县宛平县）	
行省	直隶	北界内蒙古，东界渤海及奉天，南界山东及河南，西界山西。	广一千二百三十里，袤二千六百三十里。	府十一：保定、正定、大名、顺德、广平、天津、河间、承德、朝阳、宣化、永平。 直隶州七：赤峰、遵化、易、冀、赵、深、定。 直隶厅三：张家口、独石口、多伦诺尔。 凡属散州九，散厅一，县一百有四。	保定府（清苑县）	
行省	奉天	北界黑龙江，南至海，东南以鸭绿江界朝鲜，东界吉林，西界内蒙古及直隶。	广一千八百里，袤一千七百五十里。	府八：奉天、锦州、新民、兴京、长白、海龙、昌图、洮南。 直隶厅五：法库、营口、凤凰、庄河、辉南。 凡属散厅三，州六，县三十三。	奉天府（承德县）	《清史稿·地理志》，天命十年三月，定都沈阳，天聪八年尊为盛京。顺治元年，悉裁明诸卫所，设内大臣副都统及八旗驻防，三年改内大臣为昂邦章京，给镇守总管印，康熙元年，改昂邦章京为镇守辽东等处将军，光绪三十三年罢将军，署东三省总督，奉天巡抚，改为行省。
行省	吉林	西界奉天，东至乌苏里江界俄领东海滨省，北界黑龙江，南至图们江界朝鲜。	广二千四百余里。袤千五百余里。	府十一：吉林、长春、新城、双城、宾州、五常、延吉、宁安、依兰、临江、密山。 州三，厅五，县十八。	吉林府	《清史稿·地理志》，光绪三十三年建行省，改将军为巡抚，尽裁副都统等。
行省	黑龙江	南界吉林、奉天，西南界内蒙古，西界外蒙古，西北以额尔古纳河界俄，领萨拜哈勒省，北及东北以黑龙江界俄领阿穆尔省。	广二千八百余里，袤一千五百余里。	府七：龙江、呼兰、绥化、海伦、嫩江、黑河、胪滨。 道一：兴东。 直隶厅六：讷河、瑷珲、呼伦、肇州、大赉、安达。 属州一，县七。	龙江府	《清史稿·地理志》，光绪三十三年，罢将军，设黑龙江巡抚，改为行省。

续表

区别	名称	四界	面积	辖地	治所	备考
行省	江苏	北界山东，西界河南、安徽，南界浙江，东至海。	广九百五十里，袤千一百三十里。	府八：江宁、淮安、扬州、徐州、苏州、松江、常州、镇江。 直隶州三：通、海、太仓。 直隶厅一：海门。 凡属散州三，厅四，县六十。	江宁府（江宁县、上元县）	
	安徽	东界江苏，西界河南、湖北，南界江西、浙江，北界河南、江苏。	广七百三十五里，袤六百六十六里。	府八：安庆、庐州、凤阳、颍州、徽州、宁国、池州、太平。 直隶州五：广德、滁、和、六安、泗。 凡属散州四，县五十一。	安庆府（怀宁县）	
	山西	东界直隶、河南，西界陕西，南界河南，北界内蒙古。	广八百八十里，袤一千六百二十里。	府九：太原、汾州、潞安、泽州、平阳、蒲州、大同、朔平、宁武。 直隶州十：辽沁、平定、解、绛、隰、霍、忻、代、保德。 直隶厅十二：归化城、萨拉齐、清水河、丰镇、托克托、宁远、和林格尔、兴和、陶林、武川、五原、东胜。 凡属散州六，县八十五。	太原府（阳曲县）	
	山东	东至大海，西及西北界直隶，南界江苏，西南界河南。	广一千六百四十里，袤八百里。	府十：济南、东昌、泰安、武定、兖州、沂州、曹州、登州、莱州、青州。 直隶州三：临清、济宁、胶。 凡属散州八，县九十六。	济南府（历城县）	
	河南	东界江苏、安徽，西界陕西，南界湖北，北界山西、直隶，东北界山东。	广千六百三十里，袤千三百九十里。	府九：开封、归德、陈州、河南、彰德、卫辉、怀庆、南阳、汝宁。 直隶州五：许、郑、陕、汝、光。 直隶厅一：淅川。 凡属散州五，县九十六。	开封府（祥符县）	
	陕西	东界山西、河南，西界甘肃，南界四川、湖北，北界内蒙古	广九百三十五里，袤二千四百二十六里。	府七：西安、同州、凤翔、汉中、兴安、延安、榆林。 直隶州五：乾、商、邠、鄜、绥德。 凡属散厅七，州五，县七十三。	西安府（长安县、咸宁县）	

续表

区别	名称	四界	面积	辖地	治所	备考
行省	甘肃	东界陕西、内蒙，南界四川，西界青海，北界西套蒙古，西北界新疆、外蒙。	广二千一百二十里，袤一千四百十里。	府八：兰州、平凉、巩昌、庆阳、宁夏、西宁、凉州、甘州。 直隶州六：泾、固原、阶、秦、肃、安西。 直隶厅一：化平川。 凡属散州六，厅六，县四十七。	兰州府（皋兰县）	
	浙江	东至海中诸山，西界安徽、江西，南界福建，北界江苏。	广八百八十里。袤一千二百八十里。	府十一：杭州、嘉兴、湖州、宁波、绍兴、台州、金华、衢州、严州、温州、处州。 直隶厅一：定海。 凡属散州一，厅一，县七十五。	杭州府（钱塘县、仁和县）	
	江西	东界浙江、福建，西界湖南，南界广东，北界安徽、湖北。	广九百七十七里，袤一千八百二十里。	府十三：南昌、饶州、广信、南康、九江、建昌、抚州、临江、瑞州、袁州、吉安、赣州、南安。 直隶州一：宁都。 凡属散州一，厅四，县七十四。	南昌府（南昌县、新建县）	
	湖北	东界安徽，东南界江西，南界湖南，西界四川，北界河南，西北界陕西。	广二千四百四十里，袤六百八十里。	府十：武昌、汉阳、黄州、安陆、德安、荆州、襄阳、郧阳、宜昌、施南。 直隶州一：荆门。 直隶厅一：鹤峰。 凡属县六十。	武昌府（江夏县）	
	湖南	东界江西，南界广东、广西，西界贵州、四川，北界湖北。	广一千四百二十里，袤一千一百五十里。	府九：长沙、宝庆、岳州、常德、衡州、永州、辰州、沅州、永顺。 直隶州四：澧、桂阳、郴、靖。 直隶厅五：南州、乾州、凤凰、永绥、晃州。 凡属散州三，县六十四。	长沙府（长沙县、善化县）	
	四川	东界湖北、湖南，南界贵州、云南，西界西藏，北界陕西、甘肃，西北界青海。	广三千里，袤三千二百里。	府十五：成都、重庆、保宁、顺庆、叙州、夔州、龙安、宁远、雅州、嘉定、潼川、绥定、康定、巴安、登科。 直隶州九：邛、绵、资、茂、忠、酉阳、眉、泸、永宁。 直隶厅三：松潘、理番、懋功。 凡属散州十一，厅十一，县百十八，又土司二十九。	成都府（成都县、华阳县）	光绪三十二年，割康定以西隶川滇边务大臣统辖。

续表

区别	名称	四界	面积	辖地	治所	备考
行省	福建	东至海中诸岛，南界广东，西界江西，北界浙江。	广九百一十里，袤九百七十五里。	府九：福州、福宁、延平、建宁、邵武、汀州、漳州、兴化、泉州。 直隶州二：龙岩、永春。 凡属散厅一，县五十七。	福州府（闽县、侯官县）	
	台湾	四至皆海	广五百里，袤一千八百里。	府三：台湾、台南、台北。 直隶州一：台东。 凡属散厅三，县十一。	台湾府（台湾县）	《清史稿·地理志》，台湾，顺治十八年，郑成功逐荷兰人据之，康熙二十二年讨平之，改置台湾府，属福建省，光绪十三年，改建行省。
	广东	东界福建，南界海，西界广西，北界江西、湖南，西南界越南。	广二千五百里，袤一千八百里。	府九：广州、肇庆、韶州、惠州、潮州、高州、雷州、廉州、琼州。 直隶州七：罗定、南雄、连、嘉应、阳江、钦、崖。 直隶厅三：佛冈、赤溪、连山。 凡属散州四，厅一，县七十九。	广州府（番禺县、南海县）	
	广西	东界广东，西界云南，西南界越南，北界湖南、贵州。	广二千八百十里，袤二千九百六十里。	府十一：桂林、柳州、庆远、思恩、泗城、平乐、梧州、浔州、南宁、太平、镇安。 直隶州二：郁林、归顺。 直隶厅二：百色、上思。 凡属散州十五，厅八，县四十九，又土州二十四，土县四，土司十三。	桂林府（桂林县）	
	云南	东界广西、贵州，北界四川，南接越南及老挝，西界缅甸，西北接西藏及印度。	广二千五百一十里，袤一千一百五十里。	府十四：云南、大理、丽江、楚雄、永昌、顺宁、曲靖、东川、昭通、澄江、临安、广南、开化、普洱。 直隶州四：武定、镇雄、广西、元江。 直隶厅五：永北、蒙化、景东、镇沅、镇边。 凡属散州二十六，厅十二，县四十一，又土府一，土州三，土司十八。	云南府（昆明县）	
	贵州	东界湖南，南界广西，西界云南，北界四川。	广一千九十里，袤七百七十里。	府十二：贵阳、安顺、都匀、镇远、思南、思州、铜仁、遵义、石阡、黎平、大定、兴义。 直隶州一：平越。 直隶厅一：松桃。 凡属散州十三，厅十一，县三十四，又土司五十三。	贵阳府（贵筑县）	

续表

区别	名称	四界	面积	辖　地	治所	备　考
行省	新疆	东界甘肃及外蒙古喀尔喀札萨克图汗部，南界西藏，北界科布多，东南界青海，西至帕米尔，西南界印度，西北界俄罗斯。	广七千四百里，袤三千七百里。	府六：迪化、伊犁、温宿、焉耆、疏勒、莎车。 直隶州二：库车、和阗。 直隶厅八：镇西、吐鲁番、哈密、库尔喀喇乌苏、塔尔巴哈台、精河、乌什、英吉沙尔。 凡属散州一，厅一，县二十一。	迪化府（迪化县）	《清史稿·地理志》，乾隆二十年，准噶尔平，二十四年，回部亦平，二十七年，设伊犁总统将军，及都统参赞办事协办领队诸大臣，分驻各城，并设阿奇木伯克理回务。同治三年，安集延酋阿古柏作乱，陕回白彦虎应之，光绪八年，八部荡平，九年建行省，置巡抚及布政使司。
藩属	内蒙古	东界吉林、黑龙江，西界阿拉善厄鲁特，南界奉天、直隶、山西、陕西、甘肃，北界外蒙古。	袤延万余里	部二十五 察哈尔部凡八旗，内札萨克六盟，科尔沁部凡六旗，札赉特部凡一旗，杜尔伯特部凡一旗，郭尔罗斯部凡二旗，喀喇沁部凡三旗，土默特部凡二旗，敖汉部凡一旗，奈曼部凡一旗，巴林部凡二旗，札鲁特部凡二旗，翁牛特部凡二旗，阿鲁科尔沁部凡一旗，克什克腾部凡一旗，喀尔喀左翼部凡一旗，乌珠穆沁部凡二旗，阿巴哈纳尔部凡二旗，浩齐特部凡二旗，阿巴嘎部凡二旗，苏尼特部凡一旗，四子部落凡一旗，茂明安部凡一旗，乌拉特部凡三旗，喀尔喀右翼部凡一旗，鄂尔多斯部凡七旗。	张家口设都统。 以上盟于哲里木。 以上盟于卓索图。 以上盟于昭乌达。 以上盟于锡林郭勒。 以上盟于乌兰察布。 以上盟于伊克昭。	
	外蒙古	东界黑龙江，南至瀚海界内蒙古，西界新疆、甘肃，北至俄罗斯。	广五千里，袤三千里。	部十六：喀尔喀四部，称外札萨克土谢图汗部二十旗，车臣汗部二十三旗，赛因诺颜部二十二旗，札克图汗部十九旗，唐努乌梁部十五佐领，杜尔伯特部十四旗附辉特部二旗，明阿特部一旗，札哈沁部一旗，额鲁特部一旗，阿尔泰乌梁海部七旗，新土尔扈特部二旗，新和硕特部一旗，南东中北四路旧土尔扈特部十旗，北路旧土尔扈特部三旗，阿拉善额鲁特部一旗，额济纳旧土尔扈特部一旗。	以上二部库伦办事大臣监理，统于定边左副将军。 以上二部定边左副将军监理，定边左副将军辖。 以上四部科尔多参赞大臣辖，听定边左副将军节制。 以上三部旧隶科布多。 光绪三十二年，设阿尔泰办事大臣。以上归定边左副将军总统，驻乌里雅苏台。	

续表

区别	名称	四界	面积	辖地	治所	备考
藩属	外蒙古				以上新疆伊犁将军辖,塔尔巴哈台大臣辖,伊犁将军节制,阿拉善亲王驻定远城,不设盟,牧地跨昆都伦河。	
	青海	东及东南界四川、甘肃,南界西藏,西界新疆。	广千余里,袤千余里。	部五:青海和硕特部凡二十一旗,青海绰罗斯部凡二旗,青海辉特部凡一旗,青海土尔扈特部凡四旗,青海喀尔喀部凡一旗。以上共二十九旗,不设盟长。附察罕诺门一旗,土司凡四十。	西宁办事大臣统辖之。	
	西藏	东界四川,东南界云南,北界青海、新疆,南界印度、不丹、哲孟雄、尼泊尔,西界印度。	广六千余里,袤五千余里。	部四:卫,凡辖城二十八,康,藏,阿里。	喇萨、昌都、日喀则、葛大克	宣统元年,康地划归川滇边务大臣。
附记	本表根据《清史稿·地理志》,唯于外蒙各部稍有订正。					

六 清之中衰

(一) 政治之昏浊

甲、和珅之揽权

乾隆中叶以后,奢侈之风,与贪风竞长,实以和珅揽权为枢纽。和珅一奔走便给小人,非有大奸大诈之才,而当国历二十余年,内而尚侍,外而督抚,尽出和门,天下事无一而不败坏。盖乾隆帝以军旅之费,土木游观与其不出于正供之费,岁无虑亿万,悉索之和珅,和珅索之督抚,督抚索之州县。府库告竭,间阎愁惨,而人思走险矣。嘉庆帝于大丧中,执和珅而戮之,盖挟夙嫌,是时军饷告竭,欲得其家财以赡军耳。世传查钞和

1768

珅家产清单，出于当时报房所刊小钞，实不足据。

和珅，钮祜禄氏，满洲正红旗人。……嘉庆四年正月三日，高宗纯皇帝升遐，仁宗睿皇帝令和珅总理丧仪。科道诸臣，以和珅不法事，列款参奏，上命王公大臣公同鞫讯，俱得实，上乃谕曰："和珅受大行太上皇帝特恩，由侍卫擢至大学士，在军机处行走多年，叨沐殊施，诸臣无比。……今和珅情罪重大，……除在京王大臣会审定拟外，著通谕各督抚，将和珅如何拟罪，并此外有何款迹，据实覆奏。"旋据直隶总督胡季堂奏：和珅种种悖逆不法，蠹国病民，贪黩放荡，目无君上，请以大逆论。……并查出和珅蓟州坟茔，僭妄逾制，上乃申谕曰："朕于乾隆六十年九月初三日，蒙皇考册封皇太子，尚未宣布谕旨，而和珅于初二日，在朕前先递如意，泄漏机密，居然以拥戴为功，其大罪一。上年正月，皇考于圆明园召见和珅，伊竟骑马直进左门，过正大光明殿，至寿山口，无父无君，莫此为甚，其大罪二。又因腿疾，乘坐椅轿抬入大内，肩舆出入神武门，众目共睹，毫无忌惮，其大罪三。并将出宫女子，娶为次妻，罔顾廉耻，其大罪四。自剿办川楚教匪以来，皇考盼望军书，刻萦宵旰，乃和珅于各路军营递到奏报，任意延搁，有心欺蔽，以致军务日久未竣，其大罪五。皇考圣躬不豫时，和珅毫无忧戚，每进见后，出向外廷人员，谈笑如常，其大罪六。昨皇考力疾披章批谕，字画间有未真，和珅胆敢口称不如撕去，另行拟旨，其大罪七。前奉皇考敕旨，令伊管吏部、刑部事务，嗣因军需销算，伊系熟手，是以又谕令兼理户部题奏报销事件，伊竟将户部事务，一人把持，变更成例，不许部臣参议一字，其大罪八。上年十二月，奎舒奏循化、贵德二厅贼番，聚众在青海肆劫，和珅竟将原折驳回，隐匿不办，全不以边务为事，其大罪九。皇考升遐后，朕谕蒙古王公，未出痘，不必来京，和珅不遵谕旨，令已未出痘者，俱不必来，全不顾抚绥外藩之意，其居心实不可问，其大罪十。大学士苏凌阿，两耳重听，衰

和珅像

迈难堪，因系伊弟和琳姻亲，竟隐匿不奏，侍郎吴省兰、李潢，太仆寺卿李光云，曾在伊家教读，保列卿阶，兼任学政，其大罪十一。军机处记名人员，和珅任意撤去，种种专擅，不可枚举，其大罪十二。昨将和珅家产查抄，所盖楠木房屋，僭侈逾制，其多宝阁楠段，皆仿照宁寿宫制度，其园寓点缀，与圆明园蓬岛瑶台无异，不知是何肺肠，其大罪十三。蓟州坟茔，设立享殿，开置隧道，致附近居民，有"和陵"之称，其大罪十四。家内所藏珍珠手串二百余，较大内多至数倍，并有大珠，较御用冠顶尤大，其大罪十五。又宝石顶，非伊应戴之物，伊所藏数十，而整块大宝石，不计其数，且有内府所无者，其大罪十六。银两衣服等件，数逾千万，其大罪十七。且有夹墙藏金二万六千余两，私库藏金六千余两，地窖内藏埋银两三百余万，其大罪十八。附近通州、蓟州，有当铺钱店，资本又不下十余万，以首辅大臣，与小民争利，其大罪十九。伊家人刘全，不过下贱家奴，而查抄家产，竟至二十余万，并有大珠及珍珠手串，若非纵令需索，何得如此丰饶，其大罪二十。其余贪纵狂妄之处，尚难悉数。著将胡季堂原折，发交在京文武三品以上各官员，并翰詹科道阅看，妥议具奏。"

（《清史列传》卷三五《和珅传》）

嘉庆四年，1799年。……正月，……庚午，谕：和珅……经科道诸臣列款参奏，实有难以刻贷者，是以朕于恭颁遗诏日，即将和珅革职拿问，胪列罪状，特谕众知。……甲戌，谕：……昨经降旨，将和珅罪状，宣谕各督抚，令其议罪，……又据连日续行抄出和珅金银等物，特再行谕众知之。见上文。……至福长安……在军机处行走，与和珅朝夕聚处，凡和珅贪黩营私，种种不法罪款，知之最悉，……乃三年中，并未将和珅罪迹奏及，是其扶同徇隐，情弊显然。如果福长安曾在朕前，有一字提及，朕断不肯将伊一并革职拿问。见在钞出伊家资，虽不及和珅之金银珠宝，数逾千万，但已非伊家之所应有，其贪黩昧良，仅居和珅之次，并著一并议罪。……丁丑，谕：大学士、九卿、文武大员、翰、詹、科道等，定拟和珅、福长安罪名，请将和珅照大逆律凌迟处死，福长安照朋党律拟斩，请即正法等因一折，和珅种种悖逆专擅，罪大恶极，于法实毫无可贷。……姑念其曾任首辅大臣，于万无可贷之中，免其肆市，和珅著加恩赐令自尽。此朕为国

和珅故居恭王府

体起见，非为和珅也。至福长安，……即照大学士等所请，按例办理，实罪所应得。但科道并未将福长安指款参劾，而所钞资产，究不及和珅十分之一二，和珅已从宽赐令自尽，福长安亦著从宽，改为应斩监候，秋后处决。（《清仁宗实录》卷三七）

戊寅，谕：……和珅任事日久，专擅蒙蔽，以致下情不能上达，若不立除元恶，无以肃清庶政，整饬官方，今已明正其罪。此案业经办结，因思和珅所管衙门本多，由其保荐升擢者不少，而外省官员，奔走和珅门下，逢迎馈贿，皆所不免。……朕所以重治和珅之罪者，实为其贻误军国重务，而种种贪黩营私，犹其罪之小者。……此外初不肯别有株连，惟在儆戒将来，不复追咎既往，凡大小臣工，无庸心存疑惧。（《清仁宗实录》卷三八）

谕军机大臣等，从前和珅意图专擅，用印文传知各省，钞送折稿，因此带有投递军机处，另封事件，业经降旨饬禁，并随折批谕。今和珅业经伏法，所有随带文书，当永远停止。倘经此番饬禁之后，尚有仍蹈前辙者，必当重治其罪，决不姑贷。（《清仁宗实录》卷三八）

特授曹锡宝陕西道监察御史。时协办大学士和珅执政，其奴刘全，恃势营私，衣服车马居室皆逾制，锡宝将论劾。侍郎南汇吴省钦，与锡宝同乡里，闻其事，和珅方从上热河行在，驰以告。和珅令全毁其室衣，服车马有逾制，皆匿无迹。锡宝疏至，上诘和珅，和珅……乞严察重惩，……令步军统领遣官，从锡宝至全家，察视无迹，

锡宝自承冒昧，……上手诏，……革职留任。(《清史稿·列传》一〇九《曹锡宝传》)

广兴，满洲镶黄旗人，……累迁给事中。嘉庆四年，首劾和珅罪状，擢副都御史。(《清史稿·列传》一四二《广兴传》)

大学士伯和珅起自寒微，以生员充銮仪卫一小职，扈从上临幸山东。上喜御小辇，辇驾骡，行十里一更换，其快如飞。一日，珅侍辇旁行，上顾问是何出身，对曰："生员。"问："汝下场乎？"对曰："庚寅曾赴举。"问何题，对孟公绰一节。上曰："能背汝文乎？"随行随背，矫捷异常。上曰："汝文亦可中得也。"其知遇实由于此。比驾旋时，迁其官，未几，蹑居卿贰，派以军机，凡朝廷大政俱得与闻，朝夕论思，悉当上意。陕西回民苏四十三之乱，命总师旅，既而恐其轻进，俄而召还，盖圣意欲大用之也。后乃入阁办事，以军功疏封伯爵，权倾一时，内而部院群僚，外而督抚提镇，其不由和门者或寡矣。当嘉庆己未之前，今上尚未亲政，而川、楚用兵，军营封章，必先关白而后进呈，竟至隐匿不上者。而珅家中大兴土木，役使禁军数千人，复起造寿藏，小民呼为和陵，家起多宝阁，四方奇珍瑰宝充牣其中。寝内左列千两重金元宝、银元宝各十，常目存之，中列大衣镜，时服大珠朝珠，顾影徘徊其间，翩翩自喜。后房姬妾无数，分四婢能书算者为掌家，亦不知何自而来。子丰绅殷德，尚幼公主为额驸，姻联帝室，贵盛无伦。其管门家人刘秃子，珅少贱时，为之赶车，儇巧能事，得主人欢，比其用事也，部院庶职有不能见珅者，与之亲昵，至有拜在门下者。戊午冬暮，纯皇帝违和，至有改削谕旨并骑马进宫之事。己未新正三日，龙驭上宾。越三日，御史汪镛、阁臣刘墉，列款参奏。时今上倚庐与王公大臣同居丧次，乃降旨革职拿问，交刑部审讯，家产查封，珅所衣惟白布羊裘，身所佩者一宝石鼻烟壶而已。狱词上，问斩决，十八日，恩旨赐帛就狱中死焉。封疆大吏及司道大员平素与之交结者，莫不汹惧，皇上如天之仁，概不根究，所全者不

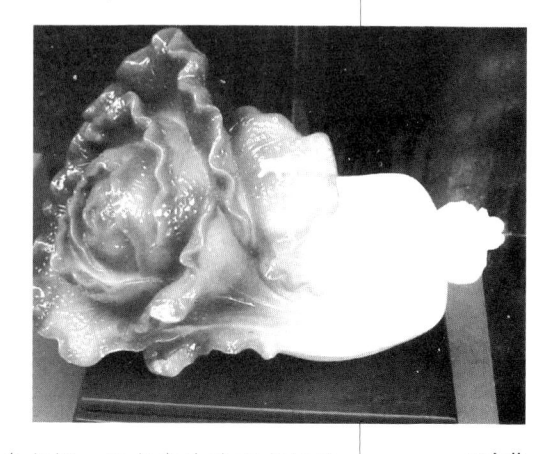

玉白菜

卷五 明清

少矣。（陈焯《归云室见闻杂记》卷中）

乙、督抚之骈戮

清在关外时，即以罚金为官吏处分，入关以后，不为常制，而罚款报效之事，一代不改，为内务府特别收入，以充非经制诸费。明为惩贪，其实纵贪，故当时有"宰肥鸭"之诮。乾隆所诛督抚，皆事已不可掩覆者，其由罚款而不问，或弥缝无迹者，不可胜数，故惩贪而贪不止。

钱沣，……乾隆三十六年进士。……四十五年，充广西乡试副考官，明年，擢江南道监察御史。……是时和珅秉政，窃张威福。……山东巡抚国泰，和珅私人也，沣奏其贪纵营私，并劾布政使于易简罪。高宗立召对，沣力陈东省亏空状，乃命尚书和珅，左都御史刘墉，往按之，并令沣偕往。始受命，沣先期行，微服止良乡，见干仆乘良马过，索夫役甚张，迹之，则和珅遣往山东赍信者也。沣详审其貌，未几，仆还，道遇沣，沣叱止之，搜其身，得国泰私书，俱言借款填库备查事，中多隐语。沣立奏之，……比到省盘库，……拆封则多圆丝杂色银，是借诸商家以充数者，因诘库吏得实，乃谕召诸商来领，大呼曰"迟则封库入官矣"，于是商贾纷纷具领，库藏为之一空。复改道易马，往盘他处，亦然。案遂定，……于是国泰遂伏法。（《清史列传》卷七二《钱沣传》）

乾隆四十七年壬寅1782年。八夏四月……庚午，谕军机大臣等，据御史钱沣参奏，山东巡抚国泰，贪纵营私，布政使于易简，亦纵情攫贿，与国泰相垺等语，……今特派尚书和珅，左都御史刘墉等前往，秉公据实查办，并带同该御史钱沣前往，断无不水落石出之理。……己卯，谕：……今据和珅等奏，先将历城县库盘查，……亏空银四万两，有那移掩饰之弊，并询问国泰，任意婪索各属员盈千累万，各款迹，亦俱承认。……又于易简，身任藩司，一任县库亏空，扶同弊混，甚至见巡抚时长跪回语，卑鄙无耻。……国泰、于易简，……均著革职拿问。（《清高宗实录》卷一一五四）

国泰，富察氏，满洲镶白旗人。……乾隆四十二年，迁山东巡抚。……四十七年，御史钱沣劾国泰，及于。易简，贪纵营私，征赂诸州县，诸州县仓库，皆有亏缺。上命尚书和珅，左都御史刘墉按治，并令沣与俱。和珅故袒国泰，墉持正，以国泰虐其乡，右沣，验历城库

清军机处旧址

银,银色不一,得借市充库状。……国泰具服,婪索诸属吏,数辄至千万,易简诒国泰,上诘,不敢以实对。狱定,皆论斩,上命改监候。……巡抚明兴疏言:通察诸州县仓库,亏二百万有奇,皆国泰、易简在官时事。……上以……国泰、易简,罔上行私,……均命即狱中赐自裁。(《清史稿·列传》一二六《国泰传》)

乾隆四十六年……七月……庚午,谕:……甘省例捐监生,本欲借监粮为备荒赈恤之用。乾隆三十九年,经勒尔谨奏闻,开例议准允行,原令止收本色粮米。其时王亶望为藩司,即公然私收折色银两,勒尔谨竟如木偶,毫无见闻,于是王亶望又倚任兰州府知府蒋全迪,将通省各属灾赈,历年捏开分数,以为侵冒监粮之地。自此上下勾通一气,甚至将被灾分数,酌定轻重,令州县分报开销,上侵国帑,下屯民膏,毫无忌惮。嗣后王廷赞接任藩司,……仍复因循观望,并不据实陈奏,且将私收折色一事,议定改归首府办理,而一切弊窦,仍未革除。若非朕特降谕旨,令阿桂等密行查办,则始终蒙蔽。王亶望诸人,竟得安然饱其欲壑,幸逃法网。……今王亶望、勒尔谨、王廷赞等,拿解行在审勘,所有伊等冒赈分肥,婪赃舞弊各款,俱一一供认明确,俯首无词。……从前恒文、方世俊、良卿、高积、钱度等,俱以婪赃枉法,先后伏诛,然尚未至侵蚀灾粮,冒销国帑,至数十万金,如王亶望之明目张胆肆行无忌者。王亶望由知县……用至藩司、

卷五 明清

1774

巡抚，乃敢负恩丧心至此，自应即正典刑，以彰国宪，王亶望著即处斩。至勒尔谨……用为总督，……今于王亶望私收折色冒赈婪赃一案，全无觉察，而已亦收受属员代办物件，一任家人等从中影射侵肥，种种昏庸贻误，罪更难逭，……勒尔谨著加恩赐令自尽。至王廷赞，……于接任王亶望交代时，不惟不据实参奏，且效尤作弊，……其罪亦难末减，……著加恩改为应绞监候，秋后处决，交刑部按例赶入秋审。……（《清高宗实录》卷一一三七）

八月甲戌，谕：……所有捏报各道、府、直隶州、知州，内除按察使福宁，首先供出，且经手事件较多，暂行留任外，其现任甘省道员奎明、文德、王曾翼、永福四员，现任甘省各知府及署任知府宗开煌、彭永年、彭时清、钟赓起、汪皋鹤、张金、城旸、李本枬，又现任甘省直隶州及署任知州侯作吴、黎珠、赵明旭、兴德、谢桓、宋学醇、董熙、励学沂，俟简放分发人员到省，即著阿桂等传旨，将该员等一并革职，归案审办。其已离甘省各员，现任盐运使程国表，原任布政使福明安，现任道员观禄，前任甘肃知府及现任知府潘时选、黄元垘、周人杰、诺明阿、富斌、德明、郭昌泰、观亮，前任甘肃直隶州知州及署知州博赫彦、方奇明、姜兴周、朱兰、王汝地各员，又在京……前任武威县知县朱家庆一员，俱革职，交留京办事王大臣，及任所原籍各督抚，将各该员提讯，录取确供，具奏。……戊子，……谕军机大臣等：……此案大小各员，勾通侵蚀，……自当核其赃私之多寡，以别情罪之轻重。著传谕阿桂等，将各该犯所有侵冒银款，其在二万两以上者，俱问拟斩决，二万两以下者问拟斩候。入于情实，一万两以下各犯，亦应问拟斩候，请旨定夺。……九月……丁未，……谕军机大臣：……此等冒赈殃民，侵吞国帑，数至二万两以上各犯，二十人。自应即正典刑，……著传谕阿扬阿，即先行驰驿前往甘肃，俟接到明旨后，会同李侍尧监视行刑。

（《清高宗实录》卷一一三八）

乾隆时期的"捐监执照"

这是王亶望贪污大案的重要旁证。

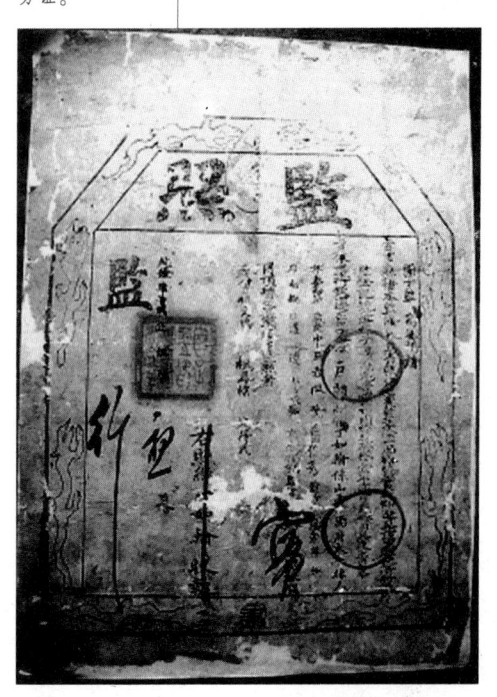

王亶望，……乾隆……三十九年，移甘肃布政使。甘肃旧例，全民输豆麦，予国子监生，得应试入官，谓之监粮，上令罢之，既复令肃州、安西收捐如旧例。亶望至，申总督勒尔谨，……为疏请诸州县皆收捐，又请于勒尔谨，令民改输银，岁虚报旱灾，妄言以粟治赈，而私其银，自总督以下，皆有分，亶望多取焉。……四十二年，擢浙江巡抚。……四十五年，………上……责其忘亲越礼夺官，仍留塘工自效。四十六年，……上疑甘肃频岁报旱不实，谕阿桂及总督李侍尧，令具实以闻。阿桂、侍尧疏发亶望等令监粮改输银，及虚销赈粟自私诸状，……遣侍郎杨魁如浙江，会巡抚陈辉祖，召亶望严鞫，籍其家，得金银逾百万。……逮亶望、勒尔谨，及甘肃布政使王廷赞。……令诸大臣会鞫，亶望具服，发议监粮改输银，令兰州知府蒋全迪示意诸州县，伪报旱灾，迫所辖道府，具结申转，……皋兰知县程栋为支应，诸州县馈赂，率以千万计。狱定，上命斩亶望，赐勒尔谨自裁，廷赞论绞，并命即兰州斩全迪。遂令阿桂按治诸州县，冒赈至二万以上皆死，于是坐斩者，栋等二十二人。……陕甘总督李侍尧，续发得赇诸吏，又诛闵鹓元等十一人。(《清史稿·列传》一二六《王亶望传》)

乾隆六十年乙卯1795年。五月……丙辰，……谕：据魁伦查奏，闽省近年洋盗增多，由于漳泉被水后，粮价昂贵，浦霖等办理不善，以致贫民流为匪党，伍拉纳见驻泉州，饥民围绕乞食。又伍拉纳素性躁急，加以钱受椿、德泰迎合怂恿，办理各案，亦多未协。……该督见赴台湾办事，……俟回至内地，即行革职，交与魁伦等质审。

乾隆朱批奏折

(《清高宗实录》卷一四七八)

　　冬十月……丙戌，谕军机大臣，会同刑部审讯伍拉纳、浦霖：……朕以伍拉纳身任总督，乃于地方洋面，任意废弛，又收受盐规十五万两，黄奠邦银九千余两，婪索多赃，其罪自较浦霖为重。嗣据汪志伊查抄浦霖原籍家产，查出见存银钱，及埋藏寄顿银两，多至二十八万，其余房屋地契物件，尚不在此数。经朕亲加廷鞫，据供得受盐规二万两，及收受黄奠邦馈赂九千余两外，又得受知府石永福、知县史恒岱洋钱等物，赃款累累，是浦霖黩法营私，贪婪无厌，竟与伍拉纳埒。……伍拉纳、浦霖，在督抚任内，婪索盐规，……收受属员馈送，赃累巨万，甚至人命重案，竟敢藐法徇情，拖毙无辜十命。……且伊辙布串通库吏，侵亏帑项，钱受椿延案勒贿，拖毙多命，……伍拉纳、浦霖，竟置若罔闻，……是其上下通同分肥。……伍拉纳、浦霖，俱著照拟即行处斩，……以为封疆大吏贪黩营私废弛侵亏……者戒。(《清高宗实录》一四八八)

　　觉罗伍拉纳，……乾隆五十四年，授闽浙总督。……六十年，……将军魁伦疏言：伍拉纳性急，按察使钱受椿等迎合，治狱多未协。漳泉被水，米值昂，民贫，巡抚浦霖等，不为之所，多入海为盗。……上为罢伍拉纳、浦霖，命广东总督觉罗长麟署总督，魁伦署巡抚。……伍拉纳、浦霖，贪纵婪索诸属吏，州县仓库多亏缺。伍拉纳尝疏陈，清查诸州县仓库，亏谷六十四万有奇，银三十六万有奇，限三年责诸主者偿纳，至是，魁伦疏论诸州县仓库亏缺，伍拉纳所奏非实数。上命伍拉纳、浦霖，及布政使伊辙布、按察使钱受椿，皆夺官，交长麟、魁伦按讞。长麟、魁伦勘布政司库吏周经，侵库帑八万有奇，具狱辞上。上疑长麟等意将归狱于经，

乾隆手迹

清明時節杏苍天岇柳
輕籠漠漠烟寂是春闺
識風景翠翘紅神跡秋
千曲池凰静鏡澄波綠
柳青輸兩髯螺未許人
閒輕比似壺中游骶半
仙娥　御題

斥其徇私，长麟等疏发伍拉纳受盐商贿十五万，霖亦受二万，别疏发受椿谳长泰械斗狱，狱毙至十人，得贿销案。籍伍拉纳家，得银四十万有奇，如意至一百余柄；……籍霖家，得窖藏金七百，银二十八万，田舍值六万有奇，他服物称是。逮至京师，廷鞫服罪，命立斩，伊辙布亦逮京道死，受椿监送还福建，夹二次，重笞四十，乃……处斩。(《清史稿·列传》一二六《觉罗伍拉纳传》)

抚军陈公辉祖，湖南祁阳人，大学士文肃公大受之子也。以荫官中书舍人，出为天津道，洊至湖北巡抚，调任浙江。形貌体面，亦无甚作威福处，但贪黩无限耳。王抚军查抄物件存于公处，日日往看，渐加抵换，及解京，上心觉焉。而历任所婪，殆亦不赀，其子童骏，间漏语于人曰："吾家家私可七百万。"迨稍闻消息，于内署焚烧货贿，每夜火光烛天。及其解部也，适郑枫人先生调繁杭州，赴京引见，就委同行，一路煞费苦心，幸不致自戕，部讯亦无甚左验，赐帛狱中死。(陈焯《归云室见闻杂记》卷下)

(二) 财用之耗竭

甲、南巡

康、雍之世，库储常盈二千四百万两，乾隆中叶，增至七千万，末年乃无一存，盖皆为军兴所耗矣。此所耗者府库之财，尚未若民财之消耗也。南巡、营建二者，最耗民力。南巡名为视河，其实艳羡江南，乘兴南游，谓为镇压反仄，未免过甚之词。纪南巡事者，多与事实相去过远，当时盖无敢加以非议者。兹录数事，以见扰累。

正月十八日晚，中堂传上谕问九卿，朕要往南河看杨家庄仲家闸，指示方略，船去船来，不扰军民，该去不该去。(《圣驾五幸江南恭录》)

督抚、将军、织造等位跪请留圣驾，皇上甚悦，传旨再住一天，织造进宴演戏，文武各晚朝。传皇上行幸龙潭行宫驻跸，因建造行宫不甚整齐，有不善之意，令督院委江宁府连夜往龙潭，星速料理预备齐整。(《圣驾五幸江南恭录》)

车驾由龙潭幸江宁，行宫草创，欲抉去之者，因以是激上怒，时故庶人从幸更怒，欲杀某某。……已而上命鹏年晨至镇江口，夜筑马

《乾隆南巡图》
(局部)

头三,鹏年半夜筑成之。初,鹏年以一骑驰至江口,而江深溜急,计下石无以根之也。有估客坐木筏上见之曰:"非江宁陈太守耶?何为也?"告以故,曰:"是岂一手足能猝为也哉,估请为之。"乃募工絚筏叠石叠沉,筏出水,石填之,半夜三马头成。(宋和《陈恪勤列传》)

天台齐公息园,召南以礼部侍郎告病归。乾隆壬午春二月,高宗纯皇帝南巡江浙,公迎驾至扬州,将渡江,上召见公曰:"汝其随朕登金山。"公曰:"臣有足疾,不能行。"上曰:"与汝骑,公曰:"臣不能骑,江山真面目,臣于舟中得之,心为之快。若新作台殿,粉饰壮丽,皆人工耳。"上默然。比至西湖,上召见沈尚书德潜及公于小有天园,命和御制诗章,尚书随和以进,而公谢以病废不能诗。阅日又召见曰:"朕闻天台之胜,甲于两浙。汝天台人,当能道之。"公曰:"穹岩绝壑,虎豹所居。臣生长天台,敬凛孝子不登高不临深之义,未尝一识石梁也。"上笑曰:"汝真土人哉!"是日,遍赐诸臣文绮,而不及公。阅五年,族人齐周华诗案之祸作,公被逮下刑部狱,寻省释放归,卒于家。(秦瀛《小岘山人文续集补编·书齐少宗伯轶事》)

尹文端公继善不爱钱而善用人,实是好官,惟于上之南巡,有意迎合,伤耗三吴元气。此通人之一蔽,然非此,尹不得四督江南。(《批本随园诗话补遗》卷二)

乾隆中,纯庙将举第四次南巡之典,大学士于文襄使浙江抚臣王

中华二千年史

亶望，奏请上由杭州以至湖州，命将下，大学士程文恭公争之甚力，……上乃降旨罢之。而文襄又致书抚臣，以两浙耆老意吁恳，犹可行。……抚臣犹必欲举其役，檄绍兴知府赵君，循湖州河道试舆舫，赵君……潜布木石于河中，舆舫触之不得行，时已迫，不及浚，役始止。后抚臣知之，借案中赵君罢职。（包世臣《安吴四种》卷三《齐民四术·礼》三）

康乾南巡简表

	南巡所至	往还
康熙	十月庚子至济南府，壬寅至泰安府，庚戌驻郯城，乙卯渡江泊镇江府西门外，丙辰至金山，戊午驻苏州府，壬戌驻江宁府。	二十三年九月往十一月还
	正月甲申至济南府，乙未至扬州，二月辛丑至苏州，丁未至杭州，乙卯自杭州回銮，癸亥至江宁府。	二十八年正月往三月还
	三月庚午渡河泊清江口，壬申驻淮安府，丙子驻扬州府，癸未驻苏州府，辛卯驻杭州，戊戌回銮。	三十八年二月往五月还
	正月壬戌巡视南河，庚午过济南府，二月壬午驻扬州城内，丙戌驻苏州府，戊子驻杭州府，癸巳回銮，辛丑至江宁。	四十二年正月往三月还
	甲午泊济宁，三月乙巳驻扬州，辛亥驻苏州，己未驻松江，四月丙寅驻杭州，癸酉回銮，乙酉驻江宁。	四十四年二月往闰四月还
	二月壬寅次清河，三月乙未驻江宁，己巳驻苏州，丙子驻松江，四月甲申驻杭州。	四十六年正月往五月还
乾隆	二月丙子渡河阅天妃闸，丁丑阅高家堰，癸巳至苏州府，三月戊戌至杭州府，辛酉至江宁府。	十六年正月往五月还
	二月丁卯渡河至天妃闸，乙亥渡江，甲申至苏州府，己丑至杭州府，三月己酉至江宁府。	二十二年正月往四月还
	二月壬申渡河，庚辰阅京口兵，乙酉至苏州府，三月甲午至杭州府，丙午自杭州回銮，戊午至江宁府。	二十七年正月往五月还
	二月戊子渡河，丙申渡江，闰二月丙午至苏州府，壬子至杭州府。	三十年正月往四月还
	二月己未渡河，丁卯渡江，戊辰至焦山，壬申至苏州府，三月癸未至杭州府，壬寅至江宁府。	四十五年正月往五月还
	二月壬戌至泰安府，丙寅至曲阜，丁卯谒孔林，戊寅渡河，三月丙戌渡江，辛卯至苏州府，己亥至海宁州，辛丑至杭州府。	四十九年正月往四月还

乙、宫观

清帝俱不乐居宫中，除居西苑外，顺治常居南苑，康熙则居畅春园，雍正以后居圆明园，夏季则往热河避暑山庄。圆明园费四朝营建之力，巨丽无匹，咸丰十年，为英法联军所毁。英曾退回赔款一百万，为复建之费，同治中屡议修复，皆以费多而止。光绪末于此阅射，犹有座起，自后

1780

遂片瓦无存矣。

圆明园在挂甲屯之北，距畅春园里许。园为世宗藩邸赐园，康熙四十八年建。园内为门十八，南曰大宫门，曰左右门，曰东西夹门，曰东西如意门，曰福园门，曰西南门，曰水闸门，曰藻园门；东曰东楼门，曰铁门，曰明春门，曰蕊珠宫门，曰随墙门；正北曰北楼门。为闸三，西南为一空进水闸，东北为五空出水闸。北为一空出水闸，大宫门五楹。门前左右朝门各五楹，其后东为宗人府、内阁、礼部、吏部、兵部、都察院、理藩院、翰林院、詹事府、国子监、銮仪卫、东四旗各衙门直房，东夹道内为银库，又东北为南书房，东南为档案房；西为户部、刑部、工部、钦天监、内务府、光禄寺、通政司、大理寺、鸿胪寺、太常寺、太仆寺、御书处、上驷院、武备院、西四旗各衙门直房，西夹道之西南，为造办处，又南为药房。大宫门内为出入贤良门五楹，门左右为直房，前跨石桥，度桥东西朝房各五楹，西南为茶膳房，再西为翻书房，东南为清茶房，为军机处。出入贤良门是为二宫门，凡武职侍卫引见，御此门较射，左右直房为各部院臣工入直之

圆明园四十之景
一：九州清晏

所。出入贤良门内，为正大光明殿七楹，东西配殿各五楹，后为寿山殿，东为洞明堂，园景四十，正大光明殿其一也。正大光明殿东为勤政亲贤殿五楹，四十景之一也。殿东为飞云轩、静鉴阁，其北为怀清芬，又北为秀木佳荫，转后为生秋庭阁，东为芳碧丛，后为保合太和殿三楹，又后为富春楼，楼东为林竹清响。正大光明殿后曰前湖，湖北为圆明园殿五楹，后为奉三无私殿七楹，又后为九州清宴殿四十景之一也。七楹，东为天地一家春，西为乐安和。又西后为清晖阁，阁前为露香斋，左为茹古堂，为松云楼，右为涵德书屋，富春楼。北为御兰芬楼，后为纪恩堂，镂月开云，四十景之一也。原名牡丹台，乾隆九年易今名，三十一年额曰纪恩堂。堂后有池，池西北方楼，为天然图画楼。四十景之一也。之北为朗吟阁，又北为竹薖楼，东为五福堂五楹，堂后殿五楹为竹深荷净，其东南为静知春事佳，又东渡河为苏堤春晓。由五福堂渡河而北，山阜旋绕，内为碧桐书院，四十景之一也。前宇正殿、后照殿各五楹，其西岩石上为云岑亭书院，西为慈云普护，四十景之一也。前殿南临后湖三楹，为欢喜佛场，其北楼三楹，上奉观音大士，下祀关壮缪，东偏为龙王殿，祀圆明园照福龙王。慈云普护之西，临湖有楼，上下各三楹，为上下天光，四十景之一也。左右各有六方亭，后为平安院，西折而南渡桥为杏花村馆，四十景之一也。西北有春雨轩，轩西为杏花村，村南为砌磜余清，春雨轩后，东为镜水斋，西北室为抑斋，又西为翠微堂。杏花春馆之西，度碧澜桥，为坦坦荡荡四十景之一也。三楹，前为素心堂，后为光风霁月堂，东北为知鱼亭，又东北为萃景斋，西北为双佳斋。坦坦荡荡之南，为茹古涵今四十景之一也。五楹，南向，其后方殿为韶景轩，四面各五楹，轩东为茂育斋，西为竹香斋，又北为静通斋。茹古涵今之南，为长春仙馆，高宗旧时赐居四十景之一也。门三楹，正殿五楹，后为绿荫轩，西廊后为丽景轩。长春仙馆之西，为含碧堂五楹，后为林虚桂静，左为古香斋，其东楹有阁为抑斋，为墨池云，后为随安室。由长春仙馆西南门迤西，为藻园，内为旷然堂五楹，堂后为贮清书屋，堂东池上为夕佳书屋，稍北为镜澜榭，东南为凝眺楼，为怀新馆，西北为湛碧轩，西南为湛清华。杏花春馆西北，为万方安和，四十景之一也。建宇池中，形如卍字，万方安和后，度桥折而东稍北，石洞之南，为武陵春色。

**圆明园四十之景
一：慈云普护**

四十景之一也。池北轩为壶中日月长，东为天然佳妙，其南为洞天日月多佳景。旧总名桃花坞，雍正四年，高宗读书于此，额曰乐善堂。武陵春色之西，为全璧堂，东南亭为小隐栖迟堂。后由山口入，东为清秀亭，西为清会亭，北为桃花坞，西为清水濯缨室。又西稍北为桃源深处，坞东为绾春轩，东北为品诗堂。万方安和西南，为山高水长楼，四十景之一也。西向九楹，后拥连冈，前带河流，地势平衍，凡数顷。其地为外藩朝正锡宴，及平时侍卫较射之所，每岁灯节，则陈火戏于此处。山高水长之北，度桥由山口入，梵刹一区，为月地云居殿四十景之一也。五楹，前殿方式，四面各五楹，后楼上下各七楹，东为法源，楼又东为静室，西度桥折而北，为刘猛将军庙。月地云居之后，循山径入，为鸿慈永祐，四十景之一也。安佑宫前琉璃坊座南面额也，左右石华表各一。坊南及东西，复有三坊环列，其南为月河桥，又东南为致孚殿三楹，西向宫门五楹，南向为安佑宫门，前白玉石桥三座，左右井亭各一，朝房各五楹。内重檐正殿九楹，为安佑宫，内中龛敬奉

圣祖仁皇帝御容，左龛敬奉世宗宪皇帝御容，右龛敬奉高宗纯皇帝御容，左右配殿各五楹，碑亭各一，燎亭各一。鸿慈永祐后垣西北，为紫碧山房，前宇为横云堂。山房东岩洞中，为石帆室，东南为丰乐轩，北为霁华楼，迤东为景晖楼。横云堂西池上，为澄素楼，西北为引溪亭，东垣外径连冈三重，度桥而东则汇芳书院也，四十景之一也。内宇为抒藻轩，后为涵远斋，斋前西垣内为翠照楼。东垣内为倬云楼，又东为眉月轩，轩南稍东为随安室，又东敞宇三楹，为问津逾溪桥，有石坊，为断桥残雪。汇芳书院之南，为日天琳宇，四十景之一也。西前楼下之正宇也，其制有中前楼、中后楼上下各七楹，有西前楼、西后楼上下各七楹，前后楼间穿堂各三楹，中前楼南有天桥与楼相属。天桥东南重檐八方者，为灯亭，西前楼南为东转角楼，又西稍南为西转角楼，中前楼之东垣内八方亭，为楞严坛，又东别院为瑞应宫，前为仁应殿，中为和感殿，后为宴安殿。白天琳宇迤东稍南，稻田弥望，河水周环，中有田字式殿，凡四门，其东北面皆有楼，北楼正宇为淡泊宁静，四十景之一也。东为曙光楼，殿之东门外，为翠扶楼。西门外别垣内宇，为多稼轩七楹，其东临稻畦者，前为观稼轩，后为怡情悦目，为稻香亭，又东稍北为溪山不尽，为兰溪隐玉，多稼轩西池南，为水精域。西偏为静香屋，为招鹤磴，池后东北为寸碧，西北为引胜，正北为互妙楼，淡泊宁静，渡河桥而西，为映水兰香。四十景之一也。东南为钓鱼矶，北为印月池，又北为知耕织，为濯鳞沼，西南为贵织山堂，祀蚕神，映水兰香东北，为水木明瑟。四十景之一也。其北稍西，为文源阁，上下各六楹。乾隆三十九年建，与文渊阁、文津阁，皆以贮四库全书，均有记。阁西为柳浪闻莺，西北环池带河，为濂溪乐处，四十景之一也。后为云香清胜，东为菱荷深处，折而东北为香雪廊，廊东为云霞舒卷楼，为临泉亭。其南为汇万总春之庙，正殿为蕃育群芳，东北为香远益清楼，西为乐天和，为味真书屋。又西为池水共心月同明，庙东沿山径出，为普济桥。濂溪乐处迤北对河外稻塍者，为多稼如云，四十景之一也。前为芰荷香，东南为湛渌室，东北为鱼跃鸢飞，四十景之一也。四面为门各五楹，东为畅观轩，西南为铺翠环流楼，南传妙室。又南出山口，为多子亭，其东禾畴弥望，河南北岸，仿农居村市者，曰北远山村。四十景之一也。

1784

圆明园四十之景
一：接秀山房

北岸石垣西为兰野，后为绘雨精舍，其西南为水村图，又西有楼前后相属，前为皆春阁，后为稻凉楼，又西为涉趣楼，右为湛虚书屋。东北渡桥折而西，为湛虚翠轩，又西为耕云堂，为若帆阁。西南临河为西峰秀色，四十景之一也。河西为小匡庐，东为含韵斋，又东为一堂和气，又东南为自得轩。后垣东为岚镜舫，西为花港观鱼，迤东东西船坞各二，北岸为四宜书屋，四十景之一也。安澜园之正宇也，东南为葄经馆，又南为采芳洲，后为飞睇亭，东北为绿帷舫，西南为无边风月之阁，又西南为涵秋堂，北为烟月清真楼，楼西南为远秀山房。楼北渡曲桥，为染霞楼，四宜书屋之东，临池楼宇为方壶胜境。四十景之一也。南建二坊，其北为哕鸾殿，为琼华楼，殿东为蕊珠宫，宫南船坞。西北为三潭印月，渡桥为天宇空明，后为澄景堂，东为清旷楼，西为华照楼，澡身浴德。四十景之一也。在福海西南隅即澄虚榭正宇，南为含清晖，北为涵妙识，折而西向为静香馆。又西为解愠书屋，西南为旷然阁，北渡河桥为望瀛洲，其北为深柳读书堂，为溪月

松风，平湖秋月。四十景之一也。在福海西北隅，正宇西为流水音，东北出口临河为花屿兰皋，折而东南渡桥为两峰插云。又东南为山水乐，其北为君子轩，为藏密楼，蓬岛瑶台。四十景之一也。在福海中央殿前，东为畅襟楼，西为神洲三岛，东偏为随安室，西偏为日月平安报好音。东南度桥为东岛，有亭为瀛海仙山，西北度桥为北岛，接秀山房。四十景之一也。在福海东隅正宇后为琴趣轩，其北方楼为寻云，东南为澄练楼，楼后为怡然书屋，稍东佛室为安隐幢，南为揽翠亭，别有洞天。四十景之一也。在接秀山房之南，依山临河，西曰纳翠楼，西南曰水木清华之阁，稍北为时赏斋，西为夹镜鸣琴，四十景之一也。南为聚远楼，东为广育宫，前建坊座，后为凝祥殿，宫东为南屏晚钟。又东度桥为西山入画，为山容水态，西为湖山在望，为佳山水，为洞里长春，涵虚朗鉴。四十景之一也。在福海东即雷峰夕照正宇，其北稍西为惠如春，又东北为寻云榭，又北为贻兰庭，为会心不远，其南为临众芳，为云锦墅，为菊秀松蕤，为万景天，为廓然大公。四十景之一也。在平湖秋月之西，前为双鹤斋，西为环秀山房，西北为规月桥，为临湖楼，东北为绮吟堂，又北为采芝径。经岩洞而西为峭蒨居，西为披云径，为启秀亭，为韵石淙，为芰荷深处，北垣门外为天真可佳楼，西垣外为影山楼，坐石临流。四十景之一也。在水木明瑟东南，淡泊宁静之东，麹院风荷。四十景之一也。又在坐石临流东南，碧桐书院正东，其西佛楼为洛伽胜境，其南跨池东西桥九空，坊楔二，西为金鳌，东为玉蝀，金鳌西南河外室为四围佳丽，玉蝀东亭为饮练长虹。又东南度桥，折而北，设城关，为宁和镇，其东南为东楼门，其北为同乐园，前后楼各五楹，前为清音阁，后为永日堂，中有南北长街，街西为抱璞草堂，街北度双桥，为舍卫城，前树坊楔三。城南面

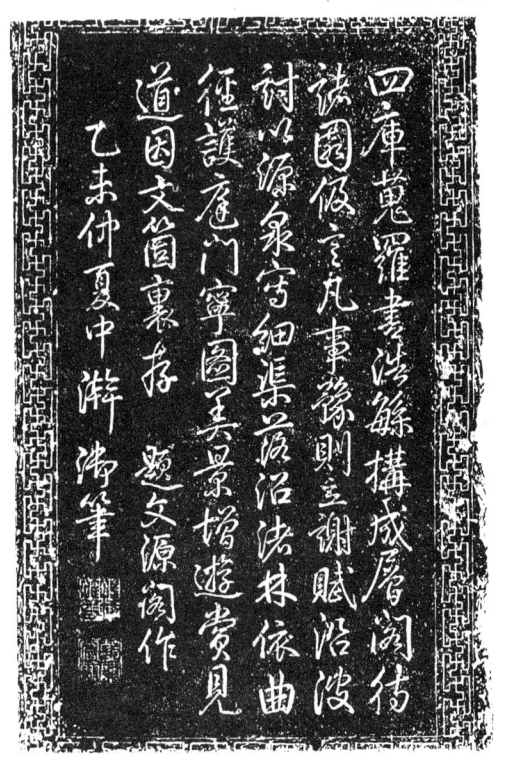

圆明园文源阁乾隆题词拓片

为多宝阁，内为山门，正殿为寿国寿民，后为仁慈殿，又后为普福宫，城北为最胜阁，洞天深处。高宗御书，四十景之一也。在如意馆西稍南前宇乃诸皇子所居，为四所，东西二街，南北一街，前为福园门，四所之西为诸皇子肄业之所，前为前天垂贶，中为中天景物，东宇为斯文在兹，恭悬至圣先师神龛上。后为后天不老。四额世宗御书圆明园册。（黄凯《圆明园记》）

同治十年，王壬父重至辇下，追话旧游，张子雨珊亦以计偕来，约访故宫，因驻守参将廖承恩为游主。四月十日，……明日，访守园者得董监，……道余等从瓦砾中，循出贤良门而北，指勤政、光明、寿山、太和四殿遗址，前湖圆明寝殿五楹，后为奉三无私殿，九州清宴殿，各七楹，坏壁犹立，拾级可寻。董监言东为天地一家春，后居也；西为安乐和亲，诸妃嫔贵人居也；洞天深处，皇子居也。清辉殿为文宗重建，与五福堂、镂月开云台、朗吟阁，皆不可复识。……东渡湖为苏堤、长春仙馆、藻园，又北为月地云居，舍卫城曰天琳宇、水木明瑟、濂溪乐处，约略指示所在。东北至响屧廊，阶前茅荻萧萧，废池可辨。……渡桥从福海西行，为平湖秋月，水光溶溶，一泻千顷。望蓬岛瑶台，岛上殿宇犹存数楹。……西北至双鹤斋，后为廓然大公，正室七楹。又西过规月桥，登绮吟堂，经采芝径，折而东，仍出双鹤斋，园中残毁几遍，独存此为劫灰之余，乱草侵阶，窗棂宛

圆明园遗迹

在，尤增人禾黍悲耳。双鹤斋西为溪月松风，翠柏苍藤，沿流复道，斜日在林，有老宫人驱羊豕下来。东过碧桐书院，地跨池上，东为金鳌，西为玉蛛，坊楔犹存。又东去皆败址难寻，遂不复往。(徐树钧《圆明园词·序》)

(三) 风俗之敝

甲、欺蔽

洪亮吉上成亲王书，指摘其时相为容隐欺蒙，成为风气，言甚切直，几罹重辟。即亮吉所痛心疾首者，知其弊百年未除，尤以军报诬枉最甚。

自乾隆五十五年以后，权私蒙蔽，事事不得其平者，不知凡几矣。千百中无有一二能上达者，即能上达，未必即能见之施行也。如江南洋盗一案，参将杨天相有功骈戮，洋盗某漏网安居，皆由署总督苏凌阿昏愦糊涂，贪赃玩法，举世知其冤，而洋盗公然上岸，无所顾忌，皆此一事酿成。况苏凌阿权相私人，朝廷必无所顾惜，而至今尚拥巨资，厚自颐养。江南查办此案，始则有心为承审官开释，继则并闻以不冤覆奏。(《清史稿·列传》一四三《洪亮吉传》)

自征苗匪、教匪以来，福康安、和琳、孙士毅则蒙蔽欺妄于前，宜绵、惠龄、福宁则丧师失律于后，又益以景安、秦承恩之因循畏葸，而川、陕、楚、豫之民遭劫者，不知几百万矣。已死诸臣，姑置勿论，其现在者，未尝不议罪也，然重者不过新江换班，轻者不过大营转饷，甚至拿解来京之秦承恩，则又给还家产，有意复用矣；屡奉严旨之惠龄，则又起补侍郎。夫蒙蔽欺妄之杀人，与丧师失律以及因循畏葸之杀人无异也，而犹邀宽典异数。（《清史稿·列传》一四三《洪亮吉传》）

盖人材至今日销磨殆尽矣，以模棱为晓事，以软弱为良图，以钻营为取进之阶，以苟且为服官之计，由此道者，无不各得其所欲而去，衣钵相承，牢结而不可解。夫此模棱软弱钻营苟且之人，国家无事，以之备班列可也，适有缓急，而欲望其奋身为国，不顾利害，不计夷险，不瞻徇情面，不顾惜身家，不可得也。至于利弊之不讲，又非一日，在内部院诸臣事本不多，而常若狰狰不暇，汲汲顾影，皆云多一事不如少一事；在外督抚诸臣，其贤者斤斤自守，不肖者亟亟营私。国计民生，非所计也，救目前而已；官方吏治，非所急也，保本任而已。虑久远者，以为过忧；事兴革者，以为生事。（《清史稿·列传》一四三《洪亮吉传》）

十余年来，有尚书、侍郎甘为宰相屈膝者矣。有大学士七卿之长，且年长以倍，而求拜门生，求为私人者矣。有交宰相之僮隶，并乐与抗礼者矣。太学三馆，风气之所由出也，今则有昏夜乞怜以求署祭酒者矣，有人前长跪以求讲官者矣。翰林大考，国家所据以升黜词臣者也，今则有先走军机章京之门，求认师生，以探取御制诗韵者矣；行贿于门阑侍卫，以求传递代倩，藏卷而去，制就而入者矣。（《清史稿·列传》一四三《洪亮吉传》）

乙、迷信

乾、嘉之世，各处迎神赛会之风最盛，白莲无生之教，蔓延尤广。当时士大夫，亦事迷信，如下所举，朱珪、刘权之、汤金钊则名臣也，纪昀则名儒也，其盛可知。混元、八卦相继举兵，实由官逼民反矣，而信从其教者甚多，故能一呼而集。

幸有矫矫自好者，类皆惑于因果，遁入虚无，以蔬食为家规，以谈禅为国政，一二人倡于前，千百人和于后，甚有出则官服，入则僧衣，惑智惊愚，骇人观听。亮吉前在内廷执事，曾告之曰："某等亲王十人，持斋戒杀者已十居六七，羊豕鹅鸭皆不入门，及此回入都，而士大夫持斋戒杀者，又十居六七矣。"（《清史稿·列传》一四三《洪亮

吉传》)

座师朱相国文正公珪，……喜诙谐。翰林院土地，相传为昌黎文公，故有文公祠。公以为代文公者为吴殿撰鸿，一日丁祭毕，舁轿过文公祠，公自轿中回首作拱介，大声曰："老前辈有请矣！"……自以为前身为文昌宫之盘陀石，因号盘陀老人。有请乩者，谓公系文昌二世储君名渊石，故字石君，奏请加梓潼封号，行九拜礼。（姚元之《竹叶亭杂记》卷五）

五来之说，凿然有之。纪文达公昫殆自精灵中来也。人传公为火精转世，此精女身也，自后五代时即有之，每出见则火光中一赤身女子，群以铜器逐之，一日复出，则入纪家，家人争逐，则见其径入内室，正哗然间，内报小公子生矣。公生时耳上有穿痕，至老犹宛然如曾施钳环者，足甚白而尖，又若曾缠帛者，故公不著皂靴，公常脱袜示人，不之讳也。人又言公为猴精，盖以公在家，几案上必罗列榛栗梨枣之属，随手攫食，时不住口，又性喜动，在家无事，不肯坐片时也。又传公为蟒精，以近宅地中有大蟒，自公生后，蟒即不见。说甚不一。（姚元之《竹叶亭杂记》卷五）

刘文恪公，权之。传是钟离祖师后身，故公即以仙之名及字为名与字，而面圆色红须微，常带笑容，与世所画八仙中之钟离仙宛肖。公少时家贫，为文不能延良师，家有乩，每课文求乩仙笔削，督责颇严。一日，文偶冗，长仙谓不宜，公乃短章，仙怒，因不阅，悔谢乃免，及成名始去。五来原有自仙来者，而乃有仙为师，亦奇矣。（姚元之《竹叶亭杂记》卷五）

老丈为余言，昔文端公汤金钊。在江苏学政任时，扫一楼奉乩仙，悬笔于上，老丈辄从拜于楼下。一日，乩书某次子修赐名敏斋。又一日，书年庚八字一，缀一词于下，有"二十四桥明月夜，明珠一颗掌中擎"之语。越日，又书云，昨所示八字，乃上海叶令之女，可与修为佳耦，命幕友张某为媒急往，限某日到，沿途多加纤夫。文端承命，遣张君急行，至则前一日，叶令方与宁波林武议婚，适因小恙中止，张君至，述神语，遂委禽焉。于归三年，生一女而没，年二十四，乩书所谓二十四桥者验矣。所生女即余亡妻也，亡妻归我十年，无子女，年三十而卒。镜合无期，珠摧先兆，其命也夫。（《翁文恭公

日记·咸丰十年正月廿七日》)

(四) 道光之衰运
甲、曹穆之柄政

道光一朝，曹振镛专政于前，穆彰阿继之于后。曹不过趋避畏事，多为禁忌，穆则植党营私，排斥异己，天下仕宦，多出穆门。道光帝高谈心性，不能起衰救敝也。

> 宣宗……命曹振镛为军机大臣。宣宗治尚恭俭，振镛小心谨慎，一守文法，最被倚任。……凡为学政者三，典乡、会试者各四，衡文惟遵功令，不取淹博才华之士，殿试、御试必预校阅，严于疵累忌讳，遂成风气。(《清史稿·列传》一五〇《曹振镛传》)

> 穆彰阿当国，……自嘉庆以来，典乡试三，典会试五，凡覆试、殿试、朝考教习、庶吉士散馆、考差、大考翰詹，无岁不与衡文之役，国史、玉牒、实录诸馆，皆为总裁，门生故吏遍于中外，知名之士多被援引，一时号曰穆党。文宗……即位，……特诏数其罪曰："……穆彰阿……保位贪荣，妨贤病国。……从前夷务之兴，倾排异己，……如达洪阿、姚莹之尽忠尽力，……必欲陷之；耆英之无耻丧良，同恶相济，尽力全之，……英船至天津，犹欲引耆英为腹心，以遂其谋；……潘世恩等保林则徐，屡言其柔弱病躯，不堪用。(《清史稿·列传》一五〇《穆彰阿传》)

穆彰阿尤扶持旗员外任，知府率兼税收，为膏腴之地，部中司员，旗汉缺相等，而旗员得京察一等，以外放府道者，率三四倍于汉员。故道光时旗员外任知府者，竟占全额三分之一，多不识字，听信幕友家丁，恣为奸利，人民所以愈困。

清道光皇帝像

道光朝旗员外任简表

道光二十一年	总督旗籍者七人	总督缺八
道光十九年	巡抚旗籍者七人	巡抚缺十五
道光二十年	知府旗籍者六十一人	知府缺一百八十四

本表据《清史稿·督抚年表》及道光二十年《夏季搢绅全书》

乙、翰林之重用

道光帝最重翰林，凡工卷折试帖律赋者，登第后不数年，每致督、抚、尚、侍，唯习于因循推诿，务为粉饰，以文法相尚而已。

> 武备不修，赏罚不明。不破格以召揽英豪，不核实而崇重州县。因循日甚，畏葸遂多。正供困于刁民，财赋竭于乡勇。豪强通于猾吏，小民累于家口。生计迫于铺户之多，粮饷忧于田土之少。不必有权相藩封之跋扈，不必有宦官宫妾之擅权，不必有敌国外患之侵陵，不必有饥馑流亡之驱迫。休养久而生齿繁，文物盛而风俗敝。盗贼众而有司不能捕，遂畏例而壅于上闻；处分繁而吏议日以苛，遂拘泥而不能破格。虽上无昏政，下无凶年，而事遂有不可为者矣。（汪士铎《汪悔翁乙丙日记》卷二）

> 好用翰詹，牧守缺放以翰詹，司道缺升以翰詹，督抚缺补以翰詹，一似翰詹皆能文能武者。不知其人即能文能武，而我所以知之者，由八股、试策、诗赋、楷书、奏对之巧佞，拜跪之虚仪尔，何以即付万镒之玉。必曰读书人必能武，则军旅之未学，孔子先自言之矣，何以见得其能武？故今日之失，与宋明末之失，皆笃信孔孟之祸也。（汪士铎《汪悔翁乙丙日记》卷三）

> 翰林之无用，同于他途，而不得力甚于他途者，以其不明理，不识世务。（汪士铎《汪悔翁乙丙日记》三）

> 今以用翰林为用才，不知翰林之才何才，与时事相比附否？内圣外王，有文事即有武备，文章之架子话否？古今如此有几人，今人果十倍古人否？今日何以多难也，不由此辈空言无用否？时文、楷书、诗赋，上所以取之者也，性理今所重者也，平日以之为吏，百姓不能言敢怒尔。（汪士铎《汪悔翁乙丙日记》卷三）

道光二十七八年间，陈启迈、吴鼎昌、恽光宸、祁寯藻等，骤由

1792

清翰林院遗址

编修擢至抚藩,不以文,不以行,不以言,不以政,奥援而已,转瞬皆败,曾无一可称,君子是以知天下之将乱也。(汪士铎《汪悔翁乙丙日记》卷三)

其大员不问政之利弊得失也,乐于人之莫予违而已,于是以一纸文书之出为政。其下知其说之不通,而进言之蒙谴也,则亦莫之违,而巧为蒙蔽,于是以一纸之入为政。迨至金瓯已缺,而犹不自知其所以然,曰天下已安已治矣,兹胡为者?吾凭文书以治之,凭文书以知之,言不治安者妄也。(汪士铎《汪悔翁乙丙日记》卷三)

丙、黄河之为患

道光一朝与河患相终始,南河岁修之费,多者至五六百万,东河之费半之。凡河工所需工料,尚遵守乾隆时所定物价则例,实则物价已倍增于前,若不舞弊,必致赔累。舞弊第一在以岁费供挥霍,其次在勒抑民间物价。于是清江浦奢风,甲于南北,饮食服御歌舞赌博之风,较乾隆尤有甚焉;民间则因交工交料,备受勒索,而苦累不堪。

道光元年,1821年。礼部右侍郎吴烜言:据御史王云锦函称,去冬……审视原武、阳武一带,堤高如岭,堤内甚卑。向来堤高于滩约丈八尺,自马营坝漫决滩淤,堤高于滩不过八九尺。若不急于增堤,

恐至夏盛涨，不免有出堤之患。上命河督张文浩偕豫抚姚祖同履勘。三年，江督孙玉庭、河督黎世序，加培南河两岸大堤，令高出盛涨水痕四五尺，除有工及险要处堤顶另估加宽，余悉以丈五尺及二丈为度，五月工竣。

四年，1824年。十一月，大风决高堰十三堡山盱周桥之息浪庵，坏石堤万一千余丈，夺文浩职，以严烺督南河，……十二月，十三堡息浪庵均塞。五年，1825年。十月，东河总督张井言：自来当伏秋大汛，河员皆仓皇奔走，救护不遑，及至水落，则以见在可保无虞，不复求疏刷河身之策，渐至清水不能畅出，河底日高，堤身递增，城郭居民尽在水底之下，惟仗岁积金钱，抬河于最高之处。上嘉所言切中时弊，……是月，增河南十三厅山东曹河粮河二厅堤堰坝戗各工，皆从井请也。六年，1826年。春，河复涨，命井偕琦善、严。烺会勘海口。……井言履勘下游，河病中满，淤滩梗塞难疏，海口无可移改，请由安东东门工下北岸，别筑新堤，改北堤为南堤，相距八里十里，中挑引河，导河由北傍旧河行，至丝网滨入海，河水高堤内滩丈五六尺，引河挑深一丈，则水势高下几三丈，形势顺利。自东门工至御黄坝六十里，去路既畅，上游可落水四五尺，黄落则御坝可启，束清坝挑清水外出刷黄，底淤攻尽，黄可落至丈余。湖水蓄七八尺，已为建瓴，石工易保。上善其策，于是烺……调署东河，而以井督南河，……使经画其事。而琦善以改河非策，请启王家营减坝，将正河挑挖深通，放清水刷涤，再堵坝挽黄归正河。……上终以改河为创举，从琦善议。

十一年，1831年。七月，决杨河厅十四堡及马棚湾，十二月塞。十二年，1832年。八月，决祥符，九月，桃源奸民陈瑞因河水盛涨，纠众盗挖于家湾大堤，……致决口宽大，掣全溜入湖，……是月祥符塞。明年正月，于家湾塞。十五年，1635年。以栗毓美为东河总督。时原武汛串沟受水，宽三百余丈，行四十余里，至阳武汛沟尾复入大河，又合沁河及武陟、荥泽诸滩水，毕注堤下，两汛素无工，故无秸料，堤南北皆水，不能取土筑堤。毓美试用抛砖法，于受冲处抛砖成坝，六十余坝甫成，风雨大至，支河首尾决而坝如故，屡试皆效，……行之数年，省帑百三十余万，而工益坚。……卒以溜深急则砖不可恃，停之。十九年，1839年。毓美复以砖工得力省费为言，乃允于北岸之马营、荥原两堤，

卷五 明清

潘季驯治河规划示意图

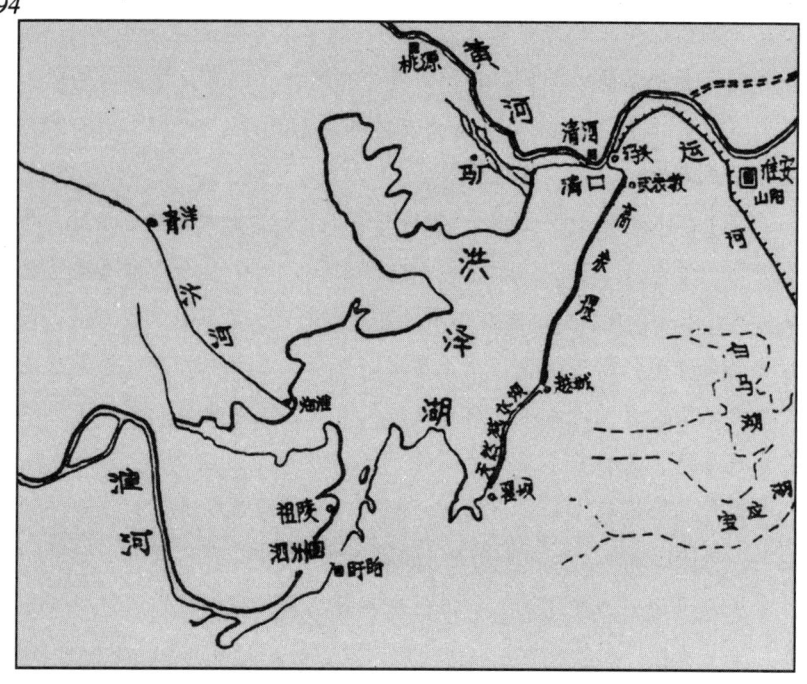

南岸之祥符下汛、陈溜汛，各购砖五千方备用。

二十一年，1841年。六月，决祥符，大溜全掣，水围省城，河督文冲请照睢工漫口暂缓堵筑，遣大学士王鼎、通政使慧成勘议。……鼎等言：河流随时变迁，自古迄无上策，然断无决而不塞、塞而不速之理。如文冲言，俟一二年再塞，……而此一二年之久，数十州县亿万生灵流离，岂堪设想？……河臣所奏，断不可行。疏入，解文冲任，……以朱襄继之。二十二年，1842年。祥符塞，用帑六百余万。……七月，决桃源十五堡，萧家庄溜穿运，由六塘河下注。未几，十五堡挂淤，萧家庄口刷宽百九十余丈，掣动大溜，正河断流。河督麟庆意欲改道，遣尚书敬征、廖鸿荃履勘。敬征等言：改河有碍运道，惟有迅堵漫口，挽归故道，俟明年军船回空后，筑坝合龙。从之。……二十三年，1843年。……六月，决中牟，水趋朱仙镇，历通许、扶沟、太康入涡会淮，复遣敬征等赴勘，以钟祥为东河总督。……二十四年，1844年。正月，大风，坝工蛰动，旋东坝连失五占。……七月，上以频年军饷、河工一时并集，经费支绌，意欲缓至明秋兴筑，钟祥等力陈不可，十二月塞，用帑千一百九十余万。二十九年，1849年。六月，决吴城，十月，命侍郎福济履勘，会同堵合。（《清史稿·河渠志》一）

丁、张格尔之变

道光中，新疆南路有张格尔之变，先后用兵至八年之久，耗费财力，中土为之疲敝。其始虽由边吏不善安辑所致，然由外人煽惑，以致称兵，与前之准格尔，后之白彦虎同，亦以见乾隆用兵西域，虽一时暂定而事变屡起也。

嘉庆二十五年，南路参赞大臣斌静，荒淫失回众心。八月，张格尔始纠布鲁特数百寇边。有头目苏兰奇入报，为章京绥善叱逐，苏兰奇愤走出塞从贼。领队大臣色普征额率兵败之，张格尔仅余二三十贼，舍骑步逃。次日，官兵追及塞外，遗炊尚然，竟回军喀城，与斌静宴中秋节。所擒百余贼，斌静悉诛以灭口。上以斌静获贼不讯明衅由，蒙隐具奏，疑之，特命伊犁将军庆祥往勘，得回民所控斌静纵家奴司员凌辱伯克、交通奸利诸罪，奏闻褫逮。道光二年，以永芹代之，亦未能抚驭。四年秋五年夏，张格尔屡纠布鲁特数百骚掠近边，且诡降，要求叵测。时内地回户多为其耳目，官兵往捕辄遁。九月，领队大臣色彦图，以兵二百出塞四百里，掩之不遇，即纵杀游牧之布鲁特妻子百余而还，无复行列。其茜汰列克恨甚，率所部二千，追覆官兵于山谷，贼遂猖獗。十月，诏以庆祥代永芹参赞，以大学士长龄代庆祥。……六年夏，张格尔率安集延布鲁特五百余，由开齐山路突

平定张格尔叛乱油画

1796

至回城，拜其先和卓木之墓，回人所谓玛杂也，距喀城八十余里。庆祥令协办大臣舒尔哈善、领队大臣乌凌阿以兵千余剿之，杀贼四百。贼退入大玛杂内，……官兵攻之，突围出，各回响应，旬日万计。庆祥尽调各营卡兵还喀城为三营，令乌凌阿、穆克登布分将之，迎战浑河，先后殁于阵。……八月二十日，喀城遂陷，英吉沙尔、叶尔羌、和阗三城继之。（魏源《圣武记》卷四《道光重定回疆记》）

张格尔者，回酋大和卓木博罗尼都之孙也。……因众怨，纠安集延布鲁特寇边。道光……六年六月，张格尔大举入卡，陷喀什噶尔、英吉沙尔、叶尔羌、和阗四城。命陕甘总督杨遇春驻哈密，督兵进剿。……诏授长龄扬威将军，遇春及山东巡抚武隆阿为参赞，率诸军讨之，十月，师抵阿克苏，……张格尔以众三千踞柯尔坪，令提督杨芳袭破之。……七年二月，……进次大河拐，……遂……歼贼万余，禽五千。越三日，张格尔拒战于沙市都尔，……贼数万临渠横列，乃令步卒越渠鏖斗，骑兵绕左右横截入阵，贼溃，……擒斩万计。又越二日，……俘斩二万有奇。追至洋达玛河，距喀城仅十余里，贼悉众十余万，背城阻河而阵。……选死士夜扰其营，……遣索伦千骑，绕趋下游牵贼势，大兵骤渡上游麾之，贼……大奔。乘胜抵喀什噶尔，克之，……张格尔已先遁，……分兵令遇春下英吉沙尔、叶尔羌，芳

喀什噶尔古城遗迹

中华二千年史

下和阗。……张格尔传食诸部落，日穷蹙，长龄等遣黑回诱之，率步骑五百欲乘岁除袭喀城，芳严兵以待。贼觉而奔，追……斩殆尽，张格尔仅余三十人，弃骑登山，副将胡超、都司段永福等禽之。八年……五月，槛送……于京师，……磔于市。(《清史稿·列传》一五四《长龄传》)

戊、生计之艰

道光之季，士与农生计最困，而人多用洋货，吸食鸦片。同时秘密结会者，风起云涌，闽粤滨海有洪门及天地会，湘桂曰堂，江浙曰斋，长江上游中游有哥老会，江南北有青帮、红帮，淮水流域有捻及白莲教，北方有天理教，山东有义和拳，是皆崩溃之兆。故道光三十年间，人民起兵者众矣，而其真因，则由于豪富封殖。

> 故有《彬仪馆诗草》，盖当道光季年也。其时吏治昏庸，豪富封殖，币滞粟贱，士农尤困，名儒才士不能谋十金之获，赁春日课谷二石，才佣十九钱。(王闿运《湘绮楼未刻稿·彬仪馆记》)

嘉庆以来，洋货、鸦片，业已普遍流行，至道光时愈甚。

> 夫居处之雕镂，服御之文绣，器用之华美，古之所谓奢也，今则视为平庸无奇，而以外洋之物是尚，如房室舟舆无不用颇黎，衣服帷幕无不用多罗、毕支、羽毛之属，皆洋产也。而什物器具无不贵乎洋者，曰洋铜，曰洋瓷，曰洋漆，曰洋藤，曰洋锦，曰洋布，曰洋青，曰洋红，曰洋貂，曰洋獭，曰洋纸，曰洋昼，曰洋扇，遽数之不能终其物。而南方诸省则通行洋钱，大都自日本、琉求、红毛、英吉利诸国来者，内地出其布帛菽粟民间至不可少之物，与之交易，……不思布帛菽粟之足贵，惟洋物之是求。一家之中，自堂室以至器用，无非外洋者矣；一人之身，自冠服以至履舄，无非外洋者矣。其始也达官贵人尚之，浸假而至于仆隶舆台，浸假而至于倡优婢嫔，而民间遂遍行焉。外洋奇巧之物日多，民间布帛菽粟日少，以至积储空虚，民穷财尽。(陈鳣《简庄缀文》卷一《风俗论》)

> 鸦片产于外夷，其害人不异鸩毒，故贩卖者死，买食者刑，例禁最严。然近年转禁转盛，其始惟盛于闽粤，近则无处不有，即以苏州一城计之，吃鸦片者不下十数万人。鸦片之价，较银四倍牵算，每人

每日至少需银一钱，则苏城每日即费银万余两，每岁即费银三四百万两。（包世臣《安吴四种》卷二六《齐民四术·农》二）

凡有识者，皆预知天下必且有事。

今天下易肇乱之郡凡十数，广东则惠、潮，福建则台湾，江右则南赣，江苏则淮、徐，安徽则凤、颖，河南则南、汝、光，陕西则南山。（包世臣《安吴四种》卷三二《齐民四术·刑》二）

道光间人民起兵简表

时　　期		人　名	地　域	事　略
清纪	公元			
元年四月	1821年	大姚古拉彝	云南	永北唐老大被擒。
二年八月	1822年	朱麻子（教）	河南新蔡	为程祖洛所捕。
十一年三月	1831年	韦色容（黎）	广东	四月，为李鸿宾所杀。
十二年二月	1832年	赵金龙（瑶）	湖南江华	四月，为卢坤所平。
七月		盘均华（瑶）	广西贺县	为祁𡎴所平。
八月		八排瑶	广东连州	杀都司以下数十人，清总督李鸿宾革职治罪，以禧恩代之，九月，各排冲缚献首领，瑶山平。
闰九月		捻	河南湖北等省	
		会党	江西	
十月		土盗勾结瑶	广东曲江乳源	
十三年二月	1833年	川彝	四川越巂厅峨边厅等处	五月，峨边彝人桑林格等，为那彦峨厅等处宝所擒，七月，越巂彝亦败走。
十四年七月	1834年	雅札等支彝三支赤彝	四川峨边厅	八月，为湖松额所平。
十五年三月	1835年	曹顺（教）	山西赵城县	曹顺起兵杀知事杨延亮全家，四月顺被擒遇害。
十六年二月	1836年	蓝正樽（瑶）	湖南武冈县	四月，为讷尔经额所平。
十七年六月	1837年	川彝	四川马边厅	
十一月		川彝	四川凉山	
十八年十一月	1838年	谢法真	贵州	为云贵总督伊里布所平。
二十二年正月	1842年	钟人杰	湖北崇阳县	事败遇害。
二十三年六月	1843年	土民	云南南甸	
二十四年七月	1844年	阳大鹏	湖南耒阳县	事败被擒。
二十五年四月	1845年	西宁番人	西宁	杀总兵庆和。
二十六年闰五月	1846年	回人	云南永昌	
二十七年八月	1847年	回人	喀什噶尔	
十月		雷再浩（瑶）	湖南新宁县黄坡岗地方	

续表

时期		人名	地域	事略
清纪	公元			
十二月		苗人	湖南乾州厅	
二十九年二月	1849年	工布朗	四川中瞻对	
四月		洋盗	山东	
十一月		李沅发、李沅宝	湖南新宁县	事败先后遇害。
附注 本表根据《清宣宗实录》而作。				

七 人民之反抗

（一）乾隆时

甲、王伦

王伦属清水教，为白莲教别支，起兵以诛贪官污吏为名，屡败巡抚徐绩、总兵惟一之兵，势张甚。清廷仓皇发京军，遣大学士舒赫德以钦差大臣往讨，盖恐南粮运道有阻故也。不一月事平，追捕余党，地方受害，屡年未已。

国家岁漕，……由运河供亿京师，而临清州绾毂南北水陆咽喉，有新旧二城，……旧城………市廛鳞次数万家。乾隆三十九年，兖州府寿张奸民王伦，以清水邪教，运气治病，教拳勇，往来山东，号召无赖亡命，徒党日众。羡临清之富庶，又大兵方征金川，意畿辅兵备或虚，倡言有四十日大劫，从之得免。寿张知县沈齐义捕之，贼遂于八月二十有八日夜，袭城戕吏。……承平久，官民皆不习兵，贼连陷堂邑，陷阳谷，皆劫掠弃城遁，分趋临清、东昌，阻运道，众数千。……大学士舒赫德，……命……驰赴山东督师，……总兵惟一以兵三百，击贼堂邑，复以兵八百，击贼柳林，皆不利。贼围巡抚徐绩军于临清之梁家浅，惟一援之，贼解围趋运河，……据临清旧城。……各郡援兵渐集，……禁旅由德州攻其东，东昌兵攻其南，直隶兵由景州故城攻其北，又以兵扼馆陶防西窜。……九月。二十有三日，舒赫德

军抵临清，……贼败窜城内，短兵巷战。……侍卫音齐图，……歼北窜贼千余于塔湾，亦还兵搜王伦于城中大宅，毁墙入，手擒之，为十余贼所夺，贼登楼纵火死，复歼巷战女贼乌氏等数十，生擒其弟王朴，其党樊伟、孟灿、王经隆等，槛送京师，诛其党千余。（魏源《圣武记》卷八《乾隆临清剿贼记》）

乾隆三十九年甲午1774年。九月……戊午，……谕：……寿张、堂邑奸民，……不可不迅速剿捕。但恐绿营兵庸懦，……而徐绩于军旅素所未娴。……今思舒赫德久谙军务，著即由天津一路前往山东。……于调兵诸事，当有印信为凭，起程时，可带钦差大臣关防前往。……又谕：据徐绩、姚立德奏……称逆匪首犯王伦系寿张人，本属白莲邪教，……擅敢劫掠寿张、堂邑、阳谷三县，杀害官员，劫掠仓库。（《清高宗实录》卷九六六）

乾隆……三十九年……十月，徐绩解山东巡抚任，命缉捕余党自效。绩擒王伦弟王柱、王林等正犯二十余名，上……授为河南巡抚。

（《清史列传》卷二七《徐绩传》）

乙、苏四十三及田五

苏四十三以伊斯兰新旧教之争，为不肖官吏激变。乾隆帝张大其事，命宠臣和珅将兵往，为封拜地。和珅轻进失利，乃以其事仍付阿桂了之，不免多所杀戮矣。

乾隆四十六年，1781年。三月辛丑，陕甘总督勒尔谨奏：据兰州府循化同知洪彬禀报，厅属撒拉尔回人苏四十三等，因争立新教，将旧教回人杀伤数名，臣随委兰州府知府杨士玑、河州协副将新柱前往查办。三月二十日，据杨士玑禀报，新柱与该府带领兵役，前往循化，十八日，……至白庄子，被新教回匪千余人，将庄围住等语，臣即选派本标兵二百名，带同臬司福崧，星夜往该处查拿。又奏途次据署河州知州周植禀报，新教逆回于十八日晚，将知府杨士玑、副将新柱杀害等语，臣飞调固原、凉州、甘州、西宁、肃州五提镇兵共二千名，星速前往，仍于见带本标二百外，添调三百名，兼程驰赴，相机剿捕，并札令提督仁和前往会办。……谕……回人争教细事，何至因此杀害大员，传谕勒尔谨，……所带兵数，前后几三千，又札会提督仁和前往会办。仁和系曾经出兵打仗之人，军务颇为熟悉，勒尔

谨当与之和衷速办。(《清高宗实录》卷一一二七)

乾隆四十六年，……甘肃撒拉尔新教苏四十三与老教仇杀，戕官吏，总督勒尔谨捕教首马明心下狱，同教回民二千余，夜济洮河，犯兰州，噪索明心，布政使王廷赞诛明心，贼愈炽。上命阿桂视师。时阿桂犹在工，命和珅往督战失利，贼据龙尾、华林诸山，道险隘，阿桂至设围，绝其水道攻之，贼大溃，歼苏四十三，余党奔华林寺，焚之，无一降者。(《清史稿·列传》一〇五《阿桂传》)

苏四十三之后三年，又有田五之事，皆新教也。

乾隆四十九年，1784年。四月十五日，忽有逆回田五倡乱，初在平凉府盐茶厅之小山中，结众起事，不过三百余人，……遂入靖远，纵火烧木厂，……兰州省城亦震动矣。……通渭既陷，……于是西安将军傅公玉，带兵一千名，巴里坤副都统永公安，自山西进京，前来协剿，……陕西巡抚毕公沅，调西安、同州各营兵，暨西安满标、抚标两营兵五千名，又调四川屯练降番兵二千名，宁夏兵一千二百名，又川北兵二千名，山西兵二千名，至西安候拨，又河州韩土司兵一千名，又瓦寺土司桑朗雍中等自愿效力，挑选精兵四百名，而兴安镇总兵官三公德，亦带兵一千名，由秦州一路堵截。延绥镇总兵官策公卜坦，又带兵一千名，由静宁州一路堵截。不数日，而钦差大臣福公康安，偕领侍卫内大臣海公兰察，暨巴图鲁侍卫章京等，相继而至。大学士阿公桂，又挑选火器、健锐两营京兵一千名，次第会集。贼见官兵势甚，遂退聚陇西之狼山，出攻陇西、伏羌二县，复攻静宁州、隆

乾隆策马射鹿图

卷五 明清

1802

德县城，俱坚守不动，贼乃至底店子。底店子者，在静宁州界，回民聚俗而居，不下千余家，沿途胁从者，又数千人。……贼投崖堕阱无算，生擒万余，贼无一脱者。(钱泳《履园丛话》卷五)

乾隆四十九年四月丙午，廿二。甘肃新教回人田五等聚众滋事，命李侍尧、刚塔剿之。(《清高宗实录》卷一二〇五)

五月丁巳初三。谕：前据李侍尧、刚塔奏小山逆回田五阿浑，倡设新教，纠众滋事，攻破西安土堡，往靖远一带村庄抢掠。……本日李侍尧奏，官兵于二十三四等日，两次打仗，杀贼甚多，……贼匪首犯田五腹中枪伤，在马营水抹脖身死，……割取首级枭示，余剩有八九十人，窜往余家沟一带，见已添派官兵上紧追拿。(《清高宗实录》卷一二〇七)

五月辛酉初七。谕军机大臣等：前据李侍尧奏，贼首田五已歼，余党窜散。……本日又据奏，到马家堡、黑庄两处，贼匪屯聚约有一千余人，见调取官兵接续，以为必胜之计。(《清高宗实录》卷一二〇七)

五月己巳十五。谕：李侍尧等于剿捕回匪一案，未能妥协，著派尚书福康安带钦差大臣关防，同领侍卫内大臣海兰察，带领巴图鲁侍卫等，分起驰驿前往，剿捕督办。(《清高宗实录》卷一二〇七)

五月壬申，十八。……著传谕阿桂，于火器、健锐两营内，挑选精兵一千名，豫备听候谕旨，再行带领起程，所有分队带领之侍卫章京等，并著酌量选派京兵，……经阿桂带领前往，尤足以壮军势。……阿桂所带京兵一到，自可会同调度，克期竣事也。(《清高宗实录》卷一二〇七)

五月甲戌，二十。以阿桂为将军，福康安、海兰察、伍岱为参赞大臣，领京兵进剿逆回。(《清高

清军使用的火器：后膛枪

宗实录》卷一二〇七）

七月甲子十一日。谕：据阿桂、福康安奏，初四日，石峰堡内，投出老弱贼匪一千五百余名。……初五日子刻贼，首张阿浑，果同杨填四等，带领贼众，向外直扑。……官兵枪箭如雨，……歼贼千余，张阿浑等窜回堡内。……福康安同海兰察带领各官兵一涌而上，进堡搜捕，将首逆张阿浑即张文庆，大通阿浑即马四娃，并贼目杨填四、黄阿浑即黄明、马建成、马良茂、马金玉、杨存义、马几、马建业、马保，全数擒获，两日打仗，歼擒贼回共二千余名，拿获首从逆犯，及各贼眷属孩稚共三千余口。（《清高宗实录》卷一二一〇）

乾隆四十九年，甘肃回田五等，立新教，纠众为乱，授参赞大臣，从将军阿桂讨贼，旋授陕甘总督。师至隆德，田五之徒马文熹出降，攻双岘贼卡，贼拒战，阿桂令海兰察设伏，福康安往来督战，歼贼数千，遂破石峰堡，擒其渠。（《清史稿·列传》一一七《福康安传》）

丙、苗

湘、黔间苗民受虐于官吏，积衅久矣。乾隆六十年，有石柳邓、吴八月之变，遂大举，竭云、贵、湖、广四省之力以讨之，福康安、和琳任军，毕沅任饷，征调频繁，内地骚动，饷糈复甚竭蹶。福康安之师，阻于险，阻于瘴疠，经年之间，屡致失利，混元教乘虚起兵，中原云扰，乃"倡民地归民、苗地归苗"之说，匆匆班师。福康安、和琳，均染疠卒于军中。

乙卯乾隆六十年。正月，贵州铜仁府苗石柳邓，妖煽其党，官捕之，遂叛，掠松桃厅正大营，湖南永绥黄瓜寨石三保应之。永绥副将伊萨纳、同知彭凤尧以兵六百往捕，……责苗缚献，而镇筸镇总兵明安图，亦以兵八百携绳索以往，会营鸭酉，夜苗忽数千焚鸭酉。镇筸苗吴半生、吴陇登、吴八月，及乾州三岔坪苗同蠢动，火光照百十里，……遂围永绥，而乾州镇筸苗亦同日各围其城，……贵州总兵珠隆阿亦被围正大营，苗疆大震。二月，诏云贵总督……福康安、四川总督和琳，及湖广督抚合兵剿之，复命侍卫额勒登保、德楞泰往赞军务。福康安既解嗅脑、松桃、大营诸围，招抚各寨，三月，贵州苗略定。和琳亦定秀山县苗，以总兵袁国璜守棚门，而自会福康安于松桃，乃遣总兵花连布将精兵三千援永绥，三月十一日，……围解。湖

乾隆平定苗疆得胜图

南提督刘君辅,以兵二千,自保靖与总兵张廷彦合攻永绥西北,……四月十三日,福康安大军亦至永绥,进剿黄瓜寨,而苗旋阻鸭保,饷道不通。……贼踞乾州久,遂出泸溪巴斗山,大焚浦巾,分窥泸溪、麻阳东北,复逼镇筸。……刘君辅在永绥,提孤军欲复通鸭保,中途突围数重,几不免,及隆团,始遇袁国璜、张廷彦援兵,乃保隆团,而鸭保饷道卒不通。……福康安、和琳由贵州来,遽从铜仁……往乾州,道既险远,刘君辅所请五路进兵策亦不用,苗遂专伺大营所向,据险死拒,而各营兵非奉令又不得自为战,故贼益张。及刘君辅隔隆团,苗遂复围永绥,……副将富志那遣告急大营,……始遣四川提督穆克登阿往援,……刘君辅复自隆团转战入,八月,围始复解。……大军自四月克黄瓜寨,……七月,渡大乌草河,抵古丈坪。八月,奏克乌龙岩、杨柳坪,而吴八月据平陇,遂称吴王,……平陇党转盛,石三保、石柳邓皆附之。……十月,奏克毛豆塘、摩手寨、龙角硐,进牛练塘,围鸭保。……十一月,奏克檞水营、天星寨。十二月,奏克禽头坡。嘉庆元年正月,奏克连营山。二月,奏克壁多山、高吉陀。三月,奏克两叉溪、平逆坳。四月,奏克长吉山结石冈。……六月,和琳复乾州,使额勒登保等进攻平陇,而自与毕沅、福宁及巡抚

中华二千年史

姜晟等，遂奏善后章程六事，大都民地归民，苗地归苗，尽罢旧设营汛，分授降苗官弁羁縻之。……九月，大兵夺平陇瞼口。……十二月，大军斩石柳邓父子及吴廷义吴八月子。等，……明年三月，遂班师。（魏源《圣武记》卷七《乾隆湖贵征苗记》）

征苗之师既撤，苗事纷纭愈甚，乃以傅鼐总理苗疆，十余年间，幸获无事。其实事变皆由不公不平有激而成，不激则本无事也。

嘉庆元年，……大军……移军剿教匪，而苗疆以凤凰厅同知傅鼐善其后，修碉募勇，悉力御之。傅鼐上书总督百龄曰："迩者楚苗之役，福、和福康安、和琳。二大帅，始则恃搏象之力搏兔，不暇统筹合局以筹商，继则孤军深入，顿兵乌草河、牛练塘、九龙沟，皆累月不得进者，以苗寨前坚后险，实有羝羊触藩之势。已广行招纳，以期苗释怨罢兵，……大功未就，赍志而殁。又值川楚事急，大军北去，苗志益盈，鸱张鱼烂，不可收拾。鼐思民弱则苗强，民强则苗弱，我墉斯固，而后入穴扼吭，歼其魁而夺其恃，粮莠渐除，良善乃康。四年，傅鼐擒镇筸苗吴陈受。六年，剿石岘苗十四寨。十年，擒永绥生苗石宗四，烧杀二千余，破寨十六，捣巢缴械，一律荡平，……先后大小数百战，歼苗以万计。傅鼐有文武材，总理苗疆十余年，……创修边墙数百里，分屯戍守，训练乡兵，团其丁壮，而碉其要害，十余碉则堡之，碉以守以战，堡以聚家室，于是民气固。苗云扰波溃，鼐与苗从事，来痛击，去修边，前戈矛，后邪许，得险即守，寸步而

乾隆御题
《平定苗疆图序》

卷五 明清

前，而后薪烬而焰息，堤塞而水止。（锡珍《皇朝纪事·勘定苗疆》）

嘉庆初，湖北、四川教匪方棘，诸将移征苗之师而北，草草奏勘定，月给降苗盐粮银羁縻之，而苗氛愈恶，借口………和琳苗地归苗之约，遂蔓延三厅地，巡抚姜晟至。倡以苗为民之议，议尽应其求。时凤凰厅治镇筸，当苗冲，同知傅鼐，有文武才，知苗愈抚且愈骄，……乃日招流亡，附郭栖之，团其丁壮，而碉其要害，十余碉则堡之。……而嘉庆三年，苗大出，焚掠下五洞，大吏将中鼐开边衅罪，又兵备道田灏者，阿大吏意，吝出纳以旁掣之，事且败。会四年，镇筸黑苗吴陈受，众数千犯边，于是有苗疆何尝底定之诏，责巡抚姜晟，严获首贼，鼐为擒之，始奏加知府衔。……是年，碉堡成，明年，边墙百余里亦竣。苗并不能乘晦雾潜出没，每哨台举铳角，则知有警，妇女牲畜立归堡，环数十里戒严，于是守固矣。……大小百战，歼苗万计，追出良民五千口，良苗千余口，而所用不过乡兵数千。（魏源《圣武记》卷七《嘉庆湖贵征苗记》）

傅鼐，……顺天宛平人。………嘉庆元年，1796年。授凤凰厅同知，……擢辰沅永靖道。……十三年，屯务竣，入觐，诏曰："傅鼐任苗疆十余年，锄莠安良，……建碉堡千有余所，屯田十二万余亩，收恤难民十余万户，练兵八千，收缴苗寨兵器四万余件，……设书院六，义学百，……洵为杰出人才，堪为岩疆保障。"（《清史稿·列传》一四八《傅鼐传》）

丁、林爽文

自康熙设台湾郡县后，人民起兵抗清兵者，先后不可胜纪，以朱一贵、林爽文为最著。爽文本天地会，由官吏虐之始变。总兵柴大纪死守诸罗，以待福康安之援，事平福康安以大纪骄亢，必欲杀之，竟摭其军营积弊，斩于京师。于此知福康安之横，与和珅比而为恶，实由乾隆帝故纵之。

林爽文者，居彰化之大理杙，地险族强，豪猾挥霍，聚群不逞之徒，结天地会，数十年，将吏务为覆蔽，不之问，党日横炽。总兵柴大纪调兵三百，使知府孙景燧、彰化知县俞峻，及副将赫生额、游击耿世文往捕，……勒村民禽献，先焚无辜数小村怵之。爽文遂因民之怨，集众夜攻营，军覆，将吏死焉，彰化遂陷。时乾隆五十一年，1786年。十一月二十七日也。……十二月六日，又陷诸罗，……贼分

乾隆平台湾得胜图卷

路来犯，柴大纪御诸盐埕桥，杀贼千计。桥距府城五十里，扼水陆交通，大纪自守之，贼始不敢窥府城。……明年正月初旬，……大纪速战破贼，遂复诸罗。……三月，……上命总督常青为将军，往督师，……福州将军恒瑞为参赞。……常青、恒瑞军，五月出南路，……遇贼万余，甫交绥即退，……贼以其暇，得蚕食各村，胁其不从者，辄焚劫。……旬日十余万，……林爽文驱以攻诸罗。诸罗据南北之中，赖柴大纪力守之，为府城屏蔽，林爽文必欲陷之，昼夜围攻，……先后百余战，杀贼过当。……诸罗围日密，……诏解常青、恒瑞之任，以福康安、海兰察代之，……诏曰："大纪当粮尽势急之时，惟以国事民生为重，……其改诸罗县为嘉义县，大纪封义勇伯，世袭罔替。"……福康安……十月……抵港口，……十一月初八日，大兵六千，义勇千余，遇贼仑顶仔，海兰察率巴图鲁侍卫数十冲贼阵，……贼披靡。……即日，海兰察抵嘉义城，次日，福康安亦至，复乘胜追贼，克之于斗六门，遂捣大理杙。贼犹万余，迎拒……我步骑，鏖战竟夜，黎明，遂克其巢。林爽文已携家走集集埔，……先匿其孥于生番社，而自与死党数十窜箐谷，皆就禽。（魏源《圣武记》卷八《乾隆三定台湾记》）

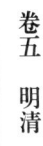

卷五　明清

福康安师至，嘉义围解，大纪出迎，自以功高拜爵赏，又在围城中，倥偬不具橐鞬礼。福康安衔之，遂劾大纪诡诈，深染绿营习气，不可倚任。(《清史稿·列传》一一六《柴大纪传》)

林爽文者，漳州之平和人也。……厕名彰化县役，……益阴结少年无赖，凡系于公者，爽文皆脱囊资之。……乾隆五十年十二月除日，庄中群无赖于庄西厂地酿酒为乐，酒酣，共谋曰："我庄中当推一人为主，以一号令。插剑于地，攫土为香，共拜之，剑仆者，即天所与也。"时共五十余人，以齿序拜，至林爽文，而剑适仆，由是庄中群无赖益推戴之矣。林爽文既邀结人心，时出劫掠，以其财招纳亡命。又创为邪说，所为天地会者，煽惑民心。彰化县屡遣官役捕之，皆自中途返，莫敢有涉其境者。(《平台记》)

彰化县既陷，官吏皆被执，贼目分居官署，出榜安民，曰"顺天元年大盟主林，为出榜安民事：本盟主为众兄弟所推，今统雄兵猛士，诛杀贪官，以安百姓，贪官已死，其百姓各自安业，惟藏留官府者死不赦"。(《平台记》)

台湾初次调拨，及续调官兵，已有数万，嗣又于广东、浙江添调绿营及驻防兵万余人，并于福建本省派拨兵六千，既又添调四川降番，并于湖北、湖南、贵州等省挑备兵数万，陆续遄程前往，合计征

乾隆平台湾得胜图卷

调各兵不下十余万。所有应用军粮，已于浙江、江南、江西、湖广、四川省拨运米百余万石，军饷火药等，亦已广为储备。(《平台记》)

三月乙丑，奉旨逮问陆路提督兼台湾镇总兵柴大纪于京师，……大纪纵兵市易，废弛营伍，又挑补兵弁，皆以利进。及林爽文将作乱，畏贼回郡城各情，皆有征。狱具上闻，于是籍没其家，逮大纪于京师，伏法。(《平台记》)

康熙以后台民起兵简表

时期		人 名	地 域	事 略
清纪	公元			
康熙三十五年七月	1696年	吴球	新港	起兵不成，被杀。
四十年十二月	1701年	刘却	诸罗	毁下茄苳营。
六十年五月	1721年	朱一贵	冈山	破府城，杀总兵欧阳凯，副将许云，一贵称中兴王，建元永和，复明制一。总督满保闻报，驰赴厦门，檄南澳总兵蓝廷珍会水师提督施世骠出兵。六月，克鹿耳门，追府城，一贵被禽，械至京被害。
雍正九年十二月	1731年	林武 大甲西社番	大甲西社	翌年，为总兵王郡所平。
十年三月	1732年	吴福生	凤山	起事攻埤头，守备张玉战死，后为总兵王郡所平。
乾隆三十五年九月	1770年	黄教		起兵旋败。
四十七年	1782年	漳泉籍民	淡水、彰化	械斗。
五十一年十一月	1786年	林爽文	彰化	
六十年三月	1795年	陈先爱 陈周全	彰化	杀北路同知朱慧昌、鹿港营游击曾绍龙、副将张无咎、署知县朱澜等，旋为总兵哈当阿所平。
嘉庆二年	1797年	廖卦、杨肇	淡水	谋起兵，被杀。
三年	1798年	汪降		
五年	1800年	陈锡宗		
七年春	1802年	白启（小刀会）		谋起兵，被杀。
八年六月	1803年	蔡牵	鹿耳门	蔡牵攻鹿耳门。
十年四月	1805年	蔡牵	淡水	蔡牵攻淡水，十一月，入踞鹿耳门，山贼吴淮泗、洪老四应之，十二月陷凤山。
十一年二月	1806年	漳泉民	淡水	械斗。
		蔡牵	蛤仔难	朱渍攻苏澳，海上假扰，至十四年八月乃定。

续表

时　　期		人　名	地　域	事　略
清纪	公元			
十五年	1810年	许北		
二十五年	1820年	卢天赐	沪尾	
道光三年七月	1823年	林泳春	噶玛兰	谋起事，被杀。
四年	1824年	杨良斌		
六年五月	1826年	黄斗奶（黄文润）	中港	黄斗奶导高山族掠中港，总督孙尔准至台平之。
十二年九月	1832年	张丙、陈办	嘉义	十月，围嘉义，杀知府、知县，凤山许成，台湾林海，与之呼应，攻凤山。十一月，为陆路提督马济胜所平。
二十四年三月	1844年	洪协		起兵被杀。
咸丰三年四月	1853年	林恭	凤山	取邑治，围府城，噶玛兰、吴磋亦起与相应。
四年五月	1854年	黄位	鸡笼	入据鸡笼，旋败。
同治元年三月	1862年	戴潮春	彰化	取县城，杀兵备道孔昭慈，嗣围嘉义，攻大甲，全台俶扰。二年十月，新任兵备道丁曰健，陆路提督林文察率兵至，克彰化，潮春被杀。
光绪元年	1875年	高山族	狮头社	为提督唐定奎所平。
七年六月	1881年	台南哥老会员	台南	谋起事，首谋者武弁二人。
十二年正月	1886年	高山族	大嵙崁	起兵，刘铭传自将攻之，九月，竹头角高山族起兵。
十六年正月	1890年	高山族	苏澳	起兵，刘铭传自将攻之。
十八年六月	1892年	高山族	射不力	起兵旋平。
附注	本表据《台湾府志》，及周凯《内自讼斋文集》，参以实录。			

（二）嘉庆时

甲、川楚教军

康熙时，抗清者志在复明，多拥明裔为号召，托名朱三太子者，先后凡数起。台湾起兵，推朱一贵为首，以其为明裔也；雍正时，周瑀结连海上，犹以寻王得王为名。图谶之书，若《推背图》，所谓牛八，即寓朱字。刘之协倡混元教以集众，所推奉者王双喜，或称王发生，又名朱八，谓是王之明五世孙，为清所执，遣戍伊犁，嘉庆十五六年，犹有安徽、河南人出口往省之者，乃为清所杀。教军初起于孝感吴家砦，教魁齐麟为清所戮，其妻齐王氏，又称齐二寡妇，起兵至襄阳，名为替夫报仇，因王双喜

远在配所，尊号犹有所待，乃与张汉潮、姚之富皆称大将军，以五色为旗号；蜀中王三槐诸人以官逼民反，亦称五色旗号，纵横于鄂、豫、川、陕之境，所向无敌，而号令未能统一，亦其失败原因之一。所谓坚壁清野之策，谓可以断其接济。其实教军往来皆自山中，其中有无籍之人，以垦地设厂为生，集合数十万人不难，惟蓄粮非易，教军除办团练图保举顶戴者必杀无赦外，其他决不骚扰，故坚壁清野或可断其粮而不能断其补充兵力。唯十余年间，民皆苦于坚壁清野，以吏胥为虐，甚于兵革也。清竭全国之力以御教军，只办尾追而已，杨遇春始募乡兵，稍较便给，亦不能制敌。教军之败，由于急遽行军，救援不及，领兵者损折过多，然始终坚定，无一叛变者。自教军以后，结会开堂以抗清者日众。道光中，南方举兵，岁岁不绝，以至太平军之起。

白莲教者，奸民假治病持斋为名，伪造经咒，惑众敛财，而安徽刘松为之首。乾隆四十年，刘松以河南鹿邑邪教事发被捕，遣戍甘肃，复分遣其党刘之协、宋之清授教传徒，遍川、陕、湖北。日久，党益众，遂谋不靖，倡言劫运将至，以同教鹿邑王氏子曰发生者，诡明斋朱姓，以煽动流俗。乾隆五十八年，事觉，复捕获，各伏辜，王发生以童幼免死，戍新疆。惟刘之协远扬，是年，复迹于河南之扶沟，不获，于是有旨大索，州县奉行不善，逐户搜缉，胥役乘虐，而

白莲头目王三槐故居

武昌府同知常丹葵，奉檄荆州、宜昌，株连罗织数千人，富破家，贫陷死，无算。时川、湖、粤、贵民，方以苗事困军兴，无赖之徒，亦以严禁私盐私铸失业，至是益仇官思乱，奸民乘机煽惑，于是发难于荆、襄、达州，骎淫于陕西，而乱作也。（魏源《圣武记》卷九《嘉庆川湖陕靖寇记》一）

奸民刘松，以河南鹿邑县混元教案戍甘肃隆德县，其党宋之清、刘之协，复假名白莲教，乾隆五十八年，谋乱，事发就执。纯庙命治其首恶余，悉量减。刘之协之党，复于楚、豫、秦、蜀间，往来诱惑，六十年，势渐猖獗，嘉庆元年，诸郡县群贼响应，遂成燎原，将帅纷纭，偻指不足以尽。民间既厄于贼，复扰于兵，奔窜流离，千村荆棘。……九年八月，贼始尽平，计其始终，十历寒暑。当时贼中，有黄号、青号、白号、线号，又有掌柜、元帅、先锋、总兵诸名目，焚掠之惨，蔓于数省。（吴振棫《养吉斋馀录》卷五）

白莲教，自元、明有之，如杨惠、徐鸿儒，及四川之白台仙、蔡伯贯，皆习此作乱，旋并殄夷。我朝……自白莲教贼总教首刘之协，……谋逆湖北襄阳，始严行稽禁，未几，当阳、枝江，相继作乱，由是勾连胁胁，日聚日滋。而无赖不法之徒，如四川之啯噜子、南山之老户、襄郧之棚民、沿江私盐之枭、各省私铸之犯，乘间阑入，鼓煽劫掠，纷纷而起，流转麇定，自楚而豫而陕甘而蜀，……出没夔、巫、郧、竹、商、雒之间，……五省数十州县，无不遭其蹂躏。（《勘定教匪述编》卷一）

乾隆五十九年，1794年。八月……壬午，谕：前福康安奏，拿获传习邪教之大宁县民人谢添绣等，……兹据毕沅等奏，……"驰赴襄阳地方，拿获樊学鸣，……并将首犯宋之清拿获，及究出同教各犯刘喜等十八名，搜获经卷"等语，……又另片奏，……"又饬属，将传教之王占魁、韩陇二犯拿获，解川审办"等语。……甲申，谕：……又据该督毕沅。奏，……先后共获首伙五十二名。……冬十月……壬戌，谕：……福宁奏"审明王应琥、宋之清二犯，系邪教一案，倡首惑众之人，其所称牛八，及弥勒转世，提讯各犯已一百二十余名，……均无指实"等语。……"牛八掌教，弥勒转世"之语，见经福宁搜出邪经，系起自前明正德四年，且乾隆二十二年至三十三年，河

南、贵州所办邪教，已有牛祖、牛八名目，自系奸徒捏造，……煽惑流传。……但见据勒保奏，"访获刘松一犯，于伊卧房内，搜出银二千两，据供有旧徒安徽太和县原香集人刘之协，及刘之协徒弟宋之清，自五十四年起，至五十八年，曾到过隆德六次，起出之银，就是刘之协令宋之清向众人敛取打丹银两，陆续送给刘松"等语。刘松一犯，昨据穆和兰奏，讯据宋显功等供，俱称为老教主，是该犯必系此案倡教之人。……刘之协又系安徽太和县人，恐安徽一省习其教者，又复不少。此事著交与苏凌阿、陈用敷，督饬所属，务将刘之协密速查拿，严加审鞫，该犯如何为刘松传教敛钱，并将讯出入教之人，一并严拿，……分别定拟具奏。……十一月……甲辰，谕：前因邪教案内，要犯刘之协，另案关提至河南扶沟县，乘间脱逃，……（《清高宗实录》卷一四五九）

嘉庆元年，1796年。正月……壬申，湖北枝江、宜都二县，白莲教匪聂杰人、刘盛鸣等，纠众滋事，命惠龄剿之。（《清仁宗实录》卷一）

勒保，……费莫氏，满洲镶红旗人。……初，安徽奸民刘松，以习混元教戍甘肃，复倡白莲教，与其党湖北樊学明、齐林，陕西韩龙，四川谢添绣等，谋为不轨。乾隆五十九年，勒保捕刘松，诛之，而松党刘之协、宋之清，传教于河南、安徽，以鹿邑王氏子曰发生者，诡明裔朱姓，煽动愚民。事觉被捕，诏诛首恶，……发生以童幼免死，戍新疆。之协远扬不获，各省大索，……颇为民扰，……又因禁私盐私铸，……益仇官，乱机四伏矣。……嘉庆二年，1797年。……九月，调湖广总督。时川楚贼氛愈炽，立青、黄、蓝、白、线等号，又设掌柜、元帅、先锋、总兵等伪称，先命永保总统诸军，易以惠龄，又易以宜绵，皆不办，至是，宜绵荐勒保以自代，允之。三年

镇压白莲起义的朱批奏折

卷五 明清

正月，至四川，梁山贼曾柳起石坝山，而白号王三槐、青号徐天德、蓝号林亮工诸贼聚开县。勒保先破石坝山，斩曾柳，……调授四川总督。三槐走达州，……勒保…亲追三槐，九战皆捷，贼走巴州，掠阆中、苍溪而西，追之急，复东入仪陇。勒保以贼踪靡定，所至裹胁，乃画坚壁清野策，令民依山险扎寨屯粮，团练乡勇自卫。……七月，诱三槐降，禽之，械送京师。……

四年正月，……仁宗以前此诸军，事权不一，特授勒保经略大臣，节制川、楚、陕、甘、豫五省军务，明亮、额勒登保为参赞。勒保以贼势重在四川，请暂驻梁山、大竹等处督师，寻破天德。……二月，移驻达州，疏言：扎寨团练，行之四川有效，请通行于湖北、陕西、河南；又言：安民即以散贼，请各省被贼之区，蠲免今岁应征钱粮。并如议行。四月，追剿天德黄号龙、绍周、龚建、樊人杰，及张子聪等贼开县，……旋分窜，……意图入陕。五月，……子聪窜通江，蓝号包正洪窜云阳，青号王登廷窜东乡，天德、建、绍周、人杰，及线号龚文玉、白号张天伦窜大宁老林。勒保檄调诸军分剿，六月，……歼正洪于云阳，七月，……禽文玉于大宁，八月，……禽龚建……于开县，贼势浸衰矣。会治饷大臣福宁，劾勒保月饷十二万两，视他路为多，所办贼有增无减。……诏褫职，命尚书魁伦，赴川勘问，以额勒登保代为经略。……五年春，额勒登保等，剿贼陕西，魁伦专任川事，而将士不用命。蓝号冉天元、张子聪，合黄号徐万富、青号汪瀛、线号陈得俸，渡嘉陵江，魁伦退守潼河。事闻，起勒保赴川，三月至，贼已越潼河，赴中江截剿，连败之。诏逮魁伦，授勒保四川提督，兼署总督。……德楞泰……合剿汪瀛于嘉陵江口，禽之。四月，击败高天升、马学礼。……五月，……罢提督，专任总督。……七月，与德楞泰合击白号苟文明、鲜大川于岳池新场，败之，大川走死，实授总督。八月，……勒保……毙赵麻花……十二月，……勒保亦斩白号杨开第，……六年正月，……与阿哈保合击，歼徐万富，……六月，……禽青号何子魁，歼蓝号苟文通、鲜俸先，七月，又禽徐天寿、王登，八月，……禽蓝号冉学胜。……七年正月，……疏言：川省自筑寨练团，贼势十去其九，拟分段驻兵，率团协力搜捕余匪，遣熟谙军事之道府正佐各员，分专责成。兵力所不到，民

力助之，民力所不支，兵力助之，庶贼无所匿。诏如议行。是月，禽青号何赞于忠州，……三月，……大败贼于巴州，张天伦、魏学盛并就歼，五月，……禽白号庹向瑶、……徐天培，……歼杨步青，七月，……禽刘。朝选，……歼赖飞陇，……十月，……禽张简，而汤思蛟……亦就获，十一月，……禽黄号唐明万。时川中著名逆首，率就禽歼，……在陕、楚者，亦多为额勒登保、德楞泰所歼。十二月，合疏驰奏藏功。……八月，搜捕余匪，禽白号苟文富、宋国品、张顺，青号王青，招降黄号王国贤，……会奏肃清。未几，陕西南山余孽复起，至九年八月始平。(《清史稿·列传》一三一《勒保传》)

额勒登保，……瓜尔佳氏，满洲正黄旗人。……嘉庆……二年，移师剿湖北教匪。时林之华、覃加耀，踞长阳黄柏山，地险粮足。……三月，额勒登保至，克四方台，贼遁鹤峰芭叶山，……六月，克之，贼窜宣恩、建始，……十月，毙之华于大茅田，而加耀遁施南山中，……三年春，加耀始就禽。……九月，……与德楞泰合剿川匪罗其清，……窜大鹏寨。额勒登保与德楞泰、惠龄、恒瑞，四路进攻，十月合围，其清突走青观山，树栅踞险，……攻击七昼夜，贼不支，窜渡巴河，踞遂凤寨废堡。德楞泰同至，围至数重，势垂克，薄暮，传令撤围，贼倾巢夜溃，……获其清于石穴，逸匪数日内并为民兵禽献。是役，贼趋绝地，无外援，开网纵之，饥疲就缚，士卒不损，竟全功焉。……四年……三月，……斩黄占国、张长庚，……自将索伦劲骑冲之，………冷天禄毙于箭，……旬日间，连殄三剧贼。

……八月，勒保以罪逮，命代为经略，……疏陈军事，曰："……今任经略，当筹全局。教匪本属编氓，宜招抚以散其众，然必能剿而后可抚，必能堵而后可剿。……今楚贼尽逼入川，其与川东巫山、大宁接壤者，有界岭可扼，是湖北重在堵而不在剿；川、陕交界，自广元至太平千余里，随处可通，陕攻急则入川，川攻急则入

陕，是汉江南北，剿堵并重；川东川北，有嘉陵江，以限其西南，余皆崇山峻岭，居民近皆扼险筑寨，团练守御；而川北形势更便于川东，若能驱各路之贼逼川北，必可聚而歼旃，是四川重在剿而不在堵。但使所至堡寨罗布，兵随其后，遇贼迎截夹击，以堵为剿，事半功倍，此则三省所同。臣已行知陕、楚，晓谕修筑，并定赏格，以期兵民同心蹙贼。"……十一月，王登廷……在南江，为乡团所禽，……五年……四月，……禽斩三千余，毙蓝号刘允恭、刘开玉，于是张。汉潮余党略尽。……五月，令杨遇春……进攻杨开甲等于洋县茅坪，……阵斩开甲。六月，……蓝号陈杰偷越栈道，禽之。八月，遇春斩伍金柱于成县，毙宋麻子于两当。……疏陈军事，略谓贼踪飘忽，时分时合，随杀随增，东西回窜，官军受其牵缀，稍不慎即堕术中，堵剿均无速效，自请治罪。又言：地广兵单，请将防兵悉为剿兵，防堵责乡勇，促筑陕、楚寨堡，以绝掳掠。温诏慰劳，以剿捕责诸将，防堵责疆吏，分专其任。……

六年春，奏设宁陕镇，为南山屏障，如议行。二月，杨遇春禽王廷诏于……鞍子沟，禽高天德、马学礼于宁羌龙洞溪，三贼皆最悍。……五月，穆克登布禽伍怀志于秦岭，七月，遇春禽冉天泗、王士虎于通江报晓垭，……九月，……禽辛斗于通江，十月，……禽高见奇于达州，于是贼首李元受、老教首阎天明等，各率众降。……七年正月，斩黄号辛聪于南江，……七月，歼苟文明于宁陕花石岩，……八月，禽苟文举，毙张芳，……十月，毙青号熊方青于达州，……十一月，令穆克登布追贼通江，……禽景英、浦添青、赖大祥，及湖北老教首崔建乐，……著名匪首率就歼。……十二月，疏告蒇功。……八年春，留陕搜捕，禽姚馨佐、陈文海、宋应伏等于紫阳。……六月，移师入川，禽熊老八、赵金友于大宁。……疏陈善后事宜，酌留本省兵勇，四川一万二千，湖北一万，陕西一万五千，分布要地，随征乡勇，有业归籍，无业补兵，分驻大员统率。七月，驰奏肃清。（《清史稿·列传》一三一《额勒登保传》）

德楞泰，……伍弥特氏，正黄旗蒙古人。……嘉庆……二年，命偕明亮，移军四川剿教匪。时贼首徐天德、王三槐踞重石子、香炉坪，……贼卡林立，进战夺岭，三槐扑营受创逸，五月，破重石子，

……追歼教首孙士凤。……云阳教首高名贵，欲与天德合，以计禽之，尽歼其众于陈家山。……三年……三月，与明亮追齐、王二匪，……贼……踞三岔河左右两山，尽锐围攻，悉歼之，齐王氏、姚之富投崖死，传首三省。……冉文俦窜踞东乡麻坝，……四年元旦，生禽文俦，尽歼其众。……经略勒保疏陈，诸将惟额勒登保、德楞泰尤知兵，得士心。……七月，线号龚文玉亦自夔州至，分兵进剿，禽文玉、卜三聘于竹溪。……十月，高均德……率贼万踞高家营，……率赛冲阿、温春，……进攻高家营，禽均德，槛送京师。……五年……二月，禽陈得倖，斩冉天恒，皆悍贼也。……三月，冉天元屯马蹄冈，伏万人火石垭后，德楞泰……自率大队趋马蹄冈，过贼伏数重始觉，俄伏起，八路来攻，……鏖斗三昼夜。……德楞泰率亲兵数十下马据山巅，誓必死，天元督众登山，直取德楞泰，德楞泰单骑冲贼中坚，将士随之，大呼奋击，天元马中矢蹶，禽之，贼遂瓦解。……天元雄黠冠川贼，……至是，……血战破之，群贼夺气。……是月，……于蓬溪斩雷世旺，十二月，毙杨开第、李国谟。……六年……四月，……禽陈朝观，五月，……徐天德窜紫阳，率赛冲阿、温春，蹙之仁和新滩，大雨水涨，天德溺毙。……九月，龙绍周遁平利，令赛冲阿等追歼之。……七年……五月，……自移师，……直取樊人杰，冒雨入马鹿坪山中，出贼不意，痛歼之，人杰窜竹山，投水死。人杰倡乱最久，诸贼听指挥，与冉天元埒。……七月，蒲天宝……踞……鲍家山死守，……以大军缀其前，令总兵色尔滚、蒲尚佐率精兵出深箐，……截其去路，禽斩殆尽，天宝遁至竹溪坠崖死。时巴东兴山尚有余匪，……迄十一月，捕斩略尽。……八年，驻巫山、大宁，捕逸匪曾芝秀、冉璠、张士虎、赵聪等，……至冬，事竣。（《清史稿·列传》一三一《德楞泰传》）

谷际岐，……嘉庆三年，迁御史。……四年春，上疏略曰："……三年以来，先帝颁师征讨邪教，川、陕责之总督宜绵、巡抚惠龄、秦承恩，楚北责之总督毕沅、巡抚汪新。诸臣酿衅于先，藏身于后，止以重兵自卫，裨弁奋勇者，无调度接应，由是兵无斗志。川楚传言云：'贼来不见官兵面，贼去官兵才出现'；又云：'贼去兵无影，兵来贼没踪，可怜兵与贼，何日得相逢'。前年总督勒保至川，

1818

大张告示,痛责前任之失,是其明证。毕沅、汪新相继殂逝,景安继为总督。今宜绵、惠龄、秦承恩纵慢于左,景安怯玩于右,勒保纵能实力剿捕,陕、楚贼多,起灭无时,则勒保终将掣肘。……今宜绵等旷玩三年之久,……任贼越入河南卢氏、鲁山等县,景安……罔昧自甘,近亦有贼焚掠襄、光各境。……军营副封私札,商同军机大臣,改压军报,……掩覆偾事,情更显然。请旨惩究,另选能臣,与勒保会同各清本境,………贼必授首,比年发饷至数千万,军中子女玉帛奇宝错陈,而兵食反致有亏,载赃而归,风盈道路,嘲之者有'与其请饷不如书会票'之语。……宜急易新手清厘,则侵盗之迹,必能破露。"(《清史稿·列传》一四三《谷际岐传》)

谷际岐,……嘉庆……四年,……上疏曰:"教匪滋扰,始于湖北宜都聂杰人,实自武昌同知常丹葵苛虐逼迫而起。……常丹葵素以虐民喜事为能,乾隆六十年,委查宜都县境,吓诈富家无算,赤贫者按名取结,纳钱释放。少得供据,立与惨刑,至以铁钉钉人壁上,或铁锤排击多人;情介疑似,则解省城,每船载一二百人,饥寒就毙,浮尸于江,殁狱中者,亦无棺敛。聂杰人号首富,屡索不厌,村党结连拒捕,宜昌镇总兵突入遇害,由是宜都、枝江两县同变。襄阳之齐王氏、姚之富,长阳之覃加耀、张正谟等,闻风并起,遂延及河南、陕西。此臣所闻官逼民反之最先最甚者也。……常丹葵逞虐一时,……罪岂容诛,应请饬经略勒保严察奏办。……臣闻被扰州县,逃散各户之田庐妇女,多归官吏压卖分肥,是始不顾其反,终不愿其归,不知民何负于官,而效尤腼忍至于此极!"(《清史稿·列传》一四三《谷际岐传》)

嘉庆四年正月,纯皇帝升遐,睿皇帝亲政,诏责统兵诸臣,老师糜饷,久延岁月,以四川总督勒保为经略大臣,节制川、楚、陕、甘、豫五省。采坚壁清野之议,令居民结寨团练,自为守御,贼无所掠,势渐穷蹙,而蔓延犹盛,

清嘉庆十二生肖柄镜

徐添德诸贼入楚。勒保被逮,以额勒登保代之,惠龄为参赞大臣。……是年,张汉潮殪于陕,王光祖、高均德诛于川,其余党冉学胜、高三、马五等贼窜入甘肃,五年,殪齐王氏之侄齐国谟于仪陇,六年,诛王廷诏于川、陕交界之鞍子沟,高三、马五等贼由甘入川,俱就擒,七年,斩张添德于巴河,参赞大臣德楞泰追樊人杰于竹山,毙诸河,襄阳贼首尽灭,四川、陕西诸贼亦次第殄灭,余孽窜入南山老林,复进兵搜捕,至九年八月,诛夷净尽。……闻坚壁清野之议行而贼乃败,……其议出自兰州知府龚景瀚云。(周凯《内自讼斋文集》卷二《纪邪匪齐二寡妇之乱》)

川楚教军抗战简表

时代		清 兵	混元教军	备 考
清纪	公元			
嘉庆元年	1796年	二月,湖广总督毕沅、湖北巡抚惠龄,调兵三千,驻荆州,御教军。命西安将军恒瑞,率满兵二千,由兴安郧阳,进驻当阳,御教军。三月,命都统永保、侍卫舒亮、鄂辉至军,复调陕西、广西、山东兵五千会师。四月,毕沅奏,先后杀教军不下数万,而教军益炽,上乃责永保、恒瑞以竹山、保康,毕沅、舒亮以当阳、远安、东湖,鄂辉以襄阳、谷城、均州、光化,四川总督孙士毅以酉阳、来凤。六月,命都统永保,总统湖北诸军。七月,川督孙士毅卒,以两江总督福宁调署川督。	正月,湖北宜都教徒张正谟、聂杰人、刘玄铎、覃正潮等,因拒捕,起兵于枝江县,据灌湾脑。当阳教徒,执杀县令,教首杨起元、熊道成、陈德本、席云峰等,遂起兵据县城。来凤县教首杨子敩,起于小坳,谭贵起于旗鼓寨。郧阳府曾士兴,起于竹山,攻破竹山、保庸二县。三月,襄阳教首齐林之妻王氏、姚之富、王廷诏、刘启荣、樊人杰、张汉潮、张添伦、高均德、王光祖、齐帼谟,起于黄龙垱,奉王氏为总教师,众万余。四月,焚吕堰驿,蔓延邓州、新野,合队攻樊城。五月,毕沅围当阳数月不下,惠龄攻枝江亦无效,而归州、巴东、安陆、京山、随州、咸丰,皆教垒。孝感楚金贵、鲁维志等,起于胡家砦,宜昌林之华、覃加耀,起于长阳县之榔坪。时将军恒瑞斩教首曾士兴,克复竹山、保庸二县。川督孙士毅攻克小坳,斩教首杨子敩,教众入旗鼓寨,与覃贵合。七月,楚督毕沅,斩教首杨起元、熊道成、陈德本等,克复当阳。都统明亮,扫荡胡家砦。	石韫玉《纪教军始末》,其惑人之法,则曰佛家现在劫,是释迦牟尼佛持世,今劫限已满,过此即弥勒佛出世,世人罪孽深重,将有大灾。嘉庆七年八月十五日,有黑风雨七昼夜,世人触之皆死,惟习白莲教者,有莲花护身,可免此灾,愚者惑其说而从之。又曰:他日不习教之人既死,旷土闲田甚多,教中人先纳地税若干,将来按税授田,贪者又惑其说而从之。故其徒有伪元帅、伪总兵,掌战阵之事;有掌柜,掌出纳之事;最尊贵者为师父,则掌教者也。

续表

时　代		清　兵	混元教军	备　考
清纪	公元			
嘉庆元年	1796年	十一月，上以永保拥劲旅，徒尾追而不敢迎击，致教军东西驰突，逮入都，命湖北巡抚惠龄总统军务。	八月，楚抚惠龄，擒教首张正谟、刘宏铎，退扫平山。四川总督福宁等，擒教首谭贵，旗鼓寨平。 十月，惠龄擒覃正潮。凉山平。 时襄阳姚之富、齐王氏等，聚钟祥，南攻不遂，仍转北上。明亮追至河南界之漙沱镇，姚等奔唐县仓台。 按是时楚抚惠龄以次平长阳、归、巴，毕沅防守襄阳，豫抚景安防御邓州，湖北教军北惟襄、邓，南则归、宜，势渐蹙。及川教并起，势乃骤强。 十月，四川达州教首徐天德、徐天寿、王登廷、张泳寿、赵麻花、王学礼、汪瀛、熊翠、熊方青、陈侍学等，起于亭子铺，旬日间，有众万人。 东乡县教首王三槐、冷天禄、张子聪、庹向瑶、符曰明、刘潮选、汤思蛟、张简、孙老五、亢作俸、汤立元等，亦聚万人，屯东乡之丰城。 十一月，陕西兴安府安康县人冯得仕起兵于将军山，翁禄玉、林开泰起于大小米溪，王可秀、成自知起于安岭，胡知和、廖明万、李九万起于汝、洞二河，为陕督宜绵等所平。 永保会诸军，追姚之富于唐县，之富已分攻枣阳，复渡滚河而西，达吕堰，向安化、谷城。 十二月，四川巴州罗其清、罗其书、苟文明、解大川等，起于方山坪。通江冉文俦、冉天元、冉天泗、王士虎、陈朝观、李彬、杨步青、蒲天宝、景英等，起于王家寨。 太平龙绍周、徐万富、龚建、唐大信、王帼贤等，起于南津关。	
嘉庆二年	1797年	正月，命领侍卫内大臣额勒登保、都统德楞泰、将军明亮，会师助击川楚陕三路教军。	正月，豫抚景安，拥众南阳，听姚之富、齐王氏、王廷诏、李全等，三路攻河南，不整队，不迎战，不走平原，惟数百为群，忽分忽合，以牵清军。四月，逼而西，又并为一以入陕。 二月，陕甘总督总统宜绵，至东乡，四川总督英善、成都将军观成，复县治，领侍卫内大臣德楞泰、将军明亮入川，与宜绵会，破教军于南场，徐天德、王三槐等，移屯金峨寺。三月，清军复破之，教军走香炉坪。又攻冉文俦等于通江，文俦遁入巴州方山坪，与罗其清合，五月，德楞泰攻重石坪，明亮攻香炉坪，破之。	

续表

时 代		清 兵	混元教军	备 考
清纪	公元			
嘉庆二年	1797年	五月，四川总督陆有仁迟误军情，革职拿问，命英善驰督甘陕，宜绵移督四川。 命宜绵总统川陕军务，褫惠龄职，与恒瑞、庆成各领队，悉听宜绵节制。 七月，湖广总督毕沅卒于军，以湖南巡抚姜晟兼署。 九月，调勒保为湖广总督。十月，命总统四川军务。 明亮、德楞泰奏令民筑堡以拒教军，诏以烦民，而坚壁清野之议，实始此。诏曰："昨令勒保驰督湖广，而劲兵健马，皆在明亮、德楞泰一路，其专攻姚之富、齐王氏，不得因有总统宜绵，稍存观望。此外川东教军徐天德、王三槐，川北教军罗其清、冉文俦，责成宜绵，巴东覃加耀，责成额勒登保，大宁老木园陈崇德，责成将军观成、提督刘君辅，安康李全，责成将军恒瑞、提督庆成，其各自为战。"	五月，姚之富、齐王氏等，为官军追逼，由陕入川之通江竹溪关，遂至东乡，与徐、王等合，于是以青、黄、蓝、白等号为记，又设掌柜、元帅、先锋、总兵等号，王廷诏、齐王氏、姚之富、王光祖、樊人杰，称襄阳黄号，伍金柱、伍怀志、辛聪、辛文、庞洪胜、曾芝秀、齐国谟、伍金元附之；高均德、张天伦称襄阳白号，宋国富、杨开甲、高二、高三、马五、王凌高、辛斗、魏学盛、陈国珠、高见奇、杨开第附；张汉潮称襄阳蓝号，李潮、李槐、詹世爵、陈杰、刘允恭、张什、冉学胜、戴世杰、赵鉴、崔宗和、胡明远附之。四川教军，达州徐天德称达州青号，徐天寿、王登廷、张泳寿、赵麻花、汪瀛、熊翠、熊方青、陈侍学附之；东乡王三槐、冷天禄称东乡白号，张子聪、庹向瑶、符日明、刘朝选、汤思蛟、张简附之；太平龙绍周称太平黄号，龚建、唐大信、徐万富、王国贤、唐明万、赖飞陇附之；巴州罗其清，称巴州白号，罗其书、鲜大川、苟文明附之；通江冉文俦，称通江蓝号，冉天元、冉天泗、王士虎、陈朝观、李彬、杨步青、蒲天宝、景英附之。 六月，李全留川，其余将尽还湖北，以清军扼其北走，乃分攻大宁、云阳、万县，教徒沿途响应。奉节龚文称线号，据铁瓦寺，云阳林亮功等称月蓝号，据白崖。明亮、德楞泰连败之，教军复走归巴。 四川清军，围教军于陈家坝，攻之，王三槐、徐天德西走，明亮等追之，孙士凤东走，德楞泰追杀士凤于麋子坝，复围二军于徐家山，总兵百祥截方山坪教军出路，侍卫舒亮困林亮功于白崖，观成、刘君辅破大宁，围老木园，川教军渐蹙。而闰六月惠龄所追襄教军数万，分道入川，与诸教军响应，复盛。 七月，襄教军由川至鄂，自宜城北走襄樊。八月，图荆襄不遂，复折回房竹，走陕西。九月，留川李全，自巴川与王三槐分，欲出陕还楚，抵兴安。 八月，四川清军，攻破方山坪，冉文俦、罗其清走巴州，与王三槐等合，合攻巴州，据之，逼嘉陵江，川西戒严。	

1822

续表

时代		清 兵	混元教军	备 考
清纪	公元			
嘉庆二年	1797年		十一月,襄教首姚之富、齐王氏等,连营巴山,欲回楚,十二月,为清兵夹击,复分道入川,高均德乘间北渡汉,趋广元。十二月,襄教军复由陕逼川北,而川大竹、邻水各团勇拒之,王三槐复回达州。额勒登保败林之华于朱履寨,斩之。	
嘉庆三年	1798年	正月,诏勒保以总统兼督四川,宜绵移督陕甘。三月,以景安督湖广。四月,湖北巡抚汪新卒,以高杞为湖北巡抚。五月,诏以陕楚教军,均逼入川,勒保宜会同诸将蹙之,额勒登保、明亮,专剿张汉潮等为一路,德楞泰专剿高均德、李全、阮正隆,并会同惠龄等夹剿罗冉为一路,勒保专剿王三槐、徐天德及云万诸教军为一路,宜绵专防由川入陕教军,景安专防由川入楚教军。	正月,川徐天德、王三槐、林亮功及襄王光祖、樊人杰等,俱聚于开县之临江市,将三路入陕。二月,襄齐王氏、李全,分二道,由城固洋县老林,逾山北出宝鸡、岐山,复合攻郿县,掠盩厔,将攻西安,为清军所却。三月,襄齐王氏、姚之富,自山阳趋湖北,明亮、楞泰围之郧西县之卸花坡,齐、姚无走路,堕崖死。四月,时陕、楚各军,自失姚、齐两首领,又不能还楚,欲倚川教军俱会于冉文俦营,不下二万,其由云阳大宁入楚之张汉潮、刘成栋等,经额勒登保、景安合御之,教军入郧阳,勒保檄观成、刘君辅围老木园,害陈崇德,复杀林亮功于梁万间。五月,惠龄等迎击陕教军于仪陇,适罗其清下山策援,清军伏兵,断其归路,乃就冉文俦营,合据大神山,与各陕教军连营。六月,德楞泰、惠龄等,合攻破大神山,七月,各陕教军走就罗其清于箕山。七月,勒保诱致王三槐,以生擒入奏,三槐解京被杀。冷天禄尽有其众,仍据乐坪,抗战如故。九月,德楞泰破箕山,会额勒登保追李全、高均德、王廷诏等自北至,合其清队,入大鹏寨。十月,勒保围安乐坪,冷天禄粮尽,诡乞降,夜突营,林亮功余众王光祖等,复略江北忠涪诸地,徐天德亦屡攻大竹邻水。十一月,德楞泰、额勒登保,攻克大鹏寨,逐北至方山坪,擒罗其清。十二月,德楞泰、惠龄,袭通江,杀冉文俦。	

续表

时代		清 兵	混元教军	备 考
清纪	公元			
嘉庆四年	1799年	正月，命四川总督勒保为经略大臣，节制五省军务，命宜绵解任来京。二月，命松筠为陕甘总督。三月，召景安来京，以倭什布为湖广总督，吴光熊为河南巡抚。诏以前年襄阳教军攻孝感，独随州未被焚掠，由村民预掘濠垒山严守，此保障民生良策，令勒保会同各督抚，晓谕州县居民仿行。于是始议坚壁清野之策，实由明亮、德楞泰发其端，而以诏敕行之。七月，诏以勒保攻久无效，夺职，擢明亮经略，魁伦署四川总督。明亮进攻迟延，又与永保互评，均免职。八月，诏以额勒登保为经略大臣。九月，以台布为陕西巡抚，提督阿迪斯为成都将军。命工部尚书那彦成协办陕西军务，旋授参赞大臣。十月，诏授德楞泰参赞大臣。	二月，德楞泰要徐天德于开县，截其走湖北之路，天德折赴太平。额勒登保追冷天禄于大竹，适闻中萧占国、张长庚众五千突至，清军逼之谭家山，破之，追冷天禄于岳池，天禄中箭死。三月，川北教军在广元、宁羌间者，西攻甘肃阶州，白号杨开甲向宕昌，蓝号张士龙向良恭，为清军所败，合于秦州，五月，由略阳走川北。五月，陕教军张士龙在栈道西，张汉潮在栈道东，张天伦在平利竹溪规湖北，是为陕西三张。六月，川东各教军皆聚开县、东乡间，总兵朱射斗，追包正洪于茅坪，杀之。七月，德楞泰由奉节进攻大宁、巫山，追至竹溪，擒龚文玉、卜三聘等。八月，川教军徐天德等入楚境。九月，明亮、恒瑞破张汉潮留坝，又击之于五郎，杀张汉潮。在湖北教军闻清军至，复分为二，李树、徐天德自归州，走还巴东，辛聪、张天伦走宜昌之东湖，德楞泰分兵杀李树于巴东，破宋厥子于房县，教军由房县老林西走。十月，德楞泰追楚教军入陕。时高均德、冉天元、张天伦、龙绍周、唐大信、高天升、马学礼等，皆屯白河、洵河，德楞泰击败之，生擒高均德。十一月，额勒登保攻教军于巴州，符曰明于广元被擒。十二月，王登廷于南江被擒，冉学胜等由陕西入甘肃之秦州巩昌一带，势复张。十二月，北川教军杨开甲、辛聪、王廷诏、高天升、马学礼等，复乘间由老林走固城、南郑，由略阳夺嘉陵江，西攻秦陇，而西乡、汉阴、石泉、紫阳江岸教军，亦纷由川逼陕。	
嘉庆五年	1800年	正月，诏以松筠为伊犁将军，调长麟为陕甘总督，驰往陕西会办军务。三月，授德楞泰成都将军，专办川西教军；授勒保四川提督，专办川北教军。四月，诏以魁伦两次纵敌，褫逮治罪，勒保署四川总督。湖广总督倭	正月，冉天元等乘间由定远夺渡嘉陵江，成都、重庆同时震动，天元入蓬溪，杀总兵朱射斗。二月，天元分攻南部盐亭、射洪，盐枭咽众皆入之，冉天元生日，大会南充。总督魁伦，退屯潼州，天元再攻梓潼、江油，转由龙安与阶、岷诸教军合。三月，德楞泰与教军大战马蹄岗，冉天元中流矢死，余众乘间渡潼河，总督魁伦撤兵留船，众得宵渡，焚太和镇，成	《勘定教匪述编杂述》，刘之协，黠贼，虑事败受擒，不入贼营，但于邓州新野，同教人家藏身，湖北教匪皆其所传，四出邀约，各贼群起，俱树天王刘之协旗。及是，之协欲往湖北，道由叶县，令廖寅诘获，解京，凌迟处死。

续表

时代 清纪	时代 公元	清兵	混元教军	备考
嘉庆五年	1800年	什布，降为巡抚，以姜晟代之，以长麟代松筠督陕甘。 成都将军阿迪斯，拥兵玩误，诏褫职。 闰四月，以明亮为宜昌镇总兵。 七月，命京营右翼总兵长龄为领队大臣，率兵赴湖北。 八月，清帝制邪教说，以不治从教之旨，宣示中外。	都戒严，德楞泰复大败之，雷士王、孙嗣凤，俱为所杀。 四月，德楞泰破张子聪等，追及潼河西岸，潼河以西无教军。勒保追潼东教军，屡谋渡嘉陵江不遂，西走保宁，追军破之，乡勇擒青号王瀛。 闰四月，川北教军走川东，苟文明攻巫山、奉节，鲜大川走开县，龙绍周、唐大信攻太平。又涪州有鹤游坪教军，群教军皆向云万分走，德楞泰进军开县。 陕教军屯汉北山内，额勒登保追张世龙、戴家营，入老林，越四日，出华阳，教军由茅坪走五郎。 明亮使孙清元击徐天德于谷城，天德入川。张天伦、张世龙分入商州，额勒登保蹑追，杨遇春与恒瑞夹击，破之。 五月，额勒登保率总兵杨遇春，破陕教军于洵阳，教首刘允恭、刘开玉死之，张汉潮余众之在陕者略尽。 七月，河南布政使马慧裕，访获教主刘之协于叶县，槛送京师。苟文明、樊人杰复由陕入川，德楞泰与勒保合兵，破之于岳池。 九月，樊人杰、冉天士、张三掌柜、王士虎等，三路赴楚，杀总兵李绍祖，德楞泰、勒保、赛冲阿，三路击庞向瑶，教首唐大信死之。 十月，明亮等攻教军于房县，教军复入川。 张子聪于开县，为德楞泰所擒。 十二月，徐天德由钉靶沟入楚，为明亮所败，奔西南山中。杨开第、齐国谟等，走仪陇，为德楞泰所败，开第、国谟死之。李炳、陈潮观等入巴阆，与张世龙合，走川陕界山中。 额勒登保攻冉学胜等于蓝田、商州，杨遇春败教军于龙驹寨，教军不能东，折而西向。	《钦定剿平三省邪匪方略》，六月二十五日，郏县翟家寨有千贼新起，布政使马慧裕乘其乌合，带兵于八日扑灭之，刘之协与冀大荣逃至叶县，遂获之。
嘉庆六年	1801年	十一月，召长龄来京，以惠龄为陕甘总督。	正月，勒保击川北教军于通江，杀张世龙、樊人杰、徐万富、冉天士、王士虎等，南走广元、宁羌。 高二自洵阳渡汉江，图入河南，德楞泰追及于山阳，杀高二，生擒先锋王儒等。 蓝号王士虎、冉天士与樊人杰、徐万富合后，趋仪陇，勒保击败之，杀徐万富。 刘清率乡勇击教军于通江，杀王士虎。 清军攻徐天德于二竹，适川教军苟文明、	

续表

时代		清 兵	混元教军	备 考
清纪	公元			
嘉庆六年	1801年		李彬走楚，明亮击败之，文明折入川东。 二月，甘州提督杨遇春，追教军入川，至两江口，擒王廷诏，槛送京师。三月，擒高三、马五于大宁之二郎坝。 四月，教首徐天德与樊人杰、王国贤、陈朝观、曾芝秀等合，德楞泰追之，乡勇擒陈朝观，楚地教军略尽。 五月，德楞泰追徐天德于两河口，覆其舟，徐天德溺死，余众留汉北者，由洵阳渡江，为知县严如煜乡勇所覆，于是龙、苟二军入平利，王国贤、戴士杰、曾芝秀在洵阳竹山，辛聪、冉学胜向白土关，诸军皆聚川、陕、楚边界。 七月，额勒登保以川、陕、楚各教军，皆聚川境，乃令庆成等严防汉南，自与杨遇春分路入川，冉天士、王士虎于简池坝被擒。 八月，勒保擒教首冉学胜。 十月，德楞泰追龙绍周，东走巫山，赛冲阿斩龙绍周于平利，尽屠其众。 十二月，德楞泰追教军通江，毙苟文举、苟朝献，众奔开县、大宁、老林，李彬亦归之。	
嘉庆七年	1802年	正月，诏德楞泰以参赞为成都将军，专搜川楚教军，额勒登保以经略为西安将军，专搜陕西教军。 八月，诏以南山教军，责总督惠龄、提督杨遇春专办。 九月，诏德楞泰专办楚事，额勒登保专办陕事。 十二月，诏以三省荡平，祭告裕陵，宣示中外。 诏四川、湖北、陕西、甘肃、河南，被兵各州县，自元年至七年，带征缓征逋欠钱粮，普予豁免，与百姓休息。	正月，额勒登保遣兵擒教首辛聪，余众悉屠之太平。 二月，李彬率众三百，由南广入铁厂，道员刘清截杀，获李彬，屠杀殆尽。 三月，川北张、魏二支，东入东乡，勒保移师巴州，击张天伦、魏棒棒，皆害之。 湖北以樊人杰、戴仕杰为掌柜，曾芝秀、王国贤、崔宗和、胡明远四人主战，趋陕境，为穆克登布迎击，东趋东湖、谷城。德楞泰追之，折入兴山，沿途逃散，余众不及二千。 四月，罗声皋杀庞向瑶于东乡，张绩杀徐天培于丰城，田朝贵杀李彬余部杨步青于通江，丰绅、刘清破张魏余众于广元，于是川北无事。 五月，德楞泰蹙樊人杰于竹山，人杰投河死。 六月，勒保分兵搜捕余众于川东北。 七月，罗思举擒教首刘朝选于大宁。 额勒登保连败教首苟文明，追至花石岩，文明力竭，被害。 八月，德楞泰追蒲天宝于大宁老林，数昼夜擒斩殆尽，获蒲天宝尸于崖树。	

续表

时代		清 兵	混元教军	备 考
清纪	公元			
嘉庆七年	1802年		九月，德楞泰破熊方青于大宁，遣赛冲阿追入陕，自移师攻戴崔胡于房县，余众走老林，穆克登布追王国贤余众入川。十月，德楞泰遣兵杀戴仕杰于兴山，擒崔连乐、崔家和于房县，杀陈仕学于巴东，及分兵搜巴巫余众，楚地教众略尽。川北，罗思举擒张简、汤思蛟于东乡，川东，丰绅、桂涵杀罗半年、李世品于梁山、太平。又张长青百余人，乞降于云阳，其余散入山林，仅各十余及数十，不及百人。楚地樊曾余众、齐国典众千余，由大宁入梁万，又王国贤余众四百，唐明万三百，亦先后入川。勒保檄诸军分击，额勒登保杀熊方青于竹溪。十一月，德楞泰入川，会攻齐国典于通江，国典走通南，罗声皋、武隆阿杀之，获教首景英。十二月，额勒登保屯西乡太平界，勒保屯东乡开县，德楞泰亦由巫山入川，三路逼教军归开太、大宁，聚而搜捕，熊方青死，齐国典向通南西走。吴光熊十保康狄崔宗和。南山余众苟朝九，为杨芳雏昂攻急，与前入宁羌之宋应伏二百人合，走汉南，清兵追之。川、楚教军已尽，惟残众千余，归于善后。经略参赞同川督勒保、陕督惠龄、湖督吴熊光，以大功告成驰奏。	
嘉庆八年	1803年	六月，诏德楞泰入觐，额勒登保留搜余众。德楞泰回川后，再还朝，德楞泰奏，湖北搜捕分六段防哨，总归庆成统之。额勒登保奏，四川分六段，归勒保统之。陕西分八段，自西乡至宁羌七百里，将军兴肇统之；自西乡以东至安康千余里，杨遇春统之。十月，德楞泰出都，诏额勒登保还朝，以余事付德楞泰。	正月，额勒登保屯西乡，扼川北教军入陕之路，德楞泰屯太平、大宁，扼川东教军入楚之路，勒保往来东乡、新宁，堵南入腹地之教军，正月，额勒登保川北一路。攻苟朝九等于通江，杀姚馨佐、陈文海于南江。南江复有教首宋应伏出没，其党冯天保、余佐斌、熊老八等，皆勇悍。三月，冯天保、宗赖子被杀，四月，苟军分为二队，齐靳百余众东走太平，罗声皋等追之；赵金友三百余众北奔陕，额勒登保追之。五月，斩思庆于太平，六月，擒赵金友于大宁，又擒熊老八于太平。正月，德楞泰川东一路，教首王国贤、陈云、刘学礼走巴东。二月，破刘军于老鸦寨。三月，陈云与苟朝阁、吕宗明合队六百，走房县，进击之，擒胡明远，太平、大宁余众亦先后奔楚。德楞泰乃自川东移攻。四月，川教军赖应举、王	

续表

时代 清纪	时代 公元	清 兵	混元教军	备 考
嘉庆八年	1803年		国贤等降,其汉江以北南山余众,杨芳分五路排搜,数日不见其踪。 六月,额勒登保与勒保会于开县,督诸将分廿余路,排搜老林,屠二百余,德楞泰亦屠杀川、楚边界教众,移师入川。 七月,额勒登保、德楞泰、勒保,奏报三省肃清,清兵凯旋。 八月,初各营所撤随征乡勇,资遣回籍,皆骁勇无家可归,多勃郁山泽间,遂入教党,合队三百,苟文润领之,势复盛。 九月,杨遇春由洋县入山,额勒登保渡江督之,教众东奔郧阳不遂,渡汉南赴西乡,复纠巴山老林余众及通江已散乡勇,五百众,诏杨芳回汉北,防山内教众。 十月,杨遇春邀安康平利他军,亦追入川。时诸教众忽聚忽散,仅余二三,而三省不得解严。	
嘉庆九年	1804年	二月,额勒登保复出都,以钦差大臣赴陕。 六月,诏额勒登保回京,以钦差大臣关防交德楞泰。	正月,教众屡由安康窥汉阳,欲入南山,皆为杨芳所却,复擒山内余众百余,于是南山无战事。 二月,德楞泰围教众于太平之百里荒,众走界岭老林。 四月,额勒登保由兴安渡江督师,分五路进攻,众奔太平、大宁入川,复增纠散遣乡勇五百。 六月,德楞泰进攻川陕界之凤凰寨,教众奔化龙山。 八月,属部赵洪周斩苟文润出降,余党解散,杨遇春、赛冲阿两路入山搜捕。杨芳搜汉北,丰绅、马瑜、田朝贵分三路搜川境,先后屠杀无虚日,会寨勇擒苟朝九于南郑,罗思举擒王士贵于太平,各路皆报肃清。 九月,班师。	

乙、蔡牵

自元以来,沿海居民多通商贾,揽海上之利,东起日本,西迄安南,或至南洋。其杰出者备商船,有多至数十艘者,船中有炮械,以备非常。所利者内地接济米盐贩运货物,每给不肖官吏以规费,而受商船规费,至于受虐不堪,则起而抗之,明之王直、徐海,明季之颜思齐、郑芝龙,皆其人也。官书谓之海盗,实则海商,以贸易为生,不事劫掠。郑成功据台湾,即恃有通商之利。雍、乾以后,则蔡牵最显,纵横闽、浙海上。李长

庚必欲捕之，相持四五年，长庚卒以战死，牵亦败亡。同时粤中郑一嫂、李三嫂、东海霸、乌石四股，与牵相应者，遂不能振。

国家自康熙二十二年，克台湾，平郑氏，二十四年，大开海禁，……嘉庆初年，而有艇盗之扰。艇盗者，始于安南阮光平父子窃国后，师老财匮，乃招濒海亡命，资以兵船，诱以官爵，令劫内洋商舶，以济兵饷，……大为患粤地，继而内地土盗凤尾帮、水澳帮亦附之，遂深入闽、浙。……五年，……安南……为农耐王阮福映所灭，新受封，守朝廷约束，尽逐国内奸匪，由是艇贼无所巢穴，其在闽者，皆为漳盗蔡牵所并。

牵同安人，奸猾善捭阖，能使其众，既得夷艇夷炮，凡水澳、凤尾余党，皆附之，复大猖獗，凡商船出洋者，勒税番银四百圆，回船倍之，乃免劫。……擢李长庚浙江提督。……八年正月，牵窜定海，进香普陀，适李长庚掩至，牵仅以身免，昼夜穷追，至闽洋，贼粮硝尽，篷索朽，……不能遁，乃伪乞降于闽浙总督玉德。玉德……抚之，……檄浙师收港勿出，于是牵得间，缮楫械，备糗粮，扬帆去。……牵原赂闽商，更造大……船，先后载货出洋，伪报被劫。牵连得大海舶，遂能渡横洋，渡台湾。九年夏，劫台湾米数千石，分济粤盗朱濆，……猝入闽。……以李长庚总统闽、浙水师，率温州、海坛二镇兵为

鹿耳门天后宫

左右翼，专剿蔡逆。……八月，牵、渍共犯浙，李长庚合诸镇击贼于定海北洋。……长庚督兵冲贯其中，断贼为二，使镇兵击渍，而己急击牵，……断其坐船篷索，会风雨骤起，俄遁去。牵责渍不用命，渍怒，遂与牵分。是冬，长庚败朱渍于甲子洋。十年夏，又击牵于青龙港。是冬，牵聚百余艘，复犯台湾，沉舟鹿耳门以塞官兵，又结土匪万余攻府城，自号镇海王。……十一年，……长庚……水陆并进，连五战皆破贼。……二月，……贼大败，困守北汕。……会七日风潮骤涨，……贼夺门出，……闽师不助扼各港，……贼竟遁去。……

时闽文武吏，以不协剿，不断岸奸，惧获罪，交谮长庚于新督阿林保，阿林保即三疏密劾之。……上密询浙抚清安泰，清安泰奏言：长庚熟海岛形势，……身先士卒，屡冒危险，……故贼中有"不畏千万兵，只畏李长庚"之语，实水师诸将冠。……奏入，上切责阿林保。……十二年……十二月，……率……师……追牵入澳，穷其所向，至黑水外洋，牵仅存三舟。长庚击破牵舷篷，又自以火攻船，坏其后艄，贼急发梢尾一炮，适中长庚喉而殒，……牵乃遁入安南夷海。……十三年，牵自安南回棹，朱渍资之，复与渍合帮入浙，并与土盗张阿治相应。巡抚阮元复莅任，用间离之，渍复舍牵窜闽，俄为许松年轰毙，牵亦为浙兵击败窜闽。其党骆亚卢歼于邱良功，于是阿治……乞降，浙洋土盗平。明年，十四年。闽督亦易以方维甸，……朱渍弟渥，亦率众……降于闽。而浙江提督邱良功，福建提督王得禄，合剿蔡牵于定海之渔山，……贼且战且逃，……逾绿水洋，见黑水，……贼船……皆为诸镇所隔，不能援救，牵船仅三十余贼。……牵知无救，乃首尾举炮，自裂其船，沉于海。……至是，闽浙合，而贼遂歼焉，惟粤洋之艇贼。……

十四年，百龄……督粤，……歼盗首总兵保，……惟郭学显、郑乙妻二大帮，初为林阿发、总兵保、郭学显、乌石、郑乙五帮。……郭贼决计出降。……郑乙死已久，其妻代领其众，屡蹙于官军，遂于十五年二月，诣省城乞降，……各镇会剿乌石帮于儋州，尽俘其众，又降东海帮林阿发等，……粤贼平。(魏源《圣武记》卷八《嘉庆东南靖海记》)

十一年，长庚围贼鹿耳门，闽士漏师，乘大风雨，解缆而去。闽督阿林保，置酒款长庚曰："大海捕鱼，何时入网？海外事无佐证，

军门但以蔡牵假首至，即飞章报捷，孰与穷年冒险波，侥幸万一哉！"长庚掀髯慷慨曰："于清端之捉贼，姚制府之用兵，长庚所知也。石三保、聂人杰之擒，长庚不能为，长庚久视海舶如庐舍，不畏其险也。今以逗挠坐长庚之罪，他日以覆舟讳长庚之死，皆唯公命是从。"推几而出，阿林保大惭恨，三疏密劾之。（锡珍《皇朝纪事·台湾始末》）

嘉庆十三年……十一月，张阿治赴闽投诚。先是巡抚访得张阿治之母之弟，皆在闽省惠安县居住，密告总督阿林保，阿林保系其母弟，至是，张阿治又屡被浙兵剿获，穷蹙，乃率余盗十四船……赴南台投首乞命。总督驰奏，奉旨准其投首免死，分别安插，张阿治窍嘴帮在闽冒名凤尾，在浙名窍嘴。自此全靖。（阮亨《瀛舟笔记》卷三）

闽、浙洋匪之兴，由来久矣，地方文武衙门兵役捕之力，匪即以贿啖之，兵役贪者遂与之通，年有规例，故犯而不校，初间有约内地民人为内应，而受之者谓之吃海俸，其心叵测不可知。及兵通而千把通，及役通而县以上衙门亦通，不但商船被其劫掠，即海滨捕鱼守桁之人，有所谓海先生者，每年来收平安钱，钱不到，祸立至矣。其商船定有规矩，献钱后乃给照票，再遇他盗，照票乃免，而盗之总其事者居福宁、温州外洋岙中，不传名姓，人谓之公道大王，盖所取有限，不如海关之层层胶削。后有蔡牵者出而公道已死，遂袭其故事，而从之者益多，渐不可制。其法，以海船之多货者劫其人禁之，定以钱数，使其家照数来赎，故讹钱愈多，盗风愈炽。（陈焯《归云室见闻杂记》卷上）

嘉庆五年，1800年。五月……庚戌，谕：……阮元等奏艇匪骤入浙境，即驰赴台州，……该二省迎头截剿，断不可令其登岸。……朕闻浙省海疆，土盗甚多，艇匪、凤尾、蔡牵等帮，肆行勾结为害，押人勒赎。更有奸民通盗，宁波之姚家浦为最。……阮元尤当严行查察，……并严禁沿海匪民，接济粮米淡水等物。李长庚向来在洋捕盗，素著威望，……此次追剿艇匪，应令温州、黄岩两镇，听其关

李长庚手迹

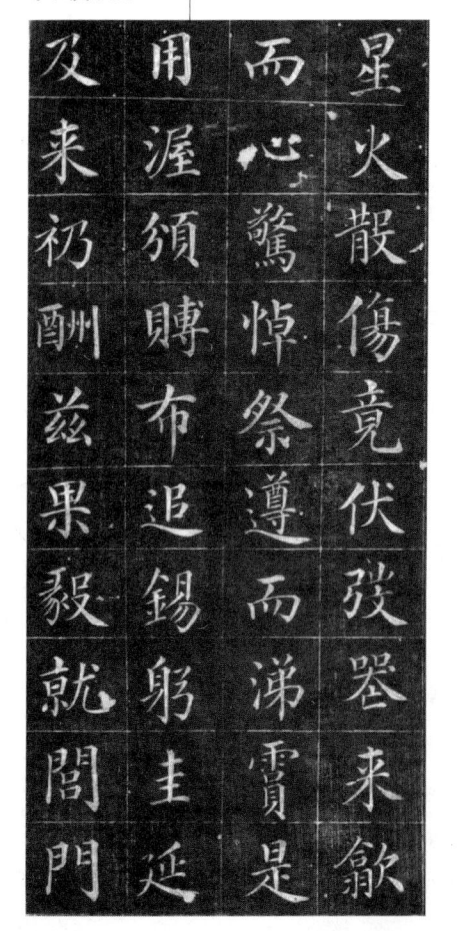

会，协同策应，以期号令专一。(《清仁宗实录》卷六八)

嘉庆六年，1801年。十一月……丙子谕：玉德奏称，"李长庚心气粗浮，于提调官兵，统辖全省水师之任，未能负荷"等语，朕因检查李长庚前任水师总兵时，历年考语，书麟……叙，该员捕盗出力，并称……洋匪有"宁遇一千兵，莫遇李长庚"之谣词，……而玉德两次考语，均称其勇干有为，调度有方，为水师出色之员，本日玉德折，又称其未能胜任，……显系自相矛盾。……迨朕擢任提督之后，方为此奏，岂有甫经擢用，因玉德一言，即将李长庚撤回之理？玉德著传旨申饬。(《清仁宗实录》卷九〇)

嘉庆九年，1804年。秋七月丁亥朔谕：……玉德等奏，议勒限严拿蔡牵，……请以提督李长庚总统温州、海坛二镇总兵为左右翼，带兵前往缉捕，自应如此办理。(《清仁宗实录》卷一三一)

嘉庆十一年，1806年。春正月壬子谕：……玉德奏称："蔡逆竖旗滋事，自称镇海王，于上年十一月二十三日，抢入凤山县城，经官兵攻散后，贼船复驶入鹿耳门，在府城外登岸劫掳，并勾结嘉义县匪徒洪四老等，乘机滋事"等语，……此时贼势鸱张，不得不大加惩办，所有军火、粮饷、器械、船只等项，照军与例，动帑经理。……又谕：赛冲阿久历行阵，……见发去钦差大臣关防一颗，交该将军行用，……于该督豫备兵力内，择精练强壮者，带领放洋。……该处提督，自李长庚、许文谟以下，各将弁均受该将军节制调拨。(《清仁宗实录》卷一五六)

三月……丙辰谕：……李长庚等奏，称自正月二十六日起，督率镇将，先将附近屯聚贼匪之洲仔尾贼船、贼寮，分投烧毁，毙贼多名。蔡逆……旋将大船驰近口门，又经李长庚挥令各船，南北攻打，许松年等亦带兵夹攻，击毙贼匪百余名，拿获盗船四只，烧毁五只。至二月初七日，该逆潜乘风潮，拚命冲出，兵船复大加攻剿，又击沉盗船六只，烧毁九只，击毙淹毙盗匪，不计其数，奸擒二百余名，该逆向南逃窜，见在督兵追剿。(《清仁宗实录》卷一五八)

嘉庆十三年，1808年。春正月戊午谕：浙江提督李长庚，……因闽浙一带洋盗滋事，经朕特用为总统大员，督率各镇舟师，在洋剿捕，……统兵在闽、浙、台湾，及粤省洋面，往来跟剿，……数历寒

暑，……蔡逆……畏惧已极。……正在盼望大捷之际，乃昨据阿林保等奏到，李长庚于上年十二月二十四日，……驶入粤洋，追捕蔡逆，望见贼船止剩三只，……穷其所向，追至黑水洋面，已将蔡逆本船击坏，李长庚又用火攻船一只，乘风驶近，挂住贼船后艄，……李长庚奋勇攻捕，被贼船炮子，中伤咽喉额角，竟于二十五日未时身故。(《清仁宗实录》卷一九一)

嘉庆十四年，1809年。九月……已巳……谕：张师诚等奏，歼除海洋积年首逆蔡牵，将逆船二百余只，全数击沉落海，并生擒助恶各伙党一折。……王得禄与邱良功，连船南下，于十七日黎明，驶至鱼山外洋，见蔡牵匪船十余只，……专注蔡逆本船攻击。……邱良功被贼枪戳伤，其时王得禄紧拢盗船奋击，……王得禄身被炮伤，仍喝令千总吴兴邦等，速抛火斗、火罐，烧坏逆船舵边尾楼，王得禄复用本身坐船，将该逆船后舵冲断，该逆同伊妻，并船内伙众，登时落海沉没。(《清仁宗实录》卷二一八)

十一月……甲申谕：方维甸奏洋盗朱渥悔罪乞降，……朱濆一帮匪船，为海洋巨寇，本年朱濆被……炮击毙，伊弟朱渥接管，……今亲身登岸，率众三千三百余人，全行投出，并呈缴海船四十二只，铜铁炮八百余门，其余器械全数点收，……加恩……准其投首。(《清仁宗实录》卷二二一)

十二月……癸丑谕：百龄等奏，洋匪郭婆带，率同伙众五千余人，擒献张逆匪伙三百余名，呈缴船九十余只，炮四百余位，悔罪投诚。……著即准其投首，并加恩将郭婆带即郭学显，赏给把总，令其随同捕盗。(《清仁宗实录》卷二二三)

嘉庆十五年，1810年。三月……丁丑谕：……百龄等奏，粤洋巨盗，张保仔、香山二等，畏罪乞降，先令郑一嫂即郑石氏来省，继将各家口送省，……帮船二百七八十号，伙党一万五六千人，全赴香山县之芙蓉沙海口，听候收验投诚。……六月……壬子谕：百龄奏，生擒积年巨寇乌石二等，首伙各犯，并帮匪带船投诚，及盗首东海霸等，悉数乞降，海洋肃清。……此次兵船在儋州洋面，追及乌石二等匪船，……经首民张保认定乌石二坐船，……首先跳过，将该逆生擒，副将洪鳌……等，将盗首乌石三，及贼目郑耀章等擒获，其乌石

大，……经孙全谋……亲率弁兵，过船……生擒，并擒获各犯，共计四百九十名，……百龄于讯供后，即……予以寸磔。……此外临阵投出者，计三千二百余名，又东海霸股匪三千四百余名，亦恐惧乞降。粤洋著名大股盗匪除投首外，均已悉数歼灭。

(《清仁宗实录》卷二二七)

清神武将军大炮

李长庚，……福建同安人，乾隆三十六年武进士。……自乾隆季年，安南内乱，招濒海亡命，劫内洋以济饷，为患粤东，土盗凤尾、水澳两帮附之，遂益肆扰。……嘉庆二年，1797年。……擢浙江定海镇总兵。……五年夏，夷艇合水澳、凤尾百余艘，萃于浙洋，逼台州。巡抚阮元奏以长庚总统三镇水师，击之，会师海门，……飓风大作，覆溺几尽，其泊岸及附败舟者，皆就俘，获安南伪侯伦贵利等四总兵，磔之，以敕印掷还其国。是年，擢福建水师提督，寻调浙江。……未几，安南……阮福映内附，受封，守约束，艇匪无所巢穴，其在闽者，皆为漳盗蔡牵所并，有艇百余，粤盗朱渍亦得数十艘。牵……善用众，……凡水澳、凤尾诸党，悉归之，遂猖獗。阮元……集捐十余万金，付长庚，……造大舰三十，名曰霆船，铸大炮四百余配之，连败牵等于海上。……八年，牵窜定海……长庚掩至，牵仅以身免，……至闽，……伪乞降于总督玉德。……玉德遽檄浙师收港，牵得以其间修船，扬帆去，浙师追击，……毁其船六。牵……贿闽商，造大艇，高于霆船，……劫台湾米，以饷朱渍，遂与之合。九年，……诏……长庚总统两省水师。秋，牵、渍共犯浙，长庚合诸镇兵击之，……冲贼为二，自当牵，急击，逐至尽山。牵以大霆得遁，委败朱渍，渍怒，……复分。十年夏，调福建提督，牵……遂窜浙，追败之青龙港，又败之于台州斗米洋，复调浙江提督。十一年正月，牵合

卷五 明清

百余艘,犯台湾,结土匪万余,攻府城,自号镇海王,沉舟鹿耳门,阻援兵。长庚……遣总兵许松年、副将王得禄,绕道入攻洲仔尾,连败之。二月,松年登洲仔尾,焚其寮,牵反救,长庚遣兵出南汕,与松年夹击,大败之。牵……困守北汕,会风潮骤涨,沉舟漂起,乃夺鹿耳门逸去。……四月,蔡牵、朱渍同犯福宁外洋,击败之,……禽其党李按等。长庚疏言:蔡牵未能歼禽者,实由兵船不得力,接济未断绝所致,臣所乘之船,……逼近牵船,尚低五六尺。……且海贼无两年不修之船,亦无一年不坏之杠,……乃逆贼在鹿耳门窜出,仅余船三十,篷朽艄缺,一回闽地,装篷辉洗,焕然一新,粮药充足,贼何日可灭?诏逮治玉德,以阿林保代。既至福建,诸文武吏以未协剿,未断岸奸接济,惧得罪,交谮长庚,阿林保密劾其逗留,章三上。诏密询浙江巡抚清安泰,清安泰疏言:长庚熟海岛形势,……士争效死,……贼中语,"不畏千万兵,只畏李长庚",实水师诸将之冠。且备陈海战之难,非两省合力,不能成功状。同战诸镇,亦交章言长庚实非逗留。仁宗震怒,切责阿林保,谓……嗣后剿贼,专倚长庚,倘阿林保从中掣肘,玉德即前车之鉴,并饬造大同安梭船三十,未成前,先雇商船备剿。长庚闻之,益感奋。……十二年春,击败牵于粤洋大星屿,十一月,又击败于闽洋浮鹰山。十二月,遂偕福建提督张见升,追牵入澳,……至黑水洋,牵仅存三艇,……以死拒,长庚自以火攻船,挂其艇尾,欲跃登,忽炮中喉,移时而殒,……牵乃遁入安南外洋。……既殁,诏部将王得禄、邱良功嗣任,勉以同心敌忾,为长庚雪仇,二人遵其部勒,卒灭蔡牵,竟全功焉。(《清史稿·列传》一三七《李长庚传》)

阮元像

中华二千年史

李长庚战殁，命得禄与邱良功继任军事，嘉庆十三年，擢浙江提督，既而调福建，邱良功代之。时阮元再任浙江巡抚，张师诚为福建巡抚，两省合力，得禄与良功，同心灭贼。十四年八月，同击蔡牵，……追至黑水洋，合击累日。良功以浙舟骈列贼舟东，得禄率闽舟，列浙舟东，战酣，良功舟伤，暂退，得禄舟进附牵舟，诸贼党隔不得援，……得禄额腕皆伤，掷火焚牵舟尾楼，复冲断其舵。牵知不免，举炮自裂其舟，沉于海，……余党千二百人，后皆降，海盗遂息。
(《清史稿·列传》一三七《王得禄传》)

　　嘉庆……十四年，擢浙江提督，偕王得禄合击蔡牵于渔山外洋，乘上风逼之，夜半……不得进，明日……环攻，牵且战且走，傍午逾黑水洋。……良功恐日暮贼遁，大呼突进，以己舟逼牵舟，两篷相结，贼以桱冲船，陷入死斗，良功腓被矛伤，毁贼碇，得脱出，闽师继之，牵遂裂舟自沉。(《清史稿·列传》一三七《邱良功传》)

丙、八卦教

　　八卦教又名荣华会，一名天理会，有《三佛应劫书》二卷，以天盘、地盘、人盘为三盘。大兴县黄村林清又名刘安国、刘真空，又称刘林，字霜教，或作双木，称老刘爷，掌坎卦教，号天皇。滑县冯克善掌离卦教，号地皇；滑县李文成掌震卦教，为七卦之首，号人皇，奉清为十字归一，金皇下降。以"真空家乡无生父母"为八字真诀，入教者纳根基钱，又曰种福钱，事成，十倍以偿，输百钱者得分地一顷，得钱尽以贷穷乏者。其教遍行于黄河以北，教民多习技击，练拳术，作八卦步。嘉庆十八年闰八月，以其不利，改为次年闰二月。适彗星见，清等以其书中有"二八中秋，黄花满地"语，乘嘉庆帝在热河未归，定于九月十五日在京师举兵，期河南、山东之众按时至京。而李文成先于初二日在滑县被执，山东曹县之众尚与清军相拒，故十五日清众得太监内应，攻入东华门，而山东、河南之援不至，事既不成，清亦在沙河被执。文成之

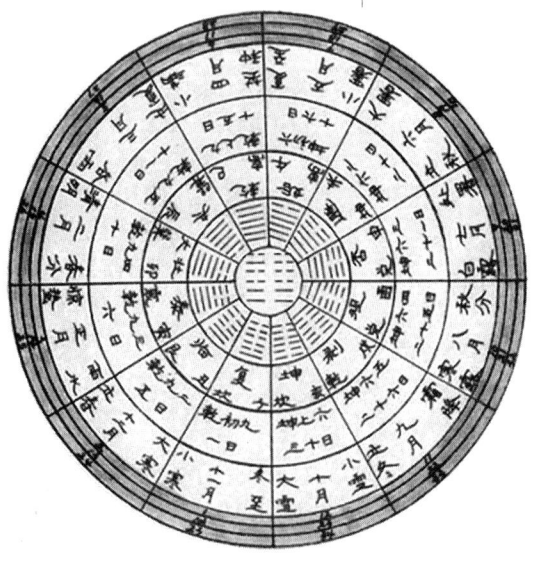

八卦图

众已破滑县，救文成出，奉以为大明天顺李真主。清廷张皇，命那彦成为钦差大臣，率禁军，集四省之兵，以攻滑县弹丸之地，历四月始破，长垣、曹县之举兵者，亦就败没。文成蓄发戴网巾，称大明，知其志在复明。或谓八卦乃白莲支流，恐无确据。

八卦教者，白莲之一枝也，以滑县李文成、大兴林清为之首。初其有谶曰"八月中秋，黄花落地"，久而无所应，会钦天监稽历统，改置十八年岁在癸酉八月闰于明年春二月，其教大喜，妄以为本朝不宜闰八月，……乃定谋。（锡珍《皇朝纪事·癸酉之变》）

林清，顺天府大兴县人。……充黄村书吏，旋革去。……嘉庆丙寅，……入荣华会，一名天理会。会党分列八卦，……坎卦之主，为郭朝俊，其次为刘呈祥，又其次为陈懋林、宋理辉。既而陈懋林为其从弟懋功告讦，谳得其实，问拟杖徒，诸贼皆潜奉清为坎卦之主。郭朝俊性怯耎，遇事畏葸，众不之惮，清代之，乃帖服。清传教，以"真空家乡无生父母"为八字真诀，命其徒日夕拜诵。自言预知未来事，审祸福，明吉凶。入教者俱输以钱，曰种福钱，又曰根基钱，事成，偿得十倍，凡输百钱，得地一顷。愚民惑之，远近踵至，家遂饶，恣其挥霍，有告贷者，辄给之，乡村仰食者万余家。清乃潜蓄逆谋，诡言己为金星下降，金王于秋，酉年秋月，将举大事，祀金神于西方，色尚白。……清以事至保定，阴纳教党。河南滑县书吏牛亮臣，因避罪亦在焉，清与之盟，……遂因亮臣以通于李文成。……文成在滑，掌震卦教，震卦为七卦之首，各听约束，其后兼理九宫，统领八卦，文成见清大悦，奉清为十字归一，于是八卦九宫，林、李共掌。（《靖逆记》卷五《林清》）

李文成，河南滑县人，世居谢家庄。少孤，为木工佣保，人呼李四木匠，文成耻之，乃弃去，从塾师习书算。……文成专研算术，旁涉星家象纬，推演颇验。……会齐、豫奸民，纠结死党，曰虎尾鞭、义和拳、红砖社、瓦刀社。其最大者曰八卦教，文成……入震卦教，教中事，有条理不当者，文成厘次剖析，众推服之，无异词。时林清为坎卦教首，传教北方。乾卦教首

《靖逆记》书影

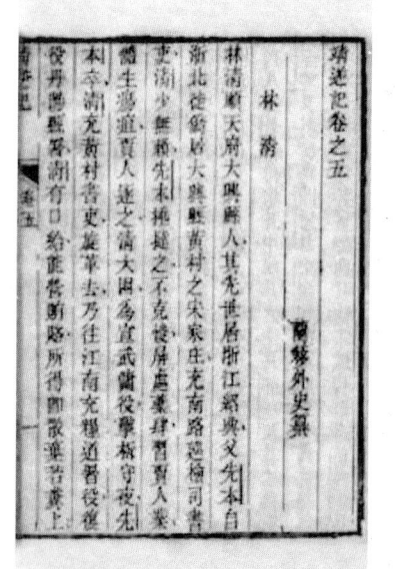

张廷举，山东定陶人；坤卦教首邱玉，山西岳阳人。巽卦教首程百岳，山东城武人；艮卦教首郭泗湖，河南虞城人；兑卦教首侯国龙，山西岳阳人；离卦教首张景文，山东城武人，俱分隶震卦，震为七卦之首，取"帝出乎震"之意，习教者，共听约束。文成兼掌九宫，统管八卦，众至数万，争以金帛相赂遗，谓之种根基，文成家遂富，益豪横，私买战马，蓄养士卒，铸造甲杖，颁分旗号，贼党响应，约期谋反。（《靖逆记》卷五《李文成》）

　　贼……煽其众，指星象，应在十八年秋九月十五日午时。文成党数万最盛，而清则密迩京邑，贿通内侍，外倚文成之众为援，将乘驾幸木兰秋狝回銮时，伏莽行在。谋定，中外莫知也。秋，滑县知县强克捷闻之，密白，……皆不应，……乃捕李文成下狱，刑断其胫。贼党以事迫，不能俟期，遂于九月初七日，聚众三千，破滑出文成于狱，强克捷死之。于是直隶之长垣、东明，山东之曹、定陶、金乡，同时杀官围城，而曹、定陶皆破。……诸贼既仓皇起事，遂不及赴林清外应之约。林清及期，则使其党二百余辈，由宣武门潜入内城，……日晡，分犯西华、东华门，白帕其首为号，太监刘金等引其东，高广福等引其西，关进喜等为内应，而清自居黄村，尚觊河南贼集而后进。时东华门甫入数贼，即为护军关门格拒奔散，其入西华门者，八十余贼，反关以拒官兵。贼得内监向导，已知大内在西，而误由尚衣监、文颖馆斩关入，侍卫急闭隆宗门，贼至不得入。……皇子等在上书房闻变，皇次子急命……诸太监登垣以望贼，俄有手白旗攀垣，将逾养心门者，皇次子发鸟铳殪之，再发再殪，……贼乃不敢越垣。……留守京师诸王大臣，率禁兵自神武门入卫，败贼于中正殿门外，……先后就擒。……十七日，上自白涧回跸，……以功封皇次子智亲王，……擒林清于黄村，……及通贼太监，皆磔之。（魏源《圣武记》卷一○《嘉庆畿辅靖贼记》）

　　李文成既据滑，以胫创甚，不能出四方

杨遇春像

为流寇,遂出兵围滑,而萃精锐于道口镇,……有积粮,贼恃以战守。……诏以陕甘总督那彦成……佩钦差大臣关防,节制山东、河南兵剿贼,陕西提督杨遇春副之。……十月,……官兵会攻道口,遇春自冲其前,……大破之,……进围滑县。……方是时,……山东盐运使刘清,……大破曹州贼,……十一月,……山东贼略尽。……直隶总督章煦,复奏擒滑县贼首冯克善于献县,直隶之贼亦定。……官军围滑县三面,惟北门隔苇塘,未合围,于是桃源贼首刘国民,潜入滑,护李文成出,收外党,西入太行,为流寇计。文成胫创不能骑,乃轻车出北门,招贼四千,入辉县山,据司寨。……总兵杨芳追之,……十九日,……进夺司寨,李文成纵火自焚死。……十二月十日,……城西南角,雷轰……崩裂,……官军……夺城而入,……歼贼二万,……滑县平。(魏源《圣武记》卷一〇《嘉庆畿辅靖贼记》)

嘉庆十八年,1813 年。九月……乙亥,……谕:……本日温承惠奏,河南滑县老安地方,有匪徒黄兴宰、黄兴相兄弟,并宋姓为首,兴天理会,于本月初七日,聚众滋事,滑县已失,县官被戕,直隶长垣县亦有习教之人,并闻教匪窜往河南考城,及山东曹县一带。……高杞……著即挑带将弁兵丁,督同河北镇总兵色克通阿,……加意防范,并严饬沿河文武员弁,严密防堵,勿令偷渡河南,致形滋蔓。……以温承惠为钦差大臣,偕古北口提督马瑜,驰往长垣、滑县剿贼,命陕西提督杨遇春,来直隶协剿,命同兴巡防山东边境,剿捕贼党。(《清仁宗实录》卷二七三)

嘉庆……十八年九月,……逆匪犯阙之变作,上……偕皇三子绵恺,飞章行在,奏言:本月十五日午刻,子臣等在书房,闻各处太监关门,总管常永贵等,获贼二名。将近未刻,以为无事,商同至储秀宫,给皇母请安,闻有贼越墙,从内右门西边入,子臣实出无奈,大胆差人至所内,取进撒袋、鸟枪、腰刀。惟时外兵未进,不料五六贼,在养心门对面,南墙外膳房上,从西大墙,欲向北窜,子臣手足失措,大胆在宫内放枪,将一贼打坠。又有两三贼,仍在墙上,一贼手执白旗,似有指挥,子臣复将执旗贼打坠,余者方不敢上墙。子臣复至储秀宫奏明,请子臣皇母放心,切属子臣三弟,不许稍离左右。子臣至西长街、西厂一带访查,绵志、奕绍、成亲王、仪亲王、

内务府大臣，先后带领官兵进内，子臣属令将内膳房搜捕，复得贼二人，并派谙达侍卫，在储秀宫、东长街，以防不测。子臣皇母同贵妃等位，及子臣等并九公主，仰赖皇父威福，均皆平安，伏祈圣心宽慰。(《清宣宗实录》卷一)

嘉庆十八年，1813年。九月……乙亥，……河南滑县八卦教匪李文成，纠众谋逆，知县强克捷捕系狱，其党冯克善、牛亮臣陷县城，克捷死之，直隶长垣、山东曹县贼党咸应。上命高杞、同兴防堵，温承惠佩钦差大臣关防剿之，召杨遇春统兵北上。贼党徐安幗陷长垣，戕知县赵纶，金乡知县吴阶捕贼崔士俊等。戊寅，……奸人陈爽数十人，突入紫禁城，将逼内宫，皇次子用枪殪其一人，一贼登月华门墙，执旗指挥，皇次子再用枪击之，坠。贝勒绵志续殪其一，王大臣率健锐、火器营兵入，尽捕斩之。……庚辰，……命那彦成为钦差大臣，剿贼河南，以提督杨遇春、副都统富僧德、总兵杨芳，带兵协剿。(《清史稿》卷一六《仁宗本纪》)

嘉庆十八年，河南天理会教匪李文成等倡乱，陷滑县，直隶、山东皆响应，……乃发京兵，授那彦成钦差大臣，加都统衔，督师，率杨遇春、杨芳等讨之。……十月，至卫辉会师而后进，贼踞桃源集道口，与滑县为犄角，连败之于新镇丁栾集。遇春破道口，歼贼万余，焚其巢，寻破桃源集，追道口余贼，抵滑县，文成遁辉县司寨，杨芳、德英阿追破之，文成自焚死。亲督遇春等，围滑城，数旬，以地雷攻拔之，获首虏二万余，山东贼亦平。(《清史稿·列传》一五四《那彦成传》)

(三) 道光时

甲、瑶人

瑶人居广东、湖南间者甚众。汉族所居曰村，不及瑶人五之一，瑶人所居曰排，以人数多寡为大小排，因积与汉官相抗。瑶人事神有书，官文书每称之为妖书，禁毁之屡矣，不能尽。赵金龙之起，固由天地会仇杀，而官吏之歧视，实有以致之。

赵金龙者，湖南永州锦田瑶，与常宁瑶赵福才，以巫鬼神其众。时楚、粤奸民结天地会，屡强劫瑶寨牛谷，党联官役，瑶无所诉，于

1840

清代瑶族男子

是金龙妖煽其峒，倡言复仇，使赵福才纠广东散瑶三百余，合湖南九冲瑶共六七百人，道光十一年十二月，焚掠两河口，杀会匪二十余人。明年正月，江华知县林先梁、永州镇左营游击王俊，以兵役往捕，贼已千余，据长塘夹冲。永州镇总兵鲍友智调兵七百，及永州知府李铭绅、桂阳知州王元凤，各募乡勇数百进剿，令游击李方玉，由沂村绕袭其后，游击王俊等，由东路直捣夹冲，遂毁其巢，毙贼三百余。……二十三日，贼窜蓝山之五水瑶山，所至虏胁，众二三千，图据九疑山，……旁掠宁远。上命两广总督李鸿宾、广西提督苏兆熊，各防边界。……会蓝山告急，巡抚吴荣光又檄宝庆兵尽赴蓝山，而檄提督海凌阿由宁远赴援。二月十四日，海凌阿率宝庆协副将马韬，以兵五百余，由宁远之下灌进剿蓝山。……海凌阿不侦探地势，遽由小路冒雨深入，又不为备，贼伪充夫役，为官兵舁枪械，行至池塘墟，山沟陡狭，伏贼四起，乘高下突，枪械反为贼用，海凌阿等皆死。上已命总督卢坤、湖北提督罗思举赴剿，……贼房胁将万，赵金龙率八排散瑶，及江华、锦田各寨瑶为一路，赵福才率常宁、桂阳瑶为一路，又赵文凤率新田、宁远、蓝山谷瑶为一路，每路各二三千，犄角出没。而官兵……增调常德水师及荆州满骑，皆不习山战，卢坤至永州，始奏罢之，而改调镇筸苗疆之兵。又以衡州水陆咽喉，而常宁屏

蔽衡州当贼冲，祁阳又入衡、永捷径，且粮运后路，皆派兵勇防御，桂阳、新田、嘉禾三州县，各团练乡勇土瑶自守，以防胁胁。……三月十日，罗思举至永州，……乃议大兵由新田后路蹑贼，遏其南窜，与桂阳北路兵夹攻，并扼其西通道州、零陵、祁阳小路。于是三路瑶四五千人及妇女二三千，为官兵驱逼出山，皆东窜常宁之洋泉镇。……罗思举……乃密檄北路兵齐赴，又渐移各守隘兵，进逼合围，……昼夜迭攻，……先后毙贼一千余。四月……初九日，赵金龙突围，中枪死，擒贼子弟妻女及死党数十。（魏源《圣武记》卷七《道光湖粤平瑶记》）

道光十二年，湖南江华瑶赵金龙作乱，粤瑶应之，湖南提督海陵阿及副将游击等皆战殁。卢坤亲往督师，密陈湖北提督罗思举能办贼。时桂阳、常德诸瑶蜂起应贼，……坤至，……调镇筸苗疆兵，分屯要隘，坚壁清野，与贼相持。俟两湖兵大集，贵州提督余步云、云南副将曾胜，亦率军至，乘雷雨袭击洋泉街，罗思举督诸将昼夜环攻，毙贼数千，破其巢，……金龙承间逸，为乱军所歼，获其尸。（《清史稿·列传》一六六《卢坤传》）

粤瑶赵仔青纠众数千入楚界，声言为赵。金龙复仇，连败之于濠江、银江，擒仔青，磔于市。（《清史稿·列传》一六六《卢坤传》）

广东连山黄瓜寨瑶犹猖獗，两广总督李鸿宾剿治不力，……调卢。坤代之，偕禧恩等先后往，督诸将进剿，瑶疆悉平。（《清史稿·列传》一六六《卢坤传》）

乙、钟人杰

钟人杰攻据崇阳，自称钟勤王都督大元帅，进攻通山、蒲圻，分任知县、千总等官，未几即败。然人杰曾因包庇程中和挖煤图利，以致徒配，必与势豪相争，而其人当亦煤窑工人也。

道光二十一年，1841年。十二月壬寅谕：……本日裕泰等奏，湖北崇阳县匪徒聚众攻入县城一折，据称"该县刁徒钟人杰，前因包庇程中和挖煤图利，拟徒配逃，查拿未获，与民人挟有夙嫌，欲图报复"等语，该犯钟人杰，……何至因有衅端辄敢聚众入城，抢劫监狱仓库，拒捕捆官，情节殊难凭信，……其中显有别情。著裕泰、赵炳言一面派兵缉拿各犯，一面飞咨邻省协力防堵，其为首之犯，务当即

圆明园内的道光御笔刻石

速拿获，毋任远扬滋蔓。……癸卯谕：……裕泰奏，匪徒戕官踞险，见在添兵剿办一折，据奏"崇阳县幕丁禀称，匪徒钟人杰、陈宝铭等，纠集党与二三千人，设立帅台，占据县城，戕害知县，见据拿获奸细供称，蒲圻接壤之洪下地方，见有匪党僧人占据拒守"等语，匪徒聚众据城戕官，罪大恶极，必须一鼓歼除，断不可耽延时日，致有滋蔓。该督见已续调省标官兵，督同剿办，如兵尚单，准于北南两省附近营分酌补，以期早为扑灭，……并先就所获各犯确讯起衅根由，毋稍讳饰。(《清宣宗实录》卷三六四)

道光二十二年，1842年。正月己巳谕：本日裕泰由驿驰奏，官兵剿贼匪大获胜仗一折，据称正月初十日，崇阳县逆匪数千人，由通山县西越岭突入，又有数千从小路盘踞高山，欲行扑城，施放枪炮，经派防参将清保等率兵迎剿，把总魏鸣兴奋勇先登，……夺据险要，杀伤贼匪百余人，追杀击毙不计其数。……又初九日，贼匪用小船多只，拥至蒲圻，占据城外东南山坡，官兵轰击，先后毙贼数百人，该匪恃众拒敌，四面扑城，势甚猖獗，经副将双福等带领兵勇奋力进攻，击毙二千余人，落水死者百余人。……贼匪复于十一日扑城，守备玉贵登城抵御，颊中枪伤，复经双福策应，贼始败去。……丁丑谕：本日据裕泰等由六百里驰奏，收复崇阳县城，生擒首要各犯一折，……湖北崇阳县逆匪钟人杰，本系在逃徒犯，胆敢聚众戕官，连陷崇阳、通城，设立钟勤王伪号，并竖都督大元帅红旗，分设知县、千总伪职，遣令匪党攻扑附近城池。……经总督裕泰驰往咸宁，就近调拨官兵，分守要隘，贼匪攻犯通山、蒲圻，均经官兵击毙。嗣提督刘允孝带兵会剿，调集官弁，分兵五道，同时并进，……刘允孝募绅民向导内应，自石盘山进攻，夏廷樾会同游击谢正国，在黑桥接仗，阵歼贼匪三百余名。……该邑绅士诱令首逆出城，经官兵义勇赶至合围，

立将首犯钟人杰，及要犯陈宝铭、汪教族，一并生擒。该督即由洪上地方前进，攻复崇阳县城，……分兵前往通城接应收复。（《清宣宗实录》卷三六六）

丙、李沅发

李沅发以拜会攻据新宁县，历半年而败。是役江忠源亦在行间，后遂以知兵渐至大用。沅发余众甚多，逃入广西，未几，太平军起，遂为前驱以入湘。

> 道光二十九年，1849年。十一月癸卯，谕：……本月据冯德馨驰奏，匪徒占踞县城，催调官兵亲往督办一折，……湖南新宁县匪徒滋事，首匪李姓，胆敢戕官踞城，肆行掳掠，经宝庆府知府张镇南，督同新宁汛千总熊勋猷、石门汛把总方开甲等，带领兵勇进剿，……杀毙匪徒三百余名。……戊午，谕：……本日据裕泰驰奏，新宁滋事匪犯，见经围困情形，又据冯德馨驰奏，遵旨亲往督剿，各一折。……据裕泰奏称，该匪等先则突开北门拥出，烧毁靠城民房，冀图乘夜窜出，嗣又制造竹排，安放西门城内，该处逼近大河，路通粤西，希冀由彼逃窜，并讯出匪犯李沅发，先曾潜往广西全州，邀集数百人，同赴新宁，劫狱戕官。（《清宣宗实录》卷四七四）

> 道光二十九年，1849年。十二月丁丑，谕：冯德馨、英俊奏，剿平新宁匪徒，收复城池一折，此案该匪等始则拜会抢劫，继而戕官据城，并敢四路邀人，抗拒官兵，相持四十余日，实属罪大恶极。现经冯德馨、英俊，督率镇、道、府、协及在事文武员弁，激励绅士，带同兵勇，于十一月二十九日，用地雷轰开城角，该贼匪仍敢抵死拒战，复经兵勇并力前攻，枪炮兼施，焚烧贼棚，生擒一百六十余名，搜杀余匪，不计其数。……匪首李沅发果否已被焚杀，该抚等正可向所获匪

与江忠源有关的清代文献

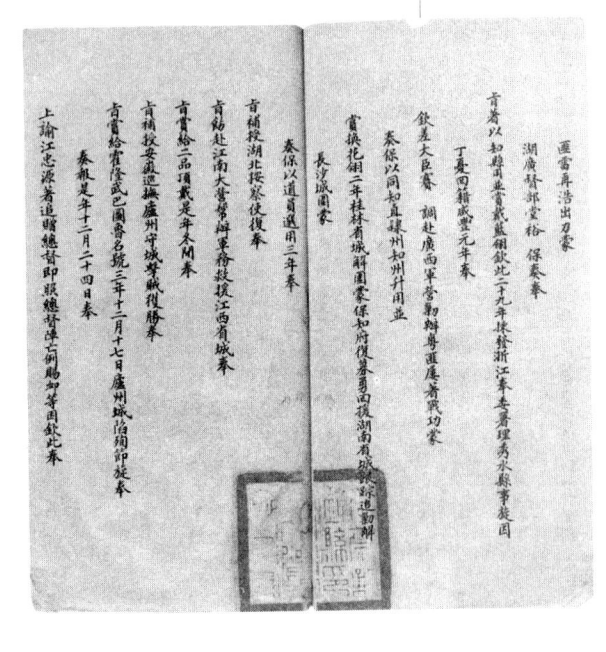

1844

清代贫困的母亲和孩子

徒根究下落。……甲申谕：……新宁破城之后，广西猫儿山及新宁罗远峝各地方，又有另股匪徒潜匿滋扰，且讯据见获各犯供称，有"广西五排人李沅宝，听闻李沅发已被焚杀，定期分股前往新宁，为沅发报复"等语，……显系李沅发逃窜，该匪四面接应勾结为患。(《清宣宗实录》卷四七五)

道光三十年，1850年。五月丁酉谕：据裕泰、郑祖琛、向荣由六百里驰奏，生擒首逆，歼除匪党，地方一律肃清一折，……湖南逆匪李沅发，本系山野莠民，乌合小丑，自上年冬间结会纠党，戕官踞城，窜扰三省，蔓延愈甚。迫裕泰亲往督剿，数月之久，竟未蒇事。……兹据裕泰等奏称，该匪自屡次溃败之后，东奔西突，经该督等设计诱至金峰岭山内，该逆仍复抵死抗拒。该督等复督率将弁一鼓作气，……统歼毙二百余人，生擒大小头目罗登爵等五十八名，……首逆李沅发带伤由后山滚落崖涧，当被乡勇生擒缚献。(《清文宗实录》卷九)

道光二十九年，李沅发倡乱新宁，踞城戕官，巡抚冯德馨、提督英俊往剿，复县城，……贼窜山中，勾结黔、粤交界伏莽，势益蔓延。……专任裕泰往督师，与黔、粤诸军合击数捷。三十年春，搜剿山内，擒歼多名，贼窜永福草鞋塘，四面抄围，渐穷蹙。……令提督向荣由武冈进屯广西怀远，遇贼击破之，贼退踞金峰岭，分三路进击于深箐陡石间，斩获殆尽，沅发就擒。(《清史稿·列传》一六七《裕泰传》)

八　鸦片战争

自海禁开后，英国对华贸易，岁有增加，为各国冠。乾嘉时，屡赴京师，对商务有所请求，实为觊国。乾隆五十九年，马甘尼赴热河，归后著书，即有名之《马甘尼日记》，盛称征服中国，十万人足矣，惟人口众多，治理不易。是知英人武力侵略，其谋早定，鸦片战争之起，所谓商欠及烟价受损，不过借口而已。

（一）清初之中西交通
甲、天主教之盛行及禁止

明末，意大利人利玛窦来献方物，遂留居京师，其徒续至者益众，有以荐入历局者，天主教传播日广，两京十三省皆设教堂。

> 明万历九年，1581年。有大西洋之意大利国人利玛窦，泛海……至粤东，又二十年始至京师，中官马堂以其方物进献，内有所贡天主及天主母图。……帝以利玛窦慕义远来，假馆授餐，给赐优厚，……而公卿以下，咸重其人，利亦安之，遂久留不去，卒于京邸。自利玛窦东来，其徒先后至者日益众。时值历官推日食多舛，乃有五官正周子愚言：大西洋归化人庞迪我、熊三拔等，深明历法，其所携历书，有中国载籍所未及者，请令仿洪武初设回回历科之例，许迪我等入局测验。于是西人之入中国者，以推算为名，而阴行其天主教法。……士大夫翕然从之者，徐光启为之首，李之藻、李天经、冯应京、樊良枢等相与附和，且为之润色其文词，故其行日益广。又有西士汤若望者，进天主书像图说，朝

利玛窦像

1846

士相与提唱援引，于是自畿辅开堂，蔓延各省，京师则宣武门之内、东华门之东、阜成门之西，山东则济南，江南则淮安、扬州、镇江、苏州、江宁、常熟、上海，浙江则杭州、金华、兰溪，闽则福州、建宁、延平、汀州，江右则南昌、建昌、赣州，东粤则广州，西粤则桂林，楚则武昌，秦则西安，蜀则重庆、保宁，晋则太原、绛州，豫则开封，凡十三省三十处，皆有天主堂。……万历以后，国初康熙以前，其教不胫而走矣。大秦之名，始见于范蔚宗《后汉书》传，……自利玛窦入中土，得与徐光启交，自谓渊源于东汉。继以艾儒略，得见景教碑，遂援以证天主，乃作《西学》凡一卷，考其时代源流。汤若望又述耶稣之神灵异迹，及其受刑十字架上代民赎罪之颠术，图写流布，于是耶稣及天主之名，遂大传于世。（夏燮《中西纪事》卷二《猾夏之渐》）

清初汤若望以推历官钦天监，吴明烜、杨光先相继攻之，若望旋遭罢斥，且禁其教。后复以南怀仁治历，西人有测绘地图，有赞助尼布楚条约者，准其自相传习耶教，不得在各省开堂。

利玛窦既卒于京师，其徒皆久留不去。时则有阳玛诺、邓玉函、毕方济、艾儒略、龙华民诸人，皆喋喋言新法有验，而汤若望、罗雅谷方自西来，以崇祯二年，用徐光启荐，令供事历局，于是西人新法

利玛窦墓

中华二千年史

日益显，而明祚旋移，卒不能用也。国朝顺治二年，汤若望再至京师，上书言新法，得旨令……入钦天监，方依西人法，造时宪书颁行。（夏燮《中西纪事》卷一《通番之始》）

顺治十四年……四月，回回秋官正吴明烜疏言：……汤若望……所推七政书，水星二八月皆伏不见，今水星于二月二十九日仍见东方，又八月二十四日夕见。……七月，又言：汤若望推算天象舛谬三事，一漏紫炁，一颠倒觜参，一颠倒罗计。……命内大臣等公同测验，水星不见，议吴明烜诈妄之罪，援赦得免。……康熙四年，徽州府新安卫官生杨光先，……言汤若望新法十谬，及选择不用正五行之误。下议政王大臣等集议，将汤若望及所属各员，罢黜治罪，于是废西洋新法，用大统旧法。（《皇朝文献通考》卷二五六《象纬考》一）

康熙三年十二月，……初，杨光先告钦天监正汤若望传天主教，且其造时宪书有十谬，一、不用诸科校正之谬，二、一月有三节气之谬，三、二至二分长短之谬，四、夏至太阳行迟之谬，五、移寅宫箕三度入丑宫之谬，六、删除紫炁之谬，七、颠倒觜参之谬，八、颠倒罗计之谬，九、黄道算节气之谬，十、历止二百年之谬。礼科议驳不准。至是又摘本年月日食交会之误，状告礼部，曰："汤若望假修历之名，阴行邪教之实，散布邪党于济南、淮安、扬州、镇江、江宁、苏州、常熟、上海、杭州、金华、兰溪、福州、建宁、延平、汀州、南昌、赣州、广州、桂林、重庆、保宁、武昌、西安、太原、绛州、开封、并京师共三十堂，每堂五十余会，每会收徒二三十人，各给金牌、绣袋、妖书、会单，以为凭验。请照大清律左道、妖言二条治

利玛窦与徐光启论"道"

卷五 明清

罪。"旨下礼部，会吏部同审，汤若望等及传教之历官李祖白，拟大辟，免死，其作序之给事中许之渐罢黜。（王之春《中外通商始末记》卷二）

顺治元年甲申1644年。六月……壬午，……修正历法西洋人汤若望启言：臣于明崇祯二年来京，曾用西洋新法，厘正旧历，制有测量日月星晷定时考验诸器，尽进内廷，用以推测，屡屡密合。近闻诸器尽遭贼毁，臣拟另制进呈。今先将本年八月初一日日食，照西洋新法推步，京师所有日食限分秒，并起复方位、图像，与各省所见日食多寡先后不同诸数，开列呈览，乞敕该部，届期公同测验。摄政睿亲王谕：旧历岁久差讹，西洋新法屡屡密合，知道了。此本内日食分秒时刻起复方位，并直省见食，有多寡先后不同，具见推算详审，俟先期二日来说，以便遣官公同测验。其窥测诸器，速造进览。……秋七月……甲午，……修政历法汤若望启言：臣制就浑天星球一座，地平日晷、窥远镜各一具，并舆地屏图，恭进呈览。再照臣所修西洋新法，已蒙钦定为时宪宝历，所有应用诸历，从此永依新法推算，其颁行民历式样，俟完日进呈。摄政睿亲王谕：所进测天仪器，准留览应用，诸历一依新法推算，其颁行式样，作速催竣进呈。……八月丙辰朔，日有食之，是日，令大学士冯铨，同汤若望携窥远镜等仪器，率局监官生，齐赴观象台测验，其初亏、食甚、复圆时刻分秒及方位等项，惟西洋新法一一吻合，大统、回回两法，俱差时刻云。（《清世祖实录》卷五）

顺治元年甲申1644年。十一月………己酉，修正历法汤若望奏：臣等按新法，推算月食时刻分秒，复定每年进呈历目，惟民历、七政经纬躔度，与中历、相距历、上吉、壬遁六种，依次虔造进呈，内与旧法重复者删去，以免溷淆。得旨：礼部知道，钦天监印信，著汤若望掌管，所属该监官员，嗣后一切进历、占候、选择等项，悉听掌印官举行。（《清世祖实录》卷一一）

汤若望，初名约翰亚当沙耳，姓方白耳氏，日尔曼国人。……顺治元年……六月，汤若望启言：臣于明崇祯二年来京，用西法厘正旧历，制测量日月星晷定时考验诸器，近遭贼毁，拟重制进呈。……世祖定鼎京师，十一月，以汤若望掌钦天监事，汤若望疏辞，上不许；

汤若望与顺治帝

又疏请别给敕印，而以监印缴部，谓"治历之责，学道之志，庶可并行不悖"，上亦不许，并谕汤若望，遵旨率属精修历法，整顿监规，如有怠玩侵紊，即行参奏。加太仆寺卿，寻改太常寺卿。十年三月，赐号通玄教师，……旋复加通政使，进秩正一品。……康熙四年，新安卫官生杨光先，叩阍进所著《摘谬论》、《选择议》，斥汤若望新法十谬，并指选择荣亲王葬期，误用洪范五行。下议政王等会同确议，议政王等议：……汤若望……凌迟处死。……得旨：汤若望效力多年，又复衰老，……免死，并令覆议。议政王等覆议汤若望流徙，……得旨：汤若望并免流徙。……自是废新法不用。圣祖既亲政，以南怀仁治理历法，……复用新法。时汤若望已前卒，复通微教师封号，视原品赐恤。（《清史稿·列传》五九《汤若望传》）

南怀仁，初名佛迪南特斯，姓阜泌斯脱氏，比利时国人，康熙初，入中国。时汤若望方黜，杨光先为监正，吴明烜为监副，以大统术治历，节气不应，……乃召南怀仁，命治理历法。南怀仁劾光先、明烜而去之，遂授南怀仁监副，……九年……十二月，……擢南怀仁监正，……累加至工部侍郎，二十七年卒，谥勤敏。自是钦天监用西洋人，累进为监正、监副，相继不绝。……道光间，……时监官已深习西法，不必复用西洋人，奏奉宣宗谕，停西洋人入监。方圣祖用南

卷五 明清

怀仁，许奉天主教，仍其国俗，而禁各省立堂入教，是时各省天主堂已三十余所，雍正间，禁令严，尽毁去，但留京师一所，俾西洋人入监者居之，入内地传教，辄绳以法。迨停西洋人入监，未几海禁弛，传教入条约，新旧教堂遍内地矣。（《清史稿·列传》五九《南怀仁传》）

西洋人汤若望、南怀仁入为钦天监官，乃照西人新法造时宪书，颁行直省。……杨光先者，世习畴人之学，爰具呈礼科，谓宪书面上，不应用"依西洋新法"五字，不报。……旋于康熙三年，状送礼部，……遂黜汤若望等，授杨光先为监副，寻转监正。光先自以但明推步之理，不明推步之数，凡五请解职，不许。六年，以推闰失实，方请更正，则宪书业已颁行，遂下光先于狱，拟大辟，秋审缓决，乃议遣戍，遇赦归。……一时士大夫言天学者，无不右汤而左杨，光先自愤其先忧之隐，不白于天下后世，爰著不得已书，攻其教法。……自钦天监复用西洋人，遂为定例，……于是西洋人之相继入中国者，浸浸乎以推步入台，为开堂之捷径矣。……然其在官之人，则……有定制，凡西洋人愿入监当差者，准先赴澳门呈请，然后由督抚咨送到部，部臣查验得实，留京效用，自后即遵用天朝服色，安置京师天主堂内，……不准复还本国。（夏燮《中西纪事》卷二《猾夏之渐》）

康熙八年……八月，康亲王杰书等议覆，南怀仁、李光宏等呈告杨光先，依附鳌拜，捏词陷人，将历代所用之洪范五行，称为灭蛮经，致李祖白等各官正法，且推历候气，茫然不知，解送仪器，虚糜钱粮，轻改神明将，吉凶颠倒，妄生事端，殃及无辜，援引吴明烜谎奏授官，捏造无影之事，诬告汤若望谋叛，情罪重大，应拟斩，妻子流徙宁古塔。至供奉天主，系沿伊国旧习，并无为恶实迹，汤若望复通微教师之名，

工作中的汤若望

北京古观象台

照伊原品赐恤，还给建堂基地，许缵曾等复职。伊等聚会，散给天学传概及铜像等物，仍行禁止，西洋人栗安党等，该督抚驿送来京。李祖白等照原官恩恤，流徙子弟取回，有职者复职，李光宏、黄昌、司尔珪、潘书孝原降革之职，仍行给还。得旨：杨光先理应论死，念其年老，姑从宽免，妻子亦免流从。栗安党等二十五人，不必取来京城。其天主教，除南怀仁等照常自行外，恐直隶各省复立堂入教，仍著严行晓谕禁止，余如议。（《清圣祖实录》卷三一）

南怀仁等复以造炮、数理等学，为清帝所眷。

　　三藩之乱，上召南怀仁于养心殿，命依水法造炮，以备边用。旋因明季以来，历法疏舛，乃荟萃中西之同异，取其借根方对数，及以量代算之法，御制为《数理精蕴》、《历象考成》二书。（夏燮《中西纪事》卷一《通番之始》）

　　是后，各省以旧设之教堂未毁，私自传教者众，屡行严禁，华人入教者分别治罪有差，官吏失察者议处。

　　直省开堂之禁，始于康熙八年，是时钦天监复用西洋人，又因南怀仁推闰得实，……特旨许西洋人在京师者，自行其教，惟不准传教

卷五　明清

于中国及直省,开堂者禁之。然明季至国初,各省私设之天主教堂,未奉追毁,而西人方以得行其教,恃为护符,互相容匿,于是开堂传教之风,久而愈炽。(夏燮《中西纪事》卷二《猾夏之渐》)

汤若望、南怀仁等,为钦天监官,……康熙八年,……并许自行其教,余凡直隶各省开堂设教者禁。……五十六年,广东碣石镇总兵官陈昂疏言:天主一教,各省开堂聚众,在广州城内外者尤多,加以洋舶所汇,同类招引,恐滋事端。乞循康熙八年例,再行严禁,毋使滋蔓。从之。五十七年,两广总督杨琳疏言:西洋人开堂设教,其风未息,请循康熙五十六年例,再行禁止。五十九年,西洋人德里格,以妄行陈奏获罪,得旨从宽禁锢,雍正元年,恩诏释德里格于狱。时浙闽总督觉罗满保疏言:西洋人于内地行教,闻见渐淆,请除送京效力人员外,俱安置澳门,其天主教堂,改为公廨。奏入,得旨:西洋远夷,住居各省年久,今令其迁移,可给与半年之限,并委官照看。……二年十二月,两广总督孔毓珣疏言:西洋人先后来广者,……请令暂居广州城天主堂内,年壮愿回者,附洋舶归国,年老有疾不能归者听,惟不许妄自行走,衍倡教说。其外府之天主堂,悉撤为公廨,内地人民入其教者,出之。……报可。……乾隆五十年十月,奉谕:前因西洋人吧哋哩哄等,私入内地传教,经湖广省查拿,究出直隶、山东、山西、陕西、四川等省,俱有私自传教之犯,业据各该省陆续解到,交刑部审拟,定为永远监禁。第思此等犯人,不过意在传教,当无别项不法情事,……俱著加恩释放,如有愿留京城者,即准其赴堂安分居住,如情愿回洋者,著该部派司员押送回粤。(《皇朝文献通考》卷二九八《四裔考·意达里亚》)

嘉庆十六年……七月,……谕:西洋人居住京师,原因其谙习算法,可以推步天文,备钦天监职官之选。昨据管理西洋堂务大臣查明,在京者共十一人,除福文高、李拱辰、高守谦三人,见任钦天监监正监副,南弥德在内阁充当翻绎差使,又毕学源一人,通晓算法,留备叙补,贺清泰、吉德明二人,均年老多病,不能归国。此外学艺未精之高临渊等四人,俱已饬令回国。见在西洋人之留京者,止有七人。此七人中,其有官职差使者,出入往来,俱有在官人役,随地稽查,不能与旗民人等私相交接,其老病者,不过听其终老,不准擅出

西洋堂，外人亦不准擅入。管理大臣及官员弁兵，巡逻严密，谅不至有听其传教惑众之事。至外省地方，本无需用西洋人之处，即不应有西洋人在境潜住。从前外省拿获习教人犯，每称传播始于京师，今京师已按名稽核，彻底清厘，若外省再有传习此教者，必系另有西洋人在彼煽惑。……除广东省向有西洋人来往贸易，其居住之处，应留心管束，勿任私行传教，……其余各直省，著该督抚等饬属通行详查。……如地方办理不力，致令传教惑众，照新定条例，严参重处；若内地民人，私习其教，复影射传惑者，著地方官一律查拿，按律治罪。将此通谕知之。（《清仁宗实录》卷二四六）

嘉庆十六年，陕西道监察御史甘家斌，奏请定西洋人传教治罪条例，刑部遵旨，议定西洋人有在内地传习天主教，私自刊刻经卷，倡立讲会，蛊惑多人，及旗民人等向西洋人转为传习，并私立名号，煽惑及众，确有实据，为首者拟绞立决；其传教煽惑，而人数不多，亦无名号者，拟绞监候；仅止听从入教，不知悛改者，发新疆给额鲁特为奴，旗人销除旗档；如有妄布邪言，关系重大，或符咒蛊惑，诱污妇女，并诳取病人目睛等情，仍临时酌量，各从其重者论。至被诱入教之人，如能悔悟赴官，首明出教者，概免治罪，若被获到官，始行悔悟者，于遣罪上减一等，杖二百，徒三年。并严禁西洋人不许在内地置买产业。其失察西洋人潜住境内并传教惑众之该管文武各官，交部议处。纂入律例通行。（劳乃宣《各国约章纂要》附录"西教源流"）

及道光辛丑和约成，始弛教禁，准许华人入教，并禁官吏拘捕。咸丰

广东石室天主教堂

1854

八年续订和约，允外人在内地传教，且得买地建造教堂。自是四十余年间，教案叠出，丧权辱国，不可道矣。

道光二十二年，与英国议和于江宁，议内列有传教一款，言"耶稣天主教，原系为善之道，自后有传教者，来至中国，须一体保护"等语，是为开禁之端。然但言传教之人，加意保护，未尝许华人之习其教者，亦一律宽容也。二十五年，法商赴粤，诣总督衙门，呈称天主教劝人为善，并非邪教，请弛汉人习天主教之禁。总督耆英，据以奏闻，奉旨交部议，准海口设立天主堂，华人入教者听之。二十六年正月二十五日，奉上谕：前据耆英等奏，学习天主教为善之人，请免治罪，其设立供奉处所，会同礼拜，供十字架图像，诵经讲说，毋庸查禁，均已依议行矣。天主教既系劝人为善，与别项邪教，迥不相同，业已准免查禁，此次所请，亦应一体准行。所有康熙年间，各省旧建之天主堂，除改为庙宇民居者，毋庸查办外，其原旧房屋，各勘明确实，准其给还。该处奉教之人，至各省地方官接奉谕旨后，如将实在习学天主教而并不为匪者，滥行查拿，即予以应得处分。其有借教为恶，及招集远乡之人，勾结煽诱，或别教匪徒，假托天主教之名，借端滋事，一切作奸犯科，应得罪名，俱照定例办理。仍照现定章程，外国人概不准赴内地传教，以示区别。将此谕令知之。钦此。是外国人犹不许赴内地传教也。咸丰八年，复与英、法、俄、美订约，法约第十三款有云"凡入内地传教之人，地方官务宜厚待保护；

签订《辛丑条约》

凡中国人愿信崇天主教，而循规蹈矩者，毫无查禁，皆免惩治；向来所有或写或刻奉禁天主教各明文，无论何处，概行宽免"；十年，又定续约，法续约第六款有云"应如道光二十六年正月二十五日上谕，即行颁示天下，任各省军民人等，传习天主教，会合讲道，建堂礼拜，且将滥行查拿者，予以应得处分，又将前充公之天主教堂坟茔田土等件，交还该处奉教之人，并任传教士在各省租买田土，建造自便"等语。同治九年，刑部重修律例，将传教治罪旧例删去，续纂新例曰："凡奉天主教之人，其会同礼拜诵经等事，概听其便，皆免查禁，所有从前或刻或写奉禁天主教各明文，概行删除。"旧禁乃尽弛矣。（劳乃宣《各国约章纂要》附录"西教源流"）

乙、海外贸易

明嘉靖时，诸国互市于濠镜，葡萄牙人纳贿于吏，岁以五百金赀其地。荷兰继至，不得入澳，乃转据台湾，清初，郑氏逐之。荷兰借广东官吏，请贡于清，康熙时，助清灭郑氏，求开海禁通市，许之。是为清代开海禁之始。

【荷兰】

和兰，《明史》作荷兰，欧罗巴滨海之国。清顺治十年，因广东巡抚请于朝，愿备外藩，修职贡。十三年，赍表请朝贡，部议五年一贡，诏改八年一贡，以示柔远。……康熙二年夏六月，和人始由广东入贡。……二十二年，和兰以助剿郑氏功，首请开海禁通市，许之。（《清史稿·邦交志·和兰》）

康熙二十二年，灭郑氏，台湾平。越二年，疆臣请开海禁，报可。于是设榷关四，在于粤东之澳门，福建之漳州府，浙江之宁波府，江南之云台山。时荷兰以助攻郑氏有功，首请通市。大西洋素称饶沃，又其人勤于贸易，多操海舶为生涯，自荷兰得请，则明以前之未通中国者，皆争趋之。（夏燮《中西纪事》卷三《互市档案》）

欧洲诸国，自古未通中国，惟东汉桓帝延熹九年，大秦王安敦，遣使自日南徼外献方物，载《后汉书》，为见于史册之始。考之西史，即罗马一统之世，其帝奥利留安敦也。至明正德间，法兰西《明史》作佛郎机。使臣，自南洋满剌加入贡，乃复见焉。时法人已夺满剌加为市埠，驾大舶，通市广东，建城台于澳门，葡萄牙《明史》作波尔都

瓦。继之,言者以非制,请驱逐。法去而葡以贿留,挈家居之,遂长子孙。荷兰争澳不得,乃踞台湾。其后意大利、日耳曼诸人踵至,皆以澳门为东道主,入本朝。葡人居澳,仍其旧制,荷兰之在台湾者,已为郑氏所逐。康熙平台之后,荷兰首请通市,英吉利诸国相继而至,乃通商于广东。此海口通商之所由始也。(劳乃宣《各国约章纂要》附录"立约缘起")

荷兰……不通中国,贸易之舟,仅至南洋而止。……明时,攻佛郎西、西班牙,皆胜之,遂由五印度夺葡萄亚市埠,泛舟入南洋,又取葛剌巴而据之。……当佛郎西之市于香山澳也,荷兰闻而慕之,乃于万历二十九年,驾大舰,携巨炮,直薄吕宋,吕宋人力拒之,则转薄香山澳,求通贡市。当事难之,不敢闻于朝,但召其酋入城羁縻之,方遣之归,而澳中人,惧其登陆,力为防御,久之无所得,乃去之福建之漳州,直抵澎湖屿,……遂伐木筑舍,为久居计,……乞通澳不已。于是抚按严禁,奸民下海者必诛,由是接济路穷,番人无所得食,始稍稍引去。而是时佛人方纵横海上,荷兰欲与之争雄,复泛舟东攻破美洛居国,即麻六甲。与佛人分地而守。寻又至福建之台湾,侵夺其地,筑室耕田,久留不去,……遂再至澎湖,以求澳为名,筑城而守。天启初,守臣以计毁其城,然其据台湾自若也。方守臣之毁城,许以移舟之后,当为代请通澳,既而事不行,番人怨,乃掠渔舟六百余艘,复至澎湖,……将再筑城,又分兵犯厦门,滨海郡邑无不戒严。……四年正月,大发兵与荷兰战,屡败之,……澎湖之警以息。……崇祯中,有郑芝龙者,泉州人,初……家于台湾,……芝龙以其众入海为盗,经巡抚沈犹龙招降之,屡以平海寇功,积官至都督同知,十年,败荷兰之众,徙沿海饥民数万,实台湾,荷兰遂弱,然犹拥红毛二

荷兰商船

千踞城中，芝龙亦寻去。其子曰成功者，……值明之季，唐王、桂王监国，成功奉之，以抗天兵，……顺治十六年，由海道寇镇江，至江宁，大兵击败之。……成功遁归，则闽中已无寓足地，乃谋逐荷兰，以取台湾，……荷兰……屡败，……遂弃台湾走。先是荷兰因广东巡抚请于朝，愿备外藩修职贡，十三年，遣使赍表京师，诏优答之，部议以五年一贡，贡道由广东入，诏改八年一贡。……康熙元年，郑成功卒，三年，大兵渡海克厦门，时荷兰请率舟师助剿，……遂取浯屿、金门二岛。……十八年，福建总督姚启圣，厚集水师，复檄荷兰夹板船为助。……二十年，……大兵乘胜，直攻台湾，泊海中，……俟海中盛涨，乃掩其不意，由鹿耳门平行而入，郑氏……请降，……台湾遂平。当大兵至鹿耳门时，……荷兰已先献计，请俟潮涨而取之，以报郑氏也。……然荷兰始欲争澳门，不得已而去之台湾，遂与佛郎西边患相寻无已，而其窥觊澳中，则屡欲取之，而力未暇也。

(夏燮《中西纪事》卷一《通番之始》)

嘉靖，……巡抚林富上言，粤中公私诸费，多资商税，番舶不至，则公私皆窘，因言许佛郎西互市有四利焉。部议从之，自此佛人得入香山澳为市，而其徒又越境商于福建，往来不绝。……濠镜在香山县南虎跳门外，先是暹罗、占城、爪哇、琉球、浡泥诸国互市，俱在广州，设市舶司领之，正德时，移于高州之电白县，嘉靖十四年，

荷兰入侵澎湖屿

指挥黄庆，纳贿于上官，移之濠镜，岁输课二万金，佛郎西遂混入，高栋飞甍，栉比相望，闽粤商人，趋之若鹜。……初诸番之互市于澳中也，……大西洋人后至，而思垄断焉，……葡萄亚遂以嘉靖至，荷兰遂以万历年间至，然舟舶往来，岁取其税。……自濠镜之徙，则佛郎西首建城台，戍兵列炮，俨若敌国。……万历……何士晋督粤，令悉隳澳中城台，诸番始稍稍有所顾忌，而佛郎西亦因戒心，怀去志矣。……佛以求通贸易，屡窥边境，中朝疑之，故明季增兵戍澳门，专以防佛，佛亦以猜逼，不敢久留，昔时兔窟之营，已为葡萄亚发其笥而剪其绺矣。……葡萄亚……乃纳贿于澳中官吏，请岁以五百金，赁其廛而居之。……佛郎西来去不常，又自万历、天启间，中国防之甚，遂不自安。而诸番之来者，辄借葡人为东道主，又假其名号以入市，遂得以奇货居之，为资生之计。然红毛屡以兵船窥香、澳，胁夺市利，葡人惧，乃筑炮台……以御之，不得，则告急于粤中官吏，请备防兵。……佛郎西终明之世，窥澳不得，而葡萄亚以五百缗，寄居赁屋，遂得盘踞全岛。……沿至国朝，定制外洋之贸易于粤者，船货并税，惟葡人但限以二十五船之额，止输船钞，货则听入洋栈中，中有买者为出税。又自乾隆定制，归并粤东，各洋卸货之后，悉回澳门住冬，向葡人赁屋栖止，……遂启英吉利窥觊之端矣。（夏燮《中西纪事》卷一《通番之始》）

葡萄牙在欧罗巴极西，明正德年，初至中国舟山、宁波、泉州，隆庆初，至广东香山县濠境，请隙地建房，岁纳租银五百两，实为欧罗巴通市粤东之始。（《清史稿·邦交志·葡萄牙》）

【英吉利】

明代外舶麇集澳门，英之来也较后，而势则凌长诸国，贸易独盛，不甘追随各国之后，窥伺定海，久欲得之以为停泊之地。乾隆末，遣其专使马甘尼，以贺万寿为名，至热河，有所进献，竟请常川驻使京师，开天津、宁波为商埠，并给舟山及广州附近地。清廷知其难制，故示优假，而实严备之，归时不得再经原道，以免多所窥觊，所请一无所予。嘉庆中，复来专使，再申前请，清廷故以跪拜礼难之，不得要领而去。然识者皆知其必将寻衅，以肆侵略矣。

英吉利者，大西洋之强国也，自明以来，拓地渐广，开通市埠，

及于东南洋。当康熙之初，即谋通商于澳门，以海禁未开而止。九年，郑成功之子经，方踞台湾，英商来往于厦门、台湾等处，凡数岁，郑减其税而羁縻之，借以控制荷兰。未几，耿、郑交兵，藩臣内乱，朝廷议先定沿海边界，防外洋之助郑为患者，于是英人以华商交易不便，复去之。及台湾隶入大清版图，英人又疑新拓之区，税则必重，乃舍闽赴粤东，又时来往于浙之舟山、宁波等处，而其时英吉利之名不著，但知其为红毛之番族而已。五十六年，总兵陈昂，始奏称粤东红毛，有英圭黎诸国，最为奸宄。盖其时通市于广州、澳门等处，屡以粤关索费太重，纠洋商合词争之。雍正之初，又议增收礼物银两，乃于七年，合词控于大府，得稍稍裁减，未几，官吏又增出口之税，于是英人始有移市入浙之志矣。

初浙之海关，设于宁波，舟山尚未置县，商船出入宁波，往还百数十里，水急礁多，往往回帆径去。迨定海既设监督，张圣诏始请移海关于定海，部议从之，乃于定海城外道头街之西特建红毛馆一区，以为番舶来往之逆旅，自是浙之定海，商舶日多。英商以粤中不便，数来往舟山，见今昔情形之异，乃定计争之。乾隆二十年，英舟泊定海港，有总商喀喇生、通事洪任辉，请于浙之宁绍台道，愿在定海纳饷，许运货至宁波府，闽粤两督闻之，以其利浙税之轻，而致关课之绌也。二十二年，闽粤总督上言：浙关正税，请视粤关则例，酌加增一倍，部议从之，奉旨：洋船向收广东口，由粤海关稽察征税，浙省宁波，不过偶

广州十三洋行

一至。今奸牙勾结渔利，至宁波者甚多，番舶云集，日久留住，又成一粤之澳门矣。今更定章，视粤稍重，俾洋商无所利而不来，以示限制，意初不在增税也。未几部臣复议：外洋不准赴浙贸易，定制归并粤东一港，每年夏秋之交，由虎门入口。是时方严丝斤绸缎出洋之禁，英吉利虽时时违制，潜赴宁波，无所得，仍遵新制，在粤通市。粤中初设洋商通事洋行，据为垄断之利，诛求不已，串通官吏，规费益增，于是英商洪任辉等仍赴浙，请在宁波开港。而浙抚已奉新令，悉毁英商旅廨，闻其舟泊舟山，遂发令驱逐，断其岸上接济之食物。洪任辉愤甚，乃由舟山泛海，直抵天津，仍乞通市宁波，并讦粤关积年规弊。奉旨诘责，饬将洪任辉由旱道押赴广东，遂于二十四年七月，奉命著福州将军以钦差赴粤，按验苛勒有状，将监督家人问罪。又因洪任辉不应违制，擅赴天津，押往澳门圈禁三年，始释之。

自此诸番通市粤中，奉法惟谨。乃事越三十年，弊端复起，向之裁改归公者，又增其费而加重焉，各洋商皆以为不便，而惩洪任辉之往事，未敢讼言。英国王雅治乃与其臣下谋议，以纯庙八旬万寿，入贡天津，乘间言之。五十八年，英国王遣其使臣马甘尼，一作马戛尔尼。由海道赴天津入贡，始通中国也。时上以远人向慕，诚款可嘉，特命理藩院导其入觐。嗣使臣以其国王表文进，仍请在浙开港，并通市天津，又欲援俄罗斯往例，遣使寄住京师。上以宁波、天津无通事洋行，交易未便，且俄罗斯自立恰克图后，久不在京寄寓，所请给舟山海岛并广东附近省城地，华洋参错，断不可行，因特颁敕谕前后二道，逐款指驳，示以中外之防，使臣乃不敢言。……马甘尼回国，国王开读敕谕，自知所请与中国体制不符，事遂寝。（夏燮《中西纪事》卷三《互市档案》）

嘉庆二十一年，英吉利遣使入贡。初，英吉利迭修职贡，未如所望，举兵来澳门，又不得逞，思借贡输忱，以希恩泽。（《皇朝掌故汇编·外编》卷八《英吉利国》一）

自公司局之设也，大班来粤者，率寄寓洋

马戛尔尼像

行，行人事之惟谨，然所以朘削之者，无所不至，又与关吏因缘为奸，课税既增，则规费抽用亦增，有取之十倍、二十倍于前者。十五年，英之大班禀控粤抚，谓各洋贸易资本，皆自国帑借领，不堪亏折，请酌量裁减，以利远人。粤抚韩封檄饬布政司核议，久之，竟寝不行。当初行用时，每两奏抽三分，以作洋行辛费，继而军需出其中，贡价出其中，各商摊还西债亦出其中，遂分为内用外用名目，于是各洋利薄怨生，屡思借贡输忱，以希恩泽。嘉庆。二十一年，英国王复遣使臣分入粤东京师。……是时，英之正贡使罗尔美、副贡使马礼逊，已乘贡舟达天津。夏六月，上遣大臣户部尚书和世泰等，赐宴使臣于天津，有司谕以谢宴时应行跪叩礼，不可，将入都，又告以乾隆五十八年该国使臣入觐仪注，不答。时上在圆明园，尚书和世泰等，先期导使臣自通州起行，一昼夜驰至御园，车马困顿，而使臣衣装辎重皆落后，盖恶其不肯循跪叩仪注，欲以计尼之。时使臣表未赍，礼服不备，仓皇失措，遂以病辞。而睿庙已诘朝御殿传呼，和世泰始以正使病闻，复召见副使，又不至，上怒其无礼，命却其贡不纳，即日遣理藩院押回通州，濒行，仍令援乾隆五十八年例，由内地行走。是役也，使臣失礼，实以衣车未至之故，上询之廷臣，始知当日理藩院迓接不如仪，乃遣和世泰酌收贡物数事，仍颁敕谕，赐其国王珍玩，以答远忱，驿交粤督蒋攸銛，令慰遣之。然英使本欲以粤东增规费事入告，竟不得达，怏怏而去。（夏燮《中西纪事》卷三《互市档案》）

嘉庆二十一年丙子1816年。秋七月……乙卯，赐英吉利国王敕谕曰："尔国远在重洋，……前于乾隆五十八年，……曾遣使航海来庭，维时尔国使臣，恪恭成礼，不愆于仪，用能仰承恩宠，瞻觐筵宴，锡赉便蕃。本年尔国王复遣使赍奉表章，备进方物，朕……循考旧典，爰饬百司，俟尔使臣至日，瞻觐宴赉，悉仿先朝之礼举行。尔使臣始达天津，朕饬派官吏，在彼赐宴，讵尔使臣于谢宴时，即不遵礼节。朕以远国小臣，………可从矜恕，特命大臣于尔使臣将次抵京之时，告以乾隆五十八年，尔使臣行礼，悉跪叩如仪，此次岂容改异？尔使臣面告我大臣，以临期遵行跪叩，不至愆仪，我大臣据以入奏，朕乃降旨，于七月初七日，令尔使臣瞻觐，初八日于正大光明殿

英国商船

赐宴颁赏,再于同乐园赐食,初九日陛辞,并于是日赐游万寿山,十一日在太和门颁赏,再赴礼部筵宴,十三日遣行。其行礼日期仪节,我大臣俱已告知尔使臣矣。初七日瞻觐之期,尔使臣已至宫门,朕将御殿,尔正使忽称急病不能动履,朕以正使猝病,事或有之,因止令副使入见,乃副使二人亦同称患病,其为无礼,莫此之甚。朕不加深责,即日遣令归国。……但念尔国数万里外,奉表纳贽,……尔国王恭顺之心,朕实鉴之,特将贡物内地理图、画像、山水人像收纳,……即同全收,并赐尔国王白玉如意一柄,翡翠玉朝珠一盘,……以示怀柔。……嗣后毋庸遣使远来。(《清仁宗实录》卷三二〇)

(二)禁烟始末

乾嘉以后数十年间,英对华贸易,以烟为首,初岁仅二百箱,渐增至二千箱以至二万箱,每年入超银六百万两,未入口时先售于私贩者不与焉。旧例,通商仅广州一口,康熙时,渐往沿海私售,中国以沿海宁波等处,时有粮荒,许其运米千石者免税,由是夹带无忌,鸦片行销内地,远逾粤关之额。道光时,几于无人不吸烟,而洋货充斥,衣服用具皆仰给焉,十八年,遂加重嘉庆禁烟条款,贩者斩,吸者流,官吏内监同科。时

恶钱充斥，银价陡涨，论者归咎于进口鸦片太多之故，咸主严禁，鸿胪卿黄爵滋一疏，即可代表当时舆论。林则徐亦力主禁烟，与宣宗意合，故派则徐赴粤，思绝鸦片之源。则徐询知英与各国商人不甚睦，遽申烟禁，各国或赞成，或观望，而英则初允缴烟，嗣复桀骜索偿。

甲、林则徐之焚烟

乾隆二十年，英吉利灭东印度之孟加剌，遂以侵并东中南三印度之地。东南两印度，皆产鸦片烟土，……英人初踞其地，但以为药材之产，而岁收其税，其后流行入中国，吸食渐多，销数日畅。……其初至关口，亦照药材上税，每箱纳税银三两，自沿海居民，争传其法，展转效尤，不数十年，遂流行于各省。乾隆之末，粤督始闻于朝，嘉庆初，奉诏申立严禁，裁其税额，自此入口之鸦片，率暗中偷售。（夏燮《中西纪事》卷四《漏卮本末》）

初，鸦片烟在康熙初，以药材纳税，乾隆三十年以前，每年多不过二百箱，及嘉庆元年，因嗜者日众，始禁其入口。嘉庆末，每年私鬻至三四千箱，始积澳门，继移黄埔，道光严禁，复移于零丁洋之趸船。零丁洋者，在老万山内，水路四达，为中外商船出入所必由，洋艘至，皆先以鸦片寄趸船，而后以货入口，凡闽、浙、江苏商船，即从外洋贩运，其粤商，则皆在口内议价，而从口外运入。始趸船尚不过五艘，其烟至多不过四五千箱，……而总督阮元密奏，请暂事羁縻，徐图驱逐，于是因循日甚。其突增至二十五艘、烟二万箱者，则

停泊在伶仃洋的英国鸦片走私船

在道光六年两广总督李鸿宾设巡船之后，巡船每月受规银三万六千两，放私入口。……道光十二年，总督卢坤始裁巡船，而水师积习已不可挽。道光十七年，总督邓廷桢复设巡船，而水师副将韩肇庆专以护私渔利，与洋船约，每万箱许送数百箱，与水师报功，甚或以师船代运进口。（魏源《圣武记》卷十《道光洋艘征抚记》上）

洋药，道光初，英吉利大舶终岁停泊零丁洋大屿山等处，名曰趸船，凡贩鸦片烟至粤者，先剥赴趸船，然后入口。省城包买户，谓之窑口，议定价值，同至夷船，兑价给单，即雇快艇至趸船，凭单取土。其快艇名快蟹，械炮毕具，行驶如飞，兵船追捕不及。灌输内地，愈禁愈多。各项货物，亦多从趸船私售，纹银之出洋，关税之偷漏，率由于此。叠经谕饬驱逐严拿，而趸船停泊、快蟹递私如故。十八年，鸿胪卿黄爵滋言：自烟土入中国，粤奸商勾通巡海弁兵，运银出洋，运土入口，查道光初年，岁漏银数百万，十四年以前，岁漏二千余万，近年岁漏三千余万，此外各海口合之，亦数千万，年复一年，伊于胡底！耗银之多，由于贩烟之盛；贩烟之盛，由于食烟之众。实力查禁，宜加重罪名。上韪其言，特命林则徐为钦差大臣，赴粤查办。明年，截获趸船烟土二万八百八十余箱，焚之。时定禁烟章程，凡开设窑口及烟馆，与兴贩吸食，无论华、洋，均拟极刑。（《清史稿·食货志》六）

近日十余载间，纹银每两由千钱至千有五六百钱，洋钱每圆由八百钱而至千有三百钱，人始知鸦片内灌、透银出洋之故，而其骤长尤在道光七年至十三年，此数年中，海疆节度之人，溃防决藩之故。粤人能言之，外人能言之，无俟谆谆之刍言矣。（魏源《圣武记》卷十《道光洋艘征抚记》上）

林则徐，福建侯官人，嘉庆十六年进士，……道光……十七年正月，擢湖广总督。……十八年……九月，……先是鸿胪寺卿黄爵滋，疏请严禁鸦片以塞漏卮，吸食者治以死罪。命下中外各大臣议奏，则徐奏言：鸦片流毒已甚，非难于革瘾，而难于革心。欲革玩法之心，安得不立怵心之法，况行法在一年以后，议法在一年以前，转移之机，正系诸此。必直省诸臣共矢一心，极力挽回，以期永绝浇风，此法乃不为赘设。遂拟章程六条，一收缴烟具以绝馋根；一各省于定议

英国东印度公司的鸦片仓库

后出示，分一年为四限，递加罪名以免观望；一加重开馆兴贩及制造烟具罪名，勒限自首以截其流；一失察处分，先严于所近；一著令地保甲长查起烟土、烟膏、烟具，庇匿者罪同正犯；一豫讲审断之法以杜流弊。因缮呈戒烟经验药方数种。……十一月，入觐，赐紫禁城骑马，命颁钦差大臣关防，驰往广东，查办海口事件，水师咸归节制。（《清史列传》卷三八《林则徐传》）

臣窃思……吸鸦片烟者，每日除衣食外，至少亦须另费银一钱，是每人每年，即另费银三十六两，以户部历年所奏各直省民数计之，总不止四万万人，若一百分之中，仅有一分之人吸食鸦片，则一年之漏卮，即不止于万万两。……鸿胪寺卿黄爵滋原奏所云，岁漏银数千万两，尚系举其极少之数而言耳。内地膏脂，年年如此剥丧，岂堪设想，……是不得不严其法于吸食之人也。……吸食者果论死，则开馆与兴贩，即加至斩决枭示，亦不为过。……当鸦片未盛行之时，吸食者不过害及其身，故杖徒已足蔽辜，迨流毒于天下，则为害甚巨，法当从严。若犹泄泄视之，是使数十年后，中原几无可以御敌之兵，且无可以充饷之银。兴思及此，能无股栗。（王延熙《皇朝道咸同光奏议》卷三林则徐《钱票无甚关碍宜重禁吃烟以杜弊源片》）

道光十七年（1837）中外贸易简表

国别	品名	数量	价值	备注
中国对英输出	茶叶	三十余万石	一千四百万圆	茶叶出洋，自明季荷兰通中国始。康熙二年，英吉利商又自荷兰购归百斤；康熙四十九年，至十四万斤。雍正二年，至二十八万斤。乾隆二十四年，二百二十九万斤；三十七年，五百四十七万斤；五十年，遂至千三百万斤。嘉庆十八年，二千一百二十八万斤。道光二年，二千三百七十六万斤；十年后，三千余万斤；十七年，三十余万石，共价银千四百余万圆。
	湖丝		六百五十九万圆	
	白矾、串珠、樟脑、桂皮、瓷器、大黄、麝香、赤布、白糖、冰糖、雨伞		一百二十二万六千圆	共计出口值二千一百八十一万六千圆。
英国洋货输入	棉花	六十七万七千石	八百二十二万圆	
	洋米	二十一万石	二十三万八千圆	
	大呢		一百五十五万圆	
	羽纱		四十万圆	
	哔叽		八十万圆	
	羽缎		五万圆	
	洋布		七十万圆	
	棉纱	一千八百石	七十三万圆	
	水银	二千石	二十三万圆	
	锡	万五千石	二十九万五千圆	
	铅	万四千石	八万九千圆	
	铁	万六千石	四万八千圆	
	硝	万石	七万五千圆	
	檀香、乌木、象牙、珍珠、胡椒、沙藤、槟榔、鱼翅、鱼肚、花巾、洋巾		七十一万圆	共计入口值一千四百四十七万八千圆（包括其他货物未列者在内）
	鸦片	四万箱	二千九百余万圆	出超七百余万圆，如列入鸦片，则入超二千二百万圆。
对美输出	茶叶	十二万余石	五百十九万八千圆	
	绸缎		七百五十万圆	
	丝棉、葛布、瓷器、蔗糖		五十七万九千圆	共计出口值一千三百二十七万七千圆。

续表

国别	品名	数量	价值	备注
美货输入	洋米	八十六万圆		
	洋布	四十五万圆		
	白银		四十二万圆	共计入口值三百六十七万圆。（其他一百九十四万圆货未列出）
	鸦片		九百六十万圆	入超九百六十万圆，如列入鸦片，则出入相抵。
其他西洋诸国			出入口货约值二百万圆	
附注	本表根据魏源《海国图志》卷二《筹海篇》而作。			

道光十九年正月二十五日，林则徐驰驿抵粤，传洋商伍怡和，索历年贩烟之洋商查顿、颠地。时查顿已闻风先窜，惟颠地随英吉利公司领事义律，由澳门至省城洋馆，林则徐派兵役监守之，并于省河之猎德炮台，筏断来往，谕令将零丁洋二十五艘之烟土，勒限呈缴，免其治罪，否即断薪水、停贸易。……义律……既被围省馆，不能回澳，始于二月十二日，具印禀遵缴，并将驶往东洋之烟船，尽驶回粤，共缴鸦片烟二万二百八十三箱，计海船大者千箱，次者数百箱，每箱百有二十斤，共二百三十七万六千余斤。林则徐会两广总督邓廷桢，亲驻虎门验收，以四月六日收毕，每箱约赏茶叶三斤。其烟土请解京师，诏即在海口销毁，毋庸解京，俾沿海民人共见共闻，咸知震詟。林则徐会同督抚，于虎门监视销毁，……共烧毁赀本银五六百万圆，并利银共千余万圆。（魏源《圣武记》卷十《道光洋艘征抚记》上）

经义律……呈明共二万二百八十三箱，查向来拿获鸦片，如系外夷原来之箱，每一箱计装整土四十个，每个约重三斤，每箱应重百二十斤，……以现在报缴箱数核之，不下百数十万斤，……

林则徐像

1868

虎门销烟池遗址

诚恐所报尚有不实不尽，访之在洋水师及商贾人等，佥称外夷高大趸船，每只所贮亦不越千箱之数，是趸船二十二只，核与所报箱数，不甚相悬。……（《鸦片奏案·会奏夷人趸船尽数呈缴烟土折》）

……于海滩高处，挑挖两池，轮流浸化，其池平铺石底，纵横各十五丈余尺，四旁栏桩钉板，不令少有渗漏，前面设一涵洞，后面通一水沟。池岸周围，广树栅栏，中设棚厂数座，为文武员弁查视之所。其浸化之法，先由沟道车水入池，撒盐成卤，所有箱内烟土，逐个切成四瓣，投入卤中，泡浸半日，再将整块烧透石灰，纷纷抛下，顷刻便如汤沸，不爨自燃。复雇人夫多名，各执铁锄木爬，立于跳板之上，往来翻截，务使颗粒悉化，俟至退潮时候，启放涵洞，随浪送出大洋，并用清水刷涤池底，不任涓滴留余。若甲日第一池尚未刷清，乙日便用第二池，……如此轮流替换。……至向晦停工，即将池岸四围栅栏全行封销，派令文武员弁周历巡缉。粤东天气炎热，所有人夫仅穿短裤，上身下脚，向俱赤露，又于停工放出时，与执事工役一同搜检，不许稍有夹带。试行之初，每日才化三四百箱，数日后，手法渐熟，现在日可八九百箱至千箱不等。……（《林文忠公政书》）

乙、烟价之辚辚

凡夷人名下，缴出鸦片一箱者，酌赏茶叶五斤，……所需茶叶十

中华二千年史

余万斤，应由臣等捐办，不敢开销。(《鸦片奏案·会奏夷人趸船尽数呈缴烟土折》)

鸦片，……其类有三，一曰公班，……一曰白皮，……一曰红皮，……近年每岁来二万余箱，公班约八千箱，每箱约八百圆；白皮约一万三千箱，每箱约六百圆；红皮约二千箱，每箱约四百圆，计岁耗银一千五百万圆。(《蓉城闲话》)

时英酋伯麦及义律，以五船赴天津投书，乃其国巴里满衙门寄大清国宰相之词，一，索货价。初次夷书尚不敢显言烟价，以货价为名，后乃显言索烟价。(《番禺志》)

义律……不受所赏茶叶。……七月，……伯麦及义律以五艘驶赴天津投书，……索货价。……十月，琦善至广东，……偿洋商烟价银七百万圆。……及逆党攻陷炮台，上震怒，于是有烟价一毫不许……之旨。……四月，敌船环攻城东西南三面，……诸帅……使广州余保纯出城讲款，义律立索军饷银六百万圆，烟价在外，香港再议，限五日交银。(魏源《圣武记》卷十《道光洋艘征抚记》上)

丙、外商之禁运

林则徐下令，……进口之船，均应具结，有夹带鸦片者，船货没官，人即正法。……时西洋弥利坚诸国，皆遵具结，于是义律由省下澳，禀言趸船贩烟之弊，极须设法早除，如委员来澳会议章程，可冀常远除绝，并禀请准本国货船，泊卸澳门。……林则徐以澳门向例惟

林则徐叙述销烟经过的上疏

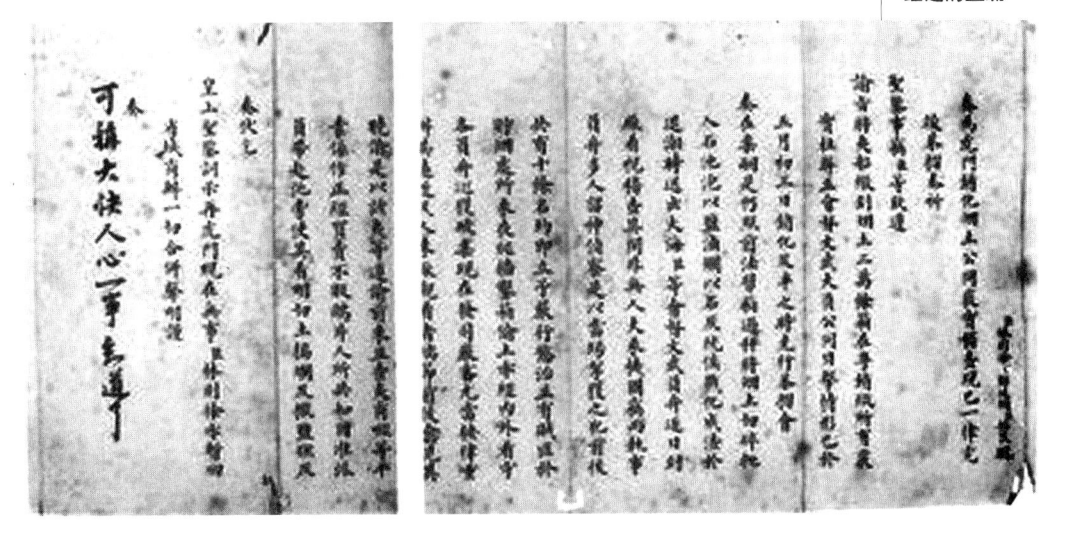

准设西洋额船二十有五艘,若英人援此例,不入黄浦,则海关虚设,而私烟夹带何从稽察,严驳不许。义律言,不准泊澳,便无章程可议,因不受所赏茶叶,不肯具结,言必俟奉国王命定章程,方许货船入口。时义律已寄信附货船回国。……而五月内,复有尖沙嘴洋船水手,殴毙村民林维喜之事,谕义律交出人犯抵罪,义律拘讯黑夷五人,未获正犯,悬赏购告犯之人。……七月,林则徐与邓廷桢遵例禁绝薪蔬食物入澳,并以澳门寓居洋人,原为经理贸易,今既不进口贸易,即不应逗留澳门。义律率其眷属及在澳英人五十七家,同迁出澳,寄居尖沙嘴货船,……暗招洋埠兵船二艘来粤,又择三大货船,配以炮械,赴九龙山,假索食为名,突开炮攻我水师营。……八月,义律遂托澳门西人,代为转圜,愿将趸船奸商,尽遣回国,其货船亦愿具结,如有夹私者,船货充公,惟不肯具"人即正法"四字,……林则徐以与各国结不画一,必令书人即正法之语,且责缴凶犯,旋有英国二货船遵式具结,于九月晦入口。(魏源《圣武记》卷十《道光洋艘征抚记》上)

……先于收缴烟土之时,即经饬取生死甘结,该夷坚不肯具,盖以缴烟系一时之举,尚可借以求生,而具结乃长远之事,适恐自陷于死也。……相持数月以来,直至逐出澳门,断其接济,且值炮击火烧之后,该夷始愿具结,惟结内但云,如有鸦片,将货物尽行没官,而于"人即正法"字样,仍不肯写。所以臣等前折奏明,另颁结式,饬令遵照缮缴,当即令印委各员,率同洋商通事传谕去后,不但义律多方退缩,而且各船船主并为一谈,以为性命攸关,倘以水手私带些微,恐遭连累,抑或兵役栽赃诬指,难以辩冤。臣等复谕以水手等系夷商应管之人,本宜先自查搜,岂能容其私带,至查船有官作主,兵役焉敢栽赃,万一意外遭诬,定予讯明反坐,何庸过虑。总之,不带鸦片,则虽具结,不至加刑,若带鸦片,即不具结,亦必处死,多方开导,近日始有该国之啤喇嘟当等船,陆续遵式具结。(《鸦片奏案·林则徐邓廷桢瞵国趸船现已驱逐并饬取切结情形折》)

具甘结人弯喇,乃担麻土葛船之船主,今到天朝大宪台前具结:远商之船,带棉花、纱、藤、胡椒货物,来广东贸易,远商同船上之伙长水手,俱凛遵天朝新例,远商等并不敢夹带鸦片,若察验出有一

小点鸦片在远商船上，远商即甘愿交出夹带之犯，必依天朝正法治死，连远商之船货亦皆充公，但若查验无鸦片在远商之船，即求大宪恩准远商之船进黄埔，如常贸易。如此良歹分明，远商甘愿诚服大宪。此结是实。天朝道光十九年九月初八日，船主弯喇，船名担麻土葛，伙长占土希尔墨，雇佣一百人。(《信及录》)

(三) 战事之起

甲、闽粤之守备

林则徐虽以英未必敢于开衅，然力修战备不已，而兵勇多勾结洋商，受贿蒙蔽不可用，筹划尤具苦心。幸闽浙总督邓廷桢与之一气，故主战初期，尚得有备无患。

林则徐自去岁至粤，日日使人刺探夷事，翻译夷书，又购其新闻纸，具知夷人极藐水师，而最畏沿海枭徒及渔艇疍户，乃募渔船户壮丁五千，各给月费银六圆，赡家银六圆，其费则洋商、盐商及潮州客商分捐。又于虎门之横档屿，设铁链木筏，横亘中流，购西洋各国夷炮二百余位，增排两岸，并购旧洋艘为式，令水师演习攻首尾跃中舱之法。又雇同安米艇、红单船、柁尾船，共备战舰六十，又备火舟二十，小舟百余，以备攻剿，令必俟晦潮、乘上风，为万全计、必胜计。林则徐亲赴狮子洋校阅水师，号令严明，声势壮盛，至是又下令，每杀一白夷者赏银百圆，黑夷半之，斩首逆义律者，赏银二万圆，其下领事夷目，以次递降，获兵舟者，除火药器械缴官外，余尽充赏。于是夷船之汉奸，皆为英夷所疑忌，不敢留，尽遣去。其近珠江之内河，在澳门西虎门东者，尽以重兵严守，盖粤洋中路要口，以虎门为最，澳门次之，尖沙嘴又次之。其余海口，多浅水暗礁，非洋船所能入。(《夷艘入寇记》)

邓廷桢像

入粤，即会同广督邓廷桢，严劾历年庇私之督标副将韩某以徇，前督李鸿宾设巡船，专查烟土，委任韩弁，乃得重贿纵庇之，洋烟之横实出此。公特首纠之，籍其家累巨万，官民大服。（金安清《林文忠公传》）

道光十七年，邓廷桢覆奏，广东积弊十条：一、凶盗充斥，一、营务废弛，一、讳盗作窃，一、纹银出洋不下千万，一、衙役小县数百，大县千余，一、差役滥押无辜，一、海滨沙滩开垦，有碍水道，一、奸徒放火，一、盗发坟墓，一、习尚侈靡。有业经惩办者，有见在查拿者。……十九年正月，廷桢奏请于虎门海口，创造木排铁链，添置炮台炮位。……调闽浙总督，即购洋炮十四门，由海道运赴闽省。……以闽省所建炮台，大不过十余丈，所安炮四五位，重不过千斤，难资捍御，且闽洋无内港可守，炮台必须建于海滩，沙性浮松，根基不固，爰易炮台为炮墩，用麻布袋，实以沙土，层层堆积，沙墩外侧，竖旧小渔船，牢固拴缚，以为保护。（《清史列传》卷三八《邓廷桢传》）

有英国二货船，遵式具结，于九月晦入口，而义律遣二兵船阻之，且禀请毋攻毁尖沙嘴之船，以俟国王之信。水师提督关天培，以凶犯未缴，掷还其禀。时我师船五艘，在洋弹压，彼见前禀不收，且我师船挂红旗，即发炮来攻，……关天培开炮应之，击断洋船头鼻，西兵多落海死。十月初，又回攻我尖沙嘴迤北之官涌山炮台，不克，恐我乘夜火攻，又水泉皆下毒，无可汲饮，遂宵遁外洋。……自封港以后，英商货船先后至者二三十艘，皆不得入口，人人怼怨，于是义律于十一月，复遣人禀言：……自后请遵照大清律办理，而无违国王之法，乞仍许英人回居澳门，俟国王谕至，即开贸易。……其国货船先后起碇扬帆，驶出老万山者十余艘，并续至之艘，多观望流连，寄泊外洋不肯去，而粤洋渔船疍艇亡命之徒，贪薪蔬之厚值，并以鸦片与之交易，趋者如鹜。时……义律已回国请兵，时女王令国人会议，其文武官皆主战，其贸易商民皆不欲战，连日议不决。最后……始决计，国王命其外戚伯麦为统帅，率兵船十余，加以印度驻防兵舰二三十艘。二十年四月，林则徐奏闻。……五月，……英国大小兵船十二，并车轮火船三，先后至粤，泊金星门，其余尽泊老万山外，林则徐又

鸦片海战

以火船十艘，每二艘缒以铁索，乘风潮攻之，洋船皆急驶避，仅焚其杉板小船二，而英人自是不敢驶近海口。……于虎门之横档屿，设铁链木筏，横亘中流，购西洋各国洋炮二百余位，增排两岸，又雇同安米艇、红单船、拖风船共六十，备战船，又备火舟二十，小舟百余，以备攻剿。……其近珠江之内河，在澳门西虎门东者，尽以重兵严守，其余海口，多礁浅，非船艘所能入。洋船至粤旬月，无隙可乘，遂乘风窜赴各省。(魏源《圣武记》卷十《道光洋艘征抚记》上)

乙、琦善之议和

战端既开，宣宗以兵饷两难，主战之意渐摇，林、邓遂获咎，改任主和之琦善。琦善一反则徐所为，撤防弛兵。水师提督关天培请增兵，不许，英窥其无备，突陷虎门炮台，天培死之。琦善亟许偿银六百万圆，并割香港，谓海外弹丸之地，无关紧要也。奏闻，宣宗怒，褫琦善职。

七月，琦善赴天津，筹办防堵。八月，英船驶至天津海口，投递呈词，琦善为乞恩通商，并以听受晓谕，全行起碇回粤奏闻，得旨，嘉悦之至，即命为钦差大臣，赴广东查办。九月，署两广总督。……二十一年正月，英人犯虎门，连陷沙角、大角炮台，奏入，谕曰："英人到粤以来，日肆猖獗，叠经严谕，慎密周防，相机剿办，宜如何妥为布置。本日据奏英人占夺炮台，并有戕伤将弁、抢夺师船之事，可见该署督于堵御事宜，全未预行筹备，著交部严加议处。寻以

卷五　明清

英人愿献炮台，并缴还浙江定海县城，奏恳准其所请。……初，英人图在省城外香港寄居贸易，琦善奏称此地倘给与英人，势必屯兵聚粮，建台设炮，觊觎广东，流弊不可胜言，至是转申请，英人遂乘机窃据。（《清史列传》卷四〇《琦善传》）

道光二十年1840年。……六月，英船至厦门，为闽浙总督邓廷桢所拒，其犯浙者，陷定海，掠宁波。林则徐上疏自请治罪，密陈兵事不可中止，略曰："英夷所憾在粤，而滋扰于浙，虽变动出于意外，其穷蹙实在意中。惟其虚骄性成，愈穷蹙时，愈欲显其桀骜，试其恫喝，甚且别生秘计，冀售其奸，一切不得行，仍必帖耳俯伏。第恐议者以为内地船炮，非外夷之敌，与其旷日持久，不如设法羁縻，抑知夷情无厌，得步进步，威不能克，患无已时，他国纷纷效尤，不可不虑，因请戴罪赴浙，随营自效。七月，义律至天津，投书总督琦善，言广东烧烟之衅，起自林则徐、邓廷桢二人，索价不与，又遭诟逐，故越境呈诉。琦善据以上闻，上意始动，……九月，诏曰："鸦片流毒内地，特遣林则徐，会同邓廷桢查办，……乃自查办以来，……沿海各省，纷纷征调，糜饷劳师，皆林则徐等办理不善之所致。下则徐等严议，饬即来京，以琦善代之。寻议革职，命仍回广东备查问。差委琦善至，义律要求赔偿烟价，厦门、福州开埠通商，上怒，复命备战，二十一年1841年。春，予则徐四品卿衔，赴浙江镇海协防。时琦善虽以擅与香港逮治，和战仍无定局。

琦善与英国人谈判

五月，诏斥则徐在粤，不能德威并用，褫卿衔，遣戍伊犁。(《清史稿·列传》一五六《林则徐传》)

二十年五月，洋船三十一艘，赴浙江，先以五艘攻福建厦门，……六月，全艘赴浙江，攻定海，陷之。……自定海失守后，浙江巡抚乌尔恭阿、提督祝廷彪，束手无策，朝廷以定海孤悬海中，非海道舟师，不能恢复，而水战又洋艘所长，且承平日久，沿海恐其冲突，已有蜚语上闻，言上年广东缴烟，先许价买，而后负约，以致激变者，又有言邓廷桢厦门军报不实者。七月，命两江总督伊里布为钦差大臣，赴浙江宁波视师，……洋酋伯麦及义律，以五艘驶赴天津投书，乃其国巴厘满衙门寄大清国宰相之词，多所要索，一、索货价，二、索广州、厦门、福州、定海、上海为市埠，三、欲共敌体平行，四、索犒军费，五、不得以外洋贩烟之船贻累岸商，六、欲尽裁洋商浮费，直隶总督琦善收书奏闻。……而任事者……于复书中，即言上年广东缴烟，其中必有多少曲折，将来钦差大臣前往查实，不难重治林则徐之罪。诏以琦善为钦差大臣，赴粤查办，革林则徐、邓廷桢之职，留粤听勘，并敕沿海各省，不得开炮。八月，洋船自天津起碇，以中国无决允之语，不肯归我定海，惟撤兵船之半赴广东。……九月，义律回浙，入见伊里布于镇海城，索俘酋安突德，……伊里布遣

虎门炮台

卷五 明清

其奴张喜，赴洋船馈牛酒。……十月，琦善至广东，……一切力反前任所为，谓可得外洋欢心，而敌人则日夜增造……攻具。……水师提督关天培，密请增兵，琦善惟恐其妨和议，固拒不许，偿洋商烟价银七百万圆，而其心必欲索埠地，琦善前以厦门及香港二地商之。……既据以奏闻，至是不能自背前奏，又无以拒义律之求，笔舌往反，终无成议，义律遂乘其无备，于十二月五日，突攻沙角、大角炮台。……时提督关天培、总兵李廷钰、游击马辰等，尚分守镇远、威远、靖远各炮台。……琦善……惟连夜作书，令鲍鹏持送义律，再申和议，于烟价外，复以香港许之，并归浙江俘人，以易定海城。琦善与立契约，遂于二十一年。正月赴虎门，宴义律于师子洋。（魏源《圣武记》卷十《道光洋艘征抚记》上）

丙、三元里之杀敌

英人进扰沿海，且求定海，宣宗不许，复主战，命奕山为靖逆将军，杨芳、隆文为参赞，意在以战求和。奕山不知兵，战不利，英兵进攻广州，奕山与之私和，立偿六百万圆。英兵肆淫掠，三元里居民大愤，聚众数万，围英兵千余，遭击毙者甚众。广东省团练士民歼夷公檄，钱江所草也，江竟以此得罪，发遣新疆。时义律亦被困，奕山亟遣吏翼之出。自是英人知粤民不可侮，不敢复窥广州。

既而二十一年。正月杪，批折回，不允，于是事复中变。……及逆党攻陷炮台，大肆猖獗，上震怒，于是有"烟价一毫不许，土地一寸不给"之旨，并调四川、贵州、湖南、江西兵赴剿，命林则徐、邓廷桢随同办理洋务。……二十一年正月七日，下诏暴逆人罪恶，特命宗室奕山为靖逆将军，湖南提督杨芳、户部尚书隆文为参赞大臣，声罪致讨，命刑部尚书祁𡎴，赴江西总理兵饷。杨芳……二月十三日，驰至广东，而英人已于二月五日，乘风潮连破横档炮台、虎门炮台，提督关天培死之矣，虎门各隘，……皆为敌有。……时琦善已革去大学士，……籍琦善家产，锁逮来京。英人见朝廷赫怒，局势大变，恐和议永绝，且洋船兵费浩大，急欲通商以济饷，各国商船罢市久，亦皆咎之，乃于二十六日，托弥利坚头目与洋商伍怡和调停，递书言"如欲承平，不讨别情，但求照旧通商"。……是时定海之洋船，亦至广东，共五十大艘，半泊香港，半入虎门，舳舻相接，遍树出卖鸦片

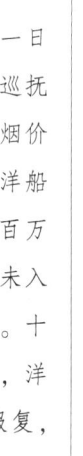

广州三元里抗英纪念馆

之帜。……三月二十三日，奕山、隆文及新任总督祁𡎴，并抵广州。……是时英人方据省河咽喉，……杨芳不欲浪战，奕山初至，亦然之。既而惑于翼长随员等之言，以不战则军饷无可开销，功赏无由保奏，急欲侥幸一试，遂不谋于杨芳，即以四月朔夜半，三路突攻洋船，……其洋馆中货，为四川、湖南兵虏掠一空，并误伤弥利坚数人，甫黎明，而洋兵大集，反乘顺风，我兵退走。……越三日，……敌船环攻城东西南三面，……于是天字炮台及泥城及四方炮台，一日皆失守。……第七日，洋兵遂并力专攻城东南隅，……诸帅避入巡抚署，……议使广州余保纯出城讲款，义律立索军饷银六百万圆，烟价在外，香港再议，限五日内交银，且约将军及外省兵先出省城，洋船始退出虎门。将军等一切允之，城上改树白旗，先令洋商出二百万圆，余于藩库、运库、海关库发给，会奏请罪，而烟价及香港亦未入奏云。十三日，四方炮台洋兵下山回船，义律即促将军参赞离城。十六日，奕山、隆文退兵屯金山，离省河数十里。……及讲和次日，洋兵千余自四方炮台回，至泥城淫掠，于时三元里民愤起，倡义报复，四面设伏，截其归路，洋兵终日突围不出，……义律驰赴三元里救应，复被重围。……义律告急于知府余保纯，……诸帅……遣余保纯驰往，解劝竟日，始翼义律出围回船。十七日，洋船渐次退出。……

卷五 明清

是时南海、番禺二县，团勇三万六千，昼夜演练，义律侦知内河已有备，竟不敢报复。（魏源《圣武记》卷十《道光洋艘征抚记》上）

当义律之请抚也，一索烟价，一欲得香港马头，琦相以事关割地，伴许之而未敢入奏。然英人自谋夺濠镜不得，屡思于附近粤东省城，乞一岛一地，以为定居，盖早有窥香港矣，迨闻相国许其入奏，始则称兵以要之，继则请缴还浙之定海及献出二角炮台以易之。相国方欲请旨定夺，而英人已在香港出示，起造房屋马头，视为己有。未几，将军、参赞至粤，遂以六百万及香港一岛，为城下之盟。（夏燮《中西纪事》卷三《互市档案》）

方议款时，夷兵以船泊泥城，登岸肆扰。……其据守耆定台者，兵千余，款成，尚迁延不遽退，伯麦……率领余众，自台下闯至泥城、西村、萧冈诸村落，大肆淫掠，奸及老妇。村民大哗，举人何玉成，即柬传东北、南海、番禺、增城、连路诸村，各备丁壮出护，附郭西北之三元里，九十余乡，率先齐出拒堵，对岸之三山等村，亦闻声而起，老弱馈食，壮丁赴战，一时义愤同赴，不呼而集者数万人。夷目毕霞领其兵与村民战，村民稍却，被追深入牛栏岗，所至居民大至，转瞬民多夷少，急匿丛薄间，放枪自卫，村民但遥围之，入夜则脱衣悬树杪，迎风摇飐，作疑兵，民不敢前。及天明，入林内搜杀几尽，逃者不识途径，亦多被截击，有叩首流血得免者，伯麦、毕霞同时殒命，收其调兵符券、防身铁剑、小枪之属，夷兵方舍命突围出，无奈人如山积，围开复合，各弃其鸟枪，徒手延颈待戮。……其留耆定台余夷尚众，一人不敢下，村民但环立山麓，相约听其饿毙。……越日，义律驰至，亦被围，密遣人间

三元里抗英纪念碑

道求救于余保纯,闻报请于祁𡎴……𡎴令南海令梁星源、番禺令张熙宇,随保纯出,步向三元里绅民揖劝,代夷乞免,越数时许,绅士潜避,民以官故,不复谁何,遂亲翼义律下,群夷继之。……夷自是始知粤人之不可犯。(梁廷枏《夷氛闻记》卷三)

夷出泥城,遇三元里民,鸣金号召,一百三村男妇数万人,执梃而集,围之数里,夷兵千余,突围奔溃,死者八九十,又杀死夷官二人,击伤者无数。时我兵皆立城堞,作壁上观,义律闻信责大帅,大帅责广守,百姓惧罪解体,夷亦狼狈回船。(黄钧宰《金壶七墨》附《羊城日报七则·广勇》)

丁、浙苏之战事

英人既受创于三元里,奕山复不敢以私款上闻,于是英人不餍所欲,乃以璞鼎查为统帅,侵沿海各省,陷厦门、定海,总兵王锡朋、郑国鸿、葛云飞战死;进攻镇海,督师裕谦自杀;陷宁波、慈溪、余姚,浙西大震。九月,清派奕经为扬威将军,文蔚、特依顺佐之,牛鉴为两江总督。奕经憎于兵,欲复宁波,战不利。英陷乍浦,都统长喜死之;进攻吴淞口,提督陈化成死之;陷镇江府,副都统海龄死之,江宁大震。

道光二十一年四月,英人之受款于广东也,在我师则以救一时之危,在敌亦急欲得银以济兵饷,故通商章程,彼此皆未暇议。及洋兵大困于三元里,自知已结粤民之怨,……不敢复入内河贸易,欲洋商赴香港,而香港隔海风浪,洋商无肯往者,遂欲以香港易尖沙嘴及九龙山。将军、总督以香港尚未奏允,何况二地,约其仍来黄浦,敌遂不许我修复虎门炮台,……彼此相持,虽有通商之名,无通商之实。又余保纯与义律议,先送军饷六百万圆,其烟价在外,将军止以军饷改称商欠奏闻,其余情未上达也。及洋船退出内河后,填塞要害,增修炮台,守备日固,不能如向日之阑突,敌众皆咎义律议款时,不别索他埠,遂扬言英吉利国王谴义律无能,改命璞鼎查为兵帅,欲复往沿海各省,必如上年在天津所索各款。……

六月,……洋船数十艘,已全赴福建,攻厦门,……七月,……厦门遂为敌据。然洋人得厦门,亦不守,不数日,全队驶赴浙江,惟留数艘泊据鼓浪屿。……初裕谦自正月赴浙江,代伊里布为钦差大臣。时洋船已去定海,总兵王锡朋、郑国鸿、葛云飞,以兵五千驻定

海。……八月初，洋船先犯石浦，以礁险不利而退，……进攻定海，……乘我守兵力疲，遂分五奎山、东港浦、晓峰岭三路进攻，……冒死登山入城，三总兵相继战死，……定海复陷。……其镇海防兵四千，裕谦以千余兵守城内外，余步云提督率千余守招宝山，总兵谢朝恩率千余守隔江之金鸡岭。……二十六日，洋船攻镇海，分犯金鸡山及招宝山，……而余步云不许士卒开炮，且两次上城，请退守宁波，裕谦不许，敌甫由招宝山麓，攀援登岸，余步云即率兵西走。敌踞招宝山，俯攻镇海，其隔江之金鸡山亦溃，裕谦知事不可为，……自沉泮池，死之。……二十九日，洋兵船……进至宁波，余步云复弃城走上虞。……敌小船驶至慈溪、余姚，于是二城亦逃走一空。土匪四起，讹言传播，浙西大震。……

九月，……命宗室大学士奕经为扬威将军，侍郎文蔚、副都统特依顺为参赞，以河南巡抚牛鉴总督两江，授怡良钦差大臣，驰赴福建。……十月，奕经至苏，幕下……所至索供应，……揽威福，流言四起，远播京师，于是奕经移营嘉兴。十二月，……有洋人运械上船之信，于是将军参赞，锐意进兵。明年道光二十二年。元旦赴杭，留参赞特依顺守杭州，而奕经、文蔚渡江，……抵绍兴，……进兵恢复

定海鸦片战争抗英墓

三城，……约城中汉奸内应，……于是奕经以兵勇三千，营绍兴之东关；使文蔚以兵勇四千，半屯慈溪……长溪岭，半屯……大宝山，以图镇海；提督段永福以兵勇四千，半伏宁波城外，屯大隐山以图宁波；而副将谢天贵率兵千余，屯骆驼桥，以扼镇海、宁波适中之路。及期，官兵……进至城，……前后受敌，……且战且走，……段永福督后队至，闻风反走，……余步云驻宁波之奉化，中途闻败，折窜，……此宁波之师也。其慈溪大宝山之兵，……镇海之师，……亦败……溃。……奕经即与文蔚弃绍兴，走西兴，奕经旋渡江回杭州。……三月，……刘韵珂……以奏请伊里布来浙主款，上复令宗室尚书耆英为钦差大臣，署杭州将军，与参赞齐慎赴浙。……英人是月遂弃浙北，窥松江，窥长江。……四月，……犯乍浦，……小船登岸攻东门，……转攻南门。驻防旗兵平日凌辱汉人，至是动斥为汉奸，由是福建水勇积愤，纵火内应，敌遂逾南城入，尽焚满营，都统长喜……死之，……杭州、嘉兴俱戒严。原任大学士伊里布，至乍浦洋船议款，英邀挟甚侈，不能成议。……洋船弃乍浦而北，五月初三日，洋船至吴淞口，……宝山城在吴淞口外，……总兵王志元率徐州兵，……望风西走，提督陈化成中炮死，牛鉴走嘉定，……敌遂陷宝山。……上海大震，参将继伦，率兵先弃城走松江，上海兵备道巫宜禊……从之。……洋船七八艘，驶入上海，城中已空无人，洋人……驶入松江，……寿春镇总兵尤渡……守之，……故松江得无恙。……二十日，洋舰退出吴淞口，图入长江，……探……诸要险皆无备，始连樯深入。六月八日，薄瓜州，……城已空，遂窥镇江。……驻防副都统海龄，……相持二三日，英佯攻北门，而潜师梯西南入城，……守兵皆溃，……海龄为乱兵所杀，镇江陷。……（魏源《圣武记》卷十《道光洋艘征抚记》下）

（四）江宁议和

英陷镇江，进逼江宁，宣宗不得已，命伊里布、耆英，便宜从事。英索偿银二千一百万圆，合银一千四百七十万两。开广州、福州、厦门、宁波、上海五口互市，割香港，用敌国礼，皆许之。是役，清以和战不定、武器不精、战备不充而败。约中许不惩汉奸，开外人干涉内政之端，是后田兴恕案、天津教案、马嘉理案、刘秉璋案、李秉衡案，以及庚子和约，亲贵

大臣，或诛或窜，皆此约阶之，且于附约令条改律例，弛烟禁，综其损失，逾于赔款者多矣。

甲、英舰之逼南京

道光二十二年六月二十八日，遂逼江宁，东南大震，朝廷厪念漕运重地，敕耆英便宜从事。……至是伊里布遣张喜等至洋船，洋酋言，一索洋银二千一百万圆，分三年分付；一索香港为市埠，并往广州、福州、厦门、宁波、上海贸易；一洋官欲与中国官员敌体，与上年同。……而诸大吏不速覆，张喜往返传语。越二日，张喜还，则敌听汉奸言，闻增调寿春兵之信，谓我借款缓敌，如今日不定议者，诘朝交战，……而诸帅已胆裂，即夜覆书，一切惟命，其禁约鸦片章程，一语不及，英喜出望外。诸帅会奏，言敌设炮钟山之顶，全城命在呼吸，……其实绝无其事。……七月初九日，款议成，耆英、伊里布、牛鉴，亲赴敌人璞鼎查之舟，越二日，璞鼎查、马礼逊亦入城，会于正觉寺。连日分提江宁、苏州、安徽藩库扬州运库银数百万，馈之。……九月初旬，洋艘尽回定海，诏以不守江口，逮总督牛鉴治罪，以耆英代之，而伊里布以钦差大臣，由浙至广东，议互市章程，褫逮领兵之奕山、奕经、文蔚、余步云，交刑部治罪。惟余步云于是冬伏法，其沿海失守城池之道、府、县，及领兵将官失事者，以次惩处，分别豁免沿海被寇州县钱粮。（魏源《圣武记》

《南京条约》
签字仪式

卷十《道光洋艘征抚记》下）

时巡抚刘韵珂意在羁縻，奏请仍命伊里布至浙主款，勿杀零夷，违者罪之。……伊里布诣乍浦夷舟，晤商受款退兵事，……议不成而返。韵珂意夷重得前俘，还之，仇当立解，从此可与销兵矣，随奏出所获白黑夷于狱，载乍浦以归之夷。……镇江既陷，……马理逊……言燕京漕运，以江宁为咽喉，今但盘踞江面，阻绝南北，即可要挟，所求当无不如志。……六月二十八日，集船八十五，直逼江宁城，势益凶暴。先既奉有"设法招抚，许便宜行事"之谕，伊里布已遣武举张振龙、家仆张喜等，冒险赴夷船，以候款开导，夷果停不复攻，而责覆款议殊亟。七月初六日，耆英至丹徒，复遣佐领塔芬布、陈志刚等，与喜再诣夷船，切实议论，……先索三千万圆，稍减为二千一百万，中以六百万为补偿烟价，三百万为续还旧商欠，千二百万为军费，……复求赏香港，为彼来商侨居地，听在广州、福州、厦门、宁波、上海四省五地通商贸易。……于是鉴、伊里布、耆英会奏，……兴立和约十三条，善后事宜八款。……（梁廷枏《夷氛闻记》卷四）

乙、江宁和约

第二条，……准大英国人民带同所属家眷，寄居大清沿海之广州、福州、厦门、宁波、上海五处港口，贸易通商无碍，且大英君主派设领事管事等官，住该五处城邑，专理商贾事宜。

第三条，……准将香港一岛给予大英君主暨嗣后世袭王位者，长远据守主掌，任便立法治理。

第四条，……准以洋银六百万圆，偿补原鸦片价。

第五条，……在粤贸易，向例全归额设行商亦称公行者承办，……嗣后不必仍照向例。……额设行商等内，有累欠英商甚多，无措清还者，今酌定洋银三百万还作为商欠之数。……

第六条，……军费银一千二百万圆，大皇帝准为偿补。

第九条，凡俘中国人，前在英人所据之邑，其居民或与英人有来往者，或有跟随及伺候英国官人者，均由大皇帝俯降御旨，誊录天下，恩准全然免罪，且凡系中国人为英国事被拿监禁受难者，亦加恩释放。

第十三条第八类，一耶稣圣教暨天主教，原系为善之道，待人如

己，自后凡有传授习学者，一体保护。

方五口之通商也，外洋出入之货，多定以税则，载入条议中，惟鸦片以新例初颁，衅端遂启，因之三帅两江总督牛鉴、钦差大臣耆英、前两江总督伊里布。掩耳盗铃，既不敢申明前禁，又未便擅定税章，遂置此款于不议。于是各洋历年进口之货，反以此不入税者为大宗，而吸贩之徒，不禁张胆明目，以趋慕膻之市。旧例，洋商以货易货，不准交易纹银，……自五口通商，外洋独专鸦片之利，乃有易货不敷，补给外洋纹银者。近则洋商定议，专收元宝，带回本国，更易番洋，漏卮之弊，莫此为甚。英人自五口通市以来，印度鸦片之税，岁增至八千余万，见西人新闻纸中。则中国进口之销数可想也。（夏燮《中西纪事》卷四《漏卮本末》）

（五）广州入城交涉

和约既订，英人欲援上海、福州例，入广州居住，民情不可，总督耆英不得已，姑期以两年。及期，英人责如约，徐广缙督粤，登英舟反覆辩论，执不可，粤民十数万人，聚省河两岸，呼声震天，英人气沮，乃罢入城之议。叶名琛继任，屡令洋商与英人推宕，以为英决不能战。咸丰六年，以往英船缉捕，英领事借口用兵，遂陷黄埔炮台，名琛自若，时人谓为不战不和不守，不死不降不走，英竟进陷广州，执名琛以去，自是广州被占者三年。

甲、粤民之拒英入城

道光二十二年，与英吉利议和，……原定和约五年而一易。……二十七年，英吉利照会两广总督耆英易约，既列款要求，且请援福建、上海成事，入城来往。此议兴，粤民大哗，振臂一呼，汹汹聚数万人。时……甫达入城之议，船已薄虎门，进泊十三行，尽逐沿海炮台守兵，毁炮以去。总督耆英……惧激民变，不敢许；惧启边衅，不敢不许。……次日，耆英复出城，则凡所要求事悉许之，而缓入城之约。二十九年，英吉利以照会来，责两年后入城之约，巡抚徐广缙，方任两广总，督夷酋延总督至虎门，面议入城事。总督……登夷舟，……夷酋敦迫再三，总督执不可，夷酋无如何，议亦不决。……粤民已忿，激发大众，绅士许祥光等，约城内外居民，家出一丁，或二三

英军进入广州湾

丁，附城村坊同之，号召不下十余万人。……夷酋既以官不受胁，且众怒难犯，因罢入城之议，则遍张告示，言不必再议入城，两国永远和好。（《英吉利广东入城始末》）

壬寅道光二十二年。之役，……所议通商各款，内有省城设立栈房，及外洋领事入城之约，于是宁波、上海等处，出入自便。……福州为通商马头，……大府与之修往来晋接之仪，粤人闻之，谓洋人向不准入城，……爰合词诉于大府，请申洋人入城之禁，不省，乃大集南海、番禺之绅士耆老，传递义民公檄，议令富者助饷，贫者出力，举行团练。……自是众议汹汹，……骎骎乎与官为仇矣。……二十五年，……维时广州人益自得，遇洋人登岸，辄多方辱之，洋人不堪，反以为大吏之发纵指示也。……伊相在广州以忧死，耆相旋密谋于首揆，得旨内召。……二十六年，……及相国内召，洋人以其管辖五口，又为原议抚事之大臣，固请定入城之约而后去，于是相国漫语英官，期以二年之后，当践前约，英官复要以据情入告，许之。……二十九年，……英舟至粤，复请入城，与制府徐广缙。议事，制府辞之，即乘舟出虎门外，亲诸洋舟，洋官……申二年入城之约，制府不答。……越二日，洋舟闯入省河，连樯相接，……制府复单舸前往，谕以众怒不可犯。洋官谋质制府，以要入城之请，俄而省河两岸，义勇呼声震天，洋官大惧，乃以罢兵修好请，自此不言入城事。制府……复温言抚之，遂开舱互市如初。……英人在粤者，稍稍敛戢，相与休息

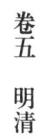

卷五 明清

者数年。(夏燮《中西纪事》卷十三《粤民义师》)

道光二十七年丁未1847年。三月……丙戌，耆英等奏：英人借词被华民欺陵嫌怨，辄带领兵船，突入省河，在十三行湾泊，并令洋兵潜上炮台，钉塞炮眼。先经委员探询，复前往面见，据称欲往佛山，与华民较论，并坚请即行进城，见在严防酌办。……己丑，耆英奏：此次英人突入省河，其坚求不已者，尤在究办佛山殴逐洋人之华民，及准伊等进城二事。见已委员驰往佛山，将当日在场哄闹之匪徒关亚言等，拿获惩办，释其嫌怨。其进城一节，亦经委员反复开导，宽其日期，其余所请租地、建房等事，均经按照条约，次第妥办，见在洋船陆续退出。(《清宣宗实录》卷四四〇)

道光二十九年己酉1849年。夏四月……丁未，徐广缙、叶名琛奏：英人因省城防卫森严，并经绅士公函劝导，深知众怒难犯，又因洋商停止贸易，大受牵制，不敢进城，其计已决。得旨，所办可嘉之至。……又奏呈广东绅士致文翰信稿，批"远胜十万之师，皆卿胸中之锦绣，干国之良谋"。(《清宣宗实录》卷四六六)

越数年，番禺许星台太守应锵。同官江右，询之，则当日主持其间者，实太守之老阮也。越日，持其世父廉访公行状示予，则此事之颠末，悉具焉。其略云：先是耆相国耆英。因英酋固请入城，曾有二年之约。未几，相国内召，中丞徐公广缙。膺制阃，方伯叶公名琛。晋抚军。己酉春，英酋文翰申前议请如约，公力言夷情贪得无厌，不宜曲徇所请，粤省虽五方杂处，然民知向义，可以鼓舞振兴，使之互为保卫。制府然之，公乃亲诣各乡，申行团练，严定章程，不阅月而得十万之众，又倡捐集赀数十万，军声大振。方欲乘此为先发之制，禁其互市，羁其沙文，而公以为未可，乃倡率诸绅，先驰尺一之书，布告夷酋，道以大义，其略曰："……前年贵国德公使，坚请入城之议，耆相国定约两年之期，此安知非相国深知其难，而姑缓其期，以为一时权宜之计乎？又安知非德公使明知回国，预存卸责之见，而欲诿其过于后来受代之人乎？不然，则入城之事，无待再计而决，何难即日举行，而必待至两年之后耶。或谓粤省通商二百余年，各国远人，皆在十三行居住，城外既无间华夷，则入城又何分畛域。不知省会之地，民居稠密，良莠不齐，往往倚主陵客，遇事兴波。……民情

习俗，均非上海、福建之可比，此贵国人所共知也。今贵使胶执前约，而不深思远虑者，不过欲以贵国体面，夸耀于人，以为入城则荣，不入城则辱耳。不知无端而招众怨，举足而蹈危机，是慕虚名而贾实祸，求荣反辱，智者必有所不为也。或又谓不许贵公使入城者，乃素不安分之徒，借以蛊惑众心，赖官绅有以弹压而开导之，抑知民情之真伪，非可徒托空言也。即如贵国所与交易之匹头棉花等行户，皆安分营生之良民，彼以巨万之血本而谋利，若歇一日之业，即亏一日之资，何以一闻入城之议，遽停贸易，不约而同，谁使之然耶？今城厢内外，家家团勇，户户出丁，合计不下十余万人，而且按铺捐赀，储备经费，合计不下数十万金。……此皆民惟一心、众怒难犯之明证，固非官吏所能强而齐之，又岂刑法所能禁而止之也。乃外洋纷纷传说，有谓贵使如不能入城，必将兴兵构怨，以图一逞，此尤不可信。何者？……今为此小节，轻动干戈，若只以现在香港二三千之众，而抗全城数百万之人，则众寡不敌；若遽调各港之兵，且科众商之饷，则因小失大，愚者亦不屑为。……万一酿成焚烧洋楼之事，殃及各国远人，玉石不分，咎将谁诿？黄竹歧、赤柱之事，其前车也。原状前段有黄竹歧杀毙夷人六命之事。若以为他处滋扰，可以挟制广东，俾罢入城之禁，不知省会之区，众流所汇，设有缓急，彼此相援，此

英国人在广州

又同仇敌忾之可信者。……总之，作事贵循天理，尤贵顺人心。……且贵国来粤通商，……全靠地利人和，方能获利，近年生意冷淡，亦由民遭兵燹，财穷力竭使然，亟宜培养元气，充裕财源。贵使为国干城，各国航海而来，无不同深仰望，正当图远大之计，为外洋各商兴利于无穷，更不宜以此无益有损之举，而蕲蕲于荣辱计也。若能体察民情，相安无事，则我粤贤士大夫，必将敬礼有加，即乡曲愚民，亦必颂扬无已，荣莫大焉，固远胜于入城万万矣。……我等绅士，世居省城，因见停贸易者不乐其业，谋捍卫者不安其居，民情汹汹，势将激变，于贵国既为不利，于粤民亦不聊生，两败俱伤，隐忧殊切，特将实在情形，明白布告。贵使如翻然省悟，中止不行，我等绅士，必当开诚布公，劝谕各行户，照旧贸易，务使中外商民，共敦和好。……若仍固执己见，不听良言，必将专恃威力，妄启衅端，是不顾礼义，不讲情理，则非我等绅士所敢知者耳。（夏燮《中西纪事》卷十三《粤民义师》）

乙、广州之陷落

壬寅道光二十二年。抚事之局，法、弥美。皆不与，后卒援英人例，同在五口通商，而俄罗斯亦以二十八年附英、弥船舶来粤。……咸丰六年……九月，英人称兵犯粤，其起衅起于来粤之划艇。……是月初十日，有自外洋来粤之划艇，张英国旗帜，泊于粤河，粤之水师武弁，见舟中所载皆华民，将治以通番之罪，遂执舟子十二人，械系入省。船主英人。以许领事巴夏里，……巴乃照会粤督，以武弁应移取，不应擅执，且明舟子无罪，请释之。时叶相国名琛，任两广总督，不许，又因在粤之包公使以请，许之。英有水师提督某者，闻其事，欲起衅端，相国遣送舟子于领事廨中，而领事以事关水师，弗受也。二十六日，西水师兴兵，攻我黄埔炮台，相国遣知府蒋某，……诘其起衅之由，……答曰……当入城而议之，盖水师领事意不在舟子，欲借面议为入城地也。……二十九日，英人兴师攻粤城，粤人率团练入保，不克，英人复请释甲入见，相国不许。……十月，洋之水师，移兵攻我虎门、横档等处炮台，越日，又毁我大角头炮台，及亚西娘二炮台。维时沿河炮台，皆有官兵义勇协力防守，凡英师经其侧，即开炮击之，英之师船，亦放炮，相持遂无虚日。十七日，有花旗船

只，自澳门来，经沿河炮台，兵勇不辨，误击其货船二，花之领事致书粤督，不省，遂与弥人有隙。十一月，英师进攻近城炮台，克之。是月中旬，英行之在粤者凡六，同时毁于火，民火之也。英人之在粤者，不胜其愤，驰告本国主，……于是简其二等伯爵额罗金至粤，由粤入都，一面调派火轮兵船，分泊澳门、香港，以俟进止。又遣人告法兰西，约以连兵合从，法人听命。额罗金入粤，和议不成，而粤民反唇，大吏充耳。……七年冬十二月，洋艘在粤，……纠合法兰西、弥利坚、俄罗斯三国之人，合从称兵，适法国兵船已先赴约来粤，遂与英师合攻粤省，陷焉。（夏燮《中西纪事》卷一二《四国合纵》）

叶名琛……素性沉毅刚强，待外人不好挑衅，亦少恩抚，每遇诸国照会，或略复数语，或竟不答。……九月，水师营千总梁国定在划艇上获逃匪十三名，……英人滋不悦，照会总督，……索还所获。叶相即令将审明未认案之五人，先行送回，告以其余七人实是真匪，乃该酋不受，坚索并还，叶相亦如其请。……该酋仍不受，并不启阅照会，谓须梁国定亲往伊船，由彼讯明定案，……叶相置之不理，犯仍收回。二十三日，通事来，述该酋言，谓以明日午刻为限，如逾期不允所请，即进兵攻城，叶相亦置之。二十五日，……敌船驶入，将猎德及中流沙各炮台兵丁驱散，枪毙二名。……二十六日，炮声大震，轰击河南凤凰冈炮台，……二十七日，……踞海珠炮台。……十月初一日，……入新城，……七年十月十三日，……连珠炮声，如千万爆竹接续不断，……敌炮五六处齐发，一面轰击督署，一面驱兵由东边上岸直扑。……十四日，……城破，……二十一日，敌人分数队……寻觅，初至将军署，强将军同至抚署，柏抚宪贵。出与相见，即挟令同往观音山……叶相家。有劝令他避者，叶相坚不肯避，转瞬敌人复至，拥之而去。……九年，……劳崇光调补广东巡抚，……

叶名琛像

六月十二日，抵省接印视事，外人甚悦服，于是文武官弁绅商士庶始陆续旋省，人烟辐辏，货币翔集，不似从前之萧条矣。……同治元年九月，和议成，洋人乃退出省垣，英国留一领事官踞将军署，法国留一领事官踞藩署，以为办公之所。（华廷杰《触藩始末》）

（六）英法联军

英陷广州，联俄、美、法诸国，致书清廷议和，以进迫天津相挟，遂率舰陷大沽。京师戒严，派桂良、花沙纳赴津，与定和约，许外人赴内地游历传教，增开牛庄、登州、台湾、潮州、琼州五口通商，外船得驶内河，案件由英官自理。

咸丰八年戊午1858年。正月……己卯，……谕军机大臣等：穆克德纳等奏，续陈夷务情形各折片，此次英夷显背成约，称兵犯顺，陷我省会，劫我大臣，以情理而论，即当绝其贸易，调兵剿办，方足伸天讨而快人心。……今据奏称，该夷欲俟议定章程，方肯退出省城。……日内传闻，该夷欲于河南地方建立夷馆，又欲于海口抽厘，柏贵等均欲应允。朕意柏贵久在粤东，熟悉夷情，未必如此迁就，……岂因叶名琛在彼，故存投鼠忌器之心耶？叶名琛辱国殃民，生不如死，况已革职，有何顾忌？……前英夷欲入省城，因粤民公愤禁止，柏贵岂不知之。今省城失守，而粤民并不纠众援救，谅亦叶名琛刚愎自用，以致人心涣散。今柏贵等既不能抽身出城，带兵决战，尚不思激励绅团，助威致讨，自取坐困，……其畏葸无能，殊出意外。此次该

英法联军进攻大沽炮台

夷背约，夺我省城，并非中国先行开衅，倘粤东绅民，激于义愤，集团讨罪，柏贵等毋许禁止。……至该夷欲来天津，自有办法，毋庸过虑。（《清文宗实录》卷二四三）

咸丰八年戊午1858年。三月……庚辰，署直隶总督谭廷襄奏：探闻俄船抵入天津海口。得旨：已有旨令汝赴津矣，惟现调京兵二千，不日亦可抵津，统率无人，著全数归汝调遣，俟国瑞等抵营，将此朱批，谕伊等知悉。（《清文宗实录》卷二四七）

咸丰八年1858年。春，英、法、弥、俄四国在粤，各遣其属官一员，前至江苏，投递书信，即求江苏制、抚，转寄都中相臣。寻准照覆，令其分别前往粤东及黑龙江，听候钦使查办。……时四国人等，已至沪中，而英公使额罗金，及水师提督，并法郎西兵船，先后踵至，阻之不可，遂驶驾火轮兵船，由海道往窥天津。三月，四国舟泊海口，遣人前赴大沽港口投书，照会直隶总督谭廷襄，请转达都中相臣。直督据以奏闻，奉旨命户部侍郎宗伦，内阁学士兼礼部侍郎乌尔棍泰，驰驿赴天津，与直隶总督谭廷襄，商办洋务。……制使以方议款，弗之禁，亦不设备。……夏四月，弥、俄讲款船泊口内，英、法不俟命，遂于初八日，二国同驾小火轮船及杉板数十号，闯入大沽口内，官兵开炮，相持不克。前路炮台陷，守台之游击以下死者八人，……守后路之炮台，猝闻前军失利，兵勇骤溃，所有京营炮位，全行遗失，亦相继陷焉。……奉旨授托明阿为直隶提督，寻颁给钦差大臣关防，著僧王格林沁驰驿督兵赴天津，京师戒严。……英人挟兵要抚，既踞炮台，旋欲修好，而花、俄二国居其间，仍以款议请。当宗、乌二侍郎之至津也，英人谓其非相臣，不足以当全权之任，……奉上谕：著派大学士桂良、吏部尚书花沙纳等，驰驿赴天津查办事件。……直隶总督已行文照会花、俄二国使臣，同至天津商办一切。是月二十六日，西使至津，与桂相、花尚书相见，定抚议。桂相罢兵议抚之奏至，并呈送天津新议五十六款，上谓税则事宜，必须亲历海口，相度地宜，爰降旨饬令洋艘起碇回上海，一面派遣钦使驰驿至江苏，商定税则事宜。六月初六日，奉上谕，著派桂良、花沙纳、基溥、明善，携带钦差大臣关防，驰驿前往江苏，会同何桂清妥议通商税则事宜。……时四国闻抚事已成，于五月二十五日自天津海口起碇

去矣。秋八月二十六日，钦差大学士桂良、吏部尚书花沙纳等，抵江苏之上海，时何桂清任两江总督，亦至焉，……法、弥、俄三国使臣，及英之参赞领事人等，皆先后来沪。……税则更定之大略，已具天津新议各款中，此但载明出口、进口之货，及洋药一款，不在此额，亦不准十年一修改。约凡十条，四国所定大略相同，名曰通商税则善后条约。额罗金至沪，遂于十月日，钦差大臣与该四国使臣，彼此画押，由该使臣赍回守候国书。前至天津呈请换约，桂相等据以奏闻，奉旨依议。（夏燮《中西纪事》卷一四《大沽前后之役》）

甲、换约之波折

咸丰九年，各国遣使赴津换约，清以大沽设防，使由北塘入，英人诺之。既而突入大沽，禁之不可，遂开炮，沉其舟数艘，直隶提督史荣椿亦殉焉。

咸丰帝朝服像

咸丰九年夏，各国人等驶赴天津换约，寻桂相沪中原议，告以天津大沽港口现在设防，令四国换约之舟，改由北塘海口行走，各洋人唯唯。是时四国分帮入都，英舟先抵天津，俄罗斯继之，突背前约，闯入大沽口。直隶总督恒福闻之，遣员持约前往，趣令改道，不省。五月二十四日，英人驾舟驶至滩心，将截港之铁锁用炮炸裂。时僧邸已饬官兵严防，俟其进口击之。越日，有小火轮、杉板等共十三艘，皆竖红旗挑战，遂将港口铁枪拉倒十余架，逼近炮台，开炮轰击。我军亦放炮相持，沉毁其船只数号，余亦被炮击损，不能行走，逃出拦江沙外者一艘而已。英人见舟师失利，复以步队接战，经官军轰毙数百名，……直隶提督及大沽协副将亦受伤阵亡。……适弥利坚之舟后至，恪遵沪约，改道行走，呈递国书，由天津总督具奏，上亦优答之。（夏燮《中西纪事》卷一四《大沽前后之役》）

咸丰九年己未1859年。五月……辛卯，

……谕军机大臣等：僧格林沁等奏，夷船陆续驶进海口，遵旨晓谕情形。……此次该夷等为换约而来，虽陆续驶进海口，经派员晓谕后，尚未闻进铁戗，……惟当加意严防，不值与之用武，致令借口挑衅。……僧格林沁等，当告以桂良等回京消息，令移泊北塘口外，静待经手人到，互换和约。如坚执不听，著妥为开导，专令伊国换约之官员，由北塘到津静候，并著恒福、文煜，与其约明，不准随带多人，执持军械，惊扰人民，方合和好之意。……所有该国提督，及带来兵船，均不可登岸，彼此均可信心。……僧格林沁仍饬弁兵，严守大沽海口，勿遽开枪炮，以顾大局。……丙申，谕内阁：僧格林沁等奏，查明接仗各情形一折，英夷船只，不遵理谕，闯入内河，于本月二十五日，先行开炮，官军亦开炮回击，该夷船只受伤，仍未肯退出，并以步队搦战，经官军击毙数百名，生擒二名，余俱逃窜回船。入内河者共十三只，惟一船逃出拦江沙外，余悉被炮击伤，不能驾驶。该夷兵头赫姓，亦被炮伤腿，不能转动。英人狂妄无理，经此次痛加惩创，自应知中国兵威，未容干犯。该将弁等协力齐心，大获胜仗，实属异常奋勇，所有在事出力将弁兵勇，著僧格林沁即行查明保奏。……予直隶天津阵亡提督史荣椿、副将龙汝元、都司奇车布、护军校塔克慎、千总王世歊、把总张文炳，祭葬世职。（《清文宗实录》卷二八四）

乙、北京之陷落

翌年，英法联军来犯，由北塘登岸，炮台陷，提督乐善中炮死。清命桂良赴津议和，不成。联军陷津，入通州，败僧格林沁、瑞麟、胜保诸军，文宗遂自圆明园奔热河，恭王留守，英人焚圆明园、畅春园及三山。既而在礼部定约，以邻俄馆，可备缓急也。约中增口岸及赔款，割九龙南端于英。

咸丰十年1860年。六月，英、法、俄、美四国兵百余艘复来犯，知大沽防御严固，别于北塘登岸，我军失利，敌以马步万人，分扑新河、军粮城，进陷唐儿沽。僧格林沁力扼大沽两岸，文宗手谕曰："天下根本在京师，当迅守津郡，万不可寄身命于炮台。若不念大局，只了一身之计，有负朕心。"盖知其忠愤，虑以身殉也。寻于右岸迎战失利，炮台被陷，提督乐善死之，僧格林沁退守通州。……迭命大臣议和，不就。敌兵日进，迎击，获英人巴夏礼送京师，战于通州八

里桥,败绩,瑞麟又败于安定门外,联军遂入京。文宗先幸热河,圆明园被毁,诏褫僧格林沁爵职,仍留钦差大臣。(《清史稿·列传》一九一《僧格林沁传》)

咸丰十年庚申夏六月,英吉利、法兰西连兵由海道至天津,修上年换约之怨也。方上年洋人之败于天津也,泛洋回粤东,招募潮勇数千人,……是月,英、法二国以火轮兵船再泊天津海口。时上方命僧王严防大沽口,凡南北岸炮台,皆设重兵守之。……二十六日,洋舟……闯入大沽口内,旋分兵自北塘后路袭我。……洋兵自北塘进,官兵拒战,不利,全营陷焉。于是洋人进占新河,二十八日,进占唐儿沽。时王督师守大沽之北炮台,上闻津事日棘,爰命大学士瑞麟,调带京兵一万,前赴通州,相为犄角。七月五日,洋兵自后路袭我大沽之北岸炮台,提督乐善拒战,不克,中炮死。时僧邸坚守南炮台未动,寻奉旨,饬令退守通州。于是郑亲王端华、宗室尚书肃顺等,奏请罢兵议抚,并请召回僧邸,以戢洋兵,……王不得已退师,次于距通州廿里之张家湾。天津不守,洋兵长驱而入,初七日,陷焉。初,上命侍郎文俊、前粤海关监督恒祺,入津议抚,洋人以其官卑,不足当全权之任,弗见也。寻奉旨,改命大学士桂良往。是月十五日,桂相抵津,行文照会该洋商定和约,英之全权公使曰额罗金,其参赞之官曰巴夏里,以书照覆,请增军费,准在天津通商,并请各国公使酌

英法联军在天津大沽口登陆

带散洋人数十人入京换约。……桂相据以奏闻，上大怒，严旨拒绝，一面仍饬僧邸、瑞相，坚守通州，以防内犯，于是京师戒严。

二十一、二等日，英、法闻和议不就，遂自津门派兵北上，扰及河西务，畿辅大震。……八月初一日，夷兵自河西务，径薄张家湾，遂逼通州。时上命怡亲王载垣，续赴通州议款，桂相及军机大臣穆荫，皆在焉。英酋额罗金，既得照会，乃遣其参赞巴夏里，督带散夷数十人，入城议和。初二日，怡王等与巴夏里相见，曲意开导，巴请仍循天津原议，并须邀法国使臣同来会商。初三日，怡邸宴英、法使臣于通州之东岳庙，……酒数巡，巴夏里攘袂而起，曰："今日之约，须面见大皇帝，以昭诚信，……且宾主之礼不可无，以肃观瞻，请以军容入。"穆荫问人数几何，答曰："每国须二千人。"……穆以告王，王见其语不逊，姑答以此事须请旨定夺，未敢专许也。巴艴然，久之，语恒祺曰："我倦矣。"……恒不得已，为之设榻，……黎明，有驰告王者，曰："夷人有异志，难将作矣。"……王亟遣恒祺侦视额罗金，则衷甲将袭我。王知事已决裂，密知会僧邸，设法拾巴夏里，解送京师，……兵端自此起矣。……密谕胜保等，谓据怡亲王载垣奏称，逆夷猖獗，……朕意与之决战，该副都统即日简练精兵，带赴通州以西驻扎。……英、法兵已入通州，僧、瑞二军拒战，失利……于八里桥，……夷人枪炮……中胜保而颠。……

时僧、瑞二军，退守齐化门。上在圆明园，闻寇薄都城，……遂定北狩之计，初八日寅、卯间，乘舆启跸，六宫及诸王从焉，于是郑亲王端华，宗室尚书肃顺，军机大臣穆荫、匡源、杜翰，皆奉传旨扈跸。时夷人侦知翠华在外，径率番兵潮勇，绕城三匝，禁城内外隔绝凡半日，不知上之所之，京师大震。有间，始奉到巡幸滦阳之旨，人心稍定。寻奉朱谕：著恭亲王奕䜣留守，仍督僧、瑞二军驻师海淀。越日，又颁给全权大臣官衔，从洋志也，于是抚议复起。……是时恭王、桂相皆驻城外，城中无主，英人声言攻城，又索巴夏里甚急，恒祺请释之，以平洋人怒。……二十日，洋人声言攻海淀，僧邸自朝阳门移师北守，恭王、桂相皆在园中。……二日，洋兵自朝阳门移师过德胜门，北攻海淀，禁兵不战而溃，僧、瑞二军亦溃焉。……巴既出，洋人益无顾忌。时海淀民房先后被焚，火光烛天，巴怒未已，请

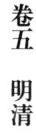

毁御园官殿，洋兵湘勇纵掠园中，回师驻安定门外。上驻跸滦阳，留京之王大臣等合词奏请，饬恭王入城速定抚议。王既奉钦差全权大臣之命，洋官照会趣之入城。……英人既入，巴夏里首定条约，除八年五十六款照行外，续增九条；法人之约，除八年四十二条照行外，续增十条，大意在加索赂款，多占马头，及天津通商、京师寄住之事。王不能难，许其奏请圣裁，俟奉到批回，即行订期换约，洋人唯唯听从。……十一日，与英人交换和约，恭王率大学士贾桢、周祖培，尚书赵光、陈孚恩，侍郎潘曾莹、宋晋等，各带护卫入城，……宴洋官于礼部大堂，……礼成，换约而去。十二日，王大臣等与法人换约法，使噶啰随带通事散众入城，……宴于礼部大堂，礼成，换约如英官相见之仪。和议既成，英、法使臣请将前后条约颁行各省大吏，按照办理，王据以奏闻，奉上谕：恭亲王奕䜣等奏互换和约一折，本月十一、二等日，业经恭亲王将八年所定和约，及本年续约，与英、法两国互约，所有和约内所定条款，均著逐款允准，行诸久远。从此永息干戈，共敦和好，彼此相安以信，各无猜疑。其约内应行各事宜，即著通行各省督抚大吏一体按照办理。钦此。（夏燮《中西纪事》卷一五《庚申换约之役》）

辛丑、庚申两次和约，中国丧失权利极多，而东北对俄界约，失地

《天津条约》签字仪式

亦不少。

咸丰五年，1855年。俄帝尼哥拉斯一世，始命木喇福岳福等来画界。先是木喇福岳福，……以为欲开西伯利亚富源，必利用黑龙江航路，欲得黑龙江航路，则江口及附近海岸，必使为俄领，……俄帝遂遣海军中将尼伯尔斯克，为贝加尔号舰长，使视察堪察加、鄂霍次克海，兼黑龙江探险之任，与木喇福岳福乘船入黑龙江，由松花江下驶，即请在松花江会议。八月开议，以三款要求，既指地图语我，谓格尔毕齐河起，至兴安岭阳面各河止，俱属俄界，而请将黑龙江、松花江左岸，及海口，分给俄，又以防备英、法为辞，且登岸设炮，逼迁屯户。迭由奕山、景淳与之争议，迄不能决。……七年，1857年。……英法联军与中国开衅，俄人乘英国请求，遣布恬廷为公使，来议国境，……中国拒之。……寻遣使告黑龙江将军奕山，在爱珲议界。奕山遂迎木喇福岳福至爱珲会议，木喇福岳福要求，以黑龙江为两国国境，提出条件。明年1858年。四月，遂定爱珲条约，先划分中俄东

八国联军进入北京城

卷五 明清

界，将黑龙江、松花江左岸，由额尔古讷河至松花江海口，为俄界，右岸顺江流至乌苏里河，为中国界，由乌苏里河至海之地，有接连两国界者，两国共管之。于是绘图作记，以满、汉、俄三体字刊立界碑。(《清史稿·邦交志》一)

咸丰九年，1859年。俄遣伊格那提业福为驻北京公使。十年1860年。秋中国与英法再开战，联军陷北京，……命恭亲王议和，伊格那提业福出任调停，恭亲王乃与英、法订北京和约。伊格那提业福要中政府，将两国共管之乌苏里河以东至海之地域，让与俄，以为报。十月，与订北京续约，其重要者，一，两国沿乌苏里河、松阿察河、兴凯湖、白琳河、湖布图河、珲春河、图门江为界，以东为俄领，以西为中国领。(《清史稿·邦交志》一)

九　太平天国

(一) 军事

甲、金田起义

鸦片战争后，国人愤于屈辱，亟思雪耻，太平军即因之而起。洪秀全、冯云山与杨秀清、萧朝贵、韦昌辉、石达开等，结上帝会，道光三十年六月，遂起兵于广西桂平金田村，客民、矿丁及三元里曾抗英者，多从之。清先后命林则徐、李星沅赴粤督兵，相继病殁。咸丰元年闰八月，太平军遂破永安，建国号为太平天国，洪秀全封杨、萧、冯、韦、石等为东、西、南、北、翼五王，以下授丞相、军师等职有差，自称天王。时清命赛尚阿率军至，相持数月，所部乌兰泰战死，太平军势益盛。

我主天王，……十二、三岁，经史经文，无不博览，……所到结交，以诚以信，坐立行止肃然，以身正大人，戒尽烟花酒癖等事。……癸卯、甲辰、戊申、己酉等年，与南王往返粤西数次，俱有树立。至庚戌年，因来人温姓富豪欺人，与土人争斗，……而拜上帝之人，俱不准其帮助，只令凡拜上帝者团聚一处，同食同穿，有不遵者

即依例逐出。故该抢食贼匪,被官兵逐散一股,即来投一股,惟恐天王不准,故严守天条规律,不敢秋毫有犯。天王劳心,即将博白、贵县、象州、金田、花州如来扶主等队,俱立首领,编以军帅、师帅、旅帅以下等爵,男女有别,虽夫妇不许相见,故所至无不胜捷。且有东、西、南、北、翼五王为谋猷,有李开芳、李开明、林凤祥、罗大纲、陈承瑢、秦日光等为统兵之将,一时风云会合,非人力所能为也。(《洪仁玕自述》)

1899

洪秀全像

……天王是广东花县人氏,花县上到广西浔州、桂平、武宣、象州、藤县、陆川、博白,俱星罗数千里。天王常在深山内藏密,教世人敬拜上帝,……是以一传十,十传百,百传千,千传万,……从者俱是农夫之家,寒苦之家,积多结成聚众。东王杨秀清,住在桂平县平隘山,在家种山烧炭为业,并不知机,自拜上帝之后,件件可悉。……天王顶而信用,一国之事,概交与他,军令严整,赏罚分明。西王萧朝贵,是武宣县卢陆峝人氏,在家种田、种山为业,天王妹子嫁其为妻,故亦重用,勇敢刚强,冲锋第一。南王冯云山,在家读书,其人才干明白,……谋立创国者出南王之谋,做事者皆南王也。北王韦昌辉,桂平金田人氏,此人在家出入衙门办事,是监生出身,见机灵变之急才足有。翼王石达开,亦是桂平县白沙人氏,家富读书,文武备足。天官丞相秦日昌,亦是桂平白沙人氏,在家与人做工,并无才情,忠勇信义可有,故天王重信。起事教人拜上帝者,皆六人劝化。……(《李秀成自述》)

自教人拜上帝之时,数年未见动静,自道光二十七、八年上下,广西贼盗四起,扰乱城镇,各居户多有团练,团练与拜上帝之人两有分别,……各自争气,各自逞强,因而逼起。……道光三十年六月,金田、花洲、陆川、博白、白沙,同日起义。……起义之时,天王在花洲山人村胡以晄家内密藏,并无一人得悉。那时东王、北王、翼王、天官丞相,俱在金田,……东王发人马来花洲,接天王到金田会

卷五 明清

集矣。……天王到金田之后，移营上武宣，……自武宣移营上象州，……屯扎数月，当被清朝之兵四围，后偷由山小路而出隘关，……到思旺思回，……由八筒水而到大旺墟，分水旱向永安州，……打破永安，即在和池屯扎数月。(《李秀成自述》)

洪贼之父名觐扬，母曰李四妹，本花县光禄铺农也，有兄某、嫂某。觐扬以贼幼黠多诈，使读书，应小试不售，年二十五矣。岁丁酉，道光十七年。忽病痃，梦人教以习天主教，粤东濒海，外蕃之所会也，故习闻天主教，遂以行教名，而连州冯云山，亦教之著名者，因连来会，结为死党，同授徒，敛财自肥。会官禁甚严，而二人行迹诡秘，为查拿所首及，遂偕其徒，遁至藤县，依其中表黄某。黄家故贫，冯不能居，乃之紫荆山。……适冯贼自紫荆来探，因邀同游澳门，……受业于米利坚人罗姓者，始得见《创世》传、《出麦西国》传及《七克》等书，……官制皆仿周礼，而奔走、疏附、御侮、先后四官，又及于《诗》，大抵所学者《诗》及《周礼》二经也。习见优人礼仪冠服，故仿之以为古，至其蓄发一事，乃凡逆匪所同也。林清及川楚教匪亦多蓄发也。二贼既归，乡人不之齿，洪乃决计西行，而苦无资。有商某不知其匪徒也，怜之，使附船尾以达藤县，遂益煽徒众。有某庙者，香火甚盛，洪率其徒，当众毁其神，人稍稍畏之，谓

金田起义遗址

中华二千年史

神亦敛避。象州有九仙庙，云乃某某之神，故有母尚存，……洪作诗责神，谓其不孝，而毁其庙，人益畏之，以洪为神人矣。此上乃洪贼自叙曰《新诏书》。故贼所至，必焚庙宇以示威。六贼中，洪、冯广东人，杨贼亦嘉应州人，韦贼、萧贼、石贼皆广西人。洪、冯、杨、韦、石不以武名，惟萧……善战，其羽党秦日纲、胡春、罗大纲、刘满等，皆在粤西为盗。盖其省遍地皆盗，未起事时，行者一箱纳钱二百，贼授以伪示，乃能行，否则十步之内，有流血溅衣之患矣。（汪悔翁《乙丙日记》卷二）

　　道光二十有二年，……上帝教匪洪秀全，以英夷要抚后，益窥营务废弛，阴以兵法部勒教众，倚杨秀清为统辖。……二十有三年，广西浔、梧间，盗会诸匪益肆，各属团练守御。……洪秀全等，蓄谋观衅，独不欲早发，其党颇众，一时与团练并称，曰团党教党，而有司若无闻也。……二十有七年，……杨秀清谋袭桂林，……事泄，……巡抚郑祖琛，不欲究叛，惧穷治激变，饬以盗具狱。……三十年……五月，……广西匪股肆扰各府之最著者，庆远则有张家福、钟亚春，柳州则有陈亚溃、陈东恋、山猪羊，武宣则有刘官方、梁亚九，象州则有区振徂，浔州则有谢江殿，其他南宁、思恩、太平等匪党亦众，其党分广马、土马大股数千，小股数百。……六月，……洪秀全等，会于桂平金田村，起叛，杨秀清总号令，称其众曰圣兵，武宣、象州、藤县、博白、陆川等处党目，同时蜂起。（李滨《中兴别记》卷一）

乙、天京之奠定

　　咸丰二年，太平军佯攻桂林，四月，破全州，乘胜入湖南，冯云山中炮卒于蓑衣渡。五月，自道州、桂阳州、郴州，径趋长沙，萧朝贵中炮卒，太平军遂渡湘，克益阳，泛洞庭，入岳州，获清攻吴三桂时所遗军械，军容益壮。十二月，进克汉阳、武昌，加入两湖哥老会，众至三十余万。清命两江总督陆建瀛防堵江、皖，河南巡抚琦善扼河南，向荣尾追，并授为钦差大臣。三年正月，太平军自武昌顺流东下，破黄、蕲，取九江，入安庆，进围江宁，破仪凤门而入，陆建瀛死，遂以江宁为天京。

　　打破永安，即在和池屯扎数月，后赛中堂乌、向大军四方围困，……后由姑苏冲一条小路而过昭平。姑苏冲是清朝寿春兵把守，经罗大纲……打破，方得小路出关，……移过仙回，被乌帅大军追赶，杀死天朝官兵男女二千余人。……次日，齐心与乌军死战，得杀死乌军四五千，乌帅被伤，在六塘墟身故。……自杀胜之后，东王传令，……由小路过牛角瑶山，出马岭，上六塘高田，围困桂林。一月有余，攻打未下，退兵由象鼻山渡河，由兴安县到全州。攻破全州之后，南王在全州阵亡，计议即下道州，打永明，破江华县，招得湖南道州、江华、永明之众，足有二万之数。……后移师到郴州，入郴州亦招二三万众，茶陵州亦得数千。……西王萧朝贵，带李开芳、林凤祥等来打长沙。……西王在长沙南门外中炮身死后，李开芳具禀回郴，天王同东王移营而来长沙，实力攻打，数十日未成功。……计及移营，欲由益阳县，靠洞庭湖边而到常德，欲取湖南为家。到益阳，忽抢得民舟数千，后而改作顺流而下，过临资口而出洞庭。到岳州，分水旱而下湖北，破岳州，得吴三桂之器械，搬运下舟，直下湖北，一攻破汉阳，得汉口，困武昌，……攻打二十余日而破武昌，后而未守，直到阳逻，破黄州，取蕲水、蕲州、九江，破安省。……克复安庆未守，赶下江南，将南京四面围困，七日破仪凤门，开导破城而进，……移天王驾入南京，后改为天京。（《李秀成自述》）

咸丰二年四月，贼自全州窜入楚界，攻湖南永州府，不克。……湖南绥靖镇总兵和春，统领向营兵进剿，……二十五日，贼窜道州，陷之。……六月初八日，贼窜江华县，十三日，又窜永明县，皆陷

南京天王府花园

之,……贼自道州窜出,……入桂阳州之嘉禾县,陷之,七月初一日,陷桂阳,初三日,陷郴州。……于是一月之间,连陷蓝山、安仁、攸县、醴陵等处,遂由醴陵小路,绕越衡州,直扑省城。时则郴州、永兴之贼,牵制官军,踞而不退,燎原之势,不可扑灭,自此始也。……贼已于七月二十八日抵城下。……时署楚抚者为骆秉章,上饬新任张亮基,由常德驰赴省垣,又饬赛相赛尚阿。自衡赴长沙,会同夹击,……而和春、常禄等,仍在郴州、永兴,分路围攻,……候补府江忠源,亦追贼抵省。……九月初二日,官军会剿南门外之贼,大败之。……十月,……贼两次穴地攻长,不克,遂……偷渡西岸,……于是宁乡、益阳、湘阴等县,以次被陷。……十一月,……窜入岳州府,……贼已由岳州,掳洞庭湖船只,水陆东下,则烽火及于楚北矣。……贼陷蒲圻县,……陷汉阳府,……遂连陷汉口镇。时沿江大小舟舰,悉为贼有,……比船为桥,东攻武昌。时向提军已先饬常禄、王锦绣督兵驰抵省城,上……以向荣……迅统带大兵,驰赴武昌,解省城之围,又命两江总督陆建瀛,署河南巡抚琦善,分南北两路,会合楚兵,集三省兵力以攻之,旋授为钦差大臣。……鄂抚闻贼至,倡守城之议,悉撤城外各营,登埤誓守,又仓卒烧毁城外民房,不及先期晓示,谤怨沸腾。贼乃以难民为向导,悉侦知城内要害,遂谋穴地攻城,……十二月初四日,陷之。……贼踞武昌,分股陷下游之黄州府,时向帅已奉钦差大臣之命。逾年,贼悉众东下,遂乘机收复武昌及汉阳、黄州等府。(《粤氛纪事》卷二《两楚被兵》)

三年春正月初一日,逆匪窜出武昌,挟舟师而下,向帅督兵兼程冒雨追之,不及,初十日,遂陷江西之九江府。……琦相按兵于河南之信阳,……借词逗留,陆制使……自江宁溯流西上,是月初四抵浔,……中营兵五百,闻贼势已近,不战而溃,……制使仓皇无计,……另觅轻舟,顺流而下。……十三日,贼由湖口过彭泽县,……遂陷之,次日,扬帆过小姑山,……十七日,贼以舟师陷安庆,……二十二日,贼陷池州府,……二十四日,贼陷太平府属之芜湖县。……舟至采石,遂分水陆两路,其陆路径由采石、慈湖至江宁镇,先期抵南门城下,水师后至,则南畿之祸作矣。(《粤氛纪事》卷三《浔皖失援》)

三年正月二十八日,陆路之贼,悉抵南门城下。……初,两江总

天王府宝座

督陆建瀛，自九江退回，过安庆、芜湖，皆不守，惟东梁山安置防兵千余，沿途稍稍部署，遂于十九日抵省城，一城皆惊。……二月，……时官兵筹集堵御，以贼船皆集水西门，而陆路之营，分布于南门外雨花冈上，于是防兵皆自西南一带，步步为营，不意贼之自东北冲虚而入也。初十日之夕，……贼已轰陷东门，自其缺处，梯而入，复有奸匪在内接应，于是蜂拥而进，由官兵之腹背冲击，势遂不支，将军提督等，力战败绩，遂闭驻防之内城。十一日，驻防城陷。（《粤氛纪事》卷四《长江挺险》）

咸丰三年二月，清向荣率军踵至，屯孝陵卫，号江南大营。自是至六年五月大营之溃，凡三年余，阻太平军不能东下取苏、常。

咸丰三年二月，……向帅自安庆……取道营于句容之淳化镇。……二十九日，自淳化镇移营，进趋孝陵卫，谋夺钟山也。是月中旬，贼分布船只，自浦口渡江，径窥仪征、瓜洲，直抵维扬，其南岸之贼，自下关观音门，直泊镇江，遂于二十二日，陷镇江府。二月十三日，陷扬州府。……三月，向帅督师进袭通济门外之贼营，败之，贼闻大兵将至，增高城堞，外筑土城，深沟高垒，以图负隅。……十一日，进袭七桥瓮之贼营，破之，官兵遂移营进扎，据其要地。……十三日，……将钟山及明陵享殿之贼营，夺而踞之，于是东路之防，

日就稳固，即苏浙之饷道亦通，……自小丹阳以北，皆在迤东一路，恃大营为之捍蔽。(《粤氛纪事》卷四《长江挺险》)

　　向帅同张国梁带有满兵数千、汉兵二三万之众，自孝陵卫扎至朱洪武坟这边，东南扎至七瓮桥为止。……那时镇江亦困，……天朝镇江守将吴如孝，那时我尚是地官副丞相，合同冬官丞相陈玉成、春官丞相涂镇兴、夏官副丞相陈仕章、夏又正丞相周胜坤等，下救镇江，……进镇江汤头，与张国梁连战十余日，胜负未分。……当与各丞相等计议，派丞相陈玉成……冲由水面而下镇江，……陈玉成舍死直冲到镇江。当与吴如孝计及，抽军由内打出，我带兵由外打入。……是夜，亲挑精锐之兵三千，我亲带由汤头岔河而过。……天明，……内外之兵和作一气，……次日开兵，吉、张兵败，失去清营十六座，是日当即扯兵而下镇江。……是夜调齐舟只，由金山连夜渡过瓜洲。次早黎明，亲领人马，同陈玉成、涂镇兴、陈仕章、吴如孝，力攻土桥，破入士桥清军马营，……红桥以及卜著湾、三岔河清营尽破，大小清营一百廿余座，……闻风而逃。当即顺破扬州，……由金山渡江而回，过到金山，……当即领兵攻打高资，是日破清营七个，……吉帅由九华山带兵来救，当被天朝官兵逼吉帅入高资山中，……吉帅……自行打死。清兵见主帅自死，各军自乱，……知其营中无主帅，当即移营赶下九华山，……吉帅之营七八十座，……不战自走。……张国梁由六合赶至，此时救之不及，张国梁兵屯丹徒镇，然后将我得胜师前往丹徒，与张国梁见仗，……镇江守将吴如孝，带领人马千余，前来助战。……张军大败，次早行营回京，……东王下令，要我将孝陵卫向帅营寨攻破，方准入城。……次日，……由燕子矶、姚坊门扎寨四营。……次日，张国梁已由丹徒返回孝陵卫，是早，引军与我迎战，张军败阵，……我等移营重困尧化门清营。次日，张国梁复领马步前来，翼王亦带曾锦兼、张瑞谋等，引军助战，清军满兵马军先败，次即向、张所领汉军亦败也，……被我四面追赶，当即攻破孝陵卫满汉营寨廿余个，……是夜向、张自退。……后东王传令，……我与陈玉成、涂镇兴、陈仕章等，领兵追由句容而去。……斯时向、张至丹阳六七日矣，已将丹阳四面坚屯营寨之后，那时我与四丞相领兵方到丹阳，离西门廿五里下寨，……在丹阳南门外大会一战，两不

高下。此向帅困在丹阳，又失去孝陵卫大营，官兵失散，又被逼丹阳，是以向帅自缢而死。(《李秀成自述》)

丙、北伐之失败

天京既定，首议北伐。咸丰三年四月，太平军遣副丞相林凤祥、李开芳率军出扬州，经凤阳，克归德，围开封五日，西行由汜水渡河，围怀庆府。六月，清以讷尔经额为钦差大臣赴援，太平军释怀庆围，入晋，回师入冀，连克名城，进拔深州。清廷大震，遣僧格林沁扼其前，胜保率锐师踵其后。太平军势孤，东走，瞰天津，战不利，退屯独流、杨柳青。四年，又南保阜城，间道请援于天京，秀全遣兵赴救，不达而败。三月，北伐军粮尽，夺围走。凤祥据连镇，僧格林沁围之；开芳据高唐州，胜保围之。五年正月，连镇陷，凤祥死，开芳突围至冯官屯，僧格林沁引运河灌之，亦陷，北伐军遂全遭覆没。

癸丑二月，天兵到南京，由仪凤门攻入，不半月而平定。……后乃发兵扫北，虽所到以威勇取胜，究系孤军深入，数月之间，北京日夜戒严，各有准备，覆没忠勇兵将不少，……幸东王律法森严，兵势迭有兴屈，难以远征。(《洪仁玕自述》)

南京仪凤门

即都金陵，欲图河北，罗大纲曰："欲图北，必先定河南，大驾驻河南，军乃渡河。……否则先定南九省，无内顾忧，然后三路出师，一出湘楚，一出汉中，疾趋咸阳，以徐扬席卷山左，再出山右，会猎燕都。若悬军深入，犯险无后援，必败之道也。……杨秀清方专政，不纳，遣伪丞相林凤祥、李开芳、罗大纲、曾立昌率众东下。秀全诏曰："师行间道，疾趋燕都，无贪攻城夺地，糜时日。"大纲语人曰："天下未定，乃欲安居此都，其能久乎，吾属无噍类矣。"
（《清史稿·列传》二六二《洪秀全传》）

咸丰三年四月初八日，金陵之贼，分遣林凤祥、李开芳、吉文元等，渡江攻六合，不克，旋攻浦口，……乘势进陷滁州，破临淮，……攻凤阳府，……遂陷焉，……贼遂连陷颖州府属之颖上、霍邱等县，五月，……进攻亳州，又陷之。时皖北之宿州、蒙城、亳州、寿州等处，捻匪四起，洪逆已预遣人纠约，……贼已自亳州、太和等处，沿途裹胁，遂窜入河南界，……陷河南之归德府，……沿堤窜入宁陵，陷之，……陷睢州。……十二月，贼窜河南开封府，初营于汴梁城外，……贼不得逞，遂于十七日夜解围走，沿河堤西窜，……过朱仙镇，……由汜水县渡河，陷温县，扰及武陟，……西走怀庆。……六月初三日，贼围怀庆府，……上……乃授讷相为钦差大臣，又饬胜帅赴豫中，解怀庆之围。……贼屡攻地道不克，凡围两月，遂萌窥晋之志。……七月，贼窜垣曲，……旋陷绛县、曲沃县，……北扑平阳，……又连陷洪洞县，……贼……自山西之黎县城，复图东窜。……八月，贼扰河南之涉县、武安，遂北窜直隶境，……顺德府、……临洺关，……贼由山路入关，陷之，……二十八日，陷沙河，……二十九日，陷任丘，……三十日，分股连陷隆平、柏乡二县，……九月初二日，陷赵州。……贼自入直境以来，所过州，县皆旋陷旋退，直至入深州，始踞之，盖侦知大兵之在后也。初四日，贼陷栾城县，……初六日，窜晋州，……初七日，贼扑深州，……遂踞之。胜帅之追贼于北路也，贼以因粮宿饱，倍道疾趋，过而不留，故追者皆尾其后，深州之役，贼以其城固，谋休息士卒，以养其锐。守之数日，胜帅之兵，直逼城下，该逆坚闭不出。……二十日之夜，贼……开城东南窜，遂连陷献县、交河县，……二十五日，窜沧州。

1908

……初，贼过深州，畿辅戒严，上饬僧王僧格林沁。派兵扼其北窜之路，贼度前堵后追，……遂由沧州沿堤东走，径窥天津。……二十七日，贼分股，一窜静海，一入天津，静海至则陷之，遂踞其城。时天津盐政文谦，……令谢子澄，方团练乡勇，……奋勇歼贼……贼败退。……退踞静海，值胜帅之师至，遂谋攻城，……而贼之天津者，已逸入于杨青驮矣。……胜帅自静海移兵，攻杨柳青，……贼不能守，乃全股逸入于静海、独流两处。十月十一日，官兵攻独流，……四年正月初九日，贼自静海、独流，全股逸出，过舒城，……遂由河间……南窜，踞阜城县。维时……楚、粤相从之老贼，叠经斩馘，亦丧其十之四五，于是遣奸谋求援于江宁。（《粤氛纪事》卷五《北路奏牍》）

贼之再举也，则虹桥得胜之黄才生实主之。时皖庐新旧两省，皆为贼有，……黄才生等，仍自皖北取道，……攻六安州，陷之。……自六安陷蒙城县，胁土人为向导，由僻路潜绕至河南界。二月初五日，陷归德府之夏邑县，复由小路东行，……陷江苏之丰县，遂入山东界，……窜入金乡县，陷之，……陷巨野县、……郓城、……阳谷、……莘县。……三月初一日，……进陷冠县，……初二日，……遂抵临清州，……十六日，城陷。……贼踞一空城，无所得，……谋宵遁，……胜帅乃乘其回窜之不可复振者，移兵南下，沿途追剿。

太平天国与清军作战图

……黄才生薙发扮作乞民，逃至观城县之孔家集，被官差盘诘，擒送大营，其余悍贼，或攒死于乱军中，或自缢于乡僻处，……然卒无一人逸入于北。（《粤氛纪事》卷五《北路奏肤》）

方林凤祥、李开芳之困于阜城也，自以援贼且旦夕至，……一意死守待之。……上……饬胜帅兼程赴援，僧王专办北寇。……贼待援不至，城中粮且尽，……四月初三日，夺围而出，……南陷连镇，大兵之追者至，则贼已树栅起濠堑矣。连镇有东西二集，……林凤祥踞之，李开芳……陷高唐州，……于是僧王专剿连镇，胜帅专剿高唐。……胜帅遂以师久无功，奉严旨切责。……五年正月，僧王克复东西连镇，毁其木城，直捣贼巢，党与歼焉，……得林逆于隧道中，生擒之，遂解京，磔于市。……上乃命得胜兵，进攻高唐。时贼已被官军围困半年，势益穷蹙，及闻连镇不守，高唐之饷道亦竭，……遂于二月初二日，走险突出，……窜至距高唐州四十五里之冯官屯，官兵追至，则已树栅掘濠，踞其屯内坚固之房屋。……僧邸之攻冯官屯也，……非火攻所能入，乃引运河之水以灌之。……追屯中水日深，火药尽湿，……官兵沿墙轰击，危如累卵。……李逆见事急，……四月十六日，李逆遣贼呈递降书，王令先缴军器，贼皆听命，李逆率其伪职黄懿瑞、谢金生等八十余人……出降。官军张左右翼待之，悉数擒获，除逆首八人解京分别凌迟、枭斩外，余皆在军营正法。穷搜余党，无一名漏网者。红旗报捷，奉诏班师。（《粤氛纪事》卷五《北路奏肤》）

咸丰四年二月，南贼遣伪夏官正丞相黄生才，伪夏官又正丞相曾立昌，伪夏官副丞相陈世保，伪冬官副丞相许宗扬，伪将军黄益芸，伪军长朱希崐等，率十五军，纠皖营溃勇李三闹等众为前道，由凤、怀、舒、桐、蒙、亳，陷河南永夏，北趋江南，焚掠萧、砀、丰境。（《山东军兴纪略》卷一）

丁、上游之攻取

咸丰四年，太平军回军西上，胡以晄取庐州，覆江忠源军，孙寅三克太平，赖汉英克黄州，遂克武昌，刘丽川亦据上海以应之。是时清遣曾国藩率湘军援鄂，会胡林翼攻取武汉，以为筹兵筹饷之根据地，分窥赣、皖，步步进逼。赖太平军苦战坚守，数年间成相持之局，其间太平军唯一进展，则为江南大营之崩溃，既解天京之围，且得进规东南。

咸丰三年……四月，……杨秀清遣伪豫王胡以晄等回窜安庆，伪丞相赖汉英等回窜江西。(李滨《中兴别记》卷七)

咸丰三年五月，江宁寇分党掠江西，围省城，别遣寇党沂江陷安庆，……九月，湖北防江军溃于田家镇。(《湘军志》一)

五年正月……己巳，杨霈军退汉口，于是安徽、九江沿边寇尽上，分三道，东陷黄梅、广济，追杨霈至汉口，中道自小池口沿江，陷黄、蕲，复分党从富池渡江，西陷兴国、通城、崇阳、咸宁、通山，……率遣数百人，或千人所至胁众。……霈走保德安，湖北巡抚陶恩培，……不议守备，城中兵才二千人，征兵半途闻警，皆溃去。(《湘军志》二)

寇兴四年，而湖北军五溃。杨霈之败也，实未见寇，乱民一呼，而万众瓦解，省城初才二千兵，……见黄旗则争缒城走，……寇至城下，用缒城绳引而上。城中唯巡抚陶恩培、署按察使武昌知府多山，……恩培先赴水死，多山然城上大炮，……不发，……发愤自到死。(《湘军志》三)

咸丰五年三月乙丑，诏胡林翼署湖北巡抚。……当是时，江汉上下两岸寇充斥，巡抚号令不出三十里，屯金口倚水师自保，增募二千六百人，合王国才等军号六千，而国才屯沌口，皆恃荆、湘饷给军，军无见粮，寇亦易之不攻也。……四月，……诏夺杨霈官，以荆州将军官文为总督。……八月，……林翼……奏调罗泽南军，令更增二千人，还攻武汉。……泽南建议曰："武汉者东南之枢纽，形势百倍于浔阳，今两城久为贼踞，而崇、通群盗出没江西、湖南，缘边驿骚。欲制九江之命，必由武汉而下，欲解武昌之围，必由崇、通而入。"乃率所部及塔齐布时已死、部将彭三元等，道义宁取通城。……九月乙丑，复通城，甲戌，复崇阳。林翼闻援军深入，躬往迎道。……十月癸卯，林翼自嘉鱼来劳师，合泽南七营军共十三营，西攻蒲圻，……辛亥，…蒲圻复。十一月，……庚午，咸宁复，……乙酉，泽南五营进屯洪山，林翼将四营屯省城南五里墩。……六年七月，官

胡林翼书法

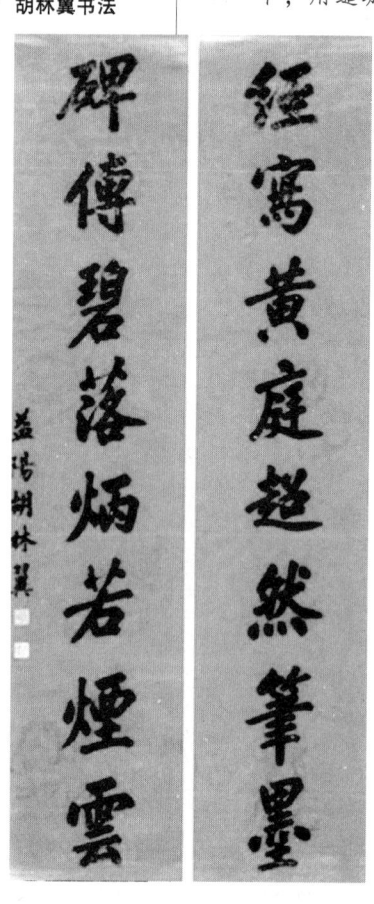

经写黄庭超然笔墨
碑传碧落炳若烟云

益阳胡林翼

文遣舒兴阿、舒保等,将马队四百人渡江援,寇既上,于青山、鲁港间增十三垒,相持十六日,水陆合击,破之,马队追奔,至葛店,寇慑于马,乃大奔。自是水陆马步相辅,军势日盛。十月,……湖北湘军锋锐甚,乃益募陆军五千,水师十营,增长围,困武昌。十一月丙子,寇开城遁走,其日,汉阳寇亦东走。丁丑,李续宾等分三道追寇武昌县,水师马队追寇黄州,江夏乡民亦争起要寇。戊寅,复武昌,己卯,复黄州,庚辰,复兴国,水师复蕲州,民兵复蕲水。十二月乙酉,复广济。(《湘军志》三)

曾国藩字涤生。……咸丰……二年,署吏部左侍郎,……六月,……丁母忧回籍。……十一月,上特命国藩会同湖南巡抚张亮基,办理本省团练,……令驰赴湖北剿贼,……乃驻衡州,造战舰,练水军。……四年……四月,……国藩已遣守备杨载福、知县彭玉麟,与塔齐布合击贼于湘潭,大破之,……贼退踞岳州。七月,国藩攻克之,毁其舟,……九月,复武昌、汉阳。……时贼以田家镇为巢穴,蕲州为声援,自州至镇,四十余里,沿岸筑土城,设炮位,对江轰击,横铁锁江上,以阻舟师,南岸半壁山、富池口,均大股悍贼驻守,舟楫往来如织。国藩计欲破田家镇,当先夺南岸。十月,宁绍台道罗泽南,大破贼半壁山,克之。国藩部署诸将,分战船四队,……熔液锁断,……贼……率舟遁,四队驶而下追,……陆军自半壁山呼而下,悉平田家镇、富池口营垒,蕲州贼遁,……遂与塔齐布复广济、黄梅。……上游江面肃清,进围九江。……五年,……贼窜武昌,……国藩战舰战失利,……乃以其余,遣署湖南按察使李孟群、知府彭玉麟,及湖北布政使胡林翼所带陆军,回援武汉。(《清史列传》卷四五《曾国藩传》)

胡林翼字润之,……咸丰……五年,……署理武昌巡抚。……

曾国藩像

卷五 明清

时武、汉、黄、德四郡皆为贼踞,后路崇阳、通城多伏莽,公私赤立,兵饷皆绌。林翼……兼顾南北两路,凡数十战,时有克捷,亦屡濒于危。七月,攻克汉口镇,夺大别山贼卡,未几,援贼由汉川至,焚汉口、崇、通,……武昌城贼扑金口,……寻退参山,饷绝兵溃。……林翼……收集溃兵,驻新堤、嘉鱼,水陆合万人,……贼至常数万,军中夺气。……奏调罗泽南由江西来援,连克通城、崇阳,……合破援贼韦俊、石达开于咸宁,复其城。乘胜进攻武昌,自率所部……军由中路,罗泽南当西路,杨岳斌以水师会金口,总督官文亦令都兴阿率骑兵驻北。林翼和辑诸将军,势日振,屡战皆捷。六年,……诏以武汉久不克,督战急。……五月,贼于武昌城外豹子澥等处增垒掘濠,林翼抽调诸军击之,……谍知九江贼古隆贤来援,已至樊口,先遣党数千至葛店,令蒋益澧率精锐迎击,大破贼,焚其舟。追至樊口,杨载福水师亦至,合击,……攻克武昌县城,遂渡江攻黄州,而石达开……复纠众上犯。……七月,……林翼督水陆师分御,连战于油坊岭、鲁家港、姚家岭,……旬日内二十余捷,……追奔百余里,至华容,贼悉遁。……十一月,咨会官文,克期大举,杨岳斌断拦江铁锁,焚贼船尽贼,倾城出扑,鏖战三时,大败,……遂复武昌,……官文亦克汉阳,……遂分兵收复武昌县、黄州府,及兴国、大冶、蕲水、蕲州、黄梅。……自驻武昌,筹全局,上书……略曰:"……自古用武之地,荆、襄为南北关键,武、汉为荆、襄咽喉,……四年之中,武昌三陷,汉阳四陷。……今于武、汉设重镇,则水陆东征之师恃为根本,军火米粮委输不绝,伤痍疾病休养得所,平吴之策必先保鄂明矣。保鄂必先固汉阳,湖北之失在汉阳无备。……请于武汉设陆师八千,水师二千,日夜训练,……更番迭代,则士气常新,军行必利。"……七年春,……陈玉成由皖北上犯,……林翼赴黄州督师,贼众十万,环踞巴河东,……林翼令……扼河而守,潜师出回龙山,遏山上窜,调李续宜率湘勇驰至,督诸军合击,……贼大败遁走,都兴阿、李续宾亦连破贼于黄梅、宿松,楚北肃清。(《清史稿·列传》一九三《胡林翼传》)

咸丰五年,贼据江宁、镇江、安庆、庐江、太平、池州、九江、武昌、黄州、汉阳、德安而已,其冬十一月,又取袁州、瑞州、吉

安、临江，六年春，取抚州、建昌、南康、宁国、扬州、和州，凡二十一府州。五月十五日，闻抚州长毛以四百文一日募乡勇，赴之者四万人。又闻镇江长毛破吉尔杭阿四营，吉死之，之诚按：此六年四月事。而宁国油榨沟之战，乡民助长毛围官兵，故官兵赴水死者一二千，蔡某及张国梁之侄死之，皆我健将也。我兵日以少，贼日以多。闻河南捻匪亦通长毛，愿假其威名以逞己之欲，受其伪号以为前驱，官兵居民闻其已为长毛，则如鸟兽散。（汪悔翁《乙丙日记》卷三）

　　咸丰三年秋八月，粤匪刘丽川据邑城叛，邑令袁祖惠遇害。……小刀会多广东潮嘉人，……或名天地，或名上帝，……当时各党未合，犹未悉贼首为刘丽川也。……贼于初五日夜半，率众数千人，呼啸入道署，……吴健章知事不可为，退欲觅死不得，为夷商拥去，而副贼潘金珠即于是日杀袁令。……贼闭城门，驰按民，……伪示称大明太平天国，印曰顺天洪英义兴公司，刘为首，陈阿林、林阿福以下十九人，俱有元帅将军之号，冠服取给神庙及优部，余裹红巾。贼扑太仓，官民击走之。……城中拆民舍，掘窖金。……九月，粮勇获贼伪帅李绍卿于董家渡。……七月，官军掘隧攻城不克，镇宪青中伤卒，……十一月，佛兰西商导官军入城不克，……佛商誓灭贼，征兵于国，发千余人，驾火轮船入吴淞口，炮声震天。我军进逼城下，于

吴淞炮台遗址

是六门皆以兵拒，筑长围以困之，城中人相食。……十二月，官军执谍于陆家趾，……贼贿奸弁为外应，聚议于陆家趾之桂花厅，约于元旦倒戈叛应。先劫佛兰西商，直扑苏郡，会夷场铺中红布骤销，咸为兵勇所售，知有变，于是侦得确耗，遂袭执之，尽获贼谍及叛卒二十余人，送大营讯供枭示。刘丽川知外应已泄，势不能支，乃弃城走，余众悉溃。……贼分道水陆窜，约于吴淞口同入海，而刘贼为官军追急，趋虹桥镇，市民乘之，贼勒众死格几脱，既而中枪仆。……五年元旦，大军入城。（黄本铨《枭林小史》）

我于今日，1853年9月25日。往访刘丽川于文庙，……彼此寒暄毕，……刘氏云：已送了两封公文往南京，与太平王通款曲，其一由陆路，其一由水路递送，彼正等候复音，并盼望南京派大员前来，与其布置上海各事。如其希望成功，彼将能令城中中西居民人人欢喜，比自本月七日占城后所做任何的事更为满意的了。（罗孝全著、简又文译《小刀会首领刘丽川访问记》）

戊、石达开之西走

咸丰六年，太平军不幸发生内讧。时杨秀清专政，韦昌辉忌而杀之，后欲杀石达开，达开出走，秀全复杀昌辉，召回达开，而使洪仁发、洪仁达预政。达开疑惧，率师出走，自咸丰七年至同治元年，由江西、浙江入闽，复转江西，历湖南、广西，再由两湖入四川，经贵州、云南，以达川边。达开行军，专抄山僻小径，出没纵横无定，以四川富厚，欲取之以为远图。二年三月，欲自大渡河以袭成都，土人引入间道，不得渡，骆秉章凭河要击，达开粮尽，遂至被擒。达开始终抗清，不背太平天国，然与天京隔绝，太平军势力分为两部，及其亡也，终为太平军一大损失。

东王令严，军民畏，自己威风张扬，不知自忌，一朝之大，是首一人。韦昌辉与石达开、秦日昌，是大齐一心，在家计议起首共事之人，后东王威逼太过，此三人积怨于心，口顺而心怒。北、翼二人同心，一怒于东，后被北王将东王杀害。原是北王与翼王二人密议，独杀东王一人。因东王天王实信，权太重，要逼天王封其万岁，那时权柄皆在东王一人手上，不得不封，逼天王亲到东王府封，其万岁。北、翼两王不服，君臣不别，东欲专尊，后与翼计杀东王，……杀其兄弟三人，除此以外，俱不得多杀。后北王杀东王之后，尽将东统下

亲戚属员文武大小男妇尽行杀净，是以翼王怒之。翼王在湖北洪山营中，同曾锦兼、张瑞谋赶回，计及免杀之事，不意北王顿起他心，又要将翼王杀害。后翼王得悉此事，吊城由小南门而出，走上安省，计议报仇，此时北王将翼王全家杀了。……北王在朝，不分青白，乱杀文武大小男女，势逼太重，各众内外并合朝同心，将北王杀之，人心乃定。后将北王首级解至宁国，翼王亲看，果是不差。后翼王回京，合朝同举翼王提理政务，众人欢悦。主有不乐之心，专用安、福两王。安王即是王长兄洪仁发，福王即王次兄洪仁达，……朝中之人甚不欢悦。此人又无才情，又无算计，一味古执，认实天情，与我天王一般之意见不差，挟制翼王。是以翼王与安、福二人结怨，被忌挟制出京，今而远征，未肯回者，因此之由也。（《李秀成自述》）

石达开像

杨秀清平日性情高傲，韦昌辉屡受其辱。七年，达开领众在湖北，闻有内乱之信，韦昌辉请洪秀全诛杨秀清，洪秀全不许，转加杨秀清伪号，韦昌辉不服，便将杨秀清杀死。达开返回金陵，要与他们排解，洪秀全心疑要杀韦昌辉，达开见事机不好，走到安徽，妻室儿女留在金陵，均被韦昌辉所杀。达开复由安徽回金陵，洪秀全即将韦昌辉杀了，有谋害达开之意，旋即逃出金陵。（《石达开自述》）

七年，从安徽至江西、浙江、福建。……九年，到湖南桂阳、祁阳等县，……是年，回广西，走桂林、庆远。至宾州，因伙众三江、两湖人多，各有思归之念，……将大队散回，……想要隐居山林。因到处悬赏严拿，无地藏身，十一年，复聚数万人，出广西，由湖南会同、泸溪、龙山至湖北来凤。达开久想占踞四川省，同治元年，由利川入川，到石砫、涪州，有二十多万人，后来沿途裹胁，人数更多。头队唐姓、杨姓，攻破长宁，不能深入，绕道贵州遵义、云南昭通，想从横江过河，令头队由屏山县入，令李复猷扎云南副官村，又令赖

卷五 明清

剥皮分股绕入宁远府,使官兵不能兼顾,约在米粮坝交界地方,与中旗会齐先进。达开因横江败后,率众绕至米粮坝,知前队与赖剥皮已由宁远大路前进,李复猷自副官村败退后,欲由贵州边界绕入川境,达开即率众渡金沙江,经宁远,恐大路有官兵拦阻,改走西边小路,只要抢过大渡河,即可安心前进。不料走至紫打地土司地方,探看上下河岸,皆有官兵,河水忽长,那些夷人三面时来抢掳,造船扎筏抢渡几次,均被北岸官兵击沉,伤了一万多人,后来食尽,死亡无数。达开……想救众人,俱令弃械投诚,达开率领黄再忠等三人,并儿子石定忠,过河到唐总兵营内。(《石达开自述》)

壬戌同治元年。春间,纷传发逆石达开,有率兵犯蜀之举。初,达开……只身潜出,……拥众……屡犯江西、安徽,绕窜浙江、福建、广东边境,攻名城,戕大吏,有众数十万。围攻湖南宝庆,经大兵合剿,败遁广西,……突由两湖直趋川境,……及败入滇、黔,仍由宁远绕道内窜。……其党李复猷、赖裕兴大股,窜陷湖北来凤县城,后分窜酉阳州界,经团练击退,随陷湖北利川县城。……派总兵唐友耕、暂革知府唐炯,率所部赴重庆一带陆路堵剿,并调副将朱桂秋率……水师炮船,驶往堵截江面。石逆前锋,果由利川入,……不得渡,遂沿南岸上窜涪州,……直扑州城,……横窜南川,趋贵州桐

忠王府戏台

梓，取道攻綦江。……逆见筹备周密，乃绕边狂窜，所有叙、永、兴文、江安、长宁、高珙、庆符、筠连一带，均被骚动。径由叙南来犯，……锐意渡金沙江，……我军又已先期至，……逆不得志，乃窜入滇，其伪宰李复猷一股，败窜入黔，中旗赖裕兴一股，败入会理州。中旗最剽悍，即由会理州纠合烟帮游匪三四万众，癸亥同治二年。正月，……出窜宁远，……至大渡河，复为我军所扼，……旁窜天全，……由大邑、崇庆窜温江县，至崇宁各县，逼近省垣，……兼程冲去，窜往三台丰谷井。……提督周达武一军，截之于梓潼，追之于江油、平武等处，贼遂趋入汉中，不能回顾。……三月二十五日，……石逆果拥众三四万，……犯大渡河，……见大路有备，遂由小路，径奔土千户王应元所辖之紫打地而营，拟夜由松林小河偷渡。忽夜雨倾盆，大渡河水骤涨数丈，不能徒涉，逆众……急造木筏，……拼命抢渡。……我军墙排河岸，……俟其半渡，以枪炮连环轰击，沉毙悍贼筏人净尽，贼于是折求王千户，以重金假道。王千户叱贼力战，……宁越营都司庆吉，督夷扼险，绝贼马鞍山粮道，……贼巢粮尽。……副将谢国泰，……督率土兵，……从马鞍山后压下，……而汉夷兵练，四面夹击，……贼众坠崖落水，……以万余计，石逆仅率余党七八千人，奔至老鸦漩，又为夷兵所阻，辎重尽失。……公密授意于诸将弁，……设法生擒……杨应刚等，……遂立投诚免死大旗于洗马姑。二十七日，石逆果携一子，及伪宰辅曾仕和，伪中丞黄再忠，伪恩丞相韦普成，并余党二千人，至洗马姑，低首乞降。……诸将将石达开父子及曾仕和等五犯，羁縻在营，……余党拨开，登时尽数杀戮，……首逆解省。……五月十日，……将达开等极刑处死。

(余鸿观《蜀燹述略》卷一《骆文忠公传》)

己、东南之战局

江南大营既溃，向荣病殁，清以和春继之，仍率军进扎金陵城外。咸丰八年，太平军复分兵四出，攻安徽，取庐州，败清军于三河、六合。十年，李秀成破杭州，和春遣张玉良赴援，秀成乘虚回军奋击，陈玉成应之，玉良不及归，大营遂再溃，张国梁溺水死，和春自杀。天京围解，秀成乘胜取苏、常、松、嘉以裕饷，遂入杭州，玉成亦屡克皖、鄂名城，太平军复盛。

1918

自六解京围之后，……天王严诏下颁，令我领本部人马去取常、苏，限我一月肃清回奏。……三日，队到丹阳，张国梁兵屯丹邑，……在丹阳大南门迎战，张军大败死者万人，张帅死在丹邑南门河下。……得丹阳之后，顺下常州。……有苏州发来之众，并遇张玉良由杭郡回来之军，概屯常郡，大小四十余营。……两家会战，张军又败，其营尽破，金陵和、张大营已失，……连攻数日，常郡自降。……张玉良军屯无锡，……我军下到无锡，……两阵交锋，连战一日一夜，……张军水旱大败，收克无锡城池。……那时，和春自江南大营失利败军之后，……下苏州，舟往浒墅关，听见副帅张国梁战死丹邑，和春……自缢而亡。我克无锡之次日，行营而下苏郡，……有李文炳、何信义、周五等献城来降。……张玉良见兵势如此，带本部人马，……自行败退数百里，……我即引兵入城，收其部众五六万人。
（《李秀成自述》）

咸丰十年三月，……江南大营军溃，四月，苏州陷。（《湘军志》五）

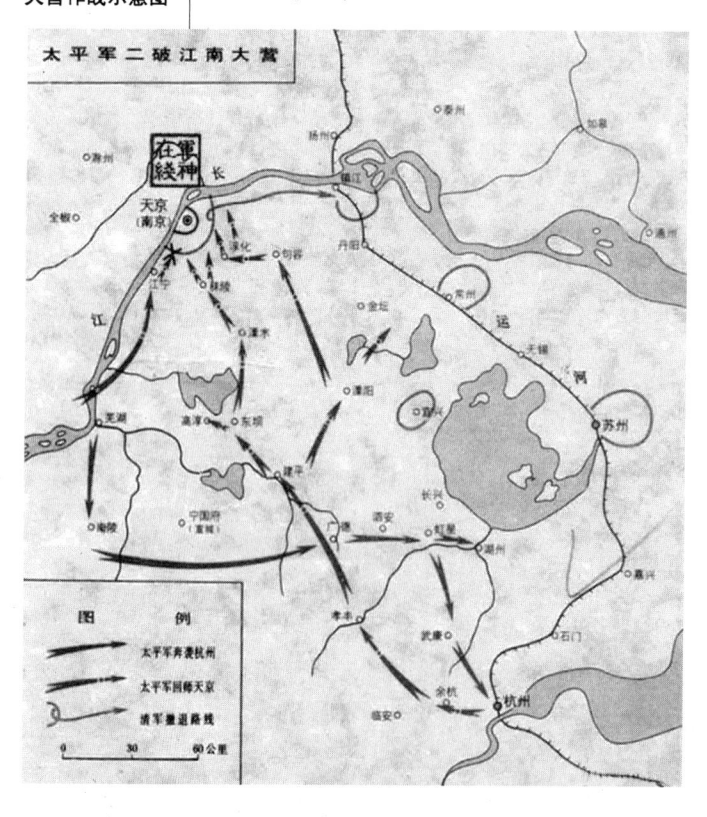

太平军二破江南大营作战示意图

自湖北回来，……顺下浙江，当即分队，李世贤攻打金华、汤溪等处。严州各城攻破之后，又议分兵，……派李世贤打温、台、处州、宁波等处，我派兵去破绍兴各县，军到处所，俱是自降献城。……先将浙江外之府县分军据净，……浙省自孤，……外府县概行收复，又未有救兵，四门被我坚困。外救独有张玉良一军，由潮门水道而来。……我军……见张玉良兵到，出兵拦扎，绝断杭城，内外不通，内外夹战未下，城内无粮，……

军民之心甚乱。……我先破大城，破入大城四日，尚未攻其满城，专候诏下赦，一面与瑞将军和议云，愿放其全军回家，渠总未信，我奏准天王，御诏降下，准赦满人，渠亦不信，开枪打死我兵千百余人。然后攻其内城，各男女投水死者有之，被获者有之。后瑞将军及都统之死，当即差员在河下寻其尸首，用棺木埋之。（《李秀成自述》）

自寇踞江宁，江南大营恒为浙轻重，倾浙财赋供饷，岁银几百万，湘军乏于资，则羡觊之，然浙江故无事于湘军，湘帅、浙抚每不相能。咸丰十年，罗遵殿自湖北来抚浙，寇犯安吉、长兴，始征湘军将萧翰庆等，未至，省城陷。驻防将军瑞昌保子城，江南军赴救者自外乘之，寇弃城走，顷之大营溃散，苏、常破。援浙将张玉良自以新有功于浙，收溃军屯杭、嘉间。巡抚王有龄，综核善理财，……初至杭州，则奏止湘军。……十一年，杭州被围，穆宗新立，锐意定天下，诏国藩兼制浙江。……时……杭州城独张玉良屯外，未敢战，寇稍逼之，玉良中飞炮死。……诏左宗棠代有龄，命下城陷，有龄死之。（《湘军志》七）

同治元年，清以曾国藩总督江、浙四省军事，国藩分遣李鸿章图苏，多隆阿图皖，左宗棠图浙，而使曾国荃进规金陵。四月，多隆阿下庐州，陈玉成走寿州，乞援于苗沛霖，沛霖诱执之，遂被害。玉成骁勇多智略，既死，楚、皖太平军遂不振。李秀成攻上海，李鸿章购英、法洋枪队御之，火器猛烈，秀成终不得入上海。自是苏、常诸役，清皆以洋枪队先驱，太平军始困。

曾九帅又困安省，英王陈玉成解救不能，又调黄文金回来助救皖省。……英王之军在省，被九帅之深濠高垒困之，……内守将叶芸莱、张朝爵心有惧意，英王心惊，……选吴定彩带部军千余人入省，助叶、张守省。英王同刘玱林计保集贤关，……被曾中堂发鲍超一军前来，……将营寨扎好，又作长濠，每日攻打，营中又无火药炮子粮米，……后被鲍军攻破，刘玱林、李四福俱是阵死，全军俱没。……省城边菱湖，又被九帅挖塘堤，放炮船而入拦隔，偷信难通。那时英王陈玉成、辅王杨辅清、堵王黄文金在外，九帅兵隔于内，城内无粮，后被九帅攻破，叶芸莱逼死于内，张朝爵坐舟逃生，吴定彩全军俱没。……英王……见省失守，扯兵由石牌而上，……转到庐城。尔

言我语，各又一心，英王见势如此，主又严责，革其职权，心繁意乱，……坐守庐城。……后多帅发兵来困，……遂失庐郡，逃至寿春，被苗沛霖反心捉获，送解清营而亡。(《李秀成自述》)

洋鬼领薛抚台之银，来攻青浦，该县守将……周文嘉告急，不得已，六月中旬，由省带领人马，先救青浦。……洋鬼出兵迎战，……自辰至午，鬼军大败，杀死鬼兵六七百人，得其洋枪二千余条，得其大炮十余条，得洋庄一百余口，得其舟只数百余条。当解青浦之困，顺流破得松江，直引兵去攻上海。斯时有上海夷人来引外，又有汉兵内通，故往也。军到周家汇，隔上海十八里屯扎，离上海九里处所，扎有清朝营寨四个，那时我部将蔡元隆、郐永宽提队，……与清将会战，他见军到，弃营不守。正当用力进兵，上海内又谨备恭迎接我，忽然明天暗雨，……大风大雨，……立脚不住，后未进兵，洋鬼及清兵恭迎，未见我到。薛抚台是夜悉知有通情，复即加银和于洋鬼，请得一二千鬼子守此城，清军通我未成，这班人马概被抚台杀之。……后嘉兴告急到来，不得已，移军由松江、浦邑而回。(《李秀成自述》)

咸丰十年六月十二日，传闻贼垂涎上海久，而不敢即往者，一畏夷鬼子，一畏刘妖。刘妖者，上海刘邑尊郐膏也，……深得民心，防堵尤密，故贼畏之。申刻接城中信，知夷兵已调齐，由前苏州府吴带往青浦合剿。……七月初二日，闻贼众由泗泾抢掠，赴七宝去。初三

洋枪队

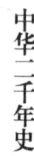

日，闻贼在七宝打仗，民团人少，不能支；贼至徐家汇一带杀掠，然上海防堵严密，可无虑。初四、五两日，闻贼为刘邑尊击败，焚烧城外市房，惟不敢至城北洋泾浜。……初七日，闻伪忠王李秀成在上海，经夷炮击伤，踉跄而退。（铁梅《小沧桑记》上）

我十二年在省，住有四月之久，……巡抚李鸿章到上海接薛巡抚之任，招集洋鬼，与我交兵。李巡抚有上海正关，税重钱多，故招鬼兵与我交战，其发兵来破我嘉定、青浦，逼我太仓、昆山等县，告急前来。此正是十二年四、五月之间，……调选精锐万人，亲领前去。此鬼兵攻城，其力甚足，……其炮尤利害，百发百中，打坏我之城池，洋枪炮连响，一踊而入，是以我救不及。……失此二城，嘉定、青浦。该鬼兵即到太仓攻打，外有清军助战。……那时外有清兵万余众，鬼兵三四千人，清兵自松江、泗泾、青浦、嘉定、宝山、上海，连营一百余座城，城俱有鬼兵把守，我到太仓，……两边立阵迎战，自辰至午，胜负未分，两家受伤千余士卒。次早，……开兵大战，自辰至巳，力破鬼阵，当斩数百，追其下水死者千余，当破清营三十余座，得其大炮洋枪不计其数，……困其嘉定城中之鬼。……上海来救之鬼，是由广东调来之鬼，……由南翔而来，当即迎战，……连战三日，……两家伤二三千人。当即飞调听王陈炳文带万余众到，……一战鬼兵大败，又斩千余，……被我追杀大半，克复定城，派官把守。……又将青浦鬼兵困稳，外又有松江洋鬼再调来救浦县，用火舟而来，我早架火炮等他，……第一炮正中其舟，其火舟烧起，其救莫由，浦城鬼兵自行退去，自惊下水而亡数百余。……收得青浦之后，顺攻泗泾之营十余个，下到松江以及太仓大小营寨一百三十余营，概行攻破，松江城外之营，亦已攻开，独松江一城，是鬼子所守。次日又有上海来救之鬼子，用舟装洋药、洋炮十余条而来，经我兵出队迎战，鬼败我胜，将其火药洋炮洋枪为我所有，……将松江困紧。正当成功之时，……天王差官到松江追我，……将兵退回，……回京，……即饬我进兵北行。……后雨花台又失，……天王差官召我回京。……那时我在苏州与洋鬼开仗，连战数日，胜负未分，然后亲引军由阊门到马塘桥，欲由外制，暂保省城，将兵屯扎马塘桥。……苏州守将慕王谭绍光是我手下爱将，……内有纳王郜永宽、康王汪安钧、宁

太平军与英军
作战图

王周文嘉、天将张大洲、汪花班，这班反臣不义，……与慕王谭绍光……结怨至今，后果变心，将慕王杀死，投与李抚台，献城未及三日，被李抚台杀害。……今年常州亦被李抚台打开，杀死合城官兵，常州破后，丹阳亦退。（《李秀成自述》）

　　李鸿章，字少荃。……咸丰……三年，……练乡勇，……十一年，……厘定营制饷章，悉法湘军，是为淮军之始。同治元年，……曾国藩乃奏饬鸿章移师上海，超署江苏巡抚。初，苏松太道吴煦，榷江海关税，时以重资啖英、法诸酋，借其兵力为助，又令美国人华尔，募洋兵数千，益以中国应募者，名常胜军，……鸿章至，悉隶焉。……七月，诸军会拔青浦，伪慕王谭绍洸，自苏州纠众十数万，……分扰法华镇以西，且及上海，鸿章飞调……各军……夹击，贼败走嘉定。九月，进攻嘉定，克之，谭绍洸乃纠苏杭贼，大股来犯，……鸿章檄所部，……身自督战，……贼……复大溃，……于是松沪解严。……先是华尔援浙，战殁慈溪，代以其副白齐文，十一月，奉调赴江宁，渐怀异志，闭松江城索饷。鸿章与英提督议约十六条，黜白齐文，捕治之，易以英将戈登，裁定三千人，减其他费，束以纪律，常胜军始复为用。……常熟守贼骆国忠、董正勤，举城降，福山诸海口皆下。

中华二千年史

……二年……三月，复太仓州城，……四月，复昆山。……六月，饬程学启、戈登，进吴江，连破各隘，贼以城降。七月，……鸿章分饬程学启、戈登规苏州，李鹤章、刘铭传规江阴，潘鼎新、刘秉璋规嘉善，以牵制贼势。而李秀成由苏州纠集伪纳王郜云官等，水陆十万，逼大桥角营，李鸿章驰军回击，贼稍却。九月，李秀成复由苏州、无锡、溧阳、宜兴，聚众八九万，泊运河口，自将悍贼踞金匮之后宅，诸将从望亭、后宅屯营互进，李鸿章亦立八营于大桥角，与之持，……大破之。……贼陷江南，以江宁、苏、杭为三大窟，而苏其脊脊，故李秀成百计援苏州，谭绍洸凶狡，誓死守，附城筑长城石垒，坚不可拔，程学启等顿军河东，累月不下。十月，鸿章莅苏视师，益趣攻，程学启缘南岸，戈登缘北岸，鸿章亲督骁健，出炸炮二十余，毁其长城石垒。郜云官等密款乞降，鸿章令斩李秀成、谭绍洸以献，李秀成夜遁，郜云官等刺杀谭绍洸，开齐门迎师。时降酋列名者，郜云官、伍贵文、汪均安、周文佳、范启发、张大洲、汪怀武、汪有为八人，其精锐犹逾十万，分屯阊、胥、盘、齐四门，……程学启恐难制，白鸿章诛之。……十一月，李鸿章等军克无锡，饬程学启、李朝斌……降嘉善，……遂逼嘉兴城，……克之。三年，……郭松林等水陆各军合剿，克宜兴，并克溧阳，败金坛伪刘王、伪襄王之众，平其附城诸垒，贼势大蹙。时伪护王陈坤书踞常州，……三月，……鸿章乃至常州督军。……镇江防军已克丹阳，提督鲍超克金坛，外援尽绝，陈坤书犹率悍党死拒，……鸿章挥军登城，……擒陈坤书。四月，复常州。（《清史列传》卷五七《李鸿章传》）

浙省金华、龙游等处，俱被左抚台全军制战，宁波府前是鬼子诱引而得。后清将用银惹动洋鬼心，攻我宁波，洋鬼炮火利害，百发百中，攻倒城墙，我官兵不能立脚，是以退守，余姚、嵊县

李鸿章像

陆续亦退。鬼子攻破宁郡，得赏银之后，又领银来打绍兴，攻此两处，鬼子得银甚多。……自此之后，金华、龙游、严郡、温、台等处，陆续退守，兵屯富阳。左抚台全军发下，逼到富阳，与我军连敌数月，亦未攻下。然后仍请鬼兵由水路而来，用炮攻崩富阳城池，连战数十仗，鬼败，然后再调鬼兵多来，后再与战，左抚台亦队伍交争，是以富阳之失，绍兴之失，萧山之失，兵退到余杭。……左抚台之兵亦到，两下交争，日日连战，我力据余杭，以坚杭州之防。那时鬼兵攻了富阳，得银之后，仍回宁郡，左抚台之兵分水旱而下杭州，一扎余杭，一扎九龙山，到凤山门、雷峰塔、西湖为止，连至余杭八十余里，……其营百余座。我天朝之军，自西湖至余杭止，有营十余座，俱是以水为坚，两军并扎，困守而已。……浙江城是听王陈炳文为帅，余杭是汪海洋为帅，浙江之稳数月者，则水利之坚，然后苏兵带鬼子攻打乍浦、平湖、嘉善，三处失守。(《李秀成自述》)

咸丰十一年，……浙江全省地，唯湖州、衢州城为国有，而湖州孤居群寇中，旦夕不自保。……曾国藩与左宗棠议，以保徽州，固饶、广为根本，奏以……三府防军悉隶宗棠，通吴越为一家，以保江西。……同治元年正月癸卯，宗棠领见军九千人，自婺源攻开化，破……之。……二月，……攻遂安，……寇弃城走。……四月，宁绍台道张景渠自定海招海盗商船西渡，克镇海，进宁波，合英、法军攻城，民团至者过十万，遂克宁波列县，进余姚。……五月甲辰，宗棠军进衢州，……六月，…克松阳，七月，……复处州、……余姚。八月……丁丑，上海军克慈溪，英人华尔中炮死。闰八月，……克奉化。……十一月，严州寇攻西山，庚申，王女江山船总。……报……言，寇……明夜袭西山，城空可破，请具舟济师，……魏喻义选千人自将以往，……壬午，复严州。……二年正月，……复诸暨、……绍兴，龙游官军水陆并进，收桐庐，杭州寇震惧，悉力拒富阳。……五月，诏授宗棠总督，仍兼浙江巡抚。……八月庚辰，水陆大举攻富阳，夺城北鸡笼山，发炮攻城，寇弃城走。……始合军攻杭州，蒋益澧在城北屯留下，高连陞在城南屯六和塔，康国器、魏喻义等攻余杭，杭州寇筑垒连四十里，西通余杭。……三年二月甲午，蒋益澧攻

杭州，陈兵五门，别遣军攻城北长街，城寇出援，大战自日中至暮，多所杀伤，……其夜，寇启北门走。乙未，省城复，余杭寇亦东走。……三月壬寅，宗棠移驻省城。(《湘军志》七)

庚、天京之陷落

同治元年五月，曾国荃逼江宁，驻军雨花台，洪秀全急召苏、浙太平军回援。八月，李秀成率军六十万自苏至，围曾军数匝，九月，李世贤亦自浙至，相持四十六日，皆殊死战，然围卒不解。其后苏、浙为清军所得，天京粮尽，势益蹙。三年六月，城陷，秀全先已仰药死，秀成被执，亦遇害。秀全子洪天贵走广德，辗转入南昌被执，死。李世贤、汪海洋入闽，左宗棠、鲍超蹑之，入粤而灭。太平军自道光三十年起兵，凡十五年，纵横十七省，至是而亡。

计开天朝之失误有十。

一、误国之首，东王令李开芳、林凤祥扫北败亡之大误。

二、误因李开芳、林凤祥扫北兵败后，调丞相曾立昌、陈仕保、许十八去救，到临清州之败。

三、误因曾立昌等由临清败回，未能救李开芳、林凤祥，封燕王秦日昌，复带兵去救，兵到舒城、杨家店败回。

四、误不应发林绍璋去湘潭，此时林绍璋在湘潭全军败尽。

五、误因东王、北王两家相杀，此是大误。

李秀成告谕

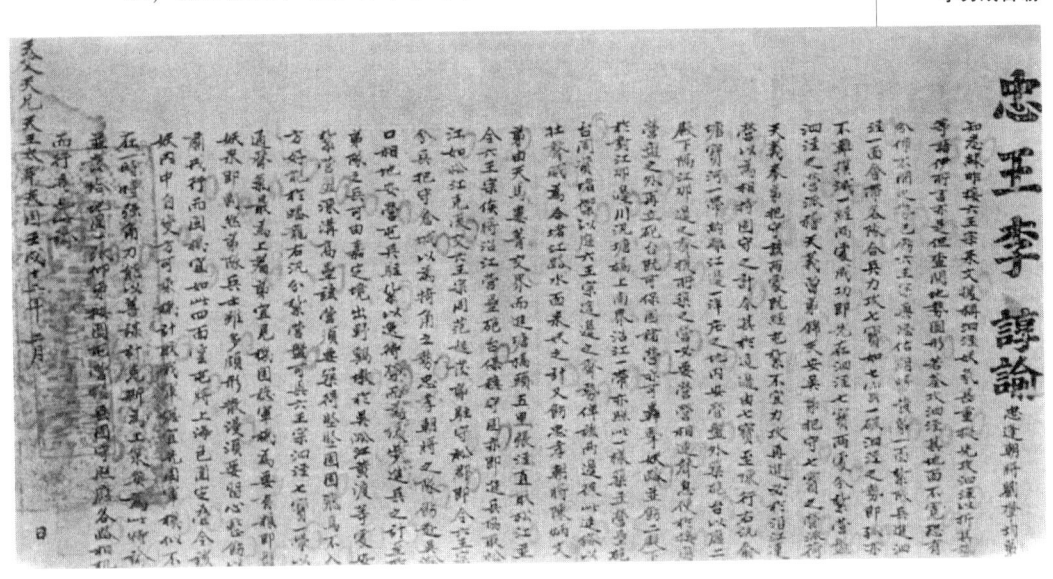

六，误翼王与主不和，君臣相忌，翼起猜心，将合朝好文武将兵带去，此误至大。

六，误主不信外臣，用其长兄、次兄为辅，此人未有才情，不能保国而误。

七，误主不问政事。

八，误封王太多，此之大误。

九，误国不用贤才。

十，误不应专保天京，扯动各处兵马，立政无章。误国误命者，因十误之由而起，而性命无涯。(《李秀成自述》)

十二年，……将松江困紧，正当成功之时，曾帅之军已由上而下，破我芜湖、巢县、无为、运漕、东西梁山、太平关一带，和州亦然，有如破竹之势，直至金陵，逼近京都。……天王一日三道差官捧诏，到松江追我，……不得已，将松江兵退回苏州。……八月中旬，由苏省动身过溧阳，……向秣陵关而来雨花台，一由板桥、善桥而来围攻九帅营寨，困攻四十余日，连攻未下。九帅节节严营，濠深垒坚，木桥叠叠层层，亦是甲兵之利，营规分明，是以连攻数十日，未能成效。……我主严责革爵，……饬我进兵北行，……转到天长等

南京雨花台遗址

处，正逢九帅破我雨花台，……京内惊慌，天王差官捧诏召我回京，……故而轻骑连夜赶回京。此是十三年十一月矣。……因阖城男女之留，不能他去。……此时九洑洲又被水没，官兵无栖身之所，……正逢杨帅、彭帅水军前来攻打，下关又被水师攻下，……九洑洲因而退守。……大势情由启奏主：……曾帅得尔雨花台，绝尔南门之道，……得尔江东桥，绝尔西门不能出入，得尔七桥瓮，今在东门外安寨，深作长濠，下关严屯重兵，粮道已绝。……若不依臣所奏，让城别走，灭绝定矣。奏完，天王严责。……自此之后，京事日变不同，城外九帅之兵，日日逼紧，城内格外惊慌，守营守城，无人可靠。……五月将初之候，斯时我在东门城上，见九帅之兵，处处地道近城，天王斯时焦急，日日烦躁，即以四月二十七日服毒而亡。……后天王长子洪福，与登基以安合朝人心。……至六月十五日。……知九帅立破我城，即抽点先锋连夜出城攻九帅寨，攻打未成。……是日午时之后，曾帅用火药攻倒京城，……全军入城，我军不能为敌。……我由太平门败转，直到朝门，……带幼主一人……上清凉山躲避，……三更之后，舍死领头冲锋，带幼主冲由九帅攻倒城墙缺口而出。……幼主出到城外，九帅营中……处处喊声不绝，我与幼主两下分离，……走到天明，……逃上荒山暂避，……被两个奸民查获，解送前来。(《李秀成自述》)

……壬申，曾国荃克宣城，癸酉，合水军克金柱关，甲戌，收芜湖，五月甲申，进屯雨花台。自向荣、和春以兵七万屯守八年，卒溃退，国荃军合水军不满二万，国藩以为孤悬无益，未可进，国荃议曰："诸军士自应募起义，人人以攻金陵为志，今不乘势薄城下，而还军待寇，则旷日持久，非利也。若舍金陵，别攻宁国、广德，或取颍、寿，则将士见谓置于闲地浪战而意沮，虽鲍、张亦益厌攻战，将去公而归耳。逼城而屯，亦足以致寇，军势虽危，顾不可求万全。"国藩许之。会左宗棠亦言，宜薄城围攻之，势乃定。……闰八月，苏、常寇来攻曾国荃军，多发西夷火器相烧击，复穴地袭屯，连十昼夜不休。九月，浙江寇复来助攻，……国荃以三万人居围中，城寇与援寇相环伺，士卒伤死劳敝，然罕搏战，率恃炮相震骇。……十月，寇解去。……国藩日夜忧危，以进攻江宁为非计，乃自行围视焉。二

年二月，国藩还安庆，以曾国荃围坚定，水陆辑睦，始罢退军之议。……四月，刘连捷、萧庆衍等，……和曾国荃攻破江宁城南西寇垒九。……十一月，……曾国荃益募新军增围师，围城官军遂至五万人。……三年正月……戊午，曾国荃攻钟山寇屯，克之，……移军屯守，更增筑垒，屯军五六千遏北道，余玄武湖，阻水为围，城寇粮运绝矣。……二月，……江宁寇频驱老弱女口出城以节食，更于城中种麦刈草为粮。……四月，……又诏李鸿章移师合攻江宁。……五月，……江宁围军以城破可计日，而李鸿章当来会师，耻借力鸿章，鸿章亦让功，托言盛暑不利火器，延不至。朝命促会师数急，曾国荃忧愤，日约将士穴地隧城，期必破。……六月甲申，地道成，乙酉日午，地道火发，城崩二十余丈，……朱洪章等乘城缺登，……朱南桂、罗逢元等，皆梯而登，寇散走。……洪秀全已前一月死，其子洪福年十八九，余寇挟之走广德。（《湘军志》五）

曾国荃，……同治元年……三月，率师东下，败贼巢县望城冈，进拔桐城䀚、雍家镇诸隘，遂复巢县、含山，旋下和州，克裕溪口，率轻兵袭取西梁山，扫平北岸贼垒。……四月，会兵部侍郎彭玉麟水师，进逼金柱关，贼被水军牵制，国荃乘间潜师，径薄太平，夺门入，立复其城，又引军攻克金柱关伪城，平毁三汊河上驷渡数十垒。……五月，复秣陵关，……进夺大胜关、三汊河两垒，……拔头关，水师进扼江宁护城河口，国荃倚之，遂逼江宁，驻营雨花台，贼连日猛扑，皆击却之。六月，援贼至，又败之。……八月，大江南岸疾疫盛行，营中病者逾万。闰八月，伪忠王李秀成，自苏州率众六十万来援，纠合城贼，日夜攻扑大营，不少休，并分党踞洲上，截我粮路。国荃乘夜于洲上急修十数垒，分兵驻之，并令补用道刘连捷，遣死士缒墙出，击殪贼数十。贼复争湖桥营卡，国荃移水师于藕塘，筑营堤上守之，运道乃固。贼攻大营六昼夜，道员彭毓橘等，乘其乏，破贼四垒，贼乃悉向东路，负片板蛇行，束草填濠，前者拽尸，后者更进。国荃督

曾国荃像

军策应，炮伤颊，犹力战，贼始败退。九月，伪侍王李世贤，自浙江率众十万继至，环攻炮台益急，国荃力破之。时弁勇相继伤亡，乃令各营增筑墙濠以自固，贼用箱篚实土于中，排砌濠边，上防炮子，下凿地道，国荃……袭破潜挖地道之垒，贼始不得逞。会芜湖守将王可陞，率两营继至，国荃因整劲队，分道并出，……大营围解。二年……四月，……时江苏巡抚李鸿章，方进规苏州，国荃度忠逆不回援苏巢，即窜犯扬州里下河，计莫如急争金陵老巢，攻其所必救，使城下之贼，不暇远趋苏郡，而北岸之贼，亦不敢专注扬州，乃激励各军，督攻雨花台伪城，及聚宝门外三面石垒，克之。……五月，国荃遣水师攻克下关、草鞋峡、燕子矶等隘。明日，攻九洑洲，贼殊死守，各营负创角战，至日晡扑入，尽歼之，寻破长干桥、印子山诸垒。以上方桥为贼粮道，令提督萧庆衍、萧孚泗等攻下之。八月，克江东桥、上方门、高桥门等处石垒，又克城东七桥瓮及紫金山西南之博望镇、中和桥、秣陵关各贼巢。十月，拔淳化、解溪、隆都、湖墅、三岔镇等隘，毁二十余垒。三年正月，围攻钟山，破天保伪城，城围始合。……五月，进攻龙膊子山地保伪城，克之。时朝阳、神策等门，地道久无成，国荃以将士疲敝，恐生他变，六月，益誓师督战，令提督李臣典，从贼炮极密处，重开地道，而别军力攻太平门、龙膊子一带。及火发，轰塌城垣，李臣典先登，彭毓橘、萧孚泗等继之，贼以火药倾盆烧官军，无一退者，毙贼十余万，凡伪王、伪主将、天将及大小酋目约三千余名，伪忠王李秀成、伪王兄洪仁达，被擒伏诛，江宁克复。（《清史列传》卷五九《曾国荃传》）

我广东人，自少名洪天贵，数年前，老天王叫我加个福字，就名洪天贵福，登极后，玉玺于名字下横刻真主二字，致外人叫洪福瑱，现年十六岁。……本年四月十九日，老天王病死了，二十四日，众臣子扶我登极，……以后，我就叫幼天王。……六月初六日五更，我梦见官兵把城墙轰塌，拥进城内，……我便一直跑往忠王府去了。忠王带我走了几门，都冲不出来，到初更时候，乃假装官兵从缺口出来，才出来千多人。……到广德州，只剩数百人，就约堵王等分路来江西，寻康王、侍王，沿途节节打仗，不计其数。……到杨家牌，……三更时候，四面围住，把我们都打散了，……独自一人，躲入山里。

左宗棠手迹

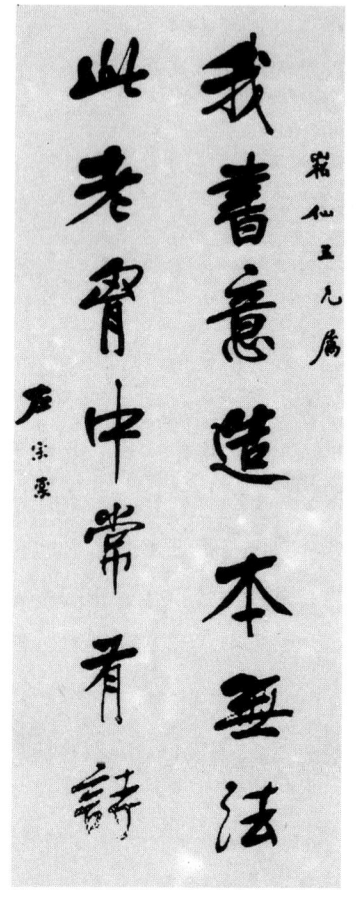

宕仙仁兄属
我书意造本无法
此老胸中常有诗
左宗棠

……下山到了唐姓人家，……他那里有人剃头，我就顺便也剃了。住了四日，唐姓人叫我回家，……走到石城地界，就被他们把我带到营中。(《洪福瑱自述》)

同治三年……六月，江宁平，……伪堵王黄文金拥众十万，踞湖州。……七月，会浙军袭湖州，刘铭传亦克广德州，追毙逆首黄文金，江浙肃清。……四年正月，饬郭松林、杨鼎彝，率军航海赴闽，从闽浙总督左宗棠军，叠克漳州、漳浦等城。(《清史列传》卷五七《李鸿章传》)

同治三年二月，……群贼聚湖州。……六月，曾国荃克江宁，洪秀全子福瑱奔湖州，俄复溃走，碟于南昌。七月，克湖州，尽定浙地，……余贼散走徽宁、江西、广东，折入汀州。福建大震，乃奏请之总督任，以蒋益澧护巡抚，增调王德榜军至闽。四年三月，江苏军郭松林来会师，贼弃漳州，出大埔。五月，进攻永定，李世贤、汪海洋既屡败，伤精锐过半，归诚者三万。左宗棠进屯漳州，蹙贼武平，于是贼窜广东之镇平，而福建亦定，乃檄康国器、关镇平两军入粤，王开琳一军入赣防江西，刘典军趋南安防湖南，留高连陞、黄少春军武平，伺贼进退。六月，贼大举犯武平，力战却之，世贤投海洋，为所戕，贼党益猜贰。诏以宗棠节制三省诸军。十月，贼陷嘉应，宗棠移屯和平、琯溪。德榜虑帅屯孤悬，自请当中路，刘典闻德榜军趋前，亦引军疾进，猝遇贼，败，贼追典，掠德榜屯而过，枪环击之，辄反走。是夜降者逾四万，言海洋中炮死矣，士气愈奋。时鲍超军亦至，贼出拒，又大败之，合闽、浙、江、粤军围嘉应。十二月，贼开城遁，扼诸屯不得走，跪乞免者六万余，俘斩贼将七百三十四。……五年正月，凯旋。(《清史稿·列传》一九九《左宗棠传》)

（二）制度

甲、官制

伪官分朝内、军中、杂职为三途，伪朝内自王侯以下，……有掌朝、掌率、尚书、仆射、承宣、侍卫、左史、右史、疏附等伪名，其贼军中则有监军、军帅、师帅、旅帅、卒长、两司马等伪名，其杂职司贼之食用者，一事一官，皆曰典，有典粮、典油盐诸名，又有称衙者，如宣诏、拯危、药材、买办、宰夫诸伪官，皆曰衙。（杜文澜《平定粤寇纪略》附记卷三）

伪官品级，……伪王最尊，次伪侯，次伪丞相，次伪检点，次伪指挥，次伪将军，此伪朝内官品次之大略也。军中总制最尊，次监军，次军帅，次师帅，次旅帅，最下为卒长、两司马，此伪军中官品级之大略也。侍卫典事注，以职司某官，意皆伪朝杂职，而伪禁城内官，则较外官为尊，伪东王府属，亦视各伪王府属为尊，其外出任事，亦同正职。（张德坚《贼情汇纂》卷三《伪品级铨选》）

贼素有女军，皆伪王亲属，……生长洞穴，赤足裹头，攀援岩谷，勇健过于男子。……所掳妇女，皆以军法部署，置总制诸官以统之。自湖北掳得妇女，无虑十数万，美者皆收入伪宫，……其善女红者，分入绣锦营，置指挥以下官领之，余悉追令解足，任荷砖门沟、浚濠运土诸役，俱立官以督工。……贼严男女之禁，虽夫妇同止宿，亦治以极刑。（张德坚《贼情汇纂》卷三《伪女官》）

其制大抵分朝内、军中、守土三途，朝内官如掌朝门、左右史之类，名目繁多。……军中官为总制、监军、军帅、师帅、旅帅、卒长、两司马，凡攻城略地，尝以国宗或丞相领军，而练士卒、分队伍、屯营、结垒、接阵、进师，皆责成军帅，由监军总制，上达于领兵大帅，以取决焉，其大小相制，……甚得驭众之道。守土官为郡总制、州县监军、乡军帅、乡师帅、乡旅帅、乡卒长、乡两司马，凡地方狱讼、钱粮，由军帅监军区画，而取成于总制，民事之重，皆得决之。自都金陵，分兵攻克府、厅、州、县，遂即其地分军，立军帅以下各官，而统于监军，镇以总制。监军总制受命于伪朝，自军帅至两司马为乡官，……以其乡人为之。……军帅兼程军民之政，师帅、旅帅、卒长、两司马，以次相承，皆如军制。（《清史稿·列传》二六二《洪秀全传》）

官制表

1. 朝内官	一、王　一等东王、西王，二等南王、北王，三等翼王，四等燕王、豫王、国宗。 二、侯　佐天、卫天、补天、靖湖、定湖、平湖、剿湖、灭湖等侯。 三、丞相　天、地、春、夏、秋、冬六官，正副共二十四人。 四、检点　殿前左右，自一至三十六，互为排次，共三十六人。 五、指挥　殿前左右，自一至七十二，互为排次，共七十二人。 六、将军　炎、水、木、金、土，各自一至十，分正副，共一百人。
2. 军中官	一、总制　炎、水、木、金、土，自一至十九，共九十五人。 二、监军　炎、水、木、金、土，自一至十，分正副，共一百人。 三、军帅　前后左右中，各十九军，军一人，九十五军，共九十五人。 四、师帅　每军帅辖五师帅，九十五军，共四百七十五人。 五、旅帅　每师帅辖五旅帅，九十五军，共二千三百七十五人。 六、卒长　每旅帅辖五卒长，九十五军，共一万一千八百七十五人。 七、两司马　每卒长辖四两司马，九十五军，共四万七千五百人。
3. 乡官	一、郡总制　每府设一人，以老伙充之，统辖乡官。 二、州县监军　每州县设一人，以老伙充之，统辖乡官。 三、乡军帅　每一州县，分设三军不等，以下皆以本地人充之。 四、乡师帅　每乡军帅，辖五乡师帅。 五、乡旅帅　每乡师帅，辖五乡旅帅。 六、乡卒长　每乡旅帅，辖五乡卒长。 七、乡两司马　每乡卒长，辖四乡两司马。
4. 女官	朝内： 一、女军师　左辅、右弼正军师，前道、后护副军师，各一人，共四人。 二、女丞相　天、地、春、夏、秋、冬六官，正副共十二人。 三、女检点　殿前左右互排，至三十六，共三十六人。 四、女指挥　殿前左右互排，至七十二，共七十二人。 五、女将军　炎、水、木、金、土，正、副。 军中： 一、女总制　前、后、左、右、中，自一至八，四十军，共四十人。 二、女监军　如总制。 三、女军帅　一军一人，四十军，共四十人。 四、女卒长　一军领廿五，四十军，共一千人。 五、女管长　一卒长领四，四十军，共四千人，女两司马改名管长。

乙、兵制

一军，……军帅一人，师帅五人，旅帅二十五人，卒长一百二十五人，两司马五百人。刚强、勇敢、雄猛、果毅、威武诸伍长，各五百人，共伍长二千五百人；冲锋、破敌、制胜、奏捷诸伍卒，各二千五百人，共伍卒一万人，合伍长伍卒，一万二千五百人。自军帅至两司马共六百五十六人。合计一军，伪官伍长伍卒，统共一万三千一百五十六人。(张德坚《贼情汇纂》卷四《伪军制》上)

贼匪……每军十二典，曰圣库，金、帛。曰圣粮，稻、麦。曰油盐，曰旗帜，曰铳炮，曰铅码，曰硝磺，曰竹木，曰铁，曰药材，曰

买卖,曰医。(汪悔翁《乙丙日记》卷二)

伪总制每军一人,分炎、水、木、金、土,……更分一、二、三、四,以次相承,至于土十九总制,应有总制九十五人,自监军以下,悉受节制。……平时辖军,军帅独任,至出师,乃以监军统之,其丞相检点指挥,以伪命出,则并辖数军,总制以下,皆听约束,行文系衔,则僭署钦差大臣。(张德坚《贼情汇纂》卷三《伪军中官》)

每军编制表

1. 军帅一人……每军帅领前、后、左、右、中五营师帅。
2. 师帅五人……每师帅各领前、后、左、右、中五营旅帅。
3. 旅帅二十五人……每旅帅各领一、二、三、四、五五卒长。
4. 卒长一百二十五人……每卒长各领东、西、南、北四两司马。
5. 两司马五百人……每两司马各领刚强、勇敢、雄猛、果毅、威武五伍长。
6. 伍长二千五百人……每伍长各领冲锋、破敌、制胜、奏捷四伍卒。

贼初无舟楫,故无水营,自益阳至武汉,掳民船三十余只,船户唐正财,为指搭浮桥于汉江,杨逆嘉其能,始立水营,以唐正财为指挥,总统水营船务。逮至江南,掳船愈多,……乃升唐正财为殿前丞相,即以被掳船户水手为水兵,分为前后左右中五军,旋增至九军,每军以军帅领之,其下所属师帅至两司马,亦如旱营之制,……别立水营总制、将军、监军统之。此九军均归唐正财调遣。(张德坚《贼情汇纂》卷五《伪军制》下《水营》)

贼攻城,专以挖地道为得计,于道州、郴、桂等处,尽掳挖煤山人数千,另立土营,初仅指挥一人,将军分一二正副四人,后又封指挥至三十余人,将军六百余人,其总制、监军、军帅至两司马俱备。至江宁封土营师帅至七百六十二人,其实所辖,并无一万三千一百之数,因穴地有功,故悉封师帅之职,非皆统五百人也。(张德坚《贼情汇纂》卷四《伪军制》上《土营》)

水营、土营而外,又有木营,其卒皆木工;金匠营,其卒皆金银匠;织营,其卒皆织机匠;金靴营,其卒皆靴鞋匠;绣锦营,其卒皆男绣匠;镌刻营,其卒皆刻字匠。各营以指挥统之,其总制至两司马,亦如土营、水营之制。(张德坚《贼情汇纂》卷四《伪军制》上附《诸匠营》)

贼于各乡,编置乡官,以一万二千五百家为一军,并颁给所刻伪

洪秀全故居祠堂

军册，胁令填注，胁令详造家册呈送。（张德坚《贼情汇纂》卷四《伪军制》上）

其阵法有四，曰牵阵法，……每两司马执一旗，后随二十五人，百人则间卒长一旗，五百人则间旅帅一旗，二千五百人则间师帅一旗，一万二千五百人则间军帅一旗，军帅、监军、总制，乘舆马随行，一军尽，一军续进，宽路则令双行，狭路单行，……一遇敌军，首尾蟠屈钩连，顷刻岔集，败则闻敲金方退，仍牵线以行，不得斜奔旁逸。曰螃蟹阵，乃三队平列阵也，中一阵人数少，两翼人数多，其法视敌军分几队，即变阵以应之，……其大阵包小阵法，或先以小队尝敌，后出大阵包之，或诈败诱敌追，伏兵四起以包敌军。……曰百鸟阵，此阵用之平原旷野，以二十五人为一小队，分百数十小隧，散布如星，使敌军惊疑，不知其数之多寡，敌军气馁，即合而攻之。曰伏地阵，敌兵追北，至山穷水阻之地，忽一旗偃，千旗齐偃，瞬息千里，皆伏地不见，敌军见前寂无一卒，诧异徘徊，贼伏半时，忽一旗立，千旗齐立，急趋扑敌，往往转败为胜。（《清史稿·列传》二六二《洪秀全传》）

其营垒，或夹江夹河，浮筏阻山，据村市及包敌营为营，动合古法，每数营必立一望楼了敌。（《清史稿·列传》二六二《洪秀全传》）

嗣见贼守城法，于各城外皆为营垒，垒以土垣，不甚高厚，留穿以置铳炮，中为更楼一，高三层或四层，楼上四面空敞以了望，夜以支更，其下为房以居人。垒内为濠一，外为濠三四道环之，多则有七八道者，濠深八尺，广六尺、八尺不等，中密钉竹签。濠相间约丈，上置虎刺荆棘巨木，槎丫周密，环布垒门，门皆曲向，濠上往来以吊桥。此濠外又为一大濠环城，城上间二丈一更房支更，更人每房五人直一更柝，不许少歇。城内环城亦为濠，并上城坡亦濠之，坡上置木栅，闭城上人不许下。每门设城守、巡守二人，士卒不许脱衣而寝，夜不点灯火，不闭门，夜不许人行，日落时，寂如长夜，惟贼之听令者、巡查者行焉。城门砌狭，城阙内置炮二座，城上女墙以筐盛石置之，备抛掷。城内各街皆置更楼，街有他馆，馆又各一更楼，而北极阁覆舟山一带尤众，故全城内外在目如绘，一闻战则更楼吹角，各馆人持械疾赴韦昌辉处听指挥，少延则斩，然后知我军守城真儿戏也。
(汪悔翁《乙丙日记》卷一)

丙、律

伪律凡六十二条，点天灯、五马分尸各三，余皆斩。(杜文澜《平定粤寇纪略》附记卷三)

贼中所刻《伪天条书》，为营规，皆粤西旧例。……俘获伪奏章稿内，有增议太平刑律多条，又伪燕王秦日纲所出告示，亦载应斩罪多款。谓之律，则群贼遵奉，又统谓之天令。夫令所以驭军，律所以制民而兼制军者也。贼中百姓，皆籍为兵，……概称条禁为令也亦宜。(张德坚《贼情汇纂》卷八《伪律》)

定营规式，……一要恪遵天令；二要熟识天条赞美，朝晚礼拜感谢规矩，及所颁行诏谕；三要练好心肠，不得吹烟饮酒，公正和惟，毋得包弊徇情，顺下逆上；四要同心合力，各遵有司约束，不得隐藏兵数，及匿金

《天条书》书影

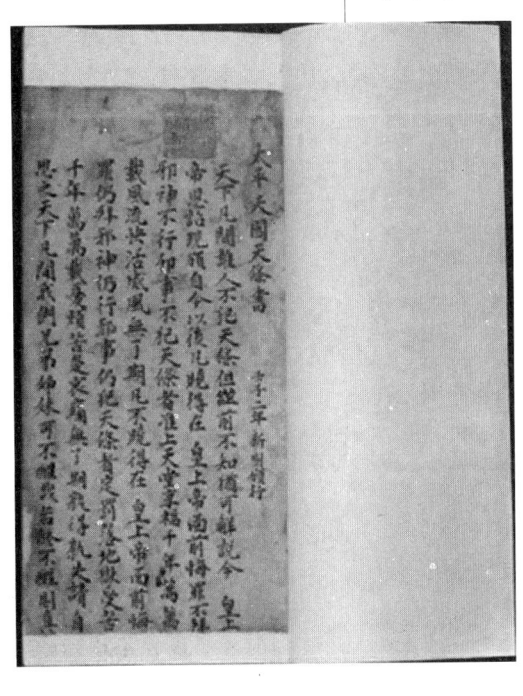

银器饰；五要别男营女营，不得授受相亲；六要谙熟日夜点兵，鸣锣吹角，擂鼓号令；七要无干不得过营越军，荒误公事；八要学习为官称呼，问答礼制；九要各整军装枪炮，以备急用；十要不许谎言国法王章，讹传军机将令。……行营规式，……一令各内外将兵，凡自十五岁以外，各要佩带军装粮食，及碗锅油盐，不得有枪无杆；二令内外强健将兵，不得僭分干名，坐轿骑马，及乱拿外小；三令内外官兵，各迴避道旁，呼万岁，万福千岁，不得杂入御舆、官妃马轿中间；四令号角喧传，急赶前禁地听令杀妖，不得躲避偷安；五令军兵男妇，不得入乡造饭取食，毁坏民房，掳掠财物，及搜抄药材铺户，并府、州、县有司衙门；六令不许乱捉卖茶水、卖粥饭外小为挑夫，及瞒昧吞骗军中兄弟行李；七令不许在途中铺户堆烧困睡，耽走行程，务宜前后联络，不得脱走；八令不得焚毁民房，及出恭在路井房舍；九令不得枉杀老弱无力挑夫；十令各遵主将有司号令分拨，毋得任性自便，推前越后。（张德坚《贼情汇纂》卷五《伪军制》下《营规》）

丁、舆服

凡伪王皆黄缎轿，绣云龙，侯、丞相、检点、指挥皆红缎轿，绣彩龙云凤，以龙凤之多寡分尊卑。将军、总制、监军皆绿轿，军帅、师帅、旅帅皆蓝轿，百长、两司马皆黑轿，亦定有绣虎、绣鹿之制，然未曾用。伪天王舁夫六十四人，伪东王舁夫四十八人，以次递减，至两司马舁夫八人而止。洪逆从未出行，惟杨逆每出行必盛陈仪仗，开路用龙灯一条，计三十六节，以钲鼓随之，其次则绿边黄心金字衔牌二十对，其次则铜钲十六对，用人肩挑，后飘数尺黄旗，墨书金锣二字，其次绿边黄心绣龙长方旗二十对，其次同上色绣正方旗二十对，其次同上色绣蜈蚣旗二十对，高照提灯各二十对，虽白昼亦用之，其次画龙黄遮阳二十对，提炉二十对，黄龙伞二十柄，参护背令旗，骑对马，约数十对。最后执械护卫数十人，绣龙黄盖一柄，黄轿二乘，杨贼乘坐，或前或后，盖仿古副车之义，而恐人之伺己也。轿后黄纛十余杆，骑马执大刀者数十人，更用鼓吹音乐数班，与仪从相间，轿后亦用龙灯钲鼓，凡执事人皆上黄下绿号衣，至于执盖执旗，多用伪官，皆著伪公服。……伪北王以下，虽乘黄红轿，一切仪卫，较之杨贼，不逮十分之一，其余丞相、检点等官，无非铜钲两对，黄

盖一二柄而已。（张德坚《贼情汇纂》卷六《服饰》）

伪衣冠也，僭尚黄，交衽宽袂。伪天王及诸伪王冠缀黄缎八片为额，绣云龙，饰珠玉，号八宝冠，袍靴皆黄绣，伪勋爵冠袍同，伪王红靴，伪检点、伪指挥黄冠绣麟，袍靴同伪勋爵，伪将军、伪总制黄冠绣狮，伪监军、伪军帅黄冠绣虎，袍靴同伪检点，伪师帅、伪旅帅红冠绣彪，伪司马绣鹤，皆蓝袍黑靴。凡裹首之巾，通用黄，未授伪职者用红，夏冠以竹角为之，杂饰鸟兽花卉。自伪王以下，冠额皆表绣衔小牌，凤兜，洪逆僭用黄，伪王以下皆用红缘黄，伪王伪勋爵，缘三寸余，以次减杀，伪女官杂施采绣。……伪旗帜也，洪逆及伪王，僭用黄，杨逆缘绿，冯逆缘紫，萧逆缘白，韦逆缘黑，石逆缘蓝，洪逆方一丈，以下递杀五寸，伪官皆杂色尖旗，或有缘，或无缘。（李滨《中兴别记》卷一）

长发老贼，用五彩丝绒，编成条子，若续命缕然，紧扎发根后，将发挽髻，以所余之绦，盘于髻上。伪制将军以下，不得用五彩，只用红绿丝绳编挽，其无职群贼，短发者打红辫线，发长过尺，或挽髻，贯以妇女银簪，并有扎网巾及披发者。打仗必穿号衣，戴竹盔，着平头薄底红鞋，老贼与有官者，穿红黄小袄，着黄鞋，而不着号衣。……伪官老贼穿红黄衫，其余除白色不穿外，就原衣杂色，或为短衫，或为坎肩。其衫裤尤尚黑色，幼童或有穿红蓝裤者，掳来书写人，统称先生，准穿长衫，着鞋袜，小馆扎黑绸包巾，大馆扎黄包巾，无腰牌号褂。贼中禁令，虽极热，夜卧不准光身，白昼不得裸上体，犯则枷打。（张德坚《贼情汇纂》卷六《服饰》）

戊、历法

伪历，……其书无凶吉宜忌，以二十八宿值配之而定，岁有闰日无闰月。进历伪表云：当今天日平匀圆满，无一些亏阙，某等造历，以三百六十六日为一年，单月三十日，双月三十一日，立春、清明、芒种、立秋、寒露、大雪，俱十六日，余俱十五日，乃是天父上主皇帝遣我主降凡旨意也。从前历书，尽行删除，年月日时，皆天父排定，年年吉良，月月吉良，日日时时亦皆吉良，何用选择。（杜文澜《平定粤寇纪略附记》卷二）

己、礼法

其教以星、昴、房、虚四宿礼拜，先一日，伪帅遣人负礼拜旗一面，鸣钲于市，大呼明日礼拜，各宜虔敬，不得怠慢，各馆即于是夕三更交子时后，点灯三盏，供茶三杯，肴三盛，饭三盂，鸣锣集众，坐一堂，贼目及充先生者，即坐于正中所设数座上，群贼两旁杂坐，齐诵赞美毕，充先生者，缮成黄表奏章，……跪地朗诵，群贼长跪读讫焚化，则以所供肴馔共享，此七日礼拜之仪也。每日朝饔夕飧，亦必鸣钲齐集，……自贼目以下，亦环坐而读赞美毕，充先生者，伏地默读奏章，谓之默咒，群贼俱跪读讫，始杂坐饮食。……以上所叙，犹卑小伪官馆中所为，若首逆洪贼，且于天门外，造一台，为生日令节敬天之所，伪官内，亦设礼拜坛场，铺张侈丽，莫可殚述。（张德坚《贼情汇纂》卷八《礼拜》）

伪天条十事，背者诛无赦，……其说不许拜邪神，不准杀人害人，教人孝顺父母，不许奸淫，不许窃抢。凡欺诈有禁，起贪心有禁，耳目口鼻俱有箴。男女有别，夫妇无同宿，不许私相往来，通闻问。胁从人众，令朝夕诵读赞美，乡愚多不识字，遂责识字者口诵之，故每馆必有通文墨呼为先生者。贼所踞之地，必鸣金集众，筑坛场，张灯彩鼓吹，推老贼一人，升座论说天条，名曰讲道理，实皆有所为也。凡掳众搜粮必讲，仓猝行军必讲，选色征财必讲，驱丁壮为极苦之役必讲。究其所述，则谓天父莫大功德，天王、东王操心劳力，安养世人，功德巍巍，理应娱其心志，畅其体肤，必遵其号令而已。（杜文澜《平定粤寇纪略》附记卷二）

贼伪造新旧圣书，其旧者撷拾约翰福音诸书，所谓新圣书者，皆贼颁伪诏，共冯云山臆造而成，有《太平军目》、《太平礼制》、《太平条规》。又有书曰《三字经》、《幼学诗》，尤俚俗不可入目，倡乱诸贼所同造也。其余诸

太平天国的《太平礼制》书影

箴、诸论、诸门联，则被胁士子不得已而为之。（杜文澜《平定粤寇纪略》附记卷二）

太平天国文献

书　名	内　　容
《天父上帝言题皇诏》	每句七字，即十全大吉诗十首。
《天父下凡诏书》一	内载在广西时，有周锡能勾结官军为内应，杨秀清知觉，托言天父下凡附体，指出其人，一切问答俱记之。
《天父下凡诏书》二	内载东王杨秀清托言天父下凡，进谏天王事。
《天命诏旨书》	内载在广西起事之初，所颁诏书，如封诸王及秀全称王不称帝等事。
《旧遗诏圣书》	内《创世传》一卷，《出麦西国传》一卷。
《新遗诏圣书》	即《马太传·福音书》。
《天条书》	内载条教，如悔罪规矩、悔罪奏章，及朝晚拜上帝、食饭拜上帝、灾病求上帝诸事。
《太平诏书》	内载原道救世诏、原道醒世诏、原道觉世诏，凡三篇，大旨以尊上帝、拜基督为主。
《太平礼制》	内载天王诏令关于王世子以下称呼之词。
《太平军目》	内载旗帜尺寸，及军师旅卒两伍编制诸式。
《太平条规》	内载定营规条十要，及行营规矩十条。
《颁行诏书》	内载诏书三通，历数清朝罪恶。
《颁行历书》	内载制定新历情况。
《三字经》	每三字一句。
《幼学诗》	共五言诗三十四首，有敬天父、敬内亲、君道、臣道、父道、子道诸诗，及身、目、耳、口、手、足诸箴。
《太平救世歌》	内述原道救世之义，凡歌三首，前有东王序。
《建天京于金陵论》	汇录何震川诸人论说。
《贬妖穴为罪隶论》	首载天王诏旨，以天京而外，皆不得僭称京，故贬北京为妖穴，后有何震川等论文。
《诏书盖玺颁行论》	内载吴容宽等二十五人论文，均迎附之语。
《天朝田亩制度》	内载一军分田及生死黜陟等事，并编制乡军各制度。
《天情道理书》	内侯相序文，及历叙天父、天兄、天王、东王暨列王教导之恩，末缀以歌词。
《御制千字诏》	内四言文，共二百七十六句，普通用字，依类编成，略似课蒙之旧千字文，而寓神道设教之意。
《行军总要》	内载陆路、水路、点兵、传官、查察、防敌要道、禁止、体恤试兵九种号令。

书　名	内　　容
《天父诗》	内托为天父所题诗，凡五百首。
《醒世文》	内述上帝恩德，及金田起事后告诫官民兄弟及清兵者，共七言二百四十四句。
《王长、次。兄亲目亲耳共证福音书》	内洪仁发、洪仁达《奏献本章》，及敬录《天王上天预诏》，为证明其为真命天子，将下凡管理万邦人民。
《英杰归真》	内中设为红顶双翎张某投降者，询问礼法之词，洪仁玕为之一一解答。
《士阶条例》	内载劝诫士子文，又科场《士阶条例》若干条。
《幼主诏书》	内天王诏旨一首，《幼主诏书》共十首，为别男女、谨心口之箴言，天王命幼主所写者。
《天理要论》	共八章，一、有上帝，二、独有一上帝，三、论上帝名，四、上帝乃灵，五、论上帝永在，六、上帝无变，七、上帝无不在，八、上帝无所不能。
《资政新篇》	言治国必用人得当，设法得当，分用人察失类、风风类、法法类、开开类。
《钦定军次实录》	干王徽浙催兵所过各地，或录圣旨，或为诗，或为谕，以宣教醒民者。
《太平天日》	记洪秀全病迷上天堂，及醒后游行传道毁庙事。
《干王洪宝制》	宣传反清拜上帝，其克敌诱惑论，言诱惑之难克，更难于克敌，其次言兵要四则，最后言悔罪改罪则可受福。

庚、田赋

凡田分九等，其田一亩，早晚二季可出一千二百斤者为尚尚田，可出一千一百斤者为尚中田，可出一千斤者为尚下田，可出九百斤者为中尚田，可出八百斤者为中中田，可出七百斤者为中下田，可出六百斤者为下尚田，可出五百斤者为下中田，可出四百斤者为下下田。……凡分田照人口，不论男妇，算其家人口多寡，人多则分多，人少则分寡。……凡天下田，天下人同耕，此处不足，则迁彼处，彼处不足，则迁此处。凡天下田，丰荒相通，……凡男妇每一人，自十六岁以尚，受田多；逾十五岁以下，一半。（《天朝田亩制度》）

辛、赋税

贼之所至，先贴伪示，令人资送，首重米谷，次则银钱珍宝，名曰进贡；给以字条，名曰贡单，云贴于门首，则贼不敢扰。人争趋

送，贴单门首为护符。……更有专事搜括之贼，名曰打先锋，每至一处，……招本地无赖为眼目，就富家大小，以次搜索，有豫为埋藏者，亦十不免一。(杜文澜《平定粤寇纪略》附记卷三)

每村镇各举数耆老，设一公所，贼至，……输纳钱数百千，粮数百石，求免穷搜，贼去，则按田亩而摊之，此科派之始也。……所设乡官，一军之地，共有田亩若干，以种一石，终岁责交钱一千文，米三石六斗，核算注于册籍，……无上下忙卯限诸章程，催粮之贼，不绝于道。……如行军所需各物，皆悉取给于乡官。(张德坚《贼情汇纂》卷十《科派》)

自武昌至江宁，向设四关，……抽税无一切章程则例。其报船料也，以船长一丈，抽税千钱。所载之货，分粗货细货，粗货船长一丈，抽税钱二千，细货倍之大。率以盐、布、棉花、煤、米为粗货，丝、绸、苏货为细货。抽税之后，给伪船票一张，……可免虏劫。(张德坚《贼情汇纂》卷十《关榷交易》)

壬、科举

贼首每庆生辰，先数日逼令各馆先生，胁从士子，投名进贡院考试，约仿科举仪，所试非策非文，出题以所刊诸妖妄书，如杨秀清试，首题云"四海之内皆东王说"，次题云"真道岂与世道相同论"。试毕，于诞期传胪，取鼎甲三人，翰林十余人，进士百余人，即冠以龙凤冠，锦袍游街。东、北、翼亦然，然第壮观瞻而已，未闻授以职事。(杜文澜《平定粤寇纪略》附记卷二)

甲寅天试，元甲三名，为吴容宽、江祖槐、夏庆保。其试以各渠贼生日为期，石达开二月生，试期以初一日为翼试；韦昌辉六月生，试期以二十日为北试；杨秀清八月生，试期以初十日为东试；洪秀全十二月生，试期改于十月初一日为天试，以其子乃十月生也。一年凡四试。又甲寅年九月二十日天试，元甲三卷，次甲六卷，三甲十卷，则其试亦无常期，并不循例矣。(张德坚《贼情汇纂》卷三《伪科目》)

乡试中者无定额，亦不论门第，取中即为举人，……赴伪守土官

署报名，给以行资，具舟车，送入江宁应伪会试。……甲寅年，凡试二省，安徽乡试掌考官，为伪天试状元武立勋，无副；湖北乡试正掌考官，为伪翼试状元杨启福，副掌考官为翼试榜眼张友勋。其试文亦如八股，诗则试帖，惟题目皆出伪书，不本四书、五经及子史文集。

(张德坚《贼情汇纂》卷三《伪科目》)

甲寅……开武科，以四月初一日为乡试，……取中谷光辉等一百四十七名为武举。十五日，韦贼赴教场校阅，谓之会试，……取中刘元合等二百三十余名为武进士。……五月初一日，杨贼复试于教场，遂奏请洪逆，以刘元合为状元，职同指挥；谷光辉、周得三为榜眼、探花，职同将军；余二百余人，皆职同总制。次日，伪朝门设宴，谓之会武宴。 (张德坚《贼情汇纂》卷三《伪科目》)

改秀才为秀士，……改补廪为俊士，……改拔贡为杰士，……改举人为博士，……庚申十一月……改为约士，……改进士为达士，改翰林为国士。……至武秀才等，则改称英士、猛士、壮士、威士。
(《钦定士阶条例》)

二月初三日，考乡文学一场，其首一名曰信士。二月十二日，考乡武学一场，其首一名曰艺士。由军帅典试，文武均取首一名，军帅给以信士、艺士执照，其余评定甲乙，亦概行录送，达之县监军。每年三月，举行县试，县监军先期出示，于三月初三日，考县文学一场，初六日，覆试一场，其首二名曰秀士。三月十三日，考县武学一场，十六日，覆试一场，其首二名曰英士，由县监军典试。……每年钦遣各郡提学，考俊士则两文一诗，考毅士则马箭三枝、步箭五枝，及弓刀石技勇。……每逢子午荣卯。酉年，由京遣放提考，每省正副各一员。提考先期行文，于七月初七考约士，三文一诗；初九日，覆试，一策、一论、一诗，由提考出题。于七月十七日考猛士，马箭三枝，步箭五枝，十九日覆试，步箭五枝及弓刀石技勇，并默写武略一节，由提考校阅。取定约士、猛士若干名，提考给以执照。(《钦定士阶条例》)

《资政新篇》书影

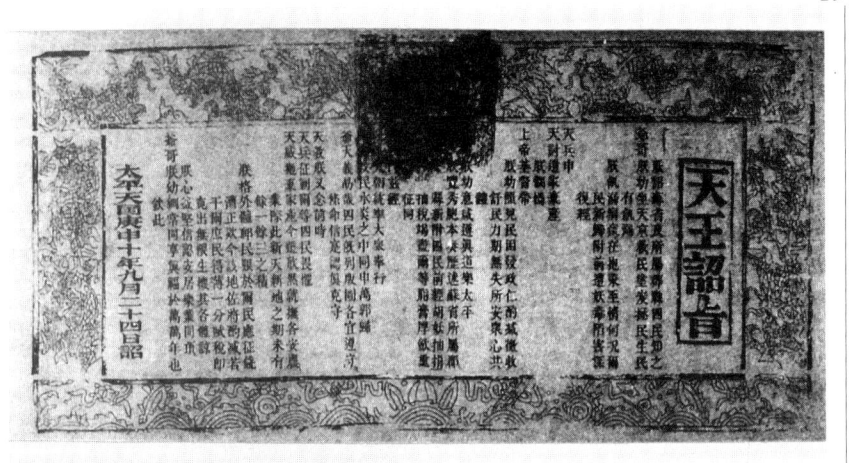

太平天国诏旨

　　元甲，状元、榜眼、探花；二甲，国士、威士；三甲，达士、壮士。……元甲职同指挥；二甲首名传胪，职同将军，国士、威士，职同总制；三甲，首名会元，职同监毕，达士、壮士，职同军帅。省试，约士、猛士及各郡提学拔取之杰士，均职同师帅。至提学每年所取之俊士、毅士，俱职同旅帅；郡试贤士、能士，职同卒长；县试秀士、英士，职同两司马；乡试信士、艺士，职同伍长，俱免差役。……文武士子品级相等。（《钦定士阶条例》）

　　长毛禁人用之字而以他字代者，如亥开，丑好，卯荣，龙隆，國国，王黄，威巍，祐佑、右，德得，高交，曾永，爷爺，叶，火伙，华花，上尚、享，正政，全泉，清菁、靖，朝潮，贵桂，秀绣，山珊，云芸，辉晖，昌菖，玱，达闼，皇黄，日旦，月期，荣容，天添，灶造，稣酥，圣盛，亚邪，耶釾，帝第，老考，洪鸿、红，仙先，开来。其在地支及姓则不避。又庙社寺院庵观主社稷字，皆不准用，仙龙酒烛卜筮神辰、魂讥、基督，亦不准用。谓杨萧二贼曰金谕，韦冯二贼曰宝谕，石贼曰贵谕。又以十二月初十日癸酉年。为洪贼生日，八月十九日为其妻赖氏生日，十月初九日为其子生日，乙丑年。八月十七日为杨贼生日，七月十一日为韦贼生日，皆试士云。试士之题皆自撰，亦时文试帖体裁也。（汪悔翁《乙丙日记》卷二）

（三）四方之响应

　　四方响应者，山东有民团及所谓"教"，其他零星相继起兵者不绝。

而以捻、苗、回军，先后几二十年，其势甚强，为时甚久，次则四川蓝、李，与太平军皆有直接间接之关系。兹分述之如下。

甲、捻军

安徽颍、亳、寿，河南南、汝、光，为捻众荟萃之地，以光、颍交界之区曰三河尖为最多。"捻"者"聚"也，每聚有首，称为响者，旗分五色，以为标志，亦称红胡子。有不合，则遣使约期斗，期前互耀武于敌捻之门，至期列队，调人长跪为解，两捻首亦跪以答，和则相揖而罢，否则鸣鸟枪遂斗，斗已，自归，例不报官。道光末，势益盛。咸丰二年，遂入海州、鹿邑等地。三年，据雉河集，以张乐行清官书改为张落刑。为首。时周天爵为漕运总督，守临淮关，天爵卒，袁甲三代之。豫、皖间东西二千里，捻军往来倏忽，北及大名，清廷为之戒严，由是始议抚。八年，捻首李兆受投清，乐行势稍衰。旋与太平军合，纵横河南、山东间，屡败清军，僧格林沁督师四省，驰逐不稍息。会苗沛霖诱执陈玉成，太平军势日蹙，乐行失援。同治二年，僧格林沁破雉河集，乐行走宿州，为知州英翰诱获，从子张宗禹清官书改称张总愚。领其众，攻略陕、豫间。会太平天国亡，大将赖文光等皆来附，苗沛霖亦聚众数万，以寿州应，僧格林沁督陈国瑞破之，沛霖为其下尝为陈玉成亲兵者所杀。沛霖诸生，以团练起家，其势埒于捻军，与之结合，纵横亳、寿间，始终不出省境，善于观望。既受太平封王，复为清川北道，然不冠服，令其下称先生，喜为文，恒数千言，张于寨门。三年六月，赖文光走湖北麻城，僧格林沁追之，至襄、樊，转战千里，张宗禹率河南捻军来会，僧军屡败，宿将多死。四年，捻军由临颍、郾城南走汝宁，折而北，抵确山，入睢州，渡运河以达曲阜，僧军竭蹶追蹑，及曹州，捻军大至，聚而歼之，僧格林沁战死。清廷大震，以曾国藩任捻事，创守黄防运之策，画地分守，凭河筑墙，以遏捻军。于是捻军分为二，东捻以任化邦、一作任怀邦，清官书称为任柱。赖文光清

僧格林沁像

官书称为赖汶洸。为首,率军入皖;西捻以张宗禹为首,率军入陕。

　　捻之为寇,盖始于山东,游民相聚,有拜幅,有拜捻,盖始于康熙时,其后捻日益多,淮、徐之间,因以一聚为一捻。……咸丰二年,李僡巡抚山东,兰山幅盗,拒杀把总,其魁党在徐、邳、峄、费间。其时山东捻掠海州,安徽捻犯鹿邑、宁陵,而丰、沛、曹、单亦骚然。三年,安徽、江南省城陷,宿、蒙、亳、寿捻益滋扰。周天爵驻徐、宿,镇群捻;天爵卒,袁甲三代之;甲三得罪去,以提督武隆额将兵屯亳州,总江苏、河南、安徽三省战事。而捻首张乐行、李兆受,亦稍稍有名。张乐行者,以雉河集为老巢,分五旗,驰突徐、宿、曹、归,英桂不能制,仍以袁甲三佐之。捻与洪寇相结,胜保与甲三会师正阳,始议招抚李兆受、苗沛霖以减捻患。八年,胜保援临淮,苗沛霖始用事,甲三进宿州,李兆受归诚,淮南北皆解严。九年,捻出归德,自兰仪渡河,犯定陶、东明,后还颍州。于时诸将帅,皆以回巢为幸,腾章告捷。以内地为盗贼巢自此始,直省皆引例焉。十年,捻陷清江,河督庚长遁,捻饱掠,复走至海防。事罢,乃命科尔沁郡王僧格林沁,督军讨捻,纵横河、济间,攻之辄败,副都统伊兴额战死,纵掠二十余县,西自南阳,南自汝宁,东界淮南,莫能定所向。僧格林沁移剿邹县教党,于是群捻与洪寇合,情形又一变矣。(《国朝事略》卷五《皖豫捻患》)

　　江宁复,粤逆余寇,尽入于捻,敢战攻坚,捻势益壮,僧王兵屡

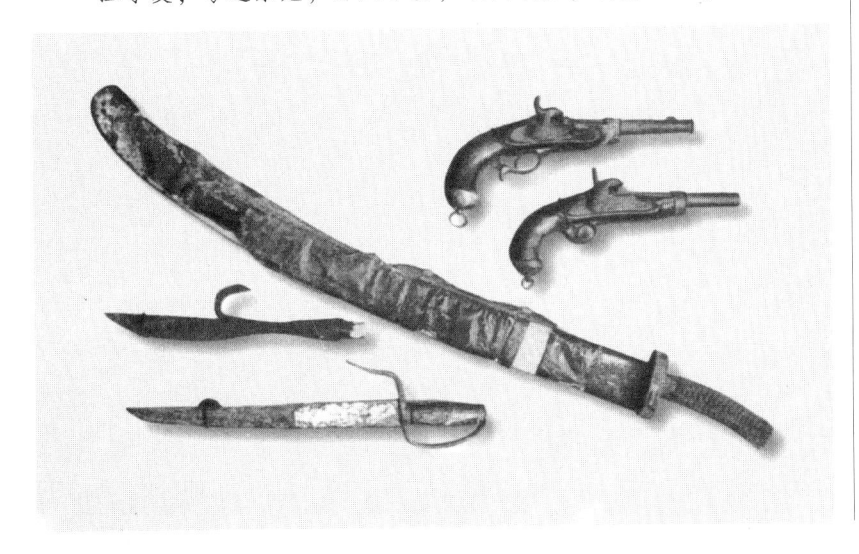

捻军武器

败。捻游奕四省，僧王亦追及四省，军士益形疲乏。四年四月，僧军攻捻郓城水套，中伏军溃，僧格林沁被八创，死之。……命曾国藩督师北征。……国藩……疏言：流寇剽忽，不贵尾追，贵迎头截击。……扼贼黄河，又宜水师。先为万全之策，不争胜于一旦。乐行族子张总愚，率捻攻雉河集，本群捻老巢也，史念祖死守四阅月，方解围。五年，曾国藩在直隶、山东增堤置栅，画地分防，始创守黄防运之策，捻渡沙河，……合股趋中牟，乘汴梁濠墙未成，溃口而出，扰山东，攻运河墙三昼夜，不克。捻亦分为二，西捻以张总愚为首，东捻以任柱、赖文光为首。（《国朝事略》卷六《皖豫寇靖》）

咸丰元年辛亥1851。八月……癸未，……谕：……寿州匪犯程六麻孜等，结捻横行，拒捕脱逃，当经……陆建瀛、蒋文庆……拿获捻匪高四八孜等多名，程六麻孜尚未弋获。……更有匪徒魏水烟头、张大炮、杨思华，结党强劫，竖旗有"魏大元帅"、"张大将军"字样。……又有绰号猫耳躲鹰及太岁、金刚、阎王、老虎者，……俱有抬炮、鸟枪、刀矛器械，乘轿放炮，吓诈横行。……（《清文宗实录》卷四〇）

捻首张洛行，勾结皖、豫诸捻，势益炽。……六年二月，命袁甲三。随同英桂，剿捻河南。甲三赴归德，招集旧部，三战三捷，进解亳州之围，……破燕家小楼贼数万，直捣雉河集，擒苏天幅，洛行仅身免。……洛行寻复纠党犯颍州，击走之，又踞雉河集。……八年……七月，命代胜保督办三省剿匪事宜。……未几，蒙、亳诸捻，入归德，窥周家口，甲三令子保恒，偕总兵傅振邦驰援。……振邦追贼及之太和李兴集，保恒集团勇扼桥口，马步合责，大破之，歼毙数千，逐贼出河南境。……疏言：……捻匪踞地千余里，臣兵不过数千，不能制贼死命。请敕各督抚，合力大举，为扫穴擒渠之计。九年……四月，……命署钦差大臣，督办安徽军务，实授漕运总督。进攻临淮关，……降捻内应，斩关而入，生擒贼首顾大陇等。……十年，进规凤阳，屡战皆捷，邓正明以府城乞降张元隆，犹据县城，诱出诛之，并诛悍贼三百余人。……捻匪陷清江浦，窥淮安，令道员张学醇击走之。……粤匪陈玉成……会合捻匪，扑凤阳，据九华诸山，连营数十里。……甲三令参将黄国瑞，潜率锐卒四百，夜薄九华山，跃入

垒城上，发炮应之，贼大乱，弃营走，围乃解。……十一年，张洛行屯聚涡河北，令李世忠击走之。……张洛行大举渡淮，甲三移军击之，洛行败走。……(《清史稿·列传》二〇五《袁甲三传》)

张乐行，涡阳雉河人也，……好斗，江湖亡命多依之。……咸丰六年大祲，两淮人相食，乐行引众涉颍而南，破三河尖，辇金帛如山，饥黎啸集，旬日数十万，遂僭称大汉盟主。通款粤贼，粤贼喜，以为伪沃王河南武主将，其五旗首各锡伪号有差。……同治元年，……博多勒噶台亲王僧……自帅步骑数万殿辚至，……贼遂大奔，……乐行独与一子走宿州，投李家英寨。……家英使人槭之以行，缚至西阳镇，王诘曰："何故反？"曰："行不好反，官反之耳。"(张瑞墀《两淮戡乱记》)

张洛行夫妇雕像

咸丰……九年1859年。……九月，……山东捻匪猖肆，复僧格林沁郡王爵，命偕瑞麟往剿。……十一月，至济宁，……疏陈军事，略曰："捻首张洛行、龚瞎子、孙葵心等，各聚匪党无数，此外大小头目，人数不少。每年数次出巢打粮，辄向无兵处所，迨官兵往剿，业经饱掠而归，所至抢掳赀财粮米，村舍烧为赤地，杀害老弱，裹胁少壮，不从逆，亦无家可归，故出巢一次，即增添人数无算。此捻匪众多之情形也。匪巢四面一二百里外，村庄焚烧无存，井亦填塞，官兵裹粮带水，何能与之持久，一经撤退，匪踪紧蹑，往往因之失利。此各路官兵，仅能堵御，不能进攻之情形也，每次出巢，马步数十万，……兵贼众寡悬殊。……前此粤、捻各树旗帜，近年彼此相通，……官兵在北，粤匪在南，捻匪居中，以为粤匪屏蔽，若厚集兵力，分投进剿，捻匪一经受创，粤匪蠢动，非竭力相助，即另图北犯，以分我

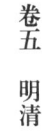

兵势。此剿捻不易之情形也。臣原带马步六千,续调陕、甘、山东绿营,及青州旗兵,共一万二千余人,拟俟齐集,会合傅振邦、德楞泰二军,相机直捣老巢。"……寻捻匪由徐州北窜,迎击于巨野羊山,……杀贼甚众。……十一年,捻匪五旗并出,僧格林沁率诸将由金乡迎剿,遇贼于菏泽李家庄,战失利。……二月,……僧格林沁亲驻汶上,令西凌阿回守济宁,贼由沙沟渡运河,盘踞东平汶上,德楞额追击于小汶河北岸,破之。……四月,令舒通额进剿,解胜县围,德楞额克沙沟,营临城驿,贼……奔窜。……八月,捻匪渡运河,……僧格林沁亲率大军,……败之于孙家镇。……九月,……黑旗捻党跨河抗拒,分兵击之,追及兰山兰溪镇,歼焉。

……疏陈军事,略曰:"捻匪老巢,多在宿州、蒙城、亳州境内,其北来每由归德之虞、永、夏,徐州之丰、沛、萧、砀,直入山东之曹、单、鱼台,或由宿、徐,北至韩庄、八闸。今领重兵进驻亳州,偏于西南一隅,……故屯兵亳州之议,在豫省为良策,若欲卫东省,兼顾北路藩篱,则未可行也。臣拟……移营单县,观皖捻动静,剿抚兼施。"……诏从之。同治元年1862年。……六月,……命统辖山东、河南军务,并直隶、山西四省督抚提镇统兵大员,均归节制。……亳北白旗捻首李廷彦,以邢大庄为老巢。……九月,僧格林沁自攻卢庙,令国瑞、恒龄攻邢大庄及张大庄,廷彦见事急,诈称投诚,诱出诛之,党羽多乞降。惟孙老庄匪首孙彩兰,不肯出,……攻入寨,擒斩彩兰,诸寨皆下。亳东黑旗捻首宋喜沅,因与苏添柏相仇杀,诸悍党攻破王大庄、刘大庄两寨来降,诸小寨头目,闻风归顺,亳北肃清。……二年正月,马林桥、唐家寨、张家瓦房、孟家楼、童沟集诸贼巢,先

张乐行故居

后剿平，著名捻首魏喜元、苏添才、赵浩然、李大个子、田现、李城等，或降或遁，张洛行为巨憝首恶，……遂潜回雉河集老巢。尹家沟、白龙庙，与雉河集为犄角。二月，令舒通额等进攻尹家沟，……击溃，遂攻雉河集。洛行夜遁，追至浉河北岸，……擒斩捻首韩四万等，……捻首李勤邦投诚，诱擒张洛行及其子张憙以献，磔之。十月，……时捻匪张洛行之侄总愚扰河南。……

三年……六月，江宁克复。……七月，粤、捻诸匪，麇聚麻城，……贼窜河南光山、罗山，僧格林沁亲督马队追击，战于萧家河，援贼大至，……自翼长舒通额以下，阵亡将领十二人。……九月，张总愚东窜，与上巴河、蕲州之贼勾合，踞风火山，僧格林沁会鄂军进剿，连战破之，贼趋安徽境。……十月，连破之于土漠河、乐儿岭、陶家河，……捻首马融和，率党七万人投诚，……先后受降十数万，著名匪首仅存数人。……惟张总愚、陈大憙西窜河南、湖北境，复猖獗。十一月，僧格林沁督军追剿，败之于光山境，进至枣阳。粤匪赖汶洸、邱元才，捻匪牛洛红、任柱、李允等，窜踞襄阳黄龙垱、峪山，官军进击，小挫，而张总愚、陈大憙乘间与合，图犯樊城。大军追击于邓州唐坡，贼倾巢出，……官军失利，伤亡甚多。……四年正月，……贼南趋，由临颍、郾城扰西平，裹胁愈众，遂犯汝宁。二月，僧格林沁进抵汝宁，……贼又北窜。追至确山，陈国瑞等步队亦到，令与全顺、何建鳌、常星阿、成保数路合击，郭宝昌设伏山口，僧格林沁登山督战。……贼大败，……直走睢州，官军追至，又奔入山东境，渡运河，至宁阳，折向曲阜。官军驰追匝月，日行百里，往返三千余里，马力久疲，自苏克金、舒通额、恒龄等殁后，得力战将渐稀。……至是，匪踪飘忽，盘旋于兖、沂、曹、济之间，……勾结伏莽，众至数万。僧格林沁督师猛进，再战再捷，至曹州北高庄，……军分三路合击，皆挫败，退扎荒庄，遂被围。……夜半突围，……从骑半没，僧格林沁抽佩刀当贼，马蹶，遇害，时四月二十四日也。（《清史稿·列传》一九一《僧格林沁传》）

【东捻】

同治五年，任化邦、赖文光渡贾鲁河，自皖而鲁，转河南，入湖北。时清以李鸿章代曾国藩，六年，鸿章使刘铭传、鲍超合击东捻，捻军复入山

东,突破运河墙,抵登、莱。鸿章欲蹙之海隅,乃修胶、莱防墙,捻军乘其未就,复突破之以入苏。刘铭传蹑之,转战数省,至江苏赣榆,任化邦被刺死,赖文光率余众走鲁,屡败,乃走扬州,为吴毓兰所执,东捻遂亡。

诏还曾国藩本任,以李鸿章代之。东捻窥湖北,鄂将郭松林,败于白口受伤。六年,刘铭传、鲍超,合击东捻于京山北,铭传轻进而败,全军覆,鲍超麾军继进,大败之,斩万余人,尽夺回铭传军所失士马辎重,追杀五昼夜,所谓尹漋河之战是也。超矜已功,鸿章稍袒铭传,超乞病去,鄂将彭毓橘,又于蕲州遇捻,战死。时梁山土匪,使迎任、赖,捻日夜驰数百里,东还,陷戴庙堤墙,渡运而东,复创倒守运河之策,又议防胶莱河,令淮军、东军,分段守之。捻又窥潍河堤墙未竣,窜出,鸿章仍议防运。捻犯日照,刘铭传、潘鼎新连创之,又北犯章丘,东走高密,绕回赣榆,与刘铭传大战,阵斩任柱首,捻遂大奔,降者万余人。赖文光率残党突渡六塘河,至扬州,为防将吴毓兰所获,磔之,东捻平。(《国朝事略》卷六《皖豫寇靖》)

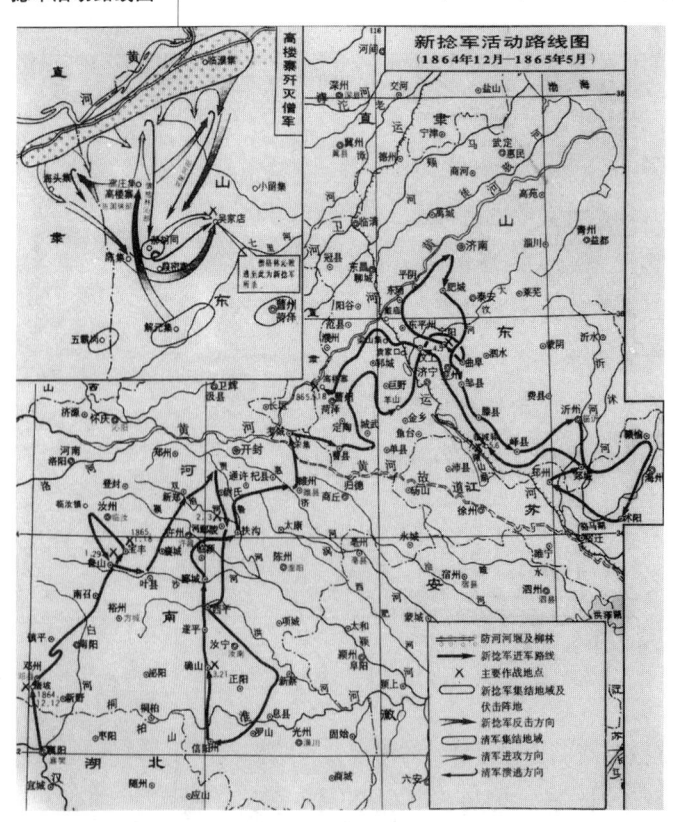

同治……四年1865年。四月,科尔沁亲王僧格林沁战殁曹州,以曾国藩为钦差大臣,督其军,……久无功,……以鸿章署钦差代之,败东捻任柱、赖文洸于湖北,六年正月,授湖广总督。……初,曾国藩议冯河筑墙,遏贼奔窜,鸿章守其策,而注重运西,饬豫军提督宋庆、张曜及周盛波、刘秉璋,分守山东东平以上自靳口至济宁,杨鼎勋分守赵村石佛至南阳湖,李昭庆分守摊上黄林庄至韩庄八牌,皖军黄秉钧分守宿迁运河上下游,互为策应。……六月,……贼由潍县趋窜登、莱,鸿

捻军活动路线图

章复议逼入海隅，聚歼之，乃创胶莱河防策，令刘铭传、潘鼎新筑长墙二百八十里，会合豫军、东军分汛设守，……严扼运防，令铭传、郭松林、鼎勋三军，往来蹑击。十月，追至赣榆，降酋潘贵升，毙任柱于阵。……赖文洸……遁入海滨，官军围击之，斩获三万，赖文洸走死扬州，东捻平。（《清史稿·列传》一九八《李鸿章传》）

伪鲁王任柱，张乐行之部将也。……同治六年，……出没于光、汝之境，……破长垒而北入山东，……就食海上。……肃毅喜曰："贼入死地，可灭矣！"……围将合，……贼率众突围走犯海州，……九月，折入安邱，……刘铭传一军先至，……昧爽袭贼军，……任柱仅以身免。……十一月，突围出，……刘公呼曰："有毙任柱者金万两，爵三品！"一小校跃前曰："能之，然需佳马。"视之，则降人宋德盛也。公以所乘与之，宋驰往大呼曰："鲁王！刘军且败，宋某来归。"柱前马与之语，宋袖洋炮发，柱自马上仆。（张瑞墀《两淮戡乱记》）

辛酉十一年秋，安省失守，……英王……遂率师渡庐，请命自守，复加封余为遵王，命与扶王、启王等远征，广招兵马，早复皖省。嗟乎！此乃英王自取祸亡之由，累国之根也。又有忠王李秀成者，不知君命，而妄攻上海，不惟攻之不克，且失外国和约之大义，败国亡家，皆由此举。至辛酉岁底，予偕扶王、启王，勉强由庐渡淮，……过五关，越秦岭，抵中原，出潼关，于壬戌十二年冬，由郧阳而进兵汉中，一路滔滔，攻无不克，……于甲子十四年春，由汉中而还师东征，图解京师重困，未果，以致京都失守。……其时江北兵士无可依归者共有数万，……其头目任化邦、牛宏升、张总愚、李蕴泰等，誓同生死，……请予领带以期报效，……恐独立难持，……是以于丙寅十六年秋，特命梁王张总愚、幼沃王张禹爵、怀王邱远才，前进甘陕，往连回众，以为犄角之势。天不佑我，至于今日，夫复何言。（《赖文光自述》）

【西捻】

张宗禹，官书改为张总愚，亦称小阎王。同治六年，率捻众六万由豫入秦，大败清军于灞桥，进围西安，转战泾、渭间，不利，北入绥德、安塞、延川，渡黄河，攻山西之吉州。清以左宗棠督湘军，备西捻，宗棠自

率锐卒五千追之。七年，捻众万人由绛州入豫，以达顺德、巨鹿等县，清廷大震。五月，捻军趋茌平，经德州、东光，径抵天津，清以都兴阿为钦差大臣，集各省军十余万人御之。时运河之防渐固，捻军为所限，清合诸军逼之于徒骇、黄、运诸河之间，宗禹不知所终，或云投河死，西捻遂亡。

西捻入陕西，命左宗棠讨之。六年冬，捻在宜川，乘冰渡河，陷山西吉州，由绛州趣济源出山。七年正月，北犯至保定，京师戒严。东捻甫灭，各军北援，命恭亲王节制诸将。捻盘旋于直隶、东豫间，复议守运。时漳、卫盛涨，道之减河，自运达黄，通行战舰，时疆臣李鸿章、左宗棠、丁宝桢、李鹤年、英翰，湘军宿将则刘松山、郭松林，皖军则刘铭传、周盛波、潘鼎新，豫军则张曜、宋庆，水军则黄翼升、欧阳利见，将数十万众，围捻于徒骇、黄、运之间，窜无路，掠无食，部党解散，松林、铭传马队要击之，张总愚赴水死，俘老捻四千人，歼之，西捻平。……东捻之平，在六年十一月，西捻犯畿辅，在七年正月，相隔一月，未合势，若东捻不先平，北方之祸未已也。（《国朝事略》卷六《皖豫寇靖》）

七年正月，西捻张总愚由山右渡河，北窜定州。……鸿章督军入直，疏言：剿办流寇，以坚壁清野为上策，东捻流窜豫东、淮北，所至民筑圩寨，深沟高垒以御之，贼往往不得一饱，故其畏圩寨，甚于畏兵。……今欲绝贼粮，断贼骑，惟有严谕绅民，坚筑圩寨，……贼至无所掠食，……或可克期扑灭也。……四月，……鸿章以捻骑久成流寇，非就地圈围，终不足制贼之命，三口通商大臣崇厚及左宗棠皆以为言，而直隶地平旷，无可圈围，欲就东海南河形势，必先扼西北运河，尤以东北至津沽，西南至东昌、张秋为锁钥，乃掘沧州迤南捷地坝，泄运水入减河，河东筑长墙，断贼窜津之路，东昌运防，则淮军自城南守至张秋，东皖诸军，自城北守至临清，并集民团协防。闰四月，……贼……迴翔陵县、临邑间，旁扰茌平、德平，犯临清运防。……其时官军大败贼于德州扬丁庄，又追败之商河，张总愚率悍党……出德州犯运防，……不得出，转趋博平、清平。适黄、运暨徒骇交涨，……水深不可越，河西北岸，长墙绵亘，贼窜地迫狭，势益困。鸿章增调刘铭传军，……至博平、东昌，圈贼徒骇、黄、运之内，而令马队周回兜逐，贼无一生者，张总愚投水死，西捻平。

张宗禹之墓

(《清史稿·列传》一九八《李鸿章传》)

伪梁王张总愚，本名宗禹。乐行之犹子也。……强忍敢战，人号小阎王。雉河之败，收余众数千，窜伏洛、巩之西山套。同治四年，僧王追贼入山东，四月，与贼遇于菏泽，王将中军，……群贼皆萃于中军，……久之，败绩，……总愚围之数十重，……炮矢乱发，王遂卒于大树下。……六年……秋，张总愚窜陕西，结回贼……以抗官兵，而回酋以回汉不两立，……使迎战官军，而己夹击，大破之。总愚怒，……攻回，……且令其众曰："掠回勿掠汉。"陕民……乃弃官军而附总愚，……得蜡书，……遂走泽、潞，犯怀、卫、彰。六年正月，扑保定，……趋博野、深州，入东昌。四月，涉运河而北，遂入南皮，围天津，……于是皖抚英翰以兵三万……军临清。……湖督李鸿章率兵六万，豫抚李鹤年率兵二万，东抚丁宝桢率兵三万，皆先后渡河，而秦督左宗棠率兵万五千出陕追贼亦至。李督少荃曰："任、赖之灭，……实乘地利也，今贼复趋沧、瀛，蹈其覆辙，所谓天亡之时。当以守运为正，战为奇，……灭贼必矣。……画地以守，……其天津要害，则兵部侍郎崇厚以禁军轮船驻防。"……初贼之渡运也，期与任、赖出围合股，既抵天津，侦二贼已就擒，失望，乃解围走武定。……六月，……平地水深数尺，……总愚自度不能生，……下马入河死矣。（张瑞墀《两淮戡乱记》）

张总愚入秫丛,向正东走十余里,水深不能行,回奔正北里余,与从骑散,贼王双仔、王结巴等八人小憩觅食,乡人数十人大呼围之。总愚等走东北,至徒骇河王家桥畔,日色向晚,不得食,总愚泣言曰:"尔等各觅生路,我当赴水死,免为官兵所擒。"双仔、结巴等策马商赴官军纳降,顾见总愚所乘马在河畔,双仔等返辔视之,总愚浮沉中流,呼之不应,良久随波去,……全股降散。(《山东军兴纪略》卷九)

乙、苗教

咸丰中,贵州苗民以不堪官吏之虐,起兵与抗,同时并起者有号,多奉巫者之教,故亦曰教。此外有天主教,有杠有缘,石达开入黔,欲纠集其众,不果。清竭湘、川、滇、黔四省兵力,历十余年之久,苗教始归失败,其事虽无关全局,而一隅之地,此仆彼起,亦有足纪者。

贵州一省,地瘠民贫,群苗杂处,赋税所入,不足供官俸兵糈,犹仰给于各省,军兴以来,各省停解协饷,匪徒乘乱四起响应。其名有苗匪,则张秀眉踞台拱、李高脚踞凯渡、陶新春踞猪拱箐为之首;曰教匪,则何得胜踞尚大坪为之首;曰号匪,黄号则刘义顺为之首,白号则胡二黑为之首;曰回匪,则张定中踞新城为之首;又有杠匪、狆匪、滥练、叛兵,所在皆是,抚臣号令不能出省,非川省规其上游,湘省规其下游,何能平定?……咸丰四年,兴义安顺土寇起,五年,苗匪杨隆禧作乱,群苗响应。铜仁举人徐廷杰,聚众陷城,杀知府葛

景莱，并陷松桃，湖南戍兵击之，散走。苗陷黎平，新疆六城均陷。湘将田兴恕善战，擢贵州提督，督二万军援黔，湘供饷械，攻苗屡捷。而石达开逼省城，上命兴恕为钦差大臣，从间道赴之，连败石逆，省城获安。兴恕并署巡抚，而湖南停其协饷，军遂不振，未几，因教案革职，遣戍新疆矣。

同治四年，朝廷以粤寇平，命川、湘并力图黔。川将刘岳昭攻正安，克之，进攻仁怀厅，克尚大坪，戮何得胜；滇将岑毓英克猪拱箐，斩陶新春，贵东渐清。六年，刘崐抚湘南，治旧将周洪、印兆琛罪，令湘将李元度、席宝田攻荆竹园，四阅月，始克之，黄号、白号皆尽。湘抚又令黄润昌为大将，邓子垣副之。黄、邓自江宁奏凯还湘，意气甚盛，破公鹅、董敖两砦，世所谓天险也，度黄飘，为苗所袭，二人俱战死，而苗亦震于兵威，不敢内犯。朝命李鸿章督师，不果来，宝田节节进攻，克乍拱，进军九股河，平丹江，新疆六城尽复，曰古，曰台州，曰清江，曰都江拱，曰丹江，曰八寨。并得张秀眉，斩首以徇。同治九年，川督吴棠，奏以贵州提督周达武，率本军五千八百人赴黔，川省拨饷五万八千两，于以重黔权，纾蜀力，疏入报可。贵州巡抚曾璧光，以战事委达武区分，整顿厘金，添增勇营，兵力始厚。三里凯渡者，上下游咽喉也，达武先出兵规凯渡，断上下游为两，守都匀以固省防，分兵克定番、独山，斩杨阿礼、潘得洪，八寨酋闻国兴降，溃其腹心。五月，进攻麻哈州，楚军亦克凯里，丹江止隔一江，烽火相应，会天暑疫起，约秋凉再举。八寨既降，清、台、丹、拱各苗，经楚军剿亟，乘虚上窜。攻闻国兴八宝山，国兴昼夜搏战，枪伤贼首包大肚，乃退。再进军克黄平、清平，破苗寨八十余，安抚一百余寨，始与楚军合。楚军获张秀眉，周军获高禾，均著名悍酋也，上游兴义府，居盘江之南，同治三年，回匪陷之，以普安之新城为老巢，贞丰州为唇齿。达武命将力遏盘江，拔贞丰州，与滇帅进规兴义，提督文德胜力战克之。抵新城，回死拒，以碉险林立，文德胜中枪死，乃招降张定中，滇将不允，定中自杀。十二年，新城兵变，道员周康禄死之，达武弟也。达武再平之，黔中始定。两《湘军记·援黔篇》均至席宝田军复新疆为止，其实上游复都匀、兴义，下游克八寨、获高禾，皆川军之力，会滇帅攻克新城，黔疆方全行底定。今据《邱钞》、《武

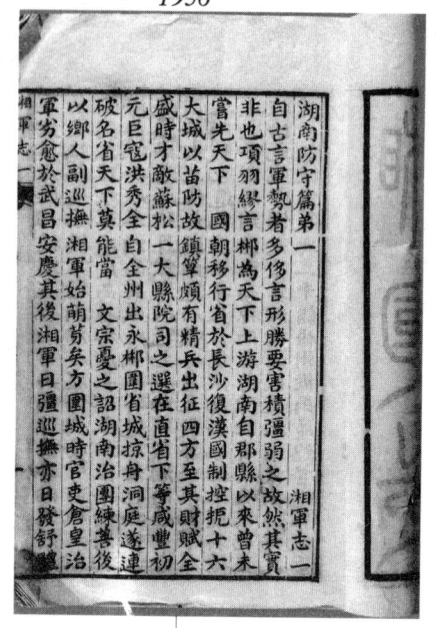

军纪略》补之。(《国朝事略》卷六《平黔寇》)

苗教同时起兵，教则有红号、黄号、白号，以抗粮为号召。而何得胜据仁怀尚大坪，称武安王，本天主教，清官书谓之教匪，《湘军志》以红号等为天主教，颇误。何得胜，开州人，阴受神父操纵。田兴恕愤而杀教徒数人，引起法人责难，勒令清廷以兴恕抵偿，磋商数年，始由死罪减为遣戍定案，遂开后来刘秉璋、李秉衡因教案必须革职永不叙用之恶例。

咸丰五年十月，铜仁府贼起，贼首徐廷杰、梅济鼎，皆府属举人，平日师事毛家寨巫者毛大仙，名正年，诡言尝梦神人称之长眉仙，授以笔咒，因以惑众。三月中，借府吏苛征名，聚众议粮，至是初二日，率众突入府城，毁文武各署，知府葛景莱受伤没。……时贼首刘世美起江口，田宗达、吴灿奎等起印江县，遥相应。宗达子瑞龙，随廷杰入铜仁，廷杰谓瑞龙前身为蜀汉赵子龙以愚众，谓大仙子位元为释迦佛，大仙弟士福为白鹤仙，以红巾蒙首名红号。(罗文彬《平黔纪略》卷二)

咸丰八年二月，……周夔……会得援省檄，遂率算勇同经历瞿洪先等赴省，以军事交署思南知府周献廷接办。献廷至，则令饶以爵等分扼各隘，不亟图贼，于是杨和凤叛于鱼溪。溪毗城头盖，婺川县协和团贺济泮叛于濯水，安化济安团胡黑二名胜海久传灯花教，叛于乾溪梅林寺，是为黄号。(罗文彬《平黔纪略》卷五)

咸丰七年十二月，思南府致和团白号教匪起。致和团夙与府属石阡属各团联络，势颇大。有自余黄贼中归者，多所获，曰打起发，民羡之。灯花教首刘义顺者，四川涪州人，年七十余，发长过腹，白眉长寸许，诡称九十余岁，众呼曰刘祖祖，食斋拜灯，扇惑团众，借捐输急，联团抗官。江家寨首何冠一父子为之副，群称教首曰老先生，以白布裹首为号。生员李春华、福奎部练首赵金声，与贼通，……冠一与琁家坝田教头等，树黄旗举事鹦鹉溪，初五日，突至大严关，金声纵火启贼自山后入，城中大乱，思南府城陷。(罗文彬《平黔纪略》卷四)

韩超，……咸丰……四年，……桐梓匪杨凤窜永宁，合黔西匪王

三扎巴，连陷数城，围遵义，超驰至，败贼南关，阵斩王三扎巴，立解城围，复追败诸葛章司河，擒杨凤，斩之，余党尽歼。……五年，苗乱蔓延，超驰援台拱，解黄平、平越围，转战至施秉、镇远，贼堑山断道，以阻官军，超以孤军驰突其间，大小数十战。……九年，……时苗、教各匪连陷诸郡县，驻军邛水汛，扼其中，使苗、教不得合，且遏其下窜湖南之路。贼出全力扑之，超约楚军夹击，贼大溃，剿思州响鼓坪、施秉土地坪、镇远金鼎屯锋严屯、唐家屯诸贼巢，擒贼目张东山、欧光义等，镇远所属皆平。……同治元年，……命超办理防剿事宜。时尚大坪、玉华山两处为贼巢，遵义、安顺、思南、大定、铜仁、石阡诸府，所在皆贼。五月，回匪陷兴义，……超……破贼巢，擒匪首倪老帽，斩之。……六月，闵家场踞贼，纠集苗、教诸党，逼江口，……陷邛水、青溪两城，……超……攻安顺狆匪，夷其垒，擒斩贼酋韦登凤等。尚大坪贼复约苗、教，分掠江内，超……破之，邛水汛城同时克复。进平玉华山贼巢，攻拔瓦寨，复天柱县城。……破王家苗寨夹马洞诸贼巢，获其酋李玉荣等。黄、白号教匪窜遵义，破之于三台山，夺五里坎诸隘口。……进攻石阡，毁老王屯贼巢，诸屯就抚。石阡、铜仁苗匪，攻毁镇远营垒，邛水戍军亦溃，遂南掠松桃，北攻天柱，湖南援师至，贼始引去。(《清史稿·列传》二〇七《韩超传》)

席宝田，……同治……六年冬，进军石阡。荆竹园为教匪老巢，……七年元旦，进攻，……一日平十八砦，克荆竹园，擒斩匪首萧桂盛、何瑞堂，其旁三十六砦，相继攻下。……夏，进规寨头。寨头为苗疆门户，诸苗孥贿资粮所萃，连拔东西三屯，阵斩苗酋桂金保，破援贼张臭迷，攻下台笠、丁耙塘诸砦，遂克寨头。分军克天柱，斩其酋陈大六，……进攻台拱。台拱苗最强，踞清江、镇远二城为犄角。宝田请增兵万人，按察使黄润昌、道员邓子垣领之，出晃州为北路，宝田自当南路，令荣维善用雕剿法，……破诸苗砦，渐近镇远，润昌、子垣由思州进攻镇远府城，克之。八年二月，维善连破董敖、公鹅两隘，遂克清江厅城，两军合趋黄飘山，地狭峻，……遇伏，……争道相挤，为贼所乘，润昌、子垣皆战殁，维善……驰救，……遇害，于是苗氛复炽。张秀眉犯巴冶，宝田进督军击走之，进克稿米，令龚继昌、苏元春破苗寨，走张臭迷等。……九年，会攻施洞，克

之。苗走九股河，白洗苗来援，击败之，进攻台拱，破革夷诸砦，薄台拱城下，苗弃城走，克之，……进军九股河，……凡平黑苗砦二百余所，鸡讲、丹江苗，皆请归化。十年，进攻凯里，一鼓而下，苗溃走雷公山，麇众六七万人。黄茅岭、雷口坪、九眼塘、燕子窝诸寨，皆绝险，宝田督诸军，冒暑入山，合击张臭迷，斩馘三万，燔其庐舍。……宝田遽病风痹，……命部将龚继昌、苏元春、唐本有、谢兰阶分统其军，……仍禀命于宝田。十一年，三路进兵凯北，……合攻乌雅坡，诸酋皆在，……迭战，斩九大白、岩大五于阵，先后降者数万。四月，擒张秀眉、杨大六、金大五等，……张臭迷先逸，捕得，戮之，诸酋或降或斩，无脱者，苗疆平。（《清史稿·列传》二〇七《席宝田传》）

同治元年1862年。五月甲辰，总理各国事务恭亲王等奏：……法国使臣哥士耆……照会一件，内称贵州提督田兴恕，起意陵辱教人，去年屡次带兵攻击贵阳等处天主堂，并派团务道赵畏三等，往贵阳青岩晁家关攻坏学堂，将该处习教张如洋、陈昌品、罗老二、王罗氏四人，并不审问，即行处斩。……开州知州戴鹿芝，带人将传教人文乃耳，及中国人吴贞相、陈传经、张天中并张易氏拿去，尽用极刑处死，仍派团首周国璋四乡搜寻奉教之人。（《筹办夷务始末·同治朝》卷六）

贵州黄茅岭

同治三年1864年。九月壬戌，云贵总督劳崇光、署贵州巡抚张亮基奏：臣等先后与田兴恕接见，将被参各款及杀害教民缘由，逐加诘问，田兴恕皆自承不讳，……惟杀害教民一案，情节更重，自应归于彼案，从重定拟。……田兴恕合依官司故入人罪，全入者以全罪论，……拟绞监候，秋后处决。……又所犯事在赦前，可否仰恳鸿恩，免其一死，发往新疆，充当苦差。……至田兴恕所居六硐桥公廨，……哥士耆及胡缚理屡次请将此项房屋给与，作为经堂，……已经臣等派员点验，交给胡缚理收管。其被杀各教民应给恤银，并应给各项银两，……共应给一万二千两，亦经臣等筹款，拨给胡缚理收清。（《筹办夷务始末·同治朝》卷二八）

同治四年1865年。三月，法国公使函称，……"愿照中国办法，将田兴恕发往极边充军，永不援赦"等语，此案既经覆到，应即议结。（《筹办夷务始末·同治朝》卷三一）

丙、杜文秀

云南回汉，信仰不同，清吏交构其间，每因细故启衅，道光二十五年，遂有永昌汉民杀害回民数千人之事。清派林则徐查办，诛为首汉民二百余，而迁回民于潞江外，其不愿迁者，流散各地，仇杀相寻。至咸丰五年，因回民铜厂被占，杜文秀起兵据大理，称总统兵马大元帅，建号全福，遥奉太平天国，蓄发易衣冠，联回汉以反清，远近回民响应，云南提督褚允昌败死宾川。七年，回众遂逼省城，总督恒春缢死，吴振棫代督，以兵饷俱乏，议抚，围遂解。咸丰十一年，回民马起等复率众逼省城。同治元年，武生马如龙以八城归清，省围复解。二年，回弁马荣杀总督潘铎，布政使岑毓英以兵守署，促如龙入援，杀回众几尽，马荣以身免。毓英遂西攻，下富民、陆凉等州县及楚雄府，进窥大理。三年，下镇远，而马联陞攻沾益，马龙急，毓英回兵援之。八月，败马联陞于天生关，进下霑益、寻甸，杀马荣及马联陞，迤东定。五年，劳崇光督滇，以马如龙专西事，毓英专东事。六年，毓英拔猪拱箐、海马姑诸垒，而马如龙屡败，杜文秀遂率众大举东下，破定远等二十余城，省城戒严。九年，毓英回军，与文秀相持，总督刘岳昭战屡衄。二月，教首杨荣率众数万，破杨林长坡而进，省城大震。毓英督总兵杨玉科等以次取寻甸、杨林、富民楚雄诸地。九年，刘岳昭亦克丽江、威远等州县。十一年，杨玉科遂破大理，

杜文秀帅府

杜文秀自杀，余众降。

　　滇中汉回构衅，在承平时已然。道光二十七年，总督林则徐，剿灭赵州之弥渡口回匪，又讯保山汉回哄杀事，曾有"只分良莠，不分汉回"之谕，借以粗安。咸丰五年，杜文秀起蒙化，陷大理，踞之，提督褚允昌败死。……七年，擢刘岳昭为云贵总督，岑毓英为巡抚。八年，岳昭三攻寻甸，克之，迤东肃清，再入省城，克昆阳，斩杨振鹏，去省城肘腋患。九年，骁将李维述、杨玉科，迭克名城，斩悍寇，而性骄蹇，毓英善抚之。马如龙与毓英不合，倚岳昭亦资其力，弹压回众。云南之平，刘、岑之善将将也。十一年，杨玉科克大理，杜文秀伏诛。十二年，杨玉科克顺宁，李维述克腾越，云南平。饬提督胡中和到任，马如龙调湖南，杨玉科移广西，豪帅并解兵柄，牧守稍得行其法，而监司郡守，始敢核吏治矣。（《国朝事略》卷六《平滇匪》）

　　永昌府，其同城首县曰保山县。……道光二十年前后，县属汉民中多有烧香结盟为会者，是为香把会。……凡强悍少年，势豪劣衿，互相效尤，城乡各地共成八处，是为八把香哥弟。每把香内有大爷一人为首领，……皆威势骇人，而以板桥之万大爷万众尤为特甚。……每年阴历三月二十九日，为五岳大帝大会之期，……由万寿亭迎五岳像至城南诸葛营东岳庙，大举祝祷。迎时必经过本城之同丰街清真寺

门口,……念经学生站立寺门外观望者,……均轻视汉教行为。内有不安分者,不惟妄言讥诮,且取口嚼之甘蔗渣、果子皮壳等物,遥掷轿前装神排队之人,以资戏笑,遂招迎神者及旁观汉民之愤怒,始则口角,继则斗殴。今年如是,明年复然,遂成仇怨。……屡经汉民控告,经保山县官严究,曾将极凶横之回民马有德笼治毙命,……仍不息也。……又因龙泉门外有龙泉寺,寺有所谓转轮殿者,……每于阴历七月十日在此做会,凡少妇丧夫者皆往哭其夫,常被回族中轻薄少年戏谑,致招汉族人责骂,……继以斗殴。道光二十三年,互斗尤烈,……汉回之仇恨因而愈深,于是香把哥弟遂有屠灭回族之意。

道光二十五年,有金鸡村人沈盈,……有邪术,能避枪炮弹,八把香哥弟遂公举沈盈为总太爷,以屠灭回族为事。……永昌府知府、保山县知县、永昌协副将、永昌协中军都司,均出与沈盈印结一纸,结内言称"永昌全体绅民公请沈盈,统率团丁,屠灭永城回子,有本府、本协镇、本县、本闸府文武各官员负担责任。屠灭之后,若有上司惩究擅杀之罪,由文武官一力认咎,不使沈盈承受罪罚,沈盈系奉命而行"等语。沈盈得此印结,密由金鸡哨挑选壮丁三千人,于九月初二日二更时至城下,用绳索挂于城垛上,援之以登。先由绅首密令汉民,以敬门神为名,焚香门上为暗号,通夜无熄,该壮丁等,但视门上无香之户,即破门屠杀,不分老幼男女,杀绝乃止。……计惨杀城内及南门外回民一千三百余户,计八千余丁口。……回民被屠之后,有丁灿庭、木文科、杜文秀、刘义等,赴京具控,经道光皇帝严饬云贵总督林则徐,统兵赴保山剿办汉民。道光二十六年正月,……忽有陕西回民蓝姓等八十余人作乱,杀死弥渡巡检司,占踞弥渡城,林则徐即据此具奏,谓汉民中有好人,回民中亦有坏人,遂改剿办为分别拿办。……沈盈恃文武官给与之印结,……遂首先听凭拿办,以致同党之人均听拿办,……正法者二百余人,充军边远者二三百人,……遂斩沈盈。

彼时保山回民……下余未杀者,勒令贱价将产业全数售归汉民,……勒令迁居潞江外官乃山居住。而官乃山……烟瘴之地,……佥言迁往烟瘴之地,是欲灭我种族耳,遂各散往他方,……其因衣食逼迫,流为盗窃者,间亦有之。由此之故,远近各属遂多有屠灭回族之举动,攻杀纷起。……当斯时,回族朝不保夕,……而云南大吏复以

威势逼迫，……于是杜文秀等于咸丰六年，占踞大理，众举文秀为总统兵马大元帅，渐次攻取并招抚，所以迤西各属皆归附之。文秀因思汉回互斗，起于细微，实由永昌文武官并云南大吏酿成屠杀之惨祸，而殃及全省，咎多在官，而不在民，……其宣布文曰："可恨妖官兴汉灭回，致互斗之祸连及各属，民不聊生。本帅一秉大公，连回汉为一体，竖立义旗，驱逐鞑虏，恢复中华，剪除贪污，出民水火。……"自宣布后，即以优待汉民为政，所有汉民皆得各安生业，汉族中绅士、举、贡、生、监，皆授以文职，治理民事，或参赞军务，且改用明朝衣冠，留发不剃。（李元丙《永昌府保山县汉回互斗》）

榆蒙回既据有大理，远近回民皆响应，……蓝金喜、马金保、马朝珍、马良、杜万荣、马名魁等，……各不相下。……回中之有识者，议以诸人互争雄长，将召衅端，应齐集同人，大开会议，……有能识略迈众，可当大任，为众议允谐者，举之。时与议者，多以……攻城掠地自夸诩，独杜文秀嘿然，厥后乃曰："欲做大事，必须收拾人心，不宜专尚威力。且汉众回寡，尤宜重用汉人。"众皆钦服，沙谦尤韪其议论，遂联和众议。于九月二十五日，筑坛于校军场，推拜文秀为总统兵马大元帅，授蔡发春为扬威大都督，总各路军事，马金保为中军将军，刘纲为平东将军，陈义为镇西将军，马良为平北将军，朱开元为平南将军，蓝金喜为奋勇将军，杨德明为左翼将军，宝文明为右翼将军，马天有为前军将军，马朝珍为后军将军。……其余文职为参军、参议、参谋、主政、主簿、司务、首领等，武职为都督、将军、中郎将、翼长、领军、指挥、先锋、统制等。旗帜尚白，宣布遥奉太平天国南京之召号，……改正朔，蓄全发，易衣冠；田赋征粮米，除丁银；诉讼速审判，禁羁押，民多便之。又分其兵籍曰衙，有大理衙、上八乡衙、永昌衙、江迤衙、迤东衙、蒙化衙、六省衙等目。（周宗麟《大理县志稿》卷八）

大理为滇西要害重地，背负点苍，面临清洱，又有龙首、龙尾二关，锁钥上下，以为门户表里。丙辰之变，杜逆踞为巢穴，僭称元帅，蓄发铸印，改易衣冠，攻陷五十三城，横行一十八载。官军四度进讨，皆无成效，提督文祥败绩于云南，提督褚允昌覆师于宾川。岑。毓英前任藩司，带兵攻克楚雄、景东，进围姚州、镇南，又以曲、寻逆酋马联升等蠢动，旋军东征，大功未竟。最后马如龙军至定

远溃归，致西逆连陷郡邑，长驱围省城，杨振鹏、田庆余等，一时并叛，外侮既逼，内变复兴，滇事几不可问。赖毓英通筹全局，力挽危机，克曲靖以清藩篱，解省城围以固根本，拔楚雄以扼咽喉，使西逆不得逞志于我，及澄江平而肘腋患消，曲江破而东西烽靖，然后全军西上，遂复大理。（《云南通志》卷一一四）

同治元年，……回酋马如龙通款，……献所踞新兴等八城。……二年，回酋马荣叛，戕总督潘铎，毓英率所部粤勇一千，与弟毓宝等守藩署，……密召马如龙入援，如龙至，诛乱党，马荣跳走南宁，合马联陞踞曲靖八属。诏……擢道员，率师西剿，复富民、安宁、罗次、高明、禄丰、武定、禄劝、广通、陆凉、南安诸城，及黑、元、永三盐井，进捣楚雄，……分兵克霑益、平彝，赴楚雄督攻，克其城，进复大姚、云南、赵州、宾川、邓川、浪穹、鹤庆，分道进规大理上下关。三年，克定远，围攻镇南，大破援贼于普棚。马联陞复陷霑益，犯马龙，回军破之于天生关，进攻曲靖，复马龙、霑益，进克寻甸，擒马荣、马兴才，克曲靖，擒马联陞，并诛之。……五年，命署布政使，劳崇光云贵总督。至是始至滇受事，奏以提督马如龙专办西路，令毓英督剿猪拱箐苗，……贼悉平。……马如龙剿迤西，屡失利，劳崇光病殁，杜文秀大举东犯，连陷二十余城，省垣告急。是年冬，毓英自猪拱箐凯旋曲靖，先遣弟毓宝助省防，七年春，扬言师出陆凉，而取道宜凉七甸，连破大小石坝、小板桥、古庭庵、金马寺贼垒，进屯大树营。马如龙来会，……昆阳匪首杨震鹏夜渡昆明池，袭省城，毓宝击败之，震鹏负创遁，进攻杨林。毓英鼻受枪伤，回军省城，连破石虎关贼垒，擒贼渠李洪勋，擢授巡抚，附省贼垒犹繁，与之相持。总督刘岳昭初至滇，由马龙进剿寻甸，失利，贼势复炽。……八年春，贼酋杨荣率众数万，踞杨林、长坡，分党踞小偏桥、十里铺、羊芳凹、牛街、兴福寺，省城大震，毓英……夺回小偏桥诸处，复……擒斩逾万，铲除省东贼垒百余。……令副将杨玉科、总兵李维述等，规迤

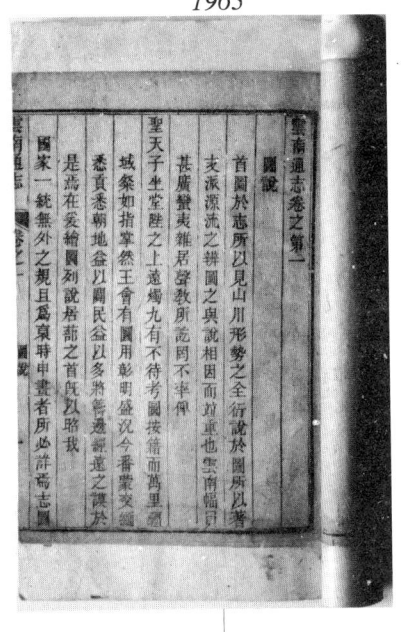

《云南通志》书影

卷五 明清

西，与腾越义兵约期并进，于是副将张保和等，克富民、昆阳，总兵马忠等，克呈贡、晋宁、易门、澄江、禄丰，玉科等克武定、禄劝、元谋、罗次、定远、大姚，维述等克广通、楚雄、南安，及黑琅、元水诸井，凡悍酋剧匪，擒斩殆尽，省城解严，……十年二月，……拔竹园、江那诸贼巢，迤西军亦克丽江、剑川、永北、鹤庆、宾川、姚州、镇南诸城。……十一年，迤东、迤西两路悉平，……而大理贼犹坚守。……十一月，毓英亲往督战，……夺东南两门入，贼守内城，……杜文秀穷蹙服毒，其党舁之出城诈降，斩首传示。……贼党犹请缓期，毓英……夹击之，斩酋目三百余名，生擒杨荣、蔡廷栋、马仲山，……大理肃清。……十二年，顺宁、云州、腾越皆下，全滇底定。（《清史稿·列传》二〇六《岑毓英传》）

丁、陕甘回民

同治元年，太平军扶王陈得才，合捻军孙扶危、陈大喜入武关，全陕震动。时回汉构隙，滇回赫明堂、任五败经华州，乘机扇之，遂相仇杀，戕清团练大臣张芾，围同州、西安、凤翔，困胜保于同州城外。甘肃回民马化龙，<small>清官书改为马化漋</small>。白彦虎，据金积堡应之，二年，连克固原、平凉、狄道、宁夏、灵州等地。五月，新疆回民金相印，道安集延酋阿古柏，攻取喀什噶尔等南路八城。时胜保既逮问，多隆阿复以攻盩厔中炮卒，清以杨岳斌督陕甘，提督雷正绾会曹克忠、陶茂林援陕，屡以缺粮军溃。三年十一月，新疆库尔勒失守，伊犁被围，边事益棘。六年，捻军与回合，走蒲城、汧、陇间，屡破名城，败清军，于是清以左宗棠督陕甘，率刘松山、高连陞、郭宝昌等军，近百营赴陕。七年，西捻亡。八年，宗棠征诸将会师攻董志原拔之，回众死者二万人，高连陞旋为部下所戕。越一年，刘松山中炮卒，马化龙乘胜夺峡口，断清军粮路，雷正绾等军同时皆溃。七月，宗棠复合诸军进围金积堡，破堡外寨五百余，化龙粮竭出降，被杀。十年八月进攻河州，马占鳌降。十二年八月复克肃州，白彦虎走关外，迁延至光绪五年，事乃暂息。

咸丰末，豫抚严树森，募陕回六百赴汴防守，已而遣归，陕团练大臣张芾，复招之。同治元年，发、捻合窜入武关，全陕大震，回勇闻警，皆散。道经华州，强伐汉民家竹，被杀二人，附近回民，以种类被残，欲纠众报仇。会有云南叛回赫明堂、任五遁归仓渡，遂乘机

起,与回勇合,汉民村镇,多被焚屠,华阴、耀州等汉民,亦聚众杀回民。张芾闻变,驰至临潼,意欲招抚之,为任五所害,围同州,掠西安,甘回亦叛应之,马化漋、白彦虎为之首,据金积堡为老巢。命胜保、多隆阿先后入关,胜保逮,全军并属多隆阿。多隆阿威名素著,督战尤力,以王阁、羌白回巢为最悍,驰赴同州,先攻之,乞降不应。三月,克羌白,屠之,王阁亦溃,进攻仓渡,亦克之,回众披靡,多隆阿遂入西安省城。甘肃回乱已极,全境无完土,官军不能及。多隆阿又攻盩屋,受伤,卒于军,刘蓉为陕抚,雷正绾为提督。正绾偕陶茂林、曹克忠,会师援甘,又命杨岳斌为陕甘总督。雷正绾、陶茂林,屡战屡捷,而馈饷不继,陶茂林之兵哗溃,雷正绾、曹克忠之军亦败,正绾合营谋叛,自刎不殊,诸将拥之退,群回乘之,自兰州至西安,烽火相望。五年,杨岳斌发兰州,督军先靖南路。三月,兰州标兵叛,围督署,杀幕客数十人,并皋兰县邓承伟。杨岳斌闻变,驰至泾州,与刘蓉先定汧、陇,再还兰州,案诛标兵一百二十三人,余皆宽宥,省城稍安。

上命左宗棠为陕甘总督,刘典改三品卿,帮办军务,提督刘松山、高连陞、郭宝昌,均赴陕所统近百营。时捻、回、土匪交互,刘松山、郭宝昌连败捻众,捻渡河走山西,左宗棠率刘松山、郭宝昌北援,奏以刘典代督陕甘军。西捻平,左宗棠入觐,上询师期,宗棠奏以五年西事可竣,率刘松山、郭宝昌、喜昌等均还陕,北山土匪扈彰、董福祥均降,陕西略定。八年,以翰林院侍读学士袁保恒,专办粮台,魏光焘、黄鼎攻董志原,败援贼,斩其酋虎麻子,再战,伤其酋余彦禄,皆十八营悍魁也。大队改十八营为四营,归并金积堡老巢,董志原遂下,追贼至三汊河,歼回二万,骡马万计,甘回闻风股栗,庆阳亦复。而高连陞营哥匪谋变,戕连陞及部将十人,围同官,丁贤发、周作濂、雷正绾要截,获八百人,骈诛之。刘松山营中亦有哥匪,松山案问首逆五人,叛卒一百二十七人,哨官四人,均诛之。陕西肃清,遂开沟渠,集流亡,劝民种秋粮,遗黎栩栩有生意矣。六月,左宗棠进驻泾州之瓦云驿,以陕事责刘典,边外事交金顺,山西防务交郭宝昌。刘松山北趋定边花马池,抵灵州,败回吴忠堡,解宁夏围,锐攻金积堡老巢,中炮卒,军退。九年,宗棠令其侄刘锦棠,接统其军,仍进攻之,回酋

左宗棠像

马化漋，嗾其党回援腹地，冀掣动围师，均为各军击退。化漋大窘，同陕回陈林等乞降，受之，安插于华亭、灵州等处，诛马化漋父子，及伪官八十余人。化漋，新教之首也，既诛，势同瓦解。宗棠进规河州，互有胜负，阵亡名将傅先宗、徐文秀，并弁目一百四十余员。左宗棠急檄王德榜统傅军，沈玉遂统徐军，申纪律，汰浮滑，整军复进。回知不敌，回目马占鳌乞抚，顶经立誓，尽缴马械，允之。河州平，解西宁围，遣徐占彪攻肃州，八阅月未下，左宗棠亲往肃州督战，夺其东关。回遁之大城，日出悍党巷战，死伤垒积，回酋马四乞降，诛之，白彦虎率残众窜出关外。(《国朝事略》卷六《陕甘回乱》)

同治元年，……授多隆阿钦差大臣督办军务，回匪方炽，遍扰东西北三路，陕南则为粤、捻、川匪所出没。多隆阿令雷正绾任西路，自剿东路，克韩庄、背坡诸贼营，同州解围。二年春，督军并攻王阁村、羌白镇，破之，……遂攻仓头镇，……遣将分攻庞谷、雷化、乔千、孝义诸镇，皆克，惟仓头为老巢，负嵎未下。四月，移营进逼，挥军纵击，破其土城，贼大奔，追杀无算，东路肃清。……自率穆图善等攻高陵，分路夹击，八月，克之，扫荡附近贼巢，关辅略定。……川匪蓝朝柱近踞盩厔，三年春，亲督兵力攻，城小而固，多隆阿愤甚，临高指挥督战，城已垂破，忽中枪伤头目，将士攻城益力，旋克之。……四月，创甚，卒于军。(《清史稿·列传》一九六《多隆阿传》)

乾隆四十六年，逆回马明心、苏四十三，由西域归，诈称得天方不传之秘，创立新教。……四十九年，田五继之。……嘉庆年间，有穆阿浑者，与首逆马化漋本名化龙之父马二，复以新教私相传授，至马化漋而其焰渐张，复托名经商，到处煽惑回民，行其邪教。近据各贼供，京师齐化门、直隶天津，及黑龙江、吉林之宽城子、山西之包头、湖北汉口等处，均有新教徒党在彼传教。其传教之人曰海里飞，

如内地之称经师；曰满拉，如内地之称蒙师，而品望皆在阿訇之次，马化漋则自称总大阿訇也。其教规大略与回回老教亦同，惟老教诵经则合掌向上，新教则两掌向上而不合；老教端坐诵经，新教则伙诵呦呶头摇而肩耸；老教送葬不脱鞋，新教则脱鞋送葬。凡兹细节异同，固无关彼教轻重，然新教之所以必宜断绝者，为其自托神灵，妄言祸福，行为诡僻。（《左文襄公奏稿》卷三八）

穆大阿浑传习新教，与马化漋父马二友善，新教中推为大善人。穆大阿浑临死，以其常服白帽红衣传马化漋，令其众归化漋管束。（杨毓秀《平回志》卷五）

同治……六年，……左宗棠以钦差大臣督军务，分军三道入关。……宗棠以捻强于回，当先制捻。……西捻平，入觐，……询西陲师期，宗棠对以五年。……七年十月，率师还陕，抵西安。时东北土寇董福祥等，众十余万，扰延安、绥德，西南陕回白彦虎等，号二十万，踞甘肃董志原。刘松山至，破土寇，降福祥。……宗棠进军乾州，谍报回巢将徙金积堡，分军击之，遂下董志原，连复镇原、庆阳，回死者至三万。……八年五月，进驻泾州，甘回最著者，西曰马朵三，踞西宁；南曰马占鳌，踞河州；北曰马化隆，踞宁夏灵州，化隆以金积堡为老巢。……十一月，宗棠进驻平凉。九年，松山阵殁，以其兄子锦棠代之，战屡捷，而中路南路，亦所向有功，陕回受抚者数千人。及夺秦坝关，化隆益窘，诣军门乞降，诛之，夷其城堡，迁甘回固原、平凉，陕回化平，而编管钤束之，宁灵悉定。……十年七月，自率大军由平凉移驻静宁，八月，至安定，寇聚河州。……时回酋朵三已死，占鳌见官军深入，西宁回已归顺，去路绝，遂亦受抚，河州平。十一年七月，移驻兰州，徐占彪前以伊犁之变率师而西也，于时肃州阻乱，回酋马文禄，先已就抚，闻关外兵事急，复据城叛，及占彪军至，乃婴城固守而乞援西宁，陕回白彦虎、禹得彦亦潜应文禄。会锦棠率军至西宁，土回及陕回俱变，推马本源为元帅。西宁东北阻湟水，两山对峙，……贼据险而屯，俄败走，……窜巴燕、戎格。大通都司马寿，复嗾向阳堡回，杀汉民以叛。十二年正月，锦棠攻向阳堡，夺门入，斩马寿，遂破大通，捣巴燕、戎格，诛本源，河东西诸回堡皆降。文禄踞肃州，诡词求抚，益招致边外回助城守，连

攻未能下。八月，宗棠来视师，文禄登城见帅旗，夺气，请出关讨贼自效，不许。金顺、锦棠军大集，文禄穷蹙，出降，磔之，白彦虎窜遁关外，肃州平。(《清史稿·列传》一九九《左宗棠传》)

戊、四川蓝李

云南大关厅人蓝朝柱、李永和，同起兵于筠连，破自贡，夷其井灶，盐丁加入者十余万人，分攻川南北几遍，全蜀鼎沸，兵锋及于成都。后朝柱据丹棱，永和据青神，各拥众十余万。永和欲归滇，围眉州不下，至宜宾，为清将刘蓉所杀。朝柱遂与卯得兴入陕，据洋县、盩厔，逾二年，受太平封为贤王，刘蓉、多隆阿击破之，先后历六年而败。自后骆秉章始以四川兵财协助邻省。

咸丰十年，1860年。命赴四川督办军务。……十一年正月，始启行。……四川之乱，始于咸丰九年，滇匪蓝大顺又名朝柱，李短搭又名永和，结党私贩鸦片，其党被捕，聚众陷宜宾，攻叙州，扰嘉定，众号十余万，群盗遂四起。……时贼首李永和、卯得兴踞青神，蓝朝柱围绵州，张第才、何国梁围顺庆，蹂躏四十余县，将逼成都。骆秉章至万县，即令黄淳熙援顺庆，战于定远，阵斩何国梁，贼大败，追至潼川二郎场中伏，淳熙阵亡，然贼惊湘军勇锐，引去。秉章由顺庆进驻潼川，令胡中和、萧庆、何必胜，率萧启江旧部，曾传理代领黄淳熙之众，刘德谦率亲军，唐友耕率川军，合万九千人，援绵州，别以他军缀青神，分扼东北。会穆宗即位，擢授秉章四川总督。八月，师会绵州城下，连破贼十余垒，贼败退，渡涪水屯守，官军作五浮桥以济，又击败之，贼遁走，由什邡、崇庆趋丹棱。秉章始入成都莅任，……于是分剿诸贼，急攻蓝、李二股，令唐友耕扼眉州洪堰，断青神之援；胡中和等诸军围丹棱，作长濠木城，节节进逼，贼弃城走，追毙蓝朝鼎于阵，余贼分路逃散，为民团汛兵截杀几尽。蓝朝柱率二百人遁入山，寻出合诸匪，陷新宁，复为官军击散，其后陕西盩厔匪，溃走兴安，为民团所获，有自称为蓝大顺，及弟三顺，至九顺，并戮之。李永和见丹棱已克，亦遁走，分军追责，围之于铁山。……寻克青神，李永和、卯得兴由铁山遁走，追至宜宾擒之。道员张由庚克新宁，贼分窜，张第才遁陕西，曹灿

章入老林，总兵周达武解涪州围，追擒周绍涌于大竹。(《清史稿·列传》一九三《骆秉章传》)

同治元年1862年。七月，四川总督骆秉章，檄赴川东剿贼。时逆首周绍涌久踞涪州鹤游坪，闰八月，周达武率所部由涪州进剿，贼闻风遁，追及之开县盘垭口，大破之，斩馘三千余，复追至陈家场，降殿后贼三千余，擒贼目江之桂。周逆旋由达县窜至大竹之吉安场，达武接踵追至，挥兵急进，各军四面兜剿，贼不支，悉弃械降，生擒周逆，及大小贼目一百六十八名，骈诛之。……十一月，逆首郭刀刀复自陕西宁羌州窜回川境，踞仪陇土门铺，达武以骆秉章檄，由保宁兼程迎剿，遇贼大仪寨，阵斩伪统领马玉音，并郭逆之弟郭占彪，贼大溃，奔入大山福林场。明日追及，又败之，郭逆率余党向封相门疾遁，达武乘夜疾驰一百二十里，追及之巴州鼎山铺，擒郭逆之兄郭幅明，知贼精锐已竭，遂挥队疾攻，阵斩三百余名，余贼弃械乞命，立擒郭逆，及其弟郭幅友，暨伪统领何得溃等二十余名，诛之。(《清史列传》卷六○《周达武传》)

同治二年1863年。七月，命刘蓉督办陕南军务，寻授陕西巡抚。……三年1864年。正月，……蓉檄诸军攻洋县。洋县自蓝朝柱窃踞，已逾二年，留其悍党据守。官军攻之不克，退驻捷顺桥，潜派壮勇入城，吹角举火为号，外军乘之，遂复洋县。余贼向华阳败窜，与郿县首逆曹灿章合。(《清史列传》卷四九《刘蓉传》)

时匪首蓝逆，久踞鳌屋。三年二月，多隆阿亲督兵勇前进，破其东面月城。贼抢筑内卡，多隆阿身受枪伤，仍派兵扼守月城，令穆图善于县城西南北三面昼夜环攻，潜由东路乘其不备，填濠拔桩，缘梯而上，克其东门。贼夺路奔逃，官军截杀无算，余匪窜新口峪，县城克复。(《清史列传》卷五○《多隆阿传》)

官军寻复鳌屋，蓝朝柱率余党窜金鸡两河，将与曹逆合。黄鼎连破曹逆等于八斗坪、洵阳坝，又破蓝逆于朗板橙，贼奔北山。蓉饬官军分道搜剿，屡败窜匪，自驻西安，妥筹布置。四月，贼粮尽势蹙，蓝逆窜安康之紫溪河，为团勇所殪。官军破曹逆老巢，曹逆遁，擒之于玉皇庙山窝，陕南肃清。(《清史列传》卷四九《刘蓉传》)

道咸同光间人民举兵简表

时期	清纪元	清	太平天国	捻	回民 云南	回民 陕甘	贵州苗教	四川蓝李
道光三十年庚戌	1850	九月,调向荣为广西提督,授林则徐钦差大臣,迅赴广西,十一月,徐行至广东普宁县,病率。十一月,调李星沅为钦差大臣,驰赴广西,清廷署理巡抚,以周天爵署巡抚。	六月,广西洪秀全等,起兵于桂平县之金田村。八月,杨秀清等迎洪秀全移屯金田村,部署渐备,返屯金田村。十一月,清军攻金田,败归。					
咸丰元年辛亥	1851	三月,命大学士赛尚阿为钦差大臣,驰往湖南,办理防堵事宜。	正月,洪秀全由大黄江经桂平、贵县、武宣、平南等县,入象州境。二月,清广州副都统乌兰泰赴广西,与清提督向荣会师。五月,清都统乌兰泰,败太平军于象州。六月,太平军自象州退回桂平之新墟。七月,太平军攻之,夺双髻山等要隘。八月,清军三路进攻,太平军不敌,分二路攻出永安州。闰八月,太平天国,太平军据永安州,建国号太平天国,洪秀全称天王,封杨秀清为东王,萧朝贵为西王,冯云山为南王,韦昌辉为北王,石达开为翼王。洪大全为天德王,秦日纲、冰凤祥、罗亚旺、范连德、胡以晄等,各称丞相,军师等职。九月,清钦差大臣赛尚阿,移营来攻。十月,清军攻克莫家村,大捷。十一月,清蒙师卿督阔永安,向荣统北路,乌兰泰统南路,互有进言,各领兵营蒲有声疾,转饭透御,军气渐衰。					

续表

时期 清纪	时期 公元	清	太平天国	捻	回民 云南	回民 陕甘	贵州 苗教	四川 蓝李
咸丰二年壬子	一八五二年	九月，褫赛尚阿职，授徐广缙为钦差大臣，署理湖广总督。 十二月，命丁忧在籍侍郎曾国藩，治团练，驻长沙。 徐广缙逮问，授向荣为钦差大臣。 命两江总督陆建瀛为钦差大臣，进防江皖。 命琦善为钦差大臣，由河南进兵。	二月，清赛尚阿督军四路攻永安，太平军溃围走，遂失永安州，洪大全遇害，旋乌兰泰追至将军桥，中炮死。 三月，太平军径攻桂林，清提督向荣先绕道驰还，会同巡抚邹鸣鹤等守御。 四月，太平军解桂林围，出兴安，破全州，乘胜入湖南境，败于蓑衣渡，焚舟几尽，冯云山中炮卒，遂弃辎重登陆。 五月，太平军至道州，清湖南提督余万青遁，遂分克江华、永明各县。 七月，太平军入桂阳州郴州，清知县江忠源会诸军与相持，萧朝贵诇长沙兵单，乃率精锐由永兴、茶陵、醴陵，趋长沙。 八月，萧朝贵攻长沙，清巡抚骆秉章等，帅兵民固守，总兵和春与候选知府江忠源驰至相持，向荣亦自桂林至，萧朝贵攻城，中炮卒。 九月，太平军在郴州，悉众攻长沙，日久不克，乃解围渡湘而西。 十月，太平军由宁乡至益阳，渡洞庭，抵岳州，清湖北提督博勒恭武先遁，尽得清攻吴三桂时所遗军械炮位，乘民舟五千，东下。 十一月，太平军破汉阳。 十二月，太平军入武昌省城，清巡抚常大淳等自杀。					
咸丰三年癸丑	一八五三年	正月，逮陆建瀛，命怡良为两江总督。 六月，命各直省行坚壁清野法，	正月，洪秀全东下图江宁，攻蕲黄，至武穴，清总督陆建瀛兵溃，退保金陵，太平军取九江、安庆，清安徽巡抚蒋文庆等自杀，清向荣取武昌。	九月，蒙城、亳州交界地方，张乐行等，纠众竖旗，据雉河集。 时蒙亳聚众，合五十八捻为一，有四大天王诸名目，清袁甲三至王市集，率勇破之于高公庙。				

续表

时期 清纪元	清	太平天国	捻	回民 云南	回民 陕甘	贵州苗教	四川蓝李
咸丰三年癸丑五年一八五三年	侍郎雷以諴始行抽收厘金于扬州，捕讷尔经额为钦差大臣，尚书托明阿、将军托明阿，帮办军务，赴河南进击。八月，调具文馆为湖广总督，命遣丕相林风祥、胜保为钦差大臣，桂良为直隶总督。授惠亲王绵愉为奉命大将军，科尔沁郡王僧格林沁为参赞大臣，保卫畿疆、京师之。漕运总督周天爵，命署庐凤道袁甲三代领其众。袁甲三以三品卿衔兵科给事中，击安徽捻军。	二月，太平军水陆并至金陵，扎垒，二十四座，昼夜环攻。风门地富幸发，大队拥入，城遂破，杀清将军祥厚、总督陆建瀛、副都统霍隆武、巡抚杨文定、提督福珠洪阿、尚书常大淳等，清向荣率兵追至江宁，遂结营城外孝陵卫。洪秀全定都金陵，升江宁为天京，遣丕相林凤祥、罗大纲、李开芳、曾立昌等，率众东下，二十一日破镇江府，二十三日破扬州府。四月，清诘善与提督陈金绶，学士胜保，败太平军于浦口，遂进攻扬州。林凤祥留指挥曾立昌守扬，自率众北上，过徐州，据临淮关，二十一日，人凤阳府，胜保由扬州分兵追之。五月，杨秀清遣丞相吉文元等，由浦口入亳州，与先人凤阳之林凤祥合，乘胜人河南，取永城。初七日，破归德府，攻开封，为清军所败，遂围怀庆府。杨秀清遣豫王胡以晄等，攻安徽桐城，破集贤关，再取安庆。又遣丞相赖汉英与石祥贞攻九江湖口。进围南昌。清巡抚张芾拒守，适湖北按察使江忠源米援，太平军失利，周遂解。七月，太平军全破之，遂解怀庆围，清曾国藩派湘勇驰救，罗泽南、朱孙贻、郭嵩焘统之以行。八月，林凤祥等，由河南怀庆人山西，破平阳府，清胜保追之，复由	十月，捻首张茂振怀、蒙阿，称西怀王，仪从环攻。清袁甲三遣兵破之。十一月，清袁甲三遣兵攻破雄河集，执捻首马在龙、孙重伦等，河南光陈等处，捻众大起。				

续表

时期/公元	清	太平天国	捻	回民（云南／陕甘）	贵州苗教	四川蓝李
咸丰三年癸丑 1853	三月，罢山东巡抚张亮基职。闰七月，命善兴、托明阿督办扬州军务，琦善督办江北军务。十一月，以翼阿为云南巡抚。十二月，瞿山西巡抚恒春为云贵总督。	谐城，黎城等县人直隶，据邯郸，至深州。九月，胡以晃等解南昌围，趋九江，入湖北境，复取黄州、汉阳二府，北抵德安，南及兴国，清曾国藩奉命带练勇往湖北协攻。十月，林凤祥等入深州，攻天津，据静海县，分屯独流、杨柳青等处。上海小刀会刘丽川据城，太平将秦日纲据集贤关，围庐州府。十一月，清总督琦善督围扬州，清将胜保督师次之。金陵遣由江西回军之赖汉英来援。城中太平军突围出，败走瓜洲。十二月，胡以晃取庐州府，清巡抚江忠源自杀。				
咸丰四年甲寅 1854	正月，李开芳、林凤祥等独流、为清王所败，走阜城。三月，清军师曾国藩、塞水师发衡州，水军以褚汝航、杨载福、彭玉麟等统之，陆军以塔齐布、罗泽南统之。二月，杨秀清遣孙黄三等取安徽太平府，为金陵援。三月，清河北将领胜保清军溃散后，命临太平军李开芳、林凤祥于安徽军金乡，敛金乡，破金乡，朝城等县。四月，清胜保败临清太平军于曾子县，曾立昌、许宗扬等走死。五月，李开芳、林凤祥败连镇，分	三月，捻首张洛行称太平顺天王，联合太平军以八门集为根据，分踞淮河集。清袁甲三进逼雉河集马家楼，复败于涡河，死伤甚众，遂失八门集。	十月，清监察御史蔡廷襄奏：滇省幅员辽阔，汉回杂处，道光二十四五年间，因事忿争，互相杀戮，前任云贵总督林则徐，多为平定，回匪限于法，自平定后，将回民驱逐境外，往勾结夷人，沿边滋扰，每思乘机报复。	二月，都匀府独山州斋民杨元保，起兵丰宁。时清在贵州设防筹饷，官吏或借派捐苛敛，元保义不平，聚众攻独山城，官军应之。平。广西南丹独山者，元有聚众攻独山，五保遂聚众以应。五月，清军攻之，元保死。八月，桐梓县杨凤，结陈洋模，陈良破县城，陈春等起兵，并分取秋怀、攻遵义府，更县名兴义，称江汉元年，署元帅。十月，兴义等攻安县。	

续表

时期清纪元	清	太平天国	捻	回 民 云南	回 民 陕甘	贵州苗教	四川蓝李
咸丰四年甲寅		兵南破高唐州。六月，汉阳破，太平军攻武昌，初二日城破，八月，清布政使岳兴阿自杀。八月，清曾国藩既取岳州，会师金口，进迫武昌，二十一日破之，并取汉阳黄州，十月，捷于田家镇，取蕲州。十二月，清湘水军攻湖口，为太平军所戕，分外江内湖为二。				偎罗冲人涤令恒，与武生李林春、营兵冉秉忠等，起兵取新城，十一月，清兵取贞丰州。十二月，清提督赵万春攻克雷台山，杀陈良模、陈洋模、杨凤率众走黔西，捣西大定罗斛黔西二百里。	
咸丰五年乙卯	二月，钦差江南提督和春与漕运总督福济，勒督福济，得旨交部议处，即来京候旨。三月，命胡林翼署湖北巡抚，聚率上游，力图进取，以官文为湖广总督。	正月，清江苏巡抚吉尔杭阿，刘丽川遇害。太平军分攻上游，败于广济，太平军遂取汉口、汉阳、湖北大震。清僧格林沁等攻破连镇，执林凤祥。二月，下高唐州，太平军余众祝捷冯官屯，执李开芳。三月，太平军据冯官屯，南武昌。破之，清巡抚陶恩培等自杀。六月，江忠源败，清巡抚胡林翼败兵张国梁等，取太平府。七月，湖北太平军据襄河汉口之蔡店，上通德安，下达汉镇，克蔡店。九月，清道员罗泽南回援武汉。十月，清院军取庐州府。	据军张乐行等，复据雉河集。	九月，云南东川府之巧家厅、曲靖府之寻甸州，汉回互斗，回民聚众纵火，蒙化、景东二厅均有民变。十二月，云南回民因楚雄府属之铜厂马龙，石羊二铜厂，为临安汉人占夺，遂起恶斗，远近回民响应。马金保、蓝平贵起姚州、杜文秀起姚州。		正月，杨凤由黔西至毕节，二月，至水宁，癸围石阡府葛彰司，清军道发，余众东走。三月，郎岱仲家马阿奴等，聚众起兵，合清江苗，人朗洞城，推舒大为首，拱厅苗众起，合清江府，人朗洞秀山县，复西走四川思南府回巍遵义，被执死。五月，清平县山丙佬、凯塘凯明聚众大起，上江斋罗光明，罗天明起，攻清平，据要会，攻清平县，潜结都江书吏余正纪，破都江厅城，正纪故史，因呼老苗，十月，铜仁府徐廷杰、梅济鼎，皆举人，习	

续表

时期 公元纪元	清	太平天国	捻	回民 云南	回民 陕甘	贵州苗教	四川蓝李
咸丰五年乙卯	二月，命袁甲三随同英桂击河南捻军。五月，命怡良暂署钦差大臣，督办江南军务。八月，命曾国藩为钦差大臣，春为钦差大臣，督办江南军务。	三月，瓜洲、镇江太平军取扬州，清宁绍台道罗泽南旋复失之，徐州各境，围亳州，攻武昌，受伤死。太平军取安徽宁国，皖南大震。五月，清向荣自三年辽宁孝陵卫，号江南大营，至是因援宁国，溧水，屡经抽拨，陈玉成、石达开等，来攻之，清兵溃散，向荣退死。八月、七月，卒于军，洪秀全杀杨秀清、杀东王杨秀清，翼王石达开秦安庆，遂与秀全绝。九月，清总督怡良、遣将取高淳，进置句容、溧水，清提督张国梁等连复太平军。十一月，清军再下武昌、汉阳二城，洪后清胡林翼水师再得经营武汉，以为清军上游根本。十二月，清军合围九江，此后太平联湖口，隔绝内林翼在湖北江上整饬武湖、自武汉、袁州复失，胡林翼清军大至，时李续宾率陆师，杨岳斌率水师，九江之围复合。	二月，捻军张乐行等，分踞凤、颍、徐州各境，围亳州，取怀远、蒙城、夏邑、虞城，据归德。五月，清甲三会师攻张乐行等于燕家小楼，进破诸寨，抵雅河，破之，张乐行败南走徐。七月，清向荣自三年辽宁孝陵卫，号江南大营，至是因援宁国，溧水，屡经抽拨，陈玉成、石达开等，来攻之，清兵溃散，向荣退死。八月，张乐行复据雅河，分攻涡河，为清英桂所败。九月，捻众西走通陈州。			青莲教，因官吏苟敛，聚众抗粮，起事大江，破府城，连克思州等六府厅县。十一月，攻湖南凤凰厅城，取见阳、麻阳、攻沅州、永绥。十二月，清复取见阳、麻阳。	
咸丰六年丙辰				二月，楚雄府属之大骠村团练，纠合多人，至南安州，杀城内回民，将城内回民，多名，回众不平，起钊州媛掘起。四月，昆阳州回首马一新率众于头人，为清军所困。为回众所属之，如回民响应之。楚雄回众盛，败还雄州，东川、楚雄等府，败还雄州。寻伺强盛，浙东，曲靖府属之南宁、宣威沾益，马龙，各州县。五月，云南西路桃州回众，规镇南府，为清军所败，退回桃州，东路之回民于嵩明、罗州塘子，八月，回众敢大理之。		正月，清军攻铜仁府，徐廷杰出走，梅济鼎中炮死，府城失。二月，苗众围合拱。三月，铜仁余众杀元为主，推幼童肥它北石砚卫苗起兵，围卫城。八月，斋教取都匀府。清平苗取养炉山。苗教合拱。	

续表

时期清纪元	清	太平天国	捻	回民（云南／陕甘）	贵州苗教	四川蓝李
咸丰七年丁巳	二月，曾国藩丁忧，命曾裴福、彭玉麟、分领其军。四月，怡良以病免，命何桂清署两江总督，调吴振棫为云贵总督，以王庆云为四川总督，革云南在籍侍郎黄琮、史荣堉职，僧格林沁奏办省城团练，悬牌告示，专主杀回也。九月，以和春兼办三省军事。	五月，英王陈玉成、由桐城李秀成，进攻湖北之黄梅、广济、蕲水等处，清军连战却之。七月，清军取瑞州府。九月，清军彭玉麟夹攻湖口县，陷之，又取彭泽县。水陆派兵扼守，回攻湖北。十一月，捻提张洛行遣兵取瓜洲，清军张国梁取镇江城，太平军如李、溃围至金陵。复走皖北。十二月，清楚军候选道刘长佑等，取江西临江府。	四月，另股捻军据王邓诺圩，执捻首李演等百余人。七月，清都统胜保、清总督袁甲三督军破邓圩，阵亡者万余人。十月，捻众入南阳，所经霍山、舒城，东西几二千里，其游骑达直隶大名等地，清廷大震。	六月，云南曲江回民，结澄江秦众，突薄省城，清总督恒春针穷，自缢死。七月，澄江、东、川、昭通，省城及临安、曲靖、开化、大理、回汉争水，其未动者，仅普洱、顺宁、镇沅一厅、两府。	正月，铜仁余众，肥它走回思南牛渡滩，为清拔贡方仁所执，死，水苗古州相继破，高数吴文明、余老科、苗龙才贵、浙政黎黎寨屯，柳李铁衣苗撒靖龙全。二月，荔波自罗天明、人水婆、九千、巴容、表清、水苗恶起，安化罗应儒、大白满、小白满等，据罗顶坝。十一月，桐梓麻乡约等为贼教起。又思南大小白满、致和团白号教起，分众东攻印江，西攻黎川，从者愈众。十二月，思南致和团白号教起，分众东攻印江，西攻黎川，从者愈众。	
咸丰八年戊午	五月，起曾国藩命办理浙江军务。移师援闽。七月，以福济久无功，命来京。以李孟群署安徽巡抚，命胜保为钦差大臣，督办安徽军务。巡抚翁同书帮办军务，袁甲三办三省军事。九月，以和春兼	正月，忠王李秀成等，合豫省捻军，改商固，旋攻光州、六安、规湖北之随凰。为清军所败。二月，清兵张国梁乎、攻取秣陵关。三月，清兵行袭破陈家圩，清军三分兵攻讨。四月，复雨花台等处。通江宁城而自江西规皖，取桐城、舒城诸县。会攻破六合等处。十月，清楚军李续宾等，攻下九江府城，太平守将贞天侯林启荣，无	五月，捻众由东路攻铜山，逼徐州，清总兵史荣春攻走之，孙大旺于怀远县泥沟，被执死。七月，张乐行袭陈家庄，清兵三分兵攻之。八月，捻军大喜合诸军由怀远北上，清兵傅振邦攻之，西去。十月，捻首李兆受以滁州降于清胜保。	正月，回众改宣威，清张亮基击败之。四月，省城回众就抚，周遂解。清以传教头人马德新，管理云南教务。十月，回军杨振六，结教头井彝民，众至万余，分据干毛关等处。十二月，回军马三、先锋等，众五千人	正月，苗取麻哈州首领陈大六，名鸿勋。唐天佑，俱贵人，苗众取思匀府、省城大震。结大小偏洞赵锡顶，连赴倒文、溪民陈加浩起兵，人褒黄巾，号大守保字，贴巾上。	

续表

时期	清	太平天国	捻	回民（云南）	回民（陕甘）	苗教（贵州）	蓝李（四川）
清纪元	公元						
咸丰八年戊午	辖江北军。十一月，吴振棫因病解任，以张亮基为云贵总督，徐之铭为云南巡抚。	戊午李兴隆等，死之。五月，英王陈玉成、合捻军破麻城，黄安，图据汉阳，陷黄安麻城。清楚军既得九江，进攻江西内地，未得者仅吉安一府。七月，皖北太平军据三河，十五日，乘虚再取庐州。八月，清楚军曾国荃下吉安府。九月，英王陈玉成、德兴阿等，遂人扬州，攻破浦口清军长征营，并取江浦天长等县。旋攻庐州，清楚军李续宾进攻太湖潜山桐城舒城各县城，启集贤关。十月，清李续宾追太平军至三河，迫庐州，太平将陈玉成、李秀成、李侍贤等，由和州江浦六合处分道来援，续亮战死。十一月，太平军乘三河镇之捷，复取桐、舒、潜、太四县。		围困安宁州。		四月，白号复逼思南府，袭取之，济安黄号取黎川县城。七月，太平靖王李文茂，及其将黄金亮，自柳州人黔，取锦屏乡，道黎平府。八月，镇远苗由人卫城，并破府城。九月，粤苗各军攻黎平，九洞四十八寨苗乘之。十一月，普安厅回张凌夔等起铺华家屯回张凌夔等起兵。十二月，清干总贾福保，结陈绍楚等，袭取筑安县城。	
咸丰九年己未	正月，命袁甲三回京供职，以总兵傅振邦代之。四月，调王庆云为两广总督，黄宗汉为四川总督。十月，胜保下狱。十一月，命漕运总督袁甲三署理钦差大臣，督办皖省军务。	正月，庐州清军败，抚李孟群杯拔死。四月，翼王石达开，自出金陵安庆，由江西南安府取吉庆，掘众十余万，入湖南，取桂阳州，反兴宁、宜章二县，清巡抚骆秉章，檄召刘长杯等筹剿御之。六月，石达开围衡州城不下，乃改令庆阳，为清将李续宾诸军所败。七月，又败于永建，白二州人广东，皮惠，韶两郡，为清总督黄宗汉所败。八月，石达开自永明，道州败后，	正月，清协领关保等，攻张乐行于卒沟，复战于双渡口，张乐行润水免。四月，捻军张元亨，举众以凤阳府县降于清军。六月，捻军陈玉成合太平军攻取安远，定远二县，清巡抚骆秉章，及天长，盱眙。十一月，清袁甲三取临淮关。	二月，回军马凌纠众袭据昆阳州。四月，回军马合等，结彝，汉四于余人围攻晋宁州城。		九月，兴义府回民张福田，纠回众并仲苗，略兴义县苗，新城。清江蛲琳开攻鼻孔大，负险招之降，而阴设大姝琳招之降，而阴设大备以待，穆玉朋、小竹满、梁大童、仇青、吴笑升、娄笼龙、胡丙、冷大刀、梁元等皆来，取蛲琳山。	九月，云南蓝朝柱（名大顺）、李永和（名短搭）聚众起兵，攻占四川叙府筠连、高县、庆符。

续表

时期 清纪元 公元	清	太平天国	捻	回民 云南	回民 陕甘	贵州 苗教	四川 蓝李
咸丰九年 己未 一八五九	正月，命胜保督办河南徇豫事宜。广西巡抚劳崇光、两广总督黄宗汉授权巡抚办事。二月，升云南布政使刘源灏为贵州巡抚。命骆秉章赴四川督办军务。四月，命荆州将军都兴阿督办江苏江北军务。命曾国藩署两江总督。命左宗棠以四品京堂候补，襄办曾国藩军务。十月，张亮基以病免，以刘源灏为云贵总督。十二月，命贵州提督田兴恕督办全省军务，贵州巡抚刘长佑为钦差大臣，督办广东界石达开既据湘远，分攻湖南、广东等处。	由新宁城步等处山僻小路，直窜桂林，清巡抚曹澎钟固守，攻之不克，遂解围去，取庆远府。十月，太平军大败清江南军于六合，复败之于浦口，清提督周天培战死。十一月，清楚军杨岳斌、池州府太平军守将韦俊以城降，其部下古隆贤等，复攻取之。清袁甲三踞临淮关，太平翼天豫颇大院等攻执。					
咸丰十年 庚申 一八六〇	正月，命胜保督办河南徇豫事宜。广西巡抚劳崇光、两广总督黄宗汉授权巡抚办事。......富川县境。石达开人广东，攻连山厅，为清将崇春败，回走湖南、再辗转至乐昌、仁化等县。二月，忠王李秀成自得安徽萧县后，初三日取广德府，人浙。谭绍光、陈坤书、刘官芳等攻破长兴县，命李世贤攻湖州，趋叙兴等。人杭州。清抚罗遵殷等死之。三月，清江南援军提督张玉良复下杭州、德兴，并取广德等城。三月，清将和春于上年募壮勇增筑长围以困金陵，本年二月间，派兵援浙、兵力渐单、太平军简精锐，要攻大营，克之。十五日，清将张国樑护和春退守丹阳，和春战死，和春走常州，亦受伤吐血死。四月，忠王李秀成攻破常州，清总督向荣仕清疏，复进攻苏州，清巡抚徐有壬自杀，更克松江等。苏州等府县，并浙江嘉兴。	二月，太平军将取苏杭，豫捻捻苏远府，人广东，攻连山厅，为乐行，袭隆子等，使克清淮，军江皖兵力，遂克皖浦，再攻凤阳、施退。七月，捻军会太平军，攻江浙间，却之。九月，捻军人济宁，纵横菏泽间，僧格林沁沮之。	四月，回众攻取楚雄府。五月，路南据，路南彝所据，造南回众攻之，亦为清援，清逐取州城。		正月，苗众人平越州城。贵定、龙里苗众走合扛寨众，趋大小龙，大小田坝，清军却之。六月，太平军人贵州境内，经兴义等州县，直攻古州城，人人永顺，扬阿等分路进攻，取州城。太平军别队人永宁州城，附近苗教各营，清参将全兴，进攻化厅，战死，苗教各军乘势取修文城。	四月，蓝朝柱、李永和毁名山金鸡关，破嘉定，进攻雅州，分扛寨众，各大小龙，众下贡井，盖丁众人，清将曾望颜复取取山，夺金鸡关，解雅州。蓝朝柱、李永和走川滇边境。

续表

时期	清	太平天国	捻	回民 云南	回民 陕甘	贵州苗教	四川蓝李
咸丰十年庚申	二月,命贵东道何冠英,署理贵州巡抚。三月,命大铁差大臣胜保驰赴直隶,山东,督办军务。旋又命督办安徽,河南军务。七月,召刘源灏来京,以福济为云贵总督。授骆秉章四川总督,督办军务,署贵州巡抚何冠英,命湖北巡抚胡林翼兼署安徽,十月,命曾国藩统筹江苏,安徽,江西三省并浙江	退走。七月,李秀成困上海,清吴煦力拒守,美国之华尔统中西兵勇助战,秀成受创,回解。八月,石达开入武缘县,合肥州,攻围郁林州,太平军取安徽之徽州,宁国两府,反浙江之严州府。十一月,清军围安庆,陈玉成念定远,六合各军精锐,进至桐城西南之车河等处,筑垒四十余座,图解安庆围,与清副都统多隆阿,按察使李续宜等续战皆败,不利。十二月,石达开由广西分兵入贵州,取顺,永宁。					
咸丰十一年辛酉	二月,清曾国荃围安庆,英王陈玉成由英霍间道入湖北,取黄州,蕲州,德安部郡县,武昌清军戒。三月,陈玉成回兵拒清军,自率精兵胜保驰赴江浦,而桐城外江浦銳由嵊黄河败退,王纶缢路,开王洪江干,将由马鞍石波河援安庆,清都统多隆阿等拒之不得达。八月,清曾国荃取安庆安庆城,太平宁诸叶芸米等均死之,陈玉成走集贤关,于是池州,桐城,宿松各部县皆为清所据。待王李世贤,取湖州,取余杭,处州各部县。十月,时清楚军规取江宁,洪秀全令秀成,李世贤分道攻浙,以分其力,二十七日入杭州	正月,山东捻军,由东平等渡河,四月,围滕王,清僧格林沁解其围。四月,捻军攻邳城,清僧格林沁合围取之,德安郡县。八月,清兵渡运河,捻军败之。九月,僧格林沁袭捻于临朐,至青州。追至兰陵镇,捻军不利,复败。十一月,捻据巨野境。十二月,清将胜保进攻邱县捻军,下冠县。六月,诸会首被执,山东范县各军均解散,河北境内全为清所有。	十一月,回民马起等,率众众进逼云南省城。		九月,清古州镇总兵杨岩保,取平越州城。	蓝朝柱,李永和,何国梁,张第才等攻取四川青神,绵州,顺庆等四十余县,逼成都。五月,何国梁围定远,清骆秉章遣黄容抚遇军,后骆熙永中伏死。六月,蓝朝柱围绵州,李永和下青神。八月,清骆秉章率军解绵州围,蓝朝柱由什邡,崇庆趋丹棱,李永和围丹棱。九月,蓝朝柱退军围绵州一带。十一月,清骆秉章军围丹棱,蓝朝柱退守新宁,蓝朝鼎死亡

续表

时期 清纪元 公元	清	太平天国	捻	回民 云南	回民 陕甘	贵州 苗教	四川 蓝李
咸丰十一年 一八六一年	全省军务。十二月，以沈葆桢为江西巡抚，左宗棠为浙江巡抚，命贵州粮储道韩超署贵州巡抚。						
同治元年 一八六二年 壬戌	二月，命李鸿章署江苏巡抚。五月，命荆州将军多隆阿督办陕西军务。七月，袁甲三以病免，以安徽巡抚续官宝署漕运总督，督办军务。以吴棠署漕运总督，建陕甘军务。命钦差大臣胜保督办陕甘军务。提督雷正绾帮办陕甘军务。命谭廷襄为陕西巡抚。命署贵州提督田兴恕赴四川，交卸贵州军务。命钦差大臣多隆阿林北、统辖山东、河南全省军务。九月，胜保有罪，授穆图善为钦差大臣，督办陕西军务。十一月，命骆秉章署贵州巡抚，并署提督。	正月，清提督李世忠，攻下天长，六合，乘势取江浦，浦口，清军档敬。辅清由严州规徽州，清巡抚左宗棠率兵由衢州袭额赴浙，三战三胜，衢属开化复为清有。太平军攻上海，法各国兵助清御沪已。以皖章鸿章湘李及新募准军东援上海。鸿章率湘军李章取皖北合肥，清国圣辛太平军，夺梁山关。四月，清彭玉麟，速取宋朝，进攻秣陵关。清将多隆阿等，攻下庐州府城，陈玉成弃寿州，被叛子河南卫辉所之延津。扶王陈得才等，于七月取陕西成所胜保，合捻军攻河南，入陕西武夫，直通汉中。五月，清军李世贤，侍王李世贤，牵国圣攻陷秣陵关，忠王李秀成克金陵，谭绍流松江，遂周松江，清军李舟拒战，清军取洛阳一带。六月，清鲍起攻下宁国府，辅王杨辅清走，尚拥众数万。所辅，保王洪荣海降，广德州亦	正月，江苏丰县捻军二万余，由金乡进鱼台，清军档敬，耘丰润洞。二月，亳东捻军合各军并长枪会，力西出，清僧格林沁追至河南杞县，力破之。三月，捻军孙光危，与太平扶王陈得才三万人合，鸿章率湘李及新募淮军来援万人。直通南唐县，四月，入陕。五月，捻军由陕西邓州西等处。八月，清军大队由陕西邓城自夏邑合之，羁家屯，执捻军李喜东元喜等降。 清僧格林沁取东元喜等降。 闻八月，姜台凌维陈成所彦等，由安陆攻邺北捻军，捻军走河南。	正月，回民武生马如龙，自陈愿率众就抚，知府岑毓英等处纳所住。五月，陕西同华汉回民攻城，马如龙等入城围解，马以总兵用。	四月，陕西北道汉回各村互相仇杀，罹州、富平、同州等处亦受其祸。 五月，陕西回民团练大臣张洪中，劝导渭南北、回众来吉。聚众起兵，连克渭阳、高陵，开潼关。 七月，清军攻渭南。 败退朝邑，回攻围径阳，经三原、凤翔、咸阳。 八月，清胜保援陕，解西安围。 闻八月，回军失陷八、九月，清军城下，运道梗其喜，部众多、十一月，降王棱军、清多隆阿至陕，回始抵解。	三月，取兴义府。 四月，姜映芳取古州屏儿县，青溪、五屏儿县下。 十二月，白号秦王朱明月，据桐梓县山寨。潘名杰克龙里县城，旋退。	二月，清军取新宁，蓝朝柱，郭刀刀，第才走陕西定远界，曹灿章入老林，走陕西，由绍武（一名辞武）由川入川进抵涪州。 三月，蓝朝柱由川入川进入。 并队由南阳经攻商南、商南、孝义一带，别队由城东，全陕俱震。 同时，潘字青神，得水和卯宝根坝山，得纪攻摩宣盟人角寨，永和未会师。 九月，清骆秉章督诸军追至宜宾，李永和卯得兴败败，为清解涪州间，清将周达所涌破萨于大竹。 十一月，鄂刀刀自陕西守羌州拥众回陕川，抵仪陇，为清军败，周绍涌败，退也大川，大翁林场，又翁林场巴州鼎山铺，刀刀及弟福友均被害。

续表

时期	清	太平天国	捻	回民（云南）	回民（陕甘）	贵州苗教	四川蓝李
清同治元年壬戌	七月，以刘蓉为陕西巡抚。	陷。八月，清多隆阿败陈得才于荆紫夫，围八月，陈得才进攻湖北。人随州，围安陆府，清总兵楼玉春败之，多隆阿又破之蔡城，得才复还河南。十月，清曾国荃驻军雨花台后，连败太平军，洪秀全促侍王李世贤、忠王李秀成还救。八月，江南大疫，清鲍超等病不能军，金陵围师死者甚众。闰八月，秀成自苏常率军众归，围清军猛攻。九月，李世贤自浙至，相持四十六日，南乃解。世贤走广信，秀成走江北。陈坤书入建边，取房县，复由竹山竹溪二县，人陕西境，取兴安。十二月，右达开鲍叙州之横江，双龙两场，清按察使刘岳昭攻之，达开率众众渡横河。					
清同治二年癸亥		二月，清左宗棠援浙，按察使将益澧等破汤溪、龙游、兰溪，遂取金华府城，旋入浦江诸墅，并取绍兴府、桐庐县、浙东悉为清有。陕西清军取兴安府。右达开前锋鲍超超提叙新改宁远，故死。二月，侍王李世贤军常胜军柱关。三月，清巡抚李鸿章常胜军改下。大仓。会王蔡元隆入清。四月，清提督鲍超超殁青阳，败报王蓝仁德于曹塘。太平军张胜样等兵，杀仁德以降。清将建平，进攻句容，叛军内叛金坛以降，烈王方成宗叛以降。清进兖金坛寿州，清将程学启取昆山新阳。清曾国荃取雨花台，拔九洑洲，石达开	二月，清曾格林沁败捻军于雄河集张乐行至宿州，为清知州英翰所执，其从子张禹禹领共赴杀。六月，苗沛霖联结捻军，攻克寿州，怀远。十月，练军苗沛霖率众数万蒙城，清曾格林沁进亳集，陈万福败执死，清总兵陈国瑞夜走，其部下禾已以降西。	正月，回弁马荣杀清署总督潘铎及府县各官，清代理布政使岑毓英，率骠勇数千人，力保藩署。马如龙来援，居余儿内外夹击，马荣仪以身免。马荣仪之合马，走南宁，合马联络基班出靖英民。二月，统帅西改，宁民，高明，安宁，罗平，武定，禄劝，广通，陆凉，南安各城，进克楚雄。	正月，陕回败。人甘肃，于是甘回回群起响应，平凉回取东固原，清代人帅，甘肃府城。八月，甘肃府城败，甘肃凉败风翔闻，被圈凡十四月。南路回入永靖，河州。九月，清陶茂林解军凉府城。十月，北路回取宁夏灵州。	时河西以白号为刘义顺为首，西抵遵义，南至思南，河东以荆竹园联络，纵横为最，营黄平之黄号，统子何瑞堂，下游都匀以罗桂盛。光明为最，合里堡陈廷夫，莫永清，阿雍堡陈堡罗小六，为之从，鸦雀洞堡陈普以潘各然为助，小潘，马骏，麻哈，山罗天明，摆郎堡三任。时黔中民变已炽，黄白号，及苗教	

续表

时期 清纪年	公元	清	太平天国	捻	回民（云南）	回民（陕甘）	贵州苗教	四川蓝李
同治三年甲子	一八六四	四月，命西安将军都兴阿，督办甘肃军务，提督雷正绾帮办甘肃军务。照麟以病免，以杨岳斌为陕甘总督。十月，以新疆回乱，命甘肃总督。	开渡金沙江，拟由边地土司小境入川，至紫打地方，将渡大渡河，川军唐友耕等亦至，列营对岸，土司亦叛，自后粮木塞路，达开粮罄，弃名跨姨，清军追至，敗毙。五月，清兵部右侍郎彭玉麟、提督杨岳斌，下九洑洲，水师入江浦，江西二县，长江一带遂为清有。忠王李秀成等攻江阴，清副将刘铭传、郭松林合拒之。七月，塔王黄文金攻江西，潮口清军攻毁文桥台，太平军众退向建德。江西奉内只涉清有。八月，扶王陈得才、联合捻军陳汉中，东取凤城，以通兴安，监朝柱北拔盤屋，以规西安。九月，太平将古隆贤、赖文光等，入安徽境。十月，清巡抚李鸿章等，攻苏州，忠王李秀成，以金陵待援急，留邓王韩衍沈王守城，得夜出走人湖北境。邓云官、宁王周文佳，天将范启发、张有洲、王怀武、汪怀武，为清有。十一月，清巡抚李鸿章等，取无锡。太平王黄子澄被执。		十月，清岑毓英下楚雄，大姚、十一月，春下云南县，赵州，宾川、鹤庆、浪穹、分道进攻大理上关。		各军，改遣义府桐梓各县，据螺嚉堰，清总兵沈宏富攻拔螺嚉堰，招屯寨居民四十余处，屠杀余众于上精芦场。五月，思南教众攻府城，并分改印江，清总兵刘义方等拒之。既督安，何得胜驰开修，合江外西诸军，分道四集，以规西诸，十二月，攻克古州，光明攻古州。	
同治四年乙丑	一八六五	二月，在陕捻张宗禹一军渐户氏。六月，捻军攻湖北麻城之闵家集，僧格林沁陷却之。廓鄀州之捻军复联合东走，清僧格林沁进至山东，清巡抚阎敬铭败王任走，至复攻陷天保陈大喜等。清军乘夜失走，陈其、黄文浩等执以峰清。三月，清多隆阿攻取澄要监，至金陵城围。捻张宗禹、陈大喜等，据南阳东等部及清军讨绿。	正月，陕得才被据汉中，因金陵开急，率众还援，清巡抚刘溶追之，遂取汉中各城，得才走人湖北境。清署国等生军雨花台，夺取附城东西面诸要监，至金陵城陷。三月，清多隆阿攻取澄监，朝柱等救执。		正月，清岑毓英攻取定远，围攻南镇安普州，破回军于普洱棚。二月，马联陞复克沽益，攻马龙州。东路清援急，清岑毓英率师东下，七喀什噶尔，次复攻	四月，清将雷正綎，陶茂林兑平凉，率兵收盐关。并扑收盐关。固原。五月，新疆南路回民金相印导安集延阿古柏出山，攻克阿古柏喀什噶尔。	正月，攻省城，清巡拓张亮基，陶司责自振县已通二年是清刘蓉敖诸军改下之，其众走与韶营仙章合。二月，蓝朝柱大据整屋，清多隆阿来督兵攻下之，朝柱率众走	正月，时蓝朝柱分众至振洋，敖诸军改下之，其众与韶营仙章合。

续表

1983

时期 公元纪元	清	太平天国	捻	回民 云南	回民 陕甘	贵州 苗教	四川 蓝李
同治三年甲子 一八六四年	变，革伊犁将军常清职，以明绪代之。以恒保署乌鲁木齐都统，命穆图善率师出关。	州，左宗棠来督战，太平守将听王陈炳文奔城，与康王汪海洋由徽州走江西。四月，清巡抚李鸿章率刘铭传、郭松林及左宗棠之常胜军，攻下常州府城，护王陈坤书被执。六月，自清曾国荃合围金陵，粮援俱绝，李秀成奉李世贤致饷金陵，国荃主守城，至百计固攻。五思殪道变之，阻月城内能进。五月三十日，太下龙膊子山阴坚垒。所谓地保城者，筑炮合其上，日夜变击。而潜穴其下。六月十六日，地道火发，城陷二十余丈，清将李臣典、萧孚泗等，蚁附争登，被执死。洪秀全已于五月廿七日痛殁，子幼王洪天贵年十五六，其下拥之突围出走。蟠王黄文金迎至湖州。七月，苏州清军改下湖州、浙江走于国。陈得才众至霍山，闻金陵破，服毒自杀。端王汪金文贵等均降。八月，苏州天贵走浙江之淳安，为将李黄少春所破，文金死。天贵辗转走广信，清江西军席宝田率轻兵驰袭之，穿求之于荒谷中，被幸子南昌。洪仁玕、洪天贵文弟昭王黄文英、及黄文金之弟堵王黄文英等，先后为席宝田所执，汪海洋人闽，平余众，仅存李世贤、汪海洋人福建、克龙岩、漳州，清按察使督军文翠进攻漳州，败死。十月，李世贤、汪海洋人福建，克龙岩、漳州，清按察使督军文翠进攻漳州，败死。十一月，清福建提督林文翠进攻漳州，败死。		月，破马联陞于天生关，进攻曲靖，取沾益，进闹寻甸。九月，清抚李鸿章铭传，下之。马荣马兴等均遇害。十月，曲靖马文升守城，马联陞被执死之，逸东复属清。	夺南路人城，回众安集。延者，岱平八城之一。时哈萨为俄罗斯所灭，有脊力，阿古柏多众所附，收众众保安集。六月，清新疆乌鲁木齐参将素焕章，推妥得璘为齐，称清真王，吐鲁番主，取哈密，库尔喀喇呼图璧。妥得璘据陕人，河湟间，假星命游安积，焕章，主奏师攻之，兵起，出至关乌鲁木齐，焕章师事之，清提督妥布冲攻南路败起家，焕章率回众大喇归，索焕章军事。八月，清富正奏，陶茂林安定花回军取花回城，回军取花回城，回军取花回城，固原。十月，清富正会，曹克忠取金化城，克取盐茶，进秦州，陶茂林取金县、新疆库尔喀木齐，伊犁间。十一月，新疆库尔喀木齐，伊犁间。	县，入龙里县，清总兵德昌清，何二率众二万余人，复攻定番、广顺，长寨各城。清总兵林自城分取定番、广顺，赵各德昌等办攻陷定番等城。九月，清取西卫城。十一月，清取兴义府。	金鸡两河，与曹灿章合，连败于清将黄鼎，走北山。四月，蓝朝柱走安康遇害，曹灿章秀成适秦玉皇庙山麓，下甘肃阶州。与太平军梁秀成适秦路来章置陷武城，清下人越境攻下阶州，二顺陈亡，秀成败死于成都。

续表

时期清纪元	清	太平天国	捻	云南回民	陕甘	贵州苗教	四川蓝李
同治四年乙丑	四月，命铁差大臣曾国藩赴山东行，督率鸿章两江总督，命曾国藩督办直隶、山东、河南三省军务。命云南布政使刘岳昭、率楚军合江提督，十月，解陕西巡抚任。	四月，清将鲍超所部哗变于湖北金口，由江西入闽广，与太平余众李世贤、汪海洋等合。五月，清左宗棠攻取漳州，又败之于永安，遂出闽境。汪海洋入粤，又败人山东。李世贤势复振，复合清粤军席宝田破之，李世贤为海康国瑞所杀。十二月，汪海洋据镇平，清军攻之，汪海洋走平远，复走广东。至嘉应州，清军休元攻城，陷绝隘，海洋中炮死，余众推嘉王谭体元主城守事。清军攻之，至城休元等战死，太平天国亡。	正月，赖文光、张宗禹等人鲁山东，护军统领胡嶷、副都统舒伦保战死。捻军过黄河老鸦，经兰山被攻，追江苏海州、赣榆。四月，赖文光、张宗禹复人山东，僧格林沁率师疾追，日夜追一百里，至曹西，先之军聚于丰，僧格林沁大败，避之空堡，战死。僧格林沁等皆战死。格林沁部北诸军数万，四路麋集，捻军蔺城突围出，铜山等以以身免。六月，任化邦、张宗禹、由沭阳西走郯城，攻雉河，败之涡河西岸。时清曾国藩设四镇重兵，以刘铭传驻临淮。潘鼎新驻徐州，刘松山驻周家口，张树声驻济宁，寻以张树珊、曾西正督军固守。八月，清军刘铭传败捻军于额州，捻军走山东。九月，清军潘鼎新败捻军丰县，捻军走曹州，清军周盛波、刘铭传败捻军走宁陵扶沟，捻走湖北黄陂。		正月，赖文光、清将雷正绾克固原，五月，口袋外消乱甘肃东关，用围城池，本包林华等，肃州人甘肃东关执仙创剿地回民走出西。二月，伍云召自江口西宁回攻攻亡大通县，围通西宁府。六月，清将雷正绾，曹克忠、攻金积堡、堡属灵州，号称天险，甘回马化龙振之，雷军退预盐茶厅，曹军退回合回城，塔尔巴哈台合回大臣锡缺哗变。九月，粮饷明堂经州，因围藤明堂诸军原，回路饷后始合礼循，正绾军甘州井，至平凉始回，回民投清，宁夏定。十二月，清复待府城。	正月，包茅仙久匿乐，转镇近甘前目，团首李国仕，率众执包林华等，茅仙创剿死。二月，伍云召自江口走死果合山，余众攻走死西宁府。五月，石阡府城，赵德威，萧继盛等，复取兵，克定府城，余众走黔西。	
同治五年丙寅	正月，擢刘岳昭为云南巡抚。四月，以马如龙云南提督。五月，以德公阿为塔尔巴哈台参赞大将军。命左将年克吉林，以桨全署伊犁秦，督办新疆化路。		正月，清刘铭传屯黄陂，任化邦回走湖北。三月，清刘铭传与总兵张树珊，捻军合据濮、范、鄂、巨，旋还省考之，旋复不利。成不利，张宗禹走单县，任化邦走灵璧，清曾国藩驻徐州，修濬运河以防捻路。五月，清军败张宗禹于洋河，王家林，败任化邦于大决战，捻军自二月北正走。	正月，清云贵总督劳崇光人滇，疏请专办西路，布政使岑毓英拒庆以提督马如龙在龙为水辑路。	三月，清甘肃督标兵变，迫官移镇，总督杨岳斌出巡庆阳，旋清张岳营境诸将扶肃伊犁不可。四月，陕回回东改投穆三由庆阳东改陕，清将萧德扬，邱叶成，刘厚基黄巡张张旅宪基疏调人秦，鼎合师，连败之晚，辇整军十二省以任。	正月，清提督李家福等，取变阳，杀蓝山虎，蚕破苗全，各乡降清苗三百余集。三月，吴元彪等永峰清。四月，清已革总兵黎使李元度，经贵州巡抚张凯嵩基疏调人秦，鼎合师，连败之晚，辇整军十二省以任。	

续表

时期	清	太平天国	捻	回民	贵州苗教	四川蓝李
			东捻 西捻	云南 陕甘		
同治五年丙寅（公元一八六六年）	军务，以德兴阿帮办。七月，杨岳斌以病免，调左宗棠为陕甘总督，命曾国藩回两江总督任，授李鸿章钦差大臣，专办军事。		渡运，徘徊曹徐淮泗者两月，迄不得渡。于是张人骏、任人寨、牛强渡沙河而南，任、赖亦走渡贾鲁河。六月，清军突破豫军防军汛地，东走西华，捻军刘松山等败捻军上蔡。七月，清将刘松山与提督郭宝昌不战走隆德、静宁。八月，清陕甘军会攻华亭，回军附之。九月，清将刘铭传、潘鼎新败捻军于郓城。十月，捻众分为二，张宗禹入陕为西捻，任化邦、赖文光人山东为东捻。东捻南窜金乡、鱼台、丰、沛诸县，越河南入湖北。清李鸿章遣刘铭传等蹑之人鄂，西捻张宗禹攻陕西，自秦岭人关中。十一月，战霸桥，清军败溃，捻寇围西安。		州凤翔泘阳、崔檩走。五月、崔檩复攻陇州、德隆、静宁附之，回军附之。八月，清陕甘回军不战攻华亭，回军不战走隆德、静宁，据隆德、静宁，据平凉、原来安化宁州镇。庆阳兵蜂起，董福祥、高方镐、纵横甘肃之首。水、宁州、正宁、陕西之鄜州、中部、三水、甘泉等地，清败兵散勇附之，众号数十万。	六月，清攻大屯破之，小屯降。贵州回民袭据兴义府城。	
同治六年丁卯（公元一八六七年）	正月，命左宗棠为钦差大臣，督办陕甘军务，以刘典为帮办。二月，劳崇光冬，以张亮基免，以粮储道署布政使曾璧光、署贵州巡抚。六月，以岳榕图筹署陕甘总督。九月，贵州巡抚张亮基免，以粮储道署布政使曾璧光署贵州巡抚。		东捻 西捻
			二月，任柏邦、文光屯伊隆河，规安陆。清鲍超由随枣樊、刘铭传由南阳至枣阳，分路败之。五月，捻军东走至济宁之藏庙，败山东清军，遂冲过运河。初捻军捻众六万、至是仪于山东之运河东岸、河南之贾鲁河两岸，沿堤兴筑长墙，河南长墙北，已为捻军突破，唯运堤未克，其分汛处。安葬、济宁之北长汛处，安葬、济宁之北长兖未克，其分汛处。十月，捻军张宗禹、河	正月，清将刘松山至陕。二月，捻军渡泾水入甘。四月，清将刘松山追捻军于渭水南岸，杜文秀率众东下，兖清之藏庙，遂冲过运河。初捻军捻众六万、至是仪于山东之运河东岸、河南之贾鲁河两岸，沿堤兴筑长墙，河南长墙北，已为捻军突破，唯运堤未克，其分汛处。安葬、济宁之北长汛处，安葬、济宁之北长兖未克，其分汛处。十月，捻军张宗禹、河禹因清兵追急，河	七月，清布政使岑毓英，攻拔猪拱箐站、馬馬入貴州，进破海界三省边界尽为回有。九月，清提督文秀，龙西攻社文秀，败入城养病，杜文秀率众东下，定远、大姚等二十余城，省城戒严。	二月，捻军据高原。二月，回军捻扑平川，并力死斗，黄鼎攻平川。四月，捻军来救，败之。合军沿蒲城。五月，清陕甘回军会合郯阳陇，河州入陕，亦由张家川入陕。清陕甘将孙治士三营溃围。十一月，清黄鼎等荐起任陕甘布政使原宝凤翔，回军攻平阳、黄鼎引援拱箐站、馬馬入貴州，进破海界三省边界尽为回有。九月，清提督文秀，龙西攻社文秀，败入城养病，杜文秀率众东下，定远、大姚等二十余城，省城戒严。	正月，清刘岳昭在遵义破大屯。三月，清拔大屯未明、并来败猪拱箐站，全百余。始尽。四月，白号苗雷咻以五十寨啤清。李远度，又掌得清亦，湖南巡抚布政使原宝凤翔，招抚旧部之黔，十月，清将刘岳昭至沅州。十一月，清败回军于汧阳、黄鼎战死、高连陞军溃回军向平阳、刘厚基克延川、刘松山、郭岱山克绥德，昌基克绥德。	

续表

时期	公元纪元	清	太平天国	捻 东捻 / 西捻	回民 云南 / 陕甘	贵州苗教	四川蓝李
同治六年丁卯	一八六七年			东捻：军守之。会天旱水涸，捻军遂冲过运河东岸长墙。七月，捻军过运河后，由济宁至潍县，趋登莱。清军鸿章图通人海隅聚歼之，乃创修胶莱河防之策，调豫军东军及淮军协守，兴筑长墙。捻军乃回攻，由掖县海神庙以北海滩渡潍河，于是胶莱之防又溃。十月，清将刘铭传迎捻之，连败之潍县，捻军南走江苏赣榆县境，降人潘贵升杀赖文光之邦，赖文光率捻文光走山乐。十一月，清将刘铭传追捻军，连败之诸城潍县，胶州，捻军入海滨，清军周攻之，赖文光率数百骑南走。十二月，聚千余骑突至沭阳，渡六塘河，入扬州，清道员吴毓兰驻守运河，诱杀之，东捻亡。 西捻：冰合，由宜川渡黄河，人山西，攻吉州。十二月，清左宗棠自率五千人，赴山西进追捻军。			

续表

时期		清	太平天国	捻		回 民		贵州苗教	四川蓝李
清纪	公元			东捻	西捻	云南	陕甘		
同治七年戊辰	一八六八	正月,命左宗棠总统直隶各路禹军。时宗棠追捻由陕至直境。二月,乔松年免,以刘典权陕西巡抚。三月,云贵总督张凯嵩,以规避革职,命岑毓英代之,命云南巡抚。闰四月,命盛京将军都兴阿,赴天津,会鸿章同左宗棠,李鸿章办捻事。		正月,捻军左宗禹由绛州,曲沃,垣曲山辟小路,迫近像盦,复入直隶,略由磁州,广平,鸡泽,顺德,巨鹿等处,衡水,定州。三月,捻走晋州,渡滹沱河,折入山东东昌。四月,捻军启往平,德平,由德州西奔吴桥,东光,直天津。五月,捻军飘忽无常,清李鸿章力主防运,筑墙拒守,自此捻骑所至,有限制,其势益困。六月,清军遁张宗禹众于徒骇黄运之间,李鸿章令马队于中冲逐,屠杀儿尽,宗禹携人骑走,至徒骇河滨,投水死,西捻亡。	二月,清云南布政使岑毓英,回援省城,连破数十垒,曲山如米水夹。会,时回军大司陵李芳园攻破之。三月,附省回全抚繁,与清军相持,总督刘岳昭由马龙进攻寻甸,屡败,回势复盛。	二月,回兑鄜州清将刘厚基复取之。三月,甘回人镇原,庆阳清军旋取之。四月,董志原回人由宝鸡渡河而南,宁回州,合水别队由金顺。十二月,清将刘松山,破董福祥军绥德,福祥败还镇静堡,势魔水。松山令福祥抽选壮丁为三营,随之征效力。	正月,清席宝田会李元度,攻拔黄号荆竹园老寨,分下罗家岩七寨,并判官头二十余寨,再破罩家寨,覃思思,何继述,刘文顺,走偏刀水。二月,清李元度进攻偏刀水,别遣将攻觉林寺,杀未明月,时清接黔川军候补知府唐炯亦至,合攻偏刀水。四月,清席宝田还军,攻镇远苗,沿逢下诸寨,攻寨头,板塘,牛官保遇害,闰四月,清川楚军分道攻入偏刀水,寄信王田应武,黔阳王何继述等,黔王大平,东,江南岸黄号亡。清又会攻庆安开州马,东晟王向瑞唐,老教主刘文彩开关降,岩科,正安黎川白号亡。六月,清将唐炯,刘鹤龄军攻玉华山,文定王陈绍骥,执杀人清,余庆安号亡,李众降王王招凡,王众王大,王攻又义。十月,清贵州提督张文德等,进规都匀,军至王都堡,潘名杰,教主刘又顺及覃思恩,破军。	

续表

时期	清	太平天国	捻	回民 云南	回民 陕甘	贵州苗教	四川李蓝
清纪元 同治七年戊辰 公元一八六八年				二月，云南回众杨荣复由高明、寻甸、杨林奉众数万人杨林大进，长驱大进，会响李曜南，分股踞小偏桥、十里铺、羊芳凹、牛灵台，克之，省城大震。三月，澄江回复起，袭踞府城。五月，攻寻甸，陷马龙，回众马添顺变，要踞东园等处。六月，克嵩明州，及龙陵厅白盐井等处。八月，清总兵全祖荣回各城，省城先后解严，清巡抚岑毓英领诸军，并遣将先后下富明、安宁、楚雄、南安、禄丰、广通、大姚、定远等城。	二月，清左宗棠还乾州，由西安进驻乾州，征诸军将雷正绾、黄鼎、会响马德，会响李曜南，取庆阳志原、兴福寺、省城克之。陕回悉众走清原，积堡，泾庆督高连陞有。清提督刘松山所部哥老会为变，松山驰往镇抚，旬日而定。四月，清左宗棠以雒州为北路，陕西肃清，进驻径州，规甘肃。八月，由黑城人员，暖败刘松山破之，陕回松山后走靖北路，陕回西走灵州，清雷正绾、黄鼎又破之固原州。九月，宁夏固原复。	清席宝田拔抱金岑、松石陛梁上诸大寨，并抚定诸松柏洞、景洞各，巴冶诸苗。攻克天柱又江口屯，执陈大六，杀之。等降。清席宝田楚军，克清江两岸苗寨，进取镇远府城。二月，清刘鹤龄楚军，连败降苗众，同出清平，败黄平新州。清席宝田遣将荣维善、亦元春，披童敦老堵、杨昌彩死，还攻公鸡寨破之，潘老五所据。苗东兔、丹西所江、都江、凯里、周围千里。十月，清川军督军图台规取施洞口以上报，苗张朝珍等，地险共，上游为九股河与清水交会，苗张朝珍等台，苗南烧毁，筑全列炮以死守。	
同治八年己巳 公元一八六九年							

续表

时期	清	太平天国	捻	回民（云南 / 陕甘）	贵州苗教	四川蓝李
清同治八年己巳 公元一八六九年	二月，命李鸿章督办陕西军事。十月，命刘铭传督办陕西军务。					
清同治九年庚午 公元一八七○年				三月，清刘岳昭攻陷丽江县。六月，破威远厅姚州，破金保，鹤死，鹤庆，取永北，邓川，浪穹诸寨，松山进攻马五，清湘军新失大理城。十月，攻下弥勒县竹园。九月，清岑毓英赴澄江督师。	正月，清提督刘松山阵亡，清改金积堡，马化龙决秦渠灌营。其时正各寨，马化龙诈死，中枪卒。马化龙乘清湘军新失大理，攻今雷正绾，是清雷正绾、徐文秀、张福齐四军，同时溃退。当，同路河州回，出安定、狄道，宁远，复攻邠、耀、醴、扶风、一东走醴泉、扶风，清将张福齐之，庄浪，一西走秦安，还河州。七月，清左宗棠督饷，黄鼎，文秀攻下黄峡口，八月，	四月，清席宝田分军三道攻克施洞口，张报九，杨老辉，杨之荣战死，九大白，南岳等贵进。四月清复进兵克之，居北岸遗苗殆尽。七月，清将唐炯攻破螃蟹等寨，克清水江北岸。八月，有栽撤之议，张秀眉乘之，营场鑫安定，果袭黄池。十月，武悼军第三丙，彭芝亮、苏元春袭贵使唐本会台拱、清席宝田进规台拱、邓斯栋，邓普袭贵攻悼佬，第五春，苏元春袭贵大山。胜下台拱厅城，苗众悉退据丹江，凯里诸城。十二月，周达武取安顺府城。	

续表

时期	公元	清	太平天国	捻	回民		贵州苗教	四川蓝李
					云南	陕甘		
同治九年庚午	一八七〇年					月，清刘锦棠运昌军进逼金积堡，乃合雷正绾等军，先是堡外寨五百七十余所，至是仅五寨未破，堡中粮目尽，不得出。十一月，马化龙诣刘锦棠降，陕回万余帕降。十二月，荣军安集延夏帕，大败之，妥得璘、延夏走死，新疆安集延乌鲁木齐，遂进据乌鲁木齐。		
同治十年辛未	一八七一年				二月，清岑毓英攻下澄江府城，马和勇，乘间攻会宁，等破执，并拔江那等处。	正月，河州回窥清州黑头方攻岷州黑头勇，乘间攻会宁，清安，阶州，秦州，成县等地。四月，清将金顺张耀，攻克纳家、隔，宁夏复复为清有。五月，俄罗斯据伊犁，以代中国收复为词。七月，清左宗棠由平顶进驻静宁。八月，清安，又进驻河州，以规河州、白彦虎据小南川汉堡。十一月，河州回马占鏊，据大东乡之太子寺，环营据长	三月，清席宝田军进克雷公山，反南岸之丹江东北，凯里东南寨、金大五、包大苗寨，苗寨北岸螃蟹，肚、集诸道军，也火烧飘诸寨，宝田更进攻之。四月，清将席宝田遣清军攻破凯里，走于等。八月，太平堡、墨目、潘德魁据合拱、范春阳在仰人宣脚，威、金干等，据高泉场几门汛。九月，清川军曾纪凤克黄平新旧州。十月，谭五受以南安降清，清川楚合军攻	

续表

时期		清	太平天国	捻	回民		贵州苗教	四川蓝李
清纪元	公元				云南	陕甘		
同治十年辛未					十二月，清岑毓英督总兵杨玉科等，先攻兵杨玉科、杜文秀据大理。文秀自太子寺先败死，杜文秀据大理。历十八载，攻克大理，西及贵州，东反清制，清军抵大理城，造禁城，拟王制。清军抵大理城，因东南援军牵制，力迪西不守，清遂得专攻大理。自曲靖、澄江不守，清遂得专攻大理。杨玉科、蒙七、外城破，文秀服毒自尽，大理破，日缴军械，而密令众降清。毓英限三日缴军械人城受降，玉科食言突击，内外夹击，破三城，大理复为清有。		二月，清将傅宗濂，凭山依水，护以卡堡。十二月，清将傅宗濂等进攻之。正月，清将傅宗宗破开怀四大寨，徐文秀攻河州。悉集马骑大坡并脚里禾大寨。清川军周达武进攻香炉山，苗众悉奔平茶五寨。三月，清军会于九头白战而死。清军进走死石猛岭下。清将邓普攀攻军寨杀以万计，降苗数万人。四月，清副公张秀密，杨大六为清山东宗章执故张秀密，楚军高密，报南大六、潘老帽。初李秀成金千、蒙阿保、九。李秀成金干、蒙阿保、九、杨大五、纵横十八、张懋修山口峡险者累年，至同治七年而战死。四月，清军攻兴义府城、潘福祥、张福水，自同治五年起兵，至同治七年而清军攻克香炉山。	黄茅岭，包大肚出走，丹江苗寨略尽。	
同治十一年壬申						七月，清左宗棠进驻兰州省城，规取西州。八月，清将刘锦棠会师攻西宁，与回军合战甚剧，袭小峡险叩城，裹回军马桂源西走，西宁闲解。			

续表

时期	清	太平天国	捻	回民		贵州苗教	四川蓝李
				云南	陕甘		
清同治十二年癸酉 一八七三年				正月，清将刘锦棠破向阳堡，进用大通，降之。二月，清将陈湜率沈玉遂等执马本源，马桂源于巴燕戎格。五月，陈湜抚定循化撒拉回，于是西宁复为清有。三月，回血彦虎，自西宁经永安，趋肃州，据城外塔尔湾，要与清军战，不利，且料肃州城必破，复与清军战，陶生林、金顺等攻肃州，长围始合。闰六月，敛其外城，左宗棠自至督战，刘锦棠亦自西宁至。因猛攻多损精锐，议增筑濠全围之。九月，回马四出城窍战，清将徐占彪、金顺纵兵居之，杀马四等，关陇复为清有。			
清同治十三年甲戌 一八七四年	七月，命左宗棠为大学士，仍留陕甘总督任。授乌鲁木齐都统景廉为钦差大臣，督办新疆军务，都统金顺为帮办。			陕回白彦虎人玛纳斯，清将金顺督师出关，遣提督刘宏发等，驰赴古城，自率马步西进，暂扎安西两属境。			
光绪元年乙亥 一八七五年	三月，命左宗棠为钦差大臣，督办新疆军务。						
光绪二年丙子 一八七六年				二月，清左宗棠进驻肃州，檄总统湘军西宁道刘锦棠、率总兵谭上连、谭拔萃、余恩虎等，分起出关。时张曜军哈密，金顺军阜康，徐占彪军巴里坤，而安集延军马人得据乌鲁木齐古牧地，以偷清军。六月，清将刘锦棠抵阜康，下古牧地，下之，复拔辑怀城，八月，金顺改金顺破玛纳斯南城，于是左宗棠以金			

续表

时期 清纪元	公元	清	太平天国	回 民 云南	回 民 陕甘	贵州苗教	四川蓝李
光绪二年丙子	一八七六			顺军北路，南路使刘锦棠任之。八月，阿古柏使白彦虎、马人得守吐鲁番，拒哈密之军，使大通哈守达坂城，拒乌城之军，使次子海古拉守托克逊，而白振喇嘛沙尔以策应之。三月，清大通哈棠进攻达坂，克之，回将大通哈以下数十人被执。清将张曜、徐占彪两军会周吐鲁番，白彦虎先走，马人得又攻克托克逊，结白彦虎子伯克胡里，阿古柏于库尔勒仰药死，其长子伯克胡里，据有南疆地，结白彦虎为外援以拒清军。八月，清将刘锦棠率所部视南路，由托克逊进曲惠，直趋开都河，白彦虎在库尔勒，挈众西走。九月，清军克哈喇沙尔，而白彦虎仰棠又克库车两城。谋知白彦虎走乌什、伯克胡里两人先道布鲁特投俄罗斯。刘锦棠克叶尔羌，英吉沙尔，乃取乌什城。十月，安集延伯克胡里、分守叶尔羌、英吉沙尔。十一月，清将刘锦棠督军分道进。十一月，余小虎、马元、马小虎、马元等被执，库尔勒两城，伯克胡里两人走阿克苏，刘锦棠克叶尔羌，令董福祥克和阗，新疆南路平。		
光绪三年丁丑	一八七七						
光绪四年戊寅	一八七八			十一月，安集延阿里达什，白俄境人，纠缠回出奈曼，谋袭喀什噶尔。清刘锦棠击破巴什，库弥什，设伏杀阿里达什献清。			
光绪五年己卯	一八七九			正月，安集延联布鲁特扰边，清刘锦棠破之子乌帕尔，斩首二千余级，南路边境略平。五月，清侍郎崇厚充出使俄国全权大臣，议收还伊犁事。十二月，清崇厚至俄，签订条约十八			

续表

时期 清纪元	公元	太平天国	清	捻	回 民 云南	回 民 陕甘	贵州 苗教	四川 蓝李
光绪五年己卯						条。俄人议以伊犁归我，偿兵费五百万户布，割伊犁西界数百里予俄，又割南界数百里，中外大哗，廷臣交劾，诏撤崇厚归国，革职治罪。		
光绪六年庚辰			正月，命刘锦棠帮办新疆军务。七月，召左宗棠进京，以刘锦棠署理钦差大臣，张曜署帮办，杨昌濬护理陕甘总督。			正月，清命曾纪泽充出使俄国大臣，商改崇厚所议收还伊犁条约。二月，左宗棠复奏进规伊犁之策，主用兵。七月，由肃州出军哈密，就近调度。		
光绪七年辛巳						正月，更定中俄条约，大略为：一归还伊犁南境，二喀什噶尔界务另定，三塔尔巴哈台界务另定，四嘉峪关通商照天津办理，西安、汉中、汉口俱删去，五松花江行船通至伯都讷一处，七天山南北路贸易均不纳税，八增偿四百万户布，清金顺奉命，收还伊犁。		

附注：
一、本表根据清代官书而作，时、地每有异同，未及一一考正。
二、白彦虎出关后，勾结外国，与切起时有别，为欲竟其事始末，故牵连列于表中。